CFA®

三级中文教材

资本市场预期 | 资产配置 | 衍生品和外汇管理 | 固定收益组合管理

上

高顿教育研究院　编著

文匯出版社

图书在版编目(CIP)数据

CFA®三级中文教材/高顿教育研究院编著. — 上海：文汇出版社，2023.10
ISBN 978-7-5496-4124-6

Ⅰ.①C⋯ Ⅱ.①高⋯ Ⅲ.①金融-分析-资格考试-自学参考资料 Ⅳ.①F83

中国国家版本馆CIP数据核字(2023)第176447号

CFA®三级中文教材

作　　者／高顿教育研究院
责任编辑／戴　铮
封面设计／汤惟惟
版式设计／汤惟惟
出版发行／文汇出版社
　　　　　上海市威海路755号
　　　　　(邮政编码：200041)
印刷装订／上海四维数字图文有限公司
版　　次／2023年10月第1版
印　　次／2023年10月第1次印刷
开　　本／787毫米×1092毫米　1/16
字　　数／1091千字
印　　张／46
书　　号／ISBN 978-7-5496-4124-6
定　　价／300.00元

高顿CFA®
助你备考无忧

- CFA三级 学习指导手册
- CFA三级 公式表
- CFA三级 框架图

教材配套专属题库

以上图书增值服务，扫码免费领取

序

回首过去,改革开放四十多年的成就令人印象深刻。我国从"人口大国",一步步走向"制造大国",进而蜕变成"经济大国",并正在努力攀登"科技大国"和"创造大国"的高峰。中国经济与世界经济已经从"三来一补"的简单联结,升级成为血脉相通、休戚与共的深度共融。

这种转变,意味着传统营商向新商业文明的转轨,以制造业为核心的传统经济体系需要向"高端制造—物联网—金融"的三元架构体系过渡,对于拥有全球视野的高端金融人才的需求大幅提升!

如今,金融行业的新业态兼具综合资产管理、金融混业与金融创新、科技与大数据全面赋能三大特点。这些新时代的变化,都要求我国建立一支能力强、素质高、了解现代商业文明、风险意识比较强的金融人才队伍。这些金融人才必须熟稔国际商务、法务和金融体系,既能够对接国际经贸体系,又能够在国际经济和金融舞台上代表中国的声音。

CFA®(特许金融分析师)作为全球金融领域含金量最高的证书,无可争议地成为全球金融领域的权威认证。取得CFA®证书的中国金融精英,有能力肩负起在全球经济的"十字路口",推动中国经济进一步规范化和国际化发展的重任。

中国学员勤奋刻苦,但用英文表述的本就复杂、深奥的金融知识成为不少学员学习过程中的"拦路虎",他们急需一本知识体系完整、讲述详略得当的中文教材,以提高学习效率。

促进金融实务是金融教育的意义所在。高顿教育推出这套CFA®中文教材,无论对备考学员,还是金融从业者都有很好的帮助。本套教材既可以帮助备考学员更高效地通过CFA®考试,也可以帮助他们更准确地掌握金融知识,提升工作能力。

又逢新书付梓,再次预祝新书发行成功!

祈华夏大地雄州雾列,愿中华英杰俊采星驰!

戴国强　博士
上海财经大学资深教授
教育部"国家级教学名师"
中国著名金融教育家
上海金融学会副会长、中国金融学会常务理事
曾任上海财经大学金融学院院长、MBA学院院长

前　　言

金融,乃隐形的"国之重器"。金融活,经济活;金融稳,经济稳。经济是肌体,金融是血脉,两者共生共荣。

特许金融分析师(Chartered Financial Analyst,CFA®)证书是金融与投资领域无可争议的全球"黄金标准"。中国自2000年首次引入CFA®考试以来,考生人数持续井喷式增长,至今已成为全球最大考区。

高顿教育于2017年首度推出CFA®中文教材,此后每年均严格根据最新考纲更新内容,改进质量。今年,2024版教材也如约推出。高顿教育CFA研究院拥有近百名全职讲师和研究员,基于十多年的教学经验与研发积累,将"靶向教学"与"体系性"有机结合,为中国CFA®考生量身打造了这套CFA®中文教材。这套教材并非知识点的简单罗列或英文版的中文翻译,而是在充分考虑中国考生的学习与思维习惯后,重新梳理和精炼了考纲要求掌握的所有知识点。力求用通俗易懂的方式把每一个复杂的考点讲解透彻,让零基础的考生也能顺畅阅读和理解。同时,标注了每一个考点的考试要求和重要程度,从而让备考更加有的放矢。

为了帮助考生更好地链接考试,本书设置了如下特色模块:

知识一点通

以平实、生动的语言,对正文抽象的知识点做出解释或补充说明。展开方式包括但不局限于举例、类比、公式推导等。

备考小贴士

提示知识点在考试中的表现形式及应对措施。内容涉及考查题型、重要程度、应试技巧、记忆方法等。

练一练

为本章知识点的考查,便于考生及时通过做题来巩固。同时,考生可以通过扫章末二维码查看练一练习题的答案及中文解析。

改革开放四十多年,中国经济走出了自己的特色道路。探索适合中国国情的金融发展之路,中国金融人责无旁贷且大有可为。大鹏一日同风起,扶摇直上九万里。如果你正在为梦想努力扇动翅膀,请站上我们的肩膀!而当梦想得以实现,也请记住"国之重器"的责任与担当。

本书得以顺利付梓,要感谢诸多在本书撰写和校审中倾心付出的老师们。七年积淀,七载提升,才有今日更加完善的这套CFA®中文教材。特别感谢龚圆圆老师和汪安琪老师多年持续为本套教材的编写和出版起到的中流砥柱的贡献。

愿我们的付出,能帮助各位 CFA® 考生高效通过考试!

对于书中疏漏之处,恳请广大读者指正,我们将持续改进。

冯伟章

CFA®,FRM

高顿教育 CFA 研究院院长

【根据 CFA® 协会要求,列出下列 CFA® 协会免责声明】

CFA® Institute does not endorse, promote, or warrant the accuracy or quality of the products or services offered by Golden Financial Training. CFA®, Chartered Financial Analyst® and CFA® Institute are trademarks owned by CFA® Institute.

目　　录

第1部分　资本市场预期

第1章　资本市场预期:框架与宏观因素 ……………………………………… 3
- 1.1　资本市场预期概述 ……………………………………………………… 4
  - 1.1.1　资本市场预期的作用 …………………………………………… 4
  - 1.1.2　高质量预测的特征 ……………………………………………… 4
  - 1.1.3　资本市场预期的框架 …………………………………………… 4
- 1.2　资本市场预测面临的挑战 ……………………………………………… 5
  - 1.2.1　经济数据的局限性 ……………………………………………… 5
  - 1.2.2　数据测量错误和偏差 …………………………………………… 6
  - 1.2.3　历史估计的局限性 ……………………………………………… 7
  - 1.2.4　事后风险是事前风险的有偏估计 ……………………………… 8
  - 1.2.5　分析方法的偏差 ………………………………………………… 9
  - 1.2.6　忽略条件信息 …………………………………………………… 9
  - 1.2.7　相关系数的错误解读 …………………………………………… 11
  - 1.2.8　心理偏差 ………………………………………………………… 11
  - 1.2.9　模型的不确定性 ………………………………………………… 12
- 1.3　经济分析 ………………………………………………………………… 12
  - 1.3.1　经济增长分析 …………………………………………………… 13
  - 1.3.2　经济周期分析 …………………………………………………… 19
- 1.4　国际互动 ………………………………………………………………… 27
  - 1.4.1　宏观经济联系 …………………………………………………… 27
  - 1.4.2　利率与汇率的关系 ……………………………………………… 28

第2章　预测资产大类收益 …………………………………………………… 33
- 2.1　资产收益预测工具与方法 ……………………………………………… 35
  - 2.1.1　预测工具与方法概述 …………………………………………… 35
  - 2.1.2　正式工具 ………………………………………………………… 35
- 2.2　固定收益收益率预测 …………………………………………………… 36
  - 2.2.1　固定收益收益率预测的方法 …………………………………… 36

2.2.2 新兴市场固定收益证券的风险 ………………………………………… 39
2.3 权益投资收益率预测 ………………………………………………………… 40
   2.3.1 权益投资收益率预测方法 …………………………………………… 40
   2.3.2 新兴市场权益投资风险 ……………………………………………… 44
2.4 不动产收益率预测 …………………………………………………………… 45
   2.4.1 不动产周期 …………………………………………………………… 45
   2.4.2 不动产投资收益率预测方法 ………………………………………… 45
   2.4.3 不动产投资概况 ……………………………………………………… 47
2.5 汇率的预测 …………………………………………………………………… 48
   2.5.1 贸易流通 ……………………………………………………………… 48
   2.5.2 资本流动 ……………………………………………………………… 50
2.6 波动性的预测 ………………………………………………………………… 52
   2.6.1 样本统计量 …………………………………………………………… 52
   2.6.2 多因子模型 …………………………………………………………… 52
   2.6.3 收缩估计 ……………………………………………………………… 54
   2.6.4 平滑收益率 …………………………………………………………… 54
   2.6.5 时变波动率模型：ARCH 模型 ……………………………………… 54
2.7 全球投资组合的调整 ………………………………………………………… 56

第 2 部分　资产配置

第 3 章　资产配置概述 …………………………………………………………… 63

3.1 投资治理 ……………………………………………………………………… 64
   3.1.1 投资治理的基本概念 ………………………………………………… 64
   3.1.2 投资治理的基本元素与关键点 ……………………………………… 64
3.2 资产配置与经济资产负债表 ………………………………………………… 66
3.3 资产配置的三大方法 ………………………………………………………… 67
   3.3.1 资产分配法 …………………………………………………………… 67
   3.3.2 债务分配法 …………………………………………………………… 68
   3.3.3 目标导向法 …………………………………………………………… 68
3.4 资产分类与因子模型 ………………………………………………………… 69
   3.4.1 资产分类的标准 ……………………………………………………… 69
   3.4.2 基于因子的资产配置 ………………………………………………… 70
3.5 资产配置的实施 ……………………………………………………………… 70
   3.5.1 被动与主动的资产配置策略 ………………………………………… 70
   3.5.2 风险预算 ……………………………………………………………… 72

3.5.3 资产配置中的再平衡 …………………………………………………… 72

第4章 资产配置的原则 …………………………………………………… 77
4.1 资产分配法与均值方差最优化法 ……………………………………… 78
4.1.1 均值方差最优化法的概述 …………………………………………… 78
4.1.2 均值方差最优化法的缺点及其解决方案 …………………………… 80
4.2 债务分配法与目标导向法 ……………………………………………… 83
4.2.1 债务的基本类型与分类 ……………………………………………… 83
4.2.2 债务分配法的具体运用 ……………………………………………… 83
4.2.3 目标导向法的具体运用 ……………………………………………… 85
4.3 其他资产配置方法概述 ………………………………………………… 87
4.3.1 "120减年龄"法则 ………………………………………………… 87
4.3.2 60/40股票/债券法则 ………………………………………………… 87
4.3.3 捐赠基金模型 ………………………………………………………… 87
4.3.4 风险平价法 …………………………………………………………… 87
4.3.5 1/N法则 ……………………………………………………………… 89

第5章 约束条件下的资产配置 …………………………………………… 93
5.1 各种约束条件下的资产配置 …………………………………………… 94
5.1.1 资产规模限制 ………………………………………………………… 94
5.1.2 流动性限制 …………………………………………………………… 95
5.1.3 投资期限限制 ………………………………………………………… 95
5.1.4 法规约束及其他 ……………………………………………………… 95
5.1.5 税收约束 ……………………………………………………………… 96
5.2 资产配置权重的变更 …………………………………………………… 97
5.2.1 战略资产配置的变更 ………………………………………………… 97
5.2.2 战术资产配置的变更 ………………………………………………… 98
5.3 资产配置中的行为偏误 ………………………………………………… 99
5.3.1 损失厌恶偏差 ………………………………………………………… 99
5.3.2 控制幻觉偏差 ………………………………………………………… 99
5.3.3 心理账户偏差 ………………………………………………………… 99
5.3.4 代表性偏差 …………………………………………………………… 100
5.3.5 框架偏差 ……………………………………………………………… 100
5.3.6 易得性偏差 …………………………………………………………… 100

第3部分 衍生品和外汇管理

第6章 期权策略 ……………………………………………………………………… 107
6.1 概述 ………………………………………………………………………… 108
6.1.1 衍生品的分类 …………………………………………………… 108
6.1.2 期权概述 ………………………………………………………… 109
6.2 持保看涨期权和保护性看跌期权 ……………………………………… 109
6.2.1 头寸等价物 ……………………………………………………… 109
6.2.2 持保看涨期权 …………………………………………………… 111
6.2.3 保护性看跌期权 ………………………………………………… 114
6.2.4 总结 ……………………………………………………………… 115
6.3 价差和期权组合策略 …………………………………………………… 115
6.3.1 牛市价差 ………………………………………………………… 115
6.3.2 熊市价差 ………………………………………………………… 118
6.3.3 日历价差 ………………………………………………………… 119
6.3.4 跨式组合 ………………………………………………………… 119
6.3.5 双限期权 ………………………………………………………… 120
6.4 隐含波动率 ……………………………………………………………… 121
6.4.1 隐含波动率概述 ………………………………………………… 121
6.4.2 波动率偏斜和波动率微笑 ……………………………………… 122
6.5 期权应用 ………………………………………………………………… 123

第7章 互换、远期和期货策略 ……………………………………………………… 127
7.1 概述 ………………………………………………………………………… 128
7.2 组合的风险和收益调整 ………………………………………………… 128
7.2.1 利率风险管理 …………………………………………………… 128
7.2.2 汇率风险管理 …………………………………………………… 132
7.2.3 股权风险管理 …………………………………………………… 134
7.2.4 波动率管理 ……………………………………………………… 136
7.3 资产配置 ………………………………………………………………… 139
7.4 市场预期推断 …………………………………………………………… 140

第8章 外汇风险管理 ………………………………………………………………… 144
8.1 外汇风险管理概述 ……………………………………………………… 145
8.1.1 外汇市场概述 …………………………………………………… 145

8.1.2 外汇组合收益和风险 ………………………………………………… 147
8.2 外汇风险管理决策 …………………………………………………………… 150
  8.2.1 投资策略决策 …………………………………………………… 150
  8.2.2 战术决策 ………………………………………………………… 152
  8.2.3 交易策略 ………………………………………………………… 154
  8.2.4 多种货币对冲 …………………………………………………… 157
  8.2.5 新兴市场外汇管理 ……………………………………………… 158

第 4 部分　固定收益组合管理

第 9 章　固定收益组合管理概述 ……………………………………………… 165
9.1 固定收益证券在组合中的角色 …………………………………………… 166
  9.1.1 分散化 …………………………………………………………… 166
  9.1.2 经常性现金流 …………………………………………………… 166
  9.1.3 通货膨胀对冲 …………………………………………………… 166
9.2 固定收益组合的投资目标 ………………………………………………… 167
  9.2.1 基于负债的目标 ………………………………………………… 168
  9.2.2 基于总体收益的目标 …………………………………………… 168
9.3 固定收益组合的风险与回报 ……………………………………………… 170
  9.3.1 衡量单一债券的风险与回报 …………………………………… 170
  9.3.2 衡量债券组合的风险与回报 …………………………………… 171
  9.3.3 债券板块间的相关性 …………………………………………… 171
9.4 收益分析 …………………………………………………………………… 172
  9.4.1 票息收益 ………………………………………………………… 172
  9.4.2 收敛收益率 ……………………………………………………… 172
  9.4.3 由基准收益率变动导致的债券价格预期变动率 ……………… 172
  9.4.4 由利差变动导致的债券价格预期变动率 ……………………… 173
  9.4.5 预期外汇利得或损失 …………………………………………… 173
9.5 其他考量因素 ……………………………………………………………… 174
  9.5.1 流动性 …………………………………………………………… 174
  9.5.2 杠杆 ……………………………………………………………… 176
  9.5.3 税收 ……………………………………………………………… 178

第 10 章　被动型投资策略 …………………………………………………… 182
10.1 负债驱动型策略 …………………………………………………………… 183
  10.1.1 负债驱动型投资 ………………………………………………… 183

10.1.2　单一负债 185
10.1.3　多重负债 191
10.1.4　相关风险 202
10.2　被动投资 203
10.2.1　被动管理 vs 主动管理 204
10.2.2　纯粹指数策略的困难 205
10.2.3　增强指数型策略的具体方案 205
10.2.4　另类被动投资方法 207
10.2.5　环境、社会和治理（ESG）债券投资 210
10.3　基准的选择 211
10.3.1　基准的选择标准 211
10.3.2　基准偏离的原因 211
10.3.3　Smart Beta 策略 211

第 11 章　收益率曲线策略 215

11.1　影响收益率曲线策略的因素 216
11.1.1　收益率曲线的变动 216
11.1.2　久期和凸度 217
11.2　静态收益率曲线 217
11.2.1　买入并持有 218
11.2.2　骑乘收益率曲线 218
11.2.3　回购套息 219
11.2.4　进入期货合约的多头头寸 219
11.2.5　进入利率互换合约的收取固定端 219
11.3　动态收益率曲线 220
11.3.1　水平变动 220
11.3.2　斜率变动 221
11.3.3　曲度变动 223
11.3.4　利率波动率策略 225
11.3.5　组合的关键利率久期 227
11.4　套息策略 227
11.5　收益率曲线策略评估 229
11.5.1　预期收益评估 229
11.5.2　风险评估 230

第 12 章 信用风险管理策略 235
12.1 信用市场上的风险 236
12.1.1 信用风险 236
12.1.2 流动性风险 244
12.1.3 尾部风险 244
12.2 信用分析方法 245
12.2.1 自下而上 246
12.2.2 自上而下 247
12.2.3 因子分析 248
12.3 信用策略 250
12.3.1 信用违约互换 250
12.3.2 信用利差曲线策略 252
12.3.3 全球信用策略 252
12.3.4 结构化的金融工具 253
12.4 分析模型 254

第1部分 资本市场预期

科目导学

考情分析

"资本市场预期"部分共有2章,分别从宏观和微观角度探讨了形成资本市场预期的框架、流程和注意事项。第1章偏重定性考查,主要介绍了资本市场预期的框架和宏观经济分析因素,包括资本市场预期概述、资本市场预测面临的挑战、经济分析和国际互动。其中,资本市场预测面临的挑战和经济分析是重点内容。第2章偏重定量考查,主要内容包括资产收益预测工具与方法,固定收益收益率、权益投资收益率、不动产收益率、汇率、波动性的预测,以及全球投资组合的调整。其中,权益投资和不动产收益率的预测是重要考点。

本部分在 CFA® 三级考试中的分值占比为 5%~10%,即选择题和写作题一共会出 1~2 个案例。但是,大概率会出 2 个案例,即写作题(essay)和选择题各 1 个案例。该部分考查以定性的概念题为主,定量的计算题为辅。计算题涉及的考点主要包括泰勒法则、权益投资和不动产投资的收益率预测。虽然本部分在考试中的分值占比不高,但是综合性较强,学习难度相对较大。考生需要具备一定经济金融基本常识并掌握主要投资产品的基本特点,才能理解和掌握本部分的知识点。

本部分框架图

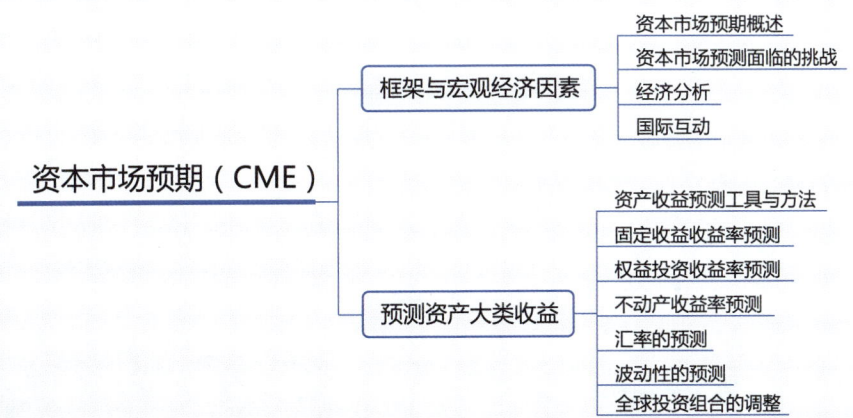

第 1 章
资本市场预期：框架与宏观因素

章节导学

知识引导

为了形成战略性资产配置，投资者必须对未来资本市场的表现进行预测。同时，基金经理在进行具体的资产配置前，也需要对整个资本市场形成预期。本章围绕资本市场预期的框架与宏观因素展开讨论，介绍了资本市场预期的作用、形成资本市场预期过程中可能遇到的挑战、宏观经济分析以及国际互动。

考点聚焦

本章包括 4 部分内容：资本市场预期概述、资本市场预测面临的挑战、经济分析和国际互动。其中，资本市场预测面临的挑战和经济分析是重点内容。考生需要：理解和辨析资本市场预测面临的挑战（尤其是前 5 个挑战）；利用泰勒法则预测目标政策利率；掌握经济预测方法的优缺点；熟悉经济在不同周期所具备的特征；了解货币和财政政策对经济的作用和影响。本章整体偏重定性考查，仅泰勒法则部分涉及定量考查。

本章框架图

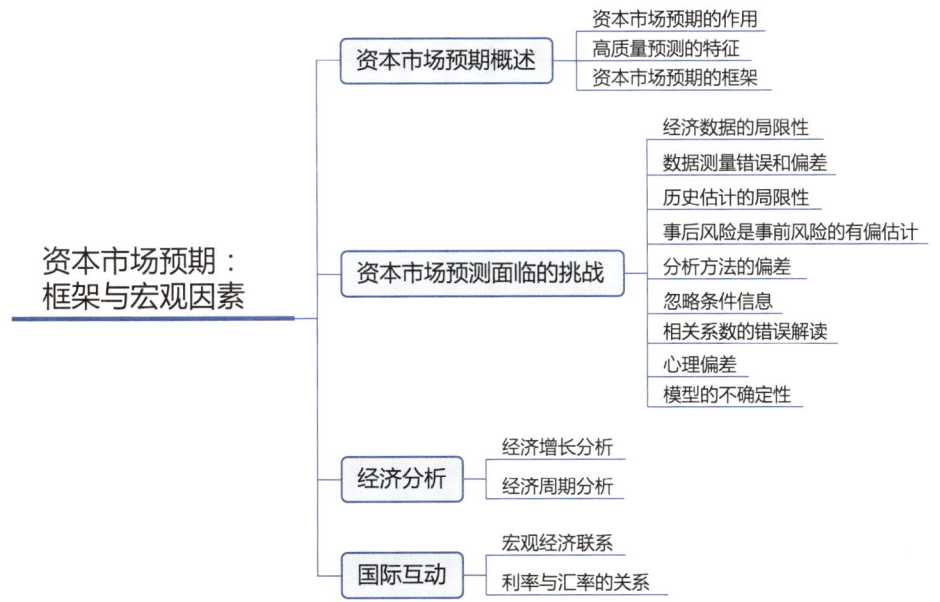

1.1 资本市场预期概述

资本市场预期(capital market expectations，CME) 是指对宏观经济市场和各类资产的风险与收益特征做出预期。资本市场预期可以分为宏观预期和微观预期。其中，宏观预期是预测经济体的整体收益和风险特征，而微观预期是预测某一特定资产大类的情况。

1.1.1 资本市场预期的作用

—考点要求—
探讨（discuss）资本市场预期在投资组合管理流程中的作用（★）

资本市场预期的主要作用是为资产配置决策（asset allocation decisions）提供有效参考信息，是投资者进行战略资产配置（strategic asset allocation）的必要条件。

> **知识一点通**
>
> 为了有效配置投资组合中的资产，分析师首先需对整个资本市场的宏观情况做出预期。其次，基于对宏观情况的预期，分析预测各类资产在宏观环境中的风险与收益特征。最后，根据资产自身的收益和风险特征，结合投资者自身的投资偏好，确定资产的具体配置情况。因此，资本市场预期主要聚焦在长期的预测。

1.1.2 高质量预测的特征

通常，一个高质量的预测具有以下 3 类特征。

（1）无偏（unbiased）、客观（objective）、充分研究的（well researched）。

（2）有效（efficient）：在预测过程中，要尽量减少预测错误。

（3）内部一致（internally consistent）：分析师应确保对同一投资组合预测的一致性。预测的一致性包括两方面：横断面一致性和跨期一致性。横断面一致性（cross-sectional consistency）是指预测组合中不同资产大类的风险和收益时所使用的方法要保持一致。跨期一致性（intertemporal consistency）是指对同一资产大类在不同时间区间内的预期方法需要保持一致。

1.1.3 资本市场预期的框架

—考点要求—
探讨（discuss）投资组合管理流程中的资本市场预期构建框架（★）

为了做出高质量的预测，基金经理们构建了一套规范化分析框架（framework）。该框架包括以下 7 个部分。

（1）明确预测需求：包括需要预测的资产类别及相应的时间范围（time horizons）。

（2）搜集和研究历史数据：历史数据能够为分析提供有效信息，对历史数据的分析可以帮助分析师了解影响大类资产投资收益特征的因素。

（3）确定所采用的预测模型或方法，以及相应模型或方法对数据的要求：CME 的分析师应该明确说明其使用的方法和/或模型，并且应该能够证明其选择的合理性。

（4）决定最佳信息来源：准确（accurate）和及时（timely）的信息源是分析预测的基础。

（5）分析当前投资环境：基于所选数据和方法，结合自身的专业经验，解读和判断当前投资环境。

（6）预测目标指标：针对预测需求，做出合理预测，记录预测结果。

（7）监测实际结果，形成反馈机制：事后对比预测和实际结果，不断优化预测流程。

> **备考小贴士**
>
> 考生只需简单了解上述 CME 框架的 7 个部分即可，无须记忆具体的步骤。

1.2 资本市场预测面临的挑战

利用上述框架进行资本市场预测时，分析师可能会面临以下 9 类挑战。

—考点要求—
探讨（discuss）资本市场预期面临的挑战（★★）

1.2.1 经济数据的局限性

数据是分析和预测的基础，数据本身的局限性可能会影响预测的准确性。在使用特定的经济数据时，分析师需要了解数据的定义、构建方法、时效性（timeliness）、准确性和局限性（limitations）。

经济数据的局限性体现在以下 4 个方面。

1. 时滞（Time Lag）

各类经济数据的核算周期不同，而数据信息的收集、处理和发布过程都需要一定的时间。因此，经济数据存在一定的滞后性。

数据的时滞限制了其有效性。一方面，数据的时滞往往会导致其只能反映历史而非当前的经济情况。例如，对于季度核算的国内生产总值（GDP），其初步核算结果会在季后 15 天左右公布。由于公布的是上一季度的历史数据而非实时数据，故而反映的是历史经济活动。另一方面，使用过于滞后的数据来分析当前经济环境，预测准确率会大幅度降低，加大预测的不确定性。

2. 数据的更新和修订

对于一些时效性要求较高且重要的经济指标，统计部门通常会先公布初步核算结果，之后再进一步核实和修订。例如，我国的 GDP 核算就包括初步核算、初步核实和最终核实这 3 个步骤。在初步核实和最终核实后，统计局对季度 GDP 进行常规修订。

基于修订数据得出的预测结果可能是不可靠的。数据修订的动机及修订后数据的真实性也有待考证。

> **知识一点通**
>
> 例如，印度就多次修改 GDP 的核算方法。2015 年年初，印度通过调整，将其 2013—2014 年 GDP 增速从 4.7% 修正至 6.9%，2014—2015 年 GDP 增速从 4.5% 修正至 5.1%。只是通过修改统计方法，印度的 GDP 一夜倍增。虽然 GDP 数字变得更加漂亮了，但是给分析师预测增加了困难和挑战。

3. 数据定义和计算方法的改变

经济数据的定义和计算方法也会发生改变。例如，印度就是通过调整GDP的基准年份和计价方式，使GDP数据大幅变化。此外，美国劳工部统计司也在1983年和1991年两次对CPI的定义做出重大改变。

4. 指数的定期变基（Re-base）

一些经济和金融数据供应商会定期调整指数的基准年份。一旦指数的基准年份发生调整，不同基准期的数据便不能被直接混用，分析师需要调整后方可使用。

1.2.2 数据测量错误和偏差

在统计测量数据（data measurement）的过程中，可能会存在3类错误和偏差，即转录错误（transcription errors）、幸存者偏差（survivorship bias）和评估数据或者平滑数据问题（appraisal/smoothed data）。

1. 转录错误

转录错误是指在数据收集和记录过程中发生的错误。例如，整合不同数据源的数据时，忘记统一量纲而造成的数据错误。

2. 幸存者偏差

幸存者偏差是指当收集的数据序列只反映幸存者的情况时，数据往往与实际情况不符。其实，大部分基于历史数据的估计或预测模型都会存在幸存者偏差问题。

> **知识一点通**
>
> 幸存者偏差在CFA®一级"另类投资"部分曾介绍过。在对冲基金和私募股权基金的业绩评估中，由于这两类基金的业绩评估依赖于自我报告，基金指数基于市场中的"幸存者"进行编制。这些经过市场检验而存活下来的基金，相对而言收益表现较好。同时，业绩较差或已经被清盘的基金被排除在外，并没有被包含在基金指数中。因此，基金指数的收益率相对于整个市场的真实收益率虚高，存在幸存者偏差。

3. 评估数据或者平滑数据

在分析流动性较差或交易不频繁的资产（如不动产等）类别时，若使用评估数据或平滑数据，则资产自身的收益率的波动性（volatilities）及其与其他资产收益率的相关性（correlations）都往往被低估。

> **知识一点通**
>
> CFA®一级"另类投资"部分介绍的不动产评估指数就存在该类问题。由于对不动产的价值评估是定期的（通常为1年），指数中不动产的估价无法及时更新，造成指数统计数据失真。例如，某不动产指数中包含100个标的不动产。如图1.1所示，在$t=0$时刻，专家对这100个标的不动产的平均估价为V_0。1年后，在$t=1$时刻，专家对这100个标的不动产的平均估价为V_1。看上去，好像平均价格均匀变化，从V_0上升到V_1（如图1.1中蓝色箭头线所示）。但是实际上，这些标的不动产

的平均市场价格有可能在这1年间发生了剧烈的波动（如图1.1中黑色的折线所示）。因此，这样的估计方法相当于对价格变化做了平滑处理（smooth），导致不动产价格的波动被低估。

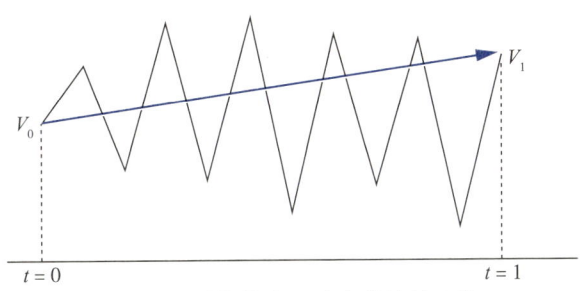

图1.1　某指数中不动产价格的变化

1.2.3　历史估计的局限性

1.2.3.1　历史数据的局限性

使用历史数据预测未来时，需要考虑历史数据的两个局限性。

1. 历史不代表未来

历史并不一定会重演，历史数据可能并不具有代表性，并不能用来预测未来。

2. 历史数据的非平稳性

即使历史数据具有代表性，通过历史数据计算得到的统计指标往往也无法准确预测未来，主要原因在于历史数据本身可能存在非平稳性（nonstationarity）。非平稳性是指由于机制改变（regime change）造成同一数据序列中、不同数据段的统计特征不同。机制是指数据之间的关系，如收益与风险之间的关系。各类突变都有可能造成数据关系的改变，包括一国科技、政治、法律或监管环境的改变，战争或自然灾害的发生等。

> **知识一点通**
>
> 重大历史事件的发生会对数据产生较大影响，使事件前后的数据之间没有可比性。例如，2010年4月16日中国金融期货交易所推出沪深300股指期货，我国A股引入做空机制，进入双边交易时代。因此，2010年后的数据统计特征相比2010年前的数据发生了明显变化，不再具有可比性。

1.2.3.2　数据时间段的选择

在数据平稳的情况下，为了获得更准确的样本统计量，分析师通常更倾向于使用可获得的最长时间段的历史数据而非高频数据进行分析。高频数据可能存在以下两个方面的问题。

(1)统计学要求(statistically required):虽然利用高频数据也可以得到更为准确的样本方差、协方差和相关系数,但是高频数据无法提升样本均值的精度。

(2)变量异步性问题:随着数据统计的频率增高,同一数据集的变量之间可能存在异步性,导致相关系数被扭曲。例如,中国的股市和美国的股市在某一个交易日被打上相同的时间标签,但实际上两个市场的走势由于时区的差异并不完全同步。异步性在每日数据,甚至每周数据中尤为明显。

1.2.4 事后风险是事前风险的有偏估计

> **知识一点通**
>
> 事后风险(ex-post risk)与事前风险(ex-ante risk)的主要区别在于预测评估风险的时间点不同。
>
> 事后风险是事后基于历史数据来评估一个投资标的的风险,常见的事后风险指标是事后波动率(volatilities)。例如,分析师可以通过研究上证指数过去5年所有交易日的收益率数据,计算得出标准差。该标准差就是对过去5年收益率的一个事后风险的衡量。
>
> 事前风险是事前预测投资标的在未来的风险,常见的事前风险指标是风险价值(Value at Risk,VaR)。例如,若某一投资组合在未来一天内,在证券市场正常波动的情况下,95%置信度下的VaR值为300万元,则意味着该投资组合在未来一天内由于市场价格变化而带来的最大损失超过300万元的概率为5%。

事后风险是事前风险的有偏估计,这一问题又被称为"比索问题"(peso problem),其根本原因在于事后分析历史经济数据时,分析师会忽略那些小概率的极端负面事件(negative events)对市场的影响,造成风险被低估、收益被高估。

与上述情形相反的情况也有可能发生。在衡量风险的过程中,若选取的数据时间段正好包含极端事件的观察值,则可能会高估极端负面事件在未来的发生概率,进而造成风险被高估、收益被低估。

> **知识一点通**
>
> 通俗来讲,就是"事后诸葛亮"。例如,站在2019年年底,新型冠状病毒肺炎已经被检测出来。此时,分析师在预测2020年宏观经济形势时,应该考虑到新型冠状病毒肺炎爆发对经济的影响。但由于当时认为此事件发生的概率较小,故而被忽略。现在事后来看,新型冠状病毒肺炎的爆发对全球经济形势都产生了较大的负面影响。

因此,若分析师通过分析历史数据来预测未来的风险,即使预期是理性的,也将导致预测有偏,应适当调整事前风险,如增减合理的风险溢价(risk premium)。

1.2.5 分析方法的偏差

1.2.5.1 分析方法偏差的类型

分析师在实际分析数据之间的关系时，会采用不同的研究分析方法。而这些方法本身可能存在一定的偏差，包括数据挖掘偏差（data-mining bias）和时间段偏差（time-period bias）。

1. 数据挖掘偏差

数据挖掘偏差是指分析师反复研究同一数据集后得出统计学意义显著但缺乏经济原理（economic rationale）支撑的模型或结论的现象。通俗来讲，数据挖掘偏差就是将巧合视作规律。

因此，分析师在分析数据关系时要注意：相关关系（correlation）并不等同于因果关系（causation）。

2. 时间段偏差

时间段偏差是指研究分析的模型或结论只适用于特定时间段内的现象。

> **知识一点通**
>
> 通俗来讲，时间段偏差就是将短期规律视作长期规律。例如，历史数据表明，原油现货和原油期货之间的价差相对较小，通常在每桶 0.1~0.2 美元；但是，由于 2020 年新型冠状病毒肺炎的疫情影响，两者之间的价差持续扩大至 10 美元。如果分析师只研究 2020 年前后的价差数据就有可能认为期货和现货之间的价差通常情况下较大，即时间段偏差。

1.2.5.2 分析方法偏差的避免

分析师可以通过以下 3 步尽量避免上述两种偏差的发生。

（1）仔细检查分析中变量的选择是否合适。

（2）考察数据的相关性是否存在经济意义上的联系。

（3）历史数据分段：分析师可以将历史数据分成两段，一部分作为样本用作模型分析，另一部分作为样本外数据（out-of-sample data）以检验模型的正确性。

1.2.6 忽略条件信息

资产的风险与收益特征是会随着经济周期的改变而发生变化的。基于历史数据统计得到的风险和收益指标可能包含多个经济周期条件。因此，在预测相关指标时，分析师应对不同经济条件下的资产表现进行分类讨论，不能一概而论。

例题 1.1

Jen 利用 CAPM 模型来预测资产的未来收益状况。假设该国无风险利率为 3%，未来经济处于衰退期和扩张期的概率，某资产在相应经济周期下的 β 值，和对应经济周期下市场的预期收益率如下表所示。

经济周期相关数据

经济周期条件	衰退期	扩张期
概率	30%	70%
市场收益率	5%	13%
资产 β 值	0.7	1.3

请分别计算该资产包含条件信息和忽略条件信息的无条件预期收益率。

名师解析

1. 包含条件信息的无条件预期收益率

（1）分别计算在两种经济周期下资产的条件预期收益率（conditional expected return），即根据上表的条件信息得到的收益率。

若经济未来处于衰退期，则预期收益率为：

$E(R_1) = r_f + \beta \times (R_m - r_f) = 3\% + 0.7 \times (5\% - 3\%) = 4.4\%$

若经济未来处于扩张期，则预期收益率为：

$E(R_2) = r_f + \beta \times (R_m - r_f) = 3\% + 1.3 \times (13\% - 3\%) = 16\%$

（2）根据两种周期下资产的条件预期收益率和两种经济周期发生的概率，得到无条件预期收益率（unconditional expected return）。无条件是指不考虑经济周期。

$E(R) = 30\% \times 4.4\% + 70\% \times 16\% = 12.52\%$

2. 忽略条件信息的无条件预期收益率

（1）分别计算两种经济条件下的无条件市场收益率和无条件 β 值。

Unconditional $R_m = 30\% \times 5\% + 70\% \times 13\% = 10.6\%$

Unconditional $\beta = 30\% \times 0.7 + 70\% \times 1.3 = 1.12$

（2）根据无条件市场收益率和无条件 β 值，计算无条件预期收益率。

$E(R) = r_f + \beta \times (R_m - r_f) = 3\% + 1.12 \times (10.6\% - 3\%) = 11.51\%$

根据计算结果可以看出，第 2 种算法未能正确考虑经济条件信息，故而低估了资产的无条件预期收益率。

> **备考小贴士**
>
> 上述例题的计算不需要掌握，只是为了举例说明，方便考生理解。考生只需定性理解概念即可。

1.2.7 相关系数的错误解读

即使分析师发现了变量之间的相关性，也可能会对变量间的具体关系产生错误解读。相关系数的错误解读（misinterpretation of correlations）包括以下两个方面。

1. 变量关系的错误解读

当 A 和 B 两个变量显著相关时，A 和 B 之间的关系至少存在以下 4 种解读。

（1）A 是 B 的驱动因子，故而可以用 A 来预测 B。
（2）B 是 A 的驱动因子，故而可以用 B 来预测 A。
（3）变量 C 是 A 和 B 的共同驱动因子，故而可以用 C 来预测 A 和 B。
（4）伪相关，没有经济意义上的联系。

因此，分析师发现变量之间的相关性后，仍需要做进一步研究分析，分析 A 和 B 内在的经济学联系。只有被确认的变量关系才可以用作模型预测。

2. 相关系数的错误解读

相关系数仅反映变量之间的线性关系（linear relationship）。若变量之间的相关系数为 0，只能说明两者之间没有线性关系，不意味着两者之间没有其他关系，例如，可能存在倒数等非线性关系（nonlinear relationship）。

> **知识一点通**
>
> 例如，CFA®二级"经济学"中的柯布-道格拉斯生产函数中的变量之间就存在非线性关系。生产函数的表达式为：
>
> $$Y = AK^{\alpha}L^{(1-\alpha)}$$
>
> 通过取自然对数，可以将非线性关系转变为下式中的线性关系：
>
> $$\ln Y = \ln A + \alpha \ln K + (1-\alpha) \ln L$$

1.2.8 心理偏差

分析师在进行预测分析的过程中受到自身行为的影响，可能会存在以下 6 种心理偏差（psychological biases）。

1. 锚定偏差（Anchoring Bias）

锚定偏差是指分析师倾向于给最初接收到的信息一个非合理水平的认可权重，之后再基于最初的信息不断调整。如果后续调整得不够充分，则分析结论可能持续存在偏差。

2. 现状偏差（Status Quo Bias）

现状偏差是指分析师倾向于保持现有的预测观点，不愿对其做出调整。例如，若当前市场处于高增长阶段，则分析师会继而倾向于认为下一阶段仍会继续高速增长。

3. 确认偏差（Confirmation Bias）

确认偏差是指分析师主动寻找并更加认可支持其原有观点的证据，并刻意忽略与原有观点相悖的证据。实务中，分析师应该公平地对待所有证据，尽量避免该偏差。

4. 过度自信偏差（Overconfidence Bias）

过度自信是指分析师对于自己的直觉判断、知识和能力等产生了超乎合理的自信，故而高估自己分析的准确性或者遗漏一些假设情形。

5. 谨慎偏差（Prudence Bias）

谨慎偏差是指分析师更倾向于做出一个温和的预测，以避免在预测结果较为极端或激进时，损害其声誉或职业前景。

6. 易得性偏差（Availability Bias）

易得性偏差是指由于人们容易被印象深刻的事件影响，分析师的预测结果也很容易受到印象深刻的，或者容易回忆起的事件的影响。

> **备考小贴士**
>
> 心理偏差的相关知识点在"资本市场预期"部分考查较少，此处考生简单了解各类偏差的概念即可。

1.2.9 模型的不确定性

模型的不确定性（model uncertainty）是指分析所使用的模型可能存在结构或概念性的错误，包括参数不确定性（parameter uncertainty）和输入不确定性（input uncertainty）。

参数不确定性是指由于量化模型的参数估计总是存在一定的错误，因此模型预测结果可能存在错误。输入不确定性是指由于模型的输入值可能错误，继而造成预测结果错误。

> **备考小贴士**
>
> 资本市场预测面临的挑战是历年 CFA® 三级考试的重点，选择题考查的可能性较大，考生需要理解每一类挑战的基本概念。这 9 个挑战中，前 5 个挑战更为重要，考查的概率更高。

1.3 经济分析

历史研究表明，资产的实际收益率和预期收益率与经济活动存在着直接联系。经济产出受到经济长期增长趋势和周期变化因素的共同影响。一国经济增长趋势的变化会影响资产大类在长期的预期回报，而周期变化因素会直接影响具体资产大类的风险与收益特征。

1.3.1 经济增长分析

1.3.1.1 外部冲击

经济增长趋势（economic growth trends）是指国内生产总值（GDP）的长期平均增长路径，会受到外部冲击（exogenous shocks）的影响。

—考点要求—
解释（explain）外部冲击如何影响经济增长趋势（★）

1. 外部冲击的类型

常见外部冲击的来源有以下 6 类。

（1）政策变化。任何显著的、非预期的、并且持久的政策变化（policy changes）都有可能对经济增长趋势产生影响。政府可以通过制定合理的财政政策和税收政策、减少对私人部门的干预、鼓励私人部门的竞争、促进基础设施建设和教育等手段促进经济的增长。

> **知识一点通**
> 政府可以通过定向调整税率来直接影响相关经济活动。例如，通过降低股息税（dividend tax rate），可以促进投资活动，从而刺激经济。

（2）新事物的产生。新产品、新市场和新科技的产生与广泛的商业化应用会促进经济的增长。例如，蒸汽机、计算机、互联网的产生和发展都开启了经济增长的新纪元。

（3）地缘政治。一国政治环境的稳定会降低投资风险，继而吸引外资，促进当地经济发展。而地缘政治冲突（geopolitical conflict）的发生会导致资源转移至经济生产效率较低方面，从而减缓经济增长。例如，由于 A、B 两国发生军事冲突，两国加大军费开支，进而对两国的经济均造成影响。

（4）自然灾害（natural disasters）。自然灾害会破坏生产能力。从短期来看，自然灾害可能会降低增长，但如果在重建过程中，使用更高效的设施取代旧产能，它实际上可能会促进长期增长。

（5）自然资源或关键生产要素的发现。自然资源或关键生产要素的发现会提高生产要素水平，降低生产要素的成本，促进当地经济发展。例如，大型油田的发现会提高石油供给量，降低石油价格，继而降低企业的生产成本，促进经济增长。

（6）金融危机（financial crises）。金融危机对一国经济的产出水平和趋势增长率的影响较为复杂，分析师需要针对具体情况具体分析。

2. 外部冲击分析的重要性

分析师需要重视对外部冲击的分析，主要原因有以下两方面。

（1）外部冲击难以预测。由于外部冲击较难提前预测，属于新信息（new information），并未反映在当前市场价格中，可能会造成资产价格的大幅度波动。所以，分析师需要特别注意。

（2）外部冲击会影响历史数据的稳定性。上述 6 种外部冲击都可能造成前文提到的机制改变（regime changes），造成历史数据的非稳定性。

> **备考小贴士**
>
> 关于外部冲击这一知识点，考生需要掌握：① 外部冲击的类型及其对经济的影响；② 分析师需要格外关注产生外部冲击的原因。

1.3.1.2 经济增长趋势分析在 CME 中的应用

―考点要求―
探讨（discuss）经济增长趋势分析在资本市场预期中的应用（★）

经济增长趋势分析对 CME 的形成至关重要。一方面，经济趋势增长率是现金流折现模型的重要参数，会直接影响模型预测的结果。另一方面，宏观经济的趋势增长是绝大部分资产的主要增长驱动因素。

经济增长趋势分析包括两方面：经济增长率的预测和资产收益率与经济增长率的关系分析。

1. 经济增长率的预测

> **知识一点通**
>
> 在 CFA® 三级"资本市场预期"部分，经济增长就是指 GDP 增长，特殊说明的除外。

（1）劳动生产率增长核算方程。在 CFA® 二级"经济学"中提及，通过对总产出（Y）的拆分与变形，经济学家得到劳动生产率增长核算方程（labor productivity growth accounting equation）来预测经济增长率。劳动生产率增长核算方程的表达式为：

$$\%\Delta Y = \%\Delta y + \%\Delta L \tag{1.1}$$

公式（1.1）中，$\%\Delta Y$ 为潜在 GDP 增长率（growth rate in potential GDP）；$\%\Delta y$ 为长期劳动生产率增长率（long-term growth rate in labor productivity）；$\%\Delta L$ 为长期劳动力增长率（long-term growth rate of labor force）。

> **知识一点通**
>
> 公式（1.1）的推导过程和详细解释是 CFA® 二级"经济学"的知识点，此处不再赘述。

（2）劳动力（labor force）增长。劳动力计算公式为：

$$劳动力 = 适龄工作人口 \times 劳动参与率 \tag{1.2}$$

因此，劳动力的增长包括两方面：

① 潜在劳动力规模的增长。并非所有的人口（population）都是劳动力，只有适龄工作人口（working-age population）的增加才有可能促进劳动力的增加。

② 劳动参与率的提高。并非所有适龄人口都会参与劳动，只有劳动参与率的提高才能真正促进劳动力的增加。

（3）劳动生产率（labor productivity）的增长。在 CFA® 二级"经济学"中柯布-道格拉斯生产函数部分提及，劳动生产率的促进因素主要有两个：

① 资本深化（capital deepening），即人均资本的增加。
② 技术进步（technological progress），即全要素生产率（total factor productivity，TFP）的提升。

因此，可以通过增加资本投资和促进科技进步来提高劳动生产率。

2. 资产收益率与经济增长率的关系分析

经济增长率会影响资产收益率，尤其是权益市场的长期收益率。

（1）权益市场价值的组成。

> **知识一点通**
>
> 整个股票市场的总价值（P）可以被拆分为下列 3 项：
>
> $$P = \text{GDP} \times \frac{E}{\text{GDP}} \times \frac{P}{E}$$
>
> 公式中，E 为所有企业的总收益（earnings）；$\frac{E}{\text{GDP}}$ 为企业收益占 GDP 的比例（share of corporate earnings/profits in GDP）；$\frac{P}{E}$ 为股市整体市盈率（price-to-earnings ratio，P/E multiple）。

整个权益市场的总价值可以分解成 3 个部分：

$$V_t^e = \text{GDP}_t \times S_t^k \times PE_t \tag{1.3}$$

式中，V_t^e 代表权益市场的总市场价值（aggregate market value of equity）；GDP_t 代表名义国内生产总值（nominal gross domestic product，nominal GDP）；S_t^k 代表企业收益占整个经济总量的比重（the share of profits in the economy）；PE_t 代表权益市场整体市盈率（P/E ratio）。

因此，权益市场价值的增长率可表示为：

$$\%\Delta V_t^e = \%\Delta \text{GDP}_t + \%\Delta S_t^k + \%\Delta PE_t \tag{1.4}$$

> **知识一点通**
>
> 公式（1.4）的推导过程如下。仅要求掌握结论，对自然对数和偏导不做要求。
>
> 对公式（1.3）两边同时取自然对数，可得：
>
> $$\ln V_t^e = \ln \text{GDP}_t + \ln S_t^k + \ln PE_t \tag{1.5}$$
>
> 对公式（1.5）求偏导可得：
>
> $$\frac{\Delta V_t^e}{V_t^e} = \frac{\Delta \text{GDP}_t}{\text{GDP}_t} + \frac{\Delta S_t^k}{S_t^k} + \frac{\Delta PE_t}{PE_t}$$

即：

$$\%\Delta V_t^e = \%\Delta GDP_t + \%\Delta S_t^k + \%\Delta PE_t \qquad (1.4)$$

由公式（1.4）可知，股票市场价值的变化率由 3 个部分组成：GDP 变化率（$\%\Delta GDP_t$）、企业收益占 GDP 比重的变化率（$\%\Delta S_t^k$）以及市盈率的变化率（$\%\Delta PE_t$）。

（2）权益市场收益率的组成。权益市场的回报有两个来源：资本利得和股利分红。但是，公式（1.4）中的 $\%\Delta V_t^e$ 只反映了资本利得所带来的回报。若考虑股利分红，则权益市场的总收益率（R_e）应为：

$$R_e = \%\Delta GDP_t + \%\Delta S_t^k + \%\Delta PE_t + \text{Dividend yield} \qquad (1.6)$$

公式（1.6）中，Dividend yield 为股息率（annual dividends/market value）。

更进一步，$\%\Delta GDP_t$ 为名义 GDP 的增长率，可以表示为：

$$\%\Delta GDP_t = \%\Delta\text{Real GDP} + \text{Inflation rate}$$

式中，$\%\Delta$Real GDP 为实际 GDP 增长率；Inflation rate 为通货膨胀率。

最终，权益市场的总收益率（R_e）可表示为：

$$R_e = \%\Delta\text{Real GDP} + \text{Inflation rate} + \%\Delta S_t^k + \%\Delta PE_t + \text{Dividend yield} \qquad (1.7)$$

> **备考小贴士**
>
> 公式（1.4）和公式（1.7）都有可能定量考查，考生需理解记忆这两个公式。考题可能会给出一定的数据条件，要求计算权益市场总收益率。

（3）经济增长与权益市场的关系。在短期，GDP、企业收益在国内生产总值中的比重和市盈率都会影响权益市场的价值。但是在长期，企业收益占 GDP 的比重和市盈率均保持稳定水平，所以企业收益占 GDP 比重的变化率（$\%\Delta S_t^k$）和市盈率的变化率（$\%\Delta PE_t$）趋近于零，这两部分均属于不可持续的回报，或称为额外回报（extra return）。因此，权益市场价值的长期增长主要来源于 GDP 的增长。

由此，公式（1.4）可简化为：

$$\%\Delta V_t^e = \%\Delta GDP_t \qquad (1.8)$$

继而，公式（1.7）可简化为：

$$R_e = \%\Delta GDP_t + \text{Dividend yield} \qquad (1.9)$$

所以，权益市场的长期收益率取决于经济增长率和股息率。通常一个国家整体的股息率是较为稳定的，因此，对经济增长的预测就显得尤为重要。

1.3.1.3　经济预测的主要方法

—考点要求—
比较（compare）经济预测的主要方法（★）

常见的经济预测方法主要有 3 种，即计量经济模型法（econometric models）、经济指标法（economic indicators）和清单核对法（checklist approach）。

1. 计量经济模型法

计量经济模型法是指通过统计学方法分析经济变量并构建模型后,利用模型预测宏观经济走势。

> **知识一点通**
>
> 其实,计量经济模型在 CFA® 二级的 "固定收益证券" 部分已经详细阐述过,虽然 CFA® 三级 "资本市场预期" 部分所介绍的模型与 "固定收益证券" 部分有所区别,但整体逻辑类似。

(1) 计量经济模型的类型。

根据构建模型的依据,计量经济模型分为 2 类:结构模型(structural models)和简约模型(reduced-form models)。

结构模型是基于历史的或前人的已经证实的经济学理论(economic theory)来构建模型,其本质是经验模型。分析师会基于经济学理论选取变量并构建模型方程。然后,用数据去检验其可能性,分析得出变量之间的关系。

简约模型与经济理论的连接并不如结构模型紧密,可以看作结构模型的简约版本。在极致情况下,可以摆脱前人理论的束缚,完全由数据驱动,即依据数据本身所表现出来的关系构建模型。

(2) 计量经济模型法的优缺点。

计量经济模型法主要有以下 4 个优点:

① 模型相对稳健(robust):由于模型可以包含多个变量,可以尽可能地模拟各种场景。

② 模型可以重复使用并快速更新:虽然构建模型的过程较为复杂,但一旦构建成功,就可以反复使用。分析师只要更新数据就可以快速获得结果。

③ 预测结果可以量化:模型可以定量估计(quantitative estimates)外生变量(exogenous variables)变化所带来的影响。

④ 模型可以使预测结果具有规律性(discipline)和一致性(consistency)。

计量经济模型法有以下 5 个缺点:

① 模型相对复杂(complex)且构建模型耗时较长(time-consuming)。

② 模型的输入数据很难预测。

③ 经济变量之间的关系为动态(dynamic)变化,需要及时更新变量之间的关系。

④ 可能会得到精确的错误结果。虽然模型的预测结果通常很精确,但模型本身或其假设可能存在偏差,导致预测出的结果并不具有经济学含义。

⑤ 模型通常只能预测未来的长期走势而无法有效预测拐点(turning points)。退一步讲,即使模型能够成功预测拐点,由于数据本身的限制,也会造成预测滞后。

2. 经济指标法

经济指标法是指利用宏观经济指标来预测宏观经济走势。

(1) 经济指标的类型。

按照经济指标自身变化规律与经济周期的关系，经济指标通常被分成 3 类，包括先行经济指标（leading economic indicators，LEI）、同步经济指标（coincident economic indicators）和滞后经济指标（lagging economic indicators）。

先行经济指标的拐点通常领先于总体经济的拐点，其价值在于预测经济未来的走势。同步经济指标与经济总体变化拐点相同，其价值在于确定经济当前的走势。滞后经济指标的拐点通常滞后于总体经济的拐点，其价值在于确认上一个经济周期的终结。

（2）基于先行指标的经济分析法（leading indicator-based analysis）。

基于先行指标预测宏观经济的参考依据既可以是单个先行指标也可以是扩散指数（diffusion index）。扩散指数可以被视为一系列先行指标的综合指数（composite），可以通过计算一系列先行经济指标的升降变化情况得到。

> **知识一点通**
>
> 简单来讲，扩散指数衡量了一系列经济指标中，预测经济上行或下行的比例或数量。例如，选 20 个先行经济指标，其中有 3 个表示经济会下行，其余 17 个皆表示经济会上行，则根据经济指标分析方法，分析师判断未来经济会扩张。

（3）经济指标法的优缺点。

经济指标法主要有以下 3 个显著优点：

① 构造方法简单（simple）直接（intuitive）。相较于构建过程复杂的计量经济模型，经济指标法使用的是现成的指标数据，构建和分析过程更加简单直接。

② 主要被用来确认拐点。

③ 可以从第三方机构获取经济指标的相关数据，使后续的数据跟踪较为容易。

经济指标法也存在以下 3 个缺点：

① 经济数据经常修正（revision）。若分析师使用未修正的当前数据进行预测，则当前数据并不可靠，可能会造成错误的预测结果。若分析师使用修正过的历史数据进行预测，则可能会面临样本数据过度拟合（overfitted in-sample）的问题。

② 分析结果不稳定，经济指标可能给出错误的信号。不同的经济指标所预测出来的结果之间有可能存在不一致的现象。

③ 经济指标本身所反映出来的信息非常有限，通常只能提供一个二元方向指导（binary directional guidance），即只能简单预测未来的趋势方向，无法提供更多信息。

3. 清单核对法

清单核对法围绕与经济预测相关的问题展开。

（1）清单核对法的主要步骤。

清单核对法主要包括以下 3 个步骤：

① 分析师起草一系列与经济预测相关的问题，形成问题清单。

② 通过咨询相关专家意见、查询并研究相关信息，对清单上的所有问题做出回应。

③ 整合与问题相关的所有信息，判断未来经济走势。

（2）清单核对法的优缺点。

清单核对法主要有以下 3 个优点：
① 相对简单，复杂性有限（limited complexity）。
② 更加灵活（flexible），结构变化相对容易，增加或删减相关数据更加方便。
③ 涉及的信息广泛（breadth），几乎可以包括任何话题、分析角度、经济理论或经济假设。

清单核对法存在以下 4 个缺点：
① 主观（subjective）：整个分析过程涉及的主观判断较多，预测结果相对主观。
② 耗时过长（time-consuming）。
③ 手动操作（manual process）过程过多，从而限制了模型的复杂性和分析深度。
④ 分析结果的一致性（consistency）较差：不同时间点分析问题所使用的清单不同，继而造成分析结果不一致。

> **备考小贴士**
> 经济预测分析方法通常以定性的方式考查，可能在选择题中考查，要求考生判断每个方法的优缺点。因此，考生只需简单了解每种方法的具体原理和操作过程，但要重点掌握各方法的优缺点，尤其是计量经济模型法和经济指标法。

1.3.2 经济周期分析

1.3.2.1 经济周期的阶段

> **知识一点通**
> 在 CFA® 一级"经济学"中已经专门有一个章节介绍经济周期的基本知识，经济周期被分为 4 个阶段，即复苏期、扩张期、放缓期和收缩期；而在 CFA® 三级"资本市场预期"部分，为了更好地形成资本市场预期，经济周期被划分为 5 个阶段。

—考点要求—
探讨（discuss）经济周期对短期和长期预期的作用原理（★★★）

经济周期（business cycle）是指一国经济发展的周期性变化。通常情况下，经济周期包括 5 个阶段：初步复苏（initial recovery）、扩张早期（early expansion）、扩张后期（late expansion）、经济放缓（slowdown）和经济收缩（contraction）。

1. 初步复苏
初步复苏阶段的主要特征包括：
（1）持续时间较短，通常是经济到达谷底后的几个月。
（2）企业家信心增加。
（3）政府执行刺激性宏观经济政策。
（4）产出缺口（output gap）较大。
（5）通货膨胀减缓。
（6）消费者住房和耐用消费品的相关支出增加。

经济初步复苏时资本市场的表现如下：

(1) 债市。

① 短期利率较低：政府执行宽松的货币政策，会降低短期利率，刺激经济。

② 政府债券收益率较低：由于当前经济处于初步复苏阶段，大多数投资者仍然会选择购买风险较低的政府债券，债券供小于求，债券价格上升，债券收益率下降。

③ 债券收益率可能继续下降或者触底反弹：债券收益率由实际收益率和预期通货膨胀率构成。若投资者预期未来经济面临进一步通货收缩（disinflation），则预期通货膨胀率下降，债券收益率继续下降。若投资者预期未来经济复苏，则债券收益率触底反弹。

④ 高收益公司债券和新兴市场债券的表现优异。

(2) 股市。

① 股票市场整体快速回暖：商业信心的增加使人们对未来的预期较为乐观。

② 周期性资产（cyclical assets）和高风险资产表现优异，如小盘股、新兴市场股票等。

2. 扩张早期

扩张早期的主要特征包括：

(1) 持续时间较长。

(2) 失业率开始下降。

(3) 产出缺口依然为负。

(4) 消费者信心和商业信心进一步增加：消费者开始借贷消费，生产者开始投资和生产。

(5) 企业利润快速增加。

(6) 消费者住房和耐用消费品的需求旺盛。

(7) 通货膨胀率较低，但温和上涨。

在扩张早期，资本市场的表现如下：

(1) 债市。

① 短期利率上升：政府逐渐回收之前宽松的货币政策所释放的流动性。

② 长期债券收益率稳定或小幅度上涨。

③ 收益率曲线（yield curve）趋缓（flatten）。

(2) 股市整体呈现上升趋势。

3. 扩张后期

扩张后期的主要特征包括：

(1) 经济有过热的危险。

(2) 产出缺口关闭。

(3) 物价持续上涨，通货膨胀上升：失业率下降的同时企业利润提高，使工资水平上升，需求旺盛，物价持续上涨。

(4) 企业负债水平升高，投资支出增加：厂商需要融资来增加投资、提升产能来满足市场需求。

在扩张后期阶段，资本市场的表现如下：

(1) 债市。
① 短期利率上升：政府为了抑制经济过热的现象，实行紧缩的货币政策，造成短期利率上升。
② 长期债券收益率上涨，但上涨幅度小于短期利率。
③ 收益率曲线（yield curve）进一步趋缓。
④ 私人部门的信贷使信用市场承压。
(2) 股市。
① 股票行情继续上涨，并达到顶峰。
② 风险和波动性增加：过热的经济使人们担忧未来的行情，市场的不确定性增加。
③ 周期性资产的业绩表现逊于大盘，抗通胀类投资产品（如不动产和大宗商品）表现较好。

4. 经济放缓

经济放缓阶段的主要特征包括：
(1) 持续时间通常较短。
(2) 企业家信心下降。
(3) 通货膨胀率继续增加。

在经济放缓阶段，资本市场的表现如下：
(1) 债市。
① 短期利率水平较高，且可能继续上升并到达顶峰。
② 债券收益率触顶并可能大幅度下降。
③ 债券收益率曲线可能会倒置（invert）：一方面，紧缩的货币政策导致短期利率上升；而另一方面，紧缩的财政政策使政府的长期支出下降，在长期市场上对资金的需求下降，长期利率下降。
④ 信用利差（credit spread）增加：信用评级较低的债券与国债债券收益率之差变宽。
(2) 股市。
① 股票行情开始走低。
② 利率敏感型股票和收益稳定的绩优股业绩表现优异。

> **知识一点通**
>
> 　　由于经济开始下滑，利率整体下降，对于债务驱动型企业而言，融资成本下降，企业利润空间扩大，业绩表现较好。例如，不动产行业。
> 　　对于盈利稳定的绩优股而言，市场波动对其影响较小。即使经济放缓，经济周期的变化对其业绩影响较小。

5. 经济收缩

经济收缩阶段（contraction）的主要特征包括：
(1) 持续时间通常为 12~18 个月。
(2) 商业信心和利润急剧下降，企业家削减投资支出，破产增加。

（3）失业率有可能迅速攀升。
（4）通货膨胀率触顶后下降。

经济收缩期资本市场表现如下：

（1）债市。

① 短期利率大幅度下降：政府执行宽松的货币政策以刺激经济，货币供给量上升，短期利率下降。

② 债券收益率下降：经济收缩时，固定收益产品的需求增加，债券价格上升，收益率下降。

③ 收益率曲线变得更加陡峭：虽然短期利率和长期债券收益率都下降，但短期利率更加敏感，下降的幅度更大。

④ 在经济触底信号来临之前，信用利差会进一步增加。

（2）股市。

① 在收缩早期，股市会继续下行。

② 在收缩快结束的阶段，股市会领先于实体经济触底反弹。理论上，股市是经济的晴雨表，投资者的预期领先于并影响实体经济的活动。

> **知识一点通**
>
> 由于经济周期各阶段的特点在 CFA® 一级"经济学"中已经详细阐述过，因此在三级中需要重点理解的是资本市场的表现。各阶段资本市场的表现总结如表 1.1 所示。
>
> 表 1.1 资本市场的周期性表现
>
> | 阶段 | | 初步复苏 | 扩张初期 | 扩张后期 | 经济放缓 | 经济收缩 |
> |---|---|---|---|---|---|---|
> | 债市 | 短期利率 | 低 | 上升 | 上升 | 上升并到达顶峰 | 大幅度下降 |
> | | 长期债券收益率 | 下降；触底反弹 | 稳定；小幅度上涨 | 小幅度上涨 | 触顶后大幅度下降 | 下降 |
> | | 收益率曲线 | 向上倾斜 | 趋缓 | 进一步平缓 | 可能会倒置 | 重新变得陡峭 |
> | 股市 | 整体行情 | 轻快上扬 | 上升 | 上涨并达到顶峰 | 开始走低 | 早期下行；后期触底反弹 |
> | | 优质资产 | 周期性资产；高风险资产 | 股票 | 抗通胀类资产 | 利率敏感型股票；绩优股 | — |

> **备考小贴士**
>
> 经济周期各阶段的特点和资本市场的表现是考试的重点。考生需要在理解经济周期各阶段特点的基础上，重点关注资本市场的表现。考试的时候可能有 3 种考法：① 给出特定阶段，描述该阶段的 2~3 个特征，考生需判断正误；② 根据已知的特点，判断经济所处的阶段；③ 在考法②的基础上，考生需根据所判断出的阶段做出相应的投资决策，对资产进行配置。

—考点要求—
探讨（discuss）经济周期对短期和长期预期的作用原理（★★★）

1.3.2.2 经济周期分析与 CME 的关系

经济周期分析的主要作用是鉴别经济周期不同时段内的投资机会。理解经济周期阶段的特点有利于形成资本市场预期。但是，从经济周期分析中形成资本市场预期的过程相对复杂，主要原因有以下 3 点。

（1）经济周期各阶段的持续时长和强度不断发生变化，其拐点较难预测。

（2）有时很难区分引起经济变化的驱动因素是短期周期影响因素（cyclical factors）还是长期驱动因素（secular factors）。

（3）资本市场的收益率不仅与实体经济中的生产活动相关，而且还取决于投资者的预期和风险承受能力。在资本市场预期中认为投资者是理性人，但在实体经济活动中，人们是非理性的，故而投资者个人所表现出的行为偏差会对资本市场产生影响。

通常情况下，当经济处于扩张和收缩阶段时，经济周期分析对资本市场预期的形成更有价值且更可靠。

1.3.2.3 经济周期与通货膨胀

1. 通货膨胀的相关概念

与通货膨胀相关的概念包括通货膨胀（inflation）、通货紧缩（deflation）和通货收缩（disinflation）。

通货膨胀是指整体物价水平的持续上涨。通常情况下，经济都伴随着一定的通货膨胀。各国的央行试图维持一个温和的通货膨胀率。同时，通货膨胀还表现出顺周期（procyclical）特征。

通货紧缩与通货膨胀相反，是指整体物价水平处于持续下降的过程。当经济处于通货紧缩时，通货膨胀率为负。

通货收缩（或反通货膨胀）是指通货膨胀率的下降。此时，整体物价仍持续上涨，但通货膨胀率下降。例如，通货膨胀率从 20% 下降到 5% 就是通货收缩现象。

2. 通货紧缩的危害

虽然通货紧缩的情况相对少见，但是通货紧缩一旦发生，就会对以下两方面产生显著的负面影响。

（1）债务融资类投资（debt-financed investments）。

债务融资类投资活动减少，债务融资类资产价值大幅度下降，债务违约会增加，市场处于恐慌性抛售状态。

（2）央行的权力（the power of central banks）。

通货紧缩时常伴随着低利率现象。此时，央行的权力受到制约，很难再通过常规性货币政策去促进经济增长，只能采取量化宽松（quantitative easing, QE）等更为激进的方法来释放流动性、刺激经济。

3. 通货膨胀对资产收益率的影响

当经济经历通货膨胀或通货紧缩时，现金、债券、权益资产和不动产这 4 大类资产的收益率表现各不相同。

（1）现金。

在升息环境中的央行政策引导下，现金至少可以获得与通货膨胀率相等的回报，故而属于通胀保值资产。当经济处于通货紧缩时，资本市场整体下行，现金的名义收益率最低为 0，相较于其他名义收益率可能为负的投资产品，现金的投资表现更好。

—考点要求—
解释（explain）经济周期与通货膨胀的联系（★★）

—考点要求—
解释（explain）通货膨胀对现金、债券、权益投资、不动产投资收益率的影响（★）

> **知识一点通**
>
> 考生需要注意，此处现金（cash）是指短期附息工具（short-term interest-bearing instruments），而非通常认为的货币或零息存款。

（2）债券。

持续的通货膨胀会使债券的价格下降，实际收益率下降。

> **知识一点通**
>
> 根据费雪效应，给利率定价时，名义利率包括实际利率和预期通货膨胀。若通货膨胀率持续增加，预期通货膨胀增加，名义利率增加。由于债券的名义收入现金流不变，折现率的增加会使债券价值下降，实际投资收益率下降。

持续的通货紧缩对各类债券的影响不同。在通货紧缩的环境下，只有信用评级最高的、无信用风险的最高质量债券（highest-quality bonds）会成为资本市场中的避险资产，因为其现金流的购买力增加。除此之外的债券，由于自身存在信用风险且资本市场整体表现不佳，而不应作为避险资产。

（3）权益资产。

当经济伴随着温和的通货膨胀时，由于该通货膨胀水平符合投资者的合理预期，因此对于股票价格影响较小。当经济中的通货膨胀水平超出预期时，若企业能够将不断上升的成本传导至消费者，不影响盈利状况，则投资这类企业的股票可以获利。

（4）不动产。

经济发生温和的通货膨胀时，不动产的价值相对稳定，受通货膨胀影响较小。若通货膨胀超出预期，由于不动产投资产品具有抗通胀的特性，故而对不动产市场产生正面影响。当经济处于非预期的低通胀或通货紧缩时，预期租金收入下降，不动产价值下降。

1.3.2.4 宏观经济政策与经济周期

—考点要求—
探讨（discuss）货币政策和财政政策对经济周期的影响（★）

政府可以通过货币和财政政策来干预经济周期。

1. 货币政策

（1）货币政策的概况。

货币政策通常用来进行逆周期（countercyclical）调节。央行通过控制货币量和信贷量来调整短期利率，进而调控宏观经济。若经济过热，则采用紧缩的货币政策；反之，则采用宽松的货币政策。

货币政策的整体目标是在确保经济增长的同时稳定物价，继而使经济以长期可持续增长率（long-run sustainable rate）发展。

（2）泰勒法则（Taylor rule）。

央行在制定目标政策利率时，试图在经济增长与通货膨胀之间达到平衡，使政策利率水平能够在保证经济增长的前提下，抑制通货膨胀。

若经济增长和通货膨胀都符合预期，则经济的最优利率为中性利率（neutral interest

rate）。若经济增长和通货膨胀不符合预期，则央行可以利用泰勒法则来制定目标政策利率。同时，分析师可以通过泰勒法则对未来利率变化形成预期。

> **知识一点通**
>
> 回顾 CFA® 一级"经济学"部分，中性利率是指既不刺激也不抑制经济发展的利率水平。尽管不同经济体的中性利率不同，但它都是由实际经济趋势增长率（real trend rate of growth of the underlying economy）与长期的预期通货膨胀率（long-run expected inflation）组成的。

泰勒法则的表达式为：

$$i^* = r_{neutral} + \pi_e + 0.5(\hat{Y}_e - \hat{Y}_{trend}) + 0.5(\pi_e - \pi_{target}) \tag{1.10}$$

公式（1.10）中，i^* 代表目标名义政策利率（target nominal policy rate）；$r_{neutral}$ 代表经济增长和通货膨胀符合预期时的实际中性政策利率（neutral real policy rate）；$\hat{Y}_e$ 代表预期实际 GDP 增长率（expected real GDP growth rates）；$\hat{Y}_{trend}$ 代表实际 GDP 趋势增长率（trend real GDP growth rates）；π_e 代表预期通货膨胀率（expected inflation rates）；π_{target} 代表目标通货膨胀率（target inflation rates）。

> **知识一点通**
>
> 前文提及，中性利率由两部分构成：实际经济趋势增长率和预期通货膨胀率。公式（1.10）中，$0.5(\hat{Y}_e - \hat{Y}_{trend})$ 和 $0.5(\pi_e - \pi_{target})$ 分别代表对经济增长率目标和通货膨胀率目标的调整。若 $\hat{Y}_e > \hat{Y}_{trend}$ 或 $\pi_e > \pi_{target}$，则可能经济发展过热，央行需要通过加息来抑制经济的发展。$(\hat{Y}_e - \hat{Y}_{trend})$ 和 $(\pi_e - \pi_{target})$ 的系数均为 0.5，代表央行赋予长期经济增长趋势和通货膨胀相同权重，属于经典泰勒法则。

> **备考小贴士**
>
> 考生需掌握泰勒公式的表达式和含义，能够根据题目已知信息计算政府目标政策利率，判断可能实施的货币政策。考题还可能更进一步，结合其他知识点综合考查。对于公式（1.10）在考试时的应用，考生需要特别注意：$r_{neutral}$ 是实际中性政策利率（neutral real policy rate），如果题目中给出的是名义中性政策利率，则该利率就已经包含 π_e。

泰勒法则本身也存在一定的局限性，公式（1.10）中各变量的数据无法通过直接客观（objectively observable）的观察获得。

（3）负利率。

负利率现象会提升资本市场预测的难度和复杂性。

> **知识一点通**
>
> 例如，在对股票进行定价时，分析师常使用股利增长模型，该模型的关键表达式之一为：
>
> $$P_0 = \frac{D_1}{r-g} \rightarrow r = \frac{D_1}{P_0} + g$$
>
> 其中，利率反映货币的时间价值。若利率为负，则货币时间价值为负，意味着越早收到的现金流价值越低，违背了模型的前提假设。

若经济处于负利率时期，分析师在形成资本市场预期时要特别注意以下两点。

① 历史数据变得不可靠。首先，由于负利率现象出现的次数较少，可用作模型参考样本的数据量有限，致使无法使用历史数据来进行可靠预测。同时，负利率的产生可能伴随着机制改变（regime change），造成历史数据的不平稳。因此，分析师使用量化模型进行预测时，需要对利率变化路径做出调整。

② 负利率可能与其他特殊货币政策工具（如量化宽松）之间存在一定的联系。两者可能同时影响资本市场。

2. 货币政策与财政政策的共同作用

（1）货币政策与财政政策对名义利率的影响。

货币政策会对经济产生短期影响，尤其会影响预期通货膨胀率。宽松的货币政策会导致高通货膨胀，紧缩的货币政策会造成低通货膨胀。

> **知识一点通**
>
> 例如，政府实行宽松的货币政策，市场流动性较强，经济持续发展一段时间之后，预期通货膨胀变高。

财政政策会长期影响经济，尤其会影响经济的实际利率水平。宽松的财政政策会使实际利率水平较高，紧缩的财政政策则会使实际利率水平较低。

> **知识一点通**
>
> 政府实行宽松的财政政策，降低税收或增加政府支出，造成财政赤字增加。若一国政府财政赤字持续增加，则需要在长期市场上融资，造成对资金的长期需求增加，长期实际利率上涨。

根据费雪效应，货币政策和财政政策对名义利率（nominal interest rates）的共同作用总结如表1.2所示。

表 1.2　货币政策和财政政策对名义利率的影响

货币政策	财政政策	
	宽松	紧缩
宽松	高名义利率 (高通胀 + 高实际利率)	中等名义利率 (高通胀 + 低实际利率)
紧缩	中等名义利率 (低通胀 + 高实际利率)	低名义利率 (低通胀 + 低实际利率)

> **知识一点通**
>
> 考生需要特别注意，此处对货币政策和财政政策的分析框架是基于实证研究的，和 CFA® 一级"经济学"中的不同。

> **备考小贴士**
>
> 该考点会以选择题的形式出现。考生无须死记硬背表 1.2 中的结论，理解货币政策和财政政策对预期通货膨胀和实际利率水平的影响原理，就可自行推导出表中结论。

（2）货币政策与财政政策对收益率曲线的影响。

正常情况下，收益率曲线向上倾斜。但是，在经济周期的不同阶段，政府所实施的货币政策和财政政策会影响市场参与者的预期，继而影响收益率曲线的形状。具体而言，货币政策主要影响短期利率；财政政策主要影响长期收益率。因此，收益率曲线的结构和形状不仅可以预测未来的经济增长，而且可以用来判断经济周期所处的阶段。

—考点要求—
解释（interpret）收益率曲线的形状（★★）

结合前文经济周期各阶段债市的表现，收益率曲线在经济周期各阶段的特征总结如表 1.3 所示。

—考点要求—
探讨（discuss）收益率曲线与货币政策和财政政策之间的联系（★★）

表 1.3　收益率曲线在经济周期各阶段的特征

经济周期阶段	货币财政政策	短期利率	长期利率	收益率曲线
初步复苏	扩张	低位	继续下降并触底	陡峭
扩张初期	扩张逐渐退出	上升	保持稳定或小幅上升	平缓
扩张后期	紧缩	进一步上升	上升，但慢于短期利率	进一步平缓
经济放缓	紧缩	上升并到达顶峰	触底并大幅下降	可能会倒置
经济收缩	扩张	大幅下降	下降	重新变得陡峭

1.4　国际互动

1.4.1　宏观经济联系

各国之间的宏观经济联系主要通过经常账户（current accounts）和资本账户（capital

accounts）体现。其中，经常账户与国际贸易相关，资本账户主要反映资本的流动。

> **知识一点通**
>
> "国际互动"部分是对 CFA®二级"经济学"中国际收支平衡相关问题的进一步探讨。下文的大部分概念和结论在 CFA®二级"经济学"中已经做过重点分析阐述，此部分只是对之前重要结论的概括。

在 CFA®一级"经济学"中推导得出国内储蓄、投资、财政余额和贸易余额的基本关系为：

$$(X-M) = (S-I) + (T-G) \tag{1.11}$$

公式（1.11）中，$(X-M)$ 为净出口（net exports），即贸易余额；S 为国内私人部门储蓄；I 为投资性支出；$(S-I)$ 为国内私人部门净储蓄（net private saving）；$(T-G)$ 为财政盈余（government surplus），即国内公共部门储蓄。

观察公式（1.11），可以得到以下两个结论。

（1）净出口与国内私人部门净储蓄和财政盈余紧密相关：净出口的变化一定伴随着国内私人部门净储蓄或财政盈余的变化。同样地，国内私人部门净储蓄和财政盈余的变化也一定会通过经常账户来影响全球经济。

（2）当一国投资性支出和政府支出超过国内私人储蓄和政府税收，即 $(I+G) > (S+T)$ 时，该国的资本账户处于盈余状态。

> **知识一点通**
>
> 基于公式分析，若 $(I+G) > (S+T)$，则 $(X-M) < 0$，经常账户赤字。根据 CFA®二级"经济学"的结论：若一国的经常账户处于赤字状态，则其资本账户为盈余状态。
>
> 从经济学现象角度分析，若 $(I+G) > (S+T)$，意味着一国的支出大于该国国内储蓄，两者的差额需要该国通过对外举债、从其他国家融资来弥补，对外融资继而带来资本账户盈余。

1.4.2 利率与汇率的关系

—考点要求—
识别（identify）宏观经济、利率和汇率之间的联系（★）

1. 蒙代尔三元悖论

蒙代尔三元悖论指出，一国的经济目标有 3 种：独立的货币政策（independent monetary policy）、稳定的汇率（fixed exchange rate）以及资本的自由流动（unrestricted capital flows）。在这三者中，一国只能三选其二，而不可能三者兼得。

知识一点通

蒙代尔三元悖论是基于蒙代尔-弗莱明模型（Mundell-Fleming model）提出的。该模型指出，在没有资本流动的情况下，货币政策在固定汇率下影响与改变一国的收入方面是有效的，在浮动汇率下则更为有效；在资本有限流动情况下，整个调整结构和政策效应与没有资本流动时基本一样；而在资本完全可流动情况下，货币政策在固定汇率时影响与改变一国的收入方面是完全无能为力的，但在浮动汇率下则是有效的。由此得出了著名的"蒙代尔三角"理论，即货币政策独立性、资本自由流动与汇率稳定这3个政策目标不可能同时达到。

备考小贴士

蒙代尔-弗莱明模型（Mundell-Fleming model）是 CFA® 二级"经济学"部分的重点，理论推导过程较为复杂，感兴趣的考生可参阅 CFA® 二级相关部分。

—考点要求—
解释（interpret）宏观经济、利率和汇率之间的联系（★）

2. 汇率制度对收益率曲线的影响

汇率制度对收益率曲线的影响主要体现在以下3个方面。

（1）若两国之间资本可自由流动且两国汇率可以永久性固定，则两国的无违约收益率曲线（default-free yield curve）形状相同。若其中一国央行没有能力永久性地稳定汇率，则该国的国家风险更高，债券收益率水平也相应更高。

知识一点通

根据非抛补利率平价关系可知，预期汇率的变化与两国名义利率之差有关。若两国汇率永久性固定，则两国的利率之差始终为0，两国的无违约收益率曲线（default-free yield curve）形状相同。

（2）若一国采取浮动汇率制度，根据利率平价关系，为了保持风险调整后收益的一致性，利率较高国家的货币面临贬值的压力。

（3）若投资者投资外币资产，其实际投资收益率取决于名义收益率和汇率的变化。

备考小贴士

外汇的相关内容将会在第3部分"衍生品和外汇管理"展开，并倾向于在第3部分进行考查。在"资本市场预期"部分，考生只需简单了解即可。

练一练

1-1 Tiffany Galsworthy, CFA®, an economic analyst works for Golden Stanly, a Chinese investment company. Due to the outbreak of COVID-19, some of clients intend to add US Treasuries to their portfolios. To confirm that the US Federal Reserve Board will decrease the Fed Funds Rate, Tiffany collects the following economic data related to the Fed, shown in Exhibit 1.1.

Exhibit 1.1 Economic data related to Fed

Items	Values
Current Fed Funds Rate	2.5%
Neutral Fed Funds Rate	2.0%
Expected real GDP growth rate	0.5%
Target inflation rate	2.5%
Forecast for inflation rate	3.5%
Trend real GDP growth rate	4.0%

Given the data in Exhibit 1.1, the target fed funds rate predicted by Taylor rule is closest to:

A. 4.25%.

B. 2.50%.

C. 0.75%.

1-2 Molly Gissing is considering reallocating her global portfolio. Having strong interest in bond markets, Molly would like to add high-yield corporate bonds into her portfolio. She collects related economic information about China, Italy and Chile from several third-party researches and summarizes the economic phenomena in the three countries, shown in Exhibit 1.2.

Exhibit 1.2 Economic phenomena in China, Italy, and Chile

Economic Phenomena	China	Italy	Chile
Monetary/fiscal policy	Stimulative	Restrictive	Stimulative
Output gap	Large	Closed	Positive
Other	Business confidence increases	Increasing inflation, low unemployment	Yield curve steepens substantially

Based upon the information provided in the Exhibit 1.2, Molly is most likely to invest in which of the following countries?

A. China

B. Italy

C. Chile

1-3 Which of the following statements regarding econometric models is least accurate?

A. Econometric models have an excellent performance in forecasting turning points.

B. The processes to formulate the econometric models are complicated and time-consuming.

C. Econometric models can deal with different data quickly and generate consistent output.

1-4 Claire Kathleen, an economic analyst is analyzing the impact of Chinese government's monetary and fiscal policies on Chinese nominal rate. She observes that the Chinese government carries out a persistent restrictive monetary policy in combination with a persistent stimulative fiscal policy. The level of Chinese nominal rate is most likely to be:

A. high.

B. mid.

C. low.

1-5 Which of the following statements regarding high-frequency data is most accurate?

A. By using high-frequency data, analysts can improve the precision of sample mean, sample variances, and variances but not the precision of the sample correlation.

B. High-frequency data may exhibit asynchronous issues across variables.

C. High-frequency data can provide more precise predictions than a larger data set.

1-6 With the rapid development of economy, the science and technology are moving to the front in China. As a result, Chinese technology companies are springing up. In order to track the overall performance of Chinese technology companies, a three-year monthly equally weighted index is constructed by Golden Stanley. Initially, Golden created the index from returns of existing companies and named it Golden Tech Index (GTI). The index will be adjusted when companies fail and merge. If Erin Brown, an analyst who develop her researches on GTI, she had better be aware of:

A. status quo bias.

B. survivorship bias.

C. availability bias.

答案与解析

1-1 C

泰勒法则（Taylor rule）的表达式为：

$i^* = r_{neutral} + \pi_e + 0.5(\hat{Y}_e - \hat{Y}_{trend}) + 0.5(\pi_e - \pi_{target})$

将表格中的数据依次代入计算可得：

$i^* = 2\% + 0.5 \times (0.5\% - 4\%) + 0.5 \times (3.5\% - 2.5\%) = 0.75\%$

这里需要特别注意，泰勒法则公式中的 $r_{neutral}$ 是实际中性政策利率（neutral real policy rate），而题目中给出的是名义中性利率，相当于 $(r_{neutral} + \pi_e)$。因此，在计算过程中，无须重复计算预期通货膨胀率（π_e）。

1-2 A

选项A，根据表格中的描述，中国目前的经济表现为政府实行刺激性货币政策和财政政策、产出缺口较大、商业信心增加，这说明中国经济很有可能处于初步复苏（initial recovery）阶段。此时，周期性资产（cyclical assets）和高风险资产表现优异，如小盘股、高收益公司债、新兴市场的股票和债券等。因此，如果Molly想要在其投资组合中加入高收益公司债，最好投资中国。

选项B，根据表格中的描述，意大利目前的经济表现为政府实行紧缩性货币政策和财政政策、产出缺口消失、通货膨胀率增加、失业率较低，这说明意大利经济目前很有可能处于扩张后期。此时，周期性资产的业绩表现略逊于大盘。因此，如果 Molly 想要在其投资组合中加入高收益公司债，不适合投资意大利。

选项 C，根据表格中的描述，智利目前的经济表现为政府实行刺激性货币政策和财政政策、产出缺口为正、收益率曲线变得更加陡峭，这说明智利经济目前很有可能处于收缩期。此时，Molly 不适合投资智利的高收益公司债。

1-3　A

选项 A，计量经济模型通常只能预测未来的长期走势而无法有效预测拐点（turning points）。退一步讲，即使模型能够成功预测拐点，由于数据本身的限制，也会造成预测滞后。

选项 B，相较于经济指标法和清单核对法，计量经济模型本身相对复杂且构建模型耗时较长。

选项 C，虽然构建模型的过程较为复杂，但一旦计量经济模型被成功构建，可以被反复使用。针对不同的数据，可以快速获得结果。

1-4　B

货币政策会影响预期通货膨胀率：紧缩的货币政策会造成低通货膨胀。财政政策会影响经济的实际利率水平：宽松的财政政策会使实际利率水平较高。根据费雪效应，名义利率为实际利率与预期通胀之和。在紧缩性货币政策和宽松性财政政策的共同作用下，名义利率水平处于中等水平。因此，选项 B 正确。

1-5　B

选项 A，在统计分析中，虽然利用高频数据可以得到准确的样本方差、协方差和相关系数，但是高频数据无法获得准确的样本均值。

选项 B，随着数据统计的频率增高，变量之间可能存在异步性，即部分数据表现偏离整体数据表现。因此，高频数据可能存在异步性问题。

选项 C，通常情况下，数据集越大，结果越精确。因此，相比于高频数据，更长时间段下的更多观察值，可以提高预测的准确性。

1-6　B

选项 A，现状偏差（status quo bias）是指分析师倾向于保持现有的预测观点，不愿对其做出调整。题目中没有相关描述。

选项 B，由于 GTI 指数是基于市场上幸存的科技公司的收益率数据构建的，并且会随着科技公司的产生和失败进行调整。因此，该指数值包含那些经过市场检验而存活下来的公司，高估科技公司的真实收益率，存在幸存者偏差（survivorship bias）。

选项 C，易得性偏差（availability bias）是指由于人们容易被印象深刻的事件影响，导致分析师的预测结果很容易受到印象深刻或者容易回忆起事件的影响。题目中没有相关描述。

第 2 章
预测资产大类收益

知识引导

在形成资本市场预期的过程中，投资者在宏观分析的基础上，分析和预测具体资产大类的整体风险收益特征，从而指导投资组合中的资产配置。不同资产大类的差异化增加了资本市场预期的难度。因此，分析师需要针对具体的资产大类，选取合适的预测工具，采用有效的预测方法。本章将重点介绍固定收益、权益投资、不动产和汇率这 4 类资产的收益率和波动性预测方法。

考点聚焦

本章的综合性较高，需要考生夯实 CFA®一级和二级"经济学"知识，并掌握固定收益和风险管理相关基础知识后，再进行深入学习。

本章的内容主要包括资本收益预测工具与方法，固定收益、权益投资、不动产、汇率、波动性的预测，以及全球投资组合的调整。由于涉及预测，本章内容偏重定量考查，尤其是权益投资收益预测中的格林诺德-克罗纳模型（Grinold-Kroner model）、不动产预测中的直接资本化模型和汇率预测中的构建模型法。

本章框架图

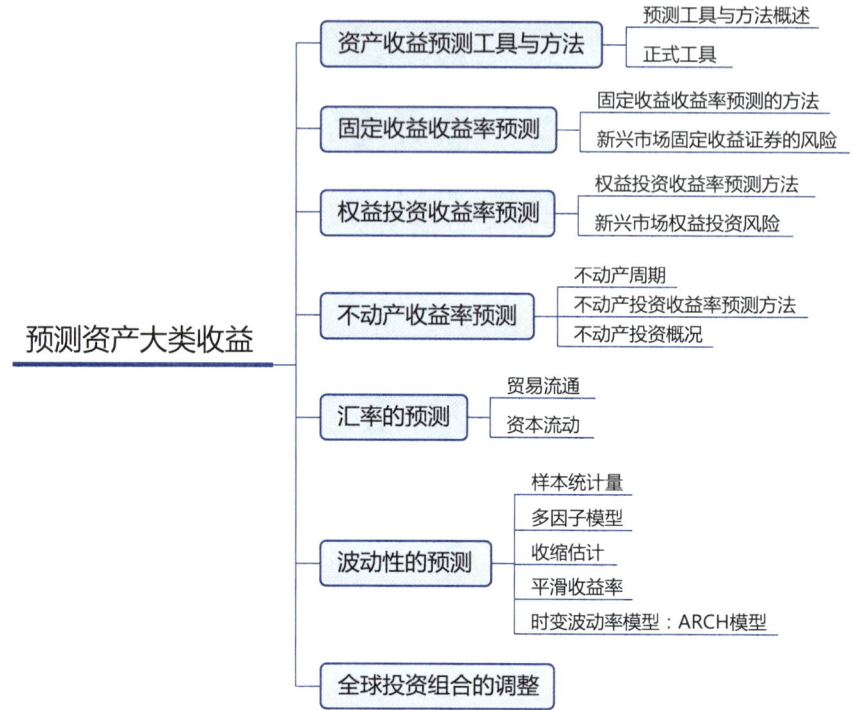

2.1 资产收益预测工具与方法

2.1.1 预测工具与方法概述

在短期,资产价格、风险溢价、波动率、价值比率等衡量指标可能存在趋势性、一致性和聚集性,具体表现为持续上涨或下跌。但是在长期,这些指标的表现会回归其长期均衡水平。该长期均衡水平由经济基础和财务基本面所决定。

在预测资产的表现时,分析师会分析资产的风险及收益特征,包括预期收益率(expected return)、方差(variances)和协方差(covariances)。

常见的预测工具与方法的整体框架如图 2.1 所示。

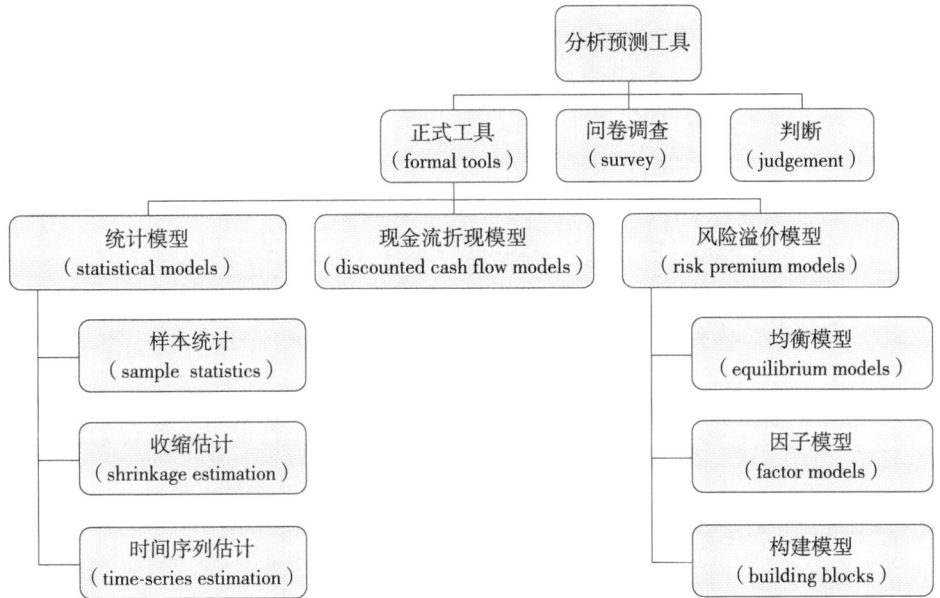

图 2.1 常见的预测工具与方法

分析预测工具主要包括正式工具、问卷调查和分析师判断。其中,正式工具属于定量分析工具,而后两者属于定性分析工具。

2.1.2 正式工具

正式工具通常包含 3 类定量模型:统计模型、现金流折现模型和风险溢价模型。

2.1.2.1 统计模型

统计模型分析工具包括样本统计、收缩估计和时间序列估计。

1. 样本统计

样本统计可以通过分析历史数据来预测未来预期收益率的分布情况。常见样本统计量包括样本均值、样本方差和样本相关系数。但是,样本统计过程中的采样误差(sampling error)可能会导致样本统计量的偏误。

2. 收缩估计

收缩估计是指对同一变量的多种估计结果进行加权平均，从而得到该变量的最终估计值。通过对不同预测结果的加权平均可以降低单纯使用样本统计进行估计所带来的预测误差。

> **知识一点通**
>
> 例如，某分析师根据历史数据、基于模型预测未来不动产的收益率为15%。同时，该分析师基于自己的专业经验和判断，认为受宏观经济多方面因素影响，未来不动产收益率只有12%。分析师运用收缩估计，分别赋予上述两个估计结果40%和60%的权重，从而最终对未来不动产收益率的预测值为13.2%。

3. 时间序列估计

时间序列估计通常基于变量的滞后值（lagged values）来进行预测。

2.1.2.2 现金流折现模型

现金流折现模型通过预测标的资产的未来现金流并对其折现求和，估计资产的价值。基于现金流折现模型的思想，分析师可以根据资产当前的市场价格反推隐含的资产要求收益率。

2.1.2.3 风险溢价模型

风险溢价模型是在无风险利率的基础上，累加投资资产所伴随的各类风险的风险溢价，最终得到资产的预期收益率。

> **知识一点通**
>
> 此处仅简单介绍各类正式工具的思想。后文会详细介绍这些模型在具体资产评估过程中的原理和应用。

2.2 固定收益收益率预测

2.2.1 固定收益收益率预测的方法

—**考点要求**—
探讨（discuss）预测固定收益收益率的方法（★）

在预测固定收益资产收益率时，通常有2种主要方法：现金流折现模型和风险溢价模型。

2.2.1.1 现金流折现模型

到期收益率（yield to maturity，YTM）是一种市场折现率，其本质是债券现金流的内部收益率（IRR）。在已知债券价格的情况下，分析师对不同时点采用单一折现率，从而根据债券定价公式反求出YTM。将单一债券的YTM进行平均，则可近似地估计投资组合的YTM。

$$P = \sum_{t=1}^{n} \frac{\text{PMT}_t}{(1+\text{YTM})^t} + \frac{F}{(1+\text{YTM})^n} \quad (2.1)$$

公式（2.1）中，P 为债券价格；PMT 为单个复利周期的现金流；F 为债券的面值。

在固定收益收益预测中，分析师可以将 YTM 作为预期收益率的大致估计。然而，YTM 只是一种理想状态下的固定收益收益率，若要使固定收益产品的实际收益率恰好等于 YTM，需满足 3 条重要的前提假设：

（1）债券无违约，投资者可按时按量地收取现金流。

（2）投资者持有债券至到期。

（3）票息再投资的收益率等于 YTM。

对于假设（2），如果投资期限小于到期期限，任何利率变动都会带来债券资本利得（capital gain）或资本损失（capital loss）。对于假设（3），如果再投资收益率（reinvestment rates）高于或低于 YTM，则投资期限越长，实际收益率对再投资收益率越敏感。

利率变动对假设（2）与（3）的影响方向相反：利率上升导致资本损失，但投资收益增加；利率下跌导致资本利得，但投资收益降低。具体分为 3 种情况：

（1）当投资期限等于麦考利久期，收益率曲线平坦且利率发生一次性的即刻变动，资本利得或资本损失恰好与再投资效应相互抵消，使预期收益率近似等于原始 YTM。

（2）如果投资期限短于麦考利久期，则资本利得或资本损失的影响占主导地位，利率上升则预期收益率下降，利率下跌则预期收益率上升。

（3）如果投资期限长于麦考利久期，则再投资效应的影响占主导地位，利率上升则预期收益上升，利率下跌则预期收益下跌。

值得注意的是，利率发生变动的时间点对资本利得或资本损失的影响不大，因为利得或损失取决于债券或投资组合在期初和期末的价值。然而，利率发生变动的时间点对再投资收益影响很大，且影响程度与投资期限成正比。因此，对于长期预测而言，根据利率变动将长期限分解为多个短期的子期间（subperiods）是更为合理的方法。

> **备考小贴士**
>
> 计算 YTM 是 CFA® 二级"固定收益证券"部分的重点，此处考生应关注如何通过 YTM 预测固定收益证券或投资组合的收益率。

2.2.1.2 风险溢价模型

风险溢价模型对固定收益收益率的估计是基于投资者承担各类型风险的补偿进行的。固定收益证券的要求收益率由以下 4 部分构成：短期无违约利率（short-term default-free rate）、期限溢价（term premium）、信用溢价（credit premium），以及流动性溢价（liquidity premium）。

1. 短期无违约利率

理论上,短期无违约利率是指最高质量、最具流动性、到期期限与预测期相同的金融工具的收益率。实务中,通常使用3个月期美国零息国债的收益率作为无违约利率。然而,使用短期无违约利率有以下两个问题。

(1) 短期无违约利率为负。在正常情况下,分析师观察到的短期无违约利率可以作为风险资产回报估计的一部分。在极端情况下,如短期无违约利率为负值,则应进行人为调整,如增加溢价部分的数值,原理在于短期负利率反映了投资者对安全资产的渴望,而他们对风险的要求回报也会进一步增加。

(2) 预测期较长。如果预测期比短期无违约工具的到期时间长很多,则需要进行人为调整。具体方法有两个:方法一,使用期限更长的、与预测期相匹配的无违约零息债券的收益率。这种方法在理论上正确,但会引入期限溢价,因为该投资工具的收益率中已包含期限溢价。方法二,使用短期金融工具在预测期内展期(rolling over the forecast horizon)得到收益的估计值。这种方法考虑了短期利率的路径,而短期利率路径的估计可以来源于短期期货合约、央行未来政策利率的预测,以及量化模型。

2. 期限溢价

期限溢价是指投资者持有长期资产所要求的额外收益率。关于期限溢价的学术研究众多,主要发现如下:期限溢价为正且与期限呈现正相关关系;期限溢价与久期大致上成比例;期限溢价随着时间而变动。期限溢价的驱动因素有以下4个。

(1) 通货膨胀的水平与不确定性。通货膨胀是名义利率长期变动以及期限溢价的驱动因素。通货膨胀的水平与其不确定性通常呈现正相关关系,即通货膨胀越严重,通货膨胀的不确定性也越高。名义利率会受到预期通货膨胀,和期限溢价中通货膨胀风险的影响。

(2) 对冲经济衰退风险的能力。理论上,那些在经济不佳的时候表现良好的资产会获得更低的风险溢价。当经济增长和通货膨胀的主要驱动力为总需求时,债券的名义收益通常与增长负相关,期限溢价更低。与之相反,当经济增长和通货膨胀的主要驱动力为总供给时,债券的名义收益通常与增长正相关,期限溢价更高。

(3) 供给与需求。到期时间较短和违约风险为零的债券的供给水平会影响收益率曲线的斜率。这种影响集中体现在投资者对某一特定期限的债券格外偏好,如担负长期负债的机构投资者会偏爱超长期债券。这种斜率的变化则主要源于期限溢价,因为债券的期限结构对预期未来的短期利率路径影响很小。

(4) 经济周期效应。收益率曲线斜率在经济周期中变化显著。在经济周期的底部,收益率曲线斜率较大,而在经济周期的顶部,收益率曲线平坦甚至斜率为负。这种斜率的变化不但反映了短期利率的预期路径,而且反映了期限溢价的逆周期变化。

3. 信用溢价

信用溢价是指因承担违约风险而要求的额外回报。信用利差(credit spreads)同时包含了预期的违约损失(expected default losses)和信用溢价。研究显示,当年的无风险利率、股票市场回报、股票市场波动性可以用于解释信用利差，而信用利差是信用溢价的主要驱动因素。

对于不同信用等级的债券，信用利差和信用溢价的驱动因素不同。

（1）AAA级和AA级债券，违约率非常低，因此信用利差和信用溢价主要取决于信用下调偏误（downgrade bias），即信用下调比信用上调更普遍，并会引起更大的利率变化。

（2）A级和BBB级债券，违约率中等，其信用利差和信用溢价对经济周期更加敏感。

（3）非投资级债券，违约率和违约损失通常同时上涨或同时下跌。与此同时，信用利差或信用溢价的增加通常发生在实际违约率增加之前。

4. 流动性溢价

通常情况下，流动性更好的债券具有以下特征：平价或符合当前市场情况的，刚刚发行的，发行量大的，由知名的或经常发行债券的发行机构发行的，结构标准或简单的，信用质量高的。这些特征会降低做市商持有债券的风险，更容易快速找到买家。

估计流动性溢价的方法是寻找信用质量不同、利率固定且不含权债券之间的利差。从信用质量最高的债券开始，不断找到相邻层级之间的利差。值得注意的是，每低一个层级，信用质量的变化对流动性的影响通常也会随之增加。

> **备考小贴士**
>
> 考生需要关注风险溢价模型的构成和影响这些构成的因素，以便对固定收益证券或投资组合的收益率进行预测。

2.2.2 新兴市场固定收益证券的风险

除了常见的利率风险、汇率风险以及违约风险外，投资于新兴市场固定收益证券需要注意以下两类额外的风险。

——考点要求——
探讨（discuss）新兴市场固定收益证券投资者面临的风险（★）

1. 经济风险

经济风险（economic risk）反映偿付债务的能力。分析师可以利用以下比率进行分析。

（1）财政赤字与GDP的比率：持续高于4%是危险信号。

（2）债务占GDP的比率：超过80%对于发达国家而言并不非常严重，但对于新兴市场而言则是危险信号。

——考点要求——
探讨（discuss）评估新兴市场的国家风险分析技术（★）

（3）年度实际经济增长率：持续低于4%则意味着经济放缓，人均收入可能随之降低。

（4）外汇储备：外汇储备的金额低于短期债务金额是危险信号，高于2倍的短期债务金额则是安全信号。

2. 政治和法律风险

政治和法律风险反映偿付债务的意愿。新兴市场还可能涉及联合政府、国家主权豁免、财产充公、贪污腐败等问题。与此同时，薄弱的法律体系和对合约的执行力使投资者面临较高的违约风险。这些都会为投资者带来额外的风险。

2.3 权益投资收益率预测

2.3.1 权益投资收益率预测方法

—考点要求—
探讨（discuss）预测权益投资市场收益率的方法（★★★）

预测权益投资收益率的可选方法有 3 个：历史统计法（historical statistics approach）、现金流折现法（DCF approach）和风险溢价法（risk premium approach）。

2.3.1.1 历史统计法

只有在波动率相对于均值较小时，历史统计法才能精确有效地预测权益投资收益率。但实证研究表明，权益投资的历史数据不满足此条件，故而历史统计法不适用于预测权益投资收益率。

2.3.1.2 现金流折现法

1. 戈登增长模型（Gordon Growth Model）

分析师会使用戈登增长模型来预测权益市场的长期收益率。根据戈登增长模型，可以反求权益投资收益率，其公式表达为：

$$E(R_e) \approx \frac{D_0(1+g)}{P_0} + g = \frac{D_1}{P_0} + g \tag{2.2}$$

公式（2.2）中，$E(R_e)$ 为权益投资预期收益率；D_0/P_0 为当期股息率；D_1/P_0 为预期股息率；g 为股息长期增长率。

相对于历史统计法，戈登增长模型将权益投资预期收益率与 GDP 增长联系起来，使模型具有相对稳定性（relative stability），预测结果更加可靠。

> **知识一点通**
>
> 在公式（2.2）中，由于长期预期股息率相对稳定（D_1/P_0），权益投资收益率的变化取决于股息长期增长率（g）。股息长期增长率（g）与 GDP 增长率相同。所以，对权益投资率的预测就变成了对一国 GDP 增长率的预测。由于一国的实际经济增长率在长期的波动性较小（less volatile）、相对更具可预测性（predictable），继而该模型也更加稳定（stable）。

2. 格林诺德-克罗纳模型（Grinold-Kroner Model）

理查德·格林诺德（Richard Grinold）和肯尼思·克罗纳（Kenneth Kroner）在戈登增长模型的基础上，考虑股票供给和市场情绪的变化，提出格林诺德-克罗纳模型（简称 GK 模型），其表达式为：

$$E(R_e) \approx \frac{D_1}{P_0} + (\%\Delta E - \%\Delta S) + \%\Delta P/E \tag{2.3}$$

式中，D_1/P_0 为预期股息率（expected dividend yield）；$\%\Delta E$ 为总盈利预期变化率（expected percentage change in total earnings），由预期通货膨胀（expected inflation，i）和预期实际盈利增长（real earnings growth，g）这两部分构成；$\%\Delta S$ 为流通股股数预期变化率（expected percentage change in shares outstanding），若 $\%\Delta S < 0$，意味着公司进行股份回购（net share repurchases），若 $\%\Delta S > 0$，意味着公司进行股份增发；$(\%\Delta E - \%\Delta S)$ 为每股收益增长率（growth rate of earnings per share）；$\%\Delta P/E$ 为预期市盈率变化率。

根据公式（2.3），预期收益率来源分解如表 2.1 所示。

表 2.1 预期收益率来源分解

收益来源	部分	公式表达
期间收入（income）	预期现金流收益率（expected cash flow return）	$\dfrac{D}{P} - \%\Delta S$
资本利得（capital gain）	预期名义收益增长率（expected nominal earnings growth return）	$\%\Delta E$
	预期重定价收益率（expected repricing return）	$\%\Delta P/E$

例题 2.1

基金经理 Jen 就职于高顿国际投资部，近期一高净值客户 Jack 意欲在其投资组合中配置中国权益资产，希望 Jen 能对中国权益市场的名义收益率做出预测。Jen 手下的分析师团队只提供了以下数据，如下表所示。

中国经济数据预测值

数据项	预测值
市盈率预期变化率（$\%\Delta P/E$）	0.5%
非流动溢价（illiquidity yield）	0.3%
权益市场标准差（standard deviation）	17.0%
中国权益市场一体化程度（integration factor）	0.6
股息率（dividend yield）	1.5%
实际盈利长期增长率（real earnings growth rate）	2.0%
通货膨胀率（inflation rate）	3.0%
净股份回购（net share repurchase）	1.5%

请计算 Jen 使用格林诺德–克罗纳模型所预测出的中国权益市场名义收益率。

名师解析

格林诺德–克罗纳模型的表达式为：

$$E(R_e) \approx \frac{D_1}{P_0} + (\%\Delta E - \%\Delta S) + \%\Delta P/E$$

根据题目中的已知信息可得：

$\frac{D_1}{P_0} = 1.5\%$

$\%\Delta E$ = 实际盈利长期增长率 + 通货膨胀率 = 2% + 3% = 5%

$\%\Delta S = -1.5\%$

$\%\Delta P/E = 0.5\%$

因此，中国权益市场预期名义收益率为：

$E(R_e) = 1.5\% + 5\% - (-1.5\%) + 0.5\% = 8.5\%$

> **备考小贴士**
>
> 关于格林诺德-克罗纳模型，可能会考查定量计算题，考生需要从题目提供的众多数据或语言描述中，辨识出有效数据，从而代入公式进行计算。要特别注意，$\%\Delta S<0$ 才意味着公司进行股份回购（net share repurchases），因此将例题 2.1 表中的数据（1.5%）代入公式计算时，要带上负号。

分析师在使用 GK 模型进行分析预测时，需要注意以下 3 点。

（1）不变增长假设（constant growth rate assumption）。由于戈登增长模型假设不同时间段的增长率是不变的，故而 GK 模型也基于该假设。但是在实际预测中，分析师需要根据具体情况对增长率进行调整，否则可能导致不合理的预测结果。

（2）只有预测时间是遥远的长期（very long-run），才能作出如下假设：$\%\Delta E$ = Nominal GDP growth；$\%\Delta S = 0$；$\%\Delta P/E = 0$。

（3）模型中大部分数据的获取都较为方便或直接，但是市盈率数据受经济周期影响较大，需要进行周期性调整。在进行中长期预测时，分析师可以使用周期调整后市盈率（cyclically adjusted P/E，CAPE），即当前物价水平（P）除以过去 10 年通胀调整后收益（E）的均值。

2.3.1.3 风险溢价法

1. 权益风险溢价的定义

分析师对权益风险溢价（equity risk premium）的定义有以下两种。

（1）权益无风险溢价（equity-versus-bills premium）：权益预期收益率超过无风险利率的部分。

（2）权益债券溢价（equity-versus-bonds premium）：权益预期收益率超过无违约债券（default-free bonds）预期收益率的部分。

鉴于权益市场的波动性较大，因此无论在哪种定义下，权益风险溢价的预测都较为困难，故而需要使用均衡模型法（equilibrium approach）来预测权益风险溢价。

2. 均衡模型法

均衡模型法使用辛格-特哈尔模型（Singer-Terhaar model，简称 ST 模型）来预测权益风险溢价。该模型是两个资本资产定价模型（capital asset pricing model，CAPM）的加权平均。

（1）资本资产定价模型（CAPM）。

CAPM 的表达式为：

$$E(R_i) = R_F + RP_i = R_F + \beta_{i,M} RP_M = R_F + \beta_{i,M} [E(R_M) - R_F] \tag{2.4}$$

公式（2.4）中，$E(R_i)$ 为权益市场 i 的预期收益率；R_F 为无风险利率；RP_i 为权益市场 i 的风险溢价；$\beta_{i,M}$ 为权益市场 i 对于全球市场组合的敏感程度，表达式为 $\beta_{i,M} = \dfrac{\text{Cov}(R_i, R_M)}{\text{Var}(R_M)} = \rho_{i,M}\left(\dfrac{\sigma_i}{\sigma_M}\right)$；$RP_M$ 为全球市场组合相对于无风险资产的风险溢价；$E(R_M)$ 为全球市场组合的预期收益率。

利用 CAPM 对权益市场进行定价时存在以下两个重要假设，这两个假设非常极端且完全相反。

假设 1：全球资本市场和资产大类是完全一体化的（full integrated）。基于完全一体化假设，CAPM 可以使用单一全球市场组合（single global market portfolio）来决定所有资产的权益无风险溢价（RP_M）。

假设 2：市场是完全分割的（completely segmented）。基于市场完全分割假设，单一国家的单一资产定价不受其他任何国家或资产大类的影响。

（2）辛格-特哈尔模型（ST 模型）。

真实情况下，市场既不是完全一体化的，也不是完全分割的，ST 模型是对上述两个极端假设的有效整合。ST 模型的表达式为：

$$RP_i = \varphi RP_i^G + (1 - \varphi) RP_i^S \tag{2.5}$$

公式（2.5）中，RP_i 为权益风险溢价；φ 为一国权益市场与全球市场的一体化程度（degree of integration），该值由分析师自行判断；$(1 - \varphi)$ 为一国权益市场与全球市场的分割度；RP_i^G 为全球均衡风险溢价（global equilibrium risk premium）；RP_i^S 为分割市场均衡风险溢价（segmented market equilibrium risk premium）。

若权益市场与全球市场（global market，GM）完全一体化（full integrated），则该权益市场的风险溢价可表示为：

$$RP_i^G = \beta_{i,GM} RP_{GM} = \rho_{i,GM} \sigma_i \left(\dfrac{RP_{GM}}{\sigma_{GM}}\right) \tag{2.6}$$

公式（2.6）中，$\left(\dfrac{RP_{GM}}{\sigma_{GM}}\right)$ 为全球市场组合的夏普比率（Sharpe ratio）。

若权益市场与全球市场完全分割（completely segmented），则该权益市场的风险溢价可表示为：

$$RP_i^S = \beta_{i,i} RP_i = 1 \times RP_i^S = 1 \times \sigma_i \left(\dfrac{RP_i^S}{\sigma_i}\right) \tag{2.7}$$

公式（2.7）中，$\left(\dfrac{RP_i^S}{\sigma_i}\right)$ 为分割的权益市场的夏普比率。

例题 2.2

分析师 Veronica 正在预测中国权益市场的风险溢价，相关数据如下表所示。

预测中国权益市场的风险溢价的相关数据

数据项	预测值
波动率（volatility，σ_i）	20%
与全球市场的相关性（correlation，$\rho_{i,M}$）	0.6
一体化程度（degree of integration，φ）	0.8
全球市场的夏普比率 $\left(\dfrac{RP_{GM}}{\sigma_{GM}}\right)$	0.3
分割的权益市场的夏普比率 $\left(\dfrac{RP_i^S}{\sigma_i}\right)$	0.4

请基于以上数据，利用辛格-特哈尔模型（Singer-Terhaar model）预测中国权益市场的风险溢价。

名师解析

根据题目信息，可以得到：

$$RP_i^G = \rho_{i,GM} \sigma_i \left(\frac{RP_{GM}}{\sigma_{GM}}\right) = 0.6 \times 20\% \times 0.3 = 0.036$$

$$RP_i^S = 1 \times \sigma_i \left(\frac{RP_i^S}{\sigma_i}\right) = 20\% \times 0.4 = 0.08$$

代入公式（2.5）可得：

$$RP_i = \varphi RP_i^G + (1-\varphi) RP_i^S = 0.8 \times 0.036 + (1-0.8) \times 0.08 = 0.0448$$

备考小贴士

考试时会直接考查辛格-特哈尔模型（Singer-Terhaar model）的计算题，且考查方式非常直接。因此，考生需要在理解的基础上，记忆公式（2.5）、（2.6）和（2.7）。如果题目不提供分割市场的夏普比率，则使用全球市场的夏普比率。

（3）流动性溢价（liquidity premium）。

理论上，所有的均衡模型都假设市场是完全流动性市场（perfectly liquid markets）。在实际预测过程中，分析师需要根据单一资产的流动性，在模型预测结果的基础上加上流动性溢价。

2.3.2 新兴市场权益投资风险

—考点要求—
探讨（discuss）新兴市场权益证券投资者面临的风险（★）

新兴市场权益投资具有以下4个风险特征。

1. 异质性（heterogeneity）

不同的新兴市场存在不同的政治、法律和经济问题，因此分析师需要区别对待，具体国家具体分析。

2. 显著的国家效应（country effects）

与全球行业效应（global industry effects）相比，国家效应对权益收益率的影响更大。

3. 不完全一体化市场

新兴市场没有与全球经济和资本市场实现一体化（less fully integrated）。因此，与发达国家相比，新兴市场的当地经济与市场因素对收益率的影响较大。

4. 不完善的政治、法律和监管制度

新兴市场的公司治理标准、会计准则、披露要求、产权保护法等方面的不完善使权益投资者可能面临额外的风险。

2.4 不动产收益率预测

2.4.1 不动产周期

不动产市场存在明显的周期性。不动产的需求和供给表现出经典的繁荣-萧条周期（boom-bust cycle）。

对于不同类型的不动产而言，虽然其价值、租金和入住率（occupancy rates）都会随着不动产周期而波动，但是实际租金收入与入住率的周期表现却不尽相同。

（1）高品质的长租不动产的换手率较低，继而实际租金收入和入住率的波动率也相对较低。

（2）低品质或短期不动产受经济变化影响较大，其实际租金收入和入住率的波动较明显。

（3）低品质酒店的房价（room rates）和入住率受经济波动的影响最大，其波动率最高。

—考点要求—
解释（explain）经济因素与竞争因素对不动产投资市场的影响（★）

2.4.2 不动产投资收益率预测方法

预测不动产投资收益率的可选方法有历史统计法、现金流折现法和风险溢价法。

—考点要求—
解释（explain）经济因素与竞争因素对不动产投资市场板块收益率的影响（★）

2.4.2.1 历史统计法

由于不动产投资存在异质性、不可分割性和流动性匮乏等特点，分析师分析不动产投资历史收益率时，可能会面临以下两类问题。

1. 历史收益分析依赖评估结果

由于不动产市场流动性相对匮乏，交易不频繁，分析师无法从市场中直接获得资产在不同周期中的定期交易价格。因此，不动产投资历史收益分析需要依赖资产评估师对不动产的价值评估（appraisals）结果。

2. 历史收益数据被平滑处理

分析师对不动产市场的历史收益分析依赖于评价指数（appraisal index）。因为对不动产的价值评估是定期的，指数中不动产的估计更新并不及时，导致统计数据被平滑处理，从而低估不动产价格的波动性（underestimate volatility），以及不动产与其他资产大类的相关性（correlation）。

由于存在以上两类问题，分析师在分析不动产历史收益时，需要使用时间序列模型来获得去平滑化评估收益率（unsmooth appraisal-based returns）。

2.4.2.2 现金流折现法：直接资本化模型

1. 资本化率的预测

资本化率（capitalization rates/cap rates）是衡量商业不动产收益率的重要指标，等于不动产的当期净营运收入（net operating income，NOI）与不动产价值的比值。

在长期，基于直接资本化模型，对不动产收益率的预测可表示为：

$$E(R_{re}) = \text{Cap rate} + \text{NOI growth rate}$$

式中，NOI growth rate 为名义净营运收入增长率，包括实际净营运收入增长率和预期通货膨胀这两部分。历史数据表明，长期稳态下商业地产的 NOI 增长率接近于 GDP 增长率。

在短期（finite horizons），为了体现资本化率的变化情况，对不动产收益率的预测可调整为：

$$E(R_{re}) = \text{Cap rate} + \text{NOI growth rate} - \%\Delta\text{Cap rate} \qquad (2.8)$$

公式（2.8）中，%ΔCap rate 为资本化率的预期变化率。

> **知识一点通**
>
> 根据直接资本化模型，当资本化率增加时，不动产的价值下降，故而对不动产投资收益率产生负面影响。因此，在预测不动产收益率时，需要减去%ΔCap rate。

> **备考小贴士**
>
> 对公式（2.8）会直接通过计算题的形式进行考查，相对比较简单。

2. 资本化率的影响因素

影响资本化率的因素包括以下4个。

（1）长期利率：资本化率反映了长期折现率，由于长期利率上升，资本化率也有所上升。

（2）信用利差（credit spread）和信贷可获得性：研究表明，资本化率和10年期国债之间的利差与3~5年B级公司债期权调整利差正相关，与居民和非金融债务占GDP的比例负相关。

（3）不动产杠杆率：不动产融资比例越高，流动性风险溢价越低，资本化率越低。

（4）空置率（vacancy rates）：不动产空置率越高，不动产投资风险越高，资本化率越高。

2.4.2.3 风险溢价法

1. 构建模型

若使用构建模型法预测不动产收益率，分析师需要综合考虑所有风险溢价，包括期限溢价（term premium）、信用溢价（credit premium）、股权溢价（equity premium）和流动性溢价（liquidity premium）。

（1）期限溢价：收益性（income-producing）不动产属于长期资产，且可产生稳定的租金现金流，故而其有效久期较长（high effective duration），存在期限溢价。

（2）信用溢价：因为支付房租的房客存在信用风险，所以房东或投资者会要求一定的信用风险溢价。

（3）股权溢价：由于不动产的价值波动较大且伴随着租金增长、租期和空置率的不确定性，因此投资者会要求相应的股权溢价。

（4）流动性溢价：公开交易的不动产投资信托基金（real estate investment trusts，REITs）的流动性相对较高。但是对于私有不动产而言，市场交易不活跃，其流动性取决于平均交易频率，故而需要一定的流动性溢价来补偿流动性风险。

2. 均衡模型

虽然分析师也可以用预测权益投资收益率的辛格-特哈尔模型（ST模型）来预测不动产收益率，但是需要综合考虑以下3类问题。

（1）解决不动产历史数据被平滑的问题：若分析师不对历史数据做去平滑处理，则不动产投资的波动性及其与其他资产大类的相关性都会被低估，进而影响整个投资组合的构建。

（2）明确均衡模型的适用范围：均衡模型适用于完全流动资产（fully liquid assets）。如果使用均衡模型来预测不动产收益率，需要调整流动性不足所带来的流动性溢价。

（3）理解不动产的区位特定（location-specific）性质：不动产所处的地理位置不同，其风险收益特征也不相同。

2.4.3 不动产投资概况

2.4.3.1 商业不动产投资

历史回报数据平滑、异质性和杠杆差异都造成了私有不动产与公开交易不动产的对比分析相对困难。

> **知识一点通**
>
> 虽然公开交易不动产包括不动产投资信托基金（REITs）、不动产经营公司（real estate corporations，REOCs）的股票，以及抵押贷款证券（mortgage-backed securities，MBS）等。在 CFA® 三级"资本市场预期"部分主要讨论的是 REITs。

关于REITs，有以下3点主要结论。

（1）REITs的风险收益特征受到杠杆的影响，因此需要去杠杆之后再进行分析，REITs的去杠杆会降低其收益率的均值和波动性。

（2）相较于私有不动产投资，REITs属于公开交易证券，故而其与权益市场的相关性更高，风险分散效果不如相关性较低的私有不动产投资。

(3) REITs 同时拥有类债券（bond-like）和类股票（equity-like）的特征。REITs 一方面会产生类似于债券利息的经常性收益（即租金收入），另一方面又会和股票一样通过资本增值来产生资本利得。通常情况下，REITs 的短期表现更类似于股票，长期表现更类似于直接不动产投资。

2.4.3.2 住宅型不动产投资

历史数据显示，住宅型不动产投资的业绩表现优异。相较于权益投资，住宅型不动产的投资收益率更高，波动性更小。

2.5 汇率的预测

—考点要求—
探讨（discuss）汇率的主要预测方法（★）

汇率受到两国的金融体系、法律制度、地理位置等多方面因素的共同影响，因此对汇率的预测显得尤为困难。通常情况下，分析师会从国际贸易和资本流动这两个方面来综合分析汇率的影响因素，预测汇率。

2.5.1 贸易流通

商品或服务的国际贸易可以通过 3 种途径影响汇率，包括贸易流通（trade flows）直接影响、物价的类似无套利（quasi-arbitrage of prices）原理以及经常账户的竞争力（competitiveness）与稳定性（sustainability）。

2.5.1.1 贸易流通

总体来说，一国的贸易流通对汇率的直接影响并不明显。尽管总贸易流量（gross trade flows）可能会非常大，但是净出口相较于资金流动（financial flows），规模较小。

2.5.1.2 购买力平价

购买力平价建立在物价的类似无套利（quasi-arbitrage of prices）原理之上。

1. 购买力平价理论

购买力平价关系（purchasing power parity，PPP）研究的是汇率与物价水平之间的关系。PPP 认为，不同货币下所衡量出的商品或服务的价格变化率应该相同，汇率的预期变化率与两国预期通货膨胀率之差相等。所以，若一国的预期通货膨胀率较高，则其货币在长期会贬值；反之，其货币会升值。

> **知识一点通**
>
> CFA® 三级"资本市场预期"中的购买力平价是指相对购买力平价。购买力平价关系的详细公式推导和结论解释在 CFA® 二级"经济学"中已介绍过，上述结论用 CFA® 二级"经济学"中的公式表达为：
>
> $$\%\Delta S^e_{X/Y} \approx \pi^e_X - \pi^e_Y$$
>
> 式中，$\%\Delta S^e_{X/Y}$ 为两国汇率的预期变化率；π^e_X 和 π^e_Y 分别为两国的预期通货膨胀率。

在长期，若两国之间的购买力平价关系和国际费雪效应同时成立，实际利率平价（real interest rate parity）成立，即两国的实际利率水平相同，实际汇率（real exchange rate）的预期变化率为0。

> **知识一点通**
>
> 需要特别注意的是，由于PPP是建立在无套利原则基础上的，故而在短期或中期并不成立，只有在长期才有可能成立。

2. 购买力平价关系的适用性

当两国之间的通货膨胀之差持续较大且主要由货币政策驱动时，购买力平价对汇率的预测才相对可靠。

3. 购买力平价关系的局限性

PPP的局限性体现在以下3个方面。

（1）PPP隐含假设——物价水平和汇率已经达到均衡状态。但是，由于贸易壁垒的存在，并非所有的商品和服务都能够自由贸易。

（2）PPP完全忽略了资本流动对汇率的影响，这与现实情况相悖。

（3）基于PPP，两国之间的实际汇率保持不变。但是，一国的经济发展有可能会影响该国的贸易比价（terms of trade），进而影响实际汇率。

2.5.1.3 经常账户的竞争力和稳定性

1. 经常账户对汇率的影响

一国经常账户的状态会对汇率产生影响。当一国的经常账户持续处于赤字（deficits）状态时，本币面临贬值的压力。相应地，当一国的经常账户持续处于盈余（surpluses）状态时，本币面临升值的压力。

> **知识一点通**
>
> CFA®二级"经济学"部分探讨了经常账户对汇率影响的3种机制：供需流动机制（flow supply/demand mechanism）、资产组合平衡机制（portfolio balance mechanism）和债务可持续机制（debt sustainability mechanism）。基于这3种机制的共同作用，得出上述结论。

2. 经常账户失衡

根据成因的不同，经常账户的失衡可以分为持续性失衡（persistent imbalance）和暂时性失衡（temporary imbalance）。

经常账户的持续性失衡属于结构性失衡（structural imbalance），与以下5个因素有关。

（1）投资偏好、人口特征和相关制度等对储蓄的影响。

（2）有利可图的投资机会。若一国投资机会较多，则外资流入，经常账户赤字；反之，经常账户盈余。

（3）持续的财政失衡。

（4）一国重要资源的富裕程度。

（5）当前贸易状况，即初始赤字水平。初始赤字水平越高，进出口差额越大，失衡持续的时间较长。

> **知识一点通**
>
> 在 CFA®一级"经济学"中曾经推导得出国内储蓄、投资、财政余额和贸易余额的基本关系，即：
>
> $$X - M = S - I + (T - G) \tag{2.9}$$
>
> 上述前3点，分别对应公式（2.9）中的 S、I 和（T - G）。

经常账户的暂时性失衡主要是由国内外经济周期和政策变化所引起的。

2.5.2 资本流动

2.5.2.1 资本流动的影响

1. 汇率的预测

在短期或中期，汇率主要受资本流动的影响。资本会流入经过风险调整后能获得最高收益的国家。在国际资本高度流动（perfect capital mobility）的情况下，使用构建模型法来预测汇率变化的表达式为：

$$E(\%\Delta S_{d/f}) = (r^d - r^f) + (\text{Term}^d - \text{Term}^f) + (\text{Credit}^d - \text{Credit}^f) \\ + (\text{Equity}^d - \text{Equity}^f) + (\text{Liquid}^d - \text{Liquid}^f) \tag{2.10}$$

公式（2.10）中，d 和 f 分别代表本国和外国；r 为短期名义利率；Term 代表期限溢价（term premium）；Credit 代表信用溢价（credit premium）；Equity 代表股权溢价（equity premium）；Liquid 代表流动性溢价（liquidity premium）。

汇率的变化率受到投资组合中各类资产的影响。各类资产与公式（2.10）中各项的对应包含关系如表2.2所示。

表2.2 汇率变化率的分解

包含部分	公式	货币市场	政府债	企业债	公开交易证券	私有资产
短期名义利率差	$r^d - r^f$	√				
期限溢价差	$\text{Term}^d - \text{Term}^f$	√	√			
信用溢价差	$\text{Credit}^d - \text{Credit}^f$	√	√	√		
股权溢价差	$\text{Equity}^d - \text{Equity}^f$	√	√	√	√	
流动性溢价差	$\text{Liquid}^d - \text{Liquid}^f$	√	√	√	√	√

2. 超调机制

美国经济学家鲁迪格·多恩布什（Rudiger Dornbusch）的超调模型主要研究货币政

策在短期和长期对汇率的影响。该模型指出，当市场受到外部冲击时，货币市场和商品市场的调整速度存在很大的差异。货币市场的价格调整速度较快，利率调整迅速。但是，商品市场价格具有黏性，商品市场价格的调整速度较慢，过程较长。最终，导致汇率在短期存在超额贬值（或升值）的现象。

根据超调模型，汇率的调整可以分成以下3个阶段。

（1）短期：当资本流向利率较高的国家时，该国的货币会升值，汇率预期偏离了购买力平价汇率。资本流入量越大，本币升值的速度和程度越大。并且，资本的流入会推高该国资本市场中其他资产的价格。

（2）中期：投资者开始对汇率产生反向预期。

（3）长期：商品市场的价格调整带来汇率的回撤。汇率逐渐变化至长期购买力平价成立状态下的长期均衡水平。公式（2.10）反映的就是长期的汇率变化情况。

超调模型对汇率预测的指导意义在于，汇率的变化方向与资本流动方向并非总是保持一致。

2.5.2.2 非抛补利率平价

非抛补利率平价（uncovered interest rate parity）显示，汇率的预期变化率等于两国名义利率之差。但是，实证研究表明，非抛补利率平价不成立，投资者可以通过利差交易（carry trade）获利。投资者可以在低利率的币种上融资，在高利率的币种上投资，最终获得显著收益。

2.5.2.3 热钱流动

国际的热钱流动（hot money flows）会给一国（尤其是新兴市场国家）的央行造成3方面的问题。

（1）限制央行执行有效货币政策的能力。

（2）诱使当地企业用短期融资来满足长期资金需求。

（3）汇率的短期超调扰乱正常的经济活动。

面对热钱流动所带来的问题，一国央行可以通过市场干预（intervention）或资本管控（capital controls）来应对。

2.5.2.4 资产配置

汇率可能会从3个方面影响全球投资者的资产配置，即战术性资产配置（tactical allocation）、战略性资产配置（strategic allocation）和财富转移（wealth transfer）。

（1）战术性资产配置：在短期，汇率变动使投资者可以通过战术性资产配置变化获利。

（2）战略性资产配置：在长期，投资者配置一国资产的相对规模取决于该国经济的趋势增长率和经常账户状态。

（3）财富转移：经常账户的不平衡会导致全球金融财富从赤字国家向盈余国家转移。

2.6 波动性的预测

—考点要求—
探讨（discuss）波动性的预测方法（★）

关于波动性，分析师通常使用方差及协方差对单一资产的样本统计量波动率进行预测。然而，对于投资组合而言，分析师需要预测方差-协方差矩阵（variance-covariance matrix，即 VCV matrix）。与此同时，方差通常不是恒定的，因此预测方差-协方差矩阵的任务格外困难。关于波动性的预测，常见的方法有样本统计量、多因子模型、收缩估计（shrinkage estimation）、平滑收益率以及时变波动率模型：ARCH 模型。其中，前4个方法假定方差和协方差的真实值并不随着时间流逝而变化。

2.6.1 样本统计量

最简单、最常用的方法是使用历史回报数据计算样本统计，进而估计恒定的方差-协方差矩阵。这个方法的问题主要有两个，且都与样本量有关。

（1）在金融领域中，样本期限通常为短期到中期。因此，该方法不能用于估计大量资产的方差-协方差矩阵。

（2）在给定典型的样本量的情况下，这个方法存在抽样误差（sampling error）。

为了解决以上两个问题，最优的方法是增加样本量，保证观察值的数量至少是资产数量的 10 倍，以便得到相对可靠的方差-协方差矩阵。

利用样本统计估计方差-协方差矩阵的优点在于，这种估计符合统计学中的无偏（unbiased）和一致（consistent）。

2.6.2 多因子模型

2.6.2.1 多因子模型的内涵

1. 多因子模型

因子模型已经成为一个用于估计资产回报的方差-协方差矩阵的标准方法。在一个拥有 K 个风险因子的模型中，资产 i 的收益率为：

$$r_i = \alpha_i + \sum_{k=1}^{K} \beta_{ik} F_k + \varepsilon_i \tag{2.11}$$

公式（2.11）中，α_i 代表一个恒定的截距；β_{ik} 代表资产 i 的收益率对第 k 个因子的敏感度；F_k 代表第 k 个因子的收益率；ε_i 代表均值为 0 的随机误差项。

2. 多因子模型中资产的方差与协方差

根据多因子模型，资产 i 的方差为：

$$\sigma_i^2 = \sum_{m=1}^{K} \sum_{n=1}^{K} \beta_{im} \beta_{in} \rho_{mn} + v_i^2 \tag{2.12}$$

公式（2.12）中，ρ_{mn} 代表第 m 个因子与第 n 个因子之间的协方差；v_i^2 代表资产 i 特有部分的方差。

根据多因子模型，资产 i 与资产 j 之间的协方差为：

$$\sigma_{ij} = \sum_{m=1}^{K} \sum_{n=1}^{K} \beta_{im} \beta_{jn} \rho_{mn} \qquad (2.13)$$

> **备考小贴士**
>
> 考试中对于多因子模型通常不会进行定量考查，上述各式考生只需简单了解即可。

2.6.2.2 多因子模型的优点与缺点

1. 优点

（1）相对于观察值的数量，资产数量可以非常庞大。所有的协方差都完全取决于对少数因子的风险暴露，而每一个方差则包括资产特有部分。具体来讲，因子模型简化了方差-协方差矩阵的估计。在样本统计估计下，如果存在 N 个资产，则需要估计 $N(N-1)/2$ 个协方差。在因子模型将该问题简化为估计 $N \times K$ 个因子敏感度加上因子方差-协方差矩阵中的 $K(K+1)/2$ 个元素。

（2）因子模型的方法克服了样本统计量估计的缺陷。只要因子中没有一个是多余的（redundant）且没有一个资产的回报是完全取决于因子的（若完全取决于因子，则 $v_i^2 = 0$），就不存在任何组合被误认为无风险的情况。

（3）如果因子选择得好，基于因子的方差-协方差矩阵的估计错误少于样本方差-协方差矩阵的估计错误。

（4）因子设置良好的因子模型可以增强横截面一致性（cross-sectional consistency）。具体来讲，假设分析师已知资产 i 与资产 j 之间的协方差与资产 i 与任意某资产 k 的协方差的比例是恒定的，即：

$$\frac{\sigma_{ij}}{\sigma_{ik}} = \text{Constant} \qquad (2.14)$$

根据样本收益率算出的协方差无法保证公式（2.14）的关系一定成立。然而，单因子模型（$K=1$）可以保证该恒定关系一定成立，即：

$$\frac{\sigma_{ij}}{\sigma_{ik}} = \frac{\beta_j}{\beta_k} \qquad (2.15)$$

2. 缺点

因子模型虽然具有以上 4 个优势，但多因子模型的缺点也非常明显：因子模型几乎都会存在误设问题（mis-specified）。误设模型会导致：

（1）基于因子的方差-协方差矩阵是有偏的（biased），即期望值不等于真实价值。

（2）基于因子的方差-协方差矩阵是非一致的（inconsistent），即估计出的矩阵并不随着样本量的增加而逐渐接近真实的矩阵。

因此，选择多因子模型是在用相对更精准的方法估计一个并不完全正确的事物。而选择样本统计量进行估计则是用一个具有很多噪音（noise）的方法估计一个正确的事物。

2.6.3 收缩估计

收缩估计是一种将先验（prior）和后验（posterior）相结合的估计手段，可以理解为先验和后验的线性组合。在方差-协方差矩阵的估计中，收缩估计结合了样本数据得到的样本方差-协方差矩阵（sample VCV matrix）和目标方差-协方差矩阵（target VCV matrix）。其中，样本方差是一种后验；目标矩阵则是一种先验，反映了假定的、事前已知的、真实的矩阵结构。对于最终矩阵的收缩估计量（final shrinkage estimate）而言，每一个构成元素（方差或协方差）都是对应的样本矩阵和目标矩阵的加权平均，且该权重适用于矩阵的每一个元素。因此，分析师必须确定赋予样本矩阵和目标矩阵的权重分别为多少。

相比样本矩阵，收缩估计的优点是，任何关于目标矩阵的选择都会增加（至少不会降低）估计的有效性（efficiency）。此处的有效性是指更小的均方误差（mean-square error, MSE）。MSE 反映了估计量与被估计量之间的差异程度。虽然收缩估计量是有偏的（biased），但其 MSE 比样本矩阵的 MSE 要小。值得注意的是，选择更加合理的目标矩阵可以改善有偏的程度，而基于多因子模型的矩阵可以作为合理的目标矩阵。

2.6.4 平滑收益率

私人不动产、私募股权以及对冲基金观测到的收益率通常是平滑（smoothing）的数据。收益率的平滑表现在，当期观测到的收益率是上一期观测到的收益率和当期真实收益率的加权平均，即：

$$R_t = (1-\lambda)r_t + \lambda R_{t-1}, \quad 0 < \lambda < 1 \tag{2.16}$$

公式（2.16）中，R_t 代表当前观测到的收益率；r_t 代表当前的真实收益率；R_{t-1} 代表上一期观测到的收益率。

从公式（2.16）可推导出真实收益率的方差，计算方法为：

$$\mathrm{Var}(r) = \left(\frac{1+\lambda}{1-\lambda}\right)\mathrm{Var}(R) > \mathrm{Var}(R) \tag{2.17}$$

公式（2.17）中，$\mathrm{Var}(r)$ 代表真实的方差；$\mathrm{Var}(R)$ 代表观测值的方差。如果 $\lambda = 0.5$，则 $\mathrm{Var}(r) = 3\mathrm{Var}(R)$，即真实方差等于观测值方差的 3 倍。

平滑不仅抑制了波动性，还低估了相关系数，进而使组合的分散化效果降低。这与组合管理的初衷相违背，属于负面影响。因此，观测到的收益数据倾向于低估真实风险并高估这些资产为投资组合带来的分散化好处。如果分析师不能对平滑的影响进行调整，则平滑问题一定会对组合分析结果造成负面影响，进而导致资产配置不合理。

由于真实的收益率 r_t 无法观测到，因此分析师需要假定 r_t 与一个或多个可观测变量之间的关系。对于私人房地产而言，可观测变量通常为不动产投资信托基金指数（REIT index）。对于私募股权，与之类似的公开交易的股票指数可以作为可观测变量。

2.6.5 时变波动率模型：ARCH 模型

顾名思义，时变波动率模型打破了方差与协方差恒定不变的前提假设，更符合金融资产收益率的特征——波动聚类（volatility clustering）。波动聚类又被称为波动集群或波动集聚，是指资产收益率的高波动（低波动）通常伴随着进一步的高波动（低波动）。在金融数据中发现的这一现象促进了自回归条件异方差模型（autoregressive conditional heteroskedasticity model，ARCH model）的诞生。

ARCH 模型中，最简单也最常用的形式为：

$$\sigma_t^2 = \gamma + \alpha\sigma_{t-1}^2 + \beta\eta_t^2 = \gamma + (\alpha + \beta)\sigma_{t-1}^2 + \beta(\eta_t^2 - \sigma_{t-1}^2) \tag{2.18}$$

公式（2.18）中，α、β 以及 γ 均为非负的参数，且（α + β）< 1；σ_t^2 代表第 t 期的方差；η_t 代表第 t 期收益率中的非预期部分，是一个随机变量。

从公式整体来看，第 t 期的方差取决于第 $t - 1$ 期的方差加上一个冲击变量（shock）。冲击变量为（$\eta_t^2 - \sigma_{t-1}^2$），冲击的程度取决于 β。如果 β = 0，则方差是可以被确定的。（α + β）决定了 σ_t^2 受 σ_{t-1}^2 影响的程度：（α + β）越高，则当前方差受过去方差的影响越大，波动聚类越明显。方差的无条件期望值（unconditional expected value）等于 γ/(1 − α − β)。

ARCH 模型不仅可以应用于单一资产，还可以扩展到多种资产的层面，即用于估计方差-协方差矩阵。然而，资产的数量不宜过多，否则会快速增加模型参数的数量。

> **知识一点通**
>
> ARCH 模型由美国加州大学圣迭哥分校的罗伯特·恩格尔（Engle）教授于 1982 年在《计量经济学》杂志的一篇论文中首次提出，此后在计量经济领域中得到迅速发展。并且，罗伯特·恩格尔因此获得 2003 年诺贝尔经济学奖。该模型将当前一切可利用的数据信息作为条件，并采用某种自回归形式来刻画方差的变异。对于一个时间序列而言，在不同时刻可利用的数据不同，而相应的条件方差也不同，利用 ARCH 模型可以刻画出随时间而变异的条件方差。作为一种全新的理论，ARCH 模型在近十几年里取得了极为迅速的发展，已被广泛地用于验证金融理论中的规律描述以及金融市场的预测和决策。

> **备考小贴士**
>
> 考生需要定性理解各类波动性预测方法以及每种方法的具体特征。

例题 2.3

请简要论述各类波动性预测方法以及每种方法的特征。

名师解析

波动性预测方法主要有以下 5 种。

（1）样本统计：该方法利用样本数据估计方差-协方差矩阵。这是最简单、最常用的波动性预测方法，其优点在于，这种估计符合统计学中的无偏性和一致性。

（2）多因子模型：利用多因子模型估计方差-协方差矩阵。优点包括：资产数量可以非常庞大，克服了样本统计估计的缺陷，估计错误少，因子设置良好的因子模型可以增强横截面一致性。缺点是因子模型几乎都会存在误设问题。

（3）收缩估计：该方法将先验（prior）和后验（posterior）相结合。优点在于，任何关于目标矩阵的选择都会增加（至少不会降低）估计的有效性。

（4）平滑收益率：平滑的收益率数据不仅抑制了波动性，还影响了这些资产与其他类资产之间的相关系数，分析师必须对平滑的影响进行调整。

（5）时变波动率模型：ARCH模型。第 t 期的方差取决于第 $t-1$ 期的方差加上一个冲击变量（shock）。该模型更贴近金融资产的实际情况：波动率随时间流逝而变化。

2.7 全球投资组合的调整

—考点要求—
推荐（recommend）全球投资组合的权重调整（★）

整体而言，投资者会从以下6个维度对一国进行宏观分析，进而调整其全球投资组合中的资产配置情况。

（1）趋势增长（trend growth）：若一国经济的趋势增长势头良好，则有利于股票市场，不利于债券市场。

（2）全球一体化（global integration）：若一国资本市场的全球一体化水平增加，该国资产的预期收益率整体下降。

（3）经济周期阶段：在经济处于初步复苏和扩展早期时，增加权益投资，减少债券配置。

—考点要求—
证实（justify）全球投资组合的权重调整（★）

（4）货币与财政政策：当一国政府对其政策进行结构化调整（structural policy changes）时，投资机会较多。

（5）经常账户：若一国经常账户的赤字不断攀升，则该国的实际要求收益率上升，从而促进该国储蓄的增加或外资涌入，维持国际收支账户的均衡。分析师应该考虑将资产从经常账户赤字上升的国家转移到经常账户盈余上升的国家。

（6）资本账户与汇率：在调整资产配置情况时，需要注意汇率的超调机制对预期收益率的影响。

> **备考小贴士**
>
> 该部分内容在前文都已经详细阐述，此处只是对这6个维度的简单总结，通常不会对此直接出题考查。

练一练

2-1 The building blocks for fixed-income expected returns are:
I. the short term default-free rate
II. the term premium
III. the credit premium

IV. the liquidity premium

A. I, II, and III.

B. I, III, and IV.

C. I, II, III, and IV.

2-2 Which of the following statements regarding volatility estimation is least likely correct?

A. Sample VCV matrix can be used for large numbers of asset classes, and it is biased and inconsistent.

B. Shrinkage estimation of the VCV matrix is a weighted average of the sample VCV matrix and a target VCV matrix.

C. Financial asset returns exhibit volatility clustering, and ARCH models were developed to address time-varying volatilities.

2-3 Delia Joule is forecasting the long-term expected return of those main equity markets all over the world. With regard to the American equity market, Delia Joule forecasts that:

- The risk-free rate will be 1.5%.
- The expected real GDP annual growth rate will be 2%.
- The long-term annual inflation rate will be 1.25%.
- The dividend yield will be 1.5%.
- The P/E multiples will annually rise 0.1%.
- The long-term corporate earnings growth premium will be 0.5% above expected real GDP growth.
- The shares outstanding will increase 1%.

Based upon Delia's forecast, the expected long-term equity return predicted by the Grinold-Kroner model is closest to:

A. 4.35%.

B. 6.35%.

C. 7.85%.

2-4 To diversify risk, Sandra Jerome is considering adding real estate investments into her portfolio. In the process of establishing expectation for properties' return in hotel sector over the next year, Sandra collects the following information from research reports, shown in Exhibit 2.1.

Exhibit 2.1 Hotel Sector

Items	Values
Current cap rate in hotel sector	5%
Expected inflation rate	1.25%
Real NOI growth rate	1.2%
Risk-free rate	1.5%
Expected cap rate at the end of next year in hotel sector	4.8%
The expected real GDP growth rate	2.0%

Based on the data obtained by Sandra, the expected properties' return in hotel sector over the next year is closest to:

A. 3.45%.

B. 6.95%.

C. 11.45%.

2-5 Which of the following factors least likely causes a persistent current account imbalance?

A. Business cycle.

B. The lack of important resources.

C. The absence of profitable investment opportunities.

2-6 Using the Singer-Terhaar approach, Daisy Giles is establishing expectation for returns of Canadian equity markets. The following data is obtained by Daisy, shown in Exhibit 2.2.

Exhibit 2.2　Market Data

Asset Class	Canadian Equity Market	Global Investable Market
Standard deviation	12%	
Covariance with GIM	0.008	
Integration with GIM	0.6	
Correlation with GIM	0.25	
Sharpe ratio		0.4
Expected return		7.5%

If the risk-free rate is 2%, the expected return for Canadian equity market is closest to:

A. 1.45%.

B. 2.64%.

C. 4.64%.

答案与解析

2-1　C

固定收益证券的要求收益率由以下 4 部分构成：短期无违约利率（short-term default-free rate）、期限溢价（term premium）、信用溢价（credit premium）以及流动性溢价（liquidity premium）。

2-2　A

选项 A，样本统计的方法不能用于估计大量资产的方差-协方差矩阵。如果资产数量高于历史观察值的数量，一些投资组合会被错误地认为无风险。利用样本统计估计方差-协方差矩阵的优点在于，这种估计符合统计学种的无偏（unbiased）和一致（consistent）。

选项 B，对于最终矩阵的收缩估计量（final shrinkage estimate）而言，每一个构成元素（方差或协方差）都是对应的样本矩阵和目标矩阵的加权平均。

选项 C，波动聚类，又称波动集群或波动集聚，是指资产收益率的高波动（低波动）通常伴随着进一步的高波动（低波动）。在金融数据中发现的这一现象促进了自回归条件异方差模型（ARCH model）的诞生。

2-3 A

格林诺德-克罗纳模型（Grinold-Kroner model）的表达式为：

$$E(R_e) \approx \frac{D_1}{P_0} + (\%\Delta E - \%\Delta S) + \%\Delta P/E = \frac{D_1}{P_0} + i + g - \%\Delta S + \%\Delta P/E$$

式中，D_1/P_0 为预期股息率（expected dividend yield）；$\%\Delta E$ 为总盈利预期变化率（expected percentage change in total earnings），由预期通货膨胀（expected inflation，i）和预期实际盈利增长（real earnings growth，g）；$\%\Delta S$ 为流通股股数预期变化率（expected percentage change in shares outstanding）；$\%\Delta P/E$ 为市盈率预期变化率。

根据题目：

$\frac{D_1}{P_0} = 1.5\%$

$i = 1.25\%$

$g = 0.5\% + 2\% = 2.5\%$

$\%\Delta S = 1\%$

$\%\Delta P/E = 0.1\%$

将题目中给出的数据代入公式中可得：

$E(R_e) \approx 1.5\% + 1.25\% + 2.5\% - 1\% + 0.1\% = 4.35\%$

因此，正确答案为选项 A。

2-4 C

由于 Sandra 预测的是未来一年的不动产预期收益率，故而使用的是短期不动产收益率预测模型。在短期，为了体现资本化率的变化情况，对不动产收益率的预测为：

$E(R_{re}) = $ Cap rate $+$ NOI growth rate $- \%\Delta$Cap rate

式中，Cap rate 为当期资本化率；NOI growth rate 为名义净营运收入增长率，包括实际净营运收入增长率和预期通货膨胀；$\%\Delta$Cap rate 为资本化率的预期变化率。

根据题目：

Cap rate $= 5\%$

NOI growth rate $=$ Real NOI growth rate $+$ Expected inflation rate $= 1.2\% + 1.25\% = 2.45\%$

$\%\Delta$Cap rate $= \frac{(4.8\% - 5\%)}{5\%} = -4\%$

将数据代入公式中可得：

$E(R_{re}) = 5\% + 2.45\% - (-4\%) = 11.45\%$

因此，正确答案为选项 C。

2-5 A

经常账户的持续性失衡（persistent imbalance）属于结构性失衡（structural imbalance）与以下 5 个因素有关：

（1）投资偏好、人口特征和相关制度等对储蓄的影响；

（2）有利可图的投资机会；

（3）持续的财政失衡；

(4) 一国重要资源的富裕程度；

(5) 当前贸易状况，即初始赤字水平。

经常账户的暂时性失衡（temporary imbalance）主要是由国内外经济周期和政策变化所引起的。

因此，选项 B 和选项 C 与经常账户的持续性失衡有关，选项 A 与经常账户的暂时性失衡有关。

2-6 C

辛格-特哈尔模型（Singer-Terhaar model）的表达式为：

$$RP_i = \varphi RP_i^G + (1-\varphi)RP_i^S$$

式中，RP_i 为权益风险溢价；φ 为一国权益市场与全球市场的一体化程度（degree of integration）；RP_i^G 为全球均衡风险溢价（global equilibrium risk premium）；RP_i^S 为分割市场均衡风险溢价（segmented market equilibrium risk premium）。

根据题目中的信息，若加拿大权益市场与全球投资市场完全一体化（full integrated），则该权益市场的风险溢价可表示为：

$$RP_i^G = \beta_{i,GM} RP_{GM} = \rho_{i,GM} \sigma_i \left(\frac{RP_{GM}}{\sigma_{GM}}\right) = 0.25 \times 12\% \times 0.4 = 1.2\%$$

若加拿大权益市场与全球市场完全分割，则该权益市场的风险溢价可表示为：

$$RP_i^S = \beta_{i,i} RP_i = \sigma_i \left(\frac{RP_i}{\sigma_i}\right) = 12\% \times 0.4 = 4.8\%$$

代入辛格-特哈尔模型中，可得：

$$RP_i = \varphi RP_i^G + (1-\varphi)RP_i^S = 0.6 \times 1.2\% + (1-0.6) \times 4.8\% = 2.64\%$$

因此，加拿大权益市场的预期收益率为：

$$E(R_{re}) = RP_i + R_F = 2.64\% + 2\% = 4.64\%$$

正确答案为选项 C。（注：由于该题未给出加拿大权益市场与全球市场完全分割时的夏普比率，故可以用全球市场的夏普比率代替。）

扫码练习更多题目

第 2 部分　资产配置

科目导学

考情分析

本部分内容主要涉及资产配置，在 CFA® 三级考试中的分值占比为 5%~15%。近年来，本部分内容的相关知识点屡次以主观题的形式出现。

当基金经理形成对市场的预期后，接下来的工作就是进行战略资产配置了。本部分将介绍在进行资产配置时应考虑的因素和相应的方法。在进行资产配置时，分析师或基金经理仍然会以马科维茨的现代投资组合理论为基础，在收益率的均值与方差的框架下，综合考虑投资者的需求和基金经理对市场的预期来确定战略资产配置，进而再确定战术资产配置。由于整本 CFA® 三级教材都是以基金经理的视角来审视构建投资组合的流程与方法，而不是从定价或建模等细节问题出发，因此本部分知识点的定量内容并不多。定量内容考查的知识点虽然占比较小，却是本部分的重点，经常以写作题的形式出现，是重要得分点。另外，本部分的定性内容体系性极强，非常强调概念之间的横向对比。因此考生切忌对知识点死记硬背，必须要进行系统性的掌握。

本部分内容一共 3 章。第 3 章是资产配置概述，从宏观的视角来审视资产配置的整个流程，将其与客户的投资目标、投资约束相结合，介绍有效资产配置的各种方法及相关内容；第 4 章是资产配置的原则，详细讨论了均值方差最优化模型的流程及其改进措施，也同时介绍了债务配置法、目标导向法等其他资产配置方法；第 5 章是约束条件下的资产配置，主要介绍在实践操作中面临约束条件时应当如何调整资产配置。其中，第 3 章与第 4 章是重点章节。

本部分框架图

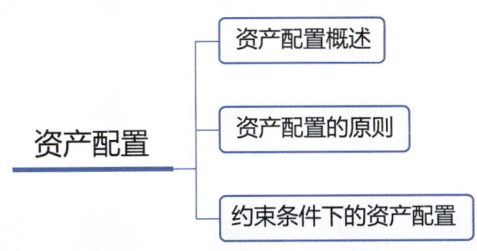

第 3 章
资产配置概述

章节导学

知识引导

当基金经理对市场形成预期,并了解客户的投资目标和投资约束后,下一步就是构建投资组合了。构建投资组合的第一步是进行战略资产配置。战略资产配置是整个投资流程中最重要的决策之一,很大程度上决定了投资组合的最终收益。本章首先从投资治理的角度出发,探讨如何通过良好的投资纪律保证有效的资产配置。其次研究客户的资产状况,结合客户的需求,选择合适的资产配置方法。最后介绍执行资产配置方案时需要考虑的风险预算、再平衡等环节。

考点聚焦

本章主要是以理解为主的定性考点,难度不大。考生需了解投资治理的相关概念及基本元素;掌握经济资产负债表的概念及经济净资产的计算;掌握资产配置三大方法的定义与适用对象;了解资产大类的分类标准及基于因子的资产配置;熟悉被动与主动的资产配置策略;掌握风险预算对资产配置的影响;掌握资产配置再平衡的方法及其影响因素。

本章框架图

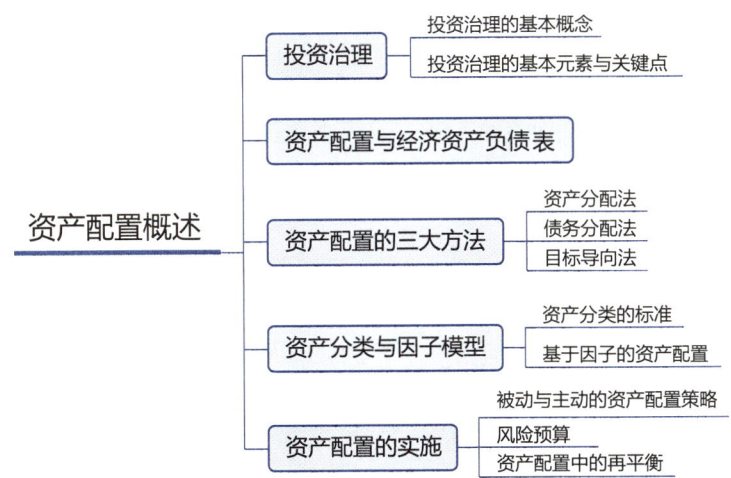

3.1 投资治理

3.1.1 投资治理的基本概念

投资治理（investment governance）是指组织管理投资决策的流程及相关活动。有效的投资治理能够确保资产配置符合相关法律法规要求，并依照投资者的投资目标和约束条件进行资产配置。

> **知识一点通**
>
> 投资治理与投资管理（investment management）是两个不同的概念。投资治理侧重于制订投资计划、明确投资长期与短期目标和任务，而投资管理侧重于执行投资计划。

3.1.2 投资治理的基本元素与关键点

—考点要求—
描述（describe）在资产配置中有效投资治理包含的元素和注意事项（★）

对于机构投资者而言，投资治理通常在以下 3 个维度展开：投资委员会（governing investment committee）、投研人员（investment staff）与第三方资源（third-party resources）。投资委员会可以是董事会下属委员会之一，也可以是由内部员工组成的，其监督责任产生于董事会的委托。投研人员的团队可大可小，可以是一个人数众多的内部投研团队，也可以只有三五名投资人员组成，如主要负责筛选和监管外部的投资经理和投资顾问。第三方资源则包括外部投资经理、投资顾问、托管人以及精算师等。

有效的投资治理通常包括以下 6 个元素。
(1) 明晰投资项目的长期与短期目标。
(2) 明确投资委员会、投研人员以及第三方资源在投资决策过程中的权力和职责。
(3) 明确形成并批准投资策略说明（IPS）的流程。
(4) 明确形成并批准战略资产配置与再平衡的流程。
(5) 构建监督项目执行的标准范式，确保项目进程朝着既定的目标前进。
(6) 定期对投资治理进行审计。

3.1.2.1 明确投资项目的长期与短期目标

具体而言，有效投资治理的第一个元素——明确投资项目的长期与短期目标需要基金经理充分理解以下要点。
(1) 客户的要求回报率（return requirement）。
(2) 配置资产所隐含的法律义务。
(3) 基金资金的流入与流出。
(4) 客户承受投资组合价值波动的能力与意愿。
(5) 最终目标是在满足客户财务约束与风险偏好的前提下最好地权衡投资组合的收益与风险。

> **知识一点通**
>
> 不同类型资金的长期与短期目标自然是不同的。下面以前文介绍过的3类资金为例来进行说明。
>
> （1）收入确定型养老金（defined benefit pension fund）的最主要目标是确保本金与收益能够满足当前与未来的资金需求。因此，该养老金计划对资金流出的控制力较低，投资偏好一般较为保守。
>
> （2）捐赠基金（endowment fund）的最主要目标是满足捐赠基金成立的初衷。因此，捐赠资金的要求回报率相对较高，必须在剔除通胀并满足资金分配需求后还能保持一定的增长。相应地，捐赠基金对资金的流出控制力相对较高。
>
> （3）个体投资者（individual investor）的投资目标一般因人而异，如满足遗赠需求、捐赠需求、退休养老需求等。因此，个体投资者的投资目标与个人的风险承受能力以及投资约束密切相关。

3.1.2.2 明确各方的权力与职责

有效投资治理的第二个元素——权力与职责的分配是投资计划实现的关键，必须从公司顶层设计的视角来进行考虑。资金规模的大小、公司员工的能力与技能、公司的外部资源等都会影响权力与职责的分配。

（1）一般情况下，投资委员会的权力与职责主要在于制定任务目标，授权或批准投资策略说明书及资产配置方案，制定风险管理原则，实施对基金经理的监督并进行业绩评估等与公司整体运行密切相关的投资活动。

（2）投研人员的权力与职责主要在于起草资产配置方案、研究投资策略等涉及具体执行层面的投资活动。

（3）第三方资源则主要在公司现有投研人员能力或时间受限时发挥作用。

3.1.2.3 投资策略说明（IPS）

一份精心打造的投资策略说明是实现客户投资目标的保障，同时也为资金管理工作的展开提供了一份全方位的蓝图（blueprint），是实现计划的基础。作为基础资料文档，投资策略说明涉及投资计划方方面面的细节信息，需要定期更新，但整体修订频率一般会比较低。一些稳定性较低的事项，则会在更容易修订的附录中呈现。

3.1.2.4 战略资产配置与再平衡策略

有效的投资治理同时包含战略资产配置（strategy asset allocation，SAA）与再平衡（rebalancing）策略。对于机构投资者而言，再平衡策略可能由投资委员会、投研人员、或者外部的顾问负责。个人投资者则往往将再平衡操作授权给他们的投资顾问。

3.1.2.5 报告的标准范式

标准范式下的报告有助于监管者与客户对投资项目的业绩计量、业绩归因与业绩评估一目了然，确保投资项目朝着既定目标前进。

3.1.2.6 投资治理的审计

治理审计（governance audit）必须由第三方来进行，以确保公平、公正。治理审计的目的在于确保整体投资策略的制定、流程与治理结构是有效的。

总而言之，有效的投资治理能让投资项目在市场发生极端行情时仍能存续，避免基金经理在极端行情下做出错误决策，避免公司或投资项目过度依赖某个关键人员，确保投资结果是可计量的。

3.2 资产配置与经济资产负债表

—考点要求—
为客户规划（formulate）经济资产负债表并解释（interpret）它对资产配置的指导作用（★★）

资产负债表像企业在某一时刻的"照片"，反映企业在某一时点的财务状况。类似地，经济资产负债表（economic balance sheet）反映了客户在某一时点的资产与负债状况。唯一不同的是，经济资产负债表不仅包括传统意义上显性的资产与负债，还包括一些隐性的资产与负债。

具体而言，当客户是个体投资者时，隐性的资产还包括自身的人力资本（human capital），如未来收入的现值、未来养老金收入的现值；隐性的负债包括未来消费的现值等。当客户是机构投资者时，隐性的资产还包括预期未来获得捐赠资金的现值等，隐性的负债包括合同约定的未来支付的现值等。将投资者的所有资产（显性资产与隐性资产之和）减去所有负债（显性负债与隐性负债之和），即可得到经济净资产（economic net worth）。

当基金经理为个体投资者客户配置资产时，除了考虑其拥有的金融资本（financial capital）之外，还必须考虑诸如人力资本（human capital）之类的隐性资产。通常情况下，当个体投资者年轻时，其人力资本的占比较高而金融资本的占比较低，但随着个体投资者年龄的上升与财富的积累，其金融资本的占比会逐步提升，而人力资本的占比会逐步下降，直至为 0（退休后将不再拥有任何人力资本）。基金经理在为个体投资者配置资产时，必须将其人力资本的特性考虑在内。

> **知识一点通**
>
> 举例说明，当基金经理为某一从事股票分析职业的个体投资者进行资产配置时，由于该个体投资者的人力资本本身就与股票市场密切相关，因而为其配置资产时应相对降低股票类资产的配置比例，同时加大固定收益类资产的配置比例，以对冲其职业风险。而当基金经理为某一大学教授进行资产配置时，由于大学教授职业收入较为稳定，具有类似债券的属性，因而为其配置资产时可以相对提高股票类资产的配置比例。

> **备考小贴士**
>
> 经济净资产（economic net worth）的计算属于高频考点，多以选择题的形式出现。考生在计算时应注意区分每年工资与人力资本现值的概念，同时注意不要遗漏信息。

3.3 资产配置的三大方法

> —考点要求—
> 比较（compare）资产分配法、债务分配法以及目标导向法的投资目标及相关方法（★★）

广义上，资产配置的方法可以分为 3 大类：资产分配法、债务分配法以及目标导向法。下面将从定义、风险度量、适用对象与场景等几个方面来分别介绍这 3 种方法。

3.3.1 资产分配法

3.3.1.1 基本定义

在资产配置的过程中，资产分配法（asset-only approach）仅关注客户经济资产负债表中的资产端，而忽略其负债端。均值方差最优化法（mean-variance optimization, MVO）是资产分配法中最常用的一种方法，其目标是在可接受的波动率水平下，最大化夏普比率。对于捐赠基金、主权财富基金以及一些个体投资者而言，其负债端并非法律强制义务，故而常采用资产分配法。

> —考点要求—
> 根据投资者的投资目标和约束条件推荐并论证（recommend and justify）合适的资产配置（★★★）

3.3.1.2 风险度量

在风险度量上，资产分配法更注重如何通过选择大类资产的配置权重以降低投资组合的整体风险，常用收益率的波动率（即标准差）来度量风险。除此之外，追踪误差（tracking error）常被用来度量相对于基准的主动风险，半方差（semi-variance）、最大回撤（maximum drawdown）、在险价值（value at risk）等指标则常被用来度量下行风险。

3.3.1.3 全球市场投资组合的使用

基金经理需要关注在资产分配法中如何利用全球市场投资组合（global market portfolio）。全球市场投资组合是一个理论上的概念，是指根据市值加权所有在全球范围内投资者可投资的资产而形成的投资组合。从定义上不难看出，全球市场投资组合是一个风险充分分散的组合，可以避免本土偏差（home bias）。因此全球市场投资组合是资产分配法的一个很好的参考基准，投资者可以根据自身的投资目标和约束，以全球市场投资组合为基准调整资产配置的权重。

> —考点要求—
> 描述（describe）全球市场投资组合在资产配置中的使用（★）

> **知识一点通**
>
> 本土偏差是指在全球投资组合背景下，投资组合表现出对国内证券的强烈偏重，倾向于总部离投资者较近的公司。这种偏见主要源自于相对信息优势的感知，接近公司高管带来的心理舒适感更大，因此投资人有投资本地社区证券的愿望。

3.3.2 债务分配法

3.3.2.1 基本定义

在资产配置的过程中，债务分配法（liability relative approach）侧重满足客户负债端支付的需求，尤其是法律上的强制支付义务。在满足了负债端需求之后，债务分配法才会追求收益最大化。因此，债务分配法同样可以使用均值方差最优化法，只不过目标不是资产收益最大化，而是盈余（资产减负债）最大化。银行、保险公司、收入确定型养老基金（DB plan）等机构由于存在法律意义上的明确负债，常采用债务分配法进行资产配置。

3.3.2.2 风险度量

在风险度量上，债务分配法关注资产收益不能满足法律强制支付义务的风险——亏空风险（shortfall risk）。也常使用盈余风险，及盈余的波动率来度量风险。

3.3.3 目标导向法

3.3.3.1 基本定义

目标导向法（goals-based approach，GBI）是指为了满足特定目标而进行资产配置的方法。例如，个体投资者希望在退休后维持现在的生活水平，或是希望在 5 年后能够为红十字会捐赠 1 000 万元等诸如此类的特定目标。总而言之，为了实现特定目标，一般要求在未来某一特定时间点有一定的现金流流出。因此，在进行资产配置时，基金经理应关注资产组合能否在一定概率水平上积累足额收益以覆盖此现金流流出。

> **知识一点通**
>
> 单从定义上看，似乎债务分配法与目标导向法并没有什么不同，资产配置均是为了满足未来某一时刻的现金流流出。然而，实际上两者之间至少有三点不同。第一，使用债务分配法的客户通常面临法律上的强制义务，而使用目标导向法的客户则通常不是。第二，使用债务分配法的客户通常为寿险公司、财险公司或银行等，这些公司的特征是类似的；而使用目标导向法的客户，他们的目标通常各不相同，特征迥异。第三，使用债务分配法的客户，其未来现金流流出数量一般是相对确定的。如寿险公司可以利用大数据推算出某一地区的死亡率，从而确定其在每个时间点的期望现金流流出；而对于使用目标导向法的客户而言，由于其目标的独特性，其未来的现金流流出也是相对不确定的。因此，债务分配法更加适用于机构客户，目标导向法更加适用于私人客户。

> **备考小贴士**
>
> 资产分配法和债务分配法的适用场景也是高频考点，通常以写作题的形式出现。题目会给出客户信息，需要考生选择使用资产分配法还是债务分配法，并给出几点理由。通常可以作答的切入点包括：

(1) 客户是否存在负债。如果存在负债，且资不抵债的后果很严重，则应该使用债务分配法。反之，则使用资产分配法。

(2) 客户的风险承受能力。如果客户风险承受能力较弱，无法承受资不抵债的后果，则应该使用债务分配法。

(3) 现金流支出的驱动因素。如果客户未来的现金流支出是基于资产规模的，比如支出年初资产规模的5%，则应该使用资产分配法。如果客户未来的现金流支出固定或与其他因素挂钩，则应该使用债务分配法。

(4) 客户要求。如果客户明确仅对资产提出要求，如要求资产的下跌不能超过10%，则应该使用资产分配法。如果客户明确对资产与负债提出共同要求，如要求盈余风险不能大于5%，则应该使用债务分配法。

3.3.3.2 风险度量

在风险度量上，目标导向法关注不能实现特定目标的风险。在构建资产配置的过程中，既定目标是有一定概率无法实现的，因此针对此概率，分析师通常会设定一个最大的可接受的数值。

3.4 资产分类与因子模型

3.4.1 资产分类的标准

资产类别是对资产进行初步分类的产物。属于同一资产类别的资产通常受相似基本面因素的影响，使之区分于其他资产类别。常见的资产类别包括股票、债券、房地产以及大宗商品等。

——考点要求——
解释（explain）大类资产如何用于反映系统性风险敞口，并讨论确定资产类别的标准（★★★）

具体而言，从资产配置的角度来看，合理的资产分类应当满足以下5个标准。

(1) 隶属于同一类别的资产应当具有相同的特点。例如，将房地产和大宗商品共同包含在另类投资这一资产类别中就有违此标准，因为房地产和大宗商品的特点并不相近。

(2) 不同资产类别应当是互斥（mutually exclusive）的。例如，将股票资产细分为小盘股、中盘股、大盘股，这种分类方法就是互斥的。但如果将股票资产分为大盘股与价值股，这种分法就不是互斥的，因为有的大盘股同时也是价值股。

(3) 资产类别之间必须是充分分散的。特别地，两个类别资产收益率之间的相关系数不能超过0.95。

(4) 所有资产类别作为一个整体应当包含全世界大多数切实可投资的资产。

(5) 作为投资的潜在对象，资产类别应当具有足够的流动性及较低的交易成本。

> **知识一点通**
>
> 上述5个资产分类的标准中，前3个是对分类资产本身特点的要求，而后2个则是从投资者进行资产配置的角度提出的相关要求。

> 备考小贴士

以上关于资产分类标准的 5 个要求,属于高频考点,在写作题与选择题中均有出现,考生应重点记忆。

3.4.2 基于因子的资产配置

—考点要求—
解释（explain）风险因子在资产配置中的使用及其和资产类别的关联（★）

传统的资产配置非常直观,即决定资金在股票、债券、大宗商品、房地产等不同资产类别之间的配置比例。而基于因子的资产配置（factor-based asset allocation）则完全不同,并不是以资产类别为单位进行资产配置,而是通过多因子模型进行资产配置,从而让投资组合暴露在事先设定的风险因子之下。

单从定义上看,基于因子的资产配置非常抽象,下文将通过一个例子来进行说明。CFA®一级已涉及股票贝塔值的概念:股票的贝塔值反映了股票收益率相对于市场收益率的敏感度。实际上,股票的贝塔值就是一种市场因子。假设基金经理想构建一个投资组合,其目标贝塔值为 1.2。于是,基金经理就可以通过将 50%资金配置贝塔值为 1.3 的股票 A,将另外 50%的资金配置贝塔值为 1.1 的股票 B 来实现既定目标。这个过程就是基于因子的资产配置,通过配比贝塔这个市场因子（而不是资产类别）来实现既定贝塔值 1.2 的市场风险暴露。

> 知识一点通

除了在 CAPM 模型中最常见的市场因子（贝塔）之外,常见的风险因子还包括市值因子（size factor）、价值因子（value factor）与动量因子（momentum factor）。详见《CFA®二级中文教材》中的 Fama-French 模型。

3.5 资产配置的实施

3.5.1 被动与主动的资产配置策略

—考点要求—
探讨（discuss）资产配置中实施的被动与主动策略和相关工具（★）

在实施资产配置策略之前,投资者先要在被动（passive）与主动（active）风格上进行抉择。具体而言,被动与主动上的选择体现在以下两个层面:不同资产类别之间的权重配置、同一资产类别内部的配置。

3.5.1.1 不同资产类别之间的权重配置

战术资产配置（tactical asset allocation,TAA）是指投资经理根据对经济形势的预测在短期内主动偏离战略资产配置（strategy asset allocation,SAA）所设置的配置权重。

举例说明,假定基金经理根据某一客户的投资目标和风险约束确定了其战略资产配置权重为:40%的资金配置股票,60%的资金配置债券。然而,近期由于外部环境平稳且多项政策利好股市,从战术资产配置的角度基金经理可在短期内将股票配置权重由 40%提升至 45%。但长期而言或一旦市场环境发生转变时,基金经理仍然需要将该客户的股票配置权重调回40%。

> **知识一点通**
>
> 关于战术资产配置，考生需要注意以下3点：第一，从定义上不难看出，战术资产配置属于主动管理；第二，战术资产配置是在资产类别层面上的主动管理；第三，虽然战术资产配置在短期内偏离了战略资产配置，但仍然受到投资者的风险约束。

3.5.1.2 同一资产类别内部的配置

同一资产类别内部的配置，也可以分为主动与被动管理两种方式。

在被动管理方式下，某一资产类别中的配置不会随着投资者对市场期望的改变而改变。指数投资就是最常见的一种被动投资方式，投资者完全根据指数各成分股的权重来配置资产。

相反地，主动投资管理方式下，某一资产类别中资产的配置权重会随着投资者对市场期望的改变而改变，其目标是追求在扣除管理费等各项费用后的超额收益。

介于主动投资管理与被动投资管理之间的方式是半主动管理（semi-active）。指数增强型基金就是一种非常见的半主动管理基金，其构建资产组合的方式是在标的指数的基础上，根据投资者对市场的预期适当调整权重。

那么，以上哪种方式最适合客户呢？在对主动、被动及半主动方式之间进行抉择时，需要考虑以下几个方面。

（1）可投资性（available investment）。例如，客户想要配置中国股市的大盘股，基金经理初步打算以沪深300指数作为投资基准标的。那么，基金经理需要思考的是，沪深300指数是否为中国股市大盘股的最佳代表？在具体配置资产时是等比例买入沪深300指数的所有成分股还是配置沪深300ETF的相关产品？哪种配置方法更具有可投资性？

（2）主动管理的可测量性（scalability of active strategies），即战略资产配置过程中主动管理的程度和范围多少为最佳。一般来说，如果投资规模太大，主动管理能创造的附加价值会开始减少。而如果投资规模太小，一些产品的投资门槛就无法达到。

（3）在考虑顾客特殊要求后，被动投资的可行性。例如，有的客户坚持不投资任何军工类股票，但指数中却包含军工类股票，那么直接按照现有指数配置就不能满足客户的特定需求。

（4）对市场信息有效性的判断。如果认为市场是高度信息有效的，那么意味主动投资是无法取得超额收益的，则被动投资是更优的选择。

（5）权衡主动投资的收益与成本。相比被动投资，主动投资有可能获取更高的超额收益，但无疑管理费用、交易费用也相对更高。

（6）客户的税务情况。税收也是主动管理的成本之一，对于税负较高的投资者来说，主动管理想要获得利润会更加困难。而对于具有税收优惠的交易账户，主动管理则更加适合进行。

3.5.2 风险预算

一些投资者在进行资产配置时可能格外关注风险。风险预算的方法可以被用来量化研究风险是如何被分配到组合的各资产类别中的。风险预算的方法只考虑风险指标而不考虑资产的预期收益率，一个具有代表性的例子就是风险平价配置法（risk parity），风险平价配置法会调整资产权重，使每个资产最终对组合贡献的风险相等。该部分相关内容会在后续章节进行更加详细的讨论。

3.5.3 资产配置中的再平衡

—考点要求—
探讨（discuss）再平衡资产配置中的战略考虑（★★）

3.5.3.1 基本定义

再平衡（rebalancing）是指调整投资组合权重，使投资组合构建不偏离战略资产配置设定的范畴。这里需要特别指出的是，当对市场的预期发生本质性的变化或投资者的财务状况发生变化时，基金经理不得不重新为客户设定资产配置权重，但这种对战略资产配置的调整并不是再平衡。"再平衡"特指由于资产价格变化而导致资产配置权重偏离 SAA 后的资产权重调整。

> **知识一点通**
>
> 此处仍然通过一个例子来说明"再平衡"的含义。假设，根据当前市场状况和客户的偏好与财务状况，将客户 1 000 万元资金中的 600 万元用于配置股票，400 万元用于配置债券。6 个月后，由于股市行情火爆，期初 600 万元市值的股票涨到了 700 万元，而期初 400 万元市值的债券却跌到了 300 万元。此时，单纯由于资产价格的变化导致股票资产配置权重由 60% 变为了 70%，促使基金经理不得不卖出股票并买入债券来恢复预先设定的大类资产配置权重。这种权重调整就是所谓的"再平衡"。

3.5.3.2 实现方法

实现再平衡的方法通常有 3 种：定期再平衡（calendar rebalancing）、百分比范围再平衡（percent-range rebalancing）以及定期再平衡与百分比范围再平衡的混合。

顾名思义，定期再平衡是指定期审视投资组合，并将投资组合中的资产权重调至目标权重。定期再平衡的关键自然是定期调整的频率，可以是月度、季度或年度。

百分比范围再平衡是指事先设定触发调整权重的最大偏离程度。例如，投资经理事先设定最大偏离程度为 5%。假定初始设定的资产配置权重仍然是 40% 的债券与 60% 的股票，那么当股票权重超出 55% 到 65% 的范围时就会触发再平衡，促使基金经理重新将投资组合的权重配置调整为股票 60%、债券 40%。而在此范围以内，不会进行任何大类资产配置权重上的调整。

> **知识一点通**
>
> 百分比范围再平衡方法在具体实施上还有许多细节需要注意。例如,基金经理可以针对不同大类资产设置不同的最大偏离程度。触发再平衡时,可以一次性将资产权重调回原先设定的战略资产配置权重,也可以仅部分调节权重。例如,假定初始配置为35%债券、60%股票以及5%的黄金,相对应的最大偏离程度可分别设为5%、5%与0.5%。如当股票权重变为70%时,可以事先设定必须一次性将股票权重调回60%,也可以事先设定只需将股票权重调回65%等。

3.5.3.3 再平衡实施的影响因素

如前所述,再平衡范围(即最大偏离程度)是设计再平衡策略的重要参数,再平衡实施的影响因素及其影响方向如表3.1所示。

表3.1 再平衡实施的影响因素及其影响方向

影响因素	影响方向	简要说明
交易费用	更高的交易费用→更高的最大偏离程度	• 为避免频繁交易带来的成本,允许较高的最大偏离程度
风险偏好	风险厌恶→更低的最大偏离程度	• 风险容忍度越低,越不允许资产配置权重偏离事先设定的标准太多
资产类别之间的相关系数	更高的相关系数→更高的最大偏离程度	• 假设股票与债券相关系数为1,期初400万元配置债券,600万元配置股票,期末两者同时翻倍,800万元配置债券,1 200万元配置股票,权重仍然没变。因此,相关系数越高,大类资产的权重越稳定,允许的最大偏离程度越高
动量(momentum)	对动量信念越高→更高的最大偏离程度	• 对动量信念越高,意味着预期资产价格越会朝着同一方向持续变动,因此能够容忍的最大偏离程度越高(否则会出现股票一直涨,却卖出过早的现象)
流动性	更低的流动性→更高的最大偏离程度	• 更低的流动性意味着更高的交易成本,故应放宽对最大偏离程度的要求(同第一条)
衍生工具	利用衍生工具进行再平衡→更低的最大偏离程度	• 利用衍生品可以低成本完成对冲,类似再平衡的效果,由于成本低,故应收窄对最大偏离程度的要求
税收	更多的税收→更高的最大偏离程度	• 更多的税收意味着更高的交易成本,故应放宽对最大偏离程度的要求(同第一条)
波动率	较高的波动率→更低的最大偏离程度	• 从控制风险的角度分析,波动率高意味着资产价格同时存在"上窜"与"下跳"的可能性,风险更加不可控,因此,对最大偏离程度要求更加严格。
	较高的波动率→更高的最大偏离程度	• 从成本与收益的角度分析,波动率高意味着很容易触发再平衡,导致过高的交易成本,故为了降低再平衡的交易成本,应放宽对最大偏离程度的要求(同第一条)

> **知识一点通**
>
> 再平衡最大偏离程度的设定与两个因素相关，其一是再平衡的成本与收益，其二是风险水平的控制。如果再平衡收益高，则应该多做再平衡，对应更低的最大偏离程度。例如，如果资产走势是均值复归的，则再平衡的收益更高，应该多做再平衡，对应更低的最大偏离程度。如果再平衡的成本高，则应该少做再平衡，对应更高的最大偏离程度。例如，如果交易成本高，则再平衡范围更宽。如果客户对风险更加敏感，则应以控制风险在客户可以接受的范围内为首要的再平衡目标，即使再平衡的成本比较高，针对波动性高的资产类别也应收窄最大偏离程度。

> **备考小贴士**
>
> 考生应熟记最大偏离程度的每个影响因素及其影响方向，尤其是波动率的两个分析维度的影响方向。

练一练

The following information relates to Questions 3-1 to 3-4.

Paul Lewis is an investment adviser who is preparing an economic balance sheet for Sarah and Tom Cruz, a married couple. Lewis summarizes the Cruzs' current financial position as follows. The couple are professors in the same university. They have an investment portfolio consisting of USD 1 000 000 in equity, USD 500 000 in short term government bond and USD 1 300 000 in deposit. They also have a house valued at USD 2 000 000 with half in mortgage debt. Cruzs have no children, and they are planning to retire 12 years later. According to their current salary, Lewis estimates that the couple will earn a total present value of USD 1 250 000 before their retirement, and their total present value of expected consumption expenditures is USD 800 000.

Lewis is planning to adopt the asset class specifications as follows:
- Equity: US equities
- Debt: Short Term Government bond and corporate bond
- Cash and cash equivalence: cash and deposit

However, Lewis notices that returns of short term government bond and deposit are highly correlated.

Lewis also recommends a wider rebalancing range when allocating assets for Cruzs.

3-1　According to the economic balance sheet, what's the value of Cruzs' economic net worth?
　　A. USD 3 250 000　　　　B. USD 4 250 000　　　　C. USD 5 250 000

3-2　From the perspective of asset allocation by using economic balance sheet, which of the following statements is most appropriate?
　　A. There is no need to change current asset allocation.
　　B. They should sell their house to avoid the risk of falling price.

C. They should increase the weight of equity and decrease the weight of bond.

3-3 Lewis's asset class specifications for debt and cash equivalence is incorrect. Because for purposes of asset allocation, asset classes should be:

A. diversifying.　　　　　　　　B. mutually exclusive.

C. exhaustive.

3-4 Lewis recommends a wider rebalancing range when allocating assets for Cruzs. Under which of the following situations will this recommendation be correct?

A. Cruzs are risk averse.

B. The tax for Cruzs is relatively low.

C. The transaction cost is relatively high.

答案与解析

3-1　B

首先，要根据题目条件构建 Cruz 夫妇的经济资产负债表（见下表），注意不要有所遗漏（房产也需考虑在内）。

Cruz 夫妇的经济资产负债表

（单位：USD）

资产		负债与净资产	
金融资产	2 800 000	房贷	1 000 000
现金	1 300 000		
短期国债	500 000	未来消费现值	800 000
股票	1 000 000		
房产	2 000 000		
人力资本	1 250 000		
总经济资产	6 050 000	总负债	1 800 000
		经济净资产	4 250 000

通过上表计算可得，Cruz 夫妇的净资产为 USD 4 250 000，故选项 B 正确。

3-2　C

在考虑个人投资者的资产配置时，一定要考虑其职业特点和人力资本。Cruz 夫妇都是大学教授，工作稳定且离退休尚早。因此，他们应当加大股权资产的配置，同时降低现金的持有，故选项 C 正确。

3-3　A

在给资产分类时应将相关系数较高的资产归为同一大类，否则两类高度相关的资产具有相似的风险敞口，将会导致风险来源的重叠。本题中，现金等价物和短期国债的收益率高度相关，没有必要分为两类资产，这违背了分散化（diversifying）的原则，故选项 A 正确。

3-4 C

根据表 3.1，不难看出答案为选项 C。为了避免较高的交易费用，应当设定相对较高的权重变动范围。

第 4 章
资产配置的原则

章节导学

知识引导

第 3 章从宏观的视角概括了资产配置的方方面面，本章将具体说明资产配置中的具体步骤。资产配置流程可以大体分为两个步骤：第一步聚焦于如何确认不同资产类别的配置权重；第二步则是在每一资产类别中确认具体的证券配置。本章将从最基本的均值方差最优化模型出发，分别介绍其在资产分配法、债务分配法以及目标导向法中的运用。此外，本章还会介绍一些为满足特殊目标而设的资产配置方法。

考点聚焦

为了便于考生更加高效地备考，本章对原版教材的内容进行了优化与整合。考生需要重点掌握均值方差最优化法的基本思想与优缺点、效用函数的计算，熟悉债务分配法与目标导向法的具体运用，了解其他资产配置方法的基本理念。

本章框架图

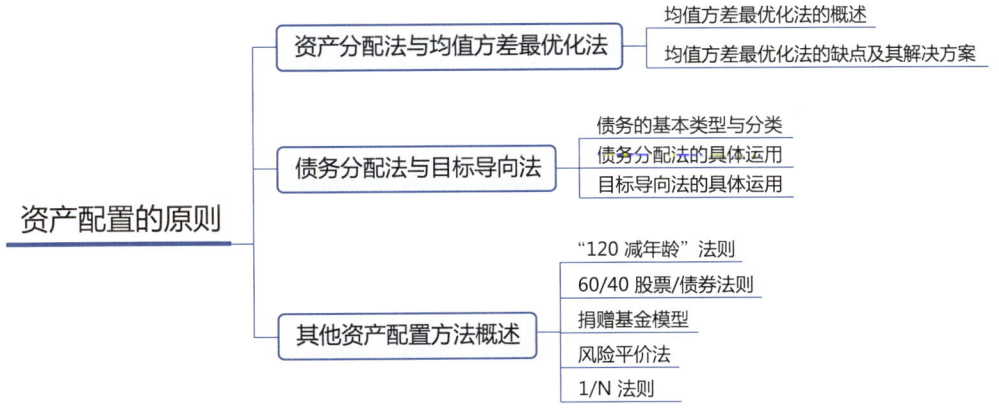

4.1 资产分配法与均值方差最优化法

4.1.1 均值方差最优化法的概述

—考点要求—
描述（describe）并评估（evaluate）MVO 法在资产配置中的应用
（★★★）

本小节先介绍无约束条件下的均值方差最优化（MVO）法。MVO 法以马科维茨的现代投资组合理论为基础，为投资者提供了一个配置资产的方法论。MVO 法同时也是其他高阶资产配置方法的基础。简而言之，均值方差最优化的理念为：在给定期望风险水平下，最大化投资组合的期望收益率。这里需要指出的是，MVO 法涉及的均值和方差都是期望值，而非实际值。

MVO 模型追求效用的最大化，效用的目标函数如下：

$$U_m = E(R_m) - 0.005\lambda\sigma_m^2 \tag{4.1}$$

—考点要求—
推荐（recommend）并证实（justify）如何使用 MVO 进行资产配置（★★★）

公式（4.1）中，U_m 代表资产组合 m 给投资者带来的效用；$E(R_m)$ 代表资产组合 m 的期望收益率；λ 代表投资者的风险厌恶程度；σ_m^2 代表投资组合 m 的收益率的期望方差。

公式（4.1）表明，给定其他条件不变的情况下，更大的期望收益或更小的期望方差将给投资者带来更大的效用。公式中的参数 λ 反映了期望方差降低 1 个单位能够给投资者带来多少的效用增加，即反映了投资者的风险厌恶程度。

> **知识一点通**
>
> 一般而言，参数 λ 的取值范围为 1 至 10，取值越大代表投资者风险厌恶程度越高。特别地，如果 $\lambda=0$，代表投资者是风险中性的，而对于一般的风险厌恶者来说，$\lambda=4$。

> **备考小贴士**
>
> 公式（4.1）中的系数为 0.005，不同于 CFA®一级"投资组合管理"中效用函数的系数 0.5，但这仅仅是由于表达习惯差异，两者其实并无本质区别。有的人习惯将百分比视为单位（例如，用金融计算器输入利率时，对"6%"应直接输入"6"），也就是说，"20%"意味着"20"是数量，"%"是单位。比如，假设期望收益率为 10%，期望波动率为 20%，$\lambda=4$。若把百分比看作单位，则根据公式（4.1），投资者的效用为：$10\% - 0.005 \times 4 \times 20^2\% = 2\%$。若不把百分比看作单位，则计算投资者的效用时，系数应使用 0.5：$10\% - 0.5 \times 4 \times (20\%)^2 = 2\%$。两者在计算结果上并无区别，考试时均能得分，考生按照自己的习惯记忆即可。

在没有约束条件的前提下，公式（4.1）存在解析解（closed-form solution）。

下面通过图 4.1 来简要说明一下 MVO 模型的运用，具体步骤如下。

（1）基金经理通过可配置资产的期望收益、期望方差以及它们之间的相关系数确定图 4.1 中的有效前沿（efficient frontier）。有效前沿的确定过程可以参考《CFA®一级中文教材》中"投资组合"部分的相关章节。图中的斜率线（×10）代表有效前沿上每增加 1 单位的风险（即收益率标准差）能够带来多少期望收益。通过观察可以发现，在有效前沿上，全球最小方差组合（global minimum variance portfolio）的斜率最大（接近于无穷）。然而，沿着有效前沿从左往右移动时，斜率逐渐变小，表明随着风险的增大能带来的期望收益上升越来越小。

（2）观察图中的效用曲线。图 4.1 中共有三条效用曲线，分别对应 λ=2、λ=4、λ=6 的投资者。不难看出，当投资者的风险厌恶程度逐步上升时，效用曲线的弯曲程度越来越大，即增加 1 单位的风险带来的效用损失越来越大。同时，随着投资者风险厌恶程度的上升，效用最大化的风险水平不断降低。

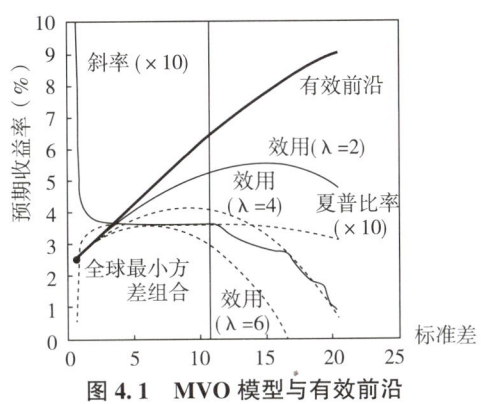

图 4.1　MVO 模型与有效前沿

> **备考小贴士**
>
> 图 4.1 求解过程中的数学细节并非考试重点，考生对整个过程的原理有所了解即可。

通过以上描述可以看出，基金经理只要知道投资者的风险厌恶程度参数 λ，就可以在有效前沿上寻找使投资者效用最大化的资产组合方案了。而参数 λ 的具体取值则可以通过风险评估测试等方法确认。

例题 4.1

李雷继承了 USD 1 000 000 的遗产。他的私人理财顾问韩梅梅正在为他进行财务规划。通过测试，韩梅梅估算李雷的风险厌恶程度为平均水平，即 λ=4，最低可接受的收益率水平为 7%。于是，韩梅梅为李雷设计了 3 种投资方案，其期望收益率与期望收益率标准差如下表所示。基于效用函数及最低可接受的收益水平，请判断哪一种方案相对最优。

韩梅梅为李雷设计的 3 种投资方案

	期望收益率	期望标准差
方案一	15%	25%
方案二	12%	20%
方案三	8%	14.14%

名师解析

首先，分别将3种方案的期望收益率和标准差代入效用函数的公式：

方案一：$U_m = 15\% - 0.005 \times 4 \times 25^2\% = 0.025$

方案二：$U_m = 12\% - 0.005 \times 4 \times 20^2\% = 0.04$

方案三：$U_m = 8\% - 0.005 \times 4 \times 14.14^2\% = 0.04$

因此，单从效用上看，方案二与方案三的效用无异，均高于方案一。

为了区分方案二与方案三的优劣，必须依据最小可接受收益水平计算第一安全比率（safety-first ratio，SFR）。计算公式与夏普比率类似，仅是将无风险收益率更换为最小可接受收益水平。

方案二：$SFR_2 = (12\% - 7\%)/20\% = 0.25$

方案三：$SFR_3 = (8\% - 7\%)/14.14\% = 0.07$

方案二的第一安全比率更大，意味着出现收益率低于7%的可能性更小。根据SFR的取值，基金经理应当最终选择方案二。

4.1.2 均值方差最优化法的缺点及其解决方案

4.1.2.1 MVO法的缺点

MVO法存在的缺点及其对应解决方案见表4.1，解决方案的具体含义可见下一小节。

表4.1 MVO法的缺点及其解决方案

存在缺陷	描述	解决方案
缺点1	对参数极其敏感，尤其是期望收益	反向最优化法
缺点2	资产配置高度集中在一些资产类别中	增加约束条件或重抽样MVO
缺点3	投资者不仅仅关注收益率的均值与方差两个方面	非正态分布最优化
缺点4	资产配置的风险来源没有充分分散化	基于因子的资产配置
缺点5	没有考虑交易中再平衡的成本以及税收	蒙特卡洛模拟
缺点6	没有考虑到会影响投资者债务价值和未来消费的因素	债务分配法

备考小贴士

在CFA®三级考试中，凡是涉及某种方法的优缺点（尤其是MVO法的缺点）时，都应当以主观题的形式来进行准备。

4.1.2.2 反向最优化法

MVO法对输入参数较为敏感。这一缺点可以通过反向最优化法（reverse optimization）来克服。顾名思义，反向最优化法是MVO法的逆向操作。MVO法是在已知期望收益、资产间的方差协方差矩阵以及风险厌恶程度之后，通过最优化方法求解最优资产配置的权重。反向最优化法则是从最优资产配置权重出发，根据方差协方差矩阵以及风险厌恶程度倒推出期望收益。由反向最优化法得到的期望收益也通常被称为隐含收益（implied returns）。通常，分析师会将全球市场投资组合的配置权重假设为最优权重，进而计算隐含收益。

在使用反向最优化法时，基金经理通常会配合使用 CAPM 模型，假定资产的期望收益与其系统性风险是相匹配的。一旦出现不匹配的情形，就存在投资机会。

> **知识一点通**
>
> 反向最优化法计算隐含收益的逻辑与利用 BSM 模型计算隐含波动率类似。在期权研究中，可以根据期权已知的市场价格、无风险收益率、执行价格、标的资产价格、到期时间等数据反求隐含波动率，而非根据历史数据计算波动率。这一波动率代表了市场对未来波动率的平均预期。类似的，反向最优化法通过全球市场投资组合的权重反求隐含收益，而非根据历史数据推算得到收益率。这一收益率也代表了市场对未来收益率的平均预期。这解决了历史不一定代表未来、使用历史数据难以估计准确的问题。

4.1.2.3 Black-Litterman 模型（BL 模型）

简单地说，Black-Litterman 模型就是在市场投资组合的资产权重中加入投资者对期望收益的主观判断，从而优化投资组合配置。下面展示了模型的基本使用步骤。

第一步：在进行资产配置决策时，基金经理先通过反向最优化法得到市场组合权重所隐含的资产预期收益率。假定中国股市的隐含收益率为 15%，美国股市的隐含收益率为 10%。

第二步：加入主观判断。假设基金经理看好未来一年的中国股市，预期中国股市的收益率将高于美国股市 800 个基点，高于隐含收益率所对应的 500 个基点。于是，可以据此形成基金经理的观点矩阵，并得到相应的条件分布。

第三步：根据基金经理的观点矩阵，再次运用 MVO 模型求解包含主观观点的投资组合配置权重。最终，根据 Black-Litterman 模型得到的最优资产配置中，中国股市的配置权重就会略高于通过传统 MVO 模型得到的权重。

4.1.2.4 增加约束条件

在均值方差最优化过程中，有些情况需要添加约束条件。需要添加约束条件的情形通常有以下两种。

（1）为了反映投资者在现实生活中面临的各种约束条件。例如，投资者想要保证 5 年后孩子的大学教育支出以及 20 年后的养老支出等与未来债务相关的支出需求。

（2）避免直接运用MVO模型得到的最优解过于集中于一些资产类别。例如，假设按照历史数据，根据MVO模型得到投资者80%的资金应当用于配置中国的房地产。由于未来房价的不确定性加上房产较低的流动性，这样的配置显然具有较高风险。于是，基金经理可以在求解MVO模型的过程中加上一些约束条件，如限定房产的最高配置权重或限定房产配置权重的范围等。

4.1.2.5 重抽样MVO

重抽样MVO是指在马科维茨均值方差最优化的框架下运用蒙特卡洛模拟技术来得到最优的资产配置权重。具体而言，重抽样MVO会利用蒙特卡洛模拟技术随机生成多组期望收益、方差、协方差的数据，根据每组数据都能生成一条有效前沿。随后将多条有效前沿的结果进行平均，生成重抽样的有效前沿（resampled frontier）并得到最终的最优配置方案。由于经过了多次重复抽样，重抽样MVO得到的资产配置权重将更加平滑且分散化程度也相应更高。

当然，重抽样MVO也有其缺点，包括以下4点。

（1）求解过程中得到的部分有效前沿是凹的（concave），即期望收益并不随着期望风险的上升而上升。

（2）一些风险资产被过度分散化。

（3）如果模拟的输入变量存在问题，则得到的结果也是不可靠的（garbage in, garbage out）。

（4）缺少理论依据。

4.1.2.6 非正态分布下的最优化

由于正态分布完全可以由均值和方差刻画，因此无须考虑收益率的高阶矩（如偏度与峰度）。因此，传统的均值方差最优化法必须满足收益正态分布的前提假设。然而，实证经验表明，在多数情况下，资产收益率并不服从正态分布。因此，基金经理就必须考虑如何将收益率的高阶矩加入效用函数中。众多其他学者将其他的风险衡量指标融入MVO方法中，包括：半方差、CVaR、偏度、峰度等。这些模型在考试中不做要求，本章节中不再赘述。

4.1.2.7 非流动性资产的配置

—考点要求—
讨论（discuss）资产配置中对流动性因素的考量（★）

在使用MVO模型进行资产配置时，对于流动性不高的资产必须特别处理。这是因为，一般而言流动性低的资产较难通过分散化投资来消除其个体风险，同时也缺少交易活跃的指数。例如，对于普通人而言，很难通过在全国各省市都购入房产，以此分散化的形式来消除房产特有的地域性风险。在我国，目前也缺少可交易的房产指数供投资者投资（可以用房地产上市公司股价指数作为近似参考标的，但显然我国地产公司的股价与房价同步性较差）。

4.2 债务分配法与目标导向法

4.2.1 债务的基本类型与分类

上一章中已经介绍了债务分配法（liability relative approach），该方法注重在资产分配的过程中满足客户负债端支付的需求。

具体而言，负债是指根据事先约定的协议，一方承诺在一定条件下向另一方支付现金流。

（1）从确定性角度来看，负债可以分为确定性负债（fixed liabilities）与或有负债（contingent liability）。对于确定性负债而言，未来需要支付的金额和支付时间都是在合同中事先约定好的，如国债。而对于或有负债而言，未来支付的时间与金额都取决于特定的事件。例如，客户由于交易纠纷导致诉讼，但诉讼结果如何需视法院的判决而定。那么，这个未决诉讼就具有或有负债的特性。

（2）从法律义务角度来看，负债可以分为法律强制性的负债（legal liabilities）与非法律强制性的负债（quasi-liabilities）。顾名思义，前者债务具有法律强制性要求，而后者则不具有法律强制性需求。例如，对于养老金基金而言，在满足条件的情况下其未来必然有支付养老金的义务；而对于一些慈善基金而言，虽然其成立目的是有规划地捐赠，但其捐赠行为并非法律强制。

—考点要求—
描述（describe）并评估（evaluate）与资产配置相关的债务特征（★）

4.2.2 债务分配法的具体运用

债务分配法的实现方式多种多样，但无论采用何种方法，基金经理都必须了解客户现有的债务构成以及可能导致客户发生债务的影响因素，如债务的久期、凸度、时间维度与法律法规等。

基金经理可以通过融资盈余（funding surplus）或融资比率（funding ratio）来度量客户的债务分配需求，其计算公式如下：

$$融资盈余 = 资产价值 - 负债的现值$$

$$融资比率 = 资产价值/负债的现值$$

常见的债务分配法包括盈余最优化法（surplus optimization）、对冲/追求阿尔法收益平衡法（hedging/return-seeking portfolios approach），以及资产负债综合法（integrated asset-liability approach）。

—考点要求—
探讨（discuss）如何运用债务分配法进行资产配置（★★）

4.2.2.1 盈余最优化法

盈余最优化法实际上就是 MVO 法的拓展应用，只不过将最优化效用函数中投资组合的收益率与方差换成了盈余收益（surplus return）与盈余方差（surplus volatility）而已，其他步骤完全一样。更新后的效用函数的公式如下：

$$U_m^{LR} = E(R_{s,m}) - 0.005\lambda \sigma_{s,m}^2 \qquad (4.2)$$

公式（4.2）中，$R_{s,m}$ 与 $\sigma_{s,m}^2$ 分别代表盈余收益率与盈余收益率的方差，而盈余收益率

—考点要求—
推荐（recommend）并证明（justify）一种债务分配法（★★）

的定义为:(资产变化 – 债务变化)/初始资产价值。

盈余最优化法适合那些风险厌恶程度相对较低的投资者。

4.2.2.2 对冲/追求收益平衡法

1. 基本定义

顾名思义,对冲/追求收益法将组合分为追求收益与对冲两个部分,也称为双组合法(two portfolio approach)。其核心思想是在确保偿付未来负债支出的基础上追求收益率最大化。其中,对冲部分是为了满足支付未来负债现金流而进行资产配置;在满足对冲所需之后,剩余资金资产配置的目的则变为追求收益率的最大化。对冲部分与追求阿尔法收益部分投资组合账户将分别独立进行管理。

对冲/追求收益法非常适合偏保守的客户。基金经理可以根据客户的风险偏好程度以及客户的融资比率来决定对冲部分资产配置的占比。

2. 如何形成对冲部分的投资组合

从理论上来讲,对冲部分的投资组合配置是为了满足负债支付,因此基金经理在配置资产时应当寻求那些与负债端受相同因素影响的资产。然而,在实际操作中,资产端与负债端的价值变动很难完全一致,尤其当未来现金流的流入或流出取决于一些非市场因素时。例如,个人未来的工资收入、保险公司的巨灾险支出等。因此,该方法存在以下两个缺陷。

(1)除非基金能获得巨额捐赠,该方法在某些情况下可能会导致融资比率小于1,不能百分百确保满足负债支付需求。

(2)可以完全对冲负债的资产组合并不一定是可获得或可投资的。

4.2.2.3 资产负债综合法

前面两种配置方法有两个共同的特征:一是在决定具体的资产配置时,决策过程是与负债端相对独立的;二是两种方法都仅涉及单期。然而,当基金经理在为一些特殊机构进行资产配置时(如保险公司、银行等),必须同时考虑资产与负债端的构成,这就要用到资产负债综合法。

综上所述,三种方法的各自特点总结如表4.2所示。

表4.2 三种债务分配的实现方法对比

方法	特点
盈余最优化	• 复杂度:简单。 • 资产之间的相关性:线性。 • 风险偏好:适用于各种风险偏好人群,尤其是风险厌恶程度相对较低的人群。 • 盈余比例:适用于任何盈余比例。 • 规划期限:单期(single period)

续表

方法	特点
对冲/追求收益法	• 复杂度：简单。 • 资产之间的相关性：线性或非线性。 • 风险偏好：适用于风险厌恶程度相对较高的保守投资者。 • 盈余比例：适用于盈余比例大于1的情况。 • 规划期限：单期
资产负债务综合法	• 复杂度：复杂。 • 资产之间的相关性：线性或非线性。 • 风险偏好：适用于各种风险偏好人群。 • 盈余比例：适用于任何盈余比例。 • 规划期限：多期（multiple period）

4.2.3 目标导向法的具体运用

4.2.3.1 基本定义

目标导向法会根据客户不同的投资目标形成不同的子投资组合（sub-portfolio），并将每一子投资组合对应一个特殊的投资目标，有着独立的投资期限及其实现目标的概率。

目标导向法尤其适用于个人投资者。这是因为，个人投资者的投资目标通常较为多元化，投资期限多变，无免税优惠等。相应地，目标导向法并不是单纯追求期望收益最大化，而是寻求在给定置信水平下的最小期望收益亦能满足特定目标需求。

—考点要求—
基于目标导向法推荐（recommend）资产配置并论证（justify）原因（★★★）

4.2.3.2 操作流程

目标导向法的第一步是准确描述客户的各种投资目标。然而，实际中许多客户对自身的投资目标并不清晰明了，只对其需求最紧迫或最重要的目标比较明确。基金经理可以通过对客户的采访解决这个问题。根据客户的实际情况及描述目标时的用词，将客户的目标分为必须实现（needs）、想要实现（wants）、希望实现（wishes）以及梦想（dreams），其对应的预期实现概率如表4.3所示。

表4.3 目标分类及其实现概率

目标类型	目标对应实现概率
必须实现（needs）	90%~99%
想要实现（wants）	80%~89%
希望实现（wishes）	60%~79%
梦想（dreams）	低于60%

需要指出的是，表4.3中的概率范围划分并非一成不变，只要保证概率范围大小从上至下依次递减即可。

在确定了投资目标后，目标导向法的全部流程如例题4.2所示。

例题 4.2

小明是刚退役的体育明星。在接受他的私人财务顾问访谈时，小明明确表示他必须实现的目标是：7 年后他需要储备 500 万元以满足他两个孩子的大学教育需求。此外，他还表示希望能在 25 年后储备 9 000 万元，满足他和他家人的养老需求。小明的私人财务顾问根据目标导向法对小明的目标进行了分类，并且得到了不同子投资组合模块收益与波动率的情景（详见下方两表）。请分析要实现小明的投资目标，应如何选择最优的投资模块。

目标类型及其实现概率

目标类型	目标对应实现概率
必须实现（needs）	95%
想要实现（wants）	85%
希望实现（wishes）	75%
梦想（dreams）	50%

投资组合及预期收益率

	投资组合 A	投资组合 B	投资组合 C
期望收益	7.5%	8.3%	9%
期望波动率	7.7%	10.2%	12%
7 年维度下的最小期望收益率			
成功概率 95%	2.1%	1.6%	1.3%
成功概率 85%	4.3%	5.5%	4.5%
25 年维度下的最小期望收益率			
成功概率 85%	4.7%	4.5%	5%
成功概率 75%	6.2%	6.5%	7.2%

名师解析

小明满足孩子大学教育的目标是必须实现的，其对应的成功概率是 95%，时间维度是 7 年。在"投资组合及预期收益率"一表中查询投资组合 A、B、C 在 7 年维度下成功概率 95% 对应的最小期望收益分别为：2.1%、1.6% 与 1.3%。基金经理应当在其中为该目标选择最大的最小期望收益，即投资组合 A。

小明满足他和家人的养老需求的目标是希望实现的，其对应成功概率是 75%，时间维度是 25 年。在"投资组合及预期收益率"一表中查询投资组合 A、B、C 在 25 年维度下成功概率 75% 对应的最小期望收益分别为：6.2%、6.5% 与 7.2%。基金经理应当在其中为该目标选择最大的最小期望收益，即投资组合 C。

> **备考小贴士**
>
> 基于目标导向法进行资产配置属于高频考点，在写作题与选择题中均有可能出现。除了根据收益率选择子组合以外，考试中也常要求计算现值，考生需要使用收益率对目标未来需要的金额进行折现，进而计算出当下的投资比例。

4.3 其他资产配置方法概述

4.3.1 "120 减年龄"法则

—考点要求—
描述（describe）
并评估（evaluate）
资产配置的其
他方法（★）

"120 减年龄"法则为投资者决定股票资产和固定收益资产配置权重提供了一个简单而又不失有效的法则。正如字面意思所示，一位年纪为 70 岁的投资者，应当将 50%[（120 - 70）%] 的权重用于配置股票资产，剩余 50% 的权重用于配置固定收益资产。类似地，一位年纪为 30 岁的投资者应当将 90%[（120 - 30）%] 的权重用于配置股票资产，剩余 10% 的权重用于配置固定收益资产。

"120 减年龄"法则看似缺少经济理论支撑，实际上是将投资者的年龄作为客户人力资本的代理变量，以线性变化的方式考虑人力资本对资产配置的影响。实证数据表明，"120 减年龄"法则与其他复杂方法得到的资产配置权重存在一定程度上的一致性。

4.3.2 60/40 股票/债券法则

60/40 股票/债券法则比"120 减年龄"法则更加简单直接，即对任何投资者都采取 60% 比例配置股票、40% 比例配置债券的方法。为什么是 60∶40 的配置比例呢？从长期来看，股票资产的收益率相对更高，而少量固定收益资产则具有降低风险的作用。且实证数据表明，全球许多国家的资本市场中，股票与固定收益总体市值的权重比也都接近 60∶40。

4.3.3 捐赠基金模型

捐赠基金模型（endowment model）是一种特别的投资组合管理理念，因最早由美国的耶鲁大学捐赠基金提出而得名，故也被称为耶鲁模型（Yale model）。捐赠基金模型的核心理念在于，提倡通过基金经理的主动管理高配权益类资产，提倡投资复杂且流动性较低的另类资产，并通过长时间持有来获得流动性溢价。

4.3.4 风险平价法

4.3.4.1 风险预算

风险预算（risk budgeting）的目的是最大化单位风险下的收益率，寻求最优的风险资产配置。风险预算与资产配置的区别可以通过下例来理解。

如图 4.2 所示，尽管左侧的投资组合在资产大类上等权重配置了股票与债券（左图），但在风险配置权重上却并不相等（右图）。这是因为股票的风险天然高于债券。因此，一个自然的问题就是，既然股票类资产的风险相对更高，那配置多少权重的股票才是最适宜的呢？为了寻求最优配置比例，需要先了解以下几个概念。

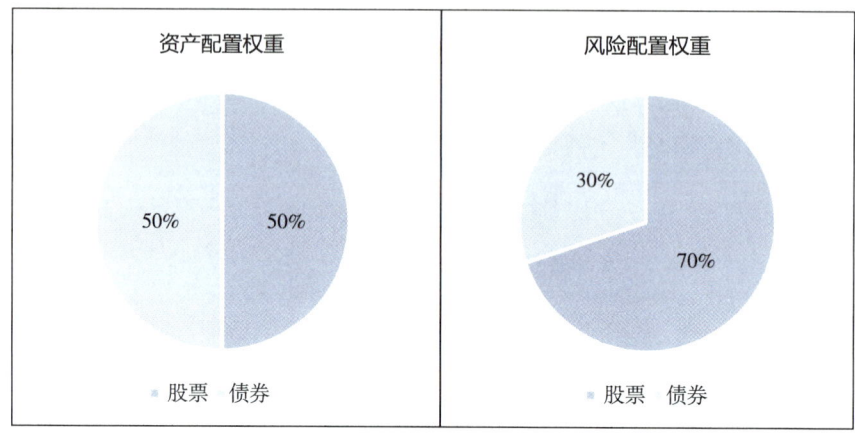

图 4.2 资产配置权重与风险配置权重

1. 总风险的边际贡献率

总风险的边际贡献率（marginal contribution to total risk, MCTR）是指某资产类别的配置权重变化一单位后，投资组合的总风险会变化多少。公式计算上表现为：

$$该类别资产相对投资组合的 beta \times 投资组合收益率的标准差$$

2. 总风险的绝对贡献率

总风险的绝对贡献率（absolute contribution to total risk, ACTR）是指某投资类别对投资组合总风险的贡献度，可表示为：该类别资产的权重×该类别资产的 MCTR。

3. 对总风险的贡献比例

对总风险的贡献比率（percent contribution to total standard deviation）是指某投资类别的 ACTR 与投资组合总风险的比率。

对以上 3 个概念，可以通过例题 4.3 来理解。

例题 4.3

假设基于历史数据得到以下关于风险预算的表格（见下表），请解释每个指标的含义及其相互之间的关系。

资产组合的配置权重与风险预算指标

资产类别	配置权重	MCTR	ACTR	对总风险的贡献比率
股票	40%	7.5%	3%	55.56%
债券	60%	4%	2.4%	44.44%
总计	100%		5.4%	100%

名师解析

以股票为例：

MCTR 表示增加一单位的股票配置权重后，投资组合收益率标准差上升 7.5%。ACTR 代表股票类别对整个投资组合的风险贡献程度，为 $40\% \times 7.5\% = 3\%$。股票对总风险的贡献比率 $= 3\% / (3\% + 2.4\%) = 55.56\%$

在风险预算相关指标的基础上，有一种观点认为：投资组合只有在其中每个资产的超额收益与总风险边际贡献率之比都相等，且等于组合整体夏普比率时才达到最优。

用公式可以表示为：

$$\frac{E(R_i)-R_f}{MCTR_i}=\frac{E(R_p)-R_f}{\sigma_p} \qquad (4.3)$$

公式（4.3）中，$E(R_i)$ 和 $E(R_p)$ 分别代笔资产 i 和投资组合 p 的预期收益率；$MCTR_i$ 代表资产 i 的总风险边际贡献率；σ_p 代表投资组合 p 的标准差；R_f 代表无风险收益率。

4.3.4.2 风险平价

传统的 MVO 法是在给定每项资产期望收益与方差的基础上，寻求投资组合效用最大化。该做法实现了一定程度上的资产分散化配置，但缺点在于各项资产的风险来源并没有充分被分散化。风险平价（risk parity，RP）的理念则是按照风险来进行资产配置，力求每项资产对总风险的贡献比例（percent contribution to total standard deviation）是相同的。

> **知识一点通**
>
> 著名的桥水基金（Bridgewater Associate）总裁达里奥在 1996 年提出了全天候（all weather）资产配置策略，其基本思想就是风险平价。全天候资产配置的目标是不管在什么样的大环境下投资组合都能有不错的表现。桥水将市场环境分成四种情况：经济增长、经济放缓、通胀上升、通胀下降，然后给每种情况都等额分配风险。
>
> 然而，在 2020 年全球爆发新型冠状病毒肺炎疫情的情况下，桥水基金旗下的全天候基金表现也不尽如人意。这也凸显了风险平价策略的最大缺点：回看偏误（look-back bias），即风险分配的合理性要求过去历史数据能够反映未来。此外，与 MVO 法相对忽视了各项资产的风险来源相反，风险平价策略则相对忽视了各类资产的期望收益。

4.3.5 1/N 法则

1/N 法则的理念非常简单：在每个再平衡日，调整资产配置权重，使各类资产的份额占比均为 1/N。虽然 1/N 法则看上去过于简单直接，但实证数据表明，根据 1/N 法则进行资产配置的投资组合表现比理论预期的要好。

练一练

The following information relates to Questions 4-1 to 4-4.

James Durant is an investment adviser working for Thunder Investment. He is now reviewing a financial plan for his client Kevin Harden. By a complete interview, Durant gets a detailed assessment of Harden's risk preference and ability to affording risk, and he decides to use MVO to allocate assets for Harden. He estimates the risk aversion coefficient for Harden is about 7 and

gets Harden's utility function as following:
$$U_m = E(R_m) - 0.005\lambda\sigma_m^2$$

By MVO, Durant gets three alternatives for asset allocation, and their expected return and standard deviation are shown in Exhibit 4.1.

Exhibit 4.1 Alternatives for Asset Allocation

Asset allocation	Expected return	Standard deviation of returns
A	12%	14%
B	10%	11%
C	7%	4%

However, when Durant shows his plan for Harden, Harden expresses his worries about MVO as below:

Statement 1: MVO does not take account of his taxes and the sources of risk are not diversified.

Statement 2: Asset allocations under MVO are tend to be highly concentrated in one subset of asset classes.

Durant also estimates Harden's DB plan. Its present value of the plan asset is about 500 million dollars and liabilities is about 250 million dollars. Durant expects that interest rates are going to rise which will cause present value of asset and liability decrease by 50 million dollars.

After choosing the initial asset allocation for Harden, Durant next tries to determine the policy of rebalancing the portfolio. Durant recommends wider corridor for higher correlation asset assets, higher liquidity asset class and clients with higher tax rate.

4-1 According to risk aversion coefficient and Exhibit 4.1, which of the following asset allocations would Harden prefer most?

A. Asset Allocation A.

B. Asset Allocation B.

C. Asset Allocation C.

4-2 Which of Harden's worries about MVO is/are making sense?

A. Only Statement 1.

B. Only Statement 2.

C. Both Statement 1 and Statement 2.

4-3 According to Durant's judgement about interest rate, the pension plan's funding ratio will:

A. increase.

B. decrease.

C. stay unchanged.

4-4 Which of Durant's rebalancing policies is not correct?

A. Higher correlation asset assets.

B. Higher liquidity asset class.

C. Clients with higher tax rate.

The following information relates to Questions 4-5 to 4-6.

Next day, Durant meets another two clients, Scarlett Johansson and Chris Brook. Johansson has a special goal that will need 300 million dollars 7 years from now. Johansson wants to have a conservative plan to make sure that the goal can be achieved at least 95% of the time. Exhibit 4.2 shows the alternatives with different time horizon and success probabilities.

Exhibit 4.2 Alternatives under Different Circumstances

Subportfolio	A	B	C
Expected return	7.5%	8.3%	9%
Expected volatility	7.7%	10.2%	12%
Minimum expected return for 7 years			
Success rate 95%	2.5%	3.6%	2.3%
Success rate 85%	4.5%	5.7%	4.3%
Minimum expected return for 15 years			
Success rate 85%	4.9%	4.2%	5%
Success rate 75%	6.6%	6.2%	7.4%

Brook expects a fixed huge expenditure in five years. Brook wants to make sure that he will have sufficient assets to cover this payout with high level of certainty. On the basis of ensuring the realization of the above objectives, he wants to pursue more excess earnings. After investigation, Durant finds that Brook currently has sufficient fund to meet the payout.

4-5 Based on Exhibit 4.2, which subportfolio is most appropriate for Johansson?

　　A. Subportfolio A.

　　B. Subportfolio B.

　　C. Subportfolio C.

4-6 Which of the following approaches is the most appropriate for client Brook?

　　A. Hedging/return-seeking portfolios approach.

　　B. Surplus optimization approach.

　　C. Integrated asset-liability approach.

答案与解析

4-1　C

根据 Harden 的效用函数和风险厌恶程度，分别代入三种资产配置的期望收益和期望标准差，可以计算出三种方案下的效用：

方案 A：$U_m = 12\% - 0.005 \times 7 \times 14^2\% = 0.0514$

方案 B：$U_m = 10\% - 0.005 \times 7 \times 11^2\% = 0.05765$

方案 C：$U_m = 7\% - 0.005 \times 7 \times 4^2\% = 0.0644$

其中，资产组合 C 的效用最大，故选项 C 正确。

4-2　C

Statement 1 正确，MVO 中，资产配置的风险来源没有充分分散化，且没有考虑交易中再平衡的成本以及税收。

Statement 2 正确，MVO 中，资产配置常常高度集中在一些资产子类别中。

故选项 C 正确。

4-3　A

根据题目条件，利率上升前，融资比率为 2（500/250）；利率上升后，融资比率变为 2.25（450/200）＞2，故选项 A 正确。

4-4　B

相关系数较高、流动性较低以及更多的税收对应着更高的最大偏离程度，最大的偏离程度对应着更宽的再平衡范围，故选项 B 正确。

4-5　B

Johansson 的目标期限是 7 年，要求成功概率是 95%，因此在对应期限和成功概率下，投资组合 A、B 与 C 的期望收益分别是 2.5%、3.6% 和 2.3%，因此应当选择期望收益最高的投资组合 B，选项 B 正确。

4-6　A

Brook 在 5 年内有一笔确定性的巨额支出，而他想在确保覆盖巨额支出的基础上追求超额收益。因此，对冲/追求阿尔法收益法最适合 Brook。对冲部分用于确保满足固定的巨额支出，而追求阿尔法收益部分又能满足其追求超额收益的需求。

第 5 章
约束条件下的资产配置

章节导学

知识引导

前文探讨资产配置时,实际上默认了所有投资者都有能力在投资机会集中寻找最优解。然而,在实际情况中,由于各种原因,投资者可选的投资机会集会受到限制。本章主要介绍在一些特定情况或约束条件下,基金经理应当如何调整资产配置。具体而言,本章会从资产规模、流动性、投资期限、税收等维度来探讨特定约束下的资产配置。此外,本章还会探讨什么情况下需改变长期资产配置策略以及影响资产配置的一些行为因素。

考点聚焦

本章以定性知识点为主,考生无须死记硬背,对多数知识点形成一定印象即可应对考试。考生需熟悉各种约束条件下资产配置的关键点;熟悉战略资产配置与战术资产配置变更的情形及评估方法;了解资产配置过程中有可能产生的行为偏误。

本章框架图

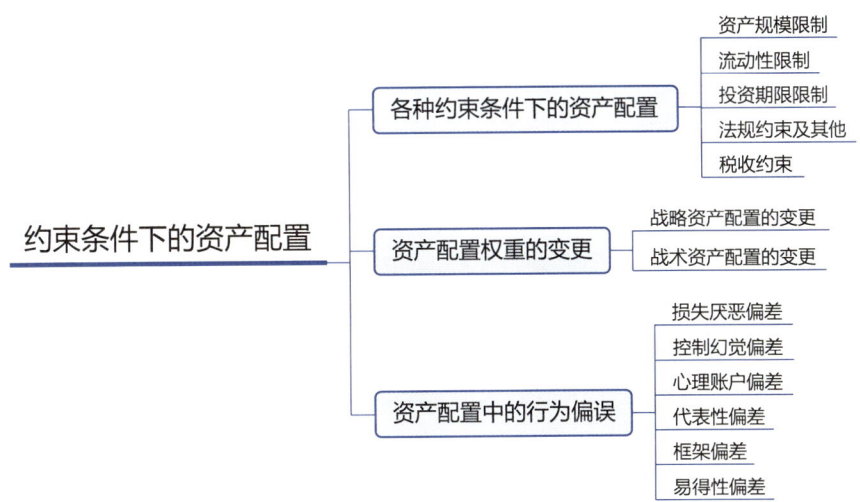

5.1 各种约束条件下的资产配置

5.1.1 资产规模限制

—考点要求—
探讨（discuss）资产配置中有关资产规模、流动性需求、时间维度与合规方面的约束（★★）

资产规模（asset size）在一定程度上会制约投资者的可选投资集。有趣的是，资产规模同时具有规模经济（economies of scale）和规模不经济效应（diseconomies of scale）。换言之，管理资产规模过大或过小都有可能会影响策略收益率或投资特定资产类别的可能性。

具体而言，当管理资产规模过大时可能会在以下几个方面影响资产组合配置。

（1）过大的资产规模可能会导致很多投资策略或投资品种是不可行的。例如，某资产管理公司要为某发电厂设计燃料油对冲方案。假设发电厂需要对冲的燃料油为 200 吨，而上海期货交易所燃料油合约的单位为 10 吨/手，因此理论上完全对冲需要最小投资规模（desired minimum investment）是 20 手（假设期现价格变动完全一致）。然而，由于燃料油主力合约交投清淡，每日成交量常年在 10 手以下，因此该对冲策略极有可能因为资产规模过大而无法实施或使对冲效果受到影响。

（2）过大的资产规模意味着要在多个基金经理之间分配管理资金，而这会带来监管成本和选取成本，从而影响资产配置效果。

（3）过大的资产管理规模可能会使基金经理不得不投资其能力范围外的资产，从而影响策略效果。很多投资策略都是有资金容量限制的，尤其是一些量化高频策略，其看起来非常高的收益率是与资金容量密切绑定的。当资产管理规模超出策略资金容量时，策略就会失效。

（4）较大的资产管理规模必然意味着较大的交易量，而较大的交易量会产生较大的市场冲击，影响投资组合收益率。

（5）较大的资产管理规模对应着较大的机构层级，从而会影响决策速度，降低效率。

反之，当管理资产规模过小时也可能会在以下几个方面影响资产组合配置。

（1）过小的资产规模同样可能导致很多投资策略或投资品种是不可行的。例如，股指期权要求个人交易者开户前 20 个交易日日均资产不低于 50 万元。类似的投资门槛就限制了许多个体投资者的可投资范围。

（2）过小的投资规模可能会导致无法充分进行资产分散化。

（3）过小的投资规模可能会产生人员规模约束。我国许多小型私募基金的资产管理规模通常只有几千万，受资金规模约束，其投研团队的构成与能力范围都是有限的。

（4）过小的投资规模也可能导致一些复杂策略无法实施。同样的例子，一些高频交易策略要求在短时间内实现高频率的买卖交易，资金量过小也有可能导致策略收益不能覆盖策略成本。

（5）一些监管上的要求也可能产生资金规模约束。例如，我国对各类银行理财产品、保险资金投资于股市的规模均有一定程度上的限制。

5.1.2 流动性限制

流动性导致的限制主要体现在投资者的流动性需求与资产自身的流动性两个方面。不同类型投资者的流动性需求各不相同。

(1) 银行：银行必须有充足的现金来满足日常经营所需的存贷款，因此对流动性的需求通常是较高的。

(2) 长期投资者：长期投资者对流动性的需求相对较低，因此可以在一定程度上去追求低流动性资产带来的流动性溢价，如捐赠基金、国家主权财富基金等。

(3) 寿险与车险公司：由于可以通过大数据确定未来支出分布，因此寿险与车险公司的流动性需求相对较低。

(4) 财产与灾难险公司（property & casualty insurance company）：由于灾难和财产损失较难通过大数据进行预测，因此财产与灾难险公司对流动性的需求相对较高。

5.1.3 投资期限限制

投资期限是在资产配置过程中最重要的约束之一。例如，如果投资者在未来某个时间点存在债务支出或在未来某时间点需要有现金流支出以满足特定需求，则会对其资产配置产生影响。

具体而言，投资期限会在以下两个方面影响资产配置。

(1) 投资期限会影响风险容忍度。通常来说，投资期限越长，风险容忍度也越高。

(2) 如果投资期限足够长，那么随着时间的流逝，资产与债务的形式、特征会发生改变。例如，随着时间的流逝，多数投资者的人力资本会有所下降，而其金融资本会逐渐上升。由于人力资本具有债券属性，因此即便行为上基金经理没有对资产配置进行任何改动，债券配置的比例也会自然随着时间下降。并且，随着时间的流逝，机构负债的特征也会发生变化。例如，随着我国人口老龄化问题的凸显，养老金资产配置的整体特征也必须进行相应调整，即降低整体配置的久期，从过去相对高配长期债券转为相对高配短期债券（临近退休要领养老金的人会越来越多）。

5.1.4 法规约束及其他

各国法律通常会根据资金性质对其投资品类与对应投资比率有所限制。

(1) 对于保险公司而言，资产的投资收益是其利润和损失的主要来源。由于其现金流支出具有法律强制效应，尽管在具体要求上各国法律有所差异，但对可配置的资产类别通常都有严格的要求。

(2) 对于养老金而言，部分国家的法律会对其配置特定资产类别的比重设置上限或下限。除此之外，对其融资渠道、会计计量、业绩汇报、税务约束都会有所规定，从而影响最终的资产配置。

(3) 对于捐赠基金而言，许多国家的法律均提供了不同程度的税收优惠。

(4) 对于国家主权财富基金（sovereign wealth funds，SWF）而言，法律对其可投资资产类别通常有严格的限制。由于其资金的特性，国家主权财富基金会受到公众监督，其整体投资风格偏保守。此外，文化与宗教也会影响资产配置。例如，中东国家的国家主权财富基金在投资范围上就会受到其宗教与文化的影响。

5.1.5 税收约束

—考点要求—
探讨（discuss）资产配置与再平衡策略中的税收考量（★）

税收约束对资产配置的影响有以下五个方面。

（1）不同投资账户面临的税收。通常的投资账户都是应税账户（taxable account）。与此相对应，税收优惠账户包括免税账户（tax-exempt accounts）与递延税账户（tax-deferred accounts）。免税账户是完全没有任何税收负担的，而递延税账户则是将税收的征收时间推迟了。

（2）投资收益面临的税收。投资收益可分为利息收入（interest income）、分红收入（dividends）与资本利得（capital gain）。在多数国家中，利息收入的税率高于分红收入的税率，而分红收入的税率高于资本利得的税率。

（3）考虑税收情况下的最优投资组合。现代投资组合理论通常假设投资是无摩擦的。而在现实中，基金经理则不得不将税收因素纳入模型，将经税收调整后的收益与风险作为模型的输入变量来求最优解。

> **知识一点通**
>
> 具体而言，在求最优资产配置的过程中，基金经理可以通过以下两种方法做出税收调整。方法一：将隐含税收从资产的市场价值中扣除；方法二：对于未来面临的债务或未来将售出的资产，可以计算经税收调整后的折现率，从而得到经税收调整后的未来资产和债务。

（4）投资组合再平衡与税收最小化的平衡。较为频繁的投资组合再平衡可以确保投资组合满足设定的战略资产配置需求，但同时也有可能造成原本可以递延或规避的税收被确认实现。反之，如果设置投资组合再平衡范围时过多考虑税收因素，则可能导致过宽的再平衡范围，从而使资产配置长时间偏离事先设定的权重。

（5）两种可用于减少税收的策略：一是税收-收入管理策略（tax-loss harvesting），即主动实现资本损失来对冲已实现的资本利得，从而达到递延税收的目的；二是战略调整资产位置（strategic asset location），即先充分利用免税账户和递延税账户配置高税负资产，当账户配置资金达到上限后再考虑应税账户。

> **备考小贴士**
>
> 本部分内容与私人财富管理和机构投资者中的相关内容都有较大程度的重合，对本章节，考生做基础了解即可，本书私人财富管理和机构投资者部分会对本部分内容进行更加深入的探讨。

5.2 资产配置权重的变更

5.2.1 战略资产配置的变更

战略资产配置（SAA）并非一成不变，需要定期审视并进行调整。一般情况下，机构投资者至少每5年重新确定一次战略资产配置权重。不管对于什么类型的投资者来说，每年审视一次战略资产配置权重是否合适是必须的。

除了定期审查，在以下3种特殊情况下，基金经理也必须考虑是否需要变更战略资产配置权重：投资目标发生改变（change in goals）、约束条件发生改变（change in constraints）、投资理念发生改变（change in beliefs）。

— 考点要求 —
推荐（recommend）并证实（justify）当投资目标与约束发生变化时对资产配置的修订（★）

5.2.1.1 投资目标发生改变

以下情况发生意味着投资目标发生了改变。

（1）由于外部环境的改变影响了基金的资金来源，从而影响了期望现金流。例如，2020年发生的全球新型冠状病毒肺炎疫情，造成美国股市短时间内连续暴跌。许多美国本土基金出现流动性危机，为了弥补流动性危机，许多外资从我国股市抽离，从而影响了投资于我国股市的外资基金表现。

（2）客户自身环境发生了本质性的变化，从而改变了他的风险偏好或承担风险的能力。例如，某人意外继承了一笔遗产或中了彩票头彩，导致自身的财务状况发生了天翻地覆的改变，投资顾问自然需要为其重新制订战略资产配置计划。

5.2.1.2 约束条件发生改变

如前所述，当投资期限、流动性需求、资产规模或法律法规发生改变时就意味着约束条件发生了改变。具体而言，以下情况发生意味着约束条件发生了改变。

（1）基金的期望支出发生了改变，如捐赠基金的计划支出上调或养老基金的对象提前退休等。

（2）发生了巨额意外支出或巨额资金流入。

（3）有关基金捐赠的法律法规发生了变更。

（4）由于各种原因导致投资期限发生了改变。

（5）由于合并养老金计划等原因导致投资规模发生了变更。

5.2.1.3 投资理念发生改变

投资理念是指指导投资行为的一系列原则。投资理念并非一成不变，会随着经济环境的改变而改变。具体而言，以下情形发生有可能导致投资理念发生改变。

（1）经济环境与资本市场期望发生了改变。同样还是2020年新型冠状病毒肺炎疫情的例子，疫情之下，全球许多基金都调整了事先制订的战略资产配置计划，注重现金的配置比例。

（2）投资委员会成员的改变。不同的团队所擅长的投资策略是不同的。如果投研团队发生了巨大的变化，投资理念也有可能相应地出现巨大的转变。

5.2.2 战术资产配置的变更

5.2.2.1 战术资产配置的定义

—考点要求—
讨论（discuss）
资产配置短期
偏离的使用
（★）

在短期，基金经理会根据经济、金融市场的短期变化调整资产配置权重，使其暂时偏离长期制订的战略资产配置权重，这被称为 战术资产配置（tactic asset allocation，TAA）。当然，TAA 不能大幅偏离 SAA 所制订的权重，其偏离程度受事先设定的范围或追踪误差的限制。例如，设定战略资产配置权重为 40%配置债券、60%配置股票，如果短期经济环境发生变化，可以将股票配置权重上调至 70%或下调至 50%，但不能超出这个范围；债券的权重变动范围类似，在 30%到 50%之间。

5.2.2.2 战术资产配置的方法

具体而言，实现战术资产配置的方法有两种：酌情行事的战术资产配置（discretionary TAA）与系统性战术资产配置（systematic TAA）。

1. 酌情行事的战术资产配置

酌情行事的战术资产配置依赖于基金经理个人的投研能力及其对短期市场变动的预测。具体而言，基金经理会根据个人判断超配能够取得超额收益的资产类别，对冲或避免投资未来有可能表现较差的资产类别。在操作层面上，基金经理可以综合运用宏观经济数据、基本面数据以及情感类指标来进行判断。

2. 系统性战术资产配置

系统性战术资产配置专注于寻找已被学术验证过的、持续存在且具有预测性的收益率异象（anomalies）。最常见的收益率异象包括前文提及的价值异象（value anomalies）与动量异象（momentum anomalies）。

5.2.2.3 评估战术资产配置的方法

具体而言，基金经理可以通过以下的方法来评估战略资产配置成功与否。

（1）衡量变更后的 TAA 是否显著提高了夏普比率。

（2）对比 TAA 与 SAA 下超额收益的信息比率与 t 统计量绝对值，观测二者是否得到了显著提高。

（3）对比 TAA 与 SAA 下已实现收益率与风险的有效前沿。

（4）利用归因分析，评估特定 TAA 下对某类资产的超配或低配对整体投资组合表现带来的影响。

5.2.2.4 战术资产配置的缺点

（1）TAA 有可能产生额外的交易费用与税收成本。

（2）TAA 有可能导致资产配置的集中度提升，从而也提高了风险的集中度。

5.3 资产配置中的行为偏误

资产配置中的行为偏误包括损失厌恶偏差、掌控幻觉偏差、心理账户偏差、代表性偏差、框架偏差以及易得性偏差。

—考点要求—
识别（identify）资产配置过程中的行为偏误并推荐（recommend）克服这些行为偏误的方法（★）

5.3.1 损失厌恶偏差

损失厌恶（loss aversion）是指相比获取收益，投资者有更强烈的意愿去避免损失，因为损失给人们带来的心理创伤比相同金额的盈利给人们带来的心理愉悦影响更大。

为了缓解损失厌恶偏差，可以将投资者的投资目标进行排序。对于优先级较高的目标，配置相对低风险的资产；而对于优先级相对较低的目标，则更侧重于追求超额收益。

5.3.2 控制幻觉偏差

控制幻觉偏差（illusion of control）是指投资者高估自身对外部事件的控制能力。过度自信可能会加剧控制幻觉偏差。

以下投资者的行为可能源于控制错觉偏差：

（1）寻求超额收益的行为。例如，试图以择时的形式做比较极端的战术资产配置。

（2）基于自认为的信息优势寻求超额收益的行为。例如，机构投资者认为，在主动证券选择、主动投资经理选择方面，自己的内部资源使自己比其他投资者更具优势。

（3）过度交易、使用杠杆或卖空。

（4）根据投资经理自己对某大类资产的回报和风险的预测和见解，减少、消除甚至卖空在全球市场投资组合中占重要地位的资产类别。

（5）集中持有大量资产，从而带来分散化不足的风险。例如，员工集中持有其雇主公司的股票。

另外，后见之明偏见（hindsight bias），即人们倾向于认为过去的投资结果是可以提前预测的，加剧了控制幻觉偏差。

如果投资者认为自己掌握的信息比别人更多，他们可能会产生与市场投资组合截然不同的资产配置选择，从而导致投资者只对一两个次要资产类别进行过度配置，使得投资组合过于单一。

为了缓解控制幻觉偏差，在进行资产配置时基金经理要从全球市场组合出发。投资组合偏离全球市场组合的配置权重，必须经过科学、严谨的思考与论证。

5.3.3 心理账户偏差

心理账户（mental accounting）是指投资者会把现实中的支出或收益在心理上划分到不同的账户里区别对待。

存在心理账户偏差的行为人根据资金的不同来源（如工资、奖金、遗产、赌博）或根据资金的计划用途（如休闲、生活必需品、慈善捐款），将他们的资产分配到任意数量的不可替代（non-fungible）或不可互换（non-interchangeable）的心理账户。行为人会对被分配到不同心理账户的同等金额的资产采取不同的对待方式。

目标导向法将心理账户偏差纳入到资产配置的过程中，根据每个目标可接受的风险水平以及目标达成概率构建子投资组合。

缓解心理账户偏差的方法是合理运用目标导向法，将与日常生活消费相关的目标设定为优先级高的目标，相对保守地配置资产；而对于一些与理想相关的目标，在资产配置上可以相对进取一些，集中配置股票类资产。

5.3.4 代表性偏差

代表性偏差（representative bias）是指过分依赖近期数据而忽视了长期数据。在资产配置上，代表性偏差最典型的体现就是近期偏差（recency bias），即根据某类资产近期的表现来调整资产配置权重。

对近期收益或新闻做出反应的战术资产配置更容易受到近期偏差的影响，导致近期表现良好的资产类别被超额配置。

有的投资者认为，资产价格遵循随机漫步的原则，那么，过去的价格并不能用来预测未来的回报水平。因此，根据近期收益改变资产配置的行为很可能导致次优的投资组合。然而，如果资产类别回报表现出某个趋势，那么最近的价格水平可能为战术资产配置提供了比较可靠的依据。如果资产类别的回报是均值回归的，投资者则可通过比较当前估值与历史标准，预测未来可能出现逆转或高于平均水平的回报，进而做资产配置的安排。

缓解代表性偏差的方法是形成系统、客观的投资流程框架与原则。投资者要客观地评估其对最近市场上发生的事件做出反应的动机，通过预先制定战略资产配置的权重范围以约束近期偏差。

5.3.5 框架偏差

框架偏差（framing bias）是指投资者对某一问题的答案取决于问题被提出的形式而不是问题本身。

框架偏差在以委员会为导向的决策过程中很常见。如果投委会中的某一个人经常第一个发言，并且这个人具有较高的权威（比如投委会主席），其他投委会成员的观点可能会被压制，导致投委会整体的决策偏向于这个第一个发言的人的观点。

另外，投资者在选择不同资产配置的组合时，可能受到风险与回报的呈现方式的影响而做出完全不同的决策。因为衡量风险的维度有很多种，比较常见的是标准差。但是，如果投资经理同时将多个备选组合的在险价值（VaR）、条件在险价值（CVaR）、亏空概率（shortfall probability）同时呈现给投资者，投资者可能会由于看到了更多衡量下行风险的指标而改变原有的投资决策。

以多种视角审视可能的资产配置选择，可以在一定程度上缓解框架效应。

5.3.6 易得性偏差

易得性偏差（availability bias）是指投资者倾向于根据认知上的易得性来判断事件的可能性，即投资者在决策过程中过于看重自己知道的或容易回忆起来的信息。易得性偏差的典型表现就是熟悉性偏误（familiarity bias），即投资者过度配置自己较为熟悉的资产，比如本国的证券。特别是在本国资本市场规模较小的情况下，过度配置本国证券会导致投资组合的分散程度较低，投资回报较低。

为了缓解控制易得性偏差，基金经理同样可以在进行资产配置时从全球市场组合出发，构建偏离全球市场组合配置权重的投资组合必须经过科学、严谨的思考与论证。

练一练

The following information relates to Questions 5-1 to 5-4.

Tiao Zhang is working for Evening Star, an asset management company, as a senior consultant. Zhang is now making the strategic asset allocation plan for the company. The details of the plan are shown in Exhibit 5.1.

Exhibit 5.1　Evening Star's Strategic Asset Allocation

Asset Class	Current Allocation	Target Allocation	Lower Policy Limit	Upper Policy Limit
Chinese markets equity	25%	30%	15%	35%
American markets equity	25%	30%	15%	35%
Investment-grade bonds	30%	30%	25%	30%
Gold	10%	10%	5%	10%

However, as COVID-19 breaks out, the Federal Reserve unexpectedly cuts interest rates by 100 basis points. Zhang mistakenly believes that the epidemic is a short-term event, and does not intend to change the strategic asset allocation weight, but just wants to adjust the asset allocation weight in the short term to capture the short-term excess return. Zhang's forecast for the possible excess return on short-term assets is shown in Exhibit 5.2.

Exhibit 5.2　Zhang's Short-Term Excess Return Forecast

Asset Class	Expected Excess Return
Chinese markets equity	8%
American markets equity	-10%
Investment-grade bonds	2%
Gold	5%

Zhang also makes the following statements about TAA:

Statement 1: By the approach of systematic TAA, the fund manager can overweight the asset classes that may have excess return, and hedge or avoid investing in the asset classes that may perform poorly in the future.

Statement 2: If client changes his investment goals, we should also change the TAA.

When choosing the most optimal portfolio, Zhang wants to take the tax effect into account. Therefore, when using the optimization model, Zhang must adjust the input variables on an after-tax basis. After building the model, Zhang makes the following claims:

Claim 1: Pre-tax volatility of assets in taxable account will be more than the after-tax return volatility.

Claim 2: We should put assets with tax benefits in taxable account.

5-1 According to Exhibit 5.1 and Exhibit 5.2, in order to capture the possible short-term excess return, which of the following actions is correct?

　　A. Increase portfolio's allocation to investment-grade bonds and decrease its allocation to American markets equity.

　　B. Increase portfolio's allocation to Chinese market equity and decrease its allocation to American markets equity.

　　C. Increase portfolio's allocation to Chinese market equity and decrease its allocation to Gold.

5-2 Which of Zhang's statement(s) about TAA is/are not correct?

　　A. Only Statement 1.

　　B. Only Statement 2.

　　C. Both of Statement 1 and Statement 2.

5-3 When we take tax factors into account in the optimization model, which of the following variables does not need to be adjusted?

　　A. Expected returns.

　　B. Volatility of returns.

　　C. Correlation of returns.

5-4 Is Zhang's claim and suggestion about tax for asset allocation correct?

　　A. Only Claim 1 is correct.

　　B. Only Claim 2 is correct.

　　C. Both Claim 1 and Claim 2 are correct.

答案与解析

5-1　B

根据 Exhibit 5.1 与 Exhibit 5.2 来调整战术资产配置，不论 Zhang 关于新型冠状病毒肺炎疫情对市场的影响的判断正确与否。这里需要注意的是，战术资产配置调整不能超过战略资产配置事先设定的上下限。在当期的资产配置中，投资级别的债券与黄金的配置比例已经达到了上限，因此尽管 Zhang 预测其能获取超额收益，也不能进行超配，故选项 A 与选项 C 错误，选项 B 正确。

5-2　C

Statement 1 错误，这是关于酌情行事的战术资产配置（discretionary TAA）的描述，而非系统性战术资产配置（systematic TAA）。

Statement 2 错误，当客户投资目标发生改变时，基金经理应当更改 SAA 而非仅仅更改 TAA。

因此，选项 C 正确。

5-3　C

当在最优化模型中考虑税收时，必须将期望收益和标准差均调成税后，而相关系数则无须调整（相关系数本身就是没有单位的，反映变量之间的线性关系，不存在税前与税后的区别）。

5-4 C

Zhang 关于税收的两个说法都是正确的。税前收益率的波动率是大于税后收益率的波动率的。且对于有税收优惠的资产，要将其放在应税账户中享受这种优惠。

扫码练习更多题目

第 3 部分 衍生品和外汇管理

科目导学

考情分析

"衍生品和外汇管理"在 CFA® 三级考试中的分值占比为 5%~10%，主观题和客观题都有涉及。这部分的难度相对较高，需要考生对知识点有较深的理解。这门科目的核心内容为：互换、远期、期货和期权策略介绍；运用衍生工具管理利率、汇率、股权和波动率风险；外汇风险的管理策略和交易策略。

本部分共包括 3 章。第 6 章讲述期权策略、隐含波动率和期权应用。期权策略包括持保看涨期权、保护性看跌期权、价差策略、跨式组合、双限期权。其中，考生须重点掌握各个策略的特点和收益、利润的计算。第 7 章讲述互换、远期和期货策略，涉及利率风险、汇率风险、股权风险、波动率管理，资产配置和市场预期推断。其中，须重点掌握各个策略在管理风险时的具体应用。第 8 章讲述外汇风险管理，涉及外汇市场概述，外汇组合收益和风险的拆分，外汇投资策略、战术决策、交易策略和多种货币外汇风险对冲，新兴市场外汇管理。其中，考生须重点掌握外汇风险管理的战术决策和交易策略，能够辨析各个策略的特征。本部分中，第 6 章和第 7 章比较重要，考生应认真学习。

本部分框架图

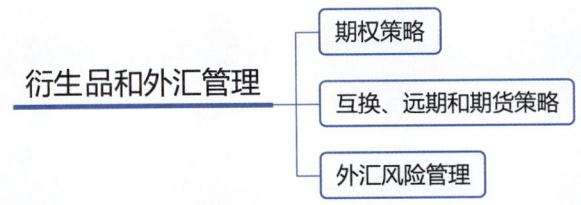

第 6 章 期权策略

章节导学

知识引导

实践中,投资者经常将金融衍生品作为投资工具,用于改变投资组合的风险敞口。用衍生品构建的策略既有针对市场变化而采取的投机性策略,也有针对不利或不确定事件而采取的防御性策略。本章着重讨论衍生品中期权在风险敞口管理上的应用,并特别关注常用的期权策略,即持保看涨期权、保护性看跌期权、价差策略、跨式组合和双限期权策略。

考点聚焦

通过本章的学习,考生需要了解如何利用期权来复制资产;理解持保看涨期权、保护性看跌期权的投资目的、结构、收益以及风险,同时会计算这两种期权的到期价值、最大利润、最大损失以及盈亏平衡点;理解期权策略(价差、跨式组合以及双限期权策略)的投资目的、结构、收益和风险,并掌握这些策略的最大利润、最大损失以及盈亏平衡点;掌握隐含波动率的定义、计算和隐含波动率曲线的应用。

本章框架图

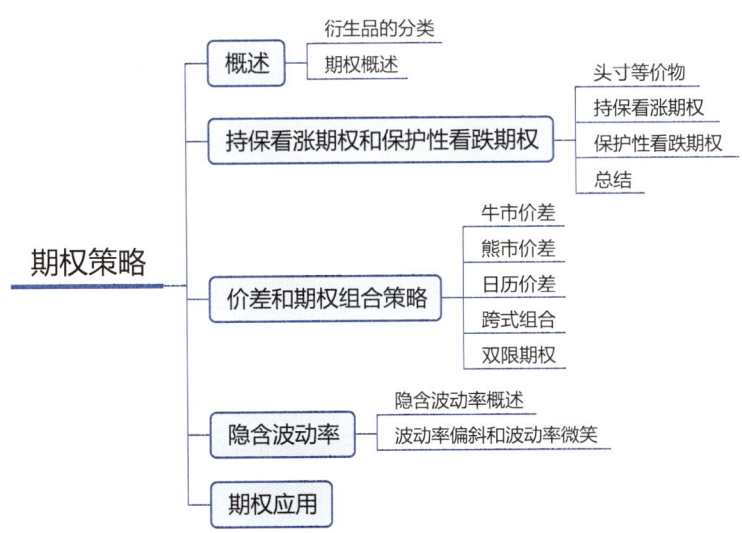

6.1 概述

衍生品（derivatives）是一种特殊的金融工具，是指基于标的资产（underlying asset）派生出来的金融产品。衍生品的价格依赖其对应的标的资产。标的资产涵盖的范围包括利率、股票、债券、大宗商品、天气等。

衍生品可以划分为远期（forward）、期货（futures）、互换（swap）、期权（option）四大类。本章主要讲述期权以及期权策略。

6.1.1 衍生品的分类

6.1.1.1 衍生品收益与标的资产价格的关系

1. 远期承诺衍生品

远期承诺（forward commitment）衍生品的收益与标的资产价格呈现线性关系。远期承诺衍生品包括远期、期货和互换。以远期为例，远期合约的买卖双方将在未来某个时间点以事先定好的价格对合约中的标的资产进行交易，合约价值与标的资产价格呈现线性关系。

2. 或有索取权衍生品

或有索取权（contingent claim）衍生品的收益与标的资产价格呈现非线性关系。期权就是一种或有索取权衍生品。购买期权的一方需要支付权利金或期权费（premium）给期权的出售方，以获得未来可以以固定的价格买入或卖出标的资产的权利，期权的出售方则有义务完成交易，即卖出或买入标的资产。期权合约的价值与标的资产价格呈现非线性关系。

6.1.1.2 衍生品交易的场所

1. 交易所交易市场

交易所交易市场（exchange-traded markets）也被称为"场内市场"。该市场主要为众多的金融工具提供集中交易的场所和平台，且必须根据国家相关法律规定，有组织、规范地进行交易。交易所主要分为证券交易市场和期货交易市场，分别交易各类证券和衍生品，是证券流通市场的核心。

交易所具有合约标准化、流动性强、无违约风险、监管严格、交易透明等优点，但交易产品往往不能完全满足交易者具体的要求。

2. 场外市场

场外市场（over-the-counter markets, or OTC markets）也被称为"OTC 市场"。该市场没有集中、统一的交易制度和交易场所，主要由买卖双方议价交易。

在 OTC 市场中，市场参与者可分为最终使用者（end user）和做市商（dealer/market maker）。最终使用者包括公司、基金经理以及其他金融机构，他们利用衍生品来管理各种风险。做市商则为大型金融机构，通过低买高卖赚取价差，充当买卖双方的对手方，他们也会使用衍生品在做市商市场（interdealer market）中对冲风险。在做市商市场中，做市商经常利用中间经纪商与其他做市商交易，这些中间经纪商被称为证券交易商之间的中间人（interdealer brokers）。通过这种方式，做市商无须将其交易信息透露给其他做市商。在交易完成之前，经纪商不会将交易者信息透露给对方。

OTC 市场的交易特征是合约个性化、存在违约风险、缺少监管、交易不透明和流动性低，但 OTC 市场可以满足交易者个性化的交易需求。

6.1.2 期权概述

6.1.2.1 期权定义

期权是一种既可以场内交易也可以场外交易的衍生品合约。

购买期权的一方支付期权费或权利金给期权的出售方，以获得未来可以以约定价格（exercise price/strike price）买入或卖出标的资产的权利。当期权买方决定行使其权利时，卖方有义务以约定的价格卖出或买入标的资产。

不同种类的期权可以以不同的方式组合，用以调整投资头寸、实施投资策略、对冲风险敞口、管理风险等。

6.1.2.2 希腊字母

期权的风险可以用以下希腊字母表示：

（1）delta（Δ）是指在其他条件不变时，期权价格对标的资产价格的敏感性。它是当股票价格发生很小的变动时，期权的价格变化。买入看涨期权头寸的 delta 是正值，买入看跌期权头寸的 delta 是负值。

看涨期权的 delta 取值范围为 0~1，看跌期权的 delta 取值范围为 -1~0。在 BSM 模型下，所有因素都一致时，看涨期权的 delta−看跌期权的 delta=1。

平值（at-the-money）看涨期权的 delta 约为 0.5，平值看跌期权的 delta 约为 -0.5。

（2）gamma（Γ）是指在其他条件不变时，期权的 delta 对标的资产价格的敏感性。买入看涨和买入看跌期权头寸的 gamma 都为正值。当所有因素都相同时，看涨和看跌期权的 gamma 相同。在平值时，期权的 gamma 值最大。

（3）vega 是指在其他条件不变时，期权的价格对标的资产波动率的敏感性。买入看涨和买入看跌期权头寸的 vega 都为正值。当所有因素都相同时，看涨和看跌期权的 vega 相同。在平值时，期权的 vega 值最大。

（4）theta（θ）是指在其他条件不变时，期权价格对时间流逝（time decay/passage of time）的敏感性。由于期权的价值等于内在价值与其时间价值之和，买入看涨和买入看跌期权头寸的 theta 都是负值，深度实值（deep in the money）看跌期权则是例外，其 theta 为正值。

（5）rho（ρ）是指在其他条件不变，无风险利率发生较小变化时，期权的价格发生的变化。

6.2 持保看涨期权和保护性看跌期权

6.2.1 头寸等价物

衍生品可以用来构建投资组合，即合成衍生品头寸（synthetic position）或头寸等价

—考点要求—
说明（demonstrate）如何使用期权复制资产的收益（★★）

物（position equivalencies）来对冲风险，获取收益。

投资者可以用期权、期货或远期来复制资产的收益，即用一些简单的金融衍生品工具来复制另一个头寸的收益，避免更高的资金成本。

例如，依据看涨-看跌期权平价公式、看涨-看跌远期平价公式，可以通过期权来复制某一资产的收益，也可以用资产和期权组合复制另一个期权的收益。

欧式看涨-看跌期权平价公式（put-call parity）是基于衍生品定价中的无套利定价原理得出的。通过构造两个资产组合，保证两个组合未来无论在什么样的环境下，都可以获得相同的收益，由此得到该平价公式：

$$S_0 + p_0 = c_0 + \frac{X}{(1+r)^T} \tag{6.1}$$

公式（6.1）中，c_0 代表看涨期权的价格；p_0 代表看跌期权的价格；两个欧式期权的行权价格相同，都为 X，到期日相同，标的资产相同，且标的资产的即期价格为 S_0。

远期价格和即期价格的关系式如下：

$$F_0(T) = S_0(1+r)^T \tag{6.2}$$

公式（6.2）中，$F_0(T)$ 代表 0 时刻签订的 T 时刻到期的远期价格；r 代表无风险利率。

将公式（6.1）和公式（6.2）联立，可以得出看涨-看跌远期平价公式（put-call forward parity）：

$$\frac{F_0(T)}{(1+r)^T} + p_0 = c_0 + \frac{X}{(1+r)^T} \tag{6.3}$$

根据公式（6.1），等式左右两边的组合价值相等。$\frac{X}{(1+r)^T}$ 为现金，这部分没有风险。只考虑风险资产的复制，不考虑无风险的现金，有：

Synthetic long asset = Long call + Short put　　　　($S = c - p$)
Synthetic short asset = Short call + Long put　　　　($-S = -c + p$)
Synthetic long call = Long asset + Long put　　　　($c = S + p$)
Synthetic long put = Short asset + Long call　　　　($p = -S + c$)

其中，long call 代表买入看涨期权；short put 代表卖出看跌期权；short call 代表卖出看涨期权；long put 代表买入看跌期权。

上面 4 个风险资产复制的公式可以解释如下：

一个资产的多头头寸可以由一个期权组合复制，即由该资产的看涨期权多头头寸与看跌期权空头头寸构成，该看涨和看跌期权具有相同的到期日，且行权价格等于资产当前价格（资产合成均需满足看涨和看跌期权具有相同到期日，且行权价格等于资产当前价格的条件，下文不再赘述），即 $S = c - p$；资产的空头头寸可以由该资产的看涨期权空头头寸和看跌期权多头头寸组合复制，即 $-S = -c + p$。

同样，一个资产的看涨期权多头头寸，可以由该资产的多头头寸和该资产的看跌期权组合而成，即 $c = S + p$；资产的看跌期权多头头寸，可以由该资产的空头头寸与该资产的看涨期权多头头寸组合而成，即 $p = -S + c$。

根据公式（6.3），也可以合成远期资产的收益：

Synthetic long forward positon = Long call + Short put $(F = c - p)$
Synthetic short forward positon = Short call + Long put $(-F = -c + p)$

其中，Synthetic forward position 代表合成远期。

例题 6.1

一个对冲基金的经理人签订了一份合约，约定一个月后以每股 20 美元的价格卖出 10 000 股工商银行的股票。目前该股票价格为 15 美元，假定该股票不付股利，对冲基金现在没有持有该股票。该经理人决定通过复制收益，构造一个收益固定的组合，请写出策略。

名师解析

构建一个期权组合，买入行权价为 15 美元的看涨期权，期权费为 1 美元，卖出行权价为 15 美元的看跌期权，期权费为 0.8 美元，两个期权都是 1 个月后到期。

卖出远期合约的利润：$10\,000 \times (20 - S_T)$（美元）

买入看涨期权的利润：$10\,000 \times [\max(0, S_T - 15) - 1]$（美元）

卖出看跌期权的利润：$10\,000 \times [-\max(0, 15 - S_T) + 0.8]$（美元）

上述三个资产组合的利润：$10\,000 \times (20 - S_T) + 10\,000 \times [\max(0, S_T - 15) - 1] + 10\,000 \times [-\max(0, 15 - S_T) + 0.8]$（美元）

如果股票价格低于 15 美元，看涨期权不行权，看跌期权行权，组合的利润：$10\,000 \times (20 - S_T - 1 - 15 + S_T + 0.8) = 48\,000$（美元），为固定值。

如果股票价格高于 15 美元，看涨期权行权，看跌期权不行权，组合的利润：$10\,000 \times (20 - S_T + S_T - 15 - 1 + 0.8) = 48\,000$（美元），为固定值。

标的资产和期权构成的组合可以达到某一特殊的投资目的。假设投资者初始持有一个标的资产，可以通过两种重要的常见组合——持保看涨期权（covered call）和保护性看跌期权（protective put）来分散已有的头寸风险。

6.2.2 持保看涨期权

6.2.2.1 持保看涨期权概述

持保看涨期权是一个股票多头头寸（long stock）与一个欧式看涨期权空头头寸（short call）构成的组合策略（$S - c$）。

购买股票的投资者可以通过出售欧式看涨期权获取期权费，相当于在持有标的资产的情况下，用标的资产潜在的上涨空间换取期权费。

6.2.2.2 持保看涨期权的收益和利润

期权到期日，持保看涨期权的收益（payoff）等于股票多头头寸的收益和看涨期权空头头寸的收益之和；持保看涨期权的利润（profit）等于股票多头头寸的利润和看涨期权空头头寸的利润之和。

> —考点要求—
> 讨论（discuss）持保看涨期权的结构（★★）

> —考点要求—
> 讨论（discuss）持保看涨期权的收益、风险、到期价值、利润、最大利润、最大亏损和盈亏平衡点（★★）

> **知识一点通**
>
> 收益（payoff）是指期权行权的损益。例如，行权价为 X 的看涨期权，收益为：$\max(S_T - X, 0)$。利润（profit）是在期权行权损益的基础上再考虑期权费，看涨期权多头利润为：$\max(S_T - X, 0) - c_0$。

持保看涨期权组合到期时的利润：

$$S_T - S_0 - \max(S_T - X, 0) + c_0 \tag{6.4}$$

公式（6.4）中，S_T 代表期权到期日标的资产股票价格；S_0 代表组合建立时股票的价格；c_0 代表看涨期权的期权费；X 代表期权的行权价格。

当 $S_T \geq X$ 时，期权行权，组合利润为：

$$S_T - S_0 - S_T + X + c_0 = X - S_0 + c_0$$

当 $S_T < X$ 时，期权不行权，组合利润为：

$$S_T - S_0 + c_0$$

组合的最大利润为：$X - S_0 + c_0$。

组合的最大损失为：$S_0 - c_0$，也可以说最小利润为：$-S_0 + c_0$。

其中，组合的最大损失，即当股票价格跌到 0 时组合的损失。

盈亏平衡点（breakeven price）为：$S_0 - c_0$。

具体的持保看涨期权利润见图 6.1。

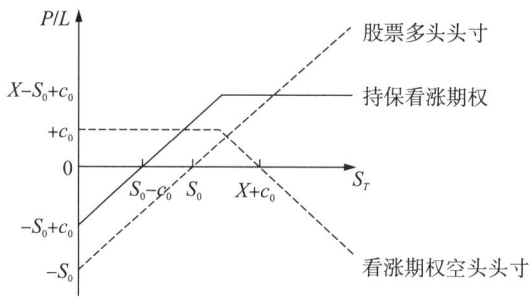

图 6.1　持保看涨期权利润

> **备考小贴士**
>
> 持保看涨期权的收益和利润公式不需要考生逐个记忆。考试的时候，考生只需要掌握分两种情况（即期权行权和期权不行权）来计算组合利润即可。

例题 6.2

以 39 美元的价格购买股票，以 3 美元的价格卖出这一份看涨期权，行权价为 40 美元，构成一个持保看涨期权组合。该组合的最大、最小收益以及盈亏平衡点（breakeven price）是多少？

名师解析

组合的收益为：$S_T - S_0 - \max(S_T - X, 0) + c_0 = S_T - 39 + 3 - \max(S_T - 40, 0)$（美元）

组合的最大收益为：$S_T - S_0 - S_T + X + c_0 = X - S_0 + c_0 = 40 - 39 + 3 = 4$（美元）（$S_T > 40$，看涨期权行权）

组合的最大亏损为：$S_0 - c_0 = 36$（美元）（$S_T < 40$，看涨期权不行权，且$S_T = 0$）

盈亏平衡点为：$S_0 - c_0 = 36$（美元）

该持保看涨期权的利润如下图所示。

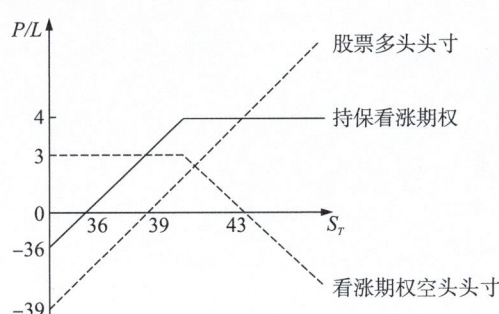

该持保看涨期权的利润

6.2.2.3 持保看涨期权的投资目的

第一，提高收益（yield enhancement）。持有持保看涨期权（一个股票多头头寸与一个虚值看涨期权空头头寸）的投资者预期未来标的资产价格不会上涨或上涨幅度有限，即标的资产价格变动相对持平（relatively flat），看涨期权不会行权，投资者可以获得卖出看涨期权的期权费并享有股票的现金红利。

第二，以优惠价格减仓（reducing a position at a favorable price），并且赚取期权的时间价值。在投资者已构建的组合中，如果某个行业占比过高，投资者想降低该行业的风险敞口，可以持有持保看涨期权（一个股票多头头寸与一个实值看涨期权空头头寸），将该股票的价格稳定在一定范围内并且赚取期权的时间价值。

期权的价值 = 内在价值 + 时间价值。假设股票当前价格为38美元、行权价格为35美元的看涨期权交易价格为5美元，意味着该期权的时间价值为2美元（期权价值5 - 内在价值3）。如果期权到期被执行，那么持保看涨期权投资者可以以35美元的价格出售股票，同时又因为卖出期权，获得5美元的期权费，一共取得了40美元的收入，比当下直接用38美元的价格减仓，获得了2美元（40 - 38）的时间价值。

第三，实现目标价格（target price realization）。将持保看涨期权的行权价格设为出售股票的目标价格。当股票价格上涨到目标价格时，期权行权，股票以目标价格出售。假设股票当前价格为15美元，投资者希望以20美元出售该股票，那么他将20美元设为看涨期权的行权价格，期权费为3美元。如果期权被执行，那么组合的收益为8美元（20 - 15 + 3）；如果期权没有被执行，那么投资者最大的损失为12美元（15 - 3）。

—考点要求—
讨论（discuss）持保看涨期权的投资目的（★）

6.2.2.4 持保看涨期权的风险分析

delta 表示的是标的资产价格变动一个单位时期权价格的变动值,是衡量期权风险的方式之一。股票的 delta=1,持保看涨期权的 delta=1 - $delta_{call\ option}$。

持保看涨期权的缺点在于:一是持有持保看涨期权可能会让投资者丧失标的资产价格上升带来的股票多头头寸的收益;二是持保看涨期权并没有在标的资产价格下跌时,为投资者的收益提供充分保护。

—考点要求—
讨论(discuss)持保看涨期权的风险(★)

6.2.3 保护性看跌期权

6.2.3.1 保护性看跌期权概述

保护性看跌期权是由一个股票的多头头寸(long stock)与一个欧式看跌期权的多头头寸(long put)构成的组合($S+p$)。该策略的目的是保护组合免受股价下跌带来的损失,所以,保护性看跌期权可以作为防止标的资产价格下降带来损失而买入的保险。

保护性看跌期权相当于在持有标的资产的情况下,通过付期权费买入下跌保护,适用于标的资产预期有较大跌幅风险的情景。

—考点要求—
讨论(discuss)保护性看跌期权的结构(★★)

6.2.3.2 保护性看跌期权的收益和利润

在期权到期日,保护性看跌期权的收益(利润),等于股票多头头寸的收益(利润)和看跌期权多头收益(利润)之和。

保护性看跌期权组合的利润:

$$S_T - S_0 + \max(X - S_T, 0) - p_0$$

式中,p_0 代表看跌期权的期权费。

当 $S_T > X$ 时,期权不行权,组合的利润为:

$$S_T - S_0 - p_0$$

当 $S_T \leq X$ 时,期权行权,组合的利润为:

$$S_T - S_0 + X - S_T - p_0 = X - S_0 - p_0$$

组合的最大利润为:$S_T - S_0 - p_0 =$ 无限大(unlimited),因为理论上,S_T 可以无限大。
组合的最大损失为:$S_0 + p_0 - X$,也可以说最小利润为:$-S_0 - p_0 + X$。
盈亏平衡点为:$S_0 + p_0$。
具体的保护性看跌期权利润见图 6.2。

—考点要求—
讨论(discuss)保护性看跌期权的收益、风险、到期价值、利润、最大利润、最大亏损和盈亏平衡点(★★)

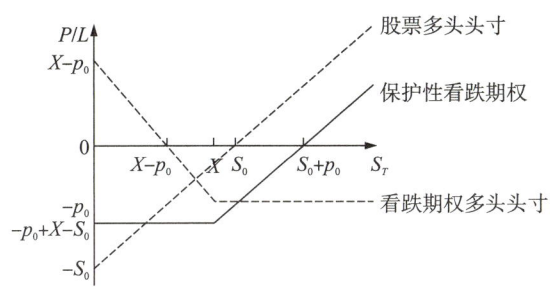

图 6.2 保护性看跌期权利润

6.2.3.3 保护性看跌期权的风险分析

对保护性看跌期权来说，delta = 1 + delta$_{\text{put option}}$。例如，一个持保看涨期权中的看涨期权处于平值状态，那么对于持保看涨期权来说，delta ≈ 1 - 0.5 = 0.5。同样，考虑一个保护性看跌期权，其中的看跌期权也是平值状态，则保护性看跌期权的 delta ≈ 1 - 0.5 = 0.5。另外，如果考虑持有一份标的资产和卖出 0.5 份远期，该组合的 delta ≈ 1 - 0.5 = 0.5。上面三种组合的 delta 相等，意味着当标的资产价格小幅变动时，三个组合的损益变动值非常接近。

保护性看跌期权的缺点之一是当标的资产价格上涨时，保护性看跌期权的收益不会同幅度上升。

6.2.4 总结

前面的讨论都基于投资在初始时期，持有资产多头头寸和期权头寸，通过持保看涨期权和保护性看跌期权降低了持有资产的风险。

同样，如果投资者在初始时期，持有资产的空头头寸，也可以通过类似上面两种策略来降低风险。此时，持保看涨期权由股票空头头寸和看涨期权多头头寸构成（-S + c），保护性看跌期权由股票空头头寸和看跌期权空头头寸构成（-S - p）。

6.3 价差和期权组合策略

价差（spread）是指将相同类型的两个或多个期权相组合的一种交易策略，分为货币价差（money spread）和日历价差（calendar spread）。货币价差指的是，策略中的期权，除了行权价不同，其他因素都相同，其中最为常见的是牛市价差（bull spread）和熊市价差（bear spread）。日历价差指的是，策略中的期权，除了到期日不同，其他因素都相同。

期权组合（combination）是将不同类型的期权构建组合的交易策略，构成组合的期权有看涨和看跌两种，最为典型的就是跨式组合（straddle）。

6.3.1 牛市价差

牛市价差策略分为牛市看涨价差和牛市看跌价差策略。

6.3.1.1 牛市看涨价差

牛市看涨价差（bull call spread）策略由买入一个较低行权价格（X_L）的看涨期权，同时卖出一个较高行权价格（X_H）的看涨期权构成，两个期权的到期日等其他特征相同，如图6.3所示。

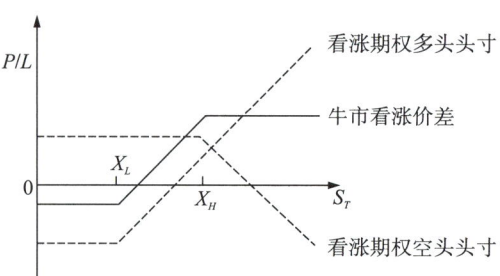

图 6.3　牛市看涨价差策略利润

用 X_L 和 X_H 作为分界线，牛市看涨价差策略的总利润情况如表6.1所示。

表 6.1　牛市看涨价差利润

股价范围	看涨期权多头头寸	看涨期权空头头寸	总利润
$S_T \leq X_L$	$-c_L$	c_H	$c_H - c_L$
$X_L < S_T < X_H$	$S_T - X_L - c_L$	c_H	$S_T - X_L + c_H - c_L$
$S_T \geq X_H$	$S_T - X_L - c_L$	$-(S_T - X_H) + c_H$	$X_H - X_L + c_H - c_L$

该牛市看涨价差策略的最大利润为：$X_H - X_L + c_H - c_L$；最大损失为：$c_L - c_H$；盈亏平衡点为：$X_L + (c_L - c_H)$。

例题 6.3

John 是 SXD 公司的风险管理官。他卖出了一份 2023 年 3 月行权价格为 USD 40 的看涨期权，收到了 USD 14 的期权费，买入了一份 2023 年 3 月行权价格为 USD 30 的看涨期权，支付了 USD 21 的期权费。John 做的是什么策略？该策略的最大收益和最大损失是多少？

A. 牛市看涨价差策略；USD 3；- USD 7
B. 熊市看涨价差策略；USD 3；- USD 7
C. 牛市看涨价差策略；USD 2；- USD 6

名师解析

正确答案为 A。根据题目信息，买入和卖出的期权全部是看涨期权，又是买低卖高（买入行权价格低的，卖出行权价格高的），所以，该策略为牛市看涨价差策略；股票价格小于或等于 USD 30 时，策略的损失最大：- 21 + 14 = - USD 7，股票价格大于或等于 USD 40 时，该策略的收益最大：- 21 + 14 + (40 - 30) = USD 3。

考生若不想记忆公式，本题也可以采用下述备考小贴士里的解题思路。先写出该策略的 profit 公式，然后令 S_T 等于 100，代入 profit 公式即可得到最大收益。同理，令 S_T 为 0，代入 profit 公式即可得到最大损失。

6.3.1.2 牛市看跌价差

牛市看跌价差（bull put spread）策略由买入一个较低行权价格（X_L）的看跌期权，同时卖出一个较高行权价格（X_H）的看跌期权构成，两个期权的到期日等其他特征相同。如图 6.4 所示。

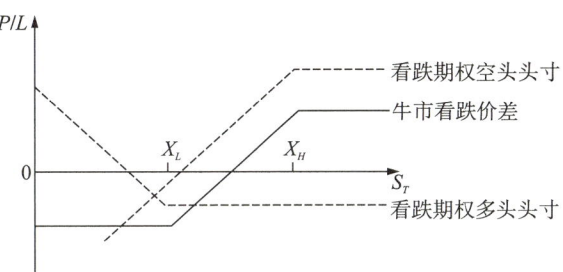

图 6.4　牛市看跌价差策略利润

用 X_L 和 X_H 作为分界线，牛市看涨价差策略的总利润情况如表 6.2 所示。

表 6.2　牛市看跌价差利润

股价范围	看跌期权多头头寸	看跌期权空头头寸	总利润
$S_T \leq X_L$	$X_L - S_T - p_L$	$-(X_H - S_T) + p_H$	$X_L - X_H + p_H - p_L$
$X_L < S_T < X_H$	$-p_L$	$-(X_H - S_T) + p_H$	$S_T - X_H + p_H - p_L$
$S_T \geq X_H$	$-p_L$	p_H	$p_H - p_L$

该牛市看跌价差策略的最大利润为：$p_H - p_L$；最大损失为：$X_H - X_L + p_L - p_H$；盈亏平衡点为：$X_H - (p_H - p_L)$。

> **备考小贴士**
>
> 关于该策略最大利润、最大损失和盈亏平衡点计算的简便方法，可以应用以下方法可以避免记忆最大利润、最大损失和盈亏平衡点的公式。
>
> 第一，写出该策略利润公式，以牛市看涨价差为例。profit = max（0，$S_T - X_L$）- max（0，$S_T - X_H$）-（$c_L - c_H$）。
>
> 第二，若题目要计算最大损失，可以令 $S_T = 0$。从该策略图像可以看出当 $S_T = 0$，策略取到最大损失。
>
> 第三，若题目要计算最大利润，可以令 S_T 为一个较大的数。从该策略图像可以看出当 S_T 比较大时，该策略取到最大利润。一般来说，为便于计算，可以令 $S_T = 100$ 或者令 $S_T = 1\,000$。
>
> 第四，若题目要计算盈亏平衡点，可以直接令 profit = 0，即可推出 S_T。
>
> 这个方法可以用在持保看涨期权、保护性看跌期权、牛市价差、熊市价差、双限期权等策略中。

6.3.2 熊市价差

—考点要求—
讨论（discuss）熊市价差的投资结构、收益、风险、利润、最大利润、最大亏损和盈亏平衡点（★★）

熊市价差策略分为熊市看涨价差（bear call spread）和熊市看跌价差（bear put spread）策略。

6.3.2.1 熊市看涨价差

熊市看涨价差由买入一个较高行权价格（X_H）的看涨期权，同时卖出一个较低行权价格（X_L）的看涨期权构成，两个期权的到期日等其他特征相同，如图6.5所示。

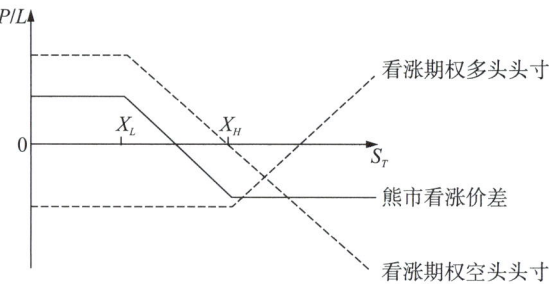

图6.5 熊市看涨价差策略利润

用 X_L 和 X_H 作为分界线，熊市看涨价差策略的总利润情况如表6.3所示。

表6.3 熊市看涨价差利润

股价范围	看涨期权多头头寸	看涨期权空头头寸	总利润
$S_T \leq X_L$	$-c_H$	c_L	$c_L - c_H$
$X_L < S_T < X_H$	$-c_H$	$-(S_T - X_L) + c_L$	$X_L - S_T + c_L - c_H$
$S_T \geq X_H$	$(S_T - X_H) - c_H$	$-(S_T - X_L) + c_L$	$(X_L - X_H) + c_L - c_H$

该熊市看涨价差策略的最大利润为：$c_L - c_H$；最大损失为：$(X_H - X_L) + c_H - c_L$；盈亏平衡点为：$X_L + (c_L - c_H)$。

6.3.2.2 熊市看跌价差

熊市看跌价差由买入一个较高行权价格（X_H）的看跌期权，同时卖出一个较低行权价格（X_L）的看跌期权构成，两个期权的到期日等其他特征相同，如图6.6所示。

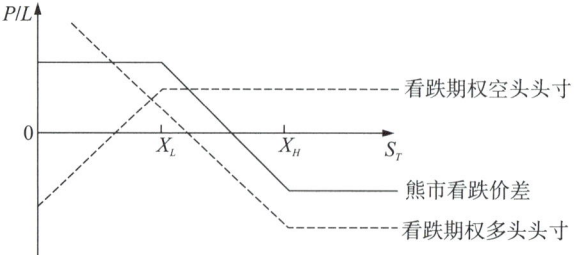

图6.6 熊市看跌价差策略利润

用 X_L 和 X_H 作为分界线,熊市看跌价差策略的总利润情况如表 6.4 所示。

表 6.4 熊市看跌价差利润

股价范围	看跌期权多头头寸	看跌期权空头头寸	总利润
$S_T \leq X_L$	$X_H - S_T - p_H$	$-(X_L - S_T) + p_L$	$X_H - X_L + p_L - p_H$
$X_L < S_T < X_H$	$X_H - S_T - p_H$	p_L	$X_H - S_T + p_L - p_H$
$S_T \geq X_H$	$-p_H$	p_L	$p_L - p_H$

该熊市看跌价差策略的最大利润为:$X_H - X_L + p_L - p_H$;最大损失为:$p_H - p_L$;盈亏平衡点为 $X_H - (p_H - p_L)$。

> **备考小贴士**
>
> 上述两个价差期权的记忆方式很简单:构建牛市价差策略或熊市价差策略的期权是具有相同到期日、行权价格不同的同类期权(这里的同类指的是都是看涨或者都是看跌期权)。
>
> 牛市价差策略是买低卖高(即买入行权价低的期权,卖出行权价高的期权),熊市价差策略是买高卖低(即买入行权价高的期权,卖出行权价低的期权)。

6.3.3 日历价差

日历价差是由具有相同行权价格但到期日不同的同类期权构成的。这里的同类期权是指都是看涨期权或都是看跌期权。

日历价差的多头头寸,由一个看涨期权空头头寸加上一个具有相同行权价格但到期限更长的看涨期权多头头寸构成。日历价差的空头头寸,由一个看涨期权多头头寸加上一个具有相同行权价格但到期期限更长的看涨期权空头头寸构成。同理,可以用看跌期权构成日历价差的多头或空头头寸。

一般情况下,期权期限越长,其被行使的概率越高,期权价格(即期权费)越贵。因此,相比其他价差组合,日历价差多头头寸需要一定的初始投资,其初始现金流为负值;同理,日历价差空头头寸的初始现金流为正值。

通常情况下,投资者若预期标的资产价格在短期内平稳,长期大涨时,会选择使用日历价差多头头寸。

—考点要求—
描述(discuss)
日历价差的运用(★★)

> **备考小贴士**
>
> 日历价差策略的记忆方法:日历价差多头头寸的策略为买长卖短,即买入期限较长的期权,卖出期限较短的期权;日历价差空头头寸正好与此相反。

6.3.4 跨式组合

期权组合(combination)与前文讨论的价差不同。价差都是由同类期权构成,而组合则是由不同类型的期权混合构成。

—考点要求—
讨论(discuss)
跨式组合的投资结构、收益、风险、利润、最大利润、最大亏损和盈亏平衡点(★★)

最为常见的组合策略便是跨式组合（straddle），也叫鞍式策略，是由具有相同标的资产和行权价格的一个看涨期权多头头寸加上一个看跌期权多头头寸构成。当投资者预期未来股票价格会有大幅波动，但是不确定是大幅上升还是下跌，这时便会进入跨式组合的多头头寸。如果预测股价趋近平稳，那么便进入跨式组合的空头头寸。

跨式组合多头头寸的利润情况如图 6.7 所示。

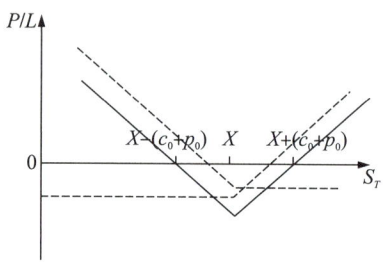

图 6.7　跨式组合多头头寸利润

其最大的收益为无限大；最大的损失为期权费，即 c_0+p_0；盈亏平衡点有两个：$X-(c_0+p_0)$ 以及 $X+(c_0+p_0)$。

6.3.5　双限期权

—考点要求—
讨论（discuss）双限期权的投资结构、收益、风险、利润、最大利润、最大亏损和盈亏平衡点（★）

双限期权（collar）也叫衣领组合，它由标的资产的多头头寸、看跌期权多头头寸以及看涨期权空头头寸构成（$S+p-c$）。其中，看跌期权的行权价格低于当前标的资产价格，用 X_L 表示，期权费用 p_0 表示；看涨期权的行权价格高于当前标的资产价格，用 X_H 表示，期权费用 c_0 表示。

双限期权策略通过卖出看涨期权来抵消买入看跌期权所支付的期权费。如果看跌和看涨期权的期权费相等，这种双限期权被称为零成本双限期权。双限期权实质上结合了保护性看跌期权和持保看涨期权的特点，其目的主要是降低投资回报的波动性。

从图 6.8 可以看出，双限期权在为标的资产价格的下跌提供一个下限支撑的同时，也对股价的上涨也设置了一定的上限。在期权到期的 T 时刻，组合的利润情况如表 6.5 所示，股价由初始的 S_0 变为 S_T。

表 6.5　双限期权的利润

股价范围	现货多头	看跌期权多头头寸	看涨期权空头头寸	总利润
$S_T \leq X_L$	S_T-S_0	$(X_L-S_T)-p_0$	c_0	$(X_L-S_0)+(c_0-p_0)$
$X_L<S_T<X_H$	S_T-S_0	$-p_0$	c_0	$S_T-S_0+(c_0-p_0)$
$S_T \geq X_H$	S_T-S_0	$-p_0$	$-(S_T-X_H)+c_0$	$-(S_0-X_H)+(c_0-p_0)$

双限期权的最大利润为：$X_H-S_0-(p_0-c_0)$；最大损失为：$S_0-X_L+(p_0-c_0)$；盈亏平衡点为：$S_0+(p_0-c_0)$。

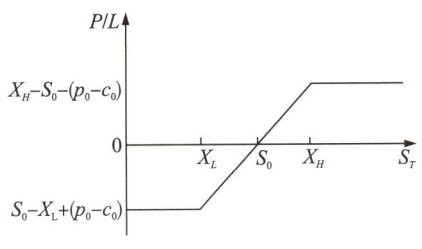

图 6.8 双限期权的利润

例题 6.4

马库斯是 JSK 资产管理公司的风险经理,为客户提供投资组合建议。客户 A 公司认为接下来的 2 个月,它持有的 ABS 公司的股票价格可能会短期下滑,但客户还是想持有该股票以获取长期的价格收益。马库斯给客户 A 公司提供的建议,最有可能是以下哪个策略?

A. 保护性看跌期权
B. 持保看涨期权
C. 双限期权

名师解析

正确答案为 A。保护性看跌期权可以满足客户 A 公司对 ABS 股票短期价格下跌的保护,在 ABS 股票价格上升时,保护性看跌期权仍能获得收益。

6.4 隐含波动率

6.4.1 隐含波动率概述

6.4.1.1 隐含波动率概念

布莱克-斯科尔斯-默顿(Black-Scholes-Merton,BSM)期权定价公式包含标的资产价格(asset price,S)、期权行权价格(strike price,K/X)、期权到期时间(time,T)、无风险利率(risk-free rate,R_f)、波动率(volatility,σ)5 个参数。其中,市场上不能直接观察到的参数只有资产价格的波动率。

隐含波动率(implied volatility)是将期权的市场价格代入 BSM 模型中,求出的标的资产收益率的波动率。这个波动率是指期权市场价格所隐含的未来波动率。实际波动率(realized volatility)是指由资产的历史价格计算出的标的资产收益率的历史波动率。通常,通过比较隐含波动率和实际波动率来得出一些结论。

6.4.1.2 隐含波动率计算

隐含波动率是用当前期权的价格代入 BSM 模型计算出来的。每日波动率、每月波动率和每年波动率之间的换算都采用平方根法则。假设 1 年的工作日是 252 天,每月的工作日是 21 天,则根据平方根法则,有下面的计算公式:

$$\sigma_{Annual} = \sigma_{Daily} \sqrt{252}$$

$$\sigma_{Monthly} = \sigma_{Daily} \sqrt{21}$$

$$\sigma_{Annual} = \sigma_{Monthly} \sqrt{\frac{252}{21}}$$

公式中，σ_{Annual} 代表年标准差；$\sigma_{Monthly}$ 代表月标准差；σ_{Daily} 代表日标准差。当然，在具体做题与应用时，可以根据实际情况调整每年与每月的工作日。

6.4.2 波动率偏斜和波动率微笑

—考点要求—
讨论（discuss）波动偏斜和波动率微笑（★★）

BSM 模型的假设之一为标的资产收益率的波动率为常数。但实际上，资产收益率的波动率并非常数，用市场价格计算出来的隐含波动率随期权行权价格的变动，呈现波动率偏斜（volatility skew）或波动率微笑（volatility smile）的特征。

波动率偏斜或波动率微笑是通过实证研究发现的，是一个实证的结果，表现的是期权隐含波动率与行权价格之间的关系。

6.4.2.1 波动率偏斜和波动率微笑的概念

1. 波动率偏斜

所谓波动率偏斜，即对于虚值看跌期权（行权价格小于标的资产价格），隐含波动率随着行权价格的下降呈上升趋势；对于虚值看涨期权（行权价格大于标的资产价格），隐含波动率随着行权价格的上升呈下降趋势。换句话来说，就是低行权价格期权的隐含波动率高于高行权价格期权的隐含波动率，如图6.9中的"波动率偏斜"所示。

2. 波动率微笑

所谓波动率微笑，即具有相同到期日和标的资产，但行权价格不同的期权，行权价格偏离标的资产现货价格越远，隐含波动率越大，即虚值（out-of-the-money, OTM）看跌期权和虚值看涨期权的波动率均高于平值期权的波动率，波动率曲线呈现中间低、两边高的形状，类似一个微笑的嘴型，如图6.9中的"波动率微笑"所示。

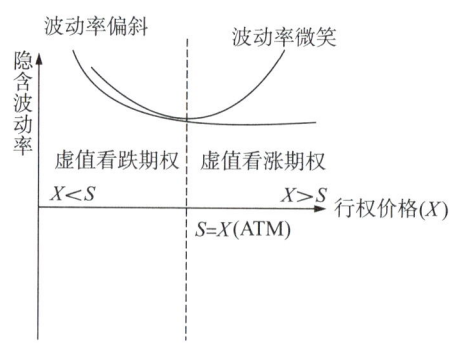

图 6.9　波动率偏斜和波动率微笑

6.4.2.2 波动率偏斜的原因

一般来说，波动率偏斜比波动率微笑更为常见。

在虚值看涨期权和虚值看跌期权中，投资者更偏好选择虚值看跌期权。此时，虚值看跌期权类似保险，为投资者提供标的资产价格下降的保护，投资者对虚值看跌期权的需求增加，虚值看跌期权价格上升，加之期权价格与隐含波动率存在正相关关系，从而导致虚值看跌期权的隐含波动率上升。

6.4.2.3 波动率偏斜和波动率微笑的应用

用波动率偏斜和波动率微笑曲线的变动可以判断市场未来的走势。

（1）对虚值看跌期权来说，如果隐含波动率的曲线高于历史波动率，则说明虚值看跌期权的市场价格较高，需求较大。

（2）如果整个隐含波动率绝对值上升并且整个曲线斜率变大，即波动率偏斜曲线倾斜得更厉害，说明市场为熊市（bearish）。此时虚值看跌期权价格上涨幅度更大，即市场的需求很大，意味着看空的投资者多。

（3）如果波动率偏斜曲线左侧（虚值看跌期权侧）未有明显变化，而波动率偏斜曲线右侧（虚值看涨期权侧）隐含波动率曲线变得平坦或者向上倾斜，说明看多的投资者多，市场为牛市（bullish）。

6.4.2.4 波动率的期限结构

隐含波动的期限结构（term structure）是用来描述隐含波动率是如何随期权到期时间的变动而变动的。

利用市场上到期时间不同、其他因素都相同的期权计算隐含波动率，可以得出隐含波动率的期限结构。一般情况下，隐含波动率的期限结构是正向的（contango），意味着期权到期时间越长，期权隐含波动率越高；但当市场承压，短期避险情绪蔓延时，期权到期时间越短，期权的隐含波动率越高，意味着波动率的期限结构发生了反转。

> **备考小贴士**
>
> 在题目中，一般给出不同执行价格下的隐含波动率，要求考生判断出波动率偏斜或者波动率微笑。其中，执行价格通常以百分数形式给出，例如，某个 put 的执行价格是 90%，含义为该 put 的执行价格是标的资产价格的 90%，即 X/S = 90%。其本质还是在描述执行价格，这点考生应明确。

6.5 期权应用

投资者在金融市场上，只要设定好一定的目标，就可以将期权用于风险对冲、市场或资产价格的走势预测、套利机会的捕捉等。在使用期权做投资策略时，除了要分析市场的价格走势之外，还要考虑价格风险的走势，尤其是标的资产收益率波动的变动趋势。

在同时考虑标的资产价格和标的资产预期波动率变动趋势的情况下，期权策略的制

—考点要求—
识别（identify）和评估（evaluate）符合既定投资目标的合适的期权策略（★★）

定如表 6.6 所示。

表 6.6　期权策略的制定

标的资产 价格变动	标的资产隐含波动率变动 (Expected Move in Implied Volatility)		
	上升	不变	下降
牛市（Bullish）	买入看涨期权	买入看涨期权和卖出看跌期权	卖出看跌期权
市场中性（Neutral）	买入跨式组合	日历价差	卖出跨式组合
熊市（Bearish）	买入看跌期权	卖出看涨期权和买入看跌期权	卖出看涨期权

备考小贴士

考生需注意，表 6.6 中考虑标的资产价格变动和隐含波动率变动来制定期权的投资策略，会以写作题的形式出现。

可以采用以下方法记忆：隐含波动率下降时，卖出策略；隐含波动率上升时，买入策略；隐含波动率不变时，考虑卖出和买入组合策略。然后再结合标的资产价格变动方向，判断具体的期权品种。

练一练

The following information raletes to Questions 6-1 to 6-6.

Jenson is a risk manager at AAQ. He has many years of investment experience and helps individual clients to advise them on their investments.

One client, Asha Rodriguez, does not currently own stock in AXS corporation. Asha Rodriguez told Jenson that according to his experience and analysis, he believes there will be a big move in the AXS's stock price when its half-year financial results are released in three weeks. But he did not confirm the direction of the share price move. Asha Rodriguez thought his judgement was correct, and he wanted to make a profit from it. He asked Jenson to introduce him an option product that would allow him to profit from stock prices moving up or down.

Another client, Williams asked Jenson to explain the potential benefits and risks of the following options strategies: a long straddle, a bull call spread, and a bear put spread.

The current stock price of AXS share is USD 36.49, and the option information is shown in Exhibit 6.1.

Exhibit 6.1　Basic Information of the Options

Exercise Price (USD)	Call Option Price (USD)	Put Option Price (USD)
35	3	0.64
40	1	1.23
23.5	4.3	0.13

6-1 Which of the following option strategies Jenson is most likely to recommend to Asha kodriguez?

A. Bear spread.

B. Calendar.

C. Straddle.

6-2 Considering a long straddle position at the USD 23.5 strike option, what is the share price at expiration when this strategy is profitable?

A. USD 19.07

B. USD 28.1

C. USD 27.93

6-3 Considering a long bull call spread using the USD 35 and USD 40 strike options, the maximum profit is:

A. USD 3.

B. USD 2.

C. USD 4.

6-4 Considering a long bear put spread using the USD 35 and USD 23.5 strike options, when the stock price is 26, the profit of this strategy is:

A. USD 8.49.

B. USD 9.51.

C. USD 1.99.

6-5 Based on the data given, the call option with the largest gamma will have a strike price closest to:

A. USD 23.5.

B. USD 35.

C. USD 40.

6-6 Considering a covered call using the USD 40 call option, the breakeven share price is closet to:

A. USD 35.49.

B. USD 37.49.

C. USD 39.49.

答案与解析

6-1 C

选项 A, 熊市价差策略与标的资产的波动情况无关, 不能在 AXS 股价大幅波动时获利。

选项 B, 当投资者认为标的资产 (如股票) 的价格在短期趋于平稳, 但长期会有大幅波动时, 会选择使用日历价差多头头寸。3 个月后, AXS 股价大幅波动, 无法体现长期和短期股价状况。因此, 该选项错误。

选项 C, 跨式多头策略基于标的股票波动性高于市场共识的预期。它是以相同的行权价格同时买入看涨期权和看跌期权。如果 AXS 股价有大幅波动时，该策略获利。

6-2　B

选项 B，跨式多头策略由一个看涨期权多头和一个看跌期权多头构成。组成跨式多头策略的成本是 4.3 + 0.13 = 4.43（美元），为了保证该策略盈利，策略的收益至少是 4.43 美元。该策略的盈亏平衡点为 23.5 − 4.43 = 19.07（美元）和 23.5 + 4.43 = 27.93（美元），当标的资产的价格小于 19.07 美元或者大于 27.93 美元时，该策略盈利。

6-3　A

选项 A，牛市看涨价差策略由行权价格低的看涨期权多头和行权价格高的看涨期权空头构成。本题中的牛市看涨价差策略由买入行权价格为 35 美元的看涨期权和卖出行权价格为 40 美元的看涨期权构成。当标的资产价格大于或等于 40 美元时，该策略的利润最大，为 40 − 35 + 1 − 3 = 3（美元）。

6-4　A

选项 A，熊市看跌价差策略由行权价格为 23.5 美元的看跌期权空头与行权价格为 35 美元的看跌期权多头构成。在标的资产价格为 26 美元时，利润为 − 0.64 + 0.13 + (35 − 26) = 8.49（美元）。

6-5　B

选项 B，根据 gamma 的性质，它在期权为平值状态时达到最大，行权价格为 35 美元的期权最接近目前标的资产的价格 36.49 美元，即最接近平值状态。

6-6　A

选项 A，持保看涨期权策略由标的资产多头和看涨期权空头构成。在看涨期权不行权的时候，达到盈亏平衡，即 $S_T - S_0 + c_0 = 0$，有 $S_T = 36.49 - 1 = 35.49$（美元）。

第 7 章
互换、远期和期货策略

章节导学

知识引导
金融衍生品中的互换、远期和期货在实践中常常被用于管理利率风险、汇率风险、股权风险和波动率。本章着重讨论互换、远期和期货合约在这些风险管理中的应用,与上一章"期权策略"的内容有一定的相通之处。

考点聚焦
通过本章的学习,考生需要掌握互换、远期和期货在利率风险管理中对于久期调整的应用,在汇率风险管理中对于各币种现金流的计算,在股权风险管理中对于合约份数的评估,在波动率风险管理中对于交割金额的计算。考生需要理解这些衍生产品各自的特性,能够辨析判断它们各自的应用。

本章框架图

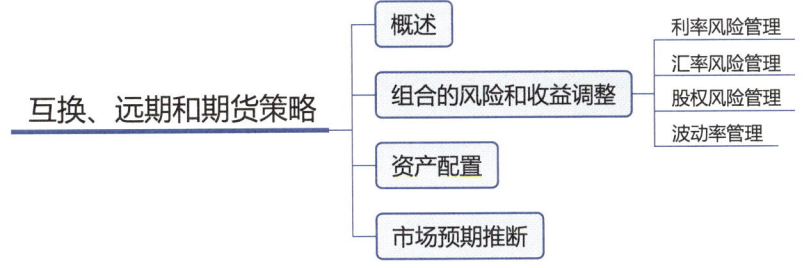

7.1 概述

衍生品合约的基本种类主要有 4 种：远期、期货、互换和期权。此外，还可以依据衍生品合约双方的义务与权利，将 4 种衍生品分为远期承诺和或有索取权两大类。

其中，远期承诺包括远期、期货和互换，此类衍生品的收益与标的资产价格的关系为线性关系。或有索取权只包含期权，此类衍生品的收益与标的资产价格的关系为非线性关系。

7.2 组合的风险和收益调整

7.2.1 利率风险管理

7.2.1.1 利率互换

—考点要求—
说明（demonstrate）如何用利率互换来调整投资组合的风险和收益（★★）

1. 基本概念

利率互换（interest rate swap，IRS）是一种场外产品，是管理利率风险的常用工具。利率互换是指在存续期内，依照不同的参照标的，持续交换一系列现金流的衍生品合约。本质上，互换就是一系列的远期合约。例如，交易者 A 与 B 签订利率互换合约，合约约定，A 收浮动利率的利息，付固定利率的利息；B 收固定利率的利息，付浮动利率的利息。

利率互换有以下几个特点。

（1）利率互换只有一个名义本金，且名义本金在衍生品的存续期间都不交换，只交换利息部分。

（2）在结算日，利率互换是按净额交割的。即，结算日的交易双方，一方付现金，另一方收现金。

（3）利率互换中，浮动利率端的利率取决于每个支付期期初的参考利率。

2. 利率互换久期的应用

对一个普通（plan vanilla）利率互换来说：

（1）收固定利率的一方，相当于买入固定利率债券，卖出浮动利率债券。

$$\text{Fixed-rate receiver} = \text{Long fixed-rate bond} + \text{Short floating-rate bond} \tag{7.1}$$

（2）付固定利率的一方，相当于买入浮动利率债券，卖出固定利率债券。

$$\text{Fixed-rate payer} = \text{Long floating-rate bond} + \text{Short fixed-rate bond} \tag{7.2}$$

因为固定利率债券的久期往往大于浮动利率债券的久期，对于利率互换中收固定利率的一方，相当于进入了固定利率债券多头，获得正久期；进入了浮动利率债券的空头，获得负久期。同样，对于利率互换中付固定利率的一方，相当于进入了固定利率债券空头，获得负久期；进入了浮动利率债券多头，获得正久期。

根据公式（7.1）和公式（7.2），可得：

$$D_{\text{Fixed-receiver}} = D_{\text{Fixed}} - D_{\text{Floating}} > 0$$
$$D_{\text{Fixed-payer}} = D_{\text{Floating}} - D_{\text{Fixed}} < 0$$

公式中，$D_{\text{Fixed-receiver}}$ 代表收固定利息一方的久期；D_{Fixed} 代表固定利息债券的久期；D_{Floating} 代表浮动利率债券的久期；$D_{\text{Fixed-payer}}$ 代表付固定利率一方的久期。

可见，利率互换的久期与债券久期紧密相关，利率互换可以作为一个重要的久期调整工具。

> **备考小贴士**
>
> 在债券面值、到期日、利率大小等要素相同的情况下，固定债券的久期大于或等于浮动债券的久期。

结合修正久期概念，可以得出：

$$MV_P \times MDUR_P + N_S \times MDUR_S = MV_P \times MDUR_T \tag{7.3}$$

公式（7.3）中，MV_P 表示组合的市场价值；$MDUR_P$ 表示组合的修正久期；N_S 表示利率互换的名义本金；$MDUR_S$ 表示利率互换的修正久期；$MDUR_T$ 表示投资者的目标修正久期。

公式（7.3）的含义是，投资者持有一个组合 P，可以通过再进入一个利率互换 S，使新组合的久期达到目标久期值 $MDUR_T$。

对公式（7.3）进行变形，可得：

$$N_S = \left(\frac{MDUR_T - MDUR_P}{MDUR_S}\right) \times MV_P \tag{7.4}$$

通过公式（7.4），可以求出为达到目标修正久期，需要进入的利率互换的名义本金。

例题 7.1

组合管理人员 Alice 管理着 100 亿美元的组合。该组合由固定利率债券组成，已知组合的修正久期为 3.4。因为担心利率上升，Alice 打算将组合的修正久期降低到 2.5。通过对市场进行考察，Alice 想用一个修正久期为 -2 的利率互换（该利率互换为支付固定利率，收入浮动利率）来降低组合久期。计算 Alice 需要买入或卖出多少名义本金的利率互换才能达到投资目的？

名师解析

利用公式（7.4），可得：

$$N_S = \left(\frac{MDUR_T - MDUR_P}{MDUR_S}\right) \times MV_P = \left(\frac{2.5 - 3.4}{-2}\right) \times 100 = 45 \text{（亿美元）}$$

所以 Alice 需买入 45 亿美元名义本金的利率互换才能达到投资目的。

7.2.1.2 利率远期

远期利率协议（forward rate agreement，FRA）是一种标的资产为利率的场外远期合

---考点要求---

说明（demonstrate）如何用利率远期来调整投资组合的风险和收益（★）

约，一般期限较短。与普通远期合约不同，FRA 的标的不是一种资产，而是利率本身。

投资者可以通过 FRA 锁定未来的利率水平，从而管理利率风险。所以，FRA 是一种常见的、用于利率风险管理的衍生品工具。由于是场外产品，FRA 的优点在于可以定制（customized）；缺点是存在交易对手风险（counterparty risk）。

7.2.1.3 利率期货

—考点要求—
说明（demonstrate）利率期货如何被用来调整投资组合的风险和收益（★★★）

常见的利率期货有欧洲美元利率期货（Eurodollar futures）和固定收益期货（fixed-income futures）两种，都是交易所交易的场内产品。

1. 欧洲美元利率期货

欧洲美元期货合约是在 CME 集团挂牌交易的 3 个月期（90 天）的一种衍生品合约。在美国利率市场上很受欢迎，可以用来管理短期的利率风险。

欧洲美元利率期货的特点如下：

（1）面值 100 万美元，是一种货币市场工具，其天数计算采用 actual/360 的惯例。

（2）利率每变动 1 个基点（basis point，bp），欧洲美元利率期货的合约价值变动 25 美元。

（3）欧洲美元期货合约的报价为 100-R，其中，R% 为欧洲美元的拆借利率。假设 R 为 2.25，那么欧洲美元期货合约的价格为 97.75 美元。

> **备考小贴士**
>
> 远期利率协议与欧洲美元期货的使用是有区别的。当投资者预期未来利率上涨时，应该通过 long FRA 或者 short Eurodollar futures 来获利；反之，当投资者预期利率下降时，应该通过 short FRA 或者 long Eurodollar futures 来获利。

> **知识一点通**
>
> 欧洲美元泛指流通于美国境外（不一定要在欧洲）银行的美元。欧洲美元利率指银行间进行欧洲美元拆借的利率。

例题 7.2

Alice 是一家捐赠基金的首席投资办公室的投资经理。这家捐赠基金在 3 个月后将捐赠 2 000 万美元，目前捐赠基金将 2 000 万美元放入银行来获取利息，利率为 2.1%。该家捐赠基金的投资办公室经过市场分析，认为利率将会下降，所以，Alice 打算用欧洲美元利率期货来对冲利率变动的风险。她以 97.4 美元/份的价格，买入了 40 份欧洲美元利率期货。3 个月后，Alice 决定卖出持有的欧洲美元利率期货，此时利率下降了 40 个基点。

请计算 Alice 用欧洲美元利率期货做对冲时组合的总收益。

名师解析

利息：2 000 × 2.1% × (90/360) = 10.5（万美元）。

持有欧洲美元利率期货的收益:利率下降了40个基点,欧洲美元利率期货的价值上升了1 000美元(40×25),40份欧洲美元利率期货的收益为40 000美元(1 000×40)。

利息和欧洲美元利率期货总计收益:105 000+40 000=145 000(美元)。

2. 固定收益期货

固定收益期货的标的资产不是单一债券,而是多种可交割的债券,期货的空头方有权决定最终交割哪种债券。常见的固定收益期货为美国国债期货。

(1) 最便宜交割券。

对于期货的空头方来说,有选择交割哪一债券的权利,所以通常会选择对自己最有利的债券,即选择最便宜交割券(cheapest-to-deliver, CTD),使空方的净成本最低。

用国债期货的报价计算期货最终交割的价格时,可以用下式:

$$\text{Principal invoice amount} = (\text{Futures settlement price}/100) \times CF \times \text{Contract size}$$

其中,Principal invoice amount 代表国债期货最终交割的价格;Futures settlement price 代表期货市场上该期货的单位报价;CF 代表转换因子;Contract size 代表合约规模。

$$BPV_F = \frac{BPV_{CTD}}{CF} \tag{7.5}$$

公式(7.5)中,BPV_F(basis point value)代表国债期货的美元久期;BPV_{CTD} 代表最便宜交割债券的美元久期;CF 代表转换因子。

(2) 国债期货久期的应用。

国债期货可以用于利率风险管理,计算需要多少份国债期货来对冲利率风险时,可以用公式(7.6):

$$BVP_P + BVP_F \times BPVHR = BVP_T \tag{7.6}$$

公式(7.6)中,BVP_P 代表组合的美元久期;BVP_F 代表国债期货的美元久期;$BPVHR$(basis point value hedge ratio)代表期货对冲比率(即期货合约的份数);BPV_T 代表要达到的目标美元久期。

由公式(7.5)和公式(7.6),可得:

$$BPVHR = \frac{BPV_T - BPV_P}{BPV_F} = \frac{BPV_T - BPV_P}{BPV_{CTD}} \times CF \tag{7.7}$$

当投资者希望对冲掉所有利率风险,即 $BPV_T = 0$ 时,有:

$$BPVHR = -\frac{BPV_P}{BPV_F} = -\frac{BPV_P}{BPV_{CTD}} \times CF \tag{7.8}$$

> **备考小贴士**
>
> 固定收益期货中,考生需重点掌握公式(7.7),此处出定量题的可能性较大。公式(7.8)是公式(7.7)的特殊情况,考生以记忆公式(7.7)为主。

由于长期国债通常以最便宜交割债券（CTD）来交割。因此，如果题目中同时给出了期货价格和 CTD 价格，在计算时，通常需要使用 CTD 价格除以转换因子（CF）得到期货价格来计算 BPVHR，而不是采用题目中直接给出的期货价格计算 BPVHR。

例题 7.3

风险管理师 Alice 想用利率期货充分对冲持有的债券组合的利率风险敞口，债券组合的市场价值为 180 万美元，修正久期为 6。对冲工具利率期货的合约规模为 10 万美元，最便宜交割券的全价为 132 美元，转换因子为 1.02，修正久期为 3.21。请计算需要多少份利率期货合约才能完全对冲 Alice 持有的债券组合的利率风险？

名师解析

$BPV_P = 6 \times 0.0001 \times 1\,800\,000 = 1\,080$（美元）

$BPV_{CTD} = 3.21 \times 0.0001 \times \dfrac{132}{100} \times 100\,000 = 42.37$（美元）

根据公式（7.8），可得：

$BPVHR = -\dfrac{1\,080}{42.37} \times 1.02 \approx -26$（份）

需要卖出 26 份利率期货合约才能完全对冲债券组合的利率风险。

7.2.2 汇率风险管理

7.2.2.1 货币互换

—考点要求—
说明（demonstrate）如何使用货币互换来调整投资组合的风险和收益（★★）

1. 货币互换概述

货币互换是指交换两种不同货币现金流的衍生工具。

货币互换的特点如下。

（1）交易双方基于两种币种的名义本金和各自的利率，交换两种货币的利息。

（2）在交易期初和期末，名义本金可能交换也可能不交换。

（3）利息交换：利率互换在期中的利息交换，采用净额交割（netting），对利息的收付做轧差。而货币互换在期中交换两种货币的利息时，全额交割，对利息的收付不做轧差。

2. 交叉货币基点互换

交叉货币基点互换（cross-currency basis swap）是货币互换的一种。

交叉货币基点互换的特点如下：

（1）本金交换：交叉货币基点互换的交易双方需要交换本金，期初换一次，期末再做反向交换。

（2）利息交换：交叉货币基点互换中交易双方交换的利息，通常是浮动利息换浮动利息（floating for floating），即交换两种货币基于各自的名义本金和各自的浮动利率计算出的利息。

（3）报价：交叉货币基点互换的报价采用报基点的方式，即报一个基点水平，该基点应用于非美元端（basis quoted on the non-USD leg）货币的利率。一般来说，互换做市商（swap dealer）需要在与投资者签订交叉货币基点互换的交易中通过少支付利息获利。投资者通常通过交叉货币基点互换换得美元。因此，在投资者收到非美元货币产生的利息时，会少收到一部分利息，该部分利息为互换做市商做该笔交易的收益。例如，投资者签订交叉货币基点互换使用欧元换入美元，报价为-15 bps，在 swap 存续期间内会收到欧元利息，互换做市商会在该利息上扣掉 15 bps 后，将利息支付给该投资者，投资者收到的利息为欧元的参考利率减去 15 bps 后乘以互换本金。

例题 7.4

一个法国外贸公司想拓展海外业务，需要借入为期 3 年的 3 000 万美元的资金来支持其拓展决策。因为该公司直接在银行贷入美元的利率是参考利率加上 100 bps，在法国本国市场上借欧元的利率为参考利率加上 55 bps，所以公司想借入欧元，然后用货币互换将欧元贷款转为美元贷款。

公司找到一个互换交易商，签订了一笔 3 年期的交叉货币基点互换合约，合约报价为-15 bps，欧元/美元（EUR/USD）的汇率为 0.9 且保持不变。假设目前欧元的参考利率为 2.2%，美元的参考利率为 2.3%，贷款和交叉货币基点互换都是按年付息。

分别计算该法国外贸公司货币互换合约签订期初的现金流、第一次利息互换的现金流、期末的收付款现金流。

名师解析

对法国外贸公司来说，美元贷款的利率为 3.3%（2.3% + 100 bps），欧元贷款的利率为 2.75%（2.2% + 55 bps）。交叉货币基点互换的欧元端利率为 2.05%（2.2% - 15 bps），美元端利率为 2.3%。

（1）期初：向银行借入 2 700 万欧元。交叉货币基点互换期初换本金，换出 2 700 万欧元，换入 3 000 万美元，相当于借入一笔 3 000 万美元的贷款。

（2）期中第一次利息互换：付银行欧元利率为 2.75%（2.2% + 55 bps），付银行欧元利息为 74.25 万欧元（2 700 × 2.75%）。在互换中，由于换入美元，所以支出美元利息 69 万美元（3 000 × 2.3%），换出欧元，收到欧元利息 55.35 万欧元（2 700 × 2.05%）。贷款和互换一起考虑，公司净支出 90 万美元 $\left(\dfrac{74.25}{0.9} + 69 - \dfrac{55.35}{0.9}\right)$。

（3）期末：还银行 2 700 万欧元。互换中本金交换，换出 3 000 万美元，换入 2 700 万欧元。

考虑该公司做交叉货币基点互换合约，第一期利息净支出为 90 万美元。如果不签交叉货币基点互换合约，直接进行美元贷款，则第一期利息支出为 99 万美元（3 000 × 3.3%）。可见，签订互换合约为公司节约了 9 万美元。

7.2.2.2 货币远期和期货

—考点要求—
说明（demonstrate）如何使用货币远期和期货来调整投资组合的风险和收益（★）

货币远期和货币期货也可以用来管理汇率风险。两者的区别是：货币期货是一个标准化的场内交易产品，而货币远期是场外产品，可以通过交易者的定制来满足交易者的具体需求。

货币期货或远期合约的使用是为了规避或对冲外汇风险。比如，某法国公司在1个月后有一笔英镑债务要偿付，为了防止1个月后英镑升值而增加成本，公司可以进入一个1个月期的英镑期货多头以锁定外汇汇率（用欧元购买英镑）。这样即使1个月后英镑升值，也可根据期货的约定汇率交割，避免了由于汇率上涨而带来的额外成本。

当投资者在未来收到外币时，进入货币远期或货币期货的空头。当投资者在未来支付外币时，进入货币远期或货币期货的多头。

用货币期货对冲现货价格变动风险时，如果期货价格和现货价格变动幅度相同，则达到有效对冲（effective hedge），否则就会有基差风险（basis risk）。

> **备考小贴士**
>
> 考生在判断对冲头寸方向和采用衍生品对冲时，可以按照以下思路进行判断：投资者担心手中资产出现亏损，因此可以采用衍生品；当手中资产真的出现亏损时，衍生品可以盈利以弥补手中资产的损失。例如，美国投资者手中持有欧元资产，他会担心欧元贬值而产生亏损。因此，可以卖出欧元远期，当欧元真的贬值时，欧元远期的空头头寸可以盈利以弥补手中欧元资产的损失。

7.2.3 股权风险管理

7.2.3.1 股票互换

—考点要求—
说明（demonstrate）如何使用股票交换来调整投资组合的风险和收益（★）

1. 股票互换概述

股票互换（equity swap）也称股权互换，是指协议双方交换的现金流中，有一方的现金流是由股票、一篮子股票（a basket of stocks）或股票指数决定的互换合约。例如，用今后每3个月的标普500指数的整体收益与Libor互换。股票互换是场外产品。

股票互换包括但不限于以下几种：

（1）股票收益（包括单一股票、一篮子股票、股票指数等）与固定利率互换；

（2）股票收益与浮动利率互换；

（3）股票收益与其他股票收益的互换（例如，用股票A的收益率换股票B的收益率）。

股票互换可以在无须实际买入或卖出股票或股票组合的前提下，暂时调整交易者股票市场的风险敞口。

2. 总回报互换

总回报互换（total return swap）是一种特殊的股票互换。所谓的"总回报"还包括股票和股票指数的持有期收益，即股票或股票指数在持有期间内的分红。

7.2.3.2 股票期货

1. 股票指数期货

股票指数期货是一种场内衍生品工具，常用来管理股权风险。

$$\beta_T \times S = \beta_S \times S + N_f \times \beta_f \times F \tag{7.9}$$

公式（7.9）中，β_T 代表目标贝塔值；S 代表投资者目前持有组合的市场价值；β_S 代表投资者目前持有的组合贝塔值；N_f 代表期货份数（the number of futures contract）；β_f 代表期货的贝塔值；F 代表每份期货合约的价值。

由公式（7.9）可得：

$$N_f = \left(\frac{\beta_T - \beta_S}{\beta_f}\right) \times \left(\frac{S}{F}\right) \tag{7.10}$$

当 $\beta_T = 0$ 时，可得：

$$N_f = -\left(\frac{\beta_S}{\beta_f}\right) \times \left(\frac{S}{F}\right) \tag{7.11}$$

—考点要求—
说明（demonstrate）如何使用股票期货来调整投资组合的风险和收益（★★★）

备考小贴士

公式（7.10）是由公式（7.9）经过简单变换求得的，而公式（7.11）是公式（7.10）的特殊情况，考生可以重点记忆公式（7.9）。

股票组合中加入股票指数期货后，新组合的实际贝塔值就发生了变化，如公式（7.12）所示。

$$\text{Effective } \beta = \frac{\Delta \text{ Value of new portfolio}}{\Delta \text{ Value of market}} \tag{7.12}$$

公式（7.12）中，Δ Value of new portfolio 代表新组合（原组合加上衍生品）的价值变动；Δ Value of market 代表市场价值的变动。有效贝塔用来衡量新组合的实际贝塔值。

例题 7.5

Anna 目前持有一个股票的投资组合，价值为 8 000 万美元，Anna 打算在 3 个月内使 40% 的组合的贝塔从 0.85 增加到 1.3。假设 3 个月的标普 500 指数报价 2 000 点，乘数为 250 美元，Anna 要交易多少期货合约才能将 40% 的组合贝塔增加至 1.3？

假设 3 个月后美国市场价格平均上升 2%，标普 500 指数上升至 2 040，计算新组合的有效贝塔（effective β）。

名师解析

标普 500 指数合约的贝塔为 1，每份合约的价值为 500 000 美元（2 000 × 250），代入公式（7.10），可得：

$$N_f = \left(\frac{\beta_T - \beta_S}{\beta_f}\right) \times \left(\frac{S}{F}\right) = \left(\frac{1.3 - 0.85}{1}\right) \times \left(\frac{80\,000\,000 \times 40\%}{500\,000}\right) = 28.8 \approx 29 \text{（份）}$$

算出的结果是正值，故 Anna 应该买入 29 份合约，才能将 40% 的组合贝塔增加至 1.3。

3 个月后期货合约的损益 = 29 × (2 040 − 2 000) × 250 = 290 000（美元）
原组合收益 = 80 000 000 × 2% × 0.85 = 1 360 000（美元）
总收益 = 1 360 000 + 290 000 = 1 650 000（美元）

$$新组合的收益率 = \frac{1\ 650\ 000}{80\ 000\ 000} \times 100\% = 2.063\%$$

$$Effective\ \beta = \frac{2.063\%}{2\%} = 1.03$$

故新组合的有效贝塔为 1.03。

2. 现金证券化

现金证券化（cash securitization）又称现金权益化（cash equitization/overlay），是指将现金头寸加上一定数量的期货合约，合成一个和期货合约的标的资产具有相同风险敞口的资产组合。

例题 7.6

马库斯有 2 000 万美元现金，想用 FTSE 100 指数期货将这些现金的贝塔值变为 1。假设 FTSE 100 指数期货的报价为 3 000，期货的乘数为 100 美元，期货合约的贝塔为 1.3，计算马库斯应该买入多少份期货合约来达到这个目的？

A. 51
B. 53
C. 37

名师解析

正确答案为 A。现金的贝塔为 0，结合题干条件，代入公式 (7.10)，可得：

$$N_f = \left(\frac{\beta_T - \beta_S}{\beta_f}\right) \times \left(\frac{S}{F}\right) = \left(\frac{1-0}{1.3}\right) \times \left(\frac{20\ 000\ 000}{3\ 000 \times 100}\right) = 51.28 \approx 51（份）$$

7.2.4 波动率管理

—考点要求—
说明（demonstrate）波动率衍生品和方差互换的使用（★★★）

7.2.4.1 波动率期货

波动率期货（volatility futures）是一种以波动率为标的资产的期货合约。波动率期货可以对组合的收益率进行保护。例如，在市场大幅下跌时，波动率上升，买入波动率期货，赚取的盈利可以抵消因持有投资组合所遭受的损失，达到保护组合收益率的目的。

一般情况下，波动率期货的标的资产都是各种波动率指数，如 VIX、VSTOXX、VDAX-NEW。

> **知识一点通**
>
> 芝加哥期权交易所（Chicago Board Options Exchange，CBOE）波动率指数，简称 VIX，是衡量接下来 30 天标普 500 的隐含波动率的指数。
>
> VSTOXX 指数，即欧洲斯托克 50 波动率指数（Euro STOXX 50 Volatility index），是常用的衡量欧洲市场波动率的指数。
>
> VDAX-NEW 指数衡量的是德国证券交易所股指期权的隐含波动率。

7.2.4.2 波动率期权

波动率期权（volatility option）是以波动率为标的资产的期权。如果投资者认为波动率会上升，买入波动率看涨期权，当波动率上升时获利；如果投资者认为波动率会下降，买入波动率看跌期权，当波动率下降时获利。

7.2.4.3 方差互换

方差互换（variance swap）是用资产的隐含波动和实际波动进行互换。对方差互换来说，在合约签订初期和合约持续期内，没有现金流的交换；合约到期时，交换一次现金流。

买入方差互换一方的收益见公式（7.13）：

$$\text{Settlement amount}_T = \text{Variance notional} \times (\text{Realized variance} - \text{Variance strike}) \quad (7.13)$$

公式（7.13）中，$\text{Settlement amount}_T$ 代表结算金额；Variance notional 代表方差互换的名义本金；Realized variance 代表实际方差；Variance strike 代表互换合约上约定的方差。

因为多数市场参与者习惯于考虑波动率而不是方差，所以方差互换合约通常有以下两个特点。

（1）互换本金通常用 N_{Vega}（notional）表示，N_{Vega} 与方差互换的名义本金（Variance notional）不同，它们的关系见公式（7.14）：

$$\text{Variance notional} = \frac{\text{Vega notional}}{2 \times \text{Strike price}} \quad (7.14)$$

（2）互换合约约定的方差（strike）通常会转换成波动率的形式来表示，它们的关系见公式（7.15）：

$$\text{Settlement amount}_T = N_{\text{Vega}} \times \left(\frac{\sigma^2 - X^2}{2 \times \text{Strike price}} \right) = N_{\text{Variance}} \times (\sigma^2 - X^2) \quad (7.15)$$

公式（7.15）中，N_{Variance} 代表方差互换的名义本金（Variance notional）；σ 代表实际波动率；X 代表合约约定的波动率；Strike price 代表行权价格。

> **备考小贴士**
>
> 考生需注意，在用公式（7.15）进行计算时，式中的 σ 和 X 的百分号被看作单位，不参加计算。具体可参考例题 7.7。

到期日为 T 的方差互换合约在合约持续期内 t 时刻的价值：

$$\text{VarSwap}_t = \text{Variance notional} \times PV_t(T) \times \left\{ \frac{t}{T} \times [\text{RealizedVol}(0, t)]^2 \right.$$
$$\left. + \frac{T-t}{T} \times [\text{ImpliedVol}(t, T)]^2 - \text{Strike}^2 \right\} \tag{7.16}$$

公式（7.16）中，$PV_t(T)$ 代表 T 到 t 的折现因子；RealizedVol$(0, t)$ 代表 0~t 时刻的实际波动率；ImpliedVol(t, T) 代表 t~T 时刻的隐含波动率；Strike 代表合约中约定的波动率。

备考小贴士

波动率管理这部分是新增的知识点，考生需重点掌握波动率互换衍生合约。其中，需重点掌握公式（7.13）至公式（7.15）。

例题 7.7

一个 1 年期的标普 500 方差互换的 vega 名义本金为 20 000 美元，合约的约定波动率为 15%（strike）。当 1 年的实际波动率为 8% 时，到期日合约的交割金额为多少？

名师解析

由公式（7.15），可得：

$$\text{Settlement amount}_T = N_{\text{Vega}} \times \left(\frac{\sigma^2 - X^2}{2 \times \text{Strike price}} \right) = N_{\text{Variance}} \times (\sigma^2 - X^2)$$

$$= 20\,000 \times (8^2 - 15^2) \times \frac{1}{2 \times 15} = -107\,333.33 \text{（美元）}$$

到期日合约的交割金额为 107 333.33 美元，负号表示交割金额由买入互换的一方支付给卖出互换的一方。

例题 7.8

David 是一家公司的投资经理，6 个月前买入了一份 1 年期的标普 500 指数方差互换合约，其 vega 名义本金为 20 000 美元，合约的约定波动率为 15%。这 6 个月内，标普 500 指数的实际波动率为 17%。现在，一份未来 6 个月的方差互换合约，合约约定的波动率为 20%。已知，未来 6 个月的年化利率为 2%。计算当前方差互换合约的价值。

名师解析

$PV_t(T) = 1/[1 + (2\% \times 6/12)] = 0.990099$

代入公式（7.16），可得：

$$\text{VarSwap}_t = \frac{20\,000}{2 \times 15} \times 0.990099 \times \left[\frac{6}{12} \times 17^2 + \frac{6}{12} \times 20^2 - 15^2 \right] = 78\,878 \text{（美元）}$$

7.3 资产配置

资产配置就是通过交易期货、远期和互换合约，改变组合的 BPV、久期或贝塔值。例如，债券期货可以用来改变组合的 BPV 或久期，股票指数期货可以用来改变组合的贝塔值。

买入债券期货或股指期货将增加组合的 BPV 和贝塔值；卖出债券期货或股指期货将减少组合的 BPV 和贝塔值。

—考点要求—
说明（demonstrate）如何使用衍生工具来实现目标股权和利率风险敞口（★★★）

例题 7.9

Morse 是一个对冲基金的基金经理，管理一个规模为 2 000 万美元的基金，该基金配置了 90% 的股票和 10% 的债券，股票部分的贝塔值为 1.3，债券部分的修正久期为 5.4。Morse 想将他的资产配置变为 50% 的股票和 50% 的债券，因为直接交易资产的成本太高，所以他考虑用股指期货和债券期货来完成该资产配置的转变。

假设股指期货的合约价格为 30 000 美元，贝塔值为 0.85，债券期货合约的规模 150 000 美元，最便宜交割券的修正久期为 6.3，价格为 103.5 美元，转换因子为 0.75。请计算 Morse 需要交易多少份股指期货和债券期货合约来达成这个资产配置。

名师解析

需要将股票转换为债券的价值 = (0.9 − 0.5) × 2 000 = 800（万美元）

首先，将 800 万美元资产的贝塔值变为 0，也就是现金头寸，利用公式 (7.11) 有：

$$N_f = -\left(\frac{\beta_S}{\beta_f}\right) \times \left(\frac{S}{F}\right) = -\left(\frac{1.3}{0.85}\right) \times \left(\frac{8\,000\,000}{30\,000}\right) = -407.8 \approx -408 \text{（份）}$$

Morse 需要卖出 408 份股指期货合约。

然后，再将 800 万美元现金资产的久期从 0 调整为 5.4，利用公式 (7.7) 有：

$$BPVHR = \frac{BPV_T - BPV_P}{BPV_F} = \frac{BPV_T - BPV_P}{BPV_{CTD}} \times CF$$

$$= \left(\frac{5.4 \times 8\,000\,000 \times 0.0001}{6.3 \times 103.5/100 \times 150\,000 \times 0.0001}\right) \times 0.75 = 33.13 \approx 33 \text{（份）}$$

—备考小贴士—

本节内容和第 7.2 节的调整组合风险和收益本质上是一样的，关键是公式的熟练应用。考生需注意的是，这部分经常会出定量的考题，经常会用到的有公式 (7.7)(7.8)(7.10) 和 (7.11)。

7.4 市场预期推断

—考点要求—
说明（demonstrate）衍生品在推断市场预期中的应用（★★）

市场参与者可以通过衍生品的交易，对市场预期（market expectation）做出判断，包括利率变化、整个经济的变化（如通货膨胀）、股票或其他资产的价格变化、风险因素（如隐含波动率）的变化等。市场参与者可以用这个市场预期对将来的市场走势做出判断。

要注意的是，市场预期会对资产现在的价格有一定的影响，但并不代表该预期会在将来真实发生，即市场预期不一定会在将来真正应验。

> **知识一点通**
>
> 美国联邦基金利率（effective federal funds rate, or FFE rate）是美国同业拆借市场利率的一种，是最主要的隔夜拆借利率之一。市场参与者可以用联邦基金期货（Fed funds futures）对联邦公开市场委员会（Federal Open Market Committee, FOMC）公布的目标联邦基金利率做出预期。
>
> 类似的，可以用 CPI 互换来推断通货膨胀率的预期，用 VIX 期货来推断市场波动率的预期变动。

市场参与者经常关注联邦基金期货（Fed funds futures）的价格，该期货与美国联邦基金利率（effective federal funds rate, or FFE rate）挂钩，它们的关系见公式（7.17），该期货与联邦公开市场委员会公布的目标联邦基金利率（target federal funds rate）无关。

$$\text{Fed funds futures contract price} = 100 - \text{Expected FFE rate} \tag{7.17}$$

公式（7.17）中，Fed funds futures contract price 代表联邦基金期货合约报价；Expected FFE rate 代表市场预期的联邦基金利率。

美联储在 2015 年宣布将联邦基金利率维持在 25 个基点的目标区间（target range）内。例如，联邦基金利率目标区间为 1.75%～2%，1.875% 为目标联邦基金利率的中间值（midpoint）。

利用期货价格，除了可以对联邦基金利率做出预测外，还可以对未来联邦公开市场委员会调整 FFE 的概率做出预测，具体的计算如下：

$$P = \frac{\text{Effective federal funds rate implied by futures contract} - \text{Current FFE}}{\text{Federal funds rate assuming a rate hike} - \text{Current FFE}} \tag{7.18}$$

公式（7.18）中，P 代表未来联邦公开市场委员会调整 FFE 的概率；Effective federal funds rate implied by futures contract 代表联邦基金期货价格中隐含的联邦基金利率；Current FFE 代表目前的联邦基金利率目标区间的中间值；Federal funds rate assuming a rate hike 代表市场预期未来联邦公开市场委员会将 FFE 调整到什么水平。

例题 7.10

Pullan 想研究一下现在的市场预期。目前，在下一次 FOMC 会议时到期的联邦基金期货的报价现在为 98.6，目前联邦基金利率目标区间为 1.2%～1.45%。

（1）计算 FFE 的值。

（2）在下一次 FOMC 会议时联邦基金利率会上调 25 个基点的概率是多少？

名师解析

（1）由公式（7.17）可得：

Expected FFE rate = 100 − 98.6 = 1.4%

（2）目前的联邦基金利率中间值：$\frac{1.2\% + 1.45\%}{2} = 1.325\%$。根据题干，联邦基金利率上调 25 个基点后，目标区间变为 1.45%～1.7%，联邦基金利率会上升到：$\frac{1.45\% + 1.7\%}{2} = 1.575\%$。

代入公式（7.18），可得：$\frac{1.4\% - 1.325\%}{1.575\% - 1.325\%} = 30\%$

即联邦基金利率上调 25 个基点的概率为 30%。

备考小贴士

本节中，考生需要掌握公式（7.17）和公式（7.18）。

对联邦基金利率调整的概率可以这样理解：现在市场价格是 10 美元，可能会上涨到 15 美元，而市场预期价格为 13 美元，那么上调的概率就为 60% $\left(\frac{13-10}{15-10} \times 100\%\right)$，实现了通过市场预期对市场未来走势的判断。

练一练

The following information relates to Questions 7-1 and 7-2.

Monroe has a client who holds shares of TCD Corporation, currently traded for USD 13 per share. Monroe wants to find methods for the client to protect the investment portfolio from a decline in TCD's stock price.

Monroe is considering a swap strategy that he may recommend to his client.

The swap is an equity swap exchanging the TCD stock return for a floating interest rate. Given the notional principal of USD 1 000 000, the price of TCD stock is USD 13. Monroe can agree to exchange the total return on the shares for the reference rate return. The tenor of the swap is 6 months and the reference rate is 0.28%, expressed as an annual rate.

7-1 After entering the swap, if the TCD pays a USD 0.1 dividend and the share price rises 1%. Should the client recieve or pay cash from his counterparty, and how much?

A. Pay; USD 16 300

B. Pay; USD 13 000

C. Pay; USD 13 560

7-2 After entering the swap, if the TCD pays a USD 0.1 dividend and the share price decreases 1%, should the client receive or pay cash from his counterparty, and how much?

A. Receive; USD 3 400

B. Receive; USD 3 600

C. Receive; USD 3 700

7-3 An investment manager Jenson in Treasury bonds focuses on making money by analyzing macro factors in the market. He manages a US bond portfolio wants to hedge a long position of a 5-year T-notes against a possible rise in interest rates. What is he most likely to do?

A. Sell a 90-day Eurodollar futures contracts.

B. Sell fixed-income futures.

C. Trade a receive-fixed 5-year interest rate swap.

7-4 A manager wants to alter the risk exposure by adjusting the modified duration, according to his analysis, he wants to extend the modified duration of a USD 20 million portfolio from 2.3 to 5. He can enter a receive-fixed interest rate swap with a notional of USD 15 million and:

A. a modified duration of 2.

B. a modified duration of 3.6.

C. a modified duration of 3.

7-5 Swinburne is the manager of a fund that invest in US market, he manages an equity fund dollar-denominated linked to S&P 500. The excess cash in the portfolio is USD 200 million. He wants to use futures contracts and the cash position to replicate the return of his target index. S&P 500 futures currently traded at 2 300, The multiplier is 250 per index point, and the β is 1. Calculate the appropriate number of futures Swinburne should buy to equitize his portfolio's excess cash position.

A. 365

B. 254

C. 348

7-6 Hobbes and Belloc are two managers in the TFR Asset management corporation, They are now discussing the cross-currency basis swap. Hobbes believes that the cross-currency basis swap exchanges notional principals at the begin and end. Because the goal of the transaction is to finance at a more favorable funding rate and swap the amount back to the currency of choice. While Belloc disagrees with Hobbes because the cross-currency basis swap is a kind of the currency swap, so the notional principal amounts may or may not be exchanged. Who is correct, Hobbes or Belloc?

A. Hobbes

B. Belloc

C. Both are correct

答案与解析

7-1 A

股票的总收益：$\dfrac{(13 \times 1.01) - 13 + 0.1}{13} \times 100\% = 1.77\%$，6个月的参考利率为 0.14%，对客户而言，swap 的收益为：$(0.14\% - 1.77\%) \times 1\,000\,000 = -16\,300$（美元）。客户应该付给交易对手现金，金额为 16 300 美元。

7-2 C

股票的总收益：$\dfrac{(13 \times 0.99) - 13 + 0.1}{13} \times 100\% = -0.23\%$，6个月的参考利率为 0.14%，对客户而言，swap 的收益为：$[0.14 - (-0.23\%)] \times 1\,000\,000 = 3\,700$（美元）。基于总回报互换合约，客户会从交易对手那里收到现金流，金额为 3 700 美元。

7-3 B

选项 A，90 天的欧洲美元利率期货，从时间上不能完全匹配投资者持有的 5 年期的利率风险，故该选项错误。

选项 B，投资者会卖出一个长期的固定收益的债券期货来对冲利率风险。

选项 C，收固定利息的利率互换合约，在未来利率上涨时亏钱，不能对冲持有债券的损失，故该选项错误。

7-4 B

组合的初始修正久期为 2.3，想通过交易利率互换，将久期变为 5。有 $20 \times 2.3 + 15 \times MDVR = 20 \times 5$，可得 $MDVR = 3.6$。

7-5 C

因为投资者期初持有现金，贝塔值为 0，通过买入贝塔值为 1 的期货，将组合目标的贝塔值调整为 1，代入公式（7.10），可得：$N_F = \left(\dfrac{\beta_T - \beta_S}{\beta_F}\right) \times \left(\dfrac{S}{F}\right) = \left(\dfrac{1-0}{1}\right) \times \dfrac{200\,000\,000}{2\,300 \times 250} = 347.8 \approx 348$，应买入 348 份期货合约。

7-6 A

Hobbes 的说法是正确的，交叉货币基点互换是为了锁定未来的汇率，降低汇率风险，本金在期初和期末都是需要交换的。因此，选项 A 正确。

第 8 章 外汇风险管理

章节导学

知识引导

本章从外汇风险管理的基本概念和基本的管理工具出发，介绍了管理外汇风险敞口的投资策略、战术决策以及管理外汇风险的交易策略，并探讨了一些涉及管理新兴市场外汇风险敞口的问题。

考点聚焦

通过本章的学习，考生需要掌握外汇市场的基本概念、外汇投资组合收益和风险的分拆、主动进行外汇管理时的投资策略和战术考虑；理解外汇远期和外汇期权作为外汇风险管理工具的具体应用。

本章框架图

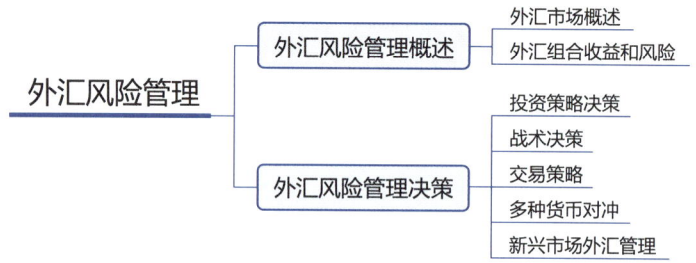

8.1 外汇风险管理概述

8.1.1 外汇市场概述

外汇交易（foreign exchange，FX）可以分为即期（spot）交易、远期（forward）交易、外汇互换（FX swap）和外汇期权（currency option）。

8.1.1.1 即期外汇

1. 概念

即期市场（spot market）的外汇交易是指外汇买卖成交后，交易双方当天或两个交易日内办理交割手续的一种交易行为。其中，交易成交后两个交易日交割（$T+2$）是最常见的。即期外汇交易是外汇市场上最常用的一种交易方式。

2. 报价惯例

通常情况下，即期汇率报价为：计价货币/基础货币（price currency/base currency，P/B），意味着 1 单位的基础货币能够兑换多少单位的计价货币。例如，USD/EUR 的汇率报价为 1.3240，即 1 单位欧元能够兑换 1.3240 单位美元。

> **知识一点通**
>
> 在外汇市场中，基础货币的确定是有一定国际惯例的，一般按照以下顺序来判断：
>
> （1）货币对（currency pair）中有 EUR 时，以 EUR 作为基础货币。例如，GBP/EUR。
>
> （2）货币对中没有 EUR，但有 GBP 时，以 GBP 作为基础货币。例如，CHF/GBP。
>
> （3）货币对中没有 EUR 或 GBP，但有 AUD 或 NZD 时，以 AUD 或 NZD 作为基础货币。例如，USD/AUD，NZD/AUD。
>
> （4）货币对中没有上述货币，但有 USD 时，以 USD 作为基础货币。例如，MXN/USD。
>
> 根据上面的惯例，外汇市场上经常出现的货币对的报价为：USD/EUR、GBP/EUR、USD/GBP、JPY/USD、USD/AUD、CHF/USD、CAD/USD、JPY/EUR、CHF/EUR、JPY/GBP。

> **备考小贴士**
>
> 外币的报价惯例并不要求考生记忆，考试的时候，往往是 A/B 的标价方法，我们需要将 B 看成外汇资产，同时该标价方法标的是 B 的价格。后面所学习到的管理外汇风险的策略也是围绕 B 货币来操作的。

外汇市场上，采用双向报价（two-sided price），即同时报买价（bid price）和卖价

(offer/ask price)，这里的买和卖所指的货币都是基础货币。例如，USD/EUR 汇率为 1.2343/1.2347，是指做市商买入 1 单位欧元需要支付 1.2343 单位美元；卖出 1 单位欧元可获得 1.2347 单位美元。

8.1.1.2 远期外汇

1. 概念

远期市场（forward market）的外汇交易是指外汇买卖成交后，交割日期为两个交易日后的任何日期的交易。即交易双方在交易成交后，没有立即或在两个交易日内办理交割，而是事先约定币种、金额、汇率和交割时间等交易条件，到期才进行实际交割的外汇交易。

2. 报价惯例

远期外汇交易采用点数（point）报价的方法，报远期汇率和即期汇率的点差，即报即期汇率的调整点数。即期汇率和远期汇率报价举例见表 8.1。

表 8.1 即期汇率和远期汇率报价举例

到期日	汇率报价
即期（USD/EUR）	1.2343/1.2347
1 个月	-4.6/-4.1

根据表 8.1，1 个月的 USD/EUR 的远期汇率买价为 1.23384（1.2343 - 4.6/10 000），卖价为 1.23429（1.2347 - 4.1/10 000）。

> **备考小贴士**
> 考生应能根据表 8.1 中即期汇率和远期汇率的报价，算出远期汇率的买价和卖价。

8.1.1.3 外汇互换

外汇互换（foreign exchange swap, or FX swap）包括同时进行的即期和远期两种交易。在外汇互换中，基础货币在即期交易中买入（卖出），在远期交易中就卖出（买入）。即期和远期两种交易通常被称为外汇互换交易的两端（two legs）。

外汇互换与货币互换（currency swap）相同的是，期初和期末都要进行本金的互换。不同的是，外汇互换不涉及利息互换，而且一般都比货币互换的期限短。外汇互换交易是锁定未来汇率的衍生产品，可以用作对远期交易的滚仓（roll）。

8.1.1.4 外汇期权

外汇期权（currency option）与一般的期权没有太大差别，就是标的资产为汇率的期权，外汇期权同样也分为看涨外汇期权和看跌外汇期权。外汇期权也有普通期权（plain vanilla option）和奇异期权（exotic option）之分。

8.1.2 外汇组合收益和风险

8.1.2.1 收益拆分

—考点要求—
分析（analyze）汇率变动对投资组合风险和收益的影响（★★★）

对投资组合经理来说，**本币**（domestic currency/home currency）是指报告投资组合回报和估值的货币。**本币资产**（domestic asset）就是以本币交易、计价的资产。

外币（foreign currency）是指除本币之外的其他货币。**外币资产**（foreign asset）是以外币交易、计价的资产。

投资组合的回报（return）又称为**本币回报**（domestic-currency return，R_{DC}），是组合最终报告的回报。本币回报可以拆分成外币回报（foreign-currency return，R_{FC}）和汇率回报（R_{FX}）。其中，外币回报指的是外币资产以外币计价的回报，如外币资产价格上涨带来的回报；汇率回报指的是汇率的变动所带来的回报。

投资组合中可能只有一种外币资产，即单一外币资产，也可能有多种外币资产。下面分别讨论这两种情况下组合收益的拆分（return decomposition）。

1. 单一外币资产

当投资组合中，仅有一种外币资产时，组合的本币回报如公式（8.1）所示：

$$R_{DC} = (1 + R_{FC})(1 + R_{FX}) - 1 \tag{8.1}$$

例题 8.1

XYZ 公司的业绩报告货币为美元，有一个币种为欧元的投资组合，组合的外币回报率为 10%，欧元币值上升了 4%，计算组合的本币回报率。

名师解析

由公式（8.1），可得：

$R_{DC} = (1 + R_{FC})(1 + R_{FX}) - 1 = (1 + 10\%)(1 + 4\%) - 1 = 14.4\%$

故组合的本币回报率为 14.4%。

2. 多种外币资产

当投资组合中有多种外币资产时，组合的本币回报如公式（8.2）所示：

$$R_{DC} = \sum_{i=1}^{n} w_i (1 + R_{FC,i})(1 + R_{FX,i}) - 1 \tag{8.2}$$

公式（8.2）中，w_i 代表第 i 种外币资产以本币计价的市值计算出的权重；$R_{FC,i}$ 代表第 i 种外币资产的外币回报；$R_{FX,i}$ 代表第 i 种外币的汇率回报。组合中所有外币资产的权重之和为 1，即：

$$\sum_{i=1}^{n} w_i = 1$$

例题 8.2

XYZ 公司的业绩报告货币为美元，有一个外币投资组合，组合中的货币和货币的价值如下表所示，计算组合的本币回报。

外币和外币的价值

Item	One Year Ago	Now
USD/EUR spot rate	1.3467	1.3584
USD/GBP spot rate	1.2467	1.2653
EUR-denominated asset value in EUR（million）	23.45	38.69
GBP-denominated asset value in GBP（million）	31.86	27.79
EUR-denominated asset value in USD（million）	31.58	——
GBP-denominated asset value in USD（million）	39.72	——

名师解析

根据上表，该外币投资组合的本币为美元，投资组合中包括欧元和英镑两种外币资产，两种外币资产各自的权重为：

$$w_{EUR} = \frac{31.58}{31.58 + 39.72} \times 100\% = 44.29\%$$

$$w_{GBP} = \frac{39.72}{31.58 + 39.72} \times 100\% = 55.71\%$$

根据公式（8.2），

$$R_{DC} = \sum_{i=1}^{n} w_i (1 + R_{FC,i})(1 + R_{FX,i}) - 1$$

$$= 0.4429 \times \left(\frac{38.69}{23.45}\right)\left(\frac{1.3584}{1.3467}\right) + 0.5571 \times \left(\frac{27.79}{31.86}\right)\left(\frac{1.2653}{1.2467}\right) - 1 = 23.03\%$$

组合的本币收益率为 23.03%。

> **备考小贴士**
>
> 公式（8.1）这个知识点在主观题以计算题形式出现的概率很大，需要考生掌握并且能够写出完整计算过程。

8.1.2.2 波动率拆分

组合的风险用组合波动率来衡量，可以分两种情况讨论，即组合中只有单一外币资产和组合包含多种外币资产。

1. 单一外币资产

组合中只有单一外币资产时，组合风险的计算见公式（8.3）：

$$\sigma^2(R_{DC}) \approx \sigma^2(R_{FC}) + \sigma^2(R_{FX}) + 2\sigma(R_{FC})\sigma(R_{FX})\rho(R_{FC}, R_{FX}) \tag{8.3}$$

公式（8.3）中，$\sigma(R_{FC})$ 代表外币资产回报的标准差；$\sigma(R_{FX})$ 代表汇率回报的标准差；$\rho(R_{FC}, R_{FX})$ 代表外币资产回报和汇率回报的相关系数。

> **知识一点通**
>
> 公式（8.3）的推导过程如下：
> 根据公式（8.1）有 $R_{DC} = (1 + R_{FC})(1 + R_{FX}) - 1 = R_{FC} + R_{FX} + R_{FC}R_{FX}$，因为 $R_{FC}R_{FX}$ 是两个利率相乘，算出来的数值非常小，对 R_{DC} 的影响可以忽略不计，故不考虑这项，即 $R_{DC} = (1 + R_{FC})(1 + R_{FX}) - 1 \approx R_{FC} + R_{FX}$，因为 $\sigma^2(X+Y) = \sigma^2(X) + \sigma^2(Y) + 2\rho\sigma(X)\sigma(Y)$，所以推导出公式（8.3）。

> **备考小贴士**
>
> 考生不需要掌握公式（8.3）的推导过程，只需要掌握公式（8.3）即可。该公式考到的概率很高，需要考生掌握并且写出完整的计算过程。

如果外币回报为无风险回报，$\sigma(R_{FC}) = 0$，则公式（8.3）可以变为：

$$\sigma(R_{DC}) = \sigma(R_{FX}) \times (1 + R_{FC}) \tag{8.4}$$

> **知识一点通**
>
> 公式（8.4）的推导过程如下：
> 由公式（8.1），可以得出 $R_{DC} = R_{FX}(1 + R_{FC}) + R_{FC}$，因为 $\sigma(R_{FC}) = 0$，所以，$\sigma(R_{DC}) = \sigma[R_{FX}(1 + R_{FC})] = \sigma(R_{FX}) \times (1 + R_{FC})$。

> **备考小贴士**
>
> 考生不需要掌握公式（8.4）的推导，只需掌握公式（8.4）的运用即可。

例题 8.3

假设 XYZ 公司的本币为欧元，其投资组合中仅有加元资产。目前加元资产价值为 110 万加元，CAD/EUR 为 1.2343，一年后预期加元资产价值为 132.3 万加元，CAD/EUR 为 1.3245。

（1）计算组合的本币回报。

（2）假设 $\sigma(R_{FC}) = 2\%$，$\sigma(R_{FX}) = 3\%$，$\rho(R_{FC}, R_{FX}) = 0.3$，组合本币回报的风险（波动率）是多少？

名师解析

（1）$R_{FC} = \left(\dfrac{132.3}{110}\right) - 1 = 20\%$

题干中给出公司的本币为欧元，需要将欧元变为计价货币：

$$R_{FX} = \left(\frac{1/1.3245}{1/1.2343}\right) - 1 = -6.81\%$$

根据公式（8.1）可得：

$$R_{DC} = (1 + R_{FC})(1 + R_{FX}) - 1 = (1 + 20\%)(1 - 6.81\%) - 1 = 11.83\%$$

（2）根据公式（8.3）可得：

$$\sigma^2(R_{DC}) \approx \sigma^2(R_{FC}) + \sigma^2(R_{FX}) + 2\sigma(R_{FC})\sigma(R_{FX})\rho(R_{FC}, R_{FX})$$
$$= 3\%^2 + 2\%^2 + 2 \times 3\% \times 2\% \times 0.3 = 0.0017$$

2. 多种外币资产

组合中有<u>两种</u>外币资产时，组合的本币回报波动率为：

$$\sigma^2(w_1 R_1 + w_2 R_2) \approx w_1^2 \sigma^2(R_1) + w_2^2 \sigma^2(R_2) + 2w_1 w_2 \sigma(R_1)\sigma(R_2)\rho(R_1, R_2) \tag{8.5}$$

公式（8.5）中，R_i 代表第 i 种外币资产的本币回报；w_i 代表第 i 种外币资产以本币计价计算的权重；$\sigma(R_i)$ 代表第 i 种外币资产回报的标准差；$\rho(R_1, R_2)$ 代表两种外币资产回报的相关系数。

> **知识一点通**
>
> 投资组合中包含多种外币资产时，由于计算十分复杂，只考虑组合中有两种外币资产的情况。

> **备考小贴士**
>
> 考生需注意，在波动率拆分这部分，重点掌握公式（8.3）和（8.4），公式（8.5）了解即可，不需重点掌握。

8.2 外汇风险管理决策

8.2.1 投资策略决策

8.2.1.1 外汇风险管理的利弊

1. 外汇风险管理的缺点

（1）因为汇率有均值回归的特性，长期来看，汇率会回到历史均值水平或基本价值水平，所以外汇风险管理作用不大。

（2）有效的外汇市场是一个零和博弈（zero-sum game），所以长期来看，不用做外汇风险管理。例如，一个投资组合里包含两种外币，一个币值上升，通常会伴随着另一个币值下降，对投资组合来说，影响不大。

（3）外汇风险管理会造成管理费用和交易成本的上升。

2. 外汇风险管理的优点

(1) 均值回归往往不是发生在短期,故而外汇风险管理对平衡短期收益和管理收益波动有很大作用。

(2) 外汇市场并不完全有效,可以进行投机或套利交易。

8.2.1.2 投资策略说明

1. 外汇风险管理政策

投资策略说明(investment policy statement,IPS)中如果包括外汇风险管理政策,需要明确以下 5 点:

(1) 外汇风险敞口的设定。需要被动对冲的外汇风险敞口的目标比例。例如,IPS 中写明,外汇敞口的 70% 需要对冲。

(2) 围绕目标比例,对外汇风险敞口进行主动管理的范围。例如,在目标比例 70% 的要求下,管理层可以根据市场汇率水平和对市场走势的判断,将外汇风险敞口的对冲比例控制在 65%~75%。

(3) 对冲再平衡(hedge rebalancing)的频率。例如,需要多久做一次对冲调整。

(4) 外汇对冲的业绩基准(performance benchmark)。

(5) 允许使用的对冲工具。

2. 外汇风险敞口的设定

在管理外汇风险敞口时,考虑以下几个因素:

(1) 分散化因素。

管理外汇风险敞口时,需要考虑分散化因素,包括时间分散化(time diversification)和资产分散化(asset diversification)。

① 时间分散化是指,长期来看,外汇汇率存在均值回归的特性,所以长期的汇率风险小于短期的汇率风险。

② 资产分散化是指,不同资产的外币回报和汇率回报之间的相关系数是不同的,负的相关系数会降低组合风险。

(2) 成本因素。

成本因素包括交易成本(trading cost)和机会成本(opportunity cost)。

① 交易成本包括买卖价差(bid-ask spread)、外汇期权的期权费、滚动对冲的现金流入或流出、行政管理费用。

② 机会成本是指因为对冲放弃的汇率朝有利方向变动给投资者带来的收益。

3. 4 种投资策略

在 IPS 中,涉及外汇风险管理的策略,按照承担的汇率风险从小到大,大致有以下 4 种。

—考点要求—
讨论(discuss)
外汇风险管理
的策略(★★)

(1) 被动外汇管理(passive hedging)。

被动对冲的目标:保持投资组合的外汇风险敞口等于或者接近用于评估业绩的基准外汇风险敞口(如标普 500 指数),即汇率的变动不会影响组合的业绩评估。一般是 100% 对冲外币风险敞口,投资组合经理不需要对汇率的走势做出任何判断。

因为这种策略需要对冲掉所有的外汇风险敞口,所以需要定期地调整(periodic rebalancing)。该策略下，组合的汇率风险最小。

（2）可选择外汇管理（discretionary hedging）。

这种策略与被动对冲类似，同样存在一个评估业绩的基准外汇风险敞口。不同点在于，这种策略下，投资组合经理有一定的选择权，可以在基准外汇风险敞口上，上浮或下浮一定比例。投资组合经理的首要目标是对冲汇率风险，然后在此基础上，通过在一定区间内调节对冲比率获取一些外汇风险管理收益。

（3）主动外汇管理（active currency management）。

这种策略是可选择外汇管理策略的延伸，与之不同的是，主动外汇管理的目的是承担一些汇率风险，通过主动的风险管理获取收益。

（4）激进外汇管理（currency overlay）。

该策略下，投资组合经理的外汇风险管理权限最大，可以将外汇管理外包或通过判断外汇汇率走势获取风险收益。

> **备考小贴士**
>
> 考生需理解4个外汇风险管理策略的不同，辨析这4种风险管理策略之间的差异。

4. 风险管理策略的应用背景

如果有以下情景出现，应该选择被动管理外汇风险，尽可能地对冲外汇风险。

（1）投资期限较短。

（2）客户的风险厌恶度很高。

（3）客户有短期的资金需求。

（4）组合中固定收益类产品较多。因为固定收益类产品本身的收益不高，能够承受的汇率风险很低，并且固定收益类产品的表现与汇率的相关性很高，所以当组合中固定收益类产品较多时，需要尽可能对冲外汇风险。

（5）对冲的费用较低。

（6）金融市场表现不平稳，十分动荡。

（7）投资组合经理或组合受益人对承担外汇风险是否能够获益持怀疑态度。

8.2.2 战术决策

—考点要求—
比较（compare）基于经济基本面、技术分析、套利交易和波动率交易的外汇交易战术决策（★★）

如果在前面讨论的投资策略中，投资组合经理有一定的管理权限，能够在规定的外汇风险战略管理范围内积极地管理外汇风险，接下来，就涉及怎么管理这些外汇风险的问题。战术决策涉及投资组合经理如何设定和管理哪些外汇风险敞口的问题。

积极的外汇管理可以选择4种战术：经济基本面分析（economic fundamentals）、技术分析（technical analysis）、套利交易（carry trade）、波动率交易（volatility trading）。

8.2.2.1 经济基本面分析

长期来看，真实的汇率围绕其公允价值（fair value）上下波动，短期和中期的因素（如供求关系）将决定实现这种波动的收敛（convergence）路径。

当下面情况存在时，货币 A 会升值。
（1）货币 A 现在的价格低于其长期的均衡价值，即货币 A 被低估。
（2）货币 A 长期的均衡价值呈现上涨的趋势。
（3）货币 A 的利率变高，吸引外资流入，对货币 A 的需求增加，货币 A 币值上升。
（4）外币的通货膨胀加剧，外币贬值，相应地，货币 A 币值上升。
（5）外币风险溢价上升，造成外币资产吸引力下降，外币贬值，相应地，货币 A 币值上升。

前三点是从货币 A 本身出发，考虑造成货币 A 升值的情况；后两点是从外币贬值出发，考虑造成货币 A 相对升值的情况。

> **备考小贴士**
>
> 利率上升对币值影响可以从长期和短期两个角度理解。从短期来看，一国币值上升会吸引外资流入，投资者对该国货币的需求上升，导致该国货币升值；从长期来看，外资会流出该国，对该国货币需求下降，导致该国货币贬值。而利率平价理论是在长期成立的。考生需要注意短期升值的情况。

8.2.2.2 技术分析

技术分析涉及以下 3 个观点。
（1）在一个流动性好的自由市场上，历史价格经常被用于决定未来价格的变动趋势。
（2）历史数据的走势可能会在未来再现。
（3）技术分析不是为了判断市场价格应该是多少，而是通过判断未来的价格水平，从而决定交易的方向。

> **备考小贴士**
>
> 技术分析在 CFA® 一级"投资组合管理"中有所涉及，不属于 CFA® 三级考试的重点，此处不再赘述。

8.2.2.3 套利交易

套利交易又称套息交易（carry trade），是指借入（sell/borrow）低利息的货币投资（buy/invest）到高利息货币上赚取收益。通常情况下，利息低的货币安全性较高，利息高的货币安全性较差，风险较高（如新兴国家的货币）。这个策略在市场平稳时可以获利，但当发生市场危机（financial distress），市场波动较大时会带来很大的亏损，所以收益率分布呈现明显的负偏态分布（pronounced negative skew）。

套利可以在以下情况中应用。
（1）无抛补利率平价（uncovered interest rate parity）不成立时，可以做套利交易；
（2）买入（buy/invest）远期折价的币种，卖出（sell/borrow）远期溢价的币种。

> **备考小贴士**
>
> 本知识点在 CFA® 三级"固定收益组合管理"的套息交易中会详细展开。

8.2.2.4 波动率交易

1. 跨式期权（straddle）

跨式组合由买入一个平值看涨期权和一个平值看跌期权构成。

（1）买入跨式组合的 delta 为 0（买入平值看涨期权的 delta 为 0.5，买入平值看跌期权的 delta 为 -0.5），意味着标的资产价格变动不会影响组合的价值，达到"delta 中性"（delta neutral），组合的价格风险为 0。

因为波动率与看涨、看跌期权的价值呈现正向关系，所以买入跨式组合相当于买入波动率（long volatility），在动荡的市场（volatile market）中，该策略盈利。

（2）卖出跨式组合，在市场平稳（stable）时盈利。

2. 异价跨式期权（strangle）

异价跨式期权（宽跨式期权）组合由买入一个虚值看涨期权和一个虚值看跌期权构成。

构成异价跨式期权的两个期权的 delta 值相同但方向相反，所以异价跨式期权组合也可以达到"delta 中性"。因为虚值期权的价格低于平值期权，所以异价跨式期权比跨式期权便宜，但其盈利能力也下降。因为只有当波动到达一定水平时，这种期权策略才能盈利。

8.2.3 交易策略

交易策略涉及具体用哪些衍生品来实施风险管理策略。

8.2.3.1 外汇远期

—考点要求—
描述（describe）如何在风险管理中运用远期合约（★）

1. 外汇远期的优点

与外汇期货相比，机构投资者更偏好使用外汇远期进行汇率管理。原因如下：

（1）外汇期货是标准化的产品，可能不能满足投资者的需求，而外汇远期是可以满足客户定制需求的。

（2）外汇期货市场上的产品有限，有可能没有投资者需要的特定货币对（currency pair）的外汇期货合约。

（3）外汇期货合约需要交保证金，而外汇远期合约不需要交纳保证金。

（4）在交易量很大的时候，外汇远期合约的流动性比外汇期货合约的流动性更好。

2. 静态与动态对冲

静态对冲（static hedge）是指对冲组合构建完成后在很长一段时间内不会改变。其优点是易于实施和监控、成本较低，但缺点是对市场变动视而不见，原先有效对冲的组合或许会因为年长日久而变得"无法对冲"。

动态对冲（dynamic hedge）具有较好的灵活性，它会随市场的变化而变化。缺点是需要持续监控和经常调整，需要在系统和交易人才方面进行更大的投资储备，可能要求公司建立复杂的模型，并应用复杂的指标。

3. 滚动收益率

滚动收益率（roll yield/roll return）是指远期和现货的价差所带来的收益，用以衡量不同到期时间的远期合约的价格变化。滚动收益的大小会影响投资者是否做外汇对冲的决策。

当远期市场处于不同状态时，滚动收益不同：

（1）若远期市场处于远期溢价（远期价格大于现货价格），则现货空头同时，远期多头对冲的滚动收益率为负，做多头对冲（即远期用多头的策略）有亏损，增加了外汇风险对冲的成本，投资者更不倾向于做外汇对冲。

（2）若远期市场处于现货溢价（远期价格小于现货价格），则现货空头同时，远期多头对冲的滚动收益率为正，做多头对冲（即远期用多头的策略）有收益，抵减了外汇风险对冲的成本，投资者更倾向于做外汇对冲。

$$\text{Roll yield} = (F - S)/S \tag{8.6}$$

公式（8.6）中，Roll yield 代表空头方的滚动收益率；F 代表远期价格；S 代表现货价格。

> **备考小贴士**
>
> 滚动收益率的概念在 CFA® 一级和二级都出现过，不作为学习的重点。
> 一级、二级的滚动收益率主要涉及期货，而这里的滚动收益率涉及远期合约。

4. 对冲不足和对冲过度

如果投资组合经理认为未来币值会下降，往往实施过度对冲或超额对冲（over-hedging）策略。例如，投资组合中有美元资产，卖出美元衍生品做对冲，如果判断未来美元币值下降，则可以多卖出美元衍生品，赚取美元币值下降带来的收益。

如果投资组合经理认为未来币值会上升，往往实施不足对冲或部分对冲（under-hedging）策略。例如，投资组合中有美元资产，卖出美元衍生品做对冲，如果判断未来美元币值上升，则可以不卖出美元衍生品或少卖美元衍生品，赚取美元上升带来的收益。

8.2.3.2 外汇期权

1. 保护性看跌期权

可以用外汇保护性看跌期权来管理汇率风险。

平值看跌期权或虚值看跌期权在汇率下降时产生盈利，对冲了汇率下跌的风险。其中，平值看跌期权的价格较高，可以充分对冲汇率下跌风险；虚值看跌期权价格较低，但可能还存在一部分未对冲的汇率下跌风险。

—考点要求—
描述（describe）用于降低对冲成本和调整外汇投资组合风险收益特征的交易策略（★）

例题 8.4

本币为人民币，外币为美元，目前 CNY/USD 为 7，用 CNY/USD 的平值期权和虚值期权来做外汇风险管理，请比较两种策略的优点和缺点。

名师解析

平值期权：外汇市场上，美元币值略微下降，投资者就可以马上对平值期权进行行权，充分对冲了美元币值下降的风险。

虚值期权：例如，虚值期权的行权价为 CNY/USD=6，那么当市场上美元币值下降，汇率变为 6.5 时，投资者已经承受了美元币值下降的损失，但因为没有低于行权价，看跌期权无法行权，所以这部分损失没有被充分对冲。

上面两种期权，平值期权的价格较虚值期权高出不少。

2. 双限期权

双限期权（collar）为买入看跌期权和卖出看涨期权的组合。买入该策略（long collar）也可以抵消汇率不利波动带来的损失。因为卖出看涨期权收到的期权费，抵消了部分买入看跌期权支付的期权费，所以买入双限期权比买入看跌期权的费用更低。但该策略放弃了汇率有利波动时组合的收益。

卖出看跌期权和买入看涨期权的组合被称为风险逆转（risk reversal），执行卖出风险逆转策略，即采用买入看跌期权并卖出看涨期权的策略安排，同样可以达到对冲汇率风险的效果。

3. 看跌价差

看跌价差（put spread）为买入一个行权价高的虚值看跌期权，同时卖出一个行权价低的深度虚值看跌期权，两个期权的到期日相同。该策略与熊市价差策略一样，比保护性看跌期权更便宜。

4. 海鸥期权

海鸥期权（seagull spread）指的是买入一个保护性看跌期权，同时卖出一个看涨期权和一个深度虚值看跌期权的组合，相当于把前面介绍的几种策略合在一起。它可以更大幅度地降低风险管理的成本，当然这种组合策略的收益风险关系也会更复杂。

8.2.3.3 奇异期权

与普通期权不同，奇异期权（exotic option）是指在普通期权的基础上，对行权价格、到期日等因素进行一定的变动。

1. 敲入期权

敲入期权（knock-in option）是指当标的资产价格达到一个特定的障碍水平时，该期权生效（即"敲入"），成为一个普通的看涨看跌欧式期权。

2. 敲出期权

敲出期权（knock-out option）是指当标的资产价格达到一个特定的障碍水平时，该期权作废（即"敲出"）。如果在规定时间内资产价格并未触及障碍水平（barrier），其仍然是一个常规的看涨或看跌欧式期权。

敲入期权、敲出期权也叫障碍期权（barrier option），比普通期权更便宜。一个欧式期权可以被看作两个相同障碍水平的敲入和敲出期权的组合。

3. 两值期权

两值期权（digital option/binary option）是指该期权在行权时，无论市场价格是多少，期权买方均获得同样水平固定金额的收益；不行权时，期权买方什么收益都没有。

8.2.4 多种货币对冲

管理多种外币资产的外汇风险比管理单个外币资产的外汇风险更加复杂，需要进一步考虑外币之间的相关性。

8.2.4.1 交叉对冲和宏观对冲

交叉对冲（cross hedge）是指，用一种外币或其衍生品来对冲另一外币的汇率风险。

—考点要求—
描述（describe）交叉对冲、宏观对冲和最小方差对冲比率在多元外币投资组合中的运用（★★）

例题 8.5

南希是一家美元资产管理公司的管理层，现在正考虑一个资产组合的外汇风险管理。该组合由澳元（AUD）资产和新西兰元（NZD）资产组成。组合中澳元资产的权重为 50%，新西兰元资产的权重为 50%，两种外币资产均为国债，已知条件如下表所示。

计算该组合的本币回报和组合回报的波动率。

澳元和新西兰元的收益、风险和相关性信息

Expected Values	Australia	New Zealand
Asset risk $\sigma(R_{FC})$	0%	0%
Currency risk $\sigma(R_{FX})$	9%	11%
Foreign-currency asset return R_{FC}	3%	4%
Foreign-currency return R_{FX}	4%	5%
Correlation (USD/AUD, USD/NZD)	0.9	

名师解析

使用公式（8.1），澳元资产的本币回报为：

$R_{DC} = (1 + R_{FC})(1 + R_{FX}) - 1 = (1 + 3\%)(1 + 4\%) - 1 = 7.12\%$

新西兰元资产的本币回报为：

$R_{DC} = (1 + 4\%)(1 + 5\%) - 1 = 9.2\%$

投资组合的平均本币回报为：

$R_{DC} = 50\% \times 7.12\% + 50\% \times 9.2\% = 8.16\%$

因为外币回报为无风险回报，根据公式（8.4），澳元资产收益的波动率为：

$\sigma(R_{DC}) = \sigma(R_{FX}) \times (1 + R_{FC}) = 9\% \times 1.03 = 9.27\%$

新西兰元资产收益的波动率为：

$\sigma(R_{DC}) = \sigma(R_{FX}) \times (1 + R_{FC}) = 11\% \times 1.04 = 11.44\%$

组合的波动率为：

$\sigma^2(R_{DC}) = 0.5^2 \times 9.27\%^2 + 0.5^2 \times 11.44\%^2 + 2 \times 0.5 \times 9.27\% \times 0.5 \times 11.44\% \times 0.9 = 0.0102$

可得：$\sigma(R_{DC}) = 10.1\%$

有些交叉对冲也叫宏观对冲（macro hedge），宏观对冲是指当组合内的外币资产高度相关时，管理人更关注于组合整体的对冲，对组合的整体风险敞口进行对冲。

8.2.4.2 最小方差对冲比率

用最小二乘法（OLS）可以确定最优的对冲比率，也叫最小方差对冲比率（minimum-variance hedge ratio）。回归公式如下：

$$y_t = \alpha + \beta x_t + \varepsilon_t \tag{8.7}$$

公式（8.7）中，x_t 代表对冲工具的价值变动；y_t 代表被对冲资产的价值变动；ε_t 代表残差项。

其中，最小方差对冲比率为自变量的系数 β。

$$\beta = \frac{\text{covairance}(y, x)}{\text{variance}(x)} = \rho(y, x) \times \frac{\sigma_y}{\sigma_x} \tag{8.8}$$

> **备考小贴士**
>
> 回归方法求 β 值在 CFA® 二级中有所涉及，不是 CFA® 三级的考查重点，此处不再赘述。

8.2.5 新兴市场外汇管理

—考点要求—
讨论（discuss）管理新兴市场外汇风险敞口的挑战（★）

8.2.5.1 新兴市场概述

管理新兴市场的外汇风险有一定的挑战，因为新兴市场有以下两种特征：

（1）即使在正常情况下，新兴市场的交易成本也较大。体现在两个方面：一是买卖价差较大，原因是新兴市场的货币交易量少，交易商赚取的中间价较高；二是交叉货币兑换使得成本增加。例如，投资经理想将越南盾换成南非兰特，但市场上没有越南盾兑换南非兰特的交易商，投资经理只能先将越南盾兑换为美元，再将美元兑换为南非兰特，交易成本就会上升。

（2）在市场发生危机或出现极端事件时，新兴市场的风险较大。一般来说，新兴市场的货币收益分布呈现负偏，左尾更肥。

8.2.5.2 无本金交割远期外汇交易

无本金交割远期外汇交易（non-deliverable forwards，NDF）是一种外汇的远期合约，合约到期时，对合约中约定的远期汇率和实际汇率的差额进行现金交割而非实物交割。结算货币是自由兑换货币（如美元），无须对 NDF 的本金（受限制货币）进行交割。

如果投资实行外汇管制政策的国家的货币，可以用 NDF 来进行外汇风险管理。

练一练

The following information relates to Questions 8-1 to 8-3.

John Wilson is an analyst at ASD corporation which is an investment firm. Wilson's market views will be used to guide actively managed portfolio currency risk hedging. Wilson works hard to study the spread of yields between different countries and calculates the implied volatility extracted from option prices for several currency pairs. The data is showed in Exhibit 8.1.

Exhibit 8.1 Currency yield and implied volatility

One-year Yield Levels (Nation and CCY)			One-year Implied Volatility	
India	INR	0.034%	SEK/INR	4.3%
Sweden	SEK	2.356%	THB/INR	14.8%
Thailand	THB	1.453%	SEK/USD	20.1%
United states	USD	0.124%	THB/USD	13.7%

Wilson is researching various factors that affect the trend of foreign exchange market to forecast the situation of global foreign exchange market. He finds that the inflation rate for Vietnam whose currency is VND is going to increase, and the inflation rate for Korea whose currency is KRW remains stable.

Wilson also examines the exchange rate volatility for several currency pairs. He believes that the exchange rate MYR/USD is going to be more volatile than usual, while he is not sure whether the MYR will appreciate or depreciate.

8-1 Based on the data given above, Wilson's best choice for entering a carry trade, all else equal, will be to fund in:

A. INR and invest in THB.

B. USD and invest in SEK.

C. INR and invest in SEK.

8-2 Based on Wilson's inflation forecasts, he will be most likely to expect:

A. a stricter monetary policy by Korea.

B. a depreciation in the KRW/VND.

C. an increase in capital flows from Korea to Vietnam.

8-3 Regarding MYR/USD options, what will be the cheapest way for Wilson to function his strategy for MYR?

A. Buy a straddle.

B. Buy a strangle.

C. Sell a strangle.

The following information relates to Questions 8-4 to 8-6.

Evans is a manager whose mandate is to generate alpha in global FX market by aggressively management. The central bank of New Zealand plans to announce its policy rate decision within a week. Most analysts in the market expect the central bank of New Zealand will keep the rate remain stable, but Evans thinks the rate will rise.

According to the company's arrangement, Anderson, who in charge of the risk management department, was authorized to adjust the company's foreign exchange risk management policy for taking both more upside and downside risks with potential lowest cost. Now the company's MXN-denominated foreign-currency risk exposure is being hedged with a 30-delta risk reversal (on the MXN/USD cross rate). The current MXN/USD spot rate is 24.09.

XSD Capital is a investment firm in Australia, who prepares to invest USD 2 000 000 in NASDAQ, Thomas is asked to calculate the minimum-variance hedge ratio, He compiled about 10 years of data, and finds that $\sigma(\Delta S_{AUD/USD}) = 1.7\%$, $\sigma(R_{DC}) = 2.4\%$, $\rho(R_{DC}, \Delta S_{AUD/USD}) = 0.3$.

8-4 Given Evans' market view, which of the following long positions would he most likely take?

A. Put option on NZD/JPY.

B. Put option on USD/NZD.

C. Call option on NZD/JPY.

8-5 Which of the following can replace the current risk reversal hedge policy and best meet Anderson's purpose?

A. 20-delta risk reversal.

B. Put option at 24.09 strike.

C. 20-delta collar.

8-6 Which of the following best implements the minimum variance hedging of an XSD?

A. Long an AUD/USD forward contract with a national size of USD 0.84 million.

B. Short an AUD/USD forward contract with a national size of USD 0.84 million.

C. Short an AUD/USD forward contract with a national size of USD 1 million.

答案与解析

8-1 C

CHF 和 SEK 的收益率价差（yield spread）最大为 2.322%（2.356% - 0.034%），SEK/INR 的隐含波动率最小，收益最大，风险最小，为最好的套利交易。故选项 C 正确。

8-2 B

选项 A，越南应实行严格的货币政策来降低通货膨胀率的上升速度，该选项错误，越南应实行宽松的货币政策来降低通货膨胀率的上升速度。

选项 B，题干中给出，越南的通货膨胀率上升，而韩国的通货膨胀率相对稳定，那么越南盾的币值相对于韩元下降。

选项 C，资本应该是从货币贬值的国家流入货币升值的国家。

8-3 B

Wilson 认为 MYR/USD 的汇率波动很大，那么买入 straddle 和 strangle 都可以获利，但 straddle 的成本较高。故选项 B 正确。

8-4 A

选项 A，Evans 认为 NZD 利率上调，意味着短期 NZD 币值上升，NZD/JPY 汇率下降，所以买入 NZD/JPY 汇率看跌期权是正确的。

选项 B，因为 NZD 币值上升，USD/NZD 汇率上升，所以看跌期权不能行权。

选项 C，与选项 A 对应来看，应该是外汇看跌期权而不是看涨期权。

8-5　A

选项 A，20-delta risk reversal 比 30-delta risk reversal 虚值程度更深、更便宜、对冲效果更差，满足 Anderson 的要求。

选项 B，买入美元的看跌期权，无法满足对冲效果。

选项 C，collar 是买入看跌美元期权和卖出看涨美元期权，正确的方向应该是买入看涨美元期权和卖出看跌美元期权。

8-6　B

根据公式（8.7），最小对冲比率为：$\rho(y,x) \times \dfrac{\sigma_y}{\sigma_x} = 0.3 \times \dfrac{2.4\%}{1.7\%} = 0.42$。对于 200 万美元的指数投资，XSD 公司需要卖出 840 000 美元（2 000 000 × 0.42）的远期合约。

在直接标价法下，"Long an AUD/USD forward contract" 这个表达意味着 USD 是外币，AUD 是本币。在习惯中，外币往往被视为商品，因此该表达的意思是，在远期合约里，我们签订合同，用本币 AUD 这个"货币"来购买外币 USD 这个"商品"。所以，其含义是买 USD 卖 AUD。

同样地，"Short an AUD/USD forward contract" 则意味着卖出 USD 这个"商品"，来获得 AUD 这个"货币"，其含义就是买 AUD 卖 USD。

第 4 部分　固定收益组合管理

科目导学

考情分析

"固定收益组合管理"在 CFA® 三级考试中的分值占比为 15%~20%。该科目是最难的科目之一,涉及的知识复杂且全面,需要考生对知识点有较深的理解。考试题型既涉及主观题,也涉及客观题。

本部分一共有 4 个章节:"固定收益组合管理概述""被动型投资策略""收益率曲线策略"以及"信用风险管理策略"。其中,"固定收益组合管理概述"介绍了固定收益资产管理的各方面事项,包括固定收益证券在组合管理中的角色、投资目标和收益分析;"被动型投资策略"介绍了各种被动型投资策略,包括负债驱动型策略、被动投资及基准的选择;"收益率曲线策略"介绍了各种基于收益率曲线变化预期的主动投资策略,包括基于动态和静态的收益率曲线策略、利率波动策略和套息策略;"信用风险管理策略"介绍了固定收益资产管理中着眼于信用风险的主动管理思路与方法,包括信用风险、信用策略和信用市场上的各类风险等内容。"被动型投资策略"和"收益率曲线策略"为重点章节,涉及众多难点,定性和定量考查都有可能出现,考生应重点掌握。

本部分框架图

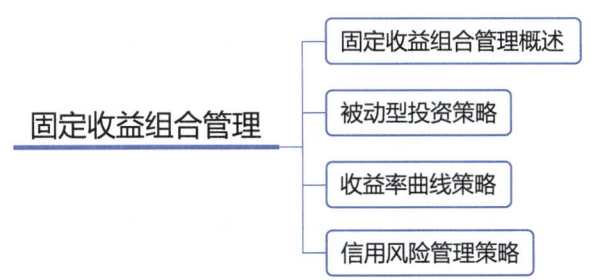

第 9 章
固定收益组合管理概述

章节导学

知识引导

固定收益证券作为非常重要的金融资产类别,在金融市场中扮演着非常重要的角色。本章作为概述,首先从固定收益证券在组合中的角色出发,进而探讨了固定收益的投资目标。而后,本章着重探讨了固定收益组合的收益分析,将总体预期收益率分拆为多个不同的来源。最后,本章介绍了固定收益组合管理过程中的杠杆操作、流动性和税收问题。

考点聚焦

本章整体难度不大,且重点突出,考查方式包括定性和定量。本章共有3个重要考点:一是固定收益的两类投资目标——基于负债的目标和基于总体收益的目标,考查方式为定性;二是总体预期收益率的分拆、计算,以及杠杆组合收益率的计算,考查方式为定量;三是增加组合杠杆的方法,考查方式为定性或定量。

本章框架图

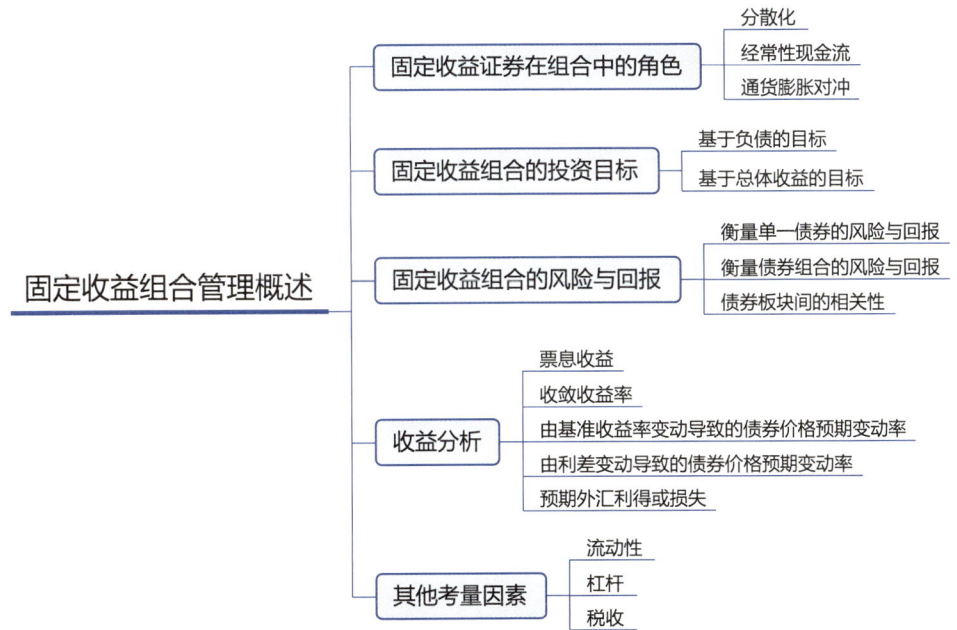

9.1 固定收益证券在组合中的角色

> —考点要求—
> 探讨（discuss）固定收益证券在组合中的角色（★）

9.1.1 分散化

在包含股票、不动产或大宗商品的投资组合中，投资经理加入固定收益证券可以为投资组合带来分散化的好处。这是因为在正常情况下，固定收益证券与股票等其他类别资产的相关系数较低，因此将固定收益证券加入投资组合后，可使投资组合整体风险降低。然而，在金融危机时期，投资者对风险资产进行恐慌性抛售，大多数资产都会贬值，债券与其他资产大类间的相关系数会骤然上升，此时分散投资这种风险管理方法的效果不免大打折扣。

9.1.2 经常性现金流

在投资组合中加入固定收益证券后，可以获得持有期间的经常性现金流。对于在投资期间需要获取现金流的投资者（如依赖现金流生活的退休人士）来讲，付息债券产生的票息可满足投资者的现金流需求。

9.1.3 通货膨胀对冲

一些特定类型的债券可以帮助投资者对冲通货膨胀风险，常见的债券包括通胀挂钩债券（inflation-linked bonds）和浮动利率债券（floating-coupon bonds）。这两种债券都可以对冲通货膨胀的风险，但作用机制不尽相同。

9.1.3.1 通胀挂钩债券

通胀挂钩债券的面值（principal）会根据通货膨胀水平的波动进行定期调整，票息率（coupon rate）保持不变，每次调整面值后，票息（coupon）会跟随本金产生波动。值得注意的是，通胀调整债券的本金和票息都获得了对冲通胀的效果。因此，投资该债券相当于为未来的购买力（purchasing power）买了保险。其中，通货膨胀水平通常用消费者物价指数（consumer price index，CPI）衡量。例如，某通胀挂钩债券的面值为 100 美元，票息率为 5%，每年付一次息票，若通货膨胀率为 3%，那么其当前票息应为 5.15 美元 [$100 \times (1 + 3\%) \times 5\%$]。

> **知识一点通**
>
> 1997 年，美国财政部开始发行通货膨胀保值债券（Treasury Inflation-Protected Securities，TIPS）。TIPS 的基本特征是每半年付息一次，票息率固定但本金浮动，本金部分将按照美国劳工部的月度非季调城市 CPI 指数进行调整。

9.1.3.2 浮动利率债券

浮动利率债券是指票息率依据参考利率（reference rate）浮动的债券。当此类债的参考利率根据通货膨胀水平进行调整的时候，购入此类债券也可以对冲通货膨胀风险。常用的参考利率包括伦敦银行间同业拆借利率（London Interbank Offered Rate，Libor）、上海银行间同业拆借利率（Shanghai Interbank Offered Rate，Shibor）、香港银行同行业拆借利率（Hongkong Interbank Offered Rate，Hibor）等。由于这些参考利率包含了对市场通货膨胀的考量，当通胀水平上升时，参考利率也会相应上浮。因此，浮动利率债券的票息部分可以对冲通胀风险。

> **知识一点通**
>
> Libor 诞生于 20 世纪 60 年代的伦敦。当时通胀飙升，美国对存款利率设置了上限，造成大量美元进入伦敦。为了高效运用这些美元，伦敦的银行通过银团贷款，向发展中国家放贷。但通胀上升阶段，没有银行愿意以固定利率发放长期贷款。为解决这个问题，银行创设了定期重置利率的贷款，即浮动利率贷款。在每个重置日，银团成员汇总各自的拆借成本作为重置利率的参考，从而根据融资成本调整收取的利息。2021 年 3 月，英国金融市场行为监管局（FCA）表示将于 2021 年年底停止公布 Libor，因此，从 2022 年开始，Libor 已退出历史舞台。各个国家和地区取代 Libor 的方式并不相同，考试中通常使用市场参考利率（market reference rate，MRR）来统一表述。

由此可见，通胀挂钩债券本质上是通过本金和票息的共同变动来对冲通胀风险，而浮动利率债券则仅通过票息的调整来对冲通胀风险，具体总结见表 9.1。

表 9.1 通货膨胀风险的对冲

	票息	本金
固定利率债券	通胀无保护	通胀无保护
浮动利率债券	通胀保护	通胀无保护
通胀挂钩债券	通胀保护	通胀保护

> **备考小贴士**
>
> 通胀挂钩债券和浮动利率债券的具体计算并非本章的考查重点，考生需要关注的是如何利用这两种债券对冲通货膨胀。

> **备考小贴士**
>
> 关于固定收益证券在组合中的角色，考生需要对概念进行掌握。

—考点要求—
探讨（discuss）固定收益组合的目标的类型（★★）

9.2 固定收益组合的投资目标

固定收益组合的投资目标可以分为基于负债的目标（liability-based mandates）和基于总体收益的目标（total return mandates）。

9.2.1 基于负债的目标

基于负债的目标,又称"资产负债管理"(asset-liability management, ALM),是指利用预期的资产端未来现金流入来匹配和覆盖预期的负债端未来负债偿付,即免疫(immunization)。具体来讲,免疫是管理固定收益投资组合的一种方式,目标是在收益一定的情况下使得组合方差最小。换言之,任何现金流不足或亏空风险(shortfall risk)都被最小化。目前存在两种主流的免疫方法,分别是现金流匹配(cash flow matching)和久期匹配(duration matching)。另外还有两种方法,分别是或有免疫(contingent immunization)和衍生品叠加(derivatives overlay)。

> **知识一点通**
>
> 从医学角度讲,免疫即避免身体遭遇疫病影响。对于固定收益投资而言,免疫即避免投资组合遭受"金融疫病"的影响。所谓的"金融疫病",就是现金流不足或亏空风险,因为现金流不足或亏空时需要资金却囊中羞涩,投资、消费或现金流支出的目标无法实现。故而,资产负债管理中,格外关注如何尽量避免遭遇"金融疫病",也因此发展出诸多方法与技术。

9.2.1.1 现金流匹配

现金流匹配的目标是保证组合中的债券或固定收益类衍生品的现金流能够精确匹配未来所有的负债支出。该方法需要同时匹配现金流的金额和时间。

9.2.1.2 久期匹配

久期匹配的逻辑在于如果资产与负债的久期相匹配,那么当利率发生变动,资产与负债受影响的程度和方向应该非常相似。需要注意的是,采用久期匹配的组合仅在一个特定时间点上实现免疫。随着时间的推移和市场情况的改变,资产和负债的久期也会变化,导致无法满足免疫的条件,组合需要进行再平衡。

9.2.1.3 或有免疫

或有免疫是一种混合型方法,将免疫方法和主动管理方法相结合。具体来讲,当投资组合的资产价值超过负债现值的时候,或有免疫允许进行主动管理。

9.2.1.4 衍生品叠加

衍生品覆盖是指利用衍生品对免疫投资组合进行再平衡,使投资组合的久期可维持在目标久期。

9.2.2 基于总体收益的目标

基于总体收益的目标,旨在获得特定的绝对收益或相对收益,而非匹配未来的负债。具体而言,该目标通过构建资产组合,使组合收益可以追踪或超越特定债券指数的收益。组合收益与基准收益的差额称为主动收益（active return）。主动收益的年化标准差称为主动风险（active risk），又称为追踪风险（tracking risk/tracking error）。

基于总体收益的目标可分为 3 类：纯粹指数型（pure indexing approach）投资组合、增强指数型（enhanced indexing approach）投资组合和主动管理型（active management）投资组合。

9.2.2.1 纯粹指数型投资组合

纯粹指数型投资组合旨在尽可能地复制一个基准指数，又叫完全复制（full replication）。在这种方法下，目标的主动收益与主动风险均为 0。在实务中，完全复制即使追踪风险几乎等于 0，投资组合的实际收益通常也会低于对应的基准指数收益，原因在于实际投资需要承担交易和管理的成本。但相比增强指数型与主动管理型，纯粹指数型投资组合的周转率（turnover）很低，通常与基准保持一致，同时管理费也较低。

大多数的纯粹指数型投资组合会通过匹配基准指数的风险敞口来实现复制，而不是通过持有与基准指数完全相同的证券来达成复制目标。风险敞口包括久期、信用风险、行业风险、赎回风险以及提前偿付风险等。当这些系统性风险被复制之后，非系统性风险可通过足够的分散化被消除。

9.2.2.2 增强指数型投资组合

增强指数型投资组合一方面与基准保持联系，另一方面寻求一定限度的主动收益。其主动风险目标通常设定为不高于 50 bps。相比纯粹指数型投资组合，增强指数型投资组合拥有较高的周转率，管理费用也较高。因此，采取增强指数型投资组合的经理需要不断监控周转率并尽量降低交易成本才能超越指数。

9.2.2.3 主动管理型投资组合

主动管理型投资组合允许投资组合与基准之间存在较大的风险因子差异，旨在获得较高的主动收益。这种风险因子的不匹配可能导致主动管理型的投资组合收益与基准收益之间存在巨大的差异。与此同时，主动管理型投资组合拥有非常高的周转率，远高于基准周转率。历史数据显示，虽然采取主动管理型投资组合的经理的目标是超过基准，但他们的实际业绩在扣除费用和交易成本后往往不及基准。

以上 3 类目标的比较，见表 9.2。

表 9.2 纯粹指数型、增强指数型以及主动管理型投资组合的比较

	纯粹指数型投资组合	增强指数型投资组合	主动管理型投资组合
目标	尽可能复制基准的收益与风险	维持主动风险在较低水平，并追求一定的主动收益（通常为 20 bps~30 bps）	更高的主动收益和主动风险（通常大于或等于 50 bps）
组合权重	与基准配置权重完全一致或存在细微差异	与基准存在较小差异	与基准存在较大差异
风险因子匹配	风险因子完全匹配	主要风险因子匹配（特别是久期）	风险因子与基准差异较大（特别是久期）

例题 9.1

假设基金 X、基金 Y 和基金 Z 均采用基于总体收益的目标。

通过观察风险和收益特征、债券质量、到期时间和国家敞口方面的数据,得到以下结论:按照偏离基准 M 的程度排序,基金 X 偏离程度几乎为 0,基金 Y 偏离程度较小,基金 Z 偏离程度最大。

据偏离程度,请问 3 只基金分别采取何种方法进行投资?

名师解析

基金 X 属于纯粹指数型投资组合:纯粹指数型投资组合旨在尽可能地复制一个基准指数。在这种方法下,目标的主动收益与主动风险几乎为 0。

基金 Y 属于增强指数型投资组合:增强指数型投资组合一方面在久期等主要风险因子上与基准保持一致,另一方面寻求一定限度的主动收益。

基金 Z 属于主动管理型投资组合:主动管理型投资组合允许投资组合与基准之间存在较大的风险因子差异,旨在获得较高的主动收益。

> **备考小贴士**
>
> 考生应利用表 9.2 对纯粹指数型投资组合、增强指数型投资组合以及主动管理型投资组合之间的差异进行重点掌握。

9.3 固定收益组合的风险与回报

9.3.1 衡量单一债券的风险与回报

—考点要求—
描述(describe)固定收益组合的风险与回报、相关性特征(★)

衡量单一债券的风险与回报的指标包括久期(duration)和凸度(convexity)。

久期可以分成收益率久期(yield duration)和收益曲线久期(curve duration)。收益率久期反映债券价格对自身到期收益率(YTM)的敏感程度,包括麦考利久期(Macaulay duration)、修正久期(modified duration)、现金久期(money duration)以及基点价值(PVBP)。收益曲线久期反映债券价格对基准利率曲线变化的敏感度,包括有效久期(effective duration)、实证久期(empirical duration)以及关键利率久期/偏久期(key rate duration/partial duration)。

> **知识一点通**
>
> 通过对市场数据进行回归分析,得到债券价格与基准利率之间的关系,称为实证久期。例如,以十年期美国国债的收益率变化为自变量,以十年期公司债的价格回报率为因变量进行回归分析,回归系数 beta 就是十年期公司债的实证久期。

凸度衡量 YTM 变化对债券价格变化的二阶影响。有效凸度衡量基准利率曲线的变化对债券价格变化的二阶影响。当利率发生变化,在其他条件不变的情况下,凸度更高的债券预期回报率更高。

影响债券久期和凸度的因素大体相似，到期时间越长，票息率越低，YTM 越低，债券的久期和凸度都越大。除此之外，在久期相同的情况下，现金流在时间上分布越分散（dispersion），凸度也越大。因此，在久期相同的前提下，零息债的现金流最为集中，凸度最小。

> **知识一点通**
> 麦考利久期定义为折现现金流加权的回流时间平均值。与此相似，债券的分散度（dispersion）定义为折现现金流加权的回流时间方差（variance）。

9.3.2 衡量债券组合的风险与回报

当固定收益组合的现金流不随利率变动而发生变化时，用修正久期和凸度来衡量组合的风险与回报。组合的修正久期具体计算见公式（9.1）。

$$\text{AvgModDur} = \sum_{i=1}^{N} \text{ModDur}_i \left(\frac{\text{MV}_i}{\text{MV}}\right) \quad (9.1)$$

公式（9.1）中，AvgModDur 代表组合的修正久期，MV_i 代表第 i 个债券的市场价值，MV 代表整个组合的市场价值。

组合凸度的具体计算见公式（9.2）。

$$\text{AvgConvexity} = \sum_{i=1}^{N} \text{Convexity}_i \left(\frac{\text{MV}_i}{\text{MV}}\right) \quad (9.2)$$

公式（9.2）中，AvgConvexity 代表组合的凸度。

当固定收益组合的现金流会随利率变动而发生变化时，例如，当组合中包括含权债券时，使用有效久期和有效凸度来衡量组合的风险与回报。

衡量固定收益组合的价值对信用利差变动的敏感性，可以用利差久期（spread duration，SD）、利差久期与利差的乘积（duration times spread，DTS）。两者的区别在于，利差久期衡量信用利差的绝对变化（Δspread）对债券价格回报率的影响，DTS 衡量的是信用利差的相对变化（$\frac{\Delta\text{spread}}{\text{spread}}$）对债券价格回报率的影响。

> **知识一点通**
> 债券的信用利差越大，可能发生的绝对利差变化（Δspread）也越大。因此，使用 DTS 可以结合利差久期和信用利差，更全面准确地评估组合的风险。

9.3.3 债券板块间的相关性

一般而言，同一市场的债券间相关性高于跨市场的债券间相关性。在发达市场中，投资级债券与国债利率曲线的相关性较高。投机级债券与股票市场表现的相关性较高，而与整体利率水平的相关性较低。基准利率与利差之间通常为负相关。当经济恶化，基准利率降低，利差扩大；当经济好转，基准利率上升，利差缩小。

9.4 收益分析

—考点要求—
描述（describe）固定收益证券的收益模型（★★）

如果将债券投资的总体预期收益率进行分解，那么投资者可以清晰辨析其投资收益的来源。通常来讲，预期收益率可以按照公式（9.3）分解为 5 个组成部分。

—考点要求—
解释（interpret）固定收益证券的收益模型（★★）

$$E(R) \approx \text{Coupon income}$$
$$+ \text{Rolldown return}$$
$$+ E(\Delta\text{Price due to investor's view of benchmark yield})$$
$$+ E(\Delta\text{Price due to investor's view of yield spreads})$$
$$+ E(\Delta\text{Price due to investor's view of currency value changes}) \quad (9.3)$$

公式（9.3）中，E（R）代表总体预期收益，前两项之和又称为滚动收益率（rolling yield）。

9.4.1 票息收益

票息收益（coupon income）又叫当前收益率（current yield），是用债券的年息（包含票息和票息的再投资收益）除以债券当前的市场价格所计算出的收益率，具体计算见公式（9.4）。

$$\text{Coupon income} = \frac{\text{Annual coupon payment}}{\text{Current bond price}} \quad (9.4)$$

9.4.2 收敛收益率

收敛收益率（rolldown return）产生的原因是面值回归效应（pull to par effect），即随着到期时间临近，债券价格逐渐向面值收敛。假设收益率曲线不发生改变，收敛收益率等于一定期限内价格变动的百分比，具体计算见公式（9.5）。

$$\text{Rolldown return} = \frac{\text{Bond price}_{End} - \text{Bond price}_{Beginning}}{\text{Bond price}_{Beginning}} \quad (9.5)$$

9.4.3 由基准收益率变动导致的债券价格预期变动率

由基准收益率变动导致的债券价格预期变动率（ΔPrice due to investor's view of benchmark yield）可以通过修正久期和凸度进行衡量。组合经理对未来基准利率变化进行预测，从而预期出债券价格变化的百分比，具体计算见公式（9.6）

$$E(\Delta\text{Price due to investor's view of benchmark yield})$$
$$= -\text{ModDur} \times \Delta\text{benchmark} + \frac{1}{2} \times \text{Convexity} \times (\Delta\text{benchmark})^2 \quad (9.6)$$

公式（9.6）中，ModDur 代表修正久期；Convexity 代表凸度；Δbenchmark 代表基准利率的变化。

9.4.4 由利差变动导致的债券价格预期变动率

由利差变动导致的债券价格预期变动率（ΔPrice due to investor's view of yield spreads）可以通过修正久期和凸度进行衡量。组合经理对未来利差变化进行预测，从而预期出债券价格变化的百分比，具体计算见公式（9.7）

$$E(\Delta \text{Price due to investor's view of yield spreads}) = -\text{ModDur} \times \Delta \text{spread} + \frac{1}{2} \times \text{Convexity} \times (\Delta \text{spread})^2 \quad (9.7)$$

公式（9.7）中，Δspread 代表利差的变化。

9.4.5 预期外汇利得或损失

预期外汇利得或损失（expected currency gains or losses），即由货币价值变化导致的债券价格预期变动率（ΔPrice due to investor's view of currency value changes），来自投资者持有的外币标价的债券。外汇汇率波动导致的利得或损失，也会影响总体预期收益率。

综上所述，总体预期收益率可以被分解为 5 个组成部分。然而，其中由基准收益率、利差和外汇汇率变动导致的债券价格预期变动率是非常不确定的，因为这三部分在估计的过程中涉及众多主观判断。

例题 9.2

根据下表中与投资组合特征和预期相关的数据，对收益进行分析。

投资组合特征和预期

投资组合特征和预期	数值
投资组合本金（百万）	EUR 100
平均债券的票息（每 EUR 100）	EUR 2.85
票息频率	年
投资期限	1 年
当前平均债券价格	EUR 97.21
预期 1 年后平均债券价格（假设收益率曲线不变）	EUR 97.76
平均债券凸度	20
平均债券修正久期	3.50
预期基准利率变动	0.39%
预期利差变动	−0.06%
预期外汇损失（EUR 相对 USD 贬值）	0.60%

名师解析

根据上表的数据，可将收益进行以下分解。

（1）票息收益。

$$\text{Coupon income} = \frac{\text{Annual coupon payment}}{\text{Current bond price}} = \frac{2.85}{97.21} = 2.93\%$$

（2）收敛收益率。

$$\text{Rolldown return} = \frac{\text{Bond price}_{End} - \text{Bond price}_{Beginning}}{\text{Bond price}_{Beginning}} = \frac{97.76 - 97.21}{97.21} = 0.57\%$$

滚动收益率等于（1）与（2）之和，即3.50%。

（3）由基准收益率变动导致的债券价格预期变动率。

$$E(\Delta \text{Price due to investor's view of benchmark yield})$$
$$= -\text{ModDur} \times \Delta \text{benchmark} + \frac{1}{2} \times \text{Convexity} \times (\Delta \text{benchmark})^2$$
$$= -3.5 \times 0.39\% + \frac{1}{2} \times 20 \times (0.39\%)^2 = -1.35\%$$

（4）由利差变动导致的债券价格预期变动率。

$$E(\Delta \text{Price due to investor's view of yield spreads})$$
$$= -\text{ModDur} \times \Delta \text{spread} + \frac{1}{2} \times \text{Convexity} \times (\Delta \text{spread})^2$$
$$= -3.5 \times (-0.06\%) + \frac{1}{2} \times 20 \times (-0.06\%)^2 = 0.21\%$$

（5）预期外汇利得与损失。
由题干可知预期外汇损失为0.60%。

最终，总体预期收益率 = 2.93% + 0.57% - 1.35% + 0.21% - 0.60% = 1.76%。

备考小贴士

在考试中，考生需要根据公式对现金收益率、收敛收益率以及由收益率或利差变动导致的债券价格预期变动率进行计算。通常情况下，题干会直接给出预期外汇利得或损失的数据，无须自行计算。

9.5 其他考量因素

9.5.1 流动性

—考点要求—
描述（describe）债券市场的流动性，包括子市场间的差异（★★）

9.5.1.1 债券市场流动性

具有高流动性的证券可以快速按照公允价值进行交易，且该交易对证券价格的影响非常有限。相较股票，固定收益市场的流动性通常偏低。债券市场通常属于场外市场，绝大多数的债券通过做市商进行交易，只有少量债券通过交易所进行交易。投资者需要意识到，流动性的好坏，会对债券投资收益率产生很大的影响。

9.5.1.2 5个影响流动性的因素

1. 发行主体

发行主体（issuer）会影响债券的流动性。主权政府债券通常比公司债和非主权政府债券拥有更高的流动性。

2. 信用质量

信用质量（credit quality）通常与债券流动性呈正相关关系。在其他条件相同的情况下，信用质量越高的公司债，其流动性也越高。

3. 发行量

发行量（issue size）通常与债券流动性呈正相关关系。发行量较小的债券通常流动性较低。这是因为债券指数对成分债券的发行量有最低要求，发行量小的债券通常不被纳入债券指数当中。而债券指数这类一篮子债券的组合往往比单一债券更具有流动性，因此被纳入指数中的债券，流动性也就远远高于未纳入指数的债券了。

4. 发行时间

近期发行的债券通常拥有更高的流动性。在美国，刚刚发行的国债（on-the-run）比之前发行的国债（off-the-run）拥有更高的流动性。

5. 期限长短

期限（maturity）越长的债券，其流动性通常越低。长期债券的投资者大多是机构投资者，如养老金或者捐赠基金。这些机构投资者买入债券后并不急于卖出，而是希望一直持有至到期，因此该类债券的流动性偏低。

9.5.1.3 流动性的影响

流动性的影响主要表现在定价、组合构建，以及债券投资的替代品这三方面。

—考点要求—
探讨（discuss）流动性对固定收益组合管理的影响（★★）

1. 定价

由于许多债券交易不频繁，因此其历史价格无法反映当前的市场情况。与此同时，债券价格的决定因素很多，如利率、信用利差及流动性溢价等，这些因素也会随着市场情况而频繁变动。

对于新发行或流动性不佳的债券，市场的价格发现功能缺失，可采用矩阵定价（matrix pricing）方法确定价格。矩阵定价利用当前类似债券的交易价格，来估计市场要求收益率，进而估计此类债券的价格。矩阵定价的优点在于简便，不需要复杂的金融模型。缺点在于不同债券间的定价相关特性确实存在一定差异，用几种现存的"类似"债券价格来确定另一种债券价格未必合适。例如，含有内嵌期权的债券和不含内嵌期权的债券，即便其他特征非常"类似"，也不适合利用某一种债券确认另一种债券的价格。

2. 组合构建

组合构建时，投资者必须对收益和流动性进行取舍。通常情况下，债券的收益率与流动性呈现反向关系，即流动性越差，收益率越高。在组合构建过程中，发行量小、期限长，且私募发行的债券的成本通常较高。这是因为债券市场通常采用做市商制度，对流动性不佳的债券而言，做市商的买卖价差（bid-ask spread）更大。

3. 债券投资的替代品

交易固定收益证券最重要的问题在于全球债券市场的流动性不足。因此，投资者可通过投资流动性更强的固定收益类衍生品来获得相应的风险敞口，如债券期货（bond futures）和利率互换（interest rate swap）。其中，债券期货属于场内衍生品，而利率互换属于场外衍生品。此外，债券型交易所交易基金（fixed-income exchange-traded funds/fixed-income ETFs）和集合投资工具也可以替代直接投资债券。

> **知识一点通**
>
> 债券 ETF 是指以债券指数为跟踪标的的 ETF。按照不同的运作方式，债券 ETF 可以分为实物债券 ETF 和现金债券 ETF。在我国，实物债券 ETF 是指所跟踪债券指数的成分证券为深交所上市债券、投资者使用债券组合申购赎回的 ETF。现金债券 ETF 是指跟踪债券指数、投资者使用全额现金申购赎回的 ETF。例如，深交所首只债券 ETF——嘉实中期国债 ETF，跟踪中证金边中期国债指数，主要投资于剩余期限为 4~7 年的国债品种，可使用实物、现金替代及基金合同和招募说明书约定的其他方式进行申购赎回，并在深交所上市交易。

> **备考小贴士**
>
> 关于流动性，考生应着重掌握流动性对定价、组合构建以及债券投资的替代品这三方面的影响。

9.5.2 杠杆

9.5.2.1 杠杆组合收益率

—考点要求—
探讨（discuss）杠杆的使用以及杠杆给固定收益组合带来的风险（★★）

杠杆（leverage）是一种通过借贷资金进行投资的方法。杠杆的特点在于当某证券价格发生给定变化时，杠杆可以放大投资该证券实现的收益，但同时也可以放大亏损，即增加了投资的风险。通过利用杠杆，固定收益组合经理可以增加组合收益。

$$r_P = \frac{\text{Portfolio return}}{\text{Portfolio equity}} = \frac{[r_I \times (V_E + V_B) - (V_B \times r_B)]}{V_E} = r_I + \frac{V_B}{V_E}(r_I - r_B) \quad (9.8)$$

公式（9.8）中，r_P 代表杠杆组合收益率；r_I 代表投资收益率；r_B 代表借款利率（borrowing rate）；V_B 代表借入资金的金额；V_E 代表自有资金，即权益（equity）。

如果 $r_I > r_B$，杠杆会增加组合的收益率；如果 $r_I < r_B$，杠杆会降低组合的收益率。而具体增加或降低的程度，则同时取决于杠杆率 $\left(\frac{V_B}{V_E}\right)$ 和投资收益超过借款利率的部分 $(r_I - r_B)$。

> **备考小贴士**
>
> 杠杆组合收益率是重要考点，考生需要掌握具体的计算公式。

9.5.2.2 增加杠杆的方法

常见的增加投资组合杠杆的方式包括期货合约、互换合约、回购协议（repurchase agreements，repos），以及证券出借（security lending）。

—考点要求—
探讨（discuss）加杠杆的其他方法（★★）

1. 期货合约

期货杠杆的计算方法见公式（9.9）。

$$\text{Leverage}_{\text{Futures}} = \frac{\text{Notional value} - \text{Margin}}{\text{Margin}} \tag{9.9}$$

公式（9.9）中，Notional value 代表期货合约的名义价值；Margin 代表保证金。

2. 互换合约

本质上，投资于一个利率互换合约等于拥有一个债券组合。作为固定利率支付方，该组合包括 1 个浮动利率债券的多头寸与 1 个固定利率债券的空头寸。利率互换的交易仅需要双方缴纳抵押品即可进行，这种交易模式本身自带高杠杆属性。

3. 回购协议

回购协议是一种重要的短期融资工具。在回购协议中，融资方以特定的金额卖出证券的同时，同意未来以另一特定金额回购该证券，因此，回购协议本质上是抵押贷款。而对于融资方的对手方而言，这个交易过程被称为逆回购（reverse repos）。

债券回购杠杆操作策略，是指在债券市场中，债券投资者可以将其手中的债券质押出去，借入资金。利用借入的资金买入债券后，可以将新购入的债券再通过回购质押出去，借入更多资金。多次循环此过程，让投资者购入数倍于自有本金的债券量，建立起较高的杠杆率。在这个过程中，债券投资者收益来自买入的债券所产生的相对较高的收益率，而成本则是通过回购借入短期资金所需支付的相对较低的短期利率。换而言之，通过回购协议，债券投资者可收获两者之间的利差。

4. 证券出借

证券出借的原因主要有两个。第一，证券出借是为了满足做空投资者的需求，即做空目的。第二，证券出借是为了进行抵押贷借款，证券出借方通过借出的证券获得现金，即融资。与回购协议不同，证券出借通常为开放式，即证券出借方随时可以要求证券的返还，证券借入方也可以随时返还证券并要求证券出借方返还抵押品。

通常来讲，证券出借交易以现金或信用质量极高的债券作为抵押品。

（1）现金作为抵押品。在做空目的中，证券借入方根据证券价值向出借方支付一定比例的费用。证券出借方收到的现金可用于再投资。在融资目的中，费用的支付方向正好相反，应由证券出借方（现金借入方）支付给证券借入方（现金借出方）。

（2）以信用质量高的债券作为抵押品。通常情况下，如果以债券作为抵押品，则证券出借方要求抵押的债券价值比出借证券的价值要高。例如，抵押的债券价值是出借债券价值的 102%，此时高出的 2% 类似回购协议中的回购价差（repo margin/haircut）。

综上所述，以上 4 个方式可用于增加投资组合杠杆。然而，需要特别的注意的是，杠杆增加了投资组合的风险，可能导致被迫清算（forced liquidation）和重新评估对手方风险（counterparty risk），在经济危机时期尤盛。

> **备考小贴士**
>
> 4个增加杠杆的方式是比较重要的考点，考生需要掌握具体增加杠杆的原理。

9.5.3 税收

—考点要求—
探讨（discuss）为纳税投资者和免税投资者管理固定收益组合的差异（★）

9.5.3.1 税收的一般原则

不同国家对于投资收益的征税方式不尽相同。总体而言，税收的一般原则如下。

(1) 投资固定收益证券的收益来源有两个：票息收益（又称"利息收益"）和资本利得与损失。

(2) 通常情况下，两个来源的收益均在收到的时候进行征税。

(3) 资本利得的有效税率低于利息收益的有效税率。

(4) 资本损失只可用于抵扣资本利得的收益。

(5) 短期资本利得的有效税率高于长期资本利得的有效税率。

9.5.3.2 投资工具的选择对税收的影响

对于投资者而言，分离式管理账户（separately managed account，SMA）和集合投资工具（pooled investment vehicle）所面临的税务负担并不相同。

(1) 对于 SMA 而言，投资者直接拥有其账户中的证券，因此当投资者获取来自证券的收益之时，就必须承担相应的缴税义务。因此，当组合经理为客户配置资产时，应该考虑不同证券对于税负的影响。

(2) 对于集合投资工具（如共同基金）而言，利息收入发生时，应在最终投资人层级上征缴税款。无论共同基金是将利息收入进行了再投资还是直接发放给投资者，投资者都必须缴税。对于资本利得的征税，不同国家的征税方式不同。对于共同基金的资本利得，美国采用穿透性税收待遇（pass-through treatment），即当年实现的净资本利得被认定成分配给了投资者，投资者必须在他们的纳税申报单上，将其余收入和净资本利得加总后报税缴税。英国则规定当投资者卖出基金份额后，对资本利得进行缴税。

无论采用哪类投资工具，组合经理都可以利用损失抵税（tax-loss harvesting）的方式进行合理避税。

> **知识一点通**
>
> 智能投顾公司通常采用被动投资策略，为客户配置的资产多为交易所交易基金（exchange-traded funds，ETFs）。损失抵税（tax loss harvesting）一直是智能投顾公司业务的一大亮点。该服务是指当某个证券出现亏损时，智能投顾的服务可以用确认的损失来抵消所获得的收益，从而达到节税的目的。同时，电脑程序可挑出与卖出的 ETFs 高度相关的资产或组合作为替代，这样不仅基本维持了满足投资者的风险收益水平，也可对节约的税收收益进行再投资。此外，延期纳税也会给投资者带来税率差值上的套利机会。

第 9 章 固定收益组合管理概述

> **备考小贴士**
>
> 关于税收，考生需要重点掌握如何为纳税投资者和免税投资者管理固定收益组合。二者之间的差异是重要考点。

例题 9.3

假设当前投资经理 X 为了满足客户的资金需求，需要将手中的债券 A 或债券 B 进行变现。已知债券 A 和债券 B 的当前市场价值均为 2 000 万美元。债券 A 的资本利得为 200 万美元，债券 B 的资本损失为 200 万美元。经理 X 认为债券 A 的价值被高估，债券 B 的价值被低估。两只债券均距离到期 5 年，票息收益的税率为 45%，资本利得税率为 28%。

（1）请问对于免税投资者，经理 X 应该变现哪只债券？

（2）请问对于纳税投资者，经理 X 应该变现哪只债券？

名师解析

（1）对于免税投资者而言，由于无须缴纳税款，因此经理 X 会选择将债券 A 变现。这是因为债券 A 的价值被高估，目前在高价位出售是更优的选择。

（2）对于纳税投资者，经理 X 应选择变现债券 B。这是因为出售债券 B 相当于一种损失抵税，这些资本损失可以用于抵扣未来的资本利得。

练一练

9-1 Which of the following fixed-income securities has the lowest inflation hedging potential?

A. A fixed-coupon bond.

B. An inflation-linked bond.

C. A floating-coupon bond.

9-2 Which of the following statements regarding liability-based mandates is most likely correct?

A. Once duration matching is completed, the manager has no incentive to rebalance the portfolio periodically.

B. Cash flow matching requires no underlying assumptions on the shape of the yield curve.

C. The contingent immunization approach combines pure indexing with active management when there is a positive surplus.

9-3 It is known that the value of a portfolio's equity is USD 95.25 million and the value borrowed is USD 45.55 million. The borrowing rate is 3.5% and the return on invested funds is 7.5%. Based on the information above, the levered portfolio return is:

A. 8.42%.

B. 9.14%.

C. 9.41%.

9-4 Gloria Gong, a fund manager, decides to use fixed income securities to fund future liabilities and hedge inflation risk. Which of the following bonds is most suitable for that purpose?

A. AAA-rated fixed-rate corporate bonds.

B. 20-year fixed-rate treasury bonds.

C. US government agency floating-coupon bonds.

9-5 Which of the following financial instruments can be used to leverage fixed-income portfolios?

I. Bond futures

II. Repurchase agreements

III. Securities lending

A. I only.

B. I and II.

C. I, II, and III.

9-6 The total expected fixed-income returns can be decomposed into the following components:

A. yield income, rolldown return, and expected change in price based on investor's views of benchmark yield and yield spreads.

B. yield income, rolldown return, expected change in price based on investor's views of benchmark yield and yield spreads, and expected credit losses.

C. yield income, rolldown return, expected change in price based on investor's views of benchmark yield and yield spreads, and expected currency gains or losses.

答案与解析

9-1 A

选项 A，固定利率债券无法对冲通货膨胀风险，因此对冲通货膨胀的潜力最低。

选项 B，通胀挂钩债券的面值会依据通货膨胀水平的波动进行定期调整，票息率保持不变，因而每次调整面值后，票息会跟随本金产生波动。因此，通胀挂钩债券可以对冲通货膨胀。

选项 C，浮动利率债券是指一类票息率根据参考利率（reference rate）浮动的债券。当此类债券的参考利率根据通货膨胀水平进行调整的时候，该债券的票息部分也可以对冲通货膨胀，故而浮动利率债券也拥有一定对抗通货膨胀的能力。

9-2 B

选项 A，采用久期匹配的组合仅在一个时间点上被免疫。当市场情况发生变化时，收益率曲线会发生变化，资产和负债的久期也会发生变化，导致免疫的条件会被打破，组合需要进行再平衡。

选项 B，现金流匹配旨在保证所有未来的负债支出都精确地与来自债券或固定收益类衍生品的现金流入相匹配的操作方法。该操作方法最简单，最直观，且没有附带的前提假设。

选项 C，或有免疫是将免疫和主动管理相结合的混合型方法。

9-3 C

根据题干的信息，可计算杠杆组合的收益率：

$$r_P = \frac{\text{Portfolio return}}{\text{Portfolio equity}} = \frac{[r_I \times (V_E + V_B) - (V_B \times r_B)]}{V_E} = r_I + \frac{V_B}{V_E}(r_I - r_B)$$

$$= 7.5\% + \frac{45.55}{95.25}(7.5\% - 3.5\%) = 9.41\%$$

因此，杠杆组合的收益率是 9.41%。

9-4 C

选项 A，AAA 评级的固定利率公司债券无法对冲通货膨胀风险。

选项 B，美国财政部发行的 20 年期固定利率债券无法对冲通货膨胀风险。

选项 C，美国政府机构发行的浮动利率债券可以对冲通货膨胀风险。浮动利率债券是指一类票息率依据参考利率（reference rate）浮动的债券。当此类债券的参考利率根据通货膨胀水平进行调整的时候，该债券的票息部分也可以对冲通货膨胀，故而浮动利率债券也拥有一定对抗通货膨胀的能力。

9-5 C

衍生品合约通常带有高杠杆的性质。可用于增加组合杠杆的方式包括期货合约、互换合约、回购协议，以及证券出借。

因此，Ⅰ、Ⅱ 以及 Ⅲ 均正确。

9-6 C

如果将总体预期收益率进行分解，那么投资者可以清晰地辨析其投资收益的来源。通常来讲，总体预期收益率可按照如下方式分解：

E(R) ≈ Coupon income

+ Rolldown return

+ E(ΔPrice due to investor's view of benchmark yield)

+ E(ΔPrice due to investor's view of yield spreads)

+ E(ΔPrice due to investor's view of currency value changes)

第 10 章

被动型投资策略

章节导学

知识引导

近些年来，在全球资产管理中，被动型投资组合的资产规模占比持续提高，而主动型投资组合的资产规模占比则呈现持续下降的状态。美国市场上，次贷危机后，被动投资固定收益基金呈现爆发式增长，大量资金从主动管理共同基金流向被动基金，如交易所交易基金和指数型共同基金。此外，固定收益证券作为资产负债管理的重要工具，在银行、信托、资产管理等诸多金融部门均有广泛应用。由此可见，固定收益市场中的被动型投资策略意义重大。本章通过负债驱动型策略、被动投资以及基准的选择对被动型投资策略进行深入探讨。

考点聚焦

本章整体上难度较高，属于 CFA® 三级"固定收益组合管理"中的核心章节，且考查方式以定性为主、定量为辅。具体来讲，单一负债策略、多负债策略、相关风险、基于指数的被动投资方法，以及基准的选择都属于重要的概念，特别是久期匹配的条件和凸度的影响因素，考生需要重点掌握。与此同时，凸度的计算公式可能以定量方式进行考查。

本章框架图

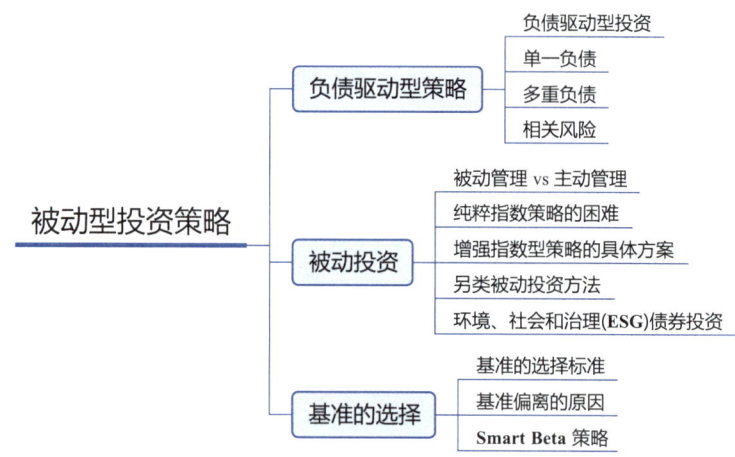

10.1 负债驱动型策略

10.1.1 负债驱动型投资

资产负债管理（asset-liability management，ALM）是指金融机构进行投资组合管理的过程中同时考虑资产与负债的一种管理策略。资产驱动型负债（asset-driven liabilities，ADL）和负债驱动型投资（liability-driven investing，LDI）是 ALM 之下的两种特殊投资策略。

10.1.1.1 资产驱动型负债

在 ADL 策略中，资产已经给定，投资组合管理的对象是负债，即需要将负债的结构进行优化，从而管理利率风险。值得一提的是，相比 LDI，ADL 十分罕见。

例如，一家慈善基金获捐一大笔利率敏感型证券（如各类固定收益证券），然而限于捐赠合约，这些利率敏感型证券不得提前出售变现。为了最小化利率变化对基金资产的影响，该慈善基金可以构建与资产匹配的一系列利率敏感型负债，并确保利率变化对资产与负债的影响高度相似，这就实现了将资产与负债特征综合考虑，并根据资产现有特征，选定合适负债的投资目标。

10.1.1.2 负债驱动型投资

1. LDI 策略的内涵

在 LDI 策略中，负债已经给定，投资组合管理的对象是资产。因此，LDI 策略的首要任务是分析未来负债发生的时点和金额。例如，收益确定型养老金（defined benefit pension plan，DB pension plan）中，对于雇主公司而言，未来雇员的福利（养老金）构成了一个对利率较为敏感的负债组合，这也是此类养老金的天然负债。因此，该类养老金必须通过管理资产的手段达到资产负债相互匹配的目标。LDI 策略比 ADL 策略普遍很多，因此 LDI 也是本章的主要讨论对象。

—考点要求—
描述（describe）负债驱动型投资（★★）

2. 负债的类别

LDI 策略中，根据负债情况的明确程度，可将负债分为以下四类（见表 10.1）。

（1）第一类负债（Type I liability）的金额和未来支付时间均确定。
（2）第二类负债（Type II liability）的金额确定，但未来支付时间不确定。
（3）第三类负债（Type III liability）的金额不确定，但未来支付时间确定。
（4）第四类负债（Type IV Liability）的金额和未来支付时间均不确定。

表 10.1 四类负债的特征

负债类型	金额	支付时间
Ⅰ	确定	确定
Ⅱ	确定	不确定
Ⅲ	不确定	确定

续表

负债类型	金额	支付时间
Ⅳ	不确定	不确定

> **知识一点通**
>
> 20世纪70年代末，随着石油价格的升高和通货膨胀的日益严重，利率波动性也逐渐增加，在这种新境遇下，西方发达经济体中商业银行的资金管理方法也逐步转向资产负债管理。该理论的基本思想是从资产和负债两方面综合考虑并协同二者进行分析处理。根据银行经营环境的变化，银行需要协调各种不同的资产和负债在利率、期限、风险和流动性等方面的匹配程度，做出最优化的资产负债组合，以满足盈利性、安全性和流动性的要求。

> **备考小贴士**
>
> 四类负债的特征是考试的重点，需要考生着重掌握它们之间的差异，并准确记忆。
>
> 直观地看，从第一类负债到第四类负债，负债特征的确定性越来越弱。第一类负债金额和时间均确定，而第四类负债金额和时间均不确定。那么，怎么记忆第二类负债和第三类负债呢？
>
> 第二类负债，金额确定，时间不确定。可以想象成我的债主可能在近一个月内的某一天要求我还钱，还钱数额确定，假设为2 000元。尽管我不知道哪天会遇到债主，但我完全可以提前将2 000元准备好，放进余额宝，如果遇到他就直接转账还款。
>
> 第三类负债，时间确定，金额不确定。可以想象成我的债主后天上午10:00会在星巴克北京英蓝国际店和我见面并要求我还钱，但由于这笔债务的利息由债主决定，因此确切的还钱数额无法预计。虽然我知道后天上午和债主见面的准确时间和地点，但我仍旧难以提前准备，这笔债务对我而言，不确定性远高于第二类负债。
>
> 所以，相比时间不确定，金额的不确定是一种更严重的不确定特征。第二类负债是金额确定、时间不确定，第三类负债是金额不确定、时间确定，这也完全符合我们前文强调的规律，即"从第一类负债到第四类负债，负债特征的确定性越来越弱"这一特点。

例题 10.1

请根据负债类型对以下4种金融工具进行划分：美式看涨期权、固定票息的政府债券、可提前支取的定期存款，以及定期不保本不保息理财产品。

名师解析

（1）美式看涨期权属于第四类负债，这是因为未来现金流的时间和金额都随着行权发生变化。

（2）固定票息的政府债券属于第一类负债，其未来票息及本金的偿付时间和金额都事先确定。

（3）可提前支取的定期存款属于第二类负债，其未来现金流确定，但支取时间不确定。

（4）定期不保本不保息的理财产品属于第三类负债，现金流发生的时间确定，但金额却无法事先确定。

10.1.2 单一负债

10.1.2.1 利率免疫

单一负债管理策略（single liability managing strategy）是指只针对一笔负债进行的投资管理策略。与此同时，该笔单一负债属于第一类负债，即金额和时间都能够事先确定。

在众多的单一负债管理策略中，最经典的投资策略是利率免疫（interest rate immunization）。免疫的概念在前文已详细论述，而利率免疫则旨在令债券型投资组合（资产端）不受利率波动的影响。需要注意的是，免疫假设策略假设债券不存在违约风险。因此，如果未来面临的是单一负债，那么利率免疫可以保证资产端组合的价值相对稳定，足以覆盖未来单一负债的支付需求。正如前文提到的，免疫策略有两大主流方法：现金流匹配与久期匹配。

—考点要求—
评估（evaluate）管理单一负债的策略（★★★）

10.1.2.2 现金流匹配

现金流匹配中，投资经理应利用一个零息债券满足未来单一负债的资金支付，即同时满足以下两个条件：

（1）零息债券的面值等于单一负债的金额，即满足金额匹配；

（2）零息债券的到期时间等于单一负债的支付时间，即满足时间匹配。

10.1.2.3 久期匹配

如果无法找到合适的零息债券，那么投资经理应利用付息债券进行久期匹配。此时，资产负债管理中的资产端往往是由多只债券构成的债券组合。

1. 久期匹配的三个条件

（1）债券组合的初始市场价值大于或等于负债的现值：

$$PV_{\text{Bond portfolio}} \geq PV_{\text{Liability}} \quad (10.1)$$

—考点要求—
评估（evaluate）在不同利率情境下的负债驱动型策略（★★★）

—考点要求—
选择（select）一个可达到组合目标的策略（★★★）

前文久期匹配所提到的投资组合就相当于此处的资产，而现值相等的条件为最低要求。此处的条件为资产现值大于或等于负债现值，能够更优秀地完成"资可抵债"的任务。

（2）债券组合的麦考利久期等于负债的到期期限：

$$\text{Mac Dur}_{\text{Bond portfolio}} = \text{Mac Dur}_{\text{Liability}} \quad (10.2)$$

公式（10.2）中，负债的到期期限等于其麦考利久期，这是因为单一负债可看作一只零息债券。资产端由于投资的为付息债券，会面临票息再投资风险。当投资期限等于麦考利久期时，票息再投资风险和债券价格风险会相互抵消。一旦满足麦考利久期相等，利率对于资产组合的影响与对于负债的影响会非常相近，即 $\Delta \text{Asset} \approx \Delta \text{Liability}$。

（3）债券组合的凸度最小化。凸度最小化可以尽量降低收益率曲线非平行移动所带来的负面影响，即结构化风险最小。

> **备考小贴士**
>
> 注意，这里谈到的债券组合凸度最小化，是由于单一负债为零息债券，零息债券的凸度是同等期限的债券中最小的，所以与其匹配的资产端也要凸度最小化。这也就等同于尽量使资产的凸度等于负债的凸度，即尽量使 $C_{\text{Asset}} = C_{\text{Liability}}$ 实现。

2. 麦考利久期

上述条件（2）中提到的麦考利久期（Macaulay duration，Mac Dur）是一种利率风险的计量指标，代表使用加权平均数形式计算出的债券组合平均到期时间。久期缺口（duration gap）则是由麦考利久期衍生出的另一重要概念。这是因为，如果无法找到合适的零息债券进行利率免疫，投资经理可通过调整付息债券的投资期限来规避利率风险，达到利率免疫的目标。久期缺口的计算方法为：

$$\text{Duration gap} = \text{Macauley duration} - \text{Investment horizon} \quad (10.3)$$

在单一负债匹配的场景下，公式（10.3）的 Macaulay duration 指的是资产端的债券组合的麦考利久期；Investment horizon 可以看成是负债的到期时间，因为负债到期时，资产端的投资也相应结束。因此，目标是调整债券组合的麦考利久期，使久期缺口接近零。

（1）如果久期缺口等于0，即债券组合的麦考利久期等于投资期限，则利率变动对于投资组合的总体影响几乎为零，实现了利率免疫。此时，票息的再投资风险和债券的市场价格风险方向相反、大小相同，刚好互相抵消。

值得指出的是，随着时间的推移和收益率曲线的变化，平衡关系可能会被打破，需要再平衡。

（2）如果久期缺口大于0，则说明债券组合的麦考利久期过大，此时债券价格风险比票息再投资风险的影响更大。

（3）如果久期缺口小于0，则说明债券组合的麦考利久期过小，此时票息再投资风险比债券价格风险的影响更大。

3. 凸度

（1）凸度的含义。

修正久期（modified duration）衡量债券持有期收益率（yield to maturity，YTM）变化对债券价格变化的一阶影响，而凸度则衡量 YTM 变化对债券价格变化的二阶影响。

如图 10.1 所示，久期只能反映收益率的微小变化对债券价格变化的线性影响，而当收益率变化较大时，价格收益曲线的"凸性"（即二阶影响）必须通过凸度来度量，从而更能准确地反映收益率变动对债券价格变动的影响。

从图 10.1 可以看出，凸度越大的债券，其价格收益曲线越弯折，那么当 YTM 下降时，债券价格升高得越多；当 YTM 上升时，债券价格下跌得越少。因此，凸度大的债券比凸度较小的债券表现更优。

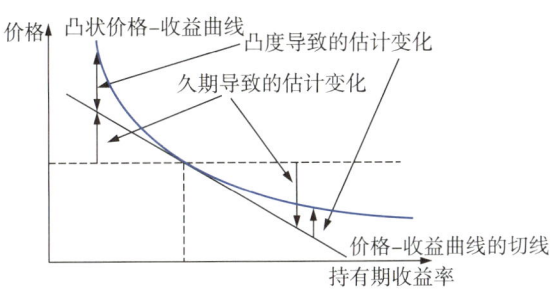

图 10.1 凸度对债券价格收益率曲线的影响

> **知识一点通**
>
> 如果 YTM 变动幅度较大，从图 10.1 可以看出，仅仅考虑久期时的价格变化和真实价格变化相差较大。从几何角度上说，距离切点越远，曲线和切线差距越大。所以此时必须同时考虑久期和凸度的影响，才能准确反映 YTM 变化对债券价格变化的影响。

（2）凸度的计算。

对于不含权债券，凸度取决于麦考利久期、现金流收益率和现金流的分散程度（dispersion）。其中，现金流的分散程度是指投资组合现金流的期限关于其现值加权平均（麦考利久期）的标准差，用来衡量现金流偏离麦考利久期的程度。

$$\text{Convexity} = \frac{\text{Macaulay duration}^2 + \text{Macaulay duration} + \text{Dispersion}}{(1 + \text{Cash flow yield})^2} \quad (10.4)$$

公式（10.4）中，Cash flow yield 是指债券型投资组合未来所有现金流的内部收益率（internal rate of return）。影响债券凸度最重要的因素为债券是否包含期权和期权的具体类型。然而，本章不分析具有期权特征的债券。

> **知识一点通**
>
> 在所有久期相同的债券中，零息债券由于不存在现金流分散，因此其凸度最小。由 1 只长期零息债券和 1 只短期零息债券构成的杠铃组合（barbell portfolio），其现金流更加分散，因此该组合的凸度会更大。这背后的原理在于，给定收益率上涨，长期零息债券的现值下降幅度较大，而短期零息债券的现值下降幅度较小。这种变化幅度的不同会导致长期现金流的相对权重下跌，短期现金流相对权重上升，这种变化本身就会降低组合整体的久期。当收益率进一步上升的时候，更小的久期减轻了债券价格下跌带来的损失程度。

(3) 更加分散的现金流。

关于更加分散的现金流，图 10.2 提供了更加直观的阐述。它提供了一个基准作为衡量标准，包括 3 笔现金流（CF_1、CF_2 以及 CF_3），横轴代表时间，竖线的长短代表现金流的金额，竖线越长代表金额越大，即相应的现金流相对权重也会越大。

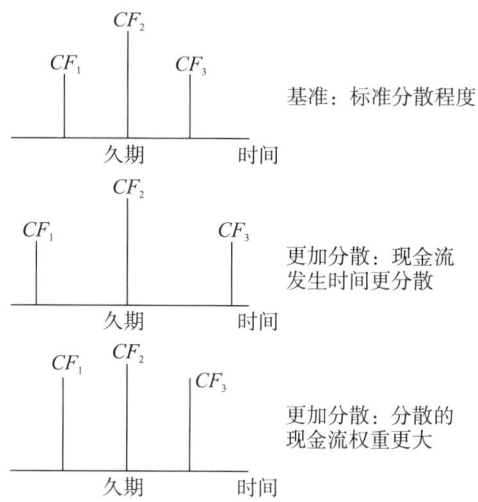

图 10.2　现金流分散程度的对比

由图 10.2 可知，现金流分散程度高有两种表现形式：第一种为现金流发生的时间更加分散；第二种是分散的现金流权重更大。这两种形式都会导致公式（10.4）中现金流分散程度这一参数的数值更大。

(4) 凸度带来的效应。

假设目前投资经理面对的是中等期限的单一负债（M）。同时，投资经理的资产包括两个债券组合：1 个久期较短的债券组合（S）和 1 个久期较长的债券投资组合（L）。

由此可见，负债端的现金流只有 1 笔且发生在中期，因此凸度最小。而资产端的现金流更加分散，因此凸度大。根据前文对凸度的介绍可知，在麦考利久期相同的情况下，利率变化会对资产端更加有利。然而，收益率曲线发生非平行移动会带来结构化风险（structural risk）。

即使满足了久期匹配的三个条件，免疫策略也还需要一个重要的前提：债券组合（资产端）现金流收益率的增减等于单一负债（可看作一只零息债券）的 YTM 增减。然而，增减相等不一定仅源于收益率曲线平行移动。下文将通过收益率曲线变化的六个情景进行具体阐述。

① 收益率曲线平行移动：上升。如图 10.3 所示。

$t=0$ 时刻，资产现值大于或等于负债现值。

当收益率曲线平行上移时，资产端的凸度较大，因此资产端价值下跌较小；负债端凸度较小，因此负债端价值下跌较大。

最终，资产价值依旧会大于或等于负债价值，顺利达成了免疫。

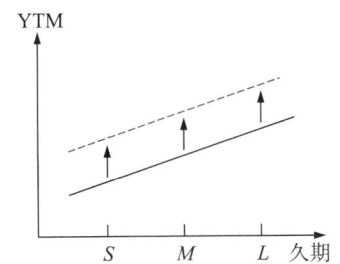

图 10.3　收益率曲线平行移动：上升

② 收益率曲线平行移动：下降。如图 10.4 所示。

$t=0$ 时刻，资产现值大于或等于负债现值。

当收益率曲线平行下移时，资产端的凸度较大，因此资产端价值上升较多；负债端凸度较小，因此负债端价值上升较小。

到期 $t=T$ 时刻，资产价值依旧会大于或等于负债价值，顺利达成了免疫。

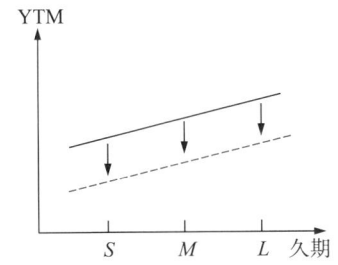

图 10.4　收益率曲线平行移动：下降

③ 收益率曲线非平行移动：收益率曲线变得更陡峭。如图 10.5 所示。

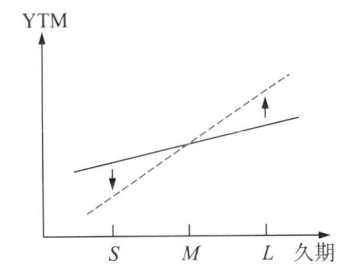

图 10.5　收益率曲线非平行移动：陡峭

可以将非平行移动看成是平行移动和旋转的组合。前文已经论述过平行移动的情景，因此，在考虑陡峭或平滑的过程中，仅考虑旋转的情景即可。

$t=0$ 时刻，资产现值大于或等于负债现值。

当收益率曲线变得更加陡峭时，长期利率上升，短期利率下降，二者变化幅度相同。中期利率不变。那么，资产端中的长期债券组合久期较大，因此价值下降较多；短期债券组合久期较小，因此价值上升较少。资产端价值总体呈现下降趋势。由于中期利率不变，负债端价值不变。

到期 $t=T$ 时刻，资产价值不一定能够覆盖负债价值，可能无法完成免疫。

④ 收益率曲线非平行移动：收益率曲线变得更平坦。如图 10.6 所示。

$t=0$ 时刻，资产现值大于或等于负债现值。

当收益率曲线变得更加平坦时，长期利率下降，短期利率上升，二者变化幅度相同。中期利率不变。那么，资产端中的长期债券组合久期较大，因此价值上升较多；短期债券组合久期较小，因此价值下降较少。资产端价值总体呈现上升趋势。由于中期利率不变，负债端价值不变。

到期 $t=T$ 时刻，资产价值能够覆盖负债价值，顺利达成了免疫。

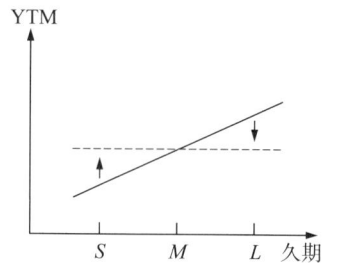

图 10.6　收益率曲线非平行移动：平坦

⑤ 蝶式 1：短端与长端上升，中端下降。如图 10.7 所示。

$t=0$ 时刻，资产现值大于或等于负债现值。

当收益率曲线出现蝶式 1 时，长期利率和短期利率同时上升，中期利率下降。那么，资产端中的长期债券组合和短期债券组合的价值同时下降。负债端的价值上升。

到期 $t=T$ 时刻，资产价值很可能无法覆盖负债价值，免疫策略很可能失败。

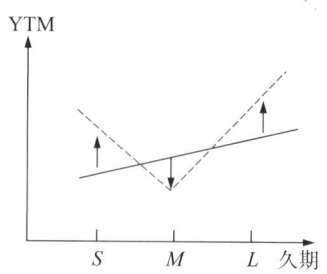

图 10.7　蝶式 1：短端与长端上升，中端下降

⑥ 蝶式 2：短端与长端下降，中端上升。如图 10.8 所示。

$t=0$ 时刻，资产现值大于或等于负债现值。

当收益率曲线出现蝶式 2 时，长期利率和短期利率同时下降，中期利率上升。那么，资产端中的长期债券组合和短期债券组合的价值同时上升。负债端的价值下降。

到期 $t=T$ 时刻，资产价值可以覆盖负债价值，顺利达成了免疫。

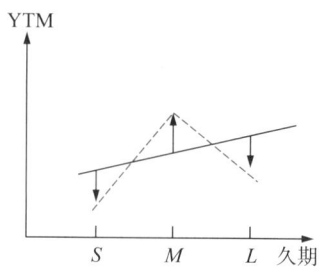

图 10.8　蝶式 2：短端与长端下降，中端上升

(5)结构化风险。

结构化风险是指由于收益率曲线的非平行变动导致免疫策略失败的风险。特别是当债券组合的收益率变动与负债收益率变动不匹配的时候,该风险尤其突出。在上文所述收益率曲线变化的六个情景中,收益率曲线变陡峭与蝶式1会涉及结构化风险,其余四个情景不会涉及该风险。最终,如果想完全避免结构化风险,最好的方法就是利用一只零息债券对单一负债进行现金流匹配。如果无法做到现金流匹配,则投资经理应尽可能利用凸度较小的债券组合,使资产端现金流可以相对集中在单一负债支付日期附近,这样可以尽量降低结构化风险。

> **备考小贴士**
>
> 考生需要明确,现金流匹配是一种最优选择,而久期匹配是一种次优选择。久期匹配中涉及的三个条件、凸度的含义、凸度的计算、现金流分散程度、收益率曲线的六个情景,以及结构化风险都是重要考点。
>
> 同时,单一负债久期匹配的优化方向,即"使资产端现金流可以相对集中在单一负债支付日期附近",实质就是越来越接近现金流匹配的要求。因此,我们可以说,单一负债久期匹配的"最高境界"就是成为现金流匹配。

例题 10.2

某客户在 12 年后将面临一笔负债,希望对该笔负债进行免疫。由于无法找到零息债券完成现金流匹配任务,投资经理决定使用付息的政府债券进行久期匹配。目前有 2 个债券组合可供选择。

债券组合 A:现金流收益率为 8.01%,麦考利久期为 11.98,凸度为 120.25。
债券组合 B:现金流收益率为 8.03%,麦考利久期为 12.02,凸度为 130.25。
请问投资经理应选择哪个债券组合用于久期匹配?

名师解析

投资经理应选择债券 A 用于久期匹配。

已知单一负债的到期时间为 12 年,即负债麦考利久期等于 12。债券组合 A 与债券组合 B 的现金流收益率非常接近且麦考利久期都近似等于 12。2 个债券组合的区别主要体现在凸度。由于客户希望采用免疫策略使未来 12 年的收益波动最小化,因此经理应建立一个凸度较小的投资组合。用于久期匹配的债券组合的现金流越是集中在麦考利久期附近,越是可以完成类似现金流匹配的免疫效果。因此,经理应该选凸度更小的债券组合 A。

10.1.3 多重负债

多重负债管理策略(multiple liabilities managing strategy)是指针对多期多笔负债进行的投资管理策略。

—考点要求—
比较(compare)管理单一负债策略与管理多重负债策略(★★★)

多重负债的免疫方法主要分为两大类：主要方法和补充方法。主要方法包括现金流匹配和久期匹配。补充方法包括梯形债券组合、衍生品叠加和或有免疫。

10.1.3.1 现金流匹配

1. 现金流匹配的优势

现金流匹配的目标在于建立一个专项的包含零息债券或付息债券的投资组合。该投资组合可提供足够的现金流，在时间和金额上可以匹配未来的多重负债。需要注意的是，该专项投资组合属于持有至到期型，组合中的债券在到期前不进行交易。

虽然公司可能拥有足够的资金实力建立投资组合，但却往往不直接用这些资金将外债一次性偿还。这是因为，债务回购操作困难且成本颇高。绝大多数公司债的流动性都偏低，且主要被大型机构长期持有。如果在公开市场上大量回购很可能推高市场价格。

企业采用现金流匹配策略的动机之一是提高自身的企业信用评级。一个市场主体，无论是主权国家、地方政府还是企业，如果能够通过资产负债管理进行更有效的现金流匹配，而非提前偿付外债，往往会被市场认为拥有较强的财务管理能力，也会因此而获得更高的信用评级。更高的信用评级，则可帮助企业以较低的融资成本获得资金，这对企业运营和财务表现均非常重要。

另外，通过视同清偿或会计废止（in-substance defeasance/accounting defeasance）的方式，公司可以将专用资产组合及对应的负债打包从资产负债表中移除。

2. 现金流匹配的劣势

现金流匹配的问题在于，组合中每个债券带来的现金流均源于期间票息和到期面值的给付，这会导致投资组合中大额现金集中在面值给付的时间点上，即现金流分布不均。如果多重负债所需的现金流结构非常复杂，那么现金流匹配则无法做到完美。

为了能够满足负债现金支付的需求，投资组合必须在每一个现金支付日之前积攒足够的资金；但是，如果资金多于负债需求，那么过多的资金则需要"等待"清偿负债，这就意味着"等待期"内往往会存在再投资风险，毕竟期限较短且风险较低的投资，其收益往往非常微薄。

10.1.3.2 久期匹配

1. 久期匹配的3个条件

与单一负债类似，多重负债的久期匹配要求同时满足以下3个条件。

（1）债券组合现值大于或等于负债现值。

（2）债券组合的基点价值（price value of a basis point，PVBP/BPV）等于负债的基点价值。

$$BPV_{\text{Bond portfolio}} = BPV_{\text{Liabilities}} \tag{10.5}$$

公式（10.5）中，$BPV_{\text{Bond portfolio}}$ 代表债券组合的基点价值；$BPV_{\text{Liabilities}}$ 代表负债的基点

价值。

基点价值是指收益率变动 1 个基点（1 bps，0.01%）时，债券全价（full price）的变动金额。本质上，基点价值是一种特殊的美元久期。

美元久期等于修正久期与债券市场价值的乘积。多重负债的久期匹配不再使用单一负债中的麦考利久期，其原因在于，美元久期可以同时反映修正久期和市场价值两方面的信息，投资经理更关心资产端是否能够提供足够的资金。另外，当面临多重负债的时候，资产端和负债端的市场价值以及现金流收益率并不一定相同，因而考虑了市场价值的美元久期更加合适。

（3）债券组合的凸度应比负债的凸度稍微高一些。

作为资产端，债券组合的凸度较高，可以保证当利率变动时，拥有比负债更好的表现。然而，根据前文论述，凸度越大，越容易引发结构化风险。本质上，多重负债的久期匹配是一种利率风险对冲策略，目标是将利率变动对资产端和负债端的影响相互抵消。因此，债券组合的凸度，应该在保证高于负债凸度的基础上，尽可能地小。这就可以同时权衡资产比负债表现更好以及尽量减少结构化风险这两个目标。

2. 久期匹配组合的再平衡

如前文所言，久期匹配的缺点在于需要不断再平衡，否则无法时刻保持完美的免疫效果。当收益率曲线发生变化，债券组合的美元久期也会随之改变。在理论上，投资经理需要立刻进行组合再平衡，保证债券组合的美元久期始终与负债的美元久期相同。然而在实务中，由于存在交易成本，投资经理通常会等到二者美元久期的差异超过一定程度后，再通过买卖债券或信用衍生品的方式来调节投资组合的美元久期。

例题 10.3

某投资经理希望通过久期匹配进行多重负债的免疫。已知多重负债的市场价值为 USD 14 989 350，修正久期为 12.25，BPV 为 USD 18 361.95，凸度为 120.12。

该投资希望投资 USD 15 000 000 来建立免疫组合。目前有 3 个债券组合可供选择。

债券组合 A：修正久期为 12.10，BPV 为 18 150，凸度为 105.07。

债券组合 B：修正久期为 12.25，BPV 为 18 375，凸度为 122.25。

债券组合 C：修正久期为 12.50，BPV 为 18 750，凸度为 113.52。

请问投资经理应选择哪个债券组合用于久期匹配？

名师解析

投资经理应选择债券组合 B。一方面，债券组合 B 的 BPV 为 18 375，与负债的 BPV 更匹配。另一方面，债券组合 B 的凸度为 122.25，比负债的凸度稍稍高一些。

10.1.3.3 梯形债券组合

—考点要求—
描述（describe）梯形债券组合的构建、优势与劣势，以及风险收益特征
（★★★）

梯形债券组合（laddered bond portfolio）的构建是将资金平均地投资在各个期限的债券当中，并保证不同期限所投资的债券面值相等。例如，投资经理将 1.2 亿美元均匀地投资在到期时间（time to maturity）为 1 年至 6 年的债券上，每只债券应该投资的金额约等于 2 000 万美元。

杠铃型组合（barbell）、梯形组合（laddered）以及子弹型组合（bullet）均可以进行久期匹配。假设投资经理需要构建久期为 3.5 年的资产组合，投资经理可以选择以下 3 种组合进行久期匹配。

（1）杠铃型组合：现金流集中在时间轴的两端，即 50% 的资金投资于 1 年期债券，剩余 50% 的资金投资于 6 年期债券。

（2）梯形组合：现金流均匀地分布一定的期间，即将资金平均地投资于 1 年至 6 年期的债券。

（3）子弹型组合：100% 的现金流集中在久期附近，即集中投资于期限为 3.5 年左右的债券。

由此可见，相比杠铃型组合与子弹型组合，梯形组合在收益率曲线上提供的分散化程度更高，如图 10.9 所示。

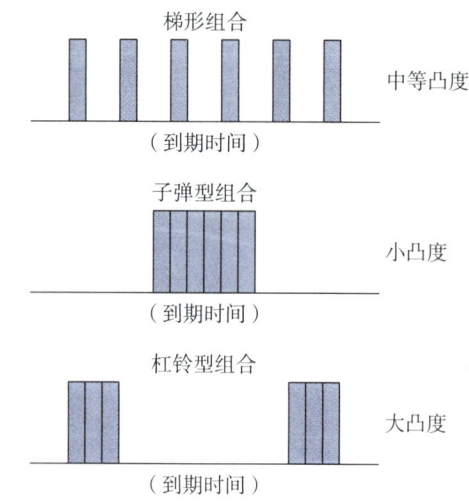

图 10.9　梯形、子弹型、杠铃型组合的现金流与凸度

在收益率曲线形态整体稳定并向上倾斜的情况下，梯形组合更具有吸引力。具体来讲，为了保持梯形的结构，到期的短期债券会被长期收益率更高的长期债券所替代。无论时间如何流逝，现金流都能够均匀地分布在到期时间轴上。梯形组合通过部分抵消市场价格风险与再投资风险的方式，有效降低了整个投资组合的利率风险。对于市场价格风险，梯形组合通过持有至到期的方法对其进行了规避。对于再投资风险，投资收益率更高的长期债券可获得更高的再投资收益。因此，梯形组合是一种擅长应对利率风险的精巧组合方式。

通过研究图 10.9 以及前文中的凸度计算方法可知，在其他条件不变的情况下，现金流分布越分散，凸度越大。杠铃型组合凸度最大，梯形组合次之，子弹型组合凸度最

小。相较于杠铃型组合,梯形组合的现金流均匀地分散在时间轴上,再投资风险较小。相较于子弹型组合,梯形组合的凸度更大,市场价格风险较小。

梯形组合可以提供足够的流动性,这是因为组合中永远包含临近到期的流动性高的债券。这些高质量、低久期的债券可以在回购协议中充当抵押品,满足投资经理的对现金的需求。

与此同时,也可以通过购买固定到期时间的公司债 ETFs 构建梯形组合。假设某只 ETF 包含的是 50 只持有至到期的且将于 2023 年到期的投资级公司债,那么投资经理可以选择直接购入该 ETF,而不必在市场上选择 2023 年到期的个券。因此,投资经理可通过均匀投资于多个到期时间不同的 ETFs 完成梯形组合的构建。如果投资经理需要个券,则可以通过赎回 ETFs 份额的方式达成。另外,ETFs 的流动性更高且交易成本更低,通过此法构建梯形组合是一种更加高效的方式。

> **备考小贴士**
>
> 考生需要掌握子弹型、杠铃型和梯形债券组合的特征,并重点掌握梯形组合的特点与优势。

10.1.3.4 衍生品叠加

1. 衍生品叠加的内涵

衍生品叠加是指当收益率曲线发生移动和旋转的时候,利用衍生品对免疫投资组合进行再平衡,使投资组合的 BPV 可维持在目标 BPV。与直接投资债券不同,利用衍生品进行组合再平衡的成本要低很多,这主要源于衍生品拥有更高的灵活性和流动性。例如,收益确定型养老金在众多不同的时间点上都涉及现金流需求,属于第四类负债。其中,未来的工资、潜在的长寿风险(longevity risk)以及收益率曲线形态的变化都会影响免疫组合的构建。

借助衍生品作为利率风险对冲工具(hedge),可将资产端债券组合的 BPV 与负债端的 BPV 相匹配。

$$\text{Asset BPV} \times \Delta \text{Asset yields} + \text{Hedge BPV} \times \Delta \text{Hedge yields}$$
$$\approx \text{Liability BPV} \times \Delta \text{Liability yields} \tag{10.6}$$

公式(10.6)中,ΔAsset yields 代表资产端收益率的变化;ΔHedge yields 代表衍生品收益率的变化;ΔLiability yields 代表负债端收益率的变化。三者的单位均为基点(bps)。

2. 衍生品叠加在实践中的应用

衍生品叠加在实践中广泛应用于收益确定型养老金,又称为 DB 型养老金(defined benefit pension plan)。DB 型养老金,在市场实践中,通常会出现以下两个特征。

(1) 资产端的市场价值低于负债端的现值,即资不抵债。

(2) 资产端的 BPV 也低于负债端的 BPV。

由于 BPV 等于修正久期与市场价值的乘积,那么当前的问题在于判断资产端修正久期与负债端修正久期的关系。

在实务中,资产端的修正久期往往低于负债端的修正久期,具体原因有两个。

(1) 资产端需要更高的流动性和更优的市场定价，短期市场上的资产更符合要求。然而，养老金负债端的期限往往很长。

(2) 监管当局对 DB 型养老金的管理者施加了流动性的限制，迫使养老金经理必须持有短期债券以满足监管要求。

以上两个原因共同导致了资产端的修正久期低于负债端的修正久期。

由于久期不匹配的问题，投资经理更需要利用衍生品达成以下目标。

(1) 关闭久期缺口，保证资产端与负债端达成久期匹配。

(2) 对于国际大公司，海外员工的养老金涉及外汇风险，可利用衍生品管理外汇风险。

(3) 债券组合中涉及公司债券，可利用信用违约互换管理信用风险。

3. 衍生品叠加的具体操作

下文将通过不同的衍生品管理利率风险。需要注意的是，将衍生品加入投资组合必然需要专业管理，这可能引入操作风险（operational risk）。

(1) 国债期货。

在 CME 集团交易的美国 10 年期国债期货（10-year T-note futures contract）具有以下 5 个特征。

① 每张国债期货合约的面值为 USD 100 000。关于国债期货合约的定价，CFA® 二级衍生品部分已进行详细介绍，此处不再赘述。

② 国债期货允许的交割券很多，包括到期时间为 6.5 年至 10 年的国债。其中，最便宜可交割券（the cheapest to deliver，CTD）是对于合约空头方而言成本最低的一种交割券。

③ 在结算交割时，合约多头方应支付给空头方的金额包括：第一，期货价格（futures price）与转换因子（conversion factor，CF）的乘积；第二，应计利息（accrued interest）。每一种交割券都拥有自身的转换因子。空头方选择以何种债券进行交割，多头方则根据对应的转换因子进行资金支付。

④ 国债期货的 BPV 近似等于 CTD 证券的 BPV 除以对应的转换因子。这是因为空头一定会选择交割成本最低的 CTD 证券进行交割。实务中，当收益率低于 6%，CTD 证券通常就是那只拥有最低久期的国债。因此从本质上讲，10 年期国债期货的修正久期与 6.5 年国债的修正久期近似相等。

$$\text{Futures BPV} \approx \frac{\text{BPV}_{\text{CTD}}}{\text{CF}_{\text{CTD}}} \tag{10.7}$$

公式（10.7）中，CF_{CTD} 代表 CTD 证券的转换因子。

⑤ 对于期限高于 10 年的国债期货，可选的交割债券种类非常有限。因此，对应的 CTD 的选择范围更加狭窄。

利用期货合约达成资产端 BPV 与负债端 BPV 匹配，见公式（10.8）：

$$\text{Asset portfolio BPV} + (N_f \times \text{Futures BPV}) = \text{Liability portfolio BPV} \tag{10.8}$$

将公式（10.8）进行变换，可得到期货合约的数量（N_f）：

$$N_f = \frac{\text{Liability portfolio BPV} - \text{Asset portfolio BPV}}{\text{Futures BPV}} \tag{10.9}$$

例题 10.4

某投资经理希望通过衍生品叠加进行多重负债的免疫。已知多重负债的市场价值为 USD 110 123 485，修正久期为 7.33，BPV 为 80 721。资产端组合的市场价值为 USD 112 211 004，修正久期为 7.43，BPV 为 83 373。

该投资经理希望利用期货对投资组合进行再平衡。根据可交割的债券进行估计，每张期货合约的 BPV 为 USD 67.21。请问：

（1）该投资经理应买入（做多）还是卖出（做空）国债期货合约？

（2）为了达到久期匹配，该投资经理应买入或卖出国债期货合约的数量是多少？

名师解析

（1）投资经理应该卖出国债期货合约。因为资产端 BPV 高于负债端 BPV。

（2）投资经理应卖出的国债期货合约数量为：

$$N_f = \frac{\text{Liability portfolio BPV} - \text{Asset portfolio BPV}}{\text{Futures BPV}}$$

$$= \frac{80\ 721 - 83\ 373}{67.21}$$

$$= -39.46 \approx -39\ （份）$$

因此，投资经理需要卖出（做空）39 份国债期货。

知识一点通

转换因子是期货交易所在国债期货合约上市交易前提前确定的，代表将可交割的实际国债转换为名义标准债券的比例。引入转换因子的原因在于任何单一国债发行量，相比期货交割需求，都相对不足。如果强制要求以某种特定的国债进行交割，不接受其余类似国债，则可能发生逼仓行为。此处，逼仓是指国债持有者在临近交割以及在交割期内联合拉高国债现货价格，导致市场空头不得不以高价买入现货进行交割或平仓甚至违约的一种行为。因此，制度设计者希望能够将交割券的范围适当扩大，并寻找到它们之间的替代关系。由于符合条件的国债的期限、票息率和到期时间都不同，因此它们的价值各不相同，需要用转换因子进行折算。

在实务中，根据标准券确定的票息率和付息频次计算转换因子，旨在保证在即期利率曲线水平且即期利率等于标准券的票息率的情况下，各个国债现券价格与转换因子的比值相等。在理论上，空头进行交割时使用哪只国债都无区别。然而在现实中，即期利率曲线不太可能呈现水平状态，因此存在最便宜可交割券的问题。通常选择的标准有 3 种：交割券现货净价/转换因子最小（用于空头交割）、现券采购价与多头付款价基差最小（用于基差交易），以及隐含回购收益率最大（寻找期现套利机会、期货定价）。

当然，尽管事实上存在最便宜交割券，但基于交易所试图最小化不同国债交割差异的目标，最便宜交割券和其他券的交割收益差异往往较小。

> **备考小贴士**
>
> 在 CFA® 三级的考试中,通常题干会直接写明 CTD,不需要考生自行选择。

(2) 利率互换。

利率互换可以看作一个债券组合。假设养老金与做市商签订一个收取固定利率、支付浮动利率的 10 年利率互换。该互换的固定利率为 4.5%,浮动利率为 3 个月 Libor。对于养老金而言,该利率互换合约相当于买入一个 10 年期票息率为 4.5% 的固定利率债券,而购买该债券的资金则来源于发行一个 10 年期浮动利率债券(floating rate note,FRN)。

根据衍生品的知识,收固定付浮动的利率互换的修正久期等于固定利率债券的修正久期减去 FRN 的修正久期。固定利率债券的久期通常较大,而 FRN 的修正久期则较小。因此,收固定付浮动的利率互换的久期为正,而付固定收浮动的利率互换的久期为负。与修正久期的逻辑相同,收固定付浮动的利率互换的 BPV 也是固定端 BPV 与浮动端 BPV 的差额。

利用利率互换达成资产端 BPV 与负债端 BPV 匹配,见公式(10.10)。

$$\text{Asset BPV} + \text{NP} \times \frac{\text{Swap BPV}}{100} = \text{Liability BPV} \quad (10.10)$$

公式(10.10)中,NP 代表互换合约的名义本金;Swap BPV 代表每 100 美元本金所对应的互换 BPV。因此,公式中需要用 $\frac{\text{Swap BPV}}{100}$ 的形式才能算出名义本金。

将公式(10.10)进行等式变换,可得到互换合约的名义本金:

$$\text{NP} = (\text{Liability BPV} - \text{Asset BPV}) \times \frac{100}{\text{Swap BPV}} \quad (10.11)$$

公式(10.11)计算得出的 NP 为对冲比率等于 100% 时所需的本金金额。如果对冲比率低于 100%,如 80%,则需要的名义本金为 80%×NP。

> **备考小贴士**
>
> 如果无法得知当前距离下一个付息日具体的时间长度,则习惯上采用付息期的 1/2 作为浮动利率债券的久期。例如,上文中浮动利率为 3 个月 Libor,则该 FRN 的久期为:$0.25 \times \frac{1}{2} = 0.125$。其中,3 个月是 0.25 年。

(3) 互换期权。

互换期权是指标的资产为互换的期权。互换利率(swap fixed rate,SFR)是指固定端的利率。收款方互换期权(receiver swaption)中,期权买方行权后作为互换中收固定且付浮动利率的一方。付款方互换期权(payer swaption)中,期权买方行权后会成为互换中付固定且收浮动利率的一方。

对于利率的变化，收款方互换期权与付款方互换期权的价值存在以下规律。

① 如果利率上升，收款方互换期权的价值为 0，收款方互换期权不会被行权。因为如果行权，期权买方收到的 SFR 固定，但支付的利率上升，这将导致亏损。

② 如果利率下跌，付款方互换期权价值为 0，付款方互换期权不会被行权。因为如果行权，期权买方支付的 SFR 不变，但收取的利率下跌，这将导致亏损。

需要注意的是，期权的最低价值是 0，而不是负数。如果亏损，期权买方将不会选择行权，此时期权价值为 0。

> **备考小贴士**
>
> 考生需要辨析收款方互换期权与付款方互换期权的差异。记忆的关键在于明确 receiver 和 payer 前面省略的是 fixed-rate。当然，这种省略是典范表达，所有的正式表达中均采用省略 fixed-rate 的表达方法。

（4）互换期权衣领组合。

互换期权衣领组合（swaption collar）是指由 2 个互换期权构成的组合。例如，买入 1 个收款方互换期权并卖出 1 个付款方互换期权；买入 1 个付款方互换期权并卖出 1 个收款方互换期权。

相较于单一的互换期权，互换期权衣领组合可以在保持灵活性的同时控制成本，毕竟单纯地购入期权必须缴纳期权费。如果买卖期权的期权费相等，则期初收支相抵，可构建出零成本衣领组合（zero cost collar）。

例题 10.5

某投资经理拥有一个零成本互换期权衣领组合：买入 1 个 3.5% 收款方互换期权（期权 1）并卖出 1 个 5.5% 付款方互换期权（期权 2）。请判断以下 3 种情景中，该投资经理会如何进行操作？

（1）当前利率低于 3.5%。
（2）当前利率在 3.5% 与 5.5% 之间。
（3）当前利率高于 5.5%。

名师解析

（1）如果利率低于 3.5%，该经理会对期权 1 行权，而期权 2 的对手方不会行权。
（2）如果利率位于 3.5% 与 5.5% 之间，经理和期权 2 的对手方都不会行权。
（3）如果利率高于 5.5%，经理不会行权，但期权 2 的对手方会行权。

例题 10.6

经理 A 管理着一个 DB 型养老金，目前该养老金资产低于负债。当前资产端 BPV 与负债端 BPV 分别为 USD 628 000 和 USD 1 315 000。

以下是 3 种关闭久期缺口的方法。

方法 1：利用 30 年期收固定付浮动互换合约。互换利率为 4.0%，浮动利率为 3 个月 Libor。互换的 BPV 为每 100 美元面值 0.1853。

方法 2：买入 30 年收款方互换期权，行权利率为 3.8%，期权费为 165 bps。

方法 3：建立零成本互换期权组合。买入行权利率为 3.8% 的收款方互换期权，并卖出行权利率为 4.45% 的付款方互换期权。

经过一番思考，该经理决定采用方法 1，并决定对冲比率为 80%。

请计算：

（1）采用方法 1 所需的名义本金。

（2）从未来利率走势的角度，探讨该经理不选择方法 2 和方法 3 的原因。

名师解析

（1）根据公式（10.11）计算对冲比率为 100% 时，互换所需的名义本金：

$$NP = (\text{Liability BPV} - \text{Asset BPV}) \times \frac{100}{\text{Swap BPV}}$$

$$= (1\,315\,000 - 628\,000) \times \frac{100}{0.1853}$$

$$= \text{USD } 370\,750\,135$$

由于对冲比率为 80%，因此方法 1 所需的名义本金为：

$$NP_{方法1} = 370\,750\,135 \times 0.8 \approx \text{USD } 296\,600\,108$$

（2）该经理不选择方法 2 和方法 3 的原因在于，他预测未来 20 年利率会低于 4.0%。具体情况见下方两表。

3 种方法的合约内容

利率（r）	互换（Swap）	互换期权（Swaption）	互换期权衣领组合（Swaption Collar）
r < 3.8%	收取 4.0%，支付 Libor	收取 3.8%，支付 Libor	收取 3.8%，支付 Libor
3.8% ≤ r ≤ 4.45%	收取 4.0%，支付 Libor	0	—
r > 4.45%	收取 4.0%，支付 Libor	0	收取 4.45%，支付 Libor
成本	0	165 bps	0

3 种方法的净利润

利率（r）	互换（Swap）	互换期权（Swaption）	互换期权衣领组合（Swaption Collar）
r < 3.8%	4.0% − Libor	3.8% − Libor − 1.65%	3.8% − Libor
3.8% ≤ r ≤ 4.0%	4.0% − Libor	− 1.65%	0

续表

利率（r）	互换（Swap）	互换期权 （Swaption）	互换期权衣领组合 （Swaption Collar）
4.0%<r≤4.45%	4.0% − Libor（loss）	−1.65%	0
r > 4.45%	4.0% − Libor（loss）	−1.65%	4.45% − Libor（loss）

根据上方两表可知：

对于方法 2，如果利率低于 3.8%，行权，净利润率（收益率减成本率）为：3.8% − Libor − 1.65%；如果利率高于 3.8%，不行权，净利润率为 − 1.65%。

对于方法 3，如果利率低于 3.8%，收款方互换期权会行权但付款方互换期权不会行权，净利润率为：3.8% − Libor；如果利率在 3.8% 与 4.45% 之间，净利润率为 0；如果利率高于 4.45%，收款方互换期权不行权但付款方互换期权被行权，净利润率为：4.45% − Libor。

因此，对比 3 个方法，在利率低于 4.0% 的时候，方法 1 比方法 2 和方法 3 更优。

> **备考小贴士**
>
> 关于多重负债的免疫，考生需要重点掌握两个知识点：第一，利用衍生品管理多重负债匹配时的调整方法；第二，国债期货、利率互换、互换期权，以及互换期权衣领策略的应用。

10.1.3.5 或有免疫

1. 或有免疫的内涵

正如前文所言，或有免疫是一种结合主动投资与免疫策略的混合策略。如果投资组合资产价值与负债价值的差额，即盈余超过某一特定临界值，那么或有免疫允许进行主动管理。如果主动管理的资产表现不佳，使得盈余低于临界值，那么投资目标应转为单纯的免疫策略，如久期匹配。

2. 投资的工具选择

原则上，可供投资的盈余可以投资于任何资产大类，如权益、固定收益、另类投资。此处的投资目标在于通过主动管理获取收益，以便降低债务偿付的成本。

3. 流动性管理

流动性对于投资工具的选择至关重要。一旦损失导致盈余下降到临界值附近，头寸必须尽快被变现。采取衍生品叠加则可以提供更强的流动性。与此同时，投资经理可以通过使用衍生品实施过度对冲（over-hedge）和对冲不足（under-hedge）的策略。以衍生品叠加策略中的国债期货为例，过度对冲意味着做多的国债期货数量高于公式（10.9）计算出的 N_f；对冲不足则意味着做多的国债期货数量低于公式（10.9）计算出的 N_f。

正如前文中所提到的，如果对冲比率设置为80%，则说明对冲不足，剩下的20%为剩余的风险敞口。可以将此看成是100%对冲和20%反向头寸主动管理的叠加，即先用100%的期货合约对冲了利率风险，又用20%与原对冲头寸方向相反的期货合约进行期货主动管理。过度对冲则是增加了额外的风险敞口，也可以看成是100%对冲和一定比例正向头寸主动管理的叠加。这些风险敞口的价值都会随着未来收益率曲线的形态和利率波动性等市场情况的变化而增减。

例题 10.7

已知公司A计划采用衍生品叠加及或有免疫进行负债管理。

在衍生品叠加策略中，如果公司做多100份国债期货，则与负债完成最佳匹配。

在或有免疫策略中，公司允许过度对冲或对冲不足：
（1）如果未来利率上升，对冲不足更优。
（2）如果未来利率下跌，过度对冲更优。
请解释（1）与（2）的内在逻辑。

名师解析

（1）如果未来利率上升，负债端本质上也是固定收益工具，其价值也会下跌。对冲不足意味着购买少于100份的国债期货。当期货价格下跌、利率上升的时候，做多国债期货会导致亏损。然而，此时由于对冲不足，资产端价值的下跌少于负债端的价值下跌。因此，对冲不足更优。

（2）如果未来利率下跌，过度对冲意味着购买多于100份的国债期货。当期货价格上升、利率下跌的时候，做多国债期货可带来收益。因此，过度对冲会继续增加盈余并降低债务偿付的成本。

10.1.4 相关风险

—考点要求—
解释（explain）
负债驱动型策略涉及的风险
（★★）

除了对利率风险进行免疫，负债驱动型策略中还涉及3类风险：模型风险（model risk）、信用风险，以及流动性风险。

10.1.4.1 模型风险

模型风险是指由金融模型带来的风险。具体来讲，模型风险来源于以下3种常见错误。

1. 计量错误

计量错误并不罕见，例如，在资产、用于对冲的衍生品，以及负债的BPV的计算中，都有可能出现错误。正如前文所述，国债期货的BPV近似等于CTD证券的BPV除以对应的转换因子，这里的近似就包含了一些微量的计量错误。

2. 假设错误

关于收益率曲线的平行移动就是一种很难与事实相符的假设。另外，关于养老金未来负债的估计也会存在诸多假设，包括员工的退休时间、退休时的薪资水平和员工的期望寿命等。然而，随着生活方式变化和医疗水平发展，各国国民平均寿命均在逐渐增加，所以模型中这些假设往往与现实差异巨大。

3. 基准不合理

利率风险的测量依赖于一个基准的收益率曲线，通常为政府债券收益率曲线。然而在实务中，资产端和负债端的收益率变动应该参考不同级别的公司债。例如，养老金资产端的债券组合中通常会包含许多企业债，甚至还包含非投资级别的债券。同时，养老金负债端的现值与高质量公司债的收益率有关。因此，单纯地将政府债券收益率曲线作为利率变化的依据是不合理的。

> **知识一点通**
>
> 按照美联储的定义，模型是"应用统计、经济、金融或数学理论、技术和假设将输入数据处理为定量估计的量化方法、系统或途径"。这个定义是相当广泛的，几乎涵盖了金融机构日常所使用的各种所谓的"模型"或"策略"，也决定了模型风险监管该有的广泛程度。
>
> 美国的监管部门认为模型风险主要来自两个方面：一是模型自身的错误，包括模型设计、开发，以及 IT 实施时发生的错误（如统计理论应用的错误、目标变量设定的错误、样本选择的错误、变量挑选和衍生的错误、算法的错误、在信息系统中执行与开发时不一致等等）；二是模型被不适当地使用（比如，把为原有产品设计的模型直接套用在新产品上，或者是在市场环境或消费者行为习惯已经发生重大变化的情况下继续使用原有模型等）。

10.1.4.2 信用风险

此处的信用风险主要指交易对手方违约风险。如果衍生品叠加中使用的是无抵押的互换合约，则会引入信用风险。如果使用的衍生品存在抵押品，则会引入另一个新的风险因子：抵押品耗尽的风险。对于养老金而言，如果资产端包括大量的股票投资，其久期缺口通常会很大。这种情况下，抵押品耗尽可能性的高低也必须作为确定对冲比率高低的因素之一。例如，当使用国债期货合约时，因保证金不足而接到追加保证金要求（margin call）就代表着一种抵押品耗尽的风险。

10.1.4.3 流动性风险

资产的流动性至关重要，尤其对于采取或有免疫策略的投资经理。正如前文所言，盈余部分采用主动管理可能会出现亏损。一旦出现对盈余的侵蚀，投资头寸需要尽快变现并将组合管理转变为免疫策略。如果资产的流动性匮乏，则无法完成主动转被动的任务。

10.2 被动投资

前文中，免疫策略的执行需要建立资产端的债券组合。在实务中，许多投资者都试图获得针对固定收益市场的风险敞口,而债券市场指数(bond market index)恰恰满足了他们的需求。与单个债券相比,投资债券市场指数可以带来更好的分散化效应且交易成本更低。

免疫策略和基于指数的投资策略(被动投资/被动管理)都属于被动型投资,但两者本质并不相同。免疫策略的成功程度取决于不同利率情景下债券组合与未来负债的匹配程度。匹配程度越高,则说明免疫策略越成功。然而,如果投资者的目的是匹配某个债券市场指数的收益,其成功程度则取决于所选定的投资组合与指数回报的匹配程度。追踪风险(tracking risk/tracking error)则是衡量这两者收益偏离程度的指标。

10.2.1 被动管理 vs 主动管理

10.2.1.1 被动管理

被动管理(passive management)又称消极管理,是指与基准保持一致的投资管理方式。实务中,被动型基金一般选取特定的指数作为追踪对象,因此被动型基金通常又被称为指数基金。为了完成对指数的追踪,经理通常可采用纯粹指数策略和增强指数策略(enhanced indexing strategy)。

1. 纯粹指数策略

纯粹指数策略,又称完全复制法(full replication),旨在尽可能地复制一个基准指数。采用这种方法的投资组合需要复制指数中全部成分证券,以便最小化追踪风险。该方法所涉及的指数往往具备成分证券数量少且流动性强的特点。

2. 增强指数策略

增强指数策略,又称优化复制法,旨在一方面与基准指数保持联系,另一方面寻求一定限度的主动收益。采用这种方法的投资组合只会购入指数中部分成分证券,只要保证复制指数中主要的风险因子即可。相比于纯粹指数策略,增强指数策略的效率更高,交易成本更低。

> **知识一点通**
>
> 优化复制法是一种完全数理化的组合构建方法,它通过目标函数最优化过程来寻找一个权重组合,使投资组合与标的指数的历史收益偏离度保持最小,并假设该情景能在未来延续。这种方法完全基于对历史数据的统计和挖掘,对于个券流动性以及不同风险因子的暴露程度重视度不足。当遇到基础利率变动等随机事件时,由于风险暴露程度的差异,可能造成投资组合与标的指数收益的明显偏离;同时,优化复制法对模型输入数据较为敏感,不同计算期得到的权重差异较大;另外,人们也难以找到合理的经济意义来解释最终的计算结果。

10.2.1.2 主动管理

主动管理(active management),又称积极管理,是指债券投资者力求通过对市场利率变化的总趋势的预测分析,选择恰当的市场时机调整自己的投资组合,以便获得超额收益。因此,主动管理的风险敞口与指数在风险因子上有着较大的偏离。

10.2.2 纯粹指数策略的困难

被动投资（passive investment）旨在复制指数当前的特征（包括信用质量、借款人的类型、到期时间以及久期等客观特征），以尽可能做到收益与指数完全一致，即最小化追踪误差。纯粹指数策略的操作主要涉及以下困难。

（1）固定收益市场比股票市场更庞大且更广泛。固定收益市场涉及不同的期限、发行主体、信用评级、内嵌期权以及不同优先级的各类债券。同一个发行主体可以同时发行多种不同的债券。在普通法系的发达国家，固定收益市场的规模通常比股票市场要大很多。

（2）固定收益市场在很大程度上属于场外市场，主要采取做市商制度。巴塞尔协议 III 对做市商的要求导致做市商持有大量库存债券的成本增加，也导致了市场整体流动性的降低。

（3）绝大多数固定收益证券的流动性偏低，证券的定价和估值的过程充满挑战。例如，投资经理需要使用矩阵定价法（matrix pricing/evaluated pricing）。然而，这种"估计"出的价格，和实际的市场价格，往往效力差异明显。

（4）固定收益指数的构成会经常发生变动，这源于新债的发行以及之前债券的陆续到期。

（5）债券指数容易受到信用评级和含权债券的影响。例如，假设某指数仅包括投资级债券，一旦某债券的信用评级下跌至非投资级，则需要将该债券剔除出指数。如果指数包括含权债券，行权也会导致指数的变更。

（6）债券指数通常每月会进行再平衡，而股票指数则每半年或 1 年调整一次。为了更好地追踪指数，纯粹指数策略会承担更高的交易成本。

—考点要求—
探讨（discuss）债券指数以及纯粹指数策略的困难（★★）

> **备考小贴士**
> 考生需要了解纯粹指数策略存在的诸多困难。

10.2.3 增强指数型策略的具体方案

鉴于纯粹指数策略操作中存在诸多困难，增强指数型策略的应用更加广泛，具体可分为两类方案。

10.2.3.1 分层抽样复制法

1. 分层抽样复制法的含义

分层抽样复制法（stratified sampling），又称模块法（cell approach），先基于一定原则抽取少数代表性样本证券，然后再通过最优化过程使投资组合与标的指数保持较为接近的风险暴露程度，是对完全复制法以及优化复制法的一种综合。该方法的目标是通过风险因子的匹配使追踪风险最小化。

2. 分层抽样复制法的具体步骤

（1）对当前指数的特征进行分层，即将风险收益特征类似的个券进行分组，其目标在于使分组后的各个券组间差异大而组内差异小，此步骤是将多目标优化转化为单目标优化的关键。

例如，利率风险和信用风险是影响债券价格最为重要的两个风险因子，因此可对指数进行久期-评级维度的分层。假设久期分为 1~3 年、3~5 年、5~7 年、7~10 年和 10 年以上 5 个期限。评级分为投资级与非投资级。那么久期-评级维度分层形成了一个 5×2 的矩阵，即 10 个矩阵单元格。然后可计算标的指数成分券在每个矩阵单元格上的规模占比，并使构建的复制组合在每个分层组中的权重与标的指数保持一致。在进行久期-券种维度的分层匹配之后，复制组合在这两个风险因子上的暴露程度，投资组合的整体风险暴露程度就会接近标的指数。

（2）通过对 10 个矩阵单元格中债券的识别与分析，投资组合利用衍生品等工具同时对每一个单元格进行匹配。通过对每个分层组中的复制券进行模拟优化，分层抽样复制法完成了利用少数个券复制整个指数的任务。

（3）当指数发生再平衡的时候，各个单元格中的债券发生了变更，因此复制券也会随之调整。

3. 分层抽样复制法的风险因子

在抽样原则中，可以设置相应入选条件来体现不同的风险因子。这些因子都是能够影响债券价格的主要因素，从而保证复制组合风险暴露程度的一致性。需要匹配的具体因子包括：

（1）修正久期或含权债的有效久期。

（2）关键利率久期，针对收益率曲线非平行移动。

（3）板块和信用质量的投资比例。

（4）板块和质量利差久期（spread duration）贡献。板块意味着发行主体和行业的分类。利差是指个券与基准债券之间的收益率差异。利差久期则用于衡量债券价格对利差变化的敏感度。

（5）板块、票息率、到期时间的权重。

（6）发行人敞口的投资比例。

10.2.3.2 现金流的现值分布法

为了解决投资组合对收益率曲线变动的敏感度问题，引入现金流的现值分布法（present value of distribution of cash flows methodology）。

1. 现金流现值分步法的含义

现金流的现值分布法试图在离散的时间区间上模拟和匹配指数的收益率曲线风险。该方法的核心是匹配现金流。

2. 现金流现值分步法的具体步骤

（1）将指数的现金流按照离散的期间进行划分，每段时间长度为 6 个月。例如，将 10 年分为 20 段。

（2）将指数中每一段的现金流进行折现后加总，即指数的现值。之后计算每段现金流现值占指数现值的比例。需要注意的是，每段现金流需要折现到对应时间段的顶点（vertex），即中间点。例如，$t=0$ 到 $t=0.5$ 的现金流，应折现到 $t=0.25$。

（3）每一段现金流对久期的贡献等于时间长度与该段现金流现值比例的乘积。这是因为，每个期间的现金流本质上是一个零息债券，因此时间段反映了每段现金流的久期。例如，第三期现金流发生在 $t=1.5$，如果该段现金流现值占比为 3%，那么它对久期的贡献为：$1.5 \times 3\% = 0.045$。

（4）将每一段现金流对久期的贡献加总得到债券指数的久期。

投资组合通过匹配指数中每一段现金流现值的比例，可使收益率曲线变动对投资组合及指数的影响高度类似。因此，该方法是从现金流现值分布的层面入手，完成对指数的复制。

> **备考小贴士**
> 考生需要了解增强指数型策略存在的诸多困难。

10.2.3.3 降低成本或增强收益的策略

对于被动投资，投资经理可采用 4 种策略来降低成本或增强收益：低成本增强（lower cost enhancements）、个券选择增强（issue selection enhancements）、收益率曲线增强（yield curve enhancements）以及板块或质量增强（sector/quality enhancements）。

（1）低成本增强主要是通过一种集约化投资方式降低交易成本。假设有 5 个类似的债券，投资经理可以选择其中流动性最高的那只债券进行投资，降低交易成本。

（2）个券选择增强主要是利用估值模型发现价格被低估的个券后对其进行投资，以增强收益率。

（3）收益率曲线增强通过探究利率期限结构，对不同期限债券的投资权重进行调整。当前价格被低估的债券应增加权重，当前价格被高估的债券应降低权重。这种策略可以在指数收益的基础上增强收益率。

（4）板块或质量增强通过选择合理的板块和信用质量的债券，以便更进一步增强收益率。

综上所述，即使在被动投资中，投资经理也可以利用一些主动的选择来使交易成本降低或收益增强。

10.2.4 另类被动投资方法

相比直接投资指数中的成分证券，采用另类投资工具进行间接投资可以提供更优的成本与分散化的平衡。在对比直接投资与间接投资的时候，投资经理必须对共同基金（mutual funds）和交易所交易基金（exchange traded funds，ETFs）的持续成本和直接投资中做市商提供的买卖价差进行权衡。常用的另类投资工具包括开放式共同基金、交易所交易基金与总收益互换。

> —考点要求—
> 比较（compare）被动建立债券市场头寸的另类方法（★★）

> **备考小贴士**
> 此处的另类投资是指利用共同基金、交易所交易基金等工具的一种债券投资方法，与资产大类中的另类投资（alternative investments）并不是同一个概念。

10.2.4.1 开放式共同基金

共同基金是由投资管理机构吸收投资大众的资金,并由投资管理机构代为投资管理,投资者们共享利润并且共同分担损失的一种投资工具。

开放式共同基金(open-ended fund)的每个份额是按照每份额净资产价值(net asset value per share,NAV per share)申购和赎回。其中,净资产价值(net asset value,NAV)等于基金的资产减去负债。每份额净资产价值等于净资产价值除以发行在外的总份数。开放式基金的发行份额数随着投资者购买新份额或赎回旧份额而每日变动。如果当天新申购的份额数大于赎回的份额数,那么基金的总份额就会增加,否则就会减少。

开放式基金具有以下优点。

(1) 开放式共同基金集合散户的小额资金,聚沙成塔,形成庞大的资金池,这本质上是规模效应的好处。

(2) 与直接投资债券相比,在费用一定的情况下,开放式基金可以提供更好的分散化效果;在分散化效果一样的情况下,开放式基金的费用更低。

(3) 相比投资流动性较差的债券,开放式基金的申购和赎回更加便捷,降低了流动性风险。

> **知识一点通**
>
> 细心的读者可能会发现,在"共同基金"相关内容中,我们会把"net asset value per share(NAV per share)"翻译成"每份额净资产价值",其实这和每股净资产价值的含义高度类似。只不过,根据基金业表达惯例,"share"在基金相关语境中往往被称为"份额"。

10.2.4.2 交易所交易基金

交易所交易基金,又称为交易型开放式指数基金,是一种在交易所上市交易的、基金份额可变的开放式基金。究其本质,一只 ETF 代表一篮子证券。根据证券的种类,ETFs 可主要被分为股票 ETFs 和债券 ETFs。相比股票 ETFs,债券 ETFs 的市场规模较小,流动性较差。然而,相比债券,债券 ETFs 的流动性还是很高的。

ETFs 的一级市场采用场外交易模式。基金管理人(ETF manager/issuer/sponsor)负责创建和管理 ETFs。授权参与人(authorized participants,APs)往往由大型券商担任,其主要业务包括在一级市场上进行申购/赎回、在二级市场上作为经纪人代客买卖,以及作为二级市场的做市商与其他投资者进行交易。

一级市场的交易采用实物申购赎回模式(in-kind creation/redemption)。实物申购是指基金管理人每日开市前会根据基金资产净值、投资组合以及标的指数的成分股情况,公布"实物申购与赎回"清单,又称"一篮子证券档案文件"(creation/redemption basket),之后 APs 依据清单内容,把从市场上公开购买的成分证券或自身已有的成分证券交付给该基金管理人,从而取得与交付的成分证券价值相等的 ETF 份额。这一过程创造出新的 ETF 份额,使该 ETF 在外流通量增加。实物赎回则是与之相反的程序,即

APs 将手中持有的 ETF 份额交付给基金管理人，换回该份额所代表的成分证券。这一过程使 ETF 在外流通量减少。"实物申购基数"（creation unit）是 ETF 实物申购与赎回的基本单位，通常等于 50 000 份 ETF。

ETFs 的二级市场采用交易所交易模式。假设当前在二级市场上，一位投资者想要购买某只 ETF。此时，APs 可以扮演做市商（market maker）与经纪人（broker）两种角色。

（1）扮演做市商。APs 可以先在二级市场上购入该 ETF 对应的成分证券，然后向基金管理人申购相应份额的 ETF，最后把这些 ETF 份额交付给投资者。这种实物申购/赎回促成了一级市场和二级市场的互通关系。

（2）扮演经纪人。APs 可以在二级市场上作为经纪人，撮合交易。此时，投资者交易该 ETF 的过程和交易股票的过程一样。

10.2.4.3 总收益互换

总收益互换也称全收益互换，它结合了利率互换与信用衍生品的特征。合约规定交易双方的义务如下。

（1）在合约期间，总收益收取方（total return receiver）将收到参考资产（reference asset）的总收益。总收益来源于本金、利息（或股息）以及资本利得等。参考资产通常为股票、大宗商品或债券指数。

（2）总收益支付方（total return payer）收取一系列现金流，现金流取决于事先约定好的利率。事先约定利率可为固定利率或浮动利率，浮动利率通常等于约定的市场参考利率（MRR）加上利差。在实务中，做市商通常会扮演总收益支付方的角色。

需要注意的是，如果参考资产价格下跌或发生违约，将导致总收益为负。此时，总收益的收取方必须将资产下跌的金额支付给总收益支付方。换言之，负收益等价于将收益支付出去。由此可见，总收益互换合约不仅与利率相关，也与市场风险和信用风险相关。以债券指数作为参考资产的总收益互换举例，具体运作机制见图 10.10。

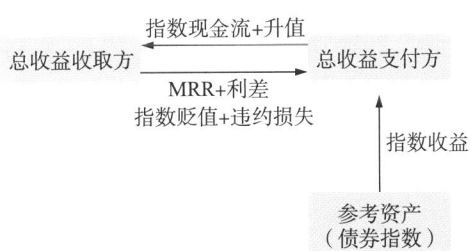

图 10.10 总收益互换的运作机制

TRS 的优点包括：
（1）TRS 的初始投资少。
（2）TRS 作为场外衍生品可以做到高度定制化。

TRS 的缺点包括：
（1）投资者无法拥有参考资产的所有权，因此信用风险无法完全消除。这是因为 TRS 作为场外工具，交易对手可能违约。
（2）TRS 具体涉及的债券可能缺乏流动性。购入这些债券的交易和维持成本较高，而这些成本会与收益一起打包进行互换。

（3）监管压力导致 TRS 的准入标准很高。

（4）TRS 的期限通常较短，然而投资经理需要长期追踪指数。这就意味着，一个旧 TRS 结束后需要立刻进入一个新 TRS。在这个过程中，新 TRS 是否能够顺利进入是一个问题。

> **例题 10.8**
>
> 假设 A 与 B 签订了 1 年期、名义本金为 USD 1 000 000 的总收益互换。合约中规定：A 收取 MRR + 2%，B 收取 S&P 500 的总收益。
>
> 如果 MRR 等于 3.5% 且 S&P 500 升值了 15%，请问 A 与 B 之间互换的现金流是多少？
>
> **名师解析**
>
> 如果 MRR 等于 3.5% 且 S&P 500 升值了 15%，那么 A 收取 USD 55 000 [(3.5% + 2%) × 1 000 000]；B 收取 USD 150 000 [15% × 1 000 000]。全互换合约采用净额结算，因此只需要 A 支付给 B 即可，金额为 USD 95 000 (150 000 − 55 000)。

> **备考小贴士**
>
> 考生需要了解另类被动投资的 3 种方法，其中，需要特别关注总收益互换。

10.2.5　环境、社会和治理（ESG）债券投资

ESG 投资又被称为社会责任投资（socially responsible investing，SRI），是一种以充分考虑环境（environment）、社会（society）和公司治理（governance）三大核心要素来引导资金流向相关绿色企业的投资策略。区别于投资主要依赖财务指标的传统做法，越来越多的投资者在进行组合构建的过程中会剔除一些与个人宗教信仰或偏好相悖的投资品，只选择与他们价值观相符的投资标的，这个趋势促进了 ESG 投资的快速发展。其中：环境指标包括气候变化、碳排放、空气、水源污染和沙漠化等；社会指标包括客户满意度、隐私保护等；公司治理指标包括董事会构成、审计委员会架构等。

> **知识一点通**
>
> 在 ESG 投资组合构建过程中，可以采用负面筛选（negative screening）、同类最优（best-in-class）、股东参与（shareholder engagement），以及主题投资（thematic investing）和影响力投资（impact investing）等方式选择在环境、社会和公司治理这些指标中最佳的证券。在实务中，ESG 策略的执行会影响投资组合经理的投资范围、投资管理方式、投资基准的构建，进而影响投资组合的风险与收益。与此同时，市场上也出现了很多第三方机构，为金融行业提供相关的 ESG 数据。

> **备考小贴士**
>
> 考生需要简单了解 ESG 债券投资的理念。

10.3 基准的选择

10.3.1 基准的选择标准

固定收益基准的选择过程中，至少需要考虑两个因素：一是投资者的资产负债组合在固定收益市场的风险敞口，二是投资者对久期的显性或隐性的偏好。

具体来讲，基准的选择标准包括以下 4 点。

（1）标准清晰透明（clear and transparent rules）。指数的构成明细，包括成分证券的选择标准和权重标准等信息，必须公开透明。

（2）可投资性（investability）。投资经理可以投资构成基准的所有成分证券，从而对基准进行复制，不存在某些成分证券实际"绝版"的现象。

（3）每日进行估值，并且过去的收益信息可以获得。

（4）过往调仓（turnover）的信息可以获得。这有助于估算交易成本。

—考点要求—
探讨（discuss）基准选择的标准（★★）

—考点要求—
证实（justify）对基准的选择（★★）

10.3.2 基准偏离的原因

固定收益市场的动态性会导致基准的偏离，具体原因包括以下 3 点。

（1）随着债券到期时间的临近，即便是成分稳定的投资组合也面临着久期逐渐下降的问题。

（2）市值加权指数中会涉及质量低劣问题（bums problem），即将更高的权重给予债务负担更重的发行主体。债务负担越重则杠杆越高，信用质量也越低。想要避免质量低劣问题，可以采用 GDP 加权或者基本面加权等其他加权方式。

（3）市场的动态性和市场对发行主体的偏好会导致两个方面的变化：宽基指数的发行主体构成以及狭基指数的到期时间选择。在次贷危机前的市场中，宽基指数主要由资产支持证券（asset-backed securities，ABS）构成，狭基指数则主要由长期债券构成。次贷危机过后，宽基指数主要由长期国债构成，狭基指数则主要由短期债券构成。

10.3.3 Smart Beta 策略

由于基准会出现偏离，投资者需要更加主动地理解并定义他们自身的久期偏好和理想的风险水平，以便构建出更适合自己的基准。

顾名思义，smart beta 就是在 beta 的基础上进行一些非常 smart 的处理。smart beta 利用简单、透明以及规则化的策略作为投资决策的依据，以便获得一定程度的超额收益。因此，smart beta 策略的风险和主动化管理程度介于传统主动管理和传统被动管理之间。常见处理方法包括以下两种。

（1）将短期投资与长期投资分开处理。短期内投资风险公司债券，达到获取超额收益的目的。长期内投资无风险的国债，目的在于控制风险。这是因为短期的风险更容易测度与管理，而长期风险的测度往往更加模糊。

（2）使用系统性的、规则化的量化方法，进行信用利差因子投资（credit spread factor investing）和中低波动率因子投资（medium and low volatility factors investing）。本

质上,这两种因子投资属于量化投资的范畴,均通过筛选因子的方式进行策略优化,其中涉及债券选择优化和权重优化。

> **知识一点通**
>
> Smart Beta策略是一种非市值加权的指数投资,通过确定的规则或算法增加指数在某些风险因子上的暴露,从而获得更高的风险调整后收益。Smart Beta策略主要应用于权益市场,通过筛选因子方式增强收益,常见的因子包括红利、质量、规模和红利等。
>
> 应用于固定收益市场的Smart Beta策略较少。除了通过筛选因子方式增强收益,还有采用另类加权的方式构建指数。例如,美国道富环球投资管理(SSGA)采用基本面加权的方式构建指数,即根据资产回报率、利息覆盖率和流动比率等发行人的财务基本面指标,对债券进行权重分配,使得财务状况健康的债券在指数中的权重更高。

> **备考小贴士**
>
> 考生需要了解固定收益组合的基准选择与基准偏离的原因。

练一练

10-1 Katy Beauty, a global cosmetics company, issues fixed-rate bonds that are maturing in each of the next 10 years. The bonds have no options embedded and pay coupons semi-annually. Based on the information above, Katy Beauty's liabilities should be classified as:

A. Type I.

B. Type II.

C. Type III.

10-2 Which of the following statements regarding structural risk is most likely correct?

A. Structural risk arises from parallel shifts in the yield curve.

B. Structural risk can be reduced by maximizing the convexity statistic for the portfolio.

C. A portfolio with a barbell structure is subject to a greater degree of structural risk.

10-3 Thomas Manufacturing needs to immunize a USD 30 million portfolio of liabilities. The liabilities have a portfolio convexity of 45.05 and basis point value (BPV) of USD 16 758. When employing a duration-matching strategy, which of the following portfolio bond portfolios meets the requirements to achieve immunization for multiple liabilities?

A. USD 35 million bond portfolio, with a portfolio convexity of 35.35 and BPV of USD 16 895.

B. USD 35 million bond portfolio, with a portfolio convexity of 47.25 and BPV of USD 16 762.

C. USD 25 million bond portfolio, with a portfolio convexity of 43.25 and BPV of USD 16 756.

10-4 Which of the benchmark's characteristics is required for an appropriate benchmark portfolio?

I. Daily valuation

II. Transparent rules

III. Past turnover information availability

A. I only.

B. I and II.

C. I, II and III.

10-5 Tom, an asset manager, decides to mimic an index more efficiently. The most suitable portfolio management strategy should be:

A. active management.

B. an enhanced indexing strategy.

C. full replication.

10-6 It is known that client A prefers a bond portfolio that provides both diversification over time and liquidity. Which of the following portfolio is most appropriate for the client?

A. Barbell portfolio.

B. Bullet portfolio.

C. Laddered portfolio.

答案与解析

10-1 A

选项 A，Katy Beauty 公司发行的债券将在未来 10 年内陆续到期，并且债券没有内嵌期权，保证每半年付息一次。可知，债券导致的未来现金流流出的时间和金额都可以事先确定。因此，公司面临的债务应属于第一类负债（Type I liability）。

选项 B，第二类负债（Type II liability）的金额确定但未来支付时间不确定。

选项 C，第三类负债（Type III liability）的金额不确定但未来支付时间确定。

10-2 C

选项 A，结构化风险是指由于收益率曲线的非平行移动导致免疫策略失败的风险。

选项 B，最小化现金流分散程度可以降低结构化风险，而现金流分散程度可以用凸度来体现。凸度小，分散程度低，结构化风险会较低。

选项 C，杠铃型投资组合的现金流集中在时间轴两端，因此现金流的分散度很高，凸度较大。因此，其结构化风险也会较高。

10-3 B

与单一负债类似，多重负债的久期匹配要求同时满足以下 3 个条件：① 债券组合现值大于等于负债现值；② 债券组合的 BPV 等于负债的 BPV；③ 债券组合的凸度应比负债的凸度稍稍高一点。

选项 A，债券组合满足条件①与条件②，但不满足条件③。

选项 B，债券组合满足所有条件。

选项 C，债券组合满足条件②，但不满足条件①与条件③。

10-4 C

具体来讲，基准的选择标准包括以下 4 点：① 标准清晰性透明（clear and transparent rules）；② 可投资性（investability）；③ 每日的估值与过往的收益已知；④ 过往调仓（turnover）的信息已知。

因此，I、II 以及 III 都是正确的。

10-5 B

选项 A，主动管理，与题干中模仿指数所代表的被动投资不吻合。

选项 B，增强指数策略，又称优化复制法，旨在一方面与基准指数保持联系，另一方面寻求一定限度的主动收益。采用这种方法的投资组合只会购入指数中部分成分证券，只要保证复制了指数中主要的风险因子即可。相比纯粹指数策略，增强指数策略的效率更高，交易成本更低。

选项 C，纯粹指数策略，又称为完全复制法，旨在尽可能地复制一个基准指数。这种方法最显著的缺点是效率低且成本高。

10-6 C

选项 A，杠铃型组合中的债券分布在时间轴的两端，无法提供足够的分散化和流动性。

选项 B，子弹型组合中的债券到期时间集中于久期附近，现金流没有做到足够的分散化，同时欠缺流动性。

选项 C，梯形债券组合将资金平均地投资在各个期限的债券当中，并保证不同期限的投资的债券面值相等。无论时间如何流逝，现金流都能够均匀地分布在到期时间轴上。梯形组合可以提供足够的流动性，这是因为组合中永远包含临近到期的流动性高的债券。

第 11 章
收益率曲线策略

章节导学

知识引导

本章主要探讨债券投资策略中的主动投资组合管理，并聚焦于利率这个风险因子。在全球资产管理中，主动型投资组合向来在各大金融机构中占据重要的地位。相较于被动型投资追踪风险因子的策略而言，主动型投资旨在找到偏离基准的一个或多个风险因子进行投资，以期获得超额收益。众多金融从业者也希望能通过展示主动投资创造的超额收益来体现自己的投资能力。本章主要涉及基于静态和动态的收益率曲线策略、利率波动策略、套息策略及基于不同策略下的预期收益和风险评估。

考点聚焦

本章整体上难度较高，属于 CFA® 三级"固定收益组合管理"这一科目的核心章节，且考查方式以定性为主、定量为辅。具体来讲，基于静态和动态的收益率曲线策略、利率波动策略和套息策略都属于重要考点，主要考查方式为定性；预期收益评估的考查方式通常为定量考查。

本章框架图

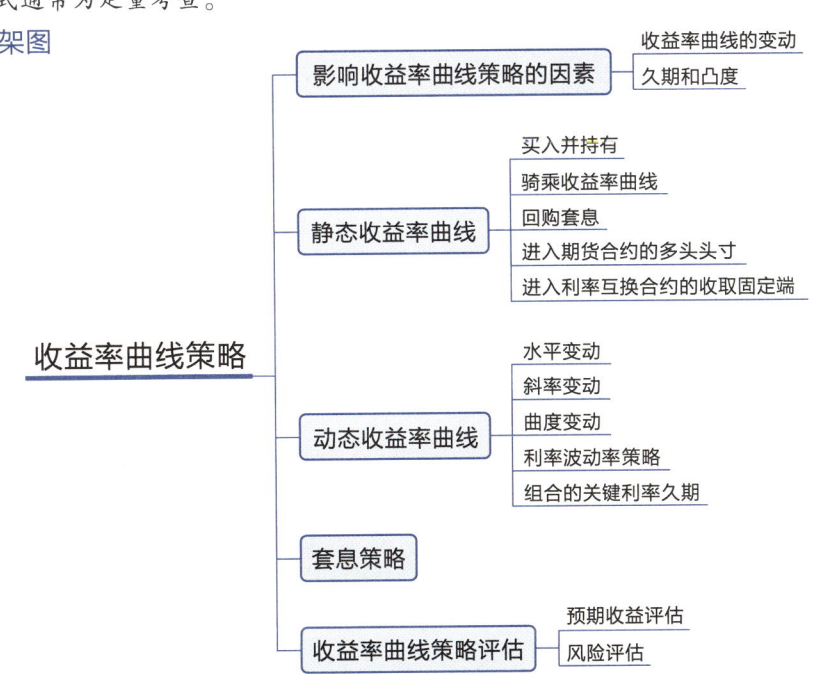

11.1 影响收益率曲线策略的因素

—考点要求—
描述（describe）由于基准收益率变化影响固定收益组合收益的因素（★）

在第9章中将总体预期收益率进行拆解后包含以下5个组成部分。

$$E(R) \approx \text{Coupon income}$$
$$+ \text{Rolldown return}$$
$$+ E(\Delta \text{Price due to investor's view of benchmark yield})$$
$$+ E(\Delta \text{Price due to investor's view of yield spreads})$$
$$+ E(\Delta \text{Price due to investor's view of currency value changes}) \quad (11.1)$$

公式（11.1）中，E(R)代表总体预期收益率；第1项代表票息收益；第2项代表收敛收益率，前两项之和又称为滚动收益率（rolling yield）；第3项代表由基准收益率变动导致的债券价格预期变动率；第4项代表由利差变动导致的债券价格预期变动率；第5项代表预期外汇利得或损失。

本章主要探讨影响公式（11.1）的第1、2、3、5项的主动管理策略，重点涉及2个方面：基金经理对收益率曲线变动的预测及不同收益率曲线情境下的策略。

11.1.1 收益率曲线的变动

收益率曲线的变动通常来源于3个方面。
（1）收益率曲线水平的变动（平行移动）。
（2）收益率曲线斜率的变动（更平坦或者更陡峭）。
（3）收益率曲线曲度的变动。

<u>收益率曲线水平的变动</u>通常是指收益率曲线的平行移动，即短、中、长期的收益率变动幅度是相同的。但在实际情况中，收益率曲线是不局限于平行移动的，因此，后续内容会引出收益率曲线的斜率和曲度的变动。

<u>收益率曲线斜率的变动</u>通常是指短期的收益率和长期的收益率变动幅度不一致。斜率的改变可以通过长期收益率减去短期收益率的利差进行衡量，该利差变大说明收益率曲线变陡峭了，该利差变小说明收益率曲线变平坦了。在大多数情况下，该利差为正；若利差为负则称收益率曲线出现了"倒挂"（inversion）现象，如在2008年金融危机时曾出现收益率曲线倒挂的情况。

<u>收益率曲线曲度的变动</u>通常是指短期、中期及长期的收益率变动幅度不一致。收益率曲线的曲度可以通过蝶式价差（butterfly spread）进行衡量。蝶式价差的计算公式如下：

$$\text{Butterfly spread} = -(\text{Short-term yield}) + (2 \times \text{Medium-term yield}) - \text{Long-term yield} \quad (11.2)$$

公式（11.2）中，Short-term yield、Medium-term yield、Long-term yield 分别为短期、中期和长期的收益率，通常采用2年、10年以及30年国债的收益率。

当蝶式价差值为正时，收益率曲线呈现凹（concave）的形状；当蝶式价差值为负时，收益率曲线呈现凸（convex）的形状。蝶式价差值通常为正，但在2008年金融危机前夕出现过蝶式价差值为负的现象。

> **知识一点通**
>
> 公式（11.2）可调整为：
>
> $$\text{Butterfly spread} = (\text{Medium-term yield} - \text{Short-term yield}) \\ - (\text{Long-term yield} - \text{Medium-term yield})$$
>
> 由于中期收益率与短期收益率的差值通常大于长期收益率与中期收益率的差值，所以蝶式价差值通常为正。

11.1.2 久期和凸度

公式（11.1）的第 3 项 E（ΔPrice due to investor's view of benchmark yield）关注由于基准收益率发生改变给组合价值带来的影响，具体计算公式如下：

$$\%\Delta\text{Price}^{\text{Full}} \approx -(\text{ModDur} \times \Delta\text{Benchmark}) + \frac{1}{2} \times \text{Convexity} \times (\Delta\text{Benchmark})^2 \quad (11.3)$$

公式（11.3）中，ModDur 代表修正久期；Convexity 代表凸度；ΔBenchmark 代表基准收益率的变化。

由此可见，基准收益率变化时，以下 2 个因素决定了组合价值变化的大小。

（1）久期：表示收益率与价格的线性一阶效应。

（2）凸度：表示收益率与价格的非线性二阶效应。

当收益率曲线发生小幅变动时，久期反映了债券价格变化的敏感程度，而当收益率曲线发生大幅变动时，仅仅通过久期无法准确估计债券价格变动，加入凸度可以更准确地描述债券价格的变动。

正凸度更高的组合表现更好，在利率下降时价格上涨更多，在利率上升时价格下跌更少。在其他条件相同的情况下，久期大的债券凸度往往也更大；除此以外，凸度还受现金流的离散程度影响，在久期相同的情况下，现金流离散程度越大，组合的凸度越大。因此在其他条件相同的情况下，杠铃型组合比子弹型组合的凸度更大。当利率的波动率较大时，凸度的价值更得以显现。

11.2 静态收益率曲线

当前的收益率曲线形态反映市场对未来的预期。采用主动策略的投资者会对未来的经济增长和通货膨胀作出预测，从而推测出预期收益率曲线的特征，包括收益率曲线的水平、斜率和曲度。当投资者的收益率曲线观点与当前市场一致，且在一定期限内保持不变，就是静态收益率曲线。

基于静态的收益率曲线，投资者可通过增加组合的久期或杠杆获得超额收益。具体而言，投资者可以使用以下 2 种类型的工具。

（1）基于现金流的工具，包括买入并持有（buy and hold）、骑乘收益率曲线（rolling down the yield curve）、回购套息（repo carry trade）策略。

（2）基于衍生品的工具，包括进入期货合约的多头头寸（long futures position）以

——考点要求——
在给定收益率曲线观点与市场观点一致时，形成（formulate）投资组合策略（★★★）

及进入利率互换合约的收取固定端（receive-fixed swap）。

11.2.1 买入并持有

当预期收益率曲线倾斜向上、并且保持稳定不变时，投资者可以通过买入并持有策略赚取超额收益。基于此策略所构建的投资组合，具有以下 2 个特征。

（1）组合的久期比基准组合的久期更长。

（2）组合的构成在一定期间内保持稳定，即不进行主动交易。

相比于基准组合，投资者选择买入的债券久期更长、到期收益率（yield to maturity，YTM）更高，买入后持有一段时间，并且不主动卖出，最终获得比基准组合更高的收益。

买入并持有策略看似被动，但本质上属于对组合的主动管理。采用此策略时，投资者会主动偏离基准组合的久期，购入一些流动性不佳、收益率较高的债券。这时组合将面临较大的流动性风险，导致该策略可能相当激进。

> **知识一点通**
>
> 久期越大的债券往往期限越长，而持有到期收益率更接近长期的即期利率，当收益率曲线倾斜向上时，长期的即期利率越高，则持有到期收益率也越高。

11.2.2 骑乘收益率曲线

采用骑乘收益率曲线的策略必须同时满足以下 2 个条件：

（1）收益率曲线倾斜向上。

（2）投资者认为收益率曲线保持稳定不变。

在满足这 2 个条件的情况下，采用该策略的投资者会购买期限比投资期更长的债券，并在债券到期前出售从而获得更高的总体收益，此时总体收益包括债券的票息收益和资本利得。

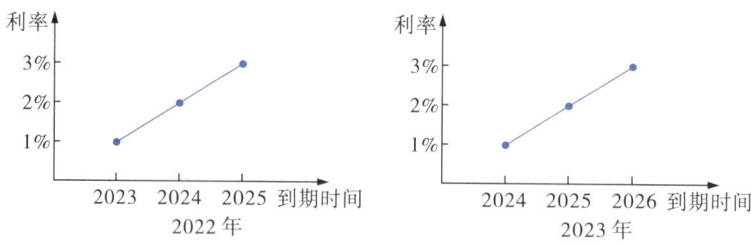

图 11.1 骑乘收益率曲线策略的条件

如图 11.1 所示，2022 年和 2023 年所对应的收益率曲线均倾斜向上并且保持稳定。1 年期债券收益率均为 1%，2 年期债券收益率均为 2%，3 年期债券收益率均为 3%。在 2022 年，对于投资期为 1 年的投资者 A 来说，可以先买入 3 年期（2025 年到期）债券，然后在 1 年后（2023 年）卖出。这样获得的总收益会高于直接投资 1 年期（2023 年到期）债券的总收益。

该策略带来了骑乘效应：在持有债券期间，债券的剩余期限会逐渐变短，其收益率沿着收益率曲线下滑（在2022年，3年期债券的收益率为3%；1年之后，该债券剩2年到期，收益率下降到2%）。由于收益率与价格的反向关系，收益率下滑会导致其债券价格上升，由此带来的资本利得的现象，被称为骑乘效应。

11.2.3 回购套息

回购套息策略是在骑乘收益率曲线策略的基础上利用回购协议融资来增加组合的杠杆。采用该策略的投资者会购入长于投资期的长期债券，该资金来源为回购协议，具体操作如下：投资者作为正回购方将长期债券抵押给逆回购方融入资金，回购协议的期限为短期，因此，融资成本为短期利率。投资期结束时，投资者回购该长期债券并卖出，获取的总收益为票息收入、资本利得减去融资成本。在收益率曲线倾斜向上并保持不变的情况下，长期债券的收益率往往高于融资成本（短期利率），投资者因此获利。

11.2.4 进入期货合约的多头头寸

投资者可以通过使用固定收益类期货来增加投资组合的久期，从而提高收益。

最常见的固定收益类期货是国债期货。做多国债期货可以增加久期。简单来说，做多期货相当于以无风险利率融资来做多资产。

11.2.5 进入利率互换合约的收取固定端

投资者可以通过进入利率互换合约的收取固定端来增加投资组合的久期，从而提高收益。

利率互换中，收取固定利率并支付浮动利率会增加投资组合的久期。这是因为，收取固定利率并支付浮动利率相当于做多固定利率债券的同时做空浮动利率债券。通常来讲，固定利率债券的久期高于浮动利率债券的久期，因此，二者久期相减大于0，增加了投资组合的久期。

> **备考小贴士**
>
> "衍生品和外汇管理"科目已对国债期货的久期和利率互换的久期进行了详细探讨，此处不再赘述。考生应重点掌握基于静态的收益率曲线投资者可采取的5种策略。

例题 11.1

某固定收益组合经理预期未来12个月的收益率曲线将会非常稳定并保持向上倾斜的形态，该组合经理的投资期限为1年。该经理计划持有一个仅包含20年期美国国债的投资组合，当前该证券的价格为101。最终，经理在1年后以108的价格卖出该证券。请问，该组合经理采用的是什么策略？（注：本题省略了金额单位）

> **名师解析**
>
> 该组合经理采取的是骑乘收益率曲线策略。由于他预测收益率曲线将会非常稳定并保持向上倾斜的形态，使用骑乘收益率曲线策略意味着会购买到期时间比投资期限更长的债券，而后在债券到期前售出，从而获得更高的总体收益。

11.3 动态收益率曲线

—考点要求—
在给定收益率曲线观点与市场观点不一致时，形成（formulate）投资组合策略（★★★）

当前的收益率曲线形态反映市场对未来的预期。如果投资者预期的收益率曲线形态与当前市场不一致，包括收益率曲线的水平、斜率和曲度特征不一致，这种预期呈现的形态就表现为动态收益率曲线。本章第 11.1 节概述了收益率曲线变动对应的 3 个方面，即收益率曲线水平的变动（平行移动）、斜率的变动和曲度的变动。下文也将从这 3 方面来介绍投资者应采用的主动投资策略。

11.3.1 水平变动

收益率曲线可以向下（downward）或者向上（upward）平行移动。当收益率曲线向下平行移动时，利率下降，债券价格上升，俗称"牛市"，应增加组合的久期，因为久期越大，债券价格对利率变化越敏感，在这种情况下可以使债券价格上升得更多。当收益率曲线向上平行移动时，利率上升，债券价格下跌，俗称"熊市"，应减少组合的久期，因为减少久期可以使债券价值下跌得更少。

增加久期有以下 3 种方法。

（1）购入债券。该方法通过购入更长期的债券来增加组合久期，当利率下降时债券升值，但若利率上升时组合会有损失。

（2）进入利率互换合约的收取固定端。在互换合约中，投资者收取固定利率相当于买入固定利率债券；支付浮动利率相当于卖出浮动利率债券。利率互换合约的久期相当于两个债券的久期之差。固定利率债券的久期通常高于浮动利率债券，因此总体上增加了投资组合的久期。但当利率上升时，收取固定端会遭受损失。

（3）进入债券期货合约的多头头寸。在利率下降、债券价格上升的牛市，作为期货合约的多头方会获益。但在利率上升或者保证金成本上升时，组合可能会有损失。

同样地，减少久期有以下 3 种方法。

（1）卖出债券。通过卖出债券来减少组合的久期，或者购买短期的债券来构建久期小的组合。该种方法希望能够在利率上升的时候减少价格下跌带来的损失，但利率下降时债券升值较少。

（2）进入利率互换合约的支付固定端。在互换合约中，投资者支付固定利率相当于卖出固定利率债券，收取浮动利率相当于买入浮动利率债券，因此总体上降低了投资组合的久期。但当利率下降时，支付固定端的收益也会相应降低。

（3）进入债券期货合约的空头头寸。在利率上升、债券价格下跌的熊市，作为期货合约的空头方会获益。但在利率下降、债券价格上升或者保证金成本上升时，组合可能会有损失。

收益率曲线水平变动即收益率曲线平行移动时,投资者可采用的策略如表 11.1 所示。

表 11.1 收益率曲线平行移动对应的策略

场景	方法	策略
收益率曲线向上平行移动	减少久期	卖出债券 进入利率互换合约的支付固定端 进入期货合约的空头头寸
收益率曲线向下平行移动	增加久期	购入债券 进入利率互换合约的收取固定端 进入期货合约的多头头寸

备考小贴士

通过买入、卖空债券来调整组合久期,属于子弹策略(bullet)。考生需要重点掌握收益率曲线向上平行移动时的 3 种应对策略和收益率曲线向下平行移动时的 3 种应对策略。

11.3.2 斜率变动

收益率曲线的斜率通常为正。货币政策、预期经济增长和预期通胀等因素都会影响到收益率曲线的形状。

当收益率曲线斜率改变时,投资者会采用杠铃型策略(barbell strategy/barbell trade)来应对。狭义的杠铃型策略指同时做多短期和长期债券的策略,但广义的杠铃型策略还包括多头和空头的结合,如做多长期债券同时做空短期债券。投资者可通过调整不同期限债券的多头、空头头寸以及权重来构造久期中性、正久期、负久期的组合,增加现金流的离散度,从而应对收益率曲线斜率不同形态的改变。

收益率曲线预期变得陡峭,即斜率增加分为以下 3 种场景。

(1)短期收益率下降,长期收益率上升,如图 11.2 所示。投资者可通过购买短期的债券同时卖出长期的债券来构建一个久期中性的组合。当收益率曲线非平行移动时,短期收益率下降带来短期债券的升值,长期收益率上升令长期债券价值下降,由于该策略是卖出长期债券,所以投资者可以在长期获利。但在收益率曲线变平坦时,该策略面临组合价值下跌风险。

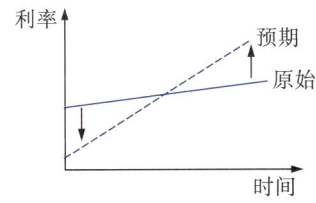

图 11.2 斜率增加:短期收益率下降,长期收益率上升

(2) 短期与长期收益率都下降，短期下降的幅度更大，如图 11.3 所示。采用的策略俗称"牛陡"（bull steepener），在整体收益率水平都下降的情况下，债券价格上涨，呈现"牛市"的特征。当经济陷入衰退，政府为了刺激经济采取降息的货币政策就容易出现该情景。投资者构建一个总体久期为正的组合：整体利率水平下降，组合久期为正，组合价值上升。但当收益率曲线变平坦或者收益率水平上升时，该策略会面临组合价值下跌风险。

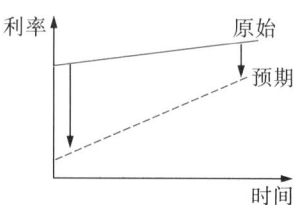

图 11.3 斜率增加：短期与长期收益率都下降

(3) 短期与长期收益率都上升，长期利率上升幅度更大，如图 11.4 所示。采用的策略俗称"熊陡"（bear steepener），由于整体利率水平上升，债券价格下跌，呈现"熊市"的特征。在"熊陡"策略中，投资者构建一个总体久期为负的组合：整体利率水平上升，组合久期为负，组合价值上升。但当收益率曲线变平坦或者收益率水平下降时，该策略会面临组合价值下跌风险。

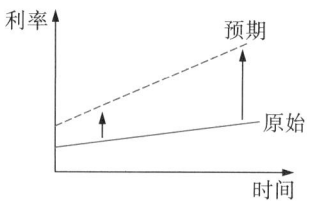

图 11.4 斜率增加：短期与长期收益率都上升

类似的，收益率曲线变平坦，即斜率下降也分为 3 种情景。

(1) 短期收益率上升，长期收益率下降，如图 11.5 所示。投资者可通过购买长期的债券同时卖出短期的债券来构建一个久期中性的组合。长期收益率下降带来长期债券的升值，短期收益率上升令短期债券价值下降，但由于该策略是卖出短期债券，所以投资者可以获利。但当收益率曲线变陡峭时，该策略会面临组合价值下跌风险。

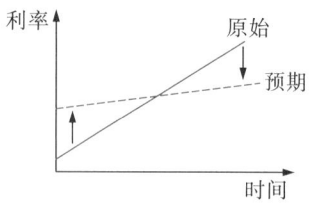

图 11.5 斜率下降：短期收益率上升，长期收益率下降

(2) 短期与长期收益率都下降，长期下降的幅度更大，如图 11.6 所示。采用的策

略俗称"牛平"（bull flattener）。该情景下，由于收益率水平发生了下降，投资者需通过构建，令整个组合呈现"正久期"。当整体收益率下降时，组合的正久期将会带来组合价值的上升。但当收益率曲线变陡峭或者收益率水平上升时，该策略会面临组合价值下跌风险。

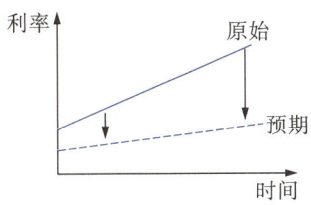

图 11.6　斜率下降：短期与长期收益率都下降

（3）短期与长期收益率都上升，短期上升的幅度更大，如图 11.7 所示。采用的策略俗称"熊平"（bear flattener）。该情景下，由于收益率水平发生了上升，投资者需通过构建，令整个组合呈现"负久期"。当整体收益率上升时，组合的负久期将会带来组合价值的上升。但当收益率曲线变陡峭，或收益率水平下降时，该策略面临组合价值下跌风险。

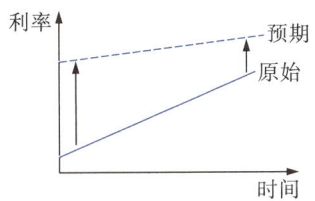

图 11.7　斜率下降：短期与长期收益率都上升

综上，当收益率曲线斜率改变时可采取的策略，如表 11.2 所示。

表 11.2　收益率曲线斜率改变对应的策略

曲线变陡峭	杠铃型组合（买短卖长）	曲线变平坦	杠铃型组合（买长卖短）
短降长升	久期中性	短升长降	久期中性
长短都降	"牛陡"（正久期）	长短都降	"牛平"（正久期）
长短都升	"熊陡"（负久期）	长短都升	"熊平"（负久期）

> **备考小贴士**
>
> 考生需要重点掌握收益率曲线变陡峭时的 3 种应对策略和收益率曲线变平坦时的 3 种应对策略。

11.3.3　曲度变动

如 11.1.1 所述，曲度描述了短、中、长期利率的期限结构。曲度可通过蝶式价差来描述，蝶式价差通常为正。

短、中、长期市场的参与者往往面临不同的监管要求或者不同的资产负债管理限制,这就导致了短、中、长期的市场对固定收益类工具的供给与需求状况不同,则收益率曲线在短、中、长期呈现不同的利率水平。

应对收益率曲线的曲度改变,最常用的策略是蝶式策略,即杠铃型组合与子弹型组合的多空配置,如买入杠铃型组合的同时卖出子弹型组合。杠铃型组合由短期和长期债券构成"蝴蝶翅膀",子弹型组合由中期债券构成"蝴蝶身体"。

如图 11.8 所示,当投资者认为未来短期和长期利率会下降,中期利率会上升时,蝶式价差上升,即投资者持有负蝶式观点(negative butterfly view),此时采取的策略俗称"负蝶式策略"。在负蝶式策略中,投资者买入杠铃型组合同时卖出子弹型组合,即"做多翅膀、做空身体"。在短期和长期利率都下降的情况下,杠铃型组合价值上升;中期利率上升,子弹型组合价值下降,投资者卖出子弹型组合也会受益。此外,投资者通过权重分配可以使组合整体久期为 0,即构建久期中性的组合。如果收益率曲线发生平行移动时,由于组合久期为 0,组合价值变动几乎为 0。

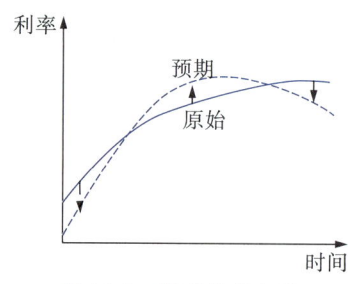

图 11.8　蝶式价差上升

如图 11.9 所示,当投资者认为未来短期和长期利率会上升,中期利率会下降时,蝶式价差值下降,即投资者持有正蝶式观点(positive butterfly view),此时采取的策略俗称"正蝶式策略"。在正蝶式策略中,投资者买入子弹型组合同时卖出杠铃型组合,即"做多身体、做空翅膀"。在短期和长期利率都上升的情况下,杠铃型组合价值下降,投资者卖出杠铃型组合获得收益;中期利率下降,子弹型组合价值上升。此外,投资者通过权重分配可以使组合整体久期为 0,即构建久期中性的组合。如果收益率曲线发生平行移动时,由于组合久期为 0,组合价值变动几乎为 0。

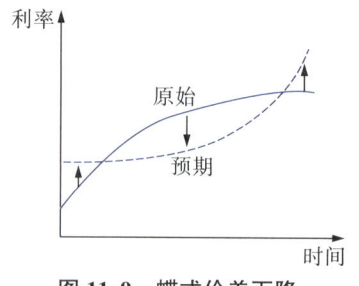

图 11.9　蝶式价差下降

综上所述,蝶式价差上升采用"负蝶式"策略,即"做多翅膀、做空身体";蝶式价差下跌采用"正蝶式"策略，即"做多身体、做空翅膀"。

> **备考小贴士**
>
> 考生需要重点掌握收益率曲度发生变化时的 2 种应对策略。

> **知识一点通**
>
> 考生需注意区分蝶式价差与蝶式观点和蝶式策略。
>
> 公式（11.2）中，展示了蝶式价差的计算，反映了当前收益率曲线曲度的形态。当蝶式价差值为正时，收益率曲线呈现凹的形状；当蝶式价差值为负时，收益率曲线呈现凸的形状。
>
> 但投资者或基金经理对当前收益率曲线曲度形态有不同于市场的预测，认为蝶式价差值在未来会变小，被称为正蝶式观点，会采取"做多身体、做空翅膀"的策略，该策略可称为"正蝶式"；认为蝶式价差值在未来会变大，被称为负蝶式观点，会采取"做多翅膀、做空身体"的策略，该策略可称为"负蝶式"。

例题 11.2

已知 John、Anna 和 Gloria 这 3 位基金经理对于未来宏观经济的看法存在差异，具体表现在对未来 12 个月 A 国利率的预测上。

John 认为未来收益率曲线的斜率会增加。短期利率随着政府积极的货币政策的实施而降低，长期利率随着外国投资者抛售 A 国的债券而上升。

Anna 认为未来 A 国短期利率和长期利率均会下跌，中期利率则会增加。

Gloria 认为 A 国经济近期表现良好，收益率曲线将在未来 1 年保持稳定。

请根据 3 位基金经理的预测，论述他们各自采取的投资策略。

名师解析

John 认为短期利率下降，长期利率上升，则收益率曲线斜率上升。John 可采用杠铃型策略，即购买短期的债券同时卖出长期的债券来构建一个久期中性的组合。

Anna 认为短期和长期利率下跌，中期利率增加，则收益率曲线蝶式价差值上升，可采取"负蝶式"策略，"做多翅膀、做空身体"，即买入杠铃型组合同时卖出子弹型组合。

Gloria 认为收益率曲线保持稳定，因此可采用买入并持有、骑乘收益率曲线、回购套息、进入期货合约的多头头寸以及进入利率互换合约的支付固定端这 5 个策略。

11.3.4 利率波动率策略

—**考点要求**—
根据利率波动的预期变化，形成（formulate）投资组合策略（★★★）

由于宏观经济等因素的变化，投资者或基金经理认为未来市场收益率曲线会发生变化，但不确定变动的方向，仅能预测出收益率曲线的波动率在未来会上升。11.3.1 到 11.3.3 介绍的策略主要集中在不含权债券、互换以及期货合约的应用上。但在利率波动率相关的投资策略中，含权债券、期权类衍生品发挥着重要作用。

11.3.4.1 使用含权债

投资者购买可赎回债券（callable bond）就是做空波动率，当利率下降时，触发发行人赎回债券的条款，债券呈现出负凸性。同理，投资者购买资产支持证券（asset-backed security，ABS）也是做空波动率，因为借款方拥有提前还款的权利，当利率下降时，触发借款方提前还款，债券呈现出负凸性。投资者购买可回售债券（putable bond）就是做多波动率，当利率上升时，触发投资者回售债券的条款，债券呈现出更高的凸性。

11.3.4.2 使用期权类衍生品

除含权债外，期权本身也是波动率管理的常见工具。但值得注意的是，期权类衍生品也会改变组合的久期。

以下 3 种策略会增加组合的久期。

（1）买入债券看涨期权（long bond call option）。该策略给予投资者以特定价格购买债券的权利，当债券价格高于行权价时，投资者会行使权利购入债券，从而增加组合的久期。

（2）买入收款方互换期权（long receiver swaption）。期权买方行权后会成为互换中付浮动利率收取固定利率的一方，相当于做多固定利率债券的同时做空浮动利率债券。通常来讲，固定利率债券的久期高于浮动利率债券的久期，因此二者久期相减大于 0，增加了投资组合的久期。

（3）买入债券期货的看涨期权（long call option on bond futures）。因为该策略给予投资者以特定价格买入债券期货的权利，当债券期货的价格高于行权价时，投资者会行使权利买入债券期货，从而增加组合的久期。

以下 3 种策略会降低策略的久期。

（1）买入债券看跌期权（long bond put option）。债券看跌期权标的资产为债券，债券价格会受到利率影响。当利率上升，标的债券价格下降，看跌期权价值反倒上升，因而利率变化和债券看跌期权价值变化呈现出正相关，因此债券看跌期权呈现出负久期。

（2）买入付款方互换期权（long payer swaption）。期权买方行权后会成为互换中付固定利率收取浮动利率的一方，相当于做多浮动利率债券的同时做空固定利率债券。通常来讲，固定利率债券的久期高于浮动利率债券的久期，因此二者久期相减小于 0，减少了投资组合的久期。

（3）买入债券期货的看跌期权（long put option on bond futures）。当利率上升时，债券期货看跌期权的价值会由于标的债券价格的下跌而上升；当利率下降时，债券期货看跌期权的价值会因为标的债券价格的上升而下降。因此，债券期货看跌期权的多头方的价值与利率变化方向相同，因此，呈现出负久期。

> **备考小贴士**
> 考生需要重点掌握使用期权类衍生品增加、降低组合久期的共 6 种策略。

11.3.5 组合的关键利率久期

关键利率久期（key rate duration）衡量债券组合价值对于收益率曲线上不同期限的利率变化的敏感程度。当不同期限利率的变化幅度不相同，收益率曲线的斜率和曲度发生变化，即债券组合面临形状风险（shaping risk）时，用关键利率久期能有效衡量债券价值变化。

通过分析债券组合的关键利率久期，投资者可以判断债券组合的主要风险敞口对应哪个利率期限。投资者根据预期收益率曲线的变化，可以有针对性地调整基准组合的风险敞口，进行主动管理。例如，投资者预期 10 年期利率下降，可以增加组合的 10 年关键利率久期，获得债券组合价值上升的收益。

某个主动管理的组合和基准组合的关键利率久期如表 11.3 所示。

> —考点要求—
> 利用关键利率久期评估（evaluate）债券组合及基准组合的敏感程度（★）

表 11.3 主动管理的组合和基准组合的关键利率久期

期限	主动管理组合的关键利率久期	基准组合的关键利率久期	差值
1 年	0.25	0.5	−0.25
5 年	−1.25	1.25	−2.50
10 年	9.38	5.33	4.05
组合	8.38	7.08	1.30

可以看出，基准组合的主要风险敞口集中在长期利率（10 年期）。如果投资者想要继续增加组合的长期利率风险敞口，将基准组合的风险敞口调整为主动管理组合，可以进入长期国债期货的多头头寸，在长期增加久期。如果投资者想要减少组合的短期和中期利率风险敞口，可以进入短期和中期的期货空头头寸，降低对应的久期。

> **备考小贴士**
>
> 考生应注意了解关键利率久期的适用场景，掌握主动管理的组合与基准组合关键利率久期不一致时，如何通过不同的策略调整基准组合不同期限的关键利率久期，本质是要掌握增加久期或者减少久期的方法。

11.4 套息策略

许多投资者会在不同国家投资来达到收益最大化和分散化组合风险的目的。不同币种会对应不同的收益率曲线，此处探讨投资不同币种时的收益率曲线策略。

在"衍生品和外汇管理"科目中介绍了投资单一外币资产和投资多种外币资产的组合回报。当组合仅有一种外币资产时，组合的本币回报如公式（11.4）所示：

> —考点要求—
> 探讨（discuss）不同币种间的收益率曲线策略（★★）

$$R_{DC} = (1 + R_{FC})(1 + R_{FX}) - 1 \qquad (11.4)$$

公式（11.4）中，R_{FC} 表示外币资产的外币回报，R_{FX} 表示外币资产的汇率回报。

当组合有多种外币资产时，组合的本币回报如公式（11.5）所示：

$$R_{DC} = \sum_{i=1}^{n} w_i \left(1 + R_{FC,i}\right)\left(1 + R_{FX,i}\right) - 1 \tag{11.5}$$

公式（11.5）中，w_i 代表第 i 种外币资产以本币计价的市值计算出的权重，$R_{FC,i}$ 表示第 i 种外币资产的外币回报，$R_{FX,i}$ 表示第 i 种外币资产的汇率回报。组合中所有外币资产的权重之和为 1，即：$\sum_{i=1}^{n} w_i = 1$。

对应公式（11.1），R_{DC} 综合考虑了第 3 项由基准收益率变动导致的债券价格预期变动率，以及第 5 项预期外汇利得或损失。

不同的宏观经济因素，如通胀、经济增长、货币政策等，会导致不同国家之间的收益率曲线呈现不同的期限结构。投资者会根据不同国家的不同收益率曲线进行跨币种投资，若投资者使用了远期合约来完全对冲汇率风险，则根据抛补利率平价理论（covered interest rate parity），投资者只能获得本国的无风险收益率。若无抛补利率平价理论（uncovered interest rate parity）成立，则投资者不做汇率风险对冲时获取的收益也应等于本国的无风险收益率，但在实践中，无抛补利率平价理论往往不成立。因此投资者会在国际间的市场寻求投资机会，投资高收益率的外币债券，有时投资者还会以低收益率的外币债券融入资金后去投资高收益率的外币债券。

在不同币种间进行套息交易可获取的收益计算将通过例题 11.3 进行展示。

例题 11.3

A 国为发达国家，利率水平较低，目前 1 年期的利率为 1%。B 国为发展中国家，利率水平较高，目前半年期的年化利率为 8%。两国间目前的汇率水平为 1 单位 A 国货币兑换 10 单位 B 国货币。投资者考虑借入 1 年的 A 国货币，滚动投资半年期的 B 国零息国债。请分析以下 2 种情景下该套息交易的预期收益。

情景一：B 国的货币市场利率水平和两国间的汇率都保持稳定。

情景二：半年后 B 国的半年年化利率跌至 6%。由于新冠疫情冲击，B 国货币发生贬值，投资期结束时 1 单位 A 国货币能兑换 12 单位 B 国货币。

名师解析

若 B 国的货币市场利率水平和两国间的汇率都保持稳定，则投资者可获取的收益约等于在 B 国投资的本息和减去 A 国借款的本息和：

$$\left(1 + \frac{8\%}{2}\right)^2 - (1 + 1\%) \approx 7.16\%$$

若 B 国的货币市场利率发生改变，则在 B 国投资的本息和需要根据市场情况进行调整。B 国货币发生贬值，意味着将 B 国投资所得的本息和转换回 A 国货币时，能转换得的 A 国货币更少。具体收益计算如下：

$$\left(1 + \frac{8\%}{2}\right) \times \left(1 + \frac{6\%}{2}\right) \times \frac{10}{12} - (1 + 1\%) \approx -11.73\%$$

由例题 11.3 可以看出，如果采用套息策略并且不做汇率风险对冲，通常在市场情况相对稳定的情况下才比较容易成功。若市场发生动荡，例如，原本高利率的币种利率下跌或贬值，可能会轻易抵消套息赚取的利润，甚至产生损失。

不对冲汇率风险的市场策略多种多样，取决于对不同国家的收益率曲线的水平、斜率、曲度的看法，以下为 4 种主要的套息投资策略。

（1）借款投资期限匹配。具体操作为借入固定低利率的货币，投资固定高利率的货币。

（2）投资长期债券，短端滚动融资。具体操作为滚动借入浮动低利率的货币，投资固定高利率的货币。

（3）借入长期贷款，长端滚动再投资。具体操作为借入固定低利率的货币，滚动投资浮动高利率的货币。

（4）借入短期贷款，进行短期投资，贷款端、投资端均滚动。具体操作为滚动借入浮动低利率的货币，滚动投资浮动高利率的货币。

> **备考小贴士**
>
> 不同货币市场间套息交易的核心要点在于将资产投资于高收益货币，将负债以低利率持有。换言之，目标就是"低融高投"，无论采取何种方式，只要实现"低融高投"这个目标即可。

11.5 收益率曲线策略评估

11.5.1 预期收益评估

—考点要求—
评估（evaluate）收益率曲线策略的预期收益和风险（★★）

将总体预期收益率进行分解，投资者可以清晰地辨析投资收益的来源。通常来讲，总体预期收益率按照公式（11.1）拆解成 5 个组成部分。

具体的收益率拆解，将通过例题 11.4 进行讲解。

例题 11.4

某交易员负责交易 A 国政府债券。他认为 A 国国债收益率曲线会在未来 12 个月上升 100 bps。他目前有 2 个投资组合可供选择：子弹型组合和杠铃型组合。

子弹型组合：100% 的资金投资于 5 年期不付息国债。

杠铃型组合：70% 的资金投资于 2 年期不付息国债，其余 30% 的资金投资于 10 年期不付息国债。详细信息见下表。

子弹型与杠铃型组合的基本情况

	子弹型	杠铃型
投资期限（年）	1	1
当前组合中债券平均价格	95.23	93.43
1 年后组合中债券平均价格（收益率曲线稳定）	97.07	95.50
当前修正久期	4.91	4.85
预期有效久期（期间）	4.03	4.03
预期凸度（期间）	15.42	38.54
预期 A 国国债收益率曲线的变化	1%	1%

此题仅收益率曲线发生平行移动，利差不发生改变，未涉及外汇风险。

请评估两个组合的总体预期收益率。

名师解析

根据公式（11.1），计算总体预期收益率的构成，见下表。

子弹型与杠铃型组合的总体预期收益率构成

收益率组成	计算公式	子弹型	杠铃型
票息收益（coupon income）	$\dfrac{\text{Annual coupon payment}}{\text{Current bond price}}$	0	0
+ 收敛收益率（rolldown return）	$\dfrac{\text{Bond price}_{End} - \text{Bond price}_{Beginning}}{\text{Bond price}_{Beginning}}$	$=\dfrac{97.07 - 95.23}{95.23}$ $=1.9322\%$	$=\dfrac{95.50 - 93.43}{93.43}$ $=2.2156\%$
+ 由基准收益率变动导致的债券价格预期变动率	$-\text{EffDur} \times \Delta\text{benchmark}$ $+ \dfrac{1}{2} \times \text{Convexity} \times (\Delta\text{benchmark})^2$	$=-4.03 \times 1\%$ $+\dfrac{1}{2} \times 15.42$ $\times (1\%)^2$ $=-3.9529\%$	$=-4.03 \times 1\% + \dfrac{1}{2}$ $\times 38.54 \times (1\%)^2$ $=-3.8373\%$
+ 由利差变动导致的债券价格预期变动率	$-\text{EffDur} \times \Delta\text{spread}$ $+ \dfrac{1}{2} \times \text{Convexity} \times (\Delta\text{spread})^2$	0	0
+ 预期外汇利得或损失	NA	0	0
= 总体预期收益率（total expected return）	—	−2.0207%	−1.6217%

如果交易员对于收益率曲线的预期实现，那么杠铃型组合的亏损将比子弹型组合少，即杠铃型组合的业绩优于子弹型组合约 40 bps。其中，杠铃型组合的凸度作出的贡献为 12 bps，另外 28 bps 来自收敛收益率。杠铃型组合收敛收益率显著较高的原因是：在收益率曲线稳定的情况下，随着到期的临近，10 年期国债价格的升高比率高于子弹型组合中 5 年期国债的价格升高比率。

备考小贴士

总体预期收益率的计算是重要考点，考生需要仔细掌握组成部分的具体计算方法。其中，预期外汇利得或损失，通常题目会直接给出，无须自行计算。

11.5.2　风险评估

公式（11.1）展示了总体收益率的各个组成部分，同时也揭示了收益率曲线的水平、斜率、曲度的变动以及外汇市场的变动都会影响到组合的整体价值。投资者通常通过情景分析来评估投资组合的风险，即假设不同的前提条件发生变化，如收益率发生变化、货币价值发生变化等，来综合分析组合整体价值的变动。具体的组合价值变动，将通过例题 11.5 进行展示。

例题 11.5

A 国的投资者在对比两种不同的投资组合策略。A 组合为子弹型策略，所有资金都投资于 10 年期债券。B 组合为杠铃型策略，70%资金投资于 2 年期债券，30%资金投资于 30 年期债券。A、B 组合的总投资金额都为 100 万。具体的债券信息如下表所示。假设市场上出现了"牛平"现象，具体而言，为 10 年期收益率下降了 30 bps，30 年期利率下降了 50 bps。请计算两种策略的组合价值变动。（注：本题省略了金额单位。）

组合构成债券信息

期限（年）	修正久期	凸度
2	1.85	3.5
10	9.79	98.5
30	28.32	230.8

名师解析

对于 A 组合，组合价值变动为：

$$\Delta P \approx \left(-9.79 \times (-0.003) + \frac{1}{2} \times 98.5 \times (-0.003)^2\right) \times 100 = 2.9813 \text{ 万}$$

对于 B 组合，组合价值变动来源于占投资额 30% 的 30 年期债券价值变动，计算如下：

$$\Delta P \approx \left(-28.32 \times (-0.005) + \frac{1}{2} \times 230.8 \times (-0.005)^2\right) \times 100 \times 30\% = 4.3346 \text{ 万}$$

备考小贴士

风险评估时利用情景分析来展示整个组合整体价值的变动本质上还是对总体预期收益率的计算考查。

练一练

11-1 Given her expectation of a stable yield curve over the next 12 months and the fact that the yield curve is upward sloping, Amy decides to construct a portfolio using 10-year US Treasury bonds with a coupon rate of 5% paid annually and a price of 102. She intends to sell the bonds in one year at a price of 108. At the same time, Amy expects the US dollar to appreciate relative to British pound by 1.2% during the next year. Based on the information above, the expected return on the portfolio strategy implemented by Amy was closest to：

A. 4.90%.

B. 10.78%.

C. 11.98%.

11-2 Lily, a fixed-income portfolio manager, expects the butterfly spread to increase in the future. Which portfolio strategy should be used for the following year?

A. Long a bullet portfolio and short a barbell portfolio.

B. Long a barbell portfolio and short a bullet portfolio.

C. Long a barbell portfolio and long a bullet portfolio.

11-3 Tom expects the interest rate volatility to be very high. Which of the following strategies should be used to enhance the expected return?

A. Long call options on bonds.

B. Sell putable bonds and switch to straight bonds.

C. Long callable bonds or mortgage-backed securities.

11-4 Sam expects yield curve is upward-sloping and stable. Which of the following strategies is most suitable for Sam?

A. Short futures position.

B. Pay-fixed swap.

C. Rolling down the yield curve.

11-5 Eric expects that short-term yields will fall in the future, while long-term yields will fall more sharply. Based on his expectations, which of the following strategies is most likely to increase portfolio's value?

A. A duration-neutral barbell strategy.

B. Long a barbell portfolio.

C. Sell short a bullet portfolio.

11-6 Judy intends to align the key rate duration of the benchmark portfolio with the target portfolio. Which of the following strategies would Judy choose?

Exhibit 11.1

Tenor	Key rate duration of the benchmark	Key rate duration of the target
2 year	1.25	0.25
5 year	1.50	-1.50
30 year	13.19	14.25
portfolio	15.94	13.00

A. Enter 2-year and 5-year payer swap and enter 30-year bond futures.

B. Short 2-year and 30-year bond futures and long 5-year bond futures.

C. Long 2-year and 30-year bond futures and short 5-year bond futures.

答案与解析

11-1 C

具体计算步骤如下表所示。由于收益率曲线无变化,因此由基准收益率或者利差变动导致的债券价格预期变动均为 0。最终,总体预期收益率为 11.98%。

投资组合的总体预期收益率构成

收益率的组成	计算公式	投资组合
票息收益 (coupon income)	$\dfrac{\text{Annual coupon payment}}{\text{Current bond price}}$	$= \dfrac{5}{102} = 4.90\%$
+ 收敛收益率 (rolldown return)	$\dfrac{\text{Bond price}_{End} - \text{Bond price}_{Beginning}}{\text{Bond price}_{Beginning}}$	$= \dfrac{108 - 102}{102} = 5.88\%$
+ 由基准收益率变动导致的债券价格预期变动率	$- \text{EffDur} \times \Delta\text{benchmark}$ $+ \dfrac{1}{2} \times \text{Convexity} \times (\Delta\text{benchmark})^2$	0
+ 由利差变动导致的债券价格预期变动率	$- \text{EffDur} \times \Delta\text{spread}$ $+ \dfrac{1}{2} \times \text{Convexity} \times (\Delta\text{spread})^2$	0
+ 预期外汇利得或损失	NA	1.2%
= 总体预期收益率(total expected return)	—	$= 4.90\% + 5.88\% + 1.2\%$ $= 11.98\%$

11-2 B

蝶式价差值上升,对应的策略应为"做多翅膀、做空身体"。因此,投资者应该做多短期和长期债券构成的杠铃型组合并同时做空中期债券构成的子弹型组合。因此,只有选项 B 符合该策略。

11-3 A

选项 A,在利率波动率高的情况下可以通过做多波动率来增加收益。因为未来收益率曲线的波动更加剧烈,可以通过购入看涨期权来做多波动率。因此正确选项为 A。

选项 B,买入看跌期权卖出可回售债券并买入不含权债券,等同于做空波动率,不能在波动率上升时增加收益。因此,该选项错误。

选项 C,买入可赎回债券或者抵押支持证券相当于卖出了看涨期权,即做空波动率,不能在波动率上升时增加收益。因此,该选项错误。

11-4 C

选项 A,当收益率曲线倾斜向上且保持稳定时,应该进入期货的多头合约而非空头合约。因此,该选项错误。

选项 B,当收益率曲线倾斜向上且保持稳定时,应该进入收取固定利率并支付浮动利率而非支付固定利率收取浮动利率的互换合约。因此,该选项错误。

选项 C,骑乘收益率策略为收益率曲线倾斜向上且保持稳定时常用的策略,可获得利息收入及资本利得。因此正确选项为 C。

11-5　B

当短期与长期收益率都下降，长期下降的幅度更大时，投资者需令整个组合呈现"正久期"。因为当整体收益率下降时，组合呈现正久期才会带来组合价值的上升。因此，只有选项 B 符合题意，为正确选项。

11-6　A

目标组合在 2 年和 5 年的关键利率久期更小，在 30 年的关键利率久期更大，若要将基准组合的关键利率久期与目标组合的调成一致，则应通过交易降低基准组合的 2 年、5 年的关键利率久期，增加 30 年的关键利率久期。

选项 A，进入 2 年和 5 年的支付固定收浮动互换可减少对应年限的关键利率久期，进入 30 年期的期货多头可增加 30 年的关键利率久期。因此正确选项为 A。

选项 B，进入 2 年和 30 年的期货空头会减少对应年限的关键利率久期，进入 5 年期的期货多头会增加 5 年的关键利率久期。因此，该选项错误。

选项 C，进入 2 年和 30 年的期货多头会增加对应年限的关键利率久期，进入 5 年期的期货空头会减少 5 年的关键利率久期。因此，该选项错误。

第 12 章 信用风险管理策略

章节导学

知识引导

固定收益证券不仅面临利率风险，同时还面临信用风险。信用组合（credit portfolio）是由内含信用风险的债券和结构化金融工具（structured financial instruments）等金融工具构成的投资组合。这些金融工具在全球范围内的交易和流通形成了国际信贷市场（credit market）。本章主要论述信用组合的构建与管理。

考点聚焦

本章整体难度适中，考查方式以定性为主，定量为辅。具体来讲，信用市场上的各类风险、自下而上的分析方法、自上而下的分析方法以及和各种信用策略属于重要考点，考查方式通常为定性。与此同时，期望超额收益的考查方式通常为定量。

本章框架图

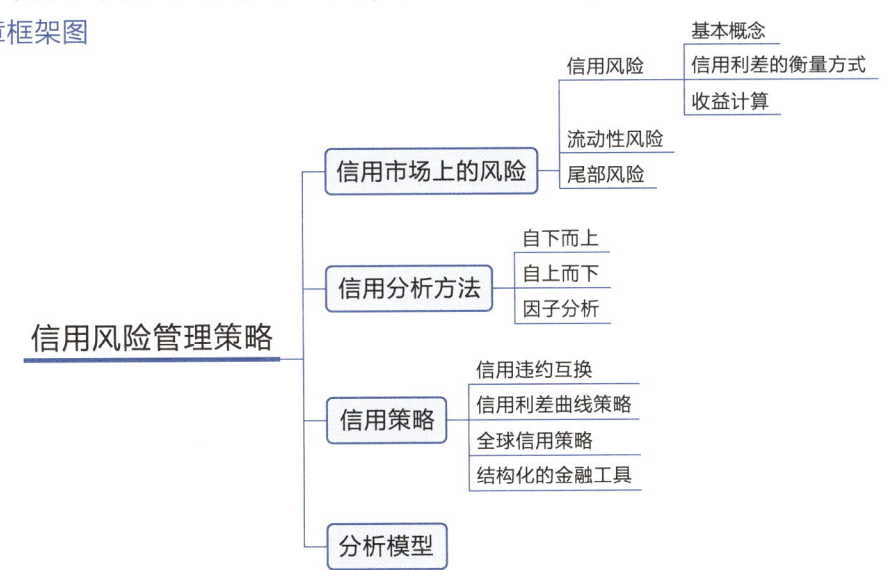

12.1 信用市场上的风险

—考点要求—
描述（describe）固定收益组合分析时基于利差的风险考量（★★★）

在第 9 章中将总体预期收益率进行拆解后包括以下 5 个组成部分。

$$E(R) \approx \text{Coupon income}$$
$$+ \text{Rolldown return}$$
$$+ E(\Delta\text{Price due to investor's view of benchmark yield})$$
$$+ E(\Delta\text{Price due to investor's view of yield spreads})$$
$$+ E(\Delta\text{Price due to investor's view of currency value changes})$$

式中，E(R)代表总体预期收益率，第 1 项代表票息收益，第 2 项代表收敛收益率，前两项之和又称为滚动收益率（rolling yield）。第 3 项代表由基准收益率变动导致的债券价格预期变动率，第 4 项代表由利差变动导致的债券价格预期变动率，第 5 项代表预期外汇利得或损失。

第 11 章主要介绍了基准收益率曲线发生变动对组合造成的影响，探讨基于第 1、2、3、5 项的主动管理策略，而本章主要关注公式第 4 项反映的基于收益率利差的分析。收益率利差主要反映了对信用和流动性风险的补偿。

发行人的信用风险主要取决于违约概率和违约损失率。具体债券发行的信用风险还取决于偿还的优先顺序、还款来源等其他因素。

流动性风险涉及投资者进行债券买卖的难易程度，往往通过买卖价差（bid-ask spread）反映，买卖价差的大小取决于市场环境及具体债券的供需情况。当主动管理的投资者采用信用策略来获取超额收益时，他们必须考虑该策略的交易成本。

当建模分析风险时，需要考虑尾部风险，即实际发生在尾部的极端事件比概率模型估计得更多所带来的风险。

12.1.1 信用风险

12.1.1.1 基本概念

信用风险的大小主要取决于违约概率和违约损失率，除了考虑违约情况外，还应考虑信用迁移带来的影响。

1. 违约概率和违约损失率

在 CFA® 二级"固定收益证券"科目中详细介绍过信用估值调整（credit valuation adjustment，CVA）的概念，此处简单回忆该概念相关的计算。信用估值调整是指预期信用损失的现值，计算如下：

$$\text{CVA} = \sum (\text{PV of Expected loss}) \tag{12.1}$$

$$\text{Expected loss} = \text{Probability default (POD)} \times \text{Loss given defalut (LGD)} \tag{12.2}$$

公式（12.2）中，POD 代表违约概率，LGD 代表违约损失率。

$$\text{LGD} = \text{Expected exposure} \times (1 - \text{Recovery rate}) \tag{12.3}$$

公式（12.3）中，Expected exposure 代表债券面临信用风险的敞口，Recovery rate 代表回收率。

CVA 揭示了信用风险的 2 个重要组成部分。

（1）违约概率（POD），表示发行人不能及时足额还本付息的可能性大小。

（2）违约损失率（LGD），表示债券出现违约后，投资者在本金和票息上损失的比例。相应地可定义回收率（recovery rate，RR），表示债券违约后能收回本息的比例。则违约损失率与回收率之间的关系为：

$$LGD(\%) = 1 - RR(\%) \tag{12.4}$$

在 CFA®二级"固定收益证券"科目中的"信用违约互换"章节中也介绍过，若忽略货币的时间价值，信用利差约等于违约概率与违约损失率的乘积，即：

$$Spread \approx LGD \times POD \tag{12.5}$$

由该公式也可以反推违约概率，若从市场上观察到信用利差的大小，又能收集到相似评级债券的历史违约损失率，则可用两者相除估计出违约概率。但该方法更适用于信用质量较好的债券，因为对于一些信用质量很差的债券来说，它们违约几乎已成既定的事实，不再有估计违约概率的必要性。

例题 12.1

A 公司发行了一支信用评级为 AAA 的优先级债券，该债券的信用利差为 20 bps，历史的回收率为 90%。A 公司准备发行一支次级无抵押债券，信用评级为 AA，同评级债券的历史回收率为 70%，请估计该 AA 评级的债券信用利差大小。

名师解析

由公式（12.5）可推出发行人的违约概率为：

$0.2\% \div (1 - 90\%) = 2\%$

由公式（12.5）可估计 AA 评级的债券信用利差大小约为：

$(1 - 70\%) \times 2\% = 60$ bps

备考小贴士

该部分内容主要为对 CFA®二级"固定收益证券"内容的回顾，考生应主要了解信用风险的两个重要影响因素 POD 和 LGD，以及两者相乘可用于估计信用利差。

2. 信用评级迁移

高评级债券鲜少违约，但是信用评级迁移（credit migration）经常发生，即信用状况改变导致评级变动。信用评级迁移通常对债券的价格会产生负面的影响，原因有 2 个。

（1）信用评级恶化的可能性比信用评级上调的可能性更大。

（2）信用评级恶化后利差上升的幅度远超出信用评级上调后利差下降的幅度。

3. 信用利差曲线

在第 11 章中，收益率曲线反映了基准利率的期限结构。信用利差曲线反映的是信用利差的期限结构。信用利差曲线可按照评级、发行人类型、公司所处行业板块等因素进行展示。投资者主要关注的是信用利差曲线的水平以及斜率。倾斜向上的信用利差曲线表明近期的违约概率或降级概率较小，期限越长信用利差越大，也就是违约概率或降级概率越大；向下倾斜的信用利差曲线俗称"倒挂"现象，意味着期限越短信用利差越大，也就是短期违约概率或降级概率越大。较为平坦的信用利差曲线表明近期和长期的违约概率相似。

信用利差曲线的改变主要由信用周期驱动，在扩张初期即经济刚开始复苏，违约事件的发生量还处于很高的水平，低评级的债券信用利差远超出高评级债券的信用利差，短期违约概率高使得低评级债券的信用利差曲线通常呈现"倒挂"现象。当处于扩张后期时，违约事件发生的次数在下降，随着公司利润的上升，无论是高评级还是低评级的债券短期的信用利差都会下降，这使信用利差曲线更加陡峭。在经济增长达到顶峰前，信用利差曲线都是陡峭的状态，在这期间，预期通胀和杠杆率都会变高，因此利差水平会普遍上升。在经济陷入衰退时，信用利差水平上升，信用利差曲线比较平坦，对于低评级债券来说，由于利润下降违约情况更严重，有时会出现"倒挂"现象。表 12.1 展示了常见信用周期不同阶段的主要特征。

表 12.1 信用周期不同阶段的主要特征

信用周期的不同阶段	违约情况	信用利差水平	信用利差曲线斜率
扩张初期（复苏）	峰值	稳定	高评级债券稳定，低评级债券出现倒挂现象
扩张后期	下降	下降	高评级和低评级债券都更陡峭
顶峰	稳定	上升	高评级和低评级债券都更陡峭
衰退	上升	顶峰	高评级债券更平坦，低评级债券出现倒挂现象

总的来说，高评级的债券信用利差的改变往往更小，对应的信用利差曲线往往呈现倾斜向上的形态，在经济衰退时遭受的损失更小。低评级的债券信用利差曲线水平和斜率的改变往往更大，更常出现"倒挂"形态，即短期的信用利差大于长期的信用利差。

虽然分析基准收益率曲线和信用利差的变动对于主动型投资者来说都很重要，但实践中，尤其是经济下行时，低评级债券价格的实际变动可能和用分析模型计算出来的很不相同。所以投资者还会用实证久期（empirical duration）来衡量组合的风险。实证久期是根据市场数据得出的债券价格对基准利率变动的敏感度，通常采用回归分析得出。

在经济下行时，低评级债券的实证久期可能是负数，即无风险利率下降，低评级债券价格下降。这是因为在市场动荡期间，投资者会抛售高风险的低评级债券，大量资金涌向无风险的政府债券，此时政府债券价格上升即无风险收益率下降，同时被抛售的低评级债券价格也是下跌的。

> **备考小贴士**
> 考生需要掌握信用利差曲线在信用周期不同阶段的特征,该部分内容可结合12.3.2"信用利差曲线策略"进行考查,考查方式通常为定性。

12.1.1.2 信用利差的衡量方式

1. 固定利率债券的信用利差衡量方式

(1) 收益率利差。

收益率利差(yield spread)亦称为基准利差(benchmark spread),是指内含信用风险的债券收益率与无信用风险的基准收益率之间的差异。两种债券应具有相同的到期时间。通常情况下,无信用风险的基准收益率是参考新发行(on-the-run)的政府债券的收益率。

收益率利差的优点是容易被观察到且计算简便,缺点是存在期限错配、缺乏一致性的问题。市场上不一定存在期限匹配的政府债券,这时候只能使用期限最接近的政府债券收益率,则会出现期限错配的问题。且若政府收益率曲线不是水平的,则随着时间的推移,政府债券的收益率会发生变化,从而在不同时间计算出来的收益率利差会存在差异,缺乏一致性。

—— 考点要求 ——
探讨(discuss)各种信用利差衡量方式的优缺点,解释(explain)为什么 OAS 是最合适的衡量方式(★★★)

(2) G-spread。

G-spread 是指内含信用风险的债券收益率与政府债券收益率之间的差异。需要注意的是,如果市场上不存在与信用风险债券到期时间相同的政府债券,则需要通过插值法(interpolation)对政府债券的收益率进行处理。例如,信用风险债券的到期时间为 9 年,7 年期美国国债收益率为 1.271%,10 年期美国国债收益率为 1.575%。利用插值法,9 年期美国国债收益率应以 7 年期的收益率为基础,加上 $0.67\left(\frac{9-7}{10-7}\right)$ 倍的 10 年期与 7 年期的收益率差,即:$1.271\% + 0.67 \times (1.575\% - 1.271\%) = 1.47\%$。G-spread 等于 9 年期信用风险债券的收益率减去 1.47% 得到的差值。

G-spread 的优点是能够与无信用风险的政府债券期限相匹配。缺点是政府债券虽然没有信用风险,但它的收益率会受到市场需求变化的影响。

(3) I-spread。

I-spread 是指内含信用风险的债券收益率与互换利率(swap rate)之间的差异。该互换涉及的币种和存续期应与信用风险债券保持一致。互换利率是由短期的市场参考利率(market reference rate, MRR)计算得来的,与政府债券只能局限于某些特定期限不同,它可以涉及多种期限。由于政府债券被视作无信用风险,所以收益率利差和 G-spread 都可视作绝对信用风险的衡量。而 MRR 本身会反映一定的信用风险,所以 I-spread 被视作相对信用风险的衡量,也更利于投资者进行不同发行人和不同期限债券的对比。

实践中的久期对冲、"低融高投"的杠杆投资等交易,通常使用 I-spread 来衡量信用风险。I-spread 衡量特定期限的利率之间的差距,如 5 年期债券 YTM 与 5 年期互换利率之差,但是 I-spread 无法衡量收益率曲线之间的差距,即没有全面反映利率期限结构的特点,因此不适用于含权债的信用风险度量。

(4) 资产互换利差。

资产互换利差(asset swap spread,ASW)是指内含信用风险的债券票息率与互换利率(swap rate)之间的差异。该互换的结算日应与信用风险债券发放票息的期限一致。同样地,互换利率是由短期的市场参考利率计算得来的。

参与资产互换(asset swap)的投资者通常涉及以下交易:买入了固定利率的债券和进入付固定收浮动的利率互换合约。若投资者以平价购入固定利率债券,固定利率债券的收益率等于票息率,此时,资产互换利差就等于 I-spread。

资产互换利差的优点为这是一个基于交易的利差,可以将票息率拆解成短期市场参考利率和利差。它的缺点是没有通过现金流计算出收益率来计算利差,同时也只适用于不含权债券的信用风险衡量。

(5) 零波动利差。

零波动利差(zero volatility spread,Z-spread)。零波动利差的计算过程分为 3 步。
第一步:用各不同期限的政府债券即期利率加上某一固定利差作为定价的贴现率。
第二步:令未来现金流进行折现的现值之和等于当前信用债券的市场价格。
第三步:此时倒算出的固定利差,即为零波动利差。

$$PV = \frac{PMT}{(1+z_1+Z)^1} + \frac{PMT}{(1+z_2+Z)^2} + \cdots + \frac{PMT+FV}{(1+z_N+Z)^N} \quad (12.6)$$

公式(12.6)中,z_i 代表各期限政府债券即期利率;Z 代表零波动利差,数值恒定。

零波动利差的优点是使用了收益率曲线,考虑了政府债券的利率期限结构;缺点是计算复杂且只适用于不含权债券。

(6) 信用违约互换基差。

信用违约互换基差(credit default swap basis,CDS basis)是指内含信用风险的债券的零波动利差与该债券对应的信用违约互换利差(CDS spread)之间的差异。原则上,零波动率利差与信用违约互换利差应该非常接近,但市场状况不稳定时可能会出现差异,导致出现信用违约互换基差不等于 0 的情况。

信用违约互换基差的优点与 I-spread 类似,常用于对冲交易的信用风险衡量。缺点是由于使用到了零波动利差,只适用于不含权债券。

(7) 期权调整利差。

期权调整利差(option-adjusted spread,OAS)是在零波动利差的基础上剔除期权价值后的利差,它可以看作是零波动利差的普适性版本,可用于含权或不含权的各类固收产品,即:

$$OAS = Z\text{-spread} - \text{Option value} \quad (12.7)$$

对于可赎回债券,站在发行人的角度,期权价值为正,则 OAS < Z-spread。对于可回售债券,站在发行人的角度,期权价值为负,则 OAS > Z-spread。如果利率是固定即没有任何波动的,则期权的价值为 0,此时 OAS = Z-spread,所以 Z-spread 称为零波动率利差。

对于主动管理的投资者来说，用 OAS 来衡量利差是最合适的方式。因为在比较不含权债、可赎回债券、可回售债券、结构化的金融产品等固定收益类产品时，投资者时常会更关注债券本身的信用风险，希望剔除利率波动引发的期权相关的风险影响，所以剔除了期权影响后的 OAS 更适用于不同债券之间的比较。这也是 OAS 的主要优点。

但 OAS 也有缺点，它的计算结果很大程度上取决于前提假设，如利率的波动率，若前提假设不同，则计算出来的结果也不一样。除此以外，含权债在实际交易中较难获得模型中 OAS 所揭示的利差。

虽然 OAS 有以上缺点，但它依然是对比不同债券组合的信用风险时最广泛使用的利差。

> **备考小贴士**
>
> 除资产互换利差外其余信用利差并不是新知识，而是针对 CFA® 一级和二级"固定收益证券"科目中相关知识的延伸。考生需要重点掌握各种信用利差的定义和该衡量方式的优缺点，并注意区分不同利差指标的差异，以及掌握 OAS 为最合适的衡量指标。

2. 浮动利率债券的信用利差衡量方式

（1）报价利差和折现利差。

在 CFA® 一级"固定收益证券"科目中介绍过，浮动利率债券的票息率和折现率都会与市场参考利率（market reference rate，MRR）相挂钩，具体关系式如下：

$$\text{Coupon rate} = \text{MRR} + \text{QM} \tag{12.8}$$

$$\text{Discount rate} = \text{MRR} + \text{DM} \tag{12.9}$$

公式（12.8）中，QM 是指报价利差（quoted margin），通常是固定不变的值。公式（12.9）中，DM 是指折现利差（discount margin），会随着风险的变化进行调整，风险大时变大，风险小时变小。

由于和票息率挂钩，报价利差的优点是反映了现金流，但报价利差通常不变，因此缺点是不能反映随着时间的改变信用风险发生变化的状况。

折现利差的优点是能反映信用风险的动态变化，缺点是使用了单一的市场参考利率来计算折现利差，意味着市场参考利率曲线是平的，不符合实际市场状况。

（2）零折现利差。

零折现利差（zero-discount margin，Z-DM）的计算方法与零波动利差一样。零波动利差用于衡量固定利率债券，对比基准是政府即期利率曲线。零折现利差用于衡量浮动利率债券，对比基准是市场参考利率曲线。

零折现利差的优点是使用了市场参考利率曲线而不是假设市场参考利率是单一的，缺点是计算复杂。

12.1.1.3 收益计算

1. 债券价格预期变动率

当投资者采用信用策略来获取超额收益时,投资者往往会单独分析 E(ΔPrice due to investor's view of yield spreads),即由利差变动导致的债券价格预期变动率。具体计算如下:

$$\%\Delta Price^{Spread} \approx -(EffSpreadDur \times \Delta Spread) + \frac{1}{2} \times EffSpreadCon \times (\Delta Spread)^2 \quad (12.10)$$

公式(12.10)中,EffSpreadDur 代表有效利差久期;EffSpreadCon 代表有效利差凸度;ΔSpread 代表利差的变化。

有效利差久期有时候被简称为利差久期(spread duration),当使用 OAS 作为利差的时候也被称为 OAS 久期(OAS duration),利差久期衡量的是信用利差的绝对变化(Δspread)对债券价格回报率的影响。

当衡量低评级债券时,投资者通常更关注信用利差的相对变化($\frac{\Delta spread}{spread}$)而不是信用利差的绝对变化。如某债券原来的信用利差为 200 bps,现在上升了 20 bps,此为绝对变化;换言之信用利差上升了 10%($\frac{20 \text{ bps}}{200 \text{ bps}}$),此为相对变化。此时公式(12.10)中的 EffSpreadDur 被更替为利差久期与利差的乘积(duration times spread,DTS),ΔSpread 被更替为 $\frac{\Delta spread}{spread}$,则 DTS 可用于衡量信用利差的相对变化($\frac{\Delta spread}{spread}$)对债券价格回报率的影响。DTS 的计算公式如下:

$$DTS \approx EffSpreadDur \times Spread \quad (12.11)$$

例题 12.2

某债券组合投资了 A、B、C 三支高收益率债券。A、B、C 债券对应的投资占比分别为 20%、30%、50%,EffSpreadDur 分别为 5.5、6.5、7.5,OAS 分别为 200 bps、225 bps、250 bps。请计算该债券组合的 DTS,并估计不考虑凸度效应,若利差下降幅度为原来组合利差的 10% 时,对债券组合的影响。

名师解析

根据公式(12.11),债券组合的 DTS 计算如下:

DTS ≈ 20% × 5.5 × 200 bps + 30% × 6.5 × 225 bps + 50% × 7.5 × 250 bps = 1 596 bps

根据公式(12.10),债券组合价格的变动率计算如下:

$\%\Delta Price^{Spread} \approx -1\ 596 \text{ bps} \times (-10\%) = 159.6 \text{ bps}$

备考小贴士

考生需要重点掌握 DTS 的概念及计算。

2. 超额利差收益和预期超额利差收益

采用主动型策略的投资者会关注债券组合的超额收益，即投资者购买具有信用风险的债券收益率超过无信用风险的债券收益率的部分。若信用风险债券的收益率不产生变化且不考虑债券违约，则超额收益就会等于信用利差（spread），但若信用利差发生改变，则超额收益将会偏离初始的信用利差。

若不考虑违约，投资者的年化超额利差收益（excess spread return）的计算见公式（12.12），此处的收益仅为近似值，计算方法采用期初的利差减去由于利差变化而造成的市场价格损失：

$$\text{ExcessSpread} \approx \text{Spread}_0 - (\text{EffSpreadDur} \times \Delta \text{Spread}) \quad (12.12)$$

公式（12.12）中，Spread_0 为期初的利差，<u>需要注意的是，若持有期不足一年，该项需调整为期初的利差乘以对应的年数</u>。例如，期初的利差为 5%，持有期为一个季度（0.25 年），则此项为 1.25%（5% × 0.25）。

期望超额利差收益（expected excess spread return）则考虑了违约的可能性，计算见公式（12.13），计算方法为在公式（12.12）的基础上减去基于信用风险计算出的预期损失（expected loss）：

$$E(\text{ExcessSpread}) \approx \text{Spread}_0 - (\text{EffSpreadDur} \times \Delta \text{Spread}) - \text{POD} \times \text{LGD} \quad (12.13)$$

公式（12.13）中，POD 为年化的期望违约概率，LGD 为期望违约损失率，<u>需要注意的是，若持有期不足一年，两者相乘计算得出的预期损失也应乘以对应的年数</u>。例如，POD 为 5%，LGD 为 80%，持有期为一个季度（0.25 年），则预期损失为 1%（0.25 × 5% × 80%）。

例题 12.3

某公司债券的利差久期为 6，信用利差为 285 bps。假设持有该债券 6 个月，信用利差收窄了 100 bps，利差久期保持不变，年化期望违约概率为 1%，并且期望违约损失率为 50%，请计算期望超额利差收益。

名师解析

根据公式（12.13），期望超额利差收益的计算如下：

$$\begin{aligned}
E(\text{ExcessSpread}) &\approx \text{Spread}_0 - (\text{EffSpreadDur} \times \Delta \text{Spread}) - \text{POD} \times \text{LGD} \\
&\approx 2.85\% \times 0.5 - (-1\% \times 6) - (0.5 \times 1\% \times 50\%) \\
&= 7.175\%
\end{aligned}$$

因此，期望超额利差收益为 7.175%。

备考小贴士

公式（12.12）和公式（12.13）非常重要，考生需要重点掌握超额利差收益和期望超额利差收益的计算，在 CFA® 考试中，亦会结合后续信用风险方法进行考查，要求分析评估某信用策略带来的超额利差收益。

12.1.2 流动性风险

—考点要求—
探讨（discuss）信用市场的流动性风险以及流动性风险管理方法（★）

在信用债券投资中，对流动性风险的分析与管理至关重要，这会影响债券交易的难易度和交易成本。不同的地区和不同的债券市场交易量和买卖成本差异很大。通常来说，大型发达市场的主权债流动性很高，买卖价差非常小；而规模较小的公司债等流动性较差，交易需数日达成，买卖价差也大。

次贷危机后，由于受新的监管政策制约，众多债券做市商都大幅降低了自己手中的库存公司债券，导致二级交易市场缺乏足够的支持，进一步降低了信用市场的流动性。然而，电子化交易平台（electronic trading platforms，ETPs）的快速发展则为信用市场提供了一些流动性。这些平台的发展，也同时代表了信用市场从由做市商主导，向更加开放的竞争性市场的转变趋势。

主动型策略的投资者会采用许多方法来管理流动性风险。首先，投资者在短期的技术性布局上更青睐于最新发行的国债或公司债，在长期的战略性布局上或者采用"买入并持有"（buy and hold）策略时更偏向投资流动性相对较差的债券来换取更高的预期收益。其次，投资者可以选择流动性更好的工具（如 CDS 和债券 ETF）来增加组合的流动性。CDS 将在 12.3.1 进行介绍。债券 ETF 在交易所进行交易，授权交易商会通过一揽子 OTC 的债券进行申购和赎回。由于在交易所交易，ETF 的流动性远比在 OTC 市场的单支债券流动性来得好。投资者可以利用 ETF 快速地应对变化迅速的市场状况。

> **知识一点通**
>
> 流动性风险导致的交易成本在不同市场间差异巨大。对于交易不活跃的债券，首先需要找出合理的交易价格，通常投资者会使用矩阵定价的方法定价。对于交易活跃能频繁给出报价的债券，投资者可用有效价差衡量交易成本。投资者还可以通过追踪美国 TRACE 系统给出的债券实时价格和交易量来估计交易成本。

> **备考小贴士**
>
> 考生应主要了解管理流动性风险的工具。

12.1.3 尾部风险

—考点要求—
描述（describe）如何分析并管理信用组合中的尾部风险（★）

12.1.3.1 尾部风险的定义和衡量指标

尾部风险是指在资产收益率的概率分布中，极端事件的发生频次实际上比概率模型估计得更多所带来的风险。

在险价值（value at risk，VaR）是常用于衡量尾部风险的指标。在险价值是指在特定时段内，在给定的显著度下，组合会承担的最小损失。例如，1 天的 5% 的 VaR 为 100 万元，是指 1 天内，基于 5% 的显著度，组合承担的最小损失为 100 万元。

通常有 3 种方法估计 VaR 值。

（1）参数法。假设收益率服从正态分布，用预期收益率和标准差计算 VaR 值。优点是计算简单，缺点是并不适用于收益率不服从正态分布的组合，比如含有期权的组合。

（2）历史模拟法。用历史数据模拟结果。优点是不需要假设分布，适用于含有期权的组合。缺点是计算结果会由选取的时间段不一致而产生差异，历史模拟法的前提为历史会重演，因此，该法得出的 VaR 值在预测和管理将来的风险时可能会产生偏误。

（3）蒙特卡洛模拟。该方法假设收益率或者特定的风险因子服从某个分布，由计算机根据设定的函数关系得出组合的损失分布情况。优点是可以假设的分布不局限于正态分布，因此也适用于含有期权的组合。

除了这 3 种方法以外，投资者还常用情景分析（scenario analysis）和压力测试（stress testing）来进行尾部风险的分析。情景分析用于检测组合在不同情景下的表现。压力测试用于检验组合在极端负面情景下的表现。

12.1.3.2 尾部风险的管理方法

常用的尾部风险管理方法有 2 种。

（1）投资组合分散化。

投资组合分散化是常见的尾部风险管理方法。投资者可以通过限制持仓头寸、做好风险预算将风险分配到不同发行人、评级或地区的债券投资上来降低风险。

（2）利用衍生品对冲。

投资者常用衍生品来进行尾部风险的对冲，比如 CDS 和期权，此时它们扮演"保险"的角色。但如果尾部事件没有发生，长期购买衍生品的投资成本，将会明显降低整个组合的投资收益。

> **知识一点通**
>
> 涉及 VaR 相关的概念还有条件在险价值（conditional VaR，CVaR）、增量 VaR（incremental VaR）和相对 VaR（relative VaR）。CVaR 是指在特定时间段内，超过 VaR 值的平均损失，通常用蒙特卡洛或者历史模拟法估计 CVaR。增量 VaR 是指增加或者减少持仓后组合 VaR 的变动。相对 VaR 是指预期追踪误差，为在市场压力环境下组合 VaR 或者 CVaR 值减去基准组合 VaR 或者 CVaR 值。这几个概念均在 CFA® 二级"投资组合管理"科目中有详细介绍，此处仅进行对概念的简单回忆。

> **备考小贴士**
>
> 考生需要了解 VaR 及相关概念的定义。

12.2 信用分析方法

采用主动型信用策略的投资者在构建债券组合时，会考虑不同的方法挑选债券，目的是在投资策略限制下将超额利差收益最大化。市场中存在两种重要的信用分析方法：自下而上（bottom-up approach）和自上而下（up-down approach）的分析方法。除此以外，投资者还会在信用分析时选择自己看重的风格因子。

12.2.1 自下而上

—考点要求—
探讨（discuss）自下而上的信用分析方法（★★★）

自下而上的信用分析方法的具体步骤如下。

1. 划分板块

投资者通常会在投资策略允许的范围内将债券进行分组，以便后续在可比债券之间进行相对价值的分析。投资者可以对债券进行行业板块的分类，还可以根据不同的特点进行细分板块的分类或者根据不同的区域特点进行分类，目的都是为了后续能从相同行业、具有相似特征的债券群体出发，选出相对价值高的个券。

2. 个券信用分析

在划分好板块后，投资者会对相同板块内的每个债券发行人进行信用风险的评估，分析公司的财务信息、违约可能性、信用迁移以及流动性风险等因素。

公司在行业的前景、行业竞争地位、经营历史、财务比率等方面都是值得考虑的因素。此处强调公司的财务状况，包括公司的盈利情况，常用指标为税息折旧及摊销前利润/总资产（EBITDA/Total assets）；杠杆比率，常用指标为负债/资本（Debt/Capital）和债务偿还能力，常用指标为税息折旧及摊销前利润/利息（EBITDA/Interest expense）。

仅关注财务指标是不够的，因为财务数据反映的是历史信息。投资者通常会结合财务比率和基于市场的信用分析模型来对未来的信用状况进行分析。常用的信用分析模型有简约模型（reduced form credit models）和结构化模型（structural credit models）。

简约模型主要关注的问题为违约的概率（POD），会使用基于公司特征的一些变量因素来进行分析，如财务比率、假设的回收率及宏观经济变量（如经济增长率）等。常用的一种模型为 Z-score，计算公式如下：

$$\text{Z-Score Model} = 1.2 \times A + 1.4 \times B + 3.3 \times C + 0.6 \times D + 0.999 \times E \quad (12.14)$$

公式（12.14）中，A 是指净运营资本/总资产（working capital/total assets），B 是指留存收益/总资产（retained earnings/total assets），C 是指息税前利润/总资产（EBIT/total assets），D 是指股票市值/总负债（market value of equity/total liabilities），E 是指营业收入/总资产（sales/total assets）。

若计算出 Z-score>3，则公司无破产风险；若计算出 Z-score<1.8，则公司可能存在破产风险。

结构化模型会使用市场的变量来预测某个发行人的资产的市场价值，此时违约的可能性被定义为资产的市场价值低于负债的可能性。实践中，常用的结构化模型包括 Moody's Analytics Expected Default Frency（EDF）和 Bloomberg's Default Risk（DRSK），两个模型提供了特定时间范围内不同行业的不同发行人每天的违约概率估计值。

备考小贴士

Z-score 在 CFA®二级"财务报表与分析"科目中进行了详细介绍，考生了解该模型的用处和结果评判标准即可。

3. 个券相对价值分析

完成个券的信用分析后，投资者需要进行相对价值分析挑选出具有最佳相对价值的个券。如果两个发行主体的信用风险相似，则投资者通常会选择信用利差较大的个券。这是因为，信用利差越大，潜在的超额收益越大。如果两个发行主体的信用风险程度不同，那么投资者必须权衡更大利差的个券所带来额外收益是否可以弥补该券额外的信用风险。

在实践中，不同的发行人发行的债券往往有不同的期限、可能含有赎回或者回售的权利、流动性以及其他方面的差异，在债券选择的过程中，这些要素也必须考虑在内。比如，对于做短线交易的投资者，他们的交易更频繁，则更需要考虑流动性风险，如果某只债券的流动性风险低、买卖价差低，则投资者的交易成本也会比较低。从另一面讲，做长期投资的投资者则有可能选择流动性风险溢价更大的债券来获取超额收益。除此以外，潜在的并购活动、预期的评级改变等公司相关的事件也需要考虑在内。

针对不同债券的不同期限，这时投资者会用利差曲线（spread curve）来进行相对价值的分析。比如，两家同评级、同行业、违约概率相似、流动性风险相似的公司，按理来说利差曲线应该保持几乎一致，若投资者观察到 A 公司的利差曲线在 B 公司之上，说明市场认为 A 公司的信用风险大于 B 公司的信用风险。若投资者认为 A 公司的信用实际非常好，且他的投资策略目标是在仅做多的情况下打败基准，那投资者可以选择超配 A 公司债券，低配 B 公司债券。

> **备考小贴士**
>
> 考生需要重点掌握自下而上的信用分析方法对应的具体步骤，考查方式为定性。该部分内容还可以结合公式（12.13）进行定量考查，即在个券相对价值分析部分计算不同个券的预期超额利差收益进行比较。

12.2.2 自上而下

自下而上的方法主要针对的是具体发行方的分析，而自上而下的方法更关注影响债券的宏观因素，对板块的分类也更概略。许多宏观因素都很重要，比如经济的增速、真实的利率水平及通胀水平、行业趋势、市场波动率的改变、信用周期、汇率变动等等。根据这些因素进行分析，投资者会选出相对价值更高的板块进行更大比例的配置。

——考点要求——
探讨（discuss）自上而下的信用分析方法（★★★）

自上而下的信用分析方法的具体步骤如下：

1. 信用质量评估

投资者常利用信用评级来评估债券的信用质量。当衡量组合的信用质量时，应对组合中的个券信用评级进行平均。平均方法可分为排序平均和加权平均。

排序平均中，每个信用等级都有对应的平均因子，每下降一个等级，平均因子上升1。例如，Aaa/AAA 债券的平均因子为 1，Aa1/AA+ 债券的平均因子为 2。根据个券对应的平均因子，计算组合的平均数，再根据该平均数找到对应的评级，即为该组合的平均信用评级。例如，组合有 50% 投资于 Aaa/AAA 债券，其余 50% 投资于 Ba3/BB- 债券，则该组合的平均数为 7（50%×1 + 50%×13），7 对应的评级为 A3/A-。

加权平均使用的平均因子按照非线性排列。例如，Aaa/AAA 债券的平均因子为 1，Aa1/AA+ 债券的平均因子为 10。这种非线性的设置更符合现实情况：随着评级的线性下降，违约率并不是线性上升的，是加速上升。同样是 50% 投资于 Aaa/AAA 债券，其余 50% 投资于 Ba3/BB−债券的组合，对应的加权平均数为 884（50%×1+50%×1776），884 对应的近似评级为 Ba1/BB+，会更符合该债券组合的实际风险情况。

由于信用评级有滞后市场、不同评级机构的信用分析侧重点不一致等缺陷，投资者更喜欢使用信用利差（如 OAS）来衡量组合的信用质量，投资组合的 OAS 等于组合中每支债券 OAS 基于市场价值的加权平均值。投资者还会用公式（12.10）来衡量利差的改变对于组合价值的影响。

2. 行业配置

行业配置是指投资者对不同行业板块的投资权重进行决策。行业配置至关重要，投资者应该超配预期表现优秀的行业，同时应低配预期表现不佳的行业。要做好行业配置，首先需要对利率和整体市场环境进行分析。

在进行行业配置决策时，投资者通常使用量化工具（如回归分析）、财务比率分析、不同行业的利差信息来辅助完成决策。除此之外，基于不同板块、不同评级的债券利差曲线也是常用工具。

> **备考小贴士**
>
> 考生需要重点掌握自上而下的信用分析方法对应的具体的步骤，考查方式为定性。

12.2.3 因子分析

除了自下而上和自上而下两种策略外，越来越多的投资者在信用策略的选择上侧重于选择自己看重的风格因子。

12.2.3.1 影响信用利差的主要因子

因子投资在股票市场已经有了长久而广泛的应用，在债券市场上的应用相对较新。Israel、Palhares 和 Pichardson 在 2018 年发表的论文中提到了四种影响信用利差从而能带来收益的 4 种因子及相关的投资策略。

（1）持有（carry）因子。在违约概率或者总体风险不变的情况下，持有资产能带来收益，该策略被广泛应用于外汇市场上，本质上是"低融长投"，通过做空低收益率的债券投资于高收益率的债券，获取利差收益。

（2）防御（defensive）因子。实证研究表明风险更低的资产往往会获得更高的经风险调整后的收益。该策略通常会加杠杆持有低风险的资产，投资者能在长期的投资中获得超额收益。

（3）动量（momentum）因子。债券价格在某段时间内会保持同方向变动的趋势。最常见的方法是找到过去 6 个月收益超过同类的债券，做多该债券以获得后期预期的高收益；也可以做空近期表现不佳的债券。

(4）价值（value）因子。通过比较债券的市场价格和基本价值，找出被低估的债券进行做多，被高估的债券进行做空。

12.2.3.2 环境、社会和治理（ESG）投资

如在第 10 章所言，ESG 投资是一种充分考虑环境（environment）、社会（society）和公司治理（governance）三大核心要素来引导资金流向相关绿色企业的投资策略。

投资者在构建组合策略的时候有以下 3 种基本的结合 ESG 因素的方式。

（1）反面筛选法。排除 ESG 特征不友好的特定行业，比如军火、烟草、化石燃料等行业；或者设定 ESG 评级的临界值，当 ESG 评级低于临界值时不投资该公司。

（2）正面筛选法挑选出 ESG 评级高的发行人进行投资。

（3）直接投资用于资助 ESG 主题的债券，如绿色债券（green bonds）。绿色债券是指将所得资金专门用于资助符合规定条件的绿色项目或者为这些项目进行再融资的债券工具。

虽然 ESG 评级与传统的信用评级尚存在较大的差异性，但它们会呈现正相关关系。原因有 2 个。

（1）财务状况好的公司更有能力达到更多的 ESG 标准。

（2）主流的评级机构已将 ESG 因素纳入传统的信用评级评估过程中。

> **知识一点通**
>
> 绿色债券是近年来绿色金融领域大力发展的融资工具。从 2013 年起，全球绿色债券发行规模出现了爆发式增长。相比普通债券，除了主体信用评级和债券信用评级外，绿色债券发行人还必须使自己的"绿色"特征足够具有市场可信度。国际上的通用做法是请独立的专业认证机构出具对募集资金使用方向的绿色认证，即第二意见（second opinion）。第二意见会对绿色债券募集资金的用途进行详细说明，从而可以增强绿色债券信息披露的透明性，并以此吸引更多投资者。
>
> 目前，国际上较权威的第二意见提供机构有国际气候与环境研究中心（CICERO）、Vigeo 评级、DNVGL 集团、气候债券委员会（CBI）、Oekom 研究中心、毕马威（KPMG）、Sustainalytics 和 Trucost 公司等。

> **备考小贴士**
>
> ESG 因素是近年的热门话题，亦是 CFA® 协会学术探讨的关注重点，考生需要了解相关概念。

12.3 信用策略

12.3.1 信用违约互换

―考点要求―
探讨（discuss）信用违约互换在主动固定收益组合管理中的应用（★★）

12.3.1.1 信用违约互换的相关概念和计算

信用违约互换合约（credit default swap，CDS）是投资者进行信用风险管理的常用工具。比起直接的债券交易，CDS 的流动性更好，而且利用 CDS 进行风险管理所需动用的资金也更少。

CDS 是一份合约，标的物为借款方的信用质量。合约涉及两方：信用保护买方（credit protection buyer）与信用保护卖方（credit protection seller）。信用保护买方将向卖方支付一系列现金流（相当于保费，称为 premium 或 CDS spread）。相应地，在事先约定的风险事件发生时，信用保护卖方将给予买方相应的补偿。通过 CDS，买方将自己承担的信用风险转移给了卖方。

CDS 利差（CDS spread）是指信用保护买方每期应该支付给卖方的合理保费，以百分比形式计价。CDS 票息率（fixed coupon）是指每期实际支付的标准化保费，根据国际互换与衍生品委员会（ISDA）的规定，投资级债券的 CDS 标准化保费为 1%，非投资级债券的 CDS 保费为 5%。

当 CDS 利差小于 CDS 票息率时，信用保护的卖方支付预付保费给信用保护的买方（见知识一点通的例子），当 CDS spread 大于 CDS 票息率时，信用保护的买方支付预付保费给信用保护的卖方。预付保费的计算公式如下：

$$买方支付的预付保费 \approx (\text{CDS Spread} - \text{Fixed Coupon}) \times \text{EffSpreadDur}_{CDS} \quad (12.15)$$

公式（12.15）中，$\text{EffSpreadDur}_{CDS}$ 为 CDS 合约的有效利差久期。该式为信用保护买方支付预付保费的公式，如果是计算保护卖方支付的预付保费在公式前加一个负号即可。

CDS 的价值会随着参考实体的信用质量以及市场上的信用风险溢价变化而变化。具体而言，对于信用保护的买方，其利润公式如下：

$$利润率（\%）\approx \Delta\text{CDS Spread} \times \text{EffSpreadDur}_{CDS} \quad (12.16)$$

公式（12.16）中，$\Delta\text{CDS Spread}$ 为 CDS 利差的变化，$\text{EffSpreadDur}_{CDS}$ 为 CDS 合约的有效利差久期。如果购买了 CDS 以后，参考实体的信用质量恶化，则 CDS 利差变大，信用保护的买方可从中获利。

> **知识一点通**
>
> 假设根据市场情况，某一非投资级债券的 CDS 利差为 4%。这说明，根据市场，信用保护的买方应该为该 CDS 每期支付 4% 的保费，但实际上根据标准化的 CDS 票息率，保护买方实际每期支付给卖方 5% 的保费。相对于保护买方每期多支付了 1% 的保费，保护卖方会将这多收到的 1% 保费在期初退还给买方，这部分退还的金额称为 "预付保费"。

12.3.1.2 信用违约互换的种类

最常见的利用 CDS 进行风险管理的产品有以下 4 种。

（1）单一名称信用违约互换（single-name CDS）。该产品是指针对特定借款人的 CDS，该特定借款人称为参考实体。信用保护的买方做空信用质量，即若参考实体的信用质量变差（信用利差变大或者发生违约），则信用保护买方从中获益。

（2）指数 CDS（Index-based CDS）。该产品针对一组借款人（债券发行人）。通过投资指数 CDS，投资者可以同时获得多个公司信用风险的头寸。指数 CDS 的买方做空信用质量，若指数涉及的发行人信用质量变差，则信用保护买方从中获益。

（3）进入买指数 CDS 的期权（payer option on CDS index）。购买期权的一方有权在将来以特定的价格购买指数 CDS。购买该期权的投资者做空信用质量，即信用质量变差时，指数 CDS 的价格会上升，当超过期权的行权价格时，投资者会选择行权，获取 CDS 价格与行权价格的差值。由于行权后投资者相当于购入了指数 CDS，需要每期支付保费，因此称为"payer option"。

（4）进入卖出指数 CDS 的期权（receiver option on CDS index）。购买期权的一方有权在将来以特定的价格购卖出指数 CDS。购买该期权的投资者做多信用质量，即信用质量变好时，指数 CDS 的价格会下降，当低于期权的行权价格时，投资者会选择行权，获取行权价格与 CDS 价格的差值。由于行权后投资者相当于卖出了指数 CDS，每期会收到保费，因此称为"receiver option"。

12.3.1.3 信用违约互换的策略

常用的 CDS 策略为多空策略（long-short strategies），即买入某个 CDS 保护同时卖出某个 CDS 保护。该策略既可用于自上而下的分析过程，又可以用于自下而上的分析过程。例如，在自上而下的分析过程中，若投资者认为经济会变差，人们更愿意投资更为安全的投资级别债券，非投资级别债券的表现则会变差；故投资者可以针对投资级别债券卖出 CDS 保护，针对非投资级别债券买入 CDS 保护。在自下而上的分析过程中，若投资者认为 A 公司状况变差而 B 公司状况变好，则可以买入 A 公司的 CDS 保护同时卖出 B 公司的 CDS 保护。

在多空策略中包含了一种常用的策略，称为 CDS 曲线交易（CDS curve trade），即买入某个期限的 CDS 保护同时卖出另一期限的 CDS 保护。采用 CDS 策略的投资者往往会根据信用利差曲线（credit spread curve）的水平、斜率及可能发生的变化来采用对应的策略。信用利差曲线反映的是信用利差的期限结构。向上倾斜的信用利差曲线意味着期限越长信用利差越大，向下倾斜的信用利差曲线意味着期限越短信用利差越大。当采用的信用利差为 CDS 利差时，该曲线又称为 CDS curve。如果投资者认为 CDS curve 将变得陡峭，则会买入长期 CDS 保护而卖出短期 CDS 保护。反之，如果投资者认为 CDS curve 将变得平坦，则会买入短期 CDS 保护而卖出长期 CDS 保护。

> **备考小贴士**
>
> 考生应重点掌握信用违约互换不同种类的产品及相关的策略。

12.3.2 信用利差曲线策略

—考点要求—
探讨（discuss）投资者如何基于特定信用利差观点采用不同的组合配置策略（★★）

12.3.2.1 静态信用利差曲线策略

当市场的违约和损失率都保持在较低的水平，投资者若认为目前的信用利差是合理定价的，信用利差曲线在某段时间内保持不变的时候，可采用相应的策略获得超额收益。具体来说，有以下3种方法。

（1）通过投资更低评级的债券降低组合的信用评级。由公式（12.13）可知，在期初利差、违约概率和违约损失率都保持不变的情况下，投资更低评级的债券可让组合的信用利差上升，从而获取更高的超额利差收益。

（2）通过投资与目前组合评级类似的更长期债券增加组合的信用利差久期。该策略在"买入并持有"和"骑乘信用利差曲线"场景都是适用的，其原理与第11.2节中的静态收益率曲线下的"买入并持有"和"骑乘收益率曲线"的原理完全一致。

（3）通过衍生品增加组合的信用利差久期或者信用风险敞口。具体操作如：卖出单一名称CDS、卖出CDS指数、利用多空策略来达到相同目的。

12.3.2.2 动态信用利差曲线策略

当投资者认为信用利差曲线会发生变动时，即在不同期限上的信用利差水平会发生改变，投资者会采用积极主动的策略获取超额收益。

当经济放缓时，评级低的债券会受到较大影响，投资者可以做多评级高的债券、做空评级低的债券来获取超额收益。但实践中做空债券的可行性和成本随着经济周期的不同阶段难易度和成本不一样，尤其是在经济放缓的时候，可能做空困难且成本高。因此投资者还可以采用CDS策略来达到同样的目的。投资者可以买入评级低的债券CDS保护、卖出评级高的债券CDS保护。

当经济好转时，若信用利差都在下降时，投资者可以做多评级低的债券、做空评级高的债券来获取超额收益。随着经济的增长，评级低的债券信用利差曲线可能变得陡峭，此时可以买入长期的CDS保护、卖出短期的CDS保护。

> **备考小贴士**
> 考生应重点掌握在不同信用周期的情况下，信用利差曲线呈现不同状态时，可采用何种策略。

12.3.3 全球信用策略

—考点要求—
探讨（discuss）如何在国际信用市场上构建和管理组合（★）

当投资者投资不同国家的债券时，必须注意到发达国家市场和新兴市场的固定收益市场是截然不同的。发达国家市场通常发展成熟、流动性好，会有大量私募和公募发行的不同发行人，以本国或者世界上主流货币发行的债券往往都可以自由交易。但在新兴市场，发行主体主要是主权政府、由政府所有或者控制的企业、银行等。有些新兴市场会有集中度风险，大宗商品和银行业占据主要份额，投资者投资时没有办法做到分散化。同时新兴市场的债券币种往往局限于本国货币或者有限的非常主流的外币，如美元或欧元。

在不同国家间投资的投资者必须把不同国家的差异因素考虑在内。在发达国家投资时，不同国家的板块组成存在差异性。比如同样是结构化工具，在美国 MBS 及其他 ABS 较为常见，而在欧洲和发达的亚洲市场资产担保债券（covered bond）更流行。在进行财务指标对比时，需要注意到会计准则可能不一样，有的公司采用美国公认会计原则（US GAAP）而有的采用国际会计准则（IFRS），可能需要对数据进行调整。

在新兴国家市场投资政府债时，主权信用风险是首要考虑的重要因素。投资者需要考虑主权政府是否有能力和有意愿还钱。具体的考量因素有以下 4 种。

（1）制度和经济状况。包括考虑政治是否稳定、制度是否透明、对财产权是否有充分的保护和是否遵守合同法。还需要考虑地缘政治风险，潜在的贸易冲突可能会对依赖能源或其他大宗商品的新兴市场产生巨大的影响。同时，ESG 因素也需要考虑在内。

（2）货币和财政政策。政府债务占 GDP 的比例及年度政府预算赤字（或盈余）占 GDP 的比例是衡量一个国家债务和财政是否稳定的重要指标。

（3）汇率制度。浮动的汇率制度使主权政府能更灵活地采取货币政策，固定的汇率制度则限制了政策的效果，增加了金融危机的可能性。

（4）外债状况。新兴市场的外债占 GDP 的比例和外汇储备占 GDP 的比例是衡量杠杆和流动性的重要指标。

如果想投资新兴市场的公司债，除上述因素外还需要考虑其他因素。主要的因素有以下 4 种。

（1）政府影响。政府可能会对企业加以控制，这时存在着不确定性和不公平性，对于外国投资者，这种风险尤甚。

（2）信用质量。新兴市场的债券高度集中在投资级中较低的评级和非投资级中较高的评级之间。这种高度集中的特点与发展中国家的主权评级有关。评级机构通常会根据"主权国家上限"（sovereign ceiling）对公司发行的债券进行评级。通常情况下，公司发行债券的评级不高于其主权国家债券的评级。

（3）流动性状况。新兴市场的债券流动性往往较差，可交易的债券数量较少。

（4）汇率波动。新兴市场的汇率波动可能特别显著，尤其是经济危机期间，汇率制度的改变、中央银行的干预或者货币贬值都可能随时抵消收益。

12.3.4　结构化的金融工具

除了直接投资债券外，投资者常常使用结构化的金融工具在构建信用组合。常见的工具有以下 5 种。

—考点要求—
描述（describe）结构化金融工具在信用组合中的使用（★）

（1）担保债务凭证（collateralized debt obligations，CDOs）。比起传统债券，CDOs 的资产池中可以是任意种类的债务，如公司债券、MBS、银行贷款等。投资者可通过投资 CDOs 获得不同类型的债务风险敞口。

（2）担保贷款凭证（collateralized loan obligations，CLOs）。CLOs 与 CDOs 类似，只是资产池中主要是浮动利率的杠杆贷款。投资者可通过投资 CLOs 获得贷款和利率风险敞口。

（3）住房抵押贷款支持证券（mortgage-backed securities，MBS）。MBS 是以房贷作为抵押品发行的证券。相比传统债券，MBS 的流动性更好，投资者可通过 MBS 获得在房地产市场的风险敞口以及与利率波动性相关的风险敞口。

（4）资产支持证券（asset-backed securities，ABS）。ABS 的抵押品类型众多，如汽车贷款、信用卡应收账款等等。投资者可通过投资 ABS 获得不同类型的、与消费信贷相关的风险敞口。

（5）资产担保债券（covered bonds）。这是一种由信贷机构发行的、以抵押贷款或公共债务作为偿付担保的债务融资工具。发行人有义务维持保障池（cover pool）的资产质量和价值，确保可随时满足投资人的偿付请求。如果出现违约，投资者可同时对发行人和保障池中的资产进行追索，即投资者具有双重追索权。这种对投资者的双重保障，使资产担保债券的风险更低，因此，其收益也更低。投资者可通过投资资产担保债券获得房地产、消费信贷等不同类型的风险敞口。

结构化的金融工具给投资者提供了获得商业或个人房产风险敞口的机会，通过增加利率波动的风险敞口增加收益。结构化的金融工具通常会分层，投资者可以选择不同信用风险的不同层级进行投资。例如，当经济复苏时，投资者可选择低评级的层级进行投资；经济低迷时，投资者可选择高评级的层级进行投资。

> **备考小贴士**
> 考生应主要了解不同结构化工具的特点及可帮助投资者获得的不同风险敞口。

12.4　分析模型

—考点要求—
描述（describe）用分析工具管理固定收益组合时的主要输入、输出因素（★）

随着技术的进步、市场和监管环境的变化，固定收益分析模型的输入要素和输出结果变得更加复杂，投资者需要分析的任务也同样更为复杂。

主要的输入要素有 4 类。

（1）持仓信息。如多头、空头头寸、衍生品头寸、不同货币持仓情况等。

（2）市场数据。如即期、远期利率、信用利差曲线、隐含波动率、汇率等。

（3）信用评级及 ESG 数据。

（4）固定收益市场指标信息。如新债发行信息等。

投资者可以对模型作出自定义的假设。常见的自定义参数有：期限结构、投资期、VaR 的估计方法、历史场景、敏感程度和投资组合的限制。

输出结果用于支持以下 4 个方面的固定收益投资组合管理。

（1）组合的概况。输出结果会对组合整体情况进行总结，为后续组合管理过程打下基础。

（2）组合的构建。通过做多、做空、衍生品及结构化金融工具等构建组合。

（3）组合的风险分析。如久期、凸度、尾部风险等分析。

（4）组合的交易、现金和头寸管理。

在使用分析工具时，<u>模型的输入数据和假设的准确度</u>至关重要，例如，价格的计算会与利率的期限结构和波动率密切相关。输出结果是否能和投资者的投资目标一致也至关重要。输出结果通常是为了匹配投资者的目标而定制的。例如，指数基金经理的目标往往是为了最小化跟踪误差，而主动管理的基金经理目标往往是为了最大化风险调整后的收益。

练一练

12-1 Which of the following statements regarding credit risk is least likely correct?

A. Loss given default is the most important consideration for investment-grade portfolio managers.

B. Credit spread can be divided into two parts: probability of default and loss given default.

C. Investment-grade portfolio managers usually focus on credit migration risk, spread risk, and interest rate risk.

12-2 A bottom-up approach to credit strategy involves:

I. selecting the issuers or individual bonds that the investor views as having the best relative value from among those with similar characteristics.

II. investor formulating a view on major macroeconomic trends, and then selecting the bonds that she expects to perform best in the expected environment.

A. I only.

B. II only.

C. Both I and II.

12-3 Which of the following statements regarding ESG considerations is most likely correct?

A. Companies and industries with good ESG practices may have more credit risk.

B. ESG mandates are restricted to just avoiding corporates with poor ESG practices.

C. Portfolio managers intend to invest a certain percentage of the portfolio in bonds of issuers with positive social or environment impact.

12-4 When an issuer announces a new corporate bond issue, the issuer's existing bond usually:

A. increase in value and their spreads narrow.

B. decline in value and their spreads narrow.

C. decline in value and their spreads widen.

12-5 Methods of managing liquidity include:

A. holing less cash, as cash will deteriorate the portfolio's total return.

B. making use of CDS index derivatives.

C. managing position sizes and more-liquid credit securities are given lower portfolio weight.

12-6 In addition to the potential for portfolio diversification, mortgage-backed securities may provide:

I. liquidity.

II. exposure to real estate.

III. exposure to expected changes in interest rate volatility.

A. I only.

B. Both I and II.

C. I, II, and III.

答案与解析

12-1　A

选项 A，信用风险导致的违约损失是高收益债的最重要考虑因素，而不是投资级债券主要的考虑因素。选项 A 描述错误，符合题意，为正确选项。

选项 B，信用利差可拆解为两个部分：违约概率与违约损失率，信用利差约等于两者的乘积。因此，该选项描述正确，不符合题意，为错误选项。

选项 C，投资级债券的违约概率非常低，因此分析时信用迁移、利差风险以及利率风险更加重要。因此，该选项描述正确，不符合题意，为错误选项。

12-2　A

说法 I 表述正确，它的表述符合自下而上的信用分析方法。在自下而上的信用分析方法中，投资者的首要任务是从相同行业、具有相似特征的债券群体出发，选出相对价值最高的个券或发行主体，即进行相对价值分析。

说法 II 表述错误，它的表述符合自上而下的信用分析方法。在自上而下的信用分析方法中，投资者的首要任务是对主要宏观经济趋势形成自己的观点，如经济增长率等。接下来，投资者需要选出在预期经济环境下表现最优的债券进行投资。

综上，选项 A 为正确选项。

12-3　C

选项 A，ESG 实践不佳的公司和行业通常拥有更高的信用风险。因此，该选项错误。

选项 B，一些投资策略说明会明确指出禁止购买涉及特定商业行为的公司的债券，如烟草公司和重污染企业等。然而，组合管理中 ESG 因素的考量不仅在于规避那些 ESG 评分低的债券，投资者还可以有意识地主动购买 ESG 评分高的公司债券。因此，该选项错误。

选项 C，投资者可以有意识地将组合的一定比例投资于 ESG 高的发行主体。因此，正确选项为 C。

12-4　C

当发行主体宣布进行新债发行的时候，其现存的债券的价值通常会下降，这些旧债的利差也会变宽。这种现象发生的原因有 3 个：①市场参与者预期供给增加，供大于求导致债券价格下跌。②市场的需求并不是完全弹性的，新债发行提供了一次价格谈判的机会。这次谈判可能会导致所有现存的债券根据新债更宽的利差进行重新定价。③发行新债可能会对投资者发出一个信号——发行主体的信用风险增高。因此，正确选项为 C。

12-5　B

选项 A，在信用组合的流动性管理中，虽然持有现金会降低组合收益，但投资经理应对现金的持有给予充分的重视。因为现金是最具有流动性的资产。因此，该选项错误。

选项 B，投资经理可以使用信用违约互换及相关产品对投资组合的流动性进行管理。因此，正确选项为 B。

选项 C，在进行头寸规模的管理时，投资经理通常会将更多的权重放在流动性高的债券中。因此，该选项错误。

12-6　C

相比传统债券，MBS 具有以下 3 个优势：①流动性更优；②提供房地产相关的风险敞口；③提供与利率波动性相关的风险敞口。因此，表述Ⅰ、Ⅱ、Ⅲ这 3 种说法均正确，正确选项为 C。

扫码练习更多题目

CFA® 三级中文教材

权益组合管理 | 组合管理中的另类投资 | 私人财富管理

中

高顿教育研究院 编著

文匯出版社

目　　录

第 5 部分　权益组合管理

第 13 章　权益类资产投资组合管理概述 …………………………………… 261
13.1　权益类资产在投资组合中的角色 ……………………………………… 262
13.2　权益类投资的分类 ……………………………………………………… 263
　13.2.1　按照市值规模与风格进行分类 …………………………………… 263
　13.2.2　按照地缘政治进行分类 …………………………………………… 264
　13.2.3　按照经济活动进行分类 …………………………………………… 265
　13.2.4　按照股票指数和基准进行分类 …………………………………… 265
13.3　权益类投资的收入与成本 ……………………………………………… 265
　13.3.1　收入与辅助策略 …………………………………………………… 265
　13.3.2　成本与费用 ………………………………………………………… 266
　13.3.3　投资方法及其对成本的影响 ……………………………………… 267
13.4　以股东身份参与管理 …………………………………………………… 267
　13.4.1　参与形式与所扮演的角色 ………………………………………… 267
　13.4.2　优点 ………………………………………………………………… 268
　13.4.3　缺点 ………………………………………………………………… 268
13.5　股票投资中的主动管理与被动管理 …………………………………… 268

第 14 章　被动权益类资产投资 ……………………………………………… 271
14.1　选取指数作为基准 ……………………………………………………… 272
　14.1.1　指数成为基准的必要条件 ………………………………………… 272
　14.1.2　选取基准的考量因素 ……………………………………………… 272
　14.1.3　构建指数的方法概述 ……………………………………………… 272
　14.1.4　因子投资策略 ……………………………………………………… 274
14.2　被动股票投资的管理方法 ……………………………………………… 276
　14.2.1　集合投资工具 ……………………………………………………… 276
　14.2.2　衍生品法 …………………………………………………………… 276
　14.2.3　基于股票指数的独立管理账户 …………………………………… 277
14.3　投资组合的构建方法 …………………………………………………… 277
　14.3.1　完全复制法 ………………………………………………………… 277
　14.3.2　分层抽样法 ………………………………………………………… 278
　14.3.3　最优化法 …………………………………………………………… 278

14.3.4 混合法 ········· 279
14.4 追踪误差管理 ········· 279
  14.4.1 追踪误差和超额收益率 ········· 279
  14.4.2 产生追踪误差和超额收益率的原因 ········· 279
14.5 被动股票投资中收益与风险的来源 ········· 280
  14.5.1 归因分析 ········· 280
  14.5.2 融券 ········· 280
  14.5.3 参与公司管理 ········· 280

第15章 主动权益类资产投资策略 ········· 283

15.1 主动投资的管理方法 ········· 284
15.2 主动投资的策略 ········· 284
  15.2.1 自下而上的策略 ········· 284
  15.2.2 自上而下的策略 ········· 286
  15.2.3 基于因子投资的策略 ········· 287
  15.2.4 积极参与型主动投资策略 ········· 288
  15.2.5 其他策略 ········· 288
15.3 如何构建基本面分析的主动投资策略 ········· 289
  15.3.1 主动投资下基本面分析的流程 ········· 289
  15.3.2 主动投资下基本面分析的缺陷 ········· 289
15.4 如何构建量化分析的主动投资策略 ········· 290
  15.4.1 主动投资下量化分析的流程 ········· 290
  15.4.2 主动投资下量化分析的缺陷 ········· 290
15.5 权益类投资风格的分类 ········· 290
  15.5.1 不同风格分类的方法 ········· 290
  15.5.2 两种分类方法的优缺点 ········· 291

第16章 主动管理下投资组合的构建 ········· 294

16.1 主动管理下投资组合的收益来源与构成要素 ········· 295
  16.1.1 构建投资组合的收益来源 ········· 295
  16.1.2 构建投资组合的构成要素 ········· 295
16.2 主动管理下构建投资组合的方法 ········· 296
  16.2.1 主动管理投资组合方法的选择 ········· 296
  16.2.2 主动管理投资组合的目标与约束条件 ········· 297
16.3 风险预算分配 ········· 299
  16.3.1 绝对风险与相对风险的度量 ········· 299
  16.3.2 确定适合程度的风险 ········· 301
16.4 风险监控 ········· 302

16.5 投资组合构建过程中的隐性成本 ………………………………………………… 302
　16.5.1 市场冲击成本 ……………………………………………………………… 302
　16.5.2 滑点成本的计算 …………………………………………………………… 303
16.6 有效投资组合管理的特征 ………………………………………………………… 303
16.7 股票多空策略分类 ………………………………………………………………… 303
　16.7.1 纯多头策略 ………………………………………………………………… 303
　16.7.2 多空策略 …………………………………………………………………… 304
　16.7.3 多头延伸策略 ……………………………………………………………… 305
　16.7.4 市场中性策略 ……………………………………………………………… 305

第 6 部分　组合管理中的另类投资

第 17 章　对冲基金 ……………………………………………………………………… 311
17.1 对冲基金概述 ……………………………………………………………………… 312
　17.1.1 对冲基金的重要特征 ……………………………………………………… 312
　17.1.2 投资策略的分类 …………………………………………………………… 312
17.2 投资策略 …………………………………………………………………………… 313
　17.2.1 权益导向策略 ……………………………………………………………… 313
　17.2.2 事件驱动策略 ……………………………………………………………… 317
　17.2.3 相对价值策略 ……………………………………………………………… 320
　17.2.4 机会导向策略 ……………………………………………………………… 323
　17.2.5 特殊策略 …………………………………………………………………… 326
　17.2.6 多管理人策略 ……………………………………………………………… 327
17.3 分析与组合建立 …………………………………………………………………… 331
　17.3.1 对冲基金收益来源分析 …………………………………………………… 331
　17.3.2 对冲基金在组合建立中的作用 …………………………………………… 333

第 18 章　另类投资的资产配置 ………………………………………………………… 337
18.1 另类投资的作用 …………………………………………………………………… 338
　18.1.1 另类投资在多元资产组合中的作用 ……………………………………… 338
　18.1.2 分散权益风险 ……………………………………………………………… 339
　18.1.3 投资机会集 ………………………………………………………………… 340
18.2 资产配置的考虑因素 ……………………………………………………………… 343
　18.2.1 考虑因素 …………………………………………………………………… 343
　18.2.2 适合性 ……………………………………………………………………… 346
18.3 资产配置的方法 …………………………………………………………………… 348
　18.3.1 资产配置的 3 种方法 ……………………………………………………… 348
　18.3.2 流动性安排 ………………………………………………………………… 351
　18.3.3 投资监管 …………………………………………………………………… 354

第 7 部分 私人财富管理

第 19 章 私人财富管理概述 359
19.1 对比个人和机构客户 360
- 19.1.1 投资目标 360
- 19.1.2 限制因素 360
- 19.1.3 其他区别 361

19.2 了解私人客户 362
- 19.2.1 客户基本信息 362
- 19.2.2 客户的投资目标 365
- 19.2.3 客户的风险容忍度 368
- 19.2.4 投资经理需要具备的技能 369

19.3 投资计划 369
- 19.3.1 资本充足性分析 369
- 19.3.2 退休计划 372

19.4 个人投资策略说明写作框架 374
- 19.4.1 客户基本信息和投资目标 374
- 19.4.2 投资参数 375
- 19.4.3 投资组合的资产配置 377
- 19.4.4 投资组合管理 377
- 19.4.5 投资经理的责任和义务 378
- 19.4.6 附录 379

19.5 投资组合的构建与监控 379
- 19.5.1 资产配置方法 379
- 19.5.2 业绩报告与回顾 381
- 19.5.3 业绩评估 382

19.6 道德以及合规问题 382
19.7 私人客户的分类 383

第 20 章 私人财富管理专题探讨 387
20.1 税务筹划专题 389
- 20.1.1 税收的一般原则 389
- 20.1.2 利用税后回报率衡量税收效率 395
- 20.1.3 财富积累与资产分配 402
- 20.1.4 税务筹划策略及应用 406

20.2 集中持有单一资产专题 413
- 20.2.1 管理集中持有单一资产的风险税务问题 413
- 20.2.2 上市公司股票的集中持有应对策略 415

- 20.2.3 非上市公司股票和不动产的集中持有应对策略 …… 417
- 20.3 财富传承专题 …… 419
  - 20.3.1 赠与和遗产规划目标及财富传承 …… 419
  - 20.3.2 遗产规划 …… 421
  - 20.3.3 遗产规划工具：信托、基金会、保险和公司 …… 425
  - 20.3.4 跨代家庭财富管理及相关事务 …… 427
  - 20.3.5 未雨绸缪 …… 430

第21章 私人财富风险管理 …… 434

- 21.1 人力资本和金融资产 …… 435
  - 21.1.1 人力资本 …… 435
  - 21.1.2 金融资产 …… 436
- 21.2 私人财富风险管理框架 …… 437
  - 21.2.1 私人财富风险管理策略 …… 437
  - 21.2.2 私人财富管理阶段 …… 438
  - 21.2.3 完整的资产负债表 …… 439
  - 21.2.4 个人风险敞口 …… 441
- 21.3 保险和年金 …… 443
  - 21.3.1 人寿保险 …… 443
  - 21.3.2 伤残收入保险 …… 451
  - 21.3.3 财产保险 …… 451
  - 21.3.4 医疗保险 …… 452
  - 21.3.5 责任保险 …… 452
  - 21.3.6 年金保险 …… 453
- 21.4 私人财富风险管理的应用 …… 457
  - 21.4.1 最优风险管理策略 …… 457
  - 21.4.2 分析保险计划 …… 459
  - 21.4.3 人力资本对资产配置的影响 …… 462
  - 21.4.4 资产配置与降低风险 …… 463

第 5 部分 权益组合管理

科目导学

考情分析

本部分内容主要涉及权益类资产组合的管理,在 CFA® 三级考试中的分值占比为 10%~15%。与 CFA® 二级不同,"权益组合管理"在 CFA® 三级考试中的考查方式以上午主观题为主。虽然知识点本身的难度并不大,但需要指出的是,本部分的知识点往往会与其他科目的知识点相结合,考试难度较高。

本部分内容一共有 4 个章节。第 13 章对权益类资产管理的方方面面进行了概述。第 14 章介绍被动投资或指数投资的实现方法,以及如何评价被动投资的效果。第 15 章介绍构建主动投资管理组合的两大类策略:基于基本面分析的策略和基于量化投资的策略。第 16 章介绍主动投资管理中构建投资组合的各种方法及各种风险测度指标。其中,考生需要重点掌握第 14 章至第 16 章的知识点。

本部分框架图

权益组合管理
- 权益类资产投资组合管理概述
- 被动权益类资产投资
- 主动权益类资产投资策略
- 主动管理下投资组合的构建

第13章 权益类资产投资组合管理概述

章节导学

知识引导

权益类资产（也称股票）是普罗大众最熟悉，同时也是投资参与度最高的金融资产之一。权益类资产在全球金融市场中的占比不容忽视，在资产组合管理中扮演着极其重要的角色。通过投资股票，投资者成为公司股东，可以分享公司成长带来的红利，这是权益类资产与固定收益类资产最大的区别。本章将对权益类资产管理的方方面面进行概述，包括权益类资产的定义、其带来的收益与成本、如何对权益类资产进行分类、如何管理权益类资产等。

考点聚焦

本章所有考点的重要程度都只有一颗星，知识点也均以记忆为主。因此，对于本章知识点，考生无须逐一死记硬背，对相关知识点的概念和结论形成印象即可。

本章框架图

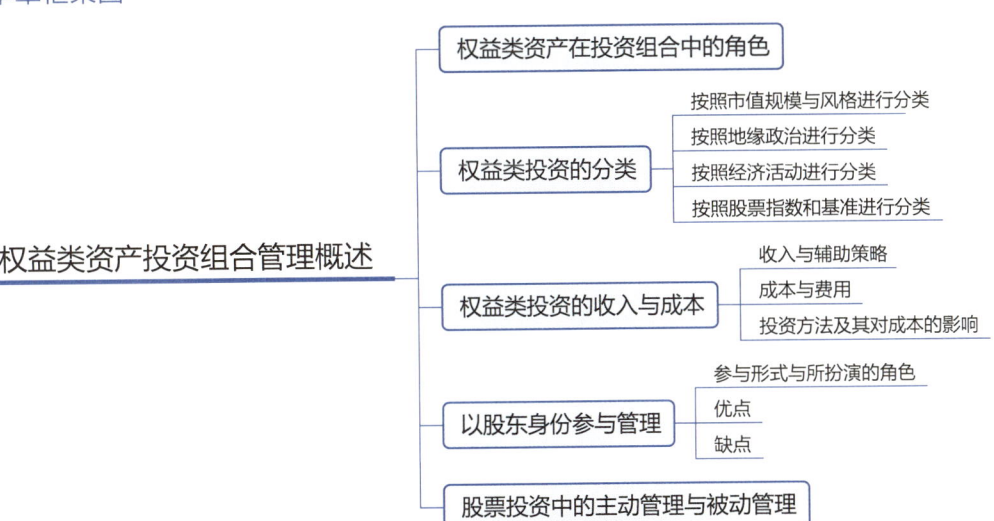

13.1 权益类资产在投资组合中的角色

—考点要求—
描述（describe）权益类资产在投资组合管理中所扮演的角色（★）

权益类资产（股票）是普罗大众最熟悉，同时也是参与度最高的金融资产之一。权益投资可以为投资组合带来诸多好处，这主要体现在以下几个方面。

第一，资产增值（capital appreciation）。从长期来看，在所有大类资产中，权益类资产的收益率是最高的。这一结论不仅在美国成立，在多数发达国家与发展中国家中也是成立的。从 1950 年到 2015 年，覆盖了 16 个主要发达经济体的关于权益资产、债券和票据的实际年化收益率数据，按由高到低排名，分别为权益资产（8.28%）、债券（2.77%）、票据（0.87%）。

第二，获取分红（dividend）。除了权益类资产自身的增值之外，分红收益也是投资权益类资产获得收入的主要来源之一。具体而言，分红是上市公司对股东的投资回报，指当股份制公司盈利时，每年按股票份额的一定比例支付给投资者的红利。

第三，实现组合分散化（diversification）。在投资组合中加入权益类资产可以起到非常好的风险分散化作用。根据历史数据，权益类资产与固定收益类资产、另类资产收益率之间的相关系数较低。

第四，对冲通胀风险（hedge against inflation）。实证研究表明，长期来看，权益类资产的实际收益率与通胀率之间存在正相关性，因此权益类资产可以起到对冲通胀风险的作用。

第五，满足客户的一些需求（meet client considerations）。在 IPS 中，投资经理会记录客户的一些需求，包括客户的收益目标、风险承受能力、投资限制、特殊需求等。通过了解客户的需求，投资经理会决定是否要将权益类资产加入客户的投资组合中，以及考虑加入后的权重。

若客户提出让投资经理为其进行 ESG 的投资，投资经理可以根据以下两种方式进行 ESG 股票的筛选：负面清单（negative screening）和正面清单（positive screening）。负面清单上列明的行业或者公司属于不可投资的范畴；正面清单上列明的行业或公司属于可投资的范畴。

> **知识一点通**
>
> 以下两类公司的股票能够更好地起到对冲通胀的作用：一是大宗商品生产商（因为其产品价格本身具有抗通胀性）；二是那些能将上涨的生产成本转嫁给下游客户的公司。

13.2 权益类投资的分类

13.2.1 按照市值规模与风格进行分类

13.2.1.1 分类标准

按照市值规模（size）与风格（style）对权益类资产进行分类是最常见的分类方法之一。根据市值规模大小，可以将股票分为大盘股（large cap）、中盘股（mid cap）和小盘股（small cap）。根据风格，可以将股票分为价值股（value）、成长股（growth）与混合股（blend/core）。具体而言，可以通过市净率（P/B）等其他相关指标来区分价值股与成长股。

在具体操作时，可以把规模与风格两个维度结合起来将股票分为九类，见表13.1。

表 13.1　股票规模与风格矩阵

	价值型（Value）	混合（Core）	成长型（Growth）
大盘股（Large Cap）	大盘价值股	大盘混合股	大盘成长股
中盘股（Middle Cap）	中盘价值股	中盘混合股	中盘成长股
小盘股（Small Cap）	小盘价值股	小盘混合股	小盘成长股

13.2.1.2 优点

使用表13.1对股票进行分类，具有以下几个优点。

第一，根据分类矩阵，基金经理可以相对轻松地管理投资组合的收益、风险，更好地做到投资风格匹配。

第二，分类矩阵中的每一类都广泛覆盖了各行各业的公司，因此，根据分类矩阵构建投资组合可以充分实现行业配置分散化。

第三，分类矩阵为衡量基金经理业绩提供了一个比较基准。例如，有的基金经理擅长投资具有成长性的"小票"，那么最适合这位基金经理的业绩基准就可以设定为小盘成长股指数。

第四，分类矩阵为我们判断一家公司所处的发展阶段提供了依据。例如，一般情况下，刚上市的公司处于成长阶段，市值规模也不会太大，大概率属于小盘成长股。但随着行业逐渐走向成熟以及公司规模的壮大，其有可能会转变为中盘价值股或大盘价值股。

13.2.1.3 缺点

分类矩阵的最大缺点在于分类标准不固定且不统一。同一只股票所属的分类结果可能会随着时间的改变而发生变化。此外，不同机构和投资者在市值规模或风格划分上的标准可能有所不同。例如，有的投资者认为市盈率低于20倍的股票才算价值股，而有的投资者则将市盈率低于30倍的股票都划分为价值股。

——考点要求——
描述（describe）股票基金经理的投资范围是如何划分的（★）

13.2.2 按照地缘政治进行分类

按照地缘政治进行分类也是常见的一种股票分类方法。通常，根据股票所在市场所属国家或地区的发展情况，可以先将市场分为发达市场（developed markets）、新兴市场（emerging markets）与前沿市场（frontier markets）。

根据地缘政治，又可以将上述三大市场细分为不同区域的市场，见图 13.1。

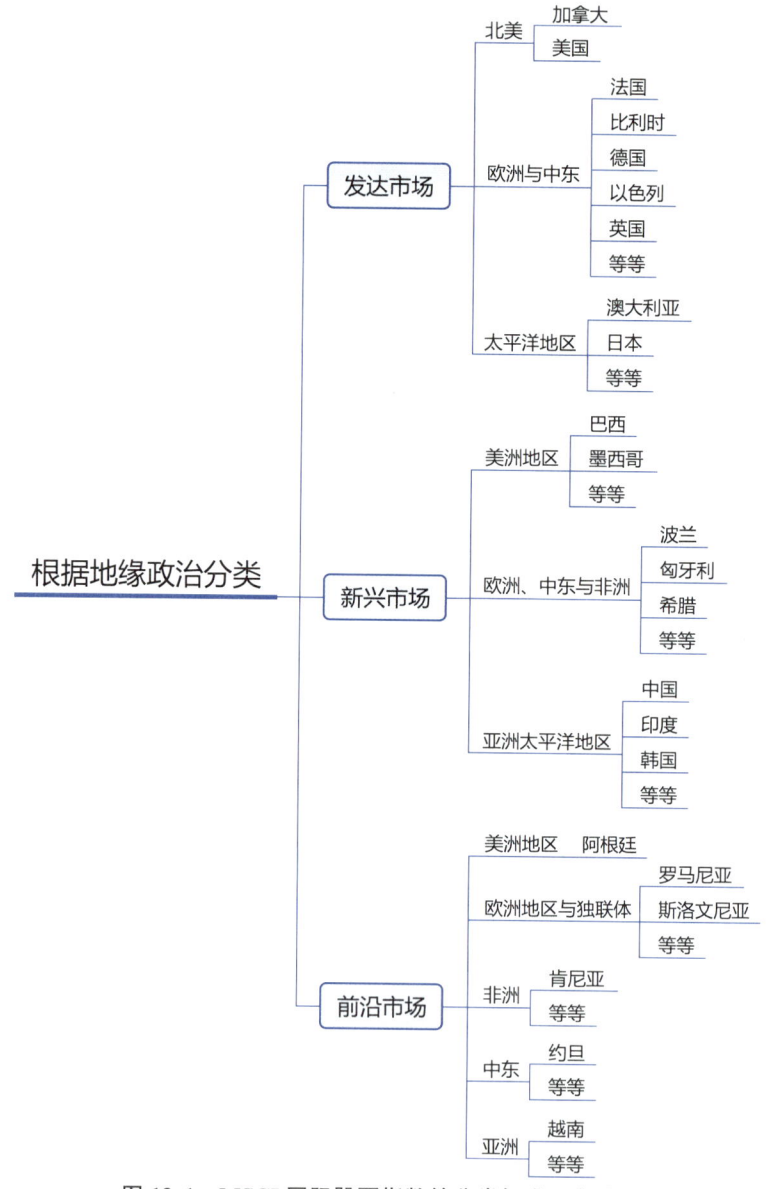

图 13.1 MSCI 国际股票指数的分类标准（部分）

地缘政治分类法适用于那些想要分散地缘政治风险或持有本国股票比重较高的投资者。其缺点在于，随着全球一体化程度的不断提高，各国股票市场的联动性加强，从而根据地缘政治分类投资带来的风险分散化效果也变弱了。

13.2.3 按照经济活动进行分类

我们还可以按照企业从事的经济活动特征对其股票进行分类。具体而言，对于企业的经济活动，通常有两种分类方法：一是生产导向法（production-oriented）；二是市场导向法（market-oriented）。生产导向法主要根据公司生产的产品进行分类；而市场导向法则主要根据公司产品的消费方式进行分类。例如，春秋航空是我国的一家航空公司，主要从事航空客运及货运服务。按照生产导向法，由于飞机属于交通工具，应将春秋航空归类为交通运输板块；按照市场导向法，由于春秋航空主要为旅客提供服务，也可以将春秋航空归类为旅游休闲板块。

按照经济活动进行分类的优点在于，通过分类，基金经理可以获得反映某些特殊行业或板块的业绩比较基准；其缺点在于，这种分类方法可能比较粗糙，同一经济活动类别可能包括非常多的子行业。

13.2.4 按照股票指数和基准进行分类

最后一种分类方法是按照股票指数和基准（benchmarks）进行分类。这种方法会与以上三种方法有所重叠。例如，MSCI（明晟）是著名的美国指数编制公司，其编制的指数被许多全球投资组合经理采用为基准指数。MSCI旗下产品包括发达国家指数系列、新兴市场指数系列、发达国家与新兴市场价值型和成长型指数系列等。其指数分类类型涵盖了前文介绍的三种分类方法。

13.3 权益类投资的收入与成本

本节介绍权益类资产投资可能产生的收入与成本。

—考点要求—
描述（describe）与管理股票投资组合相关的收入与成本，以及其对投资组合的潜在影响（★）

13.3.1 收入与辅助策略

13.3.1.1 分红收入

分红收入（dividend income）指的是股份公司每年将其盈利按股票份额的一定比例支付给投资者的红利。分红是投资者投资股票收入的来源之一，尤其一个对于长期持有者而言。分红收入的形式分为现金分红与股票分红两种。投资者获取分红收入的具体金额受税收影响较大。

除了现金分红与股票分红两种常规的分红形式外，分红还包括特殊分红（special dividend）和可选股票分红（optional stock dividend）。特殊分红属于不定期发放的分红，比如某些企业会在成立周年之期进行特殊分红。可选股票分红给予股东选择权，股东可选择以现金形式或是股票形式获得分红。

13.3.1.2 融券收入

融券（securities lending）指的是投资者按规定以缴纳的保证金为抵押，融入证券并将其卖出，且在规定的时间内归还融入的证券。融券收入指的是在融券过程中证券出借方收到证券借入方支付的股票拆借费用。出借费用的高低视证券的稀有程度而定。证券出借方可以利用出借费用进行再投资，从而获取再投资收益。此外，如果出借的证券是股票，借入者必须补偿出借者在出借股票期间本应获取的分红收入。

13.3.1.3 辅助投资策略

一些特殊的股票辅助投资策略（ancillary investment strategies）也能产生收益。例如，捕捉分红策略（dividend capture）指在股票除息日前夕买入，在股票分红结束后立即卖出。又如，投资者可以通过卖出股票期权获得收益，如我们在 CFA®二级中学过的抛补看涨期权（covered call）策略等。

13.3.2 成本与费用

13.3.2.1 管理费用

管理费用（management fees）根据资产管理规模定期收取，目的是覆盖资产管理日常运作与研究的费用。一般而言，被动投资基金收取的管理费低于主动投资基金收取的管理费。

13.3.2.2 业绩费用

业绩费用（performance fees）是对冲基金从本年帮助客户赚取的超过门槛的收益中抽取的10%~20%的提成。一般而言，对冲基金的业绩费用都采用高水位条款（high-water mark）的模式。例如，某私募基金的业绩费用模式如下：仅当基金年化收益超过10%时才收取业绩费用；业绩费用为年化收益超过10%部分的20%，且采用高水位条款模式。假设该基金成立第一年年末的净值为1.2，第二年年末降为1.15，第三年年末又升至1.5。那么虽然该基金截至第二年年末的年化收益率也超过了10%，但第二年不会收取业绩费用。这是因为该基金在第二年年末的净值没有超过历史上记录的最高费后净值。

13.3.2.3 行政费用

多数情况下，行政费用（administration fees）是被包含在基金公司所收取的管理费用之中的。但在有些情况下，如果基金公司将一些行政职能外包给了第三方，则会产生额外的行政费用。常见的行政费用包括托管费（custody fees）、保管费（depository fees）与注册费（registration fees）。

13.3.2.4 营销与分销费用

营销与分销费用（marketing and distribution costs）包括雇佣销售人员的费用、广告费用、路演产生的相关费用等等。与行政费用类似，多数情况下营销与分销费用也已经被包含在基金公司收取的管理费中了。然而，如果基金公司将营销与分销外包给第三方，那么就会产生额外的营销与分销费用。

13.3.2.5 交易费用

买卖股票会产生一系列的交易费用（trading costs）。有些交易费用是显性的，如印花税、交易佣金等;而有些费用则是隐性的,如买卖价差、市场冲击、交易延迟等现象导致的费用。

> **备考小贴士**
>
> 本节所介绍的成本与费用的相关概念的含义、区别及计算会在下册第 24 章中详细介绍,此处不再赘述。

13.3.3 投资方法及其对成本的影响

一些投资方法本身会对股票交易的成本产生影响。对于被动投资方法而言,由于追踪指数相对简单,研究成本与交易频率也相对较低,因而被动投资的所产生的总体费用较低。然而,指数基金也存在一个不易察觉隐藏成本的交易——掠夺性交易(predatory trading)。

> **知识一点通**
>
> 我们以沪深 300 指数为例,来说明掠夺性交易的含义。沪深 300 指数是我国股票市场的重要指数,许多被动指数基金都以此为基准追踪指数收益。然而,沪深 300 指数的成分股并非一成不变,当满足一定要求时某些新的成分股会被纳入指数,而有的成分股则会被剔除。掠夺性交易的策略思想就是某些投资者根据指数编制规则,买入那些将被纳入沪深 300 指数的股票,卖出那些将被剔除出沪深 300 指数的股票。由于掠夺性交易买入和卖出的时机相较被动指数基金更早,因此这种策略的存在就有可能导致被动指数基金的成本提高。

13.4 以股东身份参与管理

13.4.1 参与形式与所扮演的角色

—考点要求—
描述(describe)基金经理参与股东管理的潜在好处及其扮演的角色(★)

权益资产投资的最大特点之一就是投资者可以以股东身份在一定程度上参与公司的管理。具体参与形式多种多样,包括参与讨论及投票表决公司的战略目标、公司的资本分配(如并购方案、分红政策等)、公司治理方案、高管薪酬体系以及董事会成员的构成等。

具体而言,股东在参与管理的过程中所扮演的角色通常有以下两种。

第一,积极推动型投资者(activist investing)。积极推动型投资者会深度介入公司的经营管理,往往还会为公司的发展提供资源和战略建议。积极推动型投资者通常是对冲基金,投资的期限可长可短,受到的监管相对较弱,且对冲基金可以使用杠杆进行投资。例如,著名的软银集团董事长孙正义构建的愿景基金就属于典型的积极推动型投资者。

第二,投票型投资者。在股东会议上行使投票权是多数股东参与公司管理的形式。若因故无法参会,股东也可以将投票权委托给他人。

13.4.2 优点

投资者参与公司的管理对投资者和公司来说都是有益的,具体体现在以下几个方面。

第一,投资者参与管理的实质是某种形式的监督,有助于公司形成更好的运营模式。

第二,投资者通过参与管理能够获取更多公司的信息,如公司战略、公司文化等,这对一些主动投资管理经理来说是极为重要的。

第三,能够获得"搭便车效应"(free rider problem)。

> **知识一点通**
>
> 理论上,如果某投资者买入 100 股贵州茅台的股票,那么他也成了贵州茅台的股东,可以在一定程度上参与贵州茅台的日常管理。然而,对于该投资者而言,100 股所代表的"投票权"是微不足道的。如果花费过多精力在公司的管理上,对其个人而言可能是得不偿失的。因此,如果由持有贵州茅台股份较多且对公司治理理解更深的投资者"为其代劳",参与公司管理的监督、投票,可能是其更优的选择。这就是"搭便车效应"。

第四,对其他利益相关者(stakeholder),如债权方、监管部门、消费者也是有益的。

第五,对于一些特殊股东而言,持有公司股票除了能获取经济上的收益之外,也可以使一些较为特殊的诉求得到满足,如 ESG(环境、社会与公司治理)。这些投资者也可以通过参与公司管理受益。

13.4.3 缺点

投资者以股东身份参与公司管理也存在以下几个缺点。

第一,参与公司管理是一件费时费力的工作,这对一些小股东来说是得不偿失的。

第二,受限于投资期限,一部分股东可能更关注短期股价,而忽视了公司长远发展。

第三,参与公司管理可能导致一部分股东能获取其他股东无法了解的信息,进行内幕交易。

第四,有可能导致利益冲突。例如,假设某上市公司投资了某基金,而该基金同时也大量持有该上市公司的股票。基金经理有动力通过参与上市公司管理大幅推高股价,但这种行为未必和公司的长远发展利益保持一致。

13.5 股票投资中的主动管理与被动管理

主动管理基金与被动管理基金在市场上均占有一席之地。然而近年来,美国市场的被动管理基金的管理资金规模占比逐渐超过了主动管理基金。具体而言，当基金公司选择以主动管理还是被动管理的形式进行基金管理时，会考量以下几个方面。

第一，是否有信息和能力取得超额收益率。许多学术研究证明，主动管理基金的总体平均表现并没有显著超过基准指数。因此，判断主动投资管理基金的能力至关重要。

第二，客户偏好。不同客户的偏好是不同的，投资经理需要根据客户的投资偏好来确定投资策略。有的客户风险承受能力较高，希望投资收益能够跑赢标的指数，而有的客户的投资目标就是获取与指数等同的收益。

第三，是否存在适合的指数作为被动投资的跟踪标的。如果存在，那么被动投资策略对基金经理就会产生更大的吸引力。

第四，满足特定客户的投资要求。对于一些特殊客户的投资要求，如 ESG 等，只能通过主动投资管理来实现。

第五，主动投资管理的风险与成本。如前所述，主动投资管理各方面的成本均高于被动投资，这是在成立主动管理基金时必须考虑的。

第六，税收。在一些国家和地区，投资经理进行被动投资的管理策略，可以获得税收和费用上的一些减免。

— 考点要求 —
描述（describe）股票投资中被动与主动投资的基本理念（★）

练一练

The following information relates to Questions 13-1 to 13-4.

Axe Capital is an investment management company. The company is now considering adding two potential funds to its existing list. The information about these two funds is shown in Exhibit 13.1.

Exhibit 13.1 Description about Funds

Fund's Name	Description
Sunshine Fund	• Focus on investing fast growing companies in Chinese related robot industry • Identify companies that score most favorably ESG in target industry
Winner Fund	• Focus on tracking MSCI China index

John Smith is the senior adviser of Axe Capital. He makes the following statements about equity investment.

Statement I: If the fund does not engage in shareholder activism, it cannot benefit from free rider problem.

Statement II: Securities lending is a source of equity investment income, and the borrower should compensate the lender the dividends that lender should have received during the borrowing period.

13-1 According to Exhibit 13.1, Sunshine Fund can be best described as a fund segmented as：

　　A. economic activity.

　　B. equity index and benchmark.

　　C. size/style.

13-2　According to Exhibit 13.1, the Sunshine Fund's way to picking stocks in robot industry can be best described as:

A. negative screening.

B. positive screening.

C. thematic investing.

13-3　According to Exhibit 13.1, which of the following statements about Winner Fund is/are correct?

Statement I: The management strategy of Winner Fund is passive.

Statement II: Winner Fund is suitable for those investors who do not believe the market is efficient, and want to earn excess return.

A. Only Statement I.

B. Only Statement II.

C. Both of the statements.

13-4　Which of the statements made by Smith is not correct?

A. Only Statement I.

B. Only Statement II.

C. Both of the statements.

答案与解析

13-1　A

Sunshine Fund 主要投资中国与生产工业机器人相关的公司，说明该基金是根据公司经济活动来确定投资标的的。因此，选项 A 正确。

13-2　B

Sunshine Fund 根据 ESG 得分来筛选得分最高的公司股票，这是正向筛选。因此，选项 B 正确。

13-3　A

说法 I 正确，Winner Fund 旨在追踪 MSCI 中国指数，显然是被动投资。

说法 II 错误，认为市场是无效的且追求超额收益的投资者，更适合选择主动管理基金而不是被动管理基金。

因此，选项 A 正确。

13-4　A

说法 I 错误，那些不参与公司管理的权益投资者才能享受"搭便车效应"。

说法 II 正确，融券业务中，借入方必须补偿出借方在出借期间本能获得的分红收益。

注意，本题是选择说法错误的评论，因此，选项 A 正确。

第 14 章
被动权益类资产投资

章节导学

知识引导

本章介绍权益类资产被动投资的管理方法。在传统金融学的框架下，如果市场是强有效的，那么任何投资方法都无法获取超额收益率。在此假设前提下，由于交易费用更小、风险更加分散，且具有税收上的优势，被动投资广受青睐。被动投资与指数投资密切相关，本章我们就来学习实现被动投资的方法，以及如何评价被动投资的效果。

考点聚焦

本章围绕被动投资展开。考生应重点掌握实现被动投资的各种方法，并熟悉评价被动投资的指标——追踪误差，还需了解如何控制追踪误差。此外，考生应了解如何为被动投资选取基准，以及被动投资收益与风险的来源。

本章框架图

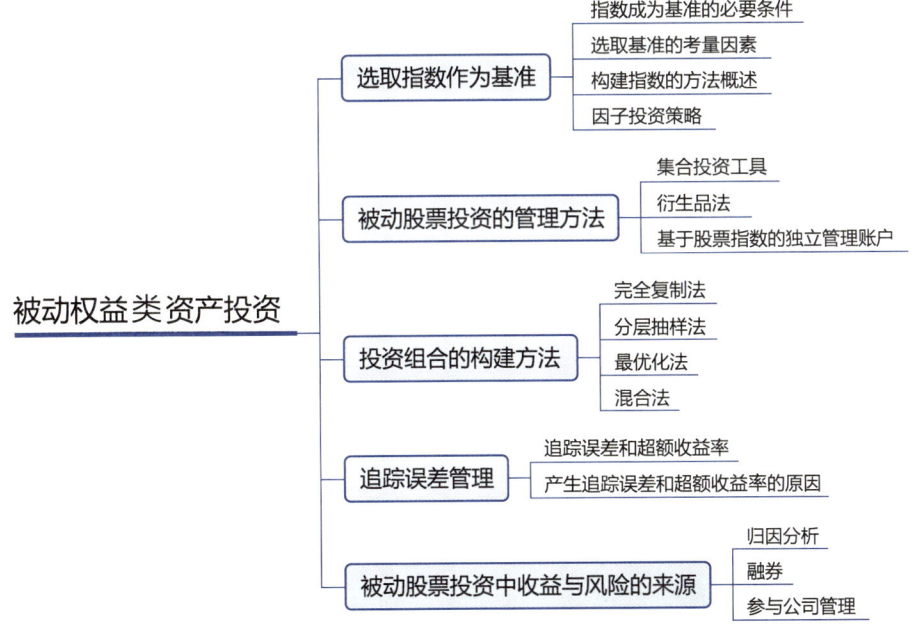

14.1 选取指数作为基准

14.1.1 指数成为基准的必要条件

—考点要求—
描述（describe）为被动权益类资产管理选取基准时需要考量的因素（★）

选取基准（benchmark）对于业绩评价和策略实施来说至关重要。实操中，我们通常会选取某一指数作为投资组合的基准。作为基准的指数必须满足三个必要条件：有严格的编制规则（rules-based）、透明（transparent）且可投资（investable）。

具体而言，有严格的编制规则意味着指数的构造方法是客观、一致且可预测的；透明意味着指数编制的规则是可公开获得的，且投资者能够根据指数的编制规则计算指数，并自行判断出指数的构成以及指数的再平衡过程；可投资意味着投资者可以通过追踪指数的构成复制指数的收益。

> **知识一点通**
>
> 例如，我国 A 股市场的沪深 300 指数与中证 500 指数满足上述三个条件。投资者可以了解到指数的编制规则，且能够根据指数的编制规则与构成复制指数的收益。反之，我国的 CPI 指数就不满足上述三个条件。我国 CPI 的编制方法是不对外公开的，且就算有投资者推断出 CPI 的编制方法，市场上也没有相应的可投资金融产品能够用于复制 CPI 的走势。因此，在我国，想要通过金融产品完全对冲通货膨胀风险是较难的。

14.1.2 选取基准的考量因素

我们选取基准时，可以根据 IPS 判断客户想要暴露的市场敞口（desired market exposure）。具体而言，如国内/国外、全市场/特定行业、价值/成长、大盘股/中小盘股、动量/反转、高波动/低波动、质量股/热门股等，都是我们在选取标准时需要考量的因素。

14.1.3 构建指数的方法概述

—考点要求—
比较（compare）基于因子的被动投资策略与市值加权指数（★★★）

权益类指数在选择成分股时采用的方法大体可以归为两类：穷尽法（exhaustive）与选择法（selective）。例如，上证综指选择成分股的方法就属于穷尽法，旨在覆盖相应市场中所有股票以反映整体市场情况；而上证 50 指数选择成分股的方法则属于选择法，旨在选取流动性与市值规模最大的 50 只股票。

我们接下来将逐一介绍几个常见的指数构造方法。

14.1.3.1 市值加权法

市值加权法（market capitalization-weighted）是最常见的指数构造方法。在市值加权法下，每只股票的权重为其市值占所有成分股市值总和的比重。

市值加权法具有以下几个优点。

第一，采用市值加权法构建的指数在均值-方差框架下是有效的，即可以在给定风险水平下实现最大化收益率。因此，以市值加权法构建的指数通常是市场组合的最佳代理变量。

第二，由于市值间接反映了流动性，且投资者通常倾向于持有大市值的股票，因此以市值加权法构建的指数作为基准可以衡量策略的资金容量。

此外，市值加权法最常见的形式是以自由流通市值（free-float）进行加权。

> **知识一点通**
>
> 流通市值和市值有什么区别呢？在股票的总市值中，其实包括了一些不能在交易市场上自由买卖的股票（即非流通股），如国有法人股、发起自然人股等。被动投资者在进行市值加权时，将这些非流通股扣除，仅对流通市值进行加权更能反映出股票的流动性。自由流通市值则是进一步在流通市值的基础上，剔除对国外资本不开放的股票。

14.1.3.2 价格加权法

在价格加权法（price-weighted）下，每只股票的权重为其自身的每股价格占所有成分股价格总和的比例。换言之，用价格加权法构造的指数本质上相当于每个成分股各买一单位股票所构成的投资组合。一般情况下，基金经理不会选择用价格加权法构建的指数作为基准，因为实操中很少出现每只股票持仓数量相同的情形。

14.1.3.3 等权重加权法

在等权重加权法（equally-weighted）下，每只股票的市值权重是相同的（即 $1/n$，n 代表成分股个数）。举个简单的例子，假设资金管理规模为 1 000 万元，指数共有 10 只成分股，那么在等权重加权法下，我们各用 100 万元的资金去购买这 10 只成分股就能复制等权重加权指数了。

等权重加权法的优点在于可以避免投资过于集中于少数股票。其缺点在于以下两点：第一，等权重加权法需要频繁再平衡指数，因为只要成分股的价格发生变化，指数中包含的这只股票的数量就要相应变化来确保权重始终不变。第二，由于在等权重法下每只成分股的权重相同，限制了策略容量。这是因为，对于一些流动性较差的小票，在等权重法下其权重也是 $1/n$，而对这些流动性差的小票在策略上的投入资金容量是存在上限的。例如，现在某个等权重加权的指数里包含 10 只成分股，一只被动投资基金想要跟踪这个指数，若该基金具有 100 亿的资金规模，则每只成分股需要投资 10 亿的资金。如果这 10 只成分股中包含一些小盘股，小盘股的市场可能会低于 10 亿，若该基金的投资规模为 100 亿，则无法进行跟踪。该基金需要考虑降低它的投资规模。

14.1.3.4 基本面加权法

基本面加权法（fundamental-weighted）是根据公司的某些基本面指标加权求得指数，如以每家公司的毛利率为权重进行加权。基本面加权法的原理在于，股票价格虽然短期内会偏离其基本面所反映的内在价值，但长期来看价格必定会回归内在价值。因此，若以基本面指标为权重配置股票，则充分利用了市场在短期的无效性和在长期的有效性，从而在长期获取超额收益。

14.1.3.5 有效成分股个数的确定

指数成分股的集中度是在选取基准时需要关注的一个方面。我们可以通过一个指标——Herfindahl-Hirschman 指数（HHI）来反映指数的集中度。HHI 的计算公式如公式（14.1）所示：

$$\text{HHI} = \sum_{i=1}^{n} w_i^2 \tag{14.1}$$

公式（14.1）中，w_i 代表股票 i 在指数中的权重；n 代表指数中成分股的个数。

利用 HHI 的公式，我们就能计算出有效成分股个数（effective number of stocks）了，其公式恰好为 HHI 的倒数，如公式（14.2）所示：

$$\text{有效成分股个数} = \frac{1}{\sum_{i=1}^{n} w_i^2} = 1/\text{HHI} \tag{14.2}$$

> **知识一点通**
>
> 我们通过一个例子来理解有效成分股个数的概念。假设指数中只有两只股票，每只股票的权重都是 50%。那么根据公式（14.2）计算可得，有效成分股个数 = $1/(0.5^2 + 0.5^2) = 2$。这意味着，当我们等权重配置两只股票时，有效成分股的个数恰好就是 2。但如果其中一只股票的权重是 90%，而另一只股票的权重只有 10%，则有效成分股个数 = $1/(0.9^2 + 0.1^2) \approx 1.22$。这说明，虽然我们名义上持有了两只股票，但由于我们的配置主要集中在第一只股票上，实际上我的有效持股数量只有 1.22，仅比 1 只股票高出一些。

14.1.3.6 其他注意事项

在 2000 年互联网泡沫、2008 年全球金融危机以及 2020 年新型冠状病毒引发的全球经济衰退中，纯股票基金开始注重策略的防守性和低波动性。例如，以波动率为权重构建指数，试图在均值–方差框架下形成方差最低的指数。

此外，我们还要关注指数的再平衡频率。不难理解，通过穷尽法构建的指数，其再平衡频率是低于基于选择法构建的指数的。在再平衡的过程中，当某一成分股被新纳入指数时，意味着它将成为许多追踪该指数的指数基金必须买入的对象，因此其股价可能会在短期获取超额收益率；反之，亦然。

14.1.4 因子投资策略

14.1.4.1 基本定义

因子投资（factor-based），在业内通常也被称为 smart beta，是近年来在业内非常流行的投资方法。因子投资根据股票的因子来配置指数。常见因子包括 Fama and French (2015) 提出的五因子模型中的五个因子：贝塔因子、价值因子、规模因子、动量因子与盈利因子。此外，成长因子、低波动因子等也常被纳入指数模型。

基于因子的被动策略（passive factor-based equity strategies）是一种特殊的被动投资策略。该策略旨在使被动投资者在跟踪指数的同时，可以适当加入一些主动的投资决定，进行某些因子的择时。例如，在预感股市危机来临之时，若是继续单纯地跟踪指数，可能会导致出现较大亏损。此时，可以适当投资波动率因子（volatility），在跟踪指数的同时配置一些低波动率的股票。

> **知识一点通**
>
> 以股票指数为追踪对象的被动投资的主要目的是模拟指数的收益。而基于因子的被动投资，其主要目的是追踪特定的因子风险敞口。对因子投资感兴趣的考生可以阅读 CFA® 协会 2014 年的获奖论文 *Buffett's Alpha*①。该论文通过六个因子来模拟巴菲特的投资组合收益，其收益甚至超过了巴菲特本身的投资组合收益。

14.1.4.2 管理费用

因子投资是如何应用在被动股票投资中的呢？显而易见，我们首先必须制定因子选择和因子择时的规则。换言之，我们要明确规则，确定在什么时间点去追踪什么因子。因此，基于因子的被动投资需要运用金融工程技术来实现选股，其管理难度高于一般追踪指数的被动基金，相应收取的管理费用也更高。尽管如此，基于因子的被动投资仍然是基于一定规则在指定范围内进行选股的，其管理难度低于主动投资，相应收取的管理费用也是低于主动投资管理基金的。

简而言之，就管理费用而言：指数投资 < 被动因子投资 < 主动投资。

14.1.4.3 分类

具体而言，根据因子的类型，被动因子投资可以分为三类：收益导向（return-oriented）、风险导向（risk-oriented）与分散化导向（diversification-oriented）。具体如表 14.1 所示。

表 14.1 被动因子投资的分类

被动因子投资的方法	因子选择与细分方法
收益导向	分红、动量、各类基本面加权
风险导向	波动率加权、指数波动率最优化
分散化导向	等权重指数、最大程度分散化

---

① Frazzini A, Kabiller D, Pedersen L H. Buffett's Alpha [J]. Social ence Electronic Publishing.

14.2 被动股票投资的管理方法

—考点要求—
比较（compare）被动权益投资的不同方法（★★）

本节我们将逐一介绍被动股票投资的三种方法：集合投资工具（pooled investments）、衍生品法（derivatives-based approaches）以及基于股票指数的独立管理账户（separately managed equity index-based portfolio）。

14.2.1 集合投资工具

集合投资工具包括开放式公募基金（open-end index mutual fund）、交易型开放式指数基金（ETF）等。

14.2.1.1 开放式公募基金

利用开放式公募基金进行指数投资的优点在于：

第一，不同开放式公募基金的管理模式、交易记录的形式都是统一的，且结构简单。专业的基金经理会为我们执行指数再平衡等操作。

第二，单账户管理，交易费用相对较低。

利用开放式公募基金进行指数投资的缺点在于存在现金拖累（cash drag），即由于分红、追加资金等种种原因，会产生滞留现金（没有立即用于购买股票）。

14.2.1.2 交易型开放式指数基金

利用交易型开放式指数基金（ETF）进行指数投资的优点在于：

第一，便于交易、管理费用低且可以做空。

第二，结构独特，符合条件的投资者可以在一级市场上申购与赎回，并在二级市场上像股票一样对其进行交易。

第三，税收上更具优惠或可递延税收。

利用ETF进行指数投资的缺点在于：ETF可能存在买卖溢价，产生额外的手续费用，有些情况下可能存在流动性不足的问题。

14.2.2 衍生品法

利用期权、期货或互换等衍生品工具，我们可以合成衍生品所标的指数。然而，出于移仓换月、标的误差等多方面考虑，一般情况下被动投资者不会在长期持续利用衍生品来合成指数头寸。更多情况下，被动投资者是利用衍生品来调整现有投资组合，使其更好地匹配客户的投资目标。特别地，我们将这部分用于调整投资组合的衍生品称为覆盖头寸（overlay）。覆盖头寸共有三个子分类，分别为完成覆盖头寸（completion overlay）、再平衡覆盖头寸（rebalancing overlay）和货币覆盖头寸（currency overlay）。完成覆盖头寸旨在调整偏离适当风险敞口的指数化投资组合。例如，一个投资组合从投资者的资金流或股息中积累了盈余，导致投资组合的贝塔系数明显低于基准。使用衍生工具可以有效地将整个投资组合的贝塔系数恢复到目标水平。再平衡覆盖头寸解决了投资组合出售某些组成证券和购买其他证券的需求。特别是在股票和债券混合投资组合的情况下，使用股票指数衍生品可以更有效地按照投资政策来重新平衡目标权重。货币覆盖头寸有助于投资组合经理对冲以外币持有的证券收益所带来的汇率风险。

衍生品合约的特殊性通常既是衍生品法的优点，也是其缺点。例如，衍生品合约通常带有杠杆，且一般而言流动性较高。因此，利用衍生品合约来调节头寸非常便捷迅速，能充分发挥资金使用效率；但同时，由于其自带杠杆，标的物微小的变动就能导致整体头寸的较大波动。此外，衍生品合约通常面临基差风险，即标的物和衍生品合约价格变动不匹配的风险。

> **备考小贴士**
>
> 本部分内容的许多技术细节已在"衍生品和外汇管理"部分的相关章节进行了详细讲述，此处不再赘述。

14.2.3 基于股票指数的独立管理账户

与集合投资工具不同，基于股票指数的独立管理账户意味着基金经理必须自行构建追踪指数的投资组合。这就对基金经理的管理能力提出了相应的要求：

第一，必须订阅指数提供商的数据，并使用专门的交易系统。一旦指数中的成分股发生诸如分红、股票拆分等导致股票被纳入或剔除指数的事件，基金经理就必须对投资组合做出相应的调整。

第二，基金必须构建独立的结算系统，以生成每日业绩表现报表并记录每日交易，从而时刻观测投资组合的追踪误差。

第三，与经纪商保持良好的关系，以获取更加优惠的佣金。

第四，构建合规的辅助工具和独立团队，确保基金操作合规且符合客户需求。

14.3 投资组合的构建方法

本节我们逐一介绍被动股票投资过程中投资组合构建的三种常见方法——完全复制法（full replication）、分层抽样法（stratified sampling）、最优化法（optimization），以及综合使用这三种方法的混合法（blended approach）。

14.3.1 完全复制法

完全复制法的含义非常直观，即基金经理完全参照对标指数的构成与权重来构建投资组合。

完全复制法的优点是显而易见的，该方法理论上可以最小化追踪误差，且易于理解。但同时该方法的缺点在于，可操作性依赖于基金的资金规模及指数成分股的可交易性。跟踪误差和交易成本与基准指数成分股持有数量的关系如图 14.1 所示。

—考点要求—
比较（compare）完全复制、分层抽样、最优化等构建被动权益资产管理的方法（★★★）

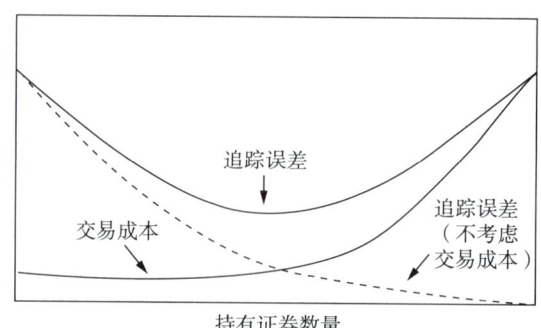

图 14.1　跟踪误差和交易成本与基准指数成分股持有数量的关系

> **知识一点通**
>
> 例如，假设我们对上证 50 指数使用完全复制法，操作难度就相对较低。这是因为，上证 50 指数的成分股数量仅有 50 只，且每只股票的流动性都有保证。而假设我们要对上证综指使用完全复制法，则操作难度就相对较高。这是因为，上证综指包括了上千只股票，且许多小盘股的流动性较低，当小盘股出现涨跌停板或停牌的情形时，无疑加大了完全复制指数的难度。
>
> 在追踪指数的实操中，投资组合并非持有股票数量越多、越接近指数成分股数量时追踪误差就越低。尤其当对标指数中包含一些流动性较低的成分股时，持有股票的数量和追踪误差实际上呈现出 U 形关系：起初持有股票数量越多追踪误差越低，但当持有股票数量超过一定阈值后，持有股票数量越多则追踪误差反而越大。

14.3.2　分层抽样法

如前所述，当指数涵盖成分股数量较多时，完全复制法的效率是较低的，且交易费用较高。此时，我们就需要引入分层抽样法。

分层抽样法的核心思想就是先将股票进行分类，再在每类中抽取部分股票构成投资组合。这里需要注意的是，对股票的分类一定要是互斥且遍历的（mutually exclusive and exhaustive）。只有这样，才能保证通过分层抽样构建的投资组合能够反映指数的特征且追踪误差较低。

例如，标准普尔全球市场指数成分股数量超过 1 万只。实操中，我们不太可能在世界各国的金融市场中买入 1 万多只股票来完全复制指数。但我们可以先根据地域将 1 万多只成分股划分为不同市场，再根据市值规模、市盈率等因素在每个市场中抽样买入不同特征的股票来反映整体指数的构成。

14.3.3　最优化法

最优化法指的是在约束条件下最大化或最小化投资组合的某个特征。例如，最小化的特征可以是指数的追踪误差，约束条件可以是投资组合中股票的个数或市值等。

最优化法的优点在于：第一，理论上最优化法的追踪误差要低于分层抽样法；第二，最优化法考虑了不同资产之间的相关系数。而其缺点在于，最优化的结果是基于市场过去的历史数据得到的，如果历史不能代表未来，那么最优化的结果就有可能是不准确的。而且由于最优化法涉及一些计算机软件和算法的运用，需要基金经理具备高精技术（high level of technical sophstication）。

14.3.4 混合法

根据前文不难看出，完全复制法适用于成分股数量较小的指数，而分层抽样法与最优化法适用于成分股数量较多的指数。如果指数广泛覆盖了各种大盘股与中小盘股，那么可以采用混合法，即对上述三种方法的综合使用。对于大盘股，采用完全复制法，而对于中小盘股则采用分层抽样或最优化法。

14.4 追踪误差管理

14.4.1 追踪误差和超额收益率

—考点要求—
讨论（discuss）导致追踪误差的原因以及控制追踪误差的方法（★★）

超额收益率（excess return）指的是投资组合收益率与基准收益率的差，代表投资组合表现超过基准收益的部分，其取值可正可负。追踪误差（tracking error）反映的是投资组合表现偏离基准的程度，表现在公式上即为超额收益率的标准差，其取值为非负数。

$$超额收益率_p = R_p - R_b \tag{14.3}$$

$$追踪误差_p = \sqrt{\text{Variance}_{(R_p - R_b)}} \tag{14.4}$$

其中，R_p 代表投资组合的收益率；R_b 代表基准的收益率。

对于追踪指数的基金经理来说，其目标是在力求最小化追踪误差的前提下，获取正的超额收益率。

14.4.2 产生追踪误差和超额收益率的原因

产生追踪误差和超额收益率的原因包括以下几点。

第一，交易费用。较高的交易费用将导致更低的超额收益率和更高的追踪误差。

第二，投资组合持有股票的数量占指数成分股的比例。该比例越低将导致越高的追踪误差。

第三，日内交易价格。通常情况下，我们在计算指数时都是按照成分股的收盘价计算的。然而在实际交易中，基金经理买入的股价与收盘价存在差异，会产生追踪误差。

第四，佣金费用。和交易费用类似，佣金费用也会导致追踪误差变大。

第五，现金拖累（cash drag）。股票指数通常不会给现金分配权重。然而，在被动投资过程中，由于分红、追加资金等种种原因，会产生滞留现金（没有立即用于购买股票），从而导致追踪误差。

14.5 被动股票投资中收益与风险的来源

—考点要求—
解释（explain）被动管理权益类投资组合收益与风险的来源（★）

14.5.1 归因分析

归因分析（attribution analysis）用于事后（ex-post）分析收益的来源，常被用于主动投资管理。其实被动投资同样也需要进行归因分析。股票收益率的来源包括个股特征、行业选择、国家选择等等。尤其对于基于因子的被动投资而言，分析什么因子带来最大的收益和风险是很有必要的。

> 备考小贴士
> 业绩归因的细节和分析方法详见本书业绩归因的相关内容，此处不再赘述。

14.5.2 融券

在前文中，已经介绍了融券是持有股票的收入来源之一。同样，融券也是持有股票的风险来源之一。被动管理的股票基金有时会将手中持有的股票出借，从而获取融券带来的收入以弥补其他成本。在融券的过程中，股票借入方有时会将抵押品（collateral）存放在第三方或借入方账户。于是，额外的风险诞生了，具体包括股票借入方的信用风险、抵押品价值的市场风险以及抵押品的流动性风险等。

14.5.3 参与公司管理

股票被动投资基金通常都是上市公司的长期大股东。因此，被动投资基金有动力参与公司管理的重要表决，以提升公司的长期内在价值。然而，同样需要注意的是，与主动投资基金不同，只要公司股票属于追踪指数的成分股，不论公司好坏，被动投资基金都必须持有公司股票。因此，股票被动投资基金参与公司管理的动力可能不如主动投资基金。此外，由于被动投资基金的投资通常非常分散化，因此参与公司管理以及代理客户进行投票的成本都是相对较高的。

练一练

The following information relates to Questions 14-1 to 14-4.

Perfect Mimic is a passive investment fund dedicates to index investment and smart beta. Recently, the company needs to select a benchmark for a fund manager named James Wart, who invests in the Chinese stock market. The fund manager's style is to invest in high beta, high P/E and small cap stocks.

The company has three products that use the full replication method to track the index, and the relevant information is shown in Exhibit 14.1.

Exhibit 14.1 Information about Index Fund

Benchmark	Ticker of the fund	Number of Constituents	Fund Expense Ratio
CSI 300 Index	AAA	300	0.25%
CSI Smallcap 500 Index	BBB	500	0.33%
Shanghai Composite Index	CCC	1 300	0.55%

Based on the shortcomings of the complete replication method, the company considers using other methods to build portfolios. Senior researchers at the company provide a description of one approach: minimizing tracking error while keeping the number of constituents less than 100. The determination of the constituents and their weights are based on past market data.

The senior research team also suggests company to consider adopting a passive dividend factor-based strategy for the allocation for Chinese stocks.

14-1 What is the most appropriate benchmark for the fund manager James Wart?

  A. Large-cap with a value tilt index.

  B. Small-cap with a growth tilt index.

  C. Small-cap with a value tilt index.

14-2 According to Exhibit 14.1, which fund is least suitable to the full replication method?

  A. AAA Fund.

  B. BBB Fund.

  C. CCC Fund.

14-3 What is the alternative method provided by senior researchers at the company?

  A. Stratified sampling.

  B. Optimization.

  C. Blended approach.

14-4 The dividend factor-based strategy suggested by research teams is most likely be classified as:

  A. return oriented.

  B. risk based.

  C. diversification oriented.

答案与解析

14-1 B

基金经理主要的投资标的是 beta 高且市盈率高的小票。注意，这里的判断标准主要是小票对应 small-cap，高市盈率对应成长。而高 beta 的股票既包括小盘股也包括大盘股，既涵盖成长股也涵盖价值股。因此，选项 B 正确。

14-2 C

选项 C，CCC 基金对标指数的成分股数量超过了 1 000 只，且其费用相对最高，因此最不适用于完全复制法。

14-3　B

选项 B，根据文中的描述，该方法利用历史数据，寻求约束条件下的最小化追踪误差，这是最优化法的描述。

14-4　A

参考表 14.1，根据分红因子构建投资组合属于收益导向法的一种。因此，选项 A 正确。

第 15 章
主动权益类资产投资策略

知识引导

从本章开始，本书将探讨权益类资产的主动管理。主动投资管理旨在获取超越被动投资的收益。然而，根据市场有效假说的理论，在市场有效的前提下，任何分析方法都无法获取超额收益。如果该假说成立，那么主动管理型基金存在的意义又是什么呢？这类基金凭什么收取高额的管理和激励费呢？问题的答案就在于这个前提假设上——市场并非时时刻刻都是有效的，这就为主动分析方法带来了发展空间。本章将首先介绍主动投资管理的两大方法：基本面法与量化法。严格来说，这两种方法并非相互对立，只是在贯彻投资思想上所采用的工具有所不同。前者依赖投资者的主观判断来处理信息，而后者则主要依赖量化模型。

考点聚焦

本章虽然属于重点章节，但知识点基本都是记忆型的。考生应主要掌握基本面分析法与量化分析法的流程与优缺点；熟悉自下而上、自上而下、基于因子投资法以及积极参与型主动投资法的投资理念和流程；熟悉股票投资策略分类法的理念与优缺点。

本章框架图

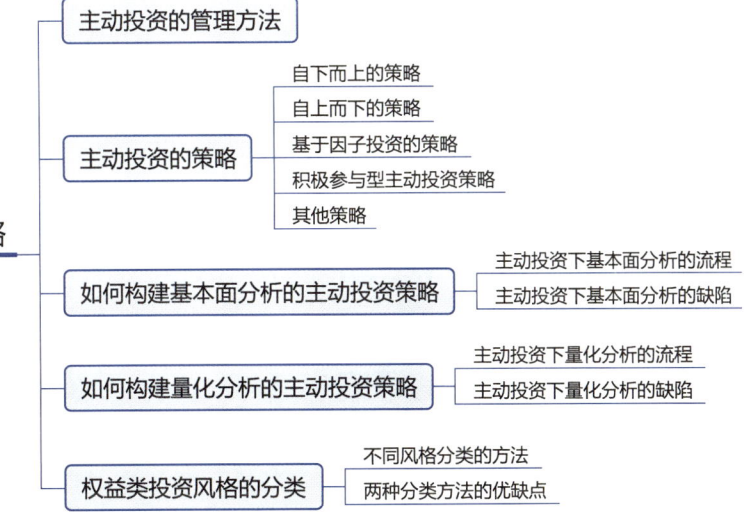

15.1 主动投资的管理方法

—考点要求—
比较（compare）主动投资中的基本面分析法与量化分析法（★★★）

主动投资的管理方法大体可以分为两类：基本面分析方法（fundamental approach）与量化分析法（quantitative approach）。

基本面分析方法基于对公司、行业、个股与市场等基本面的研究，结合基金经理的主观判断来分析股票。

量化分析法指的是系统地对股票进行分析，合理地限制人工判断与干预。

> **知识一点通**
>
> 需要说明的是，基本面分析方法与量化分析法并非相互对立的方法。基本面分析法中也包含量化的部分，比如股票估值模型；而量化分析法也经常使用基本面的变量，以及一些人为的判断（主要在模型设计阶段）。投资经理甚至会直接将两种方法结合，试图获得打败市场的超额收益率。

基本面分析法与量化分析法的特点与不同之处如表 15.1 所示。

表 15.1 基本面分析法与量化分析法的对比

比较内容	两种分析方法的对比	
	基本面分析法	量化分析法
如何判断	• 主观为主	• 客观为主
如何决策	• 基金经理酌情处理	• 体系化决策
能力来源	• 个人的投研能力、经验与决策能力	• 统计模型
信息来源	• 对公司、行业、经济的研究	• 历史数据与统计量
分析聚焦点	• 聚焦在个股、行业的选择，常对个股进行深度分析（看重个性）	• 聚焦抽象出分析个股、行业的通用关键变量（看重共性）
如何使用数据	• 仅注重近几年的财务数据，对未来进行预测	• 从大量的历史数据中归纳得出结论，只关注可以被量化的变量
如何构建投资组合	• 通过主观判断和一些关键参数构建投资组合； • 投资组合的头寸集中度相对较高（high conviction）； • 风险在于对个股的估值和判断出现误差	• 通过最优化得出最优投资组合； • 持仓集中度相对较低，需要经常对投资组合进行再平衡； • 风险在于因子分析失效

15.2 主动投资的策略

—考点要求—
分析（analyze）自下而上的主动投资策略的基本思想和流程（★★★）

15.2.1 自下而上的策略

自下而上的策略（bottom-up strategies）从个股研究出发，然后再形成对行业、市场的观点，最终形成投资组合配置。下面我们来简要介绍一下，各种股票分析流派在自下而上策略体系下的关注点。

15.2.1.1　基本面分析

擅长基本面分析的投资者会基于个体公司的商业模式与品牌、相对优势、公司管理来分析个股。

具体而言，在分析商业模式与品牌时，应注重了解公司是如何生成产品或服务的（供应链与生产线），以及公司是如何将产品与服务传递到消费者手中的（销售渠道）。此外，公司的品牌效应也是不容忽视的。品牌既意味着高效的管理与卓越的产品质量，也意味着强大的用户黏性和较高的营销费用。这在一些产品差异化不显著的行业内尤为显著，如白酒行业的茅台、体育服装行业的耐克等。

比较优势是公司在同行业中脱颖而出的法宝。比较优势可以体现在多方面，包括品牌、技术、管理、定价权等。

优秀的公司管理意味着高效地利用公司资源进行生产销售，从而最大化股东的利益。可以通过一些财务比率指标来判断公司的管理效率，如 ROE、ROA；也可以通过一些定性分析的方法来判断，如是否有合理的股权激励机制、公司管理层制定的战略是否可执行、公司在 ESG（环境、社会、治理）方面表现如何等。

根据基本面分析对象的特征，又可将股票细分为价值股投资与成长股投资，下面分别详细阐述。

15.2.1.2　价值股投资

无论在业内还是学界，价值股投资都已被证实长期有效，能够在长期获取超额收益率。在由价值投资大师格雷厄姆所著且被价值投资追随者奉为经典著作的《证券分析》一书中，提出了"安全边际"的概念，即公司股票的内在价值与股价之间的差距。当公司股票价格大幅低于公司的内在价值时买入股票，相对安全，且能取得丰厚的收益。因此，许多价值投资者都是逆向投资者（contrarian investor）。然而，公司的内在价值是一个看不见摸不着的东西。不过，通过 CFA® 二级和一级课程中讲解过的绝对估值法、相对估值法，是可以对公司的内在价值进行一个粗略判断的。

1. 相对价值（Relative Value）

追求相对价值策略的投资者通过比较公司的价值指标（如市盈率或市净率）与同行业公司的平均倍数来评估公司，目的是确定相对于同行而言价值相对被低估的股票。由于不同行业面临不同的市场结构、不同的竞争和监管条件，因此行业平均倍数也不同。

2. 逆向投资（Contrarian Investing）

逆向投资者逆市买卖股票。他们的投资策略是反向操作，以自己认为有吸引力的估值买入表现不佳的股票，然后在预期股价回升后再出售。逆向投资者投资的通常是低迷的周期性股票，其收益低甚至为负，或者股息支付率低。逆向投资者预计，一旦公司盈利好转，这些股票将反弹，导致股价大幅上涨。

3. 高质量价值（High-Quality Value）

价值投资者不仅关注估值，还强调财务实力和已证明的盈利能力。例如，投资者关注有持续的盈利能力、股本收益率高于平均水平、财务实力和管理能力优秀的投资标的。

4. 收益投资（Income Investing）

收益投资策略侧重于股息收益率相对较高、股息增长率为正的股票。一种观点认为，如果公司希望维持这种股息，那么安全、高股息率往往会为股价设定一个下限。另一种观点则指向实证研究，这些研究表明，具有这些特征的股票收益率更高，它们抵御市场下跌的能力更强。

5. 深度价值投资（Deep-Value Investing）

深度价值投资者关注的是被低估的公司，这些公司相对于其资产的估值极低（例如，市净率低）。这类公司往往是陷入财务困境的公司，因为市场对此类证券的兴趣可能有限，增加了信息效率低下的可能性。深度价值投资者可以利用自己在某些领域的专业能力，为公司重组或公司法律纠纷提供帮助，增加公司未来复苏的可能性。

6. 重组和不良投资（Restructuring and Distressed Investing）

虽然重组和不良投资策略更常见于不良债务领域，但一些股票投资者专门关注这些领域。相对于整体经济或特定行业的商业周期，重组和不良投资的机会通常是反周期的。经济疲软导致面临财务困境的公司增加。当一个公司在短期债务偿还上遇到困难时，它通常会提出重组其财务义务或改变其资本结构的请求。投资者可以选择以较低的成本投资这些陷入财务困境的公司，若公司未来能完成重组，则可以获得较高收益。

7. 特殊情况

特殊情况投资策略侧重于识别和利用可能因公司事件（如资产剥离、分拆或与其他实体合并）而产生的定价错误。在许多投资者看来，这种投资策略利用特殊情况造成的错误定价而得到短期投资机会。

15.2.1.3 成长股投资

成长股投资除了关注那些高质量公司之外，还侧重关注那些营业收入、净利润或现金流增速持续超过其所在行业或整个市场的公司。与价值投资者相比，成长股投资者选取的股票通常市盈率或市净率较高。例如，GARP（growth at a reasonable price）就是成长股投资常关注的一个方面，通过 PEG（市盈率/盈利增速）指标来判断成长速度与其估值是否匹配。

15.2.2 自上而下的策略

—考点要求—
分析（analyze）自上而下的主动投资策略的基本思想和流程（★★★）

与自下而上的策略相反，自上而下的策略（top-down strategies）从宏观分析的维度出发，先寻求具有较好宏观环境的国家，再选取符合未来发展趋势且有政策支持的行业，最后精挑细选出公司和个股。

具体而言，自上而下的策略可以从以下几个维度逐步分析。

第一，使用国家配置策略的投资者根据对国家和地区前景的评估，在不同的地理区域投资，形成投资组合。

第二，确定行业配置与轮动。根据行业受全球化影响的程度，决定其在投资组合的配置需求。

第三，另一类自上而下的股票策略是基于投资者对波动性的看法，通常使用衍生工具来实施。比如，投资者可以交易 CBOE 的 VIX 期货合约来做多或者做空波动率。

第四，**热点主题投资策略**（thematic investment strategies）。在进行主题投资时，需要注意判断该热点主题对市场的影响是短期的还是结构性的。例如，2020 年的全球新冠疫情，如果疫情短期爆发后迅速结束，那么其对市场的影响可能就只是一次性的；但如果疫情持续在各国蔓延，并导致大面积停工和许多企业破产，那么其对市场的影响就是深远的，有可能导致全球产业链发生变革甚至逆全球化的趋势。

15.2.3 基于因子投资的策略

15.2.3.1 基本定义

—考点要求—
分析（analyze）基于因子的主动投资策略的基本思想和流程（★★★）

我们在被动投资中已经介绍了因子投资。主动投资中的因子投资在方法上是类似的，差别仅在因子的选择上是否"主动"。所谓因子，即反映股票某一方面特征的指标。简而言之，因子投资即根据股票的一个或多个特征进行选股。股票的特征千千万万，但通常我们可以根据因子的有效性将因子分为两大类：有回馈的因子（rewarded factor）与无回馈的因子（unrewarded factor）。其中，判断因子是否有回馈的标准是，该因子是否长期与股票收益率有显著的相关性。

> **知识一点通**
>
> 因子的有效性是会发生变化的。例如，2016 年以前，在我国股市，小市值就是一个特别有效的因子，如果根据小市值排序（如持有市场上市值最小的 10 只股票，每月换仓）就能取得非常优异的收益。然而，2016 年以后，随着"壳资源"的稀缺性下降，以及市场交易规则和风格的转变，小市值因子又变得无效了。但不管怎样，Fama 提出的三因子模型中的贝塔因子、市值因子与价值因子已被验证在许多国家的金融市场中长期都是有效的（不排除在短期失效）。

15.2.3.2 实现流程

如何检验一个因子是否是有效的呢？业内的标准方法是采用 Fama and French (1993) 提出的方法，即**对冲投资组合法**（hedge portfolio approach）。同样以小市值因子为例，简要说明该方法的基本思想。假定我国 A 股目前有 3 000 只股票，我们可以以市值因子对 3 000 只股票进行排序，并根据市值大小将 3 000 只股票分为 10 组（quantile）。每组有股票 300 只，第 1 组股票的市值在全市场中排名前 10%，第 2 组次之……第 10 组股票的市值在前市场中排名最后 10%。每月月末，根据最新市值大小，按照上述方法重新对 3 000 只股票进行分组。那么，如果小市值因子是有效的，理论上应当观察到第 10 组的股票在长期的累积收益率最高，第 1 组最低。此外，**可以构造一个特殊的投资组合（即对冲投资组合），即做多第 10 组股票的同时做空第 1 组股票**。同样，如果小市值是一个有效的因子，该投资组合在长期应当能够获取超额收益率。

然而，该方法也存在以下几个缺点。

第一，中间组没有被考虑到。例如，上例中的第 5 组、第 6 组。

第二，假定因子和收益率之间的关系是线性的，然而实际情况下，因子和收益率之间的关系往往可能呈现非线性。对于某些因子，按照上述方法排序后，可能反而是第5组或第6组的收益最高，第1组或第10组的收益最低。

第三，投资组合有可能过度集中于某几只股票（尤其当以市值为权重来构建投资组合时）。

第四，在有些股票市场，做空交易是被禁止的。

第五，该方法无法完全剔除其他因子的影响。同样，上例中我们依据小市值因子进行分组，发现做多第10组做空第1组确实获取了超额收益率。但这有可能并不完全是小市值因子的"功劳"。在我国，小市值组合能获取如此大的超额收益率主要归功于"壳资源"的稀缺，如果将"壳资源"因子剥离，小市值因子的有效性将大幅降低。

15.2.3.3 其他风格因子

除了Fama提出的三因子外，业内投资者经常在最新的学术论文中寻找那些未被市场发现的各类因子。然而，这些因子中有不少仅在统计意义上呈现出与收益率高度相关，但缺少相应的经济金融理论支持，存在数据挖掘偏差。

可以将其他因子归类分为价值因子（P/E、P/B等其他相关指标）、动量因子与反转因子、成长因子、质量因子等。此外，利用自然语言处理（NLP）等技术，还能分析非结构化数据，从而得到非传统的因子。

不少量化投资者尝试对因子进行择时，试图判断或预测在不同时期最有效的因子，并以此进行选股。例如，常见的因子择时策略为股票风格轮换，该方法认为不同的因素在不同的时期表现良好。

15.2.4 积极参与型主动投资策略

—考点要求—
分析（analyze）积极参与型的主动投资策略的基本思想和流程（★★★）

前文中已介绍过积极参与型主动投资策略（activist strategies）。积极参与型投资者通过各种手段来影响公司的战略制定、日常运营等事务来提升公司的内在价值，进而获取股票投资的收益。

实施积极参与型主动投资策略的投资者通常包括养老基金、对冲基金、个体投资者等。积极参与型主动投资策略在过去的几十年中非常流行，许多大家现在耳熟能详的国内外知名企业，背后其实都有积极参与型投资者的身影，如英特尔、苹果等。

为了达到影响公司决策的目的，积极参与型投资者可以采用以下方法：寻求董事会代表席位、在股东大会上提出新的议案、提出变更公司资产结构的融资方案等。同样，有些情况下，公司的管理层为了避免积极参与型投资者带来的压力，也会采取相应的防守策略，如毒丸计划（poison pill）、多层股权结构（multi-class structure）等。例如，2014年阿里巴巴为了避免股东对公司经营决策带来影响，在香港退市后赴美上市，其目的就是实行同股不同权，即公司管理层的每股投票权高于外部投资者。

—考点要求—
描述（describe）基于统计套利和微观市场结构的主动投资策略（★）

15.2.5 其他策略

除了上述介绍的主动投资策略之外，常见的策略还包括统计套利策略与事件驱动策略（event-driven strategies）。

统计套利策略指的是利用统计学、时间序列分析或机器学习等技术发现市场上的同类金融产品之间的定价误差，进而构建套利策略。值得指出的是，统计套利并非绝对意义上的"无风险"套利，它是基于统计意义上的定价误差，是存在风险的。配对交易是一种最为流行且简单的统计套利策略。配对交易使用统计技术来识别历史上高度相关的两种证券。当两种证券的价格差异的走势偏离了长期均值时，投资经理就可利用该机会进行双边交易，获得超额收益率。

事件驱动策略指的是通过特殊事件挖掘投资机会。特殊事件包括并购重组、修改盈利公告、回购、资产剥离等。

15.3 如何构建基本面分析的主动投资策略

15.3.1 主动投资下基本面分析的流程

主动投资下的基本面分析流程通常包括以下几个步骤。

第一，根据客户的 IPS，确定投资范围并寻找市场结构性机会。
第二，通过定量与定性的方法，进一步缩小投资范围，进行深入分析。
第三，分析筛选出的公司的商业模式及其所在行业。
第四，预测公司未来业绩和现金流。
第五，通过预测值对公司进行估值。
第六，根据客户的风险承受能力与偏好构建投资组合。
第七，根据事先制定的交易纪律再平衡投资组合。

—考点要求—
描述（describe）主动管理中的基本面分析法是怎样形成的（★★）

15.3.2 主动投资下基本面分析的缺陷

基本面分析的缺陷主要包括行为偏差和价值/成长陷阱两个方面。

由于基本面分析过程涉及人为判断，因此必然存在行为上的偏差，包括确认偏差、掌控幻觉偏差、易得性偏差、损失厌恶偏差、过度自信偏差与后悔厌恶偏差。

除了上述行为偏差以外，投资者往往还会陷入价值股投资陷阱和成长股投资陷阱。价值投资者的投资逻辑是买入那些 P/E 或相关指标较低的股票。由于低 P/E 值往往意味着价值被低估，因此当其股价未来回归内在价值时就能赚取收益。价值股投资陷阱指的是由于股价大幅下跌，某只股票的 P/E 看起来已经很低了，但是由于盈利前景很糟糕，导致公司的内在价值缩水程度远超价格下降幅度，结果股价依然高于市价，没有投资价值。在我国 A 股市场中，不少垃圾股的 P/E 或 P/B 长期处于低位，这就是价值股投资陷阱的体现。

成长股投资者的投资逻辑是买入那些 P/E 或相关指标高但业绩却会持续增长的股票。然而，有些成长股未必能达到预期，这就是所谓的成长股投资陷阱。

15.4 如何构建量化分析的主动投资策略

15.4.1 主动投资下量化分析的流程

—考点要求—
描述（describe）主动管理中的量化分析法是怎样形成的（★★）

主动投资下的量化分析流程通常包括以下几个步骤。

第一，确定市场投资机会，即确定用于预测未来收益率的因子。

第二，获取并处理数据。

第三，回测策略，即根据策略的逻辑，按照历史数据进行买卖交易，观察策略效果。在实施策略回测时，有两个关键步骤。其一，计算因子的 IC 值（information coefficient）；其二，构建多因子模型。

第四，评估策略。评估策略并非只看策略的累积收益，而是要通过各类指标多方面考察策略的稳定性、回撤等性质。

第五，构建投资组合的风险模型、交易费用模型等。

> **知识一点通**
>
> 如何判断某个因子对未来个股收益率的预测能力呢？在实践中，我们常用 IC 值进行判断。IC 值为因子值与股票未来收益率的相关系数。根据定义显然有，IC 绝对值越高，则该因子对未来收益率的预测能力越强。
>
> 实践中，通常使用的相关系数有皮尔逊相关系数（Pearson correlation）与斯皮尔曼相关系数（Spearman correlation）两种。其中，皮尔逊相关系数就是在 CFA® 一级"数量分析方法"中介绍过的相关系数，它反映两个随机变量之间的线性相关性。斯皮尔曼相关系数度量的是有关排名的相关系数，即随机变量 X 的排名与随机变量 Y 的排名之间的相关系数。在检验因子模型时，应更关注斯皮尔曼相关系数。

15.4.2 主动投资下量化分析的缺陷

量化分析的缺陷包括如下几个方面。

第一，有可能存在幸存者偏差、前视偏差、数据挖掘偏差与过度拟合。

第二，即便是中低频的多因子量化模型也可能产生较高的交易费用。

第三，存在量化策略拥堵（quant crowding）。很多因子刚被学术界发现时非常有效，利用其来进行投资能够获取较高的超额收益率。然而，一旦该因子被多数人知晓并效仿后，则其能获取的超额收益率会迅速消失。典型的例子包括 Sloan（1996）提出的盈余质量因子，在被华尔街广泛使用后，通过它获得的超额收益率大幅下降甚至消失。

15.5 权益类投资风格的分类

—考点要求—
讨论（discuss）权益类投资风格的分类（★★★）

15.5.1 不同风格分类的方法

识别主动投资基金经理的风格是有意义的，能够帮助我们了解其是如何获取收益的，也有助于我们了解基金经理是否"言行一致"。那么，我们如何对主动投资基金经理的投资风格进行分类呢？主要有以下两种分类方法。

15.5.1.1 基于持仓的分类法

基于持仓的分类法（holdings-based approaches）是非常直观的，可以将基金经理持仓中的每一只股票的所属类别进行分类加总，从而判断基金经理的投资风格。其中，股票所属类别的分类参考第20章中提出的分类方法——即由晨星与汤森路透提出的分类法来确定，见表15.2。

具体而言，假设某基金经理的投资组合中持有3只股票A、B、C，权重分别为50%、30%、20%。其中，股票A与股票B属于小盘成长股，股票C属于中盘成长股。那么该基金经理的风格是小盘成长股（80%的权重配置了小盘成长股）。

表 15.2 股票的分类方法

	价值型（Value）	价值成长混合（Core）	成长型（Growth）
大盘股（Large Cap）	大盘价值股	大盘混合股	大盘成长股
中盘股（Middle Cap）	中盘价值股	中盘混合股	中盘成长股
小盘股（Small Cap）	小盘价值股	小盘混合股	小盘成长股

15.5.1.2 基于收益率的分类法

基于持仓的分类方法虽然简单，但由于多数基金是不会公布详细持仓的，故该方法的可行性大幅降低。于是，引入了基于收益率的分类法（returns-based approaches）。基于收益率的分类法的基本思想是将基金的收益率对各类风格指数进行线性回归，根据回归系数敞口判断该基金的风格分类。其回归函数通常如公式（15.1）所示：

$$r_t = \alpha + \sum_{s=1}^{m} \beta^s R_t^s + \varepsilon_t \tag{15.1}$$

公式（15.1）中，r_t代表基金在时期t的收益率；R_t^s代表风格指数s（如价值股指数）在时期t的收益率；β^s代表回归系数，即基金对风格指数s的风险敞口；α代表常数；ε_t代表残差项。

15.5.2 两种分类方法的优缺点

我们将上节介绍的两种分类方法的优缺点总结如表15.3所示。

表15.3 两种分类方法的优缺点

	基于持仓的分类方法	基于收益率的分类法
优点	• 分类更加准确（因为是根据具体持仓推算的）； • 能将每只持仓股票都进行归类	• 用起来较为简单
缺点	• 需要知道每只股票的具体持仓； • 如果持仓包含衍生品的话数据更加受限； • 不同系统对风格分类的判断标准不同（如多大市值的股票算大盘股）	• 如果数据自身存在缺陷，则分类准确性会降低； • 如果对输出结果施加约束条件，则对一些极端风格的分类会不准确

练一练

The following information relates to Questions 15-1 to 15-6.

Star Investment is an asset management company serving high-net-worth customers and institutions. Through comparing the macro-economic development track of developed countries, Star Investment determines the relevant industrial chain with population cycle as their clue.

George Hill is a new analyst at the company. Through the analysis, he strongly recommends the steel industry's shares, because according to the price earnings ratio, the industry's valuation is at a historical low level. Hayes, Hill's chief executive, disagrees with Hill, noting that the industry's undervalued value is due to its weak growth.

Hayes then asks Hill to analyze the style of the company's main fund products. He asks Hill to regress the return of the fund to the same period of several style indexes, so as to determine the style of the main fund.

The funds that Star Investment issued in the past are mainly based on fundamental analysis. Hayes decides to issue a new fund product adopting quantitative analysis method. This quantitative fund will adopt a factor-based approach. Hayes proposes a single factor strategy and let Hill do back-testing. Hill decides to use the information ratio to evaluate the effectiveness of the factor.

In the process of back testing, Hill uses the data of the last year and finds that the strategy can indeed obtain excess return. However, when the strategy is really implemented, the excess return of the strategy is greatly reduced.

15-1 Star Investment's investment process can be best described as:

   A. a top-down strategy.

   B. a bottom-up strategy.

   C. factor-based strategy.

15-2 Assuming Hayes is right about the steel industry, what mistakes Hill might have made?

   A. Value trap.

   B. Growth trap.

   C. Data mining.

15-3 The analysis performed by Hill on the company's main fund can be best described as:

   A. a holding-based approach.

B. a return-based approach.

C. a blended approach.

15-4 Compared to company's existing fund, the new fund that uses quantitative approach will least likely：

A. rebalance at any time.

B. hold a larger number of stocks.

C. consider risk at portfolio level.

15-5 When Hill backtests the factor-based strategy for the new fund, the calculated information coefficient should be based on：

A. factor score for the current period and strategy's holding period return for the current period.

B. factor score for the next period and strategy's holding period return for the next period.

C. factor score for the current period and strategy's holding period return for the next period.

15-6 When Hill backtests the factor-based strategy for the new fund, what is the mistake he most likely has made？

A. Survivorship bias.

B. Look-ahead bias.

C. Data mining bias.

答案与解析

15-1　A

Star Investment 通过比较发达国家的宏观发展路径，从而确定了以人口为线索的相关产业，这是典型的自上而下的分析方法。因此，选项 A 正确。

15-2　A

Hill 认为钢铁行业被低估，然而钢铁行业被低估极有可能是因为整个行业处于衰退期，并非真正被低估，这是价值陷阱的定义。因此，选项 A 正确。

15-3　B

通过回归来确定基金的风格，这是基于收益率的 return-based 的分类法。因此，选项 B 正确。

15-4　A

相比基本面分析法，量化分析法会定期再平衡资产，而不是任何时候都有可能再平衡投资组合。此外，量化分析法通过因子择股，通常持股数量较大，且是从投资组合的视角来审视风险。因此，选项 A 符合题意。

15-5　C

在对因子模型进行回测时，我们想确定的是当期因子值对策略未来收益率的预测能力。因此，选项 C 正确。

15-6　C

选项 C，Hill 仅用了一年的数据进行回测就直接将策略投入实战，且实战效果较差。因此，回测效果好极有可能只是数据挖掘偏差的结果。因此，选项 C 正确。

第16章 主动管理下投资组合的构建

章节导学

知识引导

著名经济学家凯恩斯在股票市场投资上获利颇丰，他提出的"选美理论"被广泛用于解释如何选股。"选美理论"认为金融投资如同选美，重要的不是选出自己认为"最美"的股票，而是要选出众人认为"最美"的股票。主动管理型基金的基金经理坚信，通过自己的深入研究分析，他们能选出市场认为"最美"的股票。然而，实际情况并非总是如此，否则所有基金经理的持仓都会是同一只股票。既然如此，股票主动投资管理就不仅是选股，还必须构建投资组合，从而对冲基金经理们选出的股票并非大众认为"最美"的股票。本章我们将介绍主动投资管理下构建投资组合的各种方法。

考点聚焦

本章是本部分内容的重点章节，同时也是内容最多的一章。考生应掌握主动投资管理下构建投资组合的各种方法及其理念；掌握如何评价主动投资管理基金，包括各类评价指标、风险预算分配与评估及影响投资组合的各种因素。

本章框架图

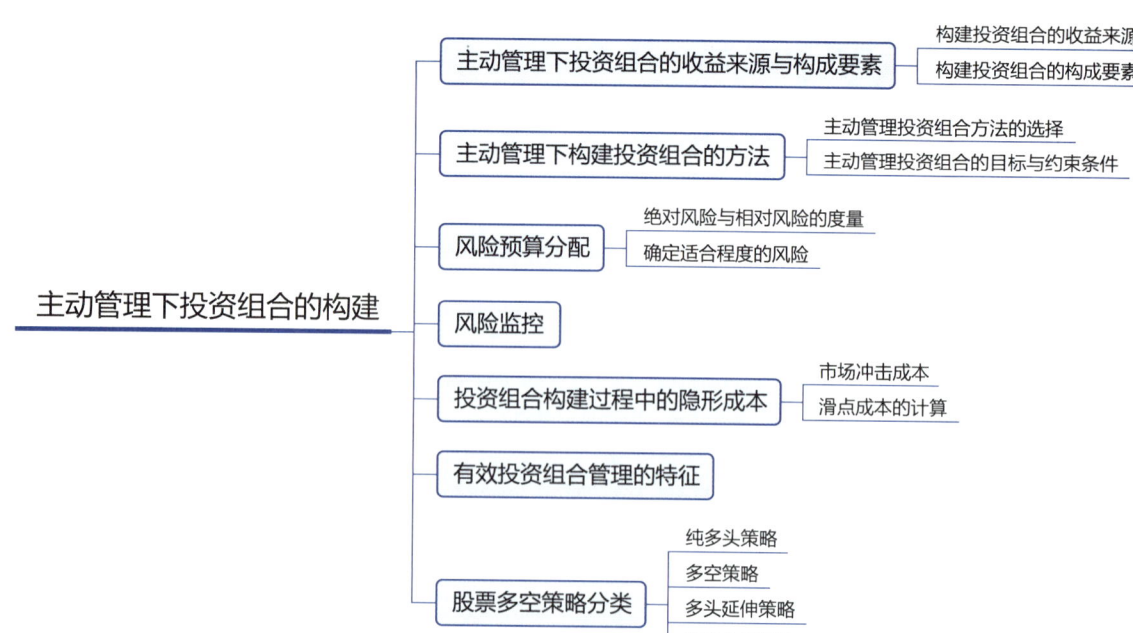

16.1 主动管理下投资组合的收益来源与构成要素

16.1.1 构建投资组合的收益来源

超额收益率（excess return）指的是投资组合超过基准收益率的部分。理论上，我们可以将超额收益率用公式（16.1）分解为三个部分：

$$R_A = \sum (\beta_{pk} - \beta_{bk}) \times F_k + (\alpha + \varepsilon) \quad (16.1)$$

—考点要求—
描述（describe）影响投资组合构建的基金经理的投资哲学（★★★）

公式（16.1）中，R_A 代表投资组合的超额收益率；β_{pk} 代表投资组合对因子 F_k 的敏感度；β_{bk} 代表基准对因子 F_k 的敏感度；α 代表投资组合战术配置带来的阿尔法收益率；ε 代表残差项。

第一部分，战略配置带来的收益率，即公式（16.1）中的 $\sum (\beta_{pk} - \beta_{bk}) \times F_k$，指的是相对基准长期超配有回馈的因子（rewarded factors）F_k。

第二部分，战术配置带来的收益率，即公式（16.1）中的 α 以及对 F_k 的选择，指的是基金经理短期通过选股和选择暴露有回报因子带来的收益率。

第三部分，由运气带来的收益率，即公式（16.1）中的 ε。

> **知识一点通**
>
> 有回馈的因子（rewarded factor）的概念在前一章中介绍过，指的是经过实证检验对股票未来收益率有预测超额能力的因子。通过一个简单的例子进行说明。假设某基金经理的风格是价值投资，在投资组合中高配了低 P/E 的 2 只股票——贵州茅台与格力电器，获取了丰厚的超额收益率。该基金经理获取的超额收益率来源于三个部分：一是格力电器与贵州茅台都属于低 P/E 价值股，P/E 因子对未来收益率有正的贡献，而该基金经理相对于指数超配了低 P/E 因子，因此带来了一部分超额收益率；二是该基金经理对 P/E 因子的选择以及在低 P/E 因子中将贵州茅台与格力电器两只股票选出来带来的超额收益率；三是纯属市场扰动带来的收益。

16.1.2 构建投资组合的构成要素

投资组合的构成要素有三个：因子权重（factor weightings）、获取阿尔法收益的技巧（alpha skills）以及头寸控制（sizing positions）。三个构成要素要通过专业覆盖的广度（breadth of expertises）进行串联才能构成投资组合。

其中，因子权重可以理解为公式（16.1）中的 β_{pk}；获取阿尔法收益的技巧可以理解为公式（16.1）中的 α；头寸控制指的是在阿尔法和因子权重之间的平衡。例如，假定某个基金经理选择了动量因子和价值因子来构建投资组合。然而，满足对这两个因子暴露程度相同的投资组合有很多，可以通过 10 只股票的配比来实现，也可以通过 100 只股票的配比来实现。如果该基金经理对自己获取阿尔法收益的能力非常自信，就可以选择只构建 10 只股票的投资组合；反之，则必须选择更加分散化的 100 只股票的投资组合。

最后，我们可以通过专业覆盖的广度将以上三个构成要素连接起来，从而决定投资组合的期望超额收益率，见公式（16.2）。

$$E(R_A) = IC \sqrt{BR} \sigma_{R_A} TC \tag{16.2}$$

公式（16.2）中，IC 代表期望信息系数（expected information coefficient），指的是基金经理预测的超额收益率与真实超额收益率之间的相关系数，该数值越高代表基金经理的预测能力越强；BR 代表专业覆盖的广度，指的是基金经理每年独立决策的次数；TC 代表转移系数（transfer coefficient），基金经理将其投资观点转换为投资决策的能力（如果基金经理在进行投资时完全不受任何约束，则该系数取值为 1）；σ_{R_A} 代表基金经理获取超额收益率的波动率。

> **知识一点通**
>
> 此处有必要对 BR 进行专门说明。BR 强调的是基金经理独立决策的次数。例如，某一基金经理决定配置贵州茅台与五粮液两只股票。虽然在本例中基金经理选择配置了两只股票，但 BR 值并不为 2。这是因为，贵州茅台与五粮液同属于白酒类股票，其股价受诸多相同因素影响，这并不是两次独立的决策。

> **备考小贴士**
>
> 我们在 CFA® 二级"投资组合管理"部分已经学过公式（16.2）了，对该知识点不熟悉的考生可以参见相关章节内容。在 CFA® 三级备考过程中，仍然建议考生记忆该公式。

16.2 主动管理下构建投资组合的方法

16.2.1 主动管理投资组合方法的选择

—考点要求—
讨论（discuss）
主动管理构建
投资组合的方
法（★★）

我们可以从两个维度对主动管理组合的方法进行分类。

16.2.1.1 维度一：系统性管理 vs 酌情判断

维度一从系统性管理（systematic）与酌情判断（discretionary）两个角度进行划分。

第一，系统性管理倾向于均衡配置各种被证实有效的有回馈的因子，而酌情判断则涵盖因子择时以及基金经理个人对公司的判断。

第二，系统性管理会根据规则研究覆盖范围较大的股票池，并进行等权重配置，持仓不会过于集中，而酌情判断融入了基金经理的主观判断，股票池相对较小。

第三，系统性管理最小化对个体风险和某一类别风险的暴露，而酌情判断的仓位较为集中，蕴含了基金经理对公司某些特征的判断。

第四，系统性管理更适合于最大化目标函数的投资组合构建过程，而酌情判断构建投资组合的过程则较为随意。

16.2.1.2　维度二：自上而下 vs 自下而上

维度二从自上而下与自下而上两个角度进行划分。

第一，自上而下的方法强调宏观因子，而自下而上的方法更加强调个股特征的因子。

第二，自上而下的方法倾向于当宏观经济环境不好时持有现金，而自下而上的方法更倾向于价值因子、成长因子等有回馈的因子。

第三，不论自上而下还是自下而上的方法，都有可能导致集中度较高的持仓或较为分散化的持仓。

16.2.2　主动管理投资组合的目标与约束条件

为了获取超额收益率，主动投资在资产配置权重上要与基准有所不同，必然超配或低配某类资产。可以用两个指标来度量超配与低配。

—考点要求—
辨别（distinguish）主动投资比率与主动风险并讨论（discuss）它们在主动管理中的运用（★★★）

16.2.2.1　主动投资比例

主动投资比例（active share）为衡量基金经理投资组合中的头寸数量和规模偏离基准的程度，其计算公式如下：

$$\text{Active Share} = \frac{1}{2}\sum_{i=1}^{n} |\text{Weight}_{\text{Portfolio},i} - \text{Weight}_{\text{Benchmark},i}| \tag{16.3}$$

公式（16.3）中，n 代表投资组合中的股票数量；$\text{Weight}_{\text{Portfolio},i}$ 代表投资组合中股票 i 的权重；$\text{Weight}_{\text{Benchmark},i}$ 代表基准中股票 i 的权重。

从公式中不难看出，如果投资组合配置权重偏离基准越多，则主动投资比例的数值越大。如果主动投资比例取值为 0.6，则说明投资组合中有 40% 的持仓配置与基准相同，60% 的持仓配置与基准不同。如果投资组合中包含了基准中没有包含的股票，或是投资组合中的股票配置权重不同于基准中的权重都会导致公式（16.3）的数值上升。

16.2.2.2　主动风险

主动风险（active risk）有已实现的主动风险和未来预期的主动风险两个衡量维度。其中，已实现的主动风险可以用过去的历史数据来进行度量，在数学上实际就是超额收益率历史数据的标准差，见公式（16.4）：

$$\text{Active risk}(\sigma_{R_A}) = \sqrt{\frac{\sum_{t=1}^{T}(R_{At})^2}{T-1}} \tag{16.4}$$

而在计算未来预期的主动风险时，要将资产收益率之间的相关系数也考虑在内。这是与主动投资比例不同的一点。因此，基金经理可以完全控制主动投资比例，但无法完全控制主动风险（因为他控制不了未来资产收益率之间的相关系数及其方差）。

> **知识一点通**
>
> 注意，主动投资比例与主动风险两个指标未必总是同方向变动，造成这种不一致的原因主要在于资产收益率之间的相关系数。例如，假设两种情形：情形一，超配了某只农业股，低配了另一只农业股；情形二，超配了某只农业股，低配了某只科技股。假定，情形一与情形二下我们超配与低配的比例都是相同的，那么根据公式不难看出，情形一下与情形二下的主动投资比例的数值是相同的。然而，情形一下的主动风险数值大概率是低于情形二的。这是因为农业股收益率之间的相关系数一般情况下是高于农业股与科技股之间的相关系数的。

还可以从另一个角度审视主动风险的来源。对公式（16.1）两边同时取标准差，可以得到下式：

$$\sigma_{R_A} = \sqrt{\sigma^2 [\sum (\beta_{pk} - \beta_{bk}) \times F_k] + \sigma_e^2} \qquad (16.5)$$

从公式（16.5）中可以看出，主动风险的来源有两个：一是组合因子暴露程度与基准的差异，即 $\sigma^2[\sum(\beta_{pk} - \beta_{bk}) \times F_k]$ 项；二是个股的异质性风险，即 σ_e^2 项。

根据公式（16.5）以及相关定义，可以总结出主动风险、主动投资比率和因子暴露之间的关系，如下所示。

第一，因子暴露程度与基准的差异越高，则主动风险越高。

第二，如果因子暴露差异为 0，那么主动风险与主动投资比率是相同的。

第三，如果持有证券的数量较多或个股异质性风险较小，那么主动风险中归因于主动投资比率的比例就会较小。

第四，当因子和个股异质性的波动率上升时，主动风险就会上升。

16.2.2.3 投资目标与约束条件

在构建具体投资组合的过程中，可以将其看成最优化问题。一个标准的最优化问题既有目标又有约束条件。主动投资管理中，追求绝对收益和相对收益下的投资目标和约束条件如表 16.1 所示。

表 16.1　绝对收益与相对收益下的投资目标和约束条件

	投资目标	约束条件		
		行业配置权重	波动率	市场规模
绝对收益框架	最大化夏普比率	设置仓位上限	设置波动率的上限	设置上限和下限
相对收益框架	最大化信息比率	设置偏离基准的最大程度	设置允许的最大追踪误差	设置上限和下限

16.3 风险预算分配

16.3.1 绝对风险与相对风险的度量

风险预算(risk budgeting)指的是如何在构建投资组合的过程中分配风险。具体而言,在投资组合构建的过程中,基金经理应当确定哪种风险计算最适合他(她)的策略,了解战略的每一个方面是如何对整体风险产生贡献的,确定风险预算的适当水平以及在各个头寸/因素之间适当分配风险。

—考点要求—
讨论(discuss)风险预算在投资组合构建中的运用(★★)

16.3.1.1 绝对风险

我们利用投资组合收益率方差与投资组合中每个资产对总方差的贡献率来度量与分析绝对风险,其公式分别如公式(16.6)和公式(16.7)所示:

$$V_p = \sum_{j=1}^{n}\sum_{i=1}^{n} x_i x_j C_{ij} \tag{16.6}$$

$$CV_i = \sum_{j=1}^{n} x_i x_j C_{ij} = x_i C_{ip} \tag{16.7}$$

—考点要求—
讨论(discuss)权益类投资组合构建中的风险度量指标并描述(describe)这些指标极限值的设定及其影响(★★★)

其中,x_i 代表资产 i 在投资组合中的权重;C_{ij} 代表资产 i 与资产 j 收益率之间的协方差;C_{ip} 代表资产 i 与投资组合 p 收益率之间的协方差;CV_i 表示资产 i 对投资组合的风险贡献绝对值。

从公式中不难看出,在考虑投资组合整体风险时,除了考虑个股收益率的方差之外,还必须考虑资产收益率之间的协方差。当在投资组合中新增一只股票时,如果其与投资组合的协方差高于其他股票与投资组合的协方差,则投资组合的总体风险会上升;类似地,如果新增一只股票去替换投资组合中的某只股票,如果新增股票与投资组合之间的协方差高于原先的股票,那么投资组合的总体风险也会上升。

我们通过一个例题来更形象地说明上述两个公式。

例题 16.1

假设某一投资组合中有 A、B、C 三只股票,且三只股票的配置权重、收益率标准差和相关系数矩阵如下表所示。请计算每个资产对总风险的贡献率。

绝对风险的贡献表

	权重	标准差	相关系数		
			A	B	C
A	0.3	0.13	1	0.5	0.3
B	0.4	0.10	0.5	1	0.2
C	0.3	0.08	0.3	0.2	1

名师解析

以资产 A 为例来演示计算过程，考生可自行计算资产 B 与资产 C 的结果。

根据公式（16.7），资产 A 对投资组合总风险的贡献绝对值=资产 A 的权重×资产 A 的权重×资产 A 与资产 A 的协方差（即资产 A 的方差）+资产 A 的权重×资产 B 的权重×资产 A 与资产 B 的协方差+资产 A 的权重×资产 C 的权重×资产 A 与资产 C 的协方差=$0.3 \times 0.3 \times 0.13^2 + 0.3 \times 0.4 \times 0.13 \times 0.1 \times 0.5 + 0.3 \times 0.3 \times 0.13 \times 0.08 \times 0.3 = 0.0025818$。

同样可以计算出资产 B 与资产 C 对投资组合总风险贡献的绝对值，从而得到总资产的总风险为 0.006203。于是，资产 A 对投资组合风险贡献比率为：$0.0025818/0.006203 \times 100\% = 41.62\%$。

同样，对于因子投资，也可以借鉴公式（16.5）来分析每个因子的风险贡献度。还是通过一个例题来直观地说明。

例题 16.2

某基金经理采用了二因子模型来构建投资组合（价值因子与规模因子）。二因子模型的相关信息如下表所示。此外，投资组合收益率的标准差为 5%。请计算每个因子的风险贡献度。

收益率方差与协方差

	收益率的方差/协方差		
	回归系数	规模因子	价值因子
规模因子	0.8	0.0016	0.00035
价值因子	−0.25	0.00035	0.0005

名师解析

以规模因子为例来分析计算过程。

规模因子对总风险的贡献绝对数值=$0.8 \times 0.8 \times 0.0016 + 0.8 \times (-0.25) \times 0.00035 = 0.000954$。投资组合总风险=$0.05 \times 0.05 = 0.0025$。于是，规模因子对总风险贡献的比率=$0.000954/0.0025 \times 100\% = 38.16\%$。

16.3.1.2 相对风险

相对风险可以定义为投资组合超额收益的方差，其公式如下：

$$AV_p = \sum_{j=1}^{n} \sum_{i=1}^{n} (x_i - b_i)(x_j - b_j) RC_{ij} \tag{16.8}$$

其中，x_i 代表组合中资产 i 的权重，b_i 代表基准中资产 i 的权重，RC_{ij} 代表资产 i 与资产 j 相对收益率之间的协方差。

资产 i 对超额收益率方差的贡献率计算公式为：

$$CAV_i = (x_i - b_i)\ RC_{ip} \tag{16.9}$$

从公式（16.9）中可以看出，超额收益方差贡献率与主动风险相关，而与单个资产自身收益率的标准差是无关的。

例题 16.3

假设有 X、Y 以及现金三个投资品种，且三个投资品种的权重、标准差和相对风险如下表所示。计算各资产对整个投资组合风险的贡献率。

三个投资品种的权重、标准差和相对风险

	基准资产权重	投资组合权重	标准差	相对风险	相对风险的相关系数		
					X	Y	现金
X	60%	50%	15%	5%	1	−1	−0.8
Y	40%	30%	8%	5%	−1	1	0.8
现金	0%	20%	1%	15%	−0.8	0.8	1
投资组合	100%	100%	—	3.04%	−0.8	0.8	1

名师解析

以资产 X 为例来演示计算过程，考生可自行计算资产 Y 和现金资产的结果。

资产 X 对投资组合的贡献率 =（资产 X 的权重−基准资产的权重）×（资产 X 的权重−基准资产的权重）×资产 X 的相对风险×资产 X 的相对风险×资产 X 与资产 X 的相关系数+（资产 X 的权重−基准资产的权重）×（资产 Y 的权重−基准资产的权重）×资产 X 的相对风险×资产 Y 的相对风险×资产 X 与资产 Y 的相关系数+（资产 X 的权重−基准资产的权重）×（现金的权重−基准资产的权重）×资产 X 的相对风险×现金的相对风险×资产 X 与现金的相关系数 =（0.5−0.6）×（0.5−0.6）×0.05×0.05×1+（0.5−0.6）×（0.3−0.4）×0.05×0.05×（−1）+（0.5−0.6）×（0.2−0）×0.05×0.15×（−0.8）= 0.00012

整个投资组合的风险 = 3.04%×3.04% = 0.00092416

资产 X 对整个投资组合风险的贡献率 = 0.00012/0.00092416 = 12.98%

16.3.2 确定适合程度的风险

确定适当的绝对或相对风险水平是一项主观活动，对基金经理的投资风格及其利用已掌握的各种杠杆增值能力的信念高度敏感，因此我们必须考虑在实际资产管理中可能遇到的如下情形。

（1）考虑约束条件：如基金不能做空，或带杠杆头寸的限制、流动性上的限制等。

（2）考虑分散化程度可能受限：实际中，主动管理基金不太可能投资较多数量的股票。因此，投资组合的期望收益并不会随着期望风险的上升而线性上升。

（3）考虑杠杆在多期下对风险和期望复合收益的负面影响。

16.4 风险监控

本节主要从三个方面探讨主动管理过程中对投资组合的风险监控。

首先看启发性约束（heuristic constraints）。顾名思义，启发性约束的出发点来自主观判断和过去的经验。例如，基金经理根据经验判断，每次牛市来临时，券商股往往表现较好，资金的杠杆比重不能超过 1.2 等。

其次看与启发式约束相对应的正式约束（formal constraints）。正式约束往往以统计指标的形式出现，如波动率、VaR、CVaR、IVaR 等。这些统计指标可以通过收益率的分布计算而得。需要注意的是，启发性约束与正式约束最大的区别在于，正式约束在计算统计指标时通常包含了基金经理对风险的预测。

最后看决策错误带来的风险（risk of being wrong）。例如，2008 年金融危机、2020 年新冠疫情导致事先未预期到的波动率上升、杠杆放大极端事件（tail event）带来的风险。此外，持仓集中度较高虽然有可能带来更高的期望收益，但在这种情况下，由于统计量对风险反应迟钝，指标发出警示时风险已经来临，运用正式约束的统计量进行风险管理是有难度的。

16.5 投资组合构建过程中的隐性成本

—考点要求—
讨论（discuss）资产管理规模、头寸大小、市场流动性、换手率对投资组合构建的影响（★★）

影响投资组合表现的因素是多方面且不容忽视的。采用同一投资策略的基金经理，如果没有注意投资管理过程中的各种成本，投资组合的最终表现可能和预期大相径庭。本节探讨投资组合构建过程中可能产生的各种隐性成本（implicit costs）。

> **备考小贴士**
> 关于显性成本以及一部分隐性成本的讨论可以参看本书业绩归因相关部分的内容，此处不再赘述。

16.5.1 市场冲击成本

市场冲击（market impact）指的是由基金经理买入或卖出股票的交易行为导致的价格波动。与散户不同，基金经理买入或卖出股票的数量往往规模较大，有可能一挂单就会对市场价格造成影响。有可能对市场冲击成本造成影响的因素如表 16.2 所示。

表 16.2 市场冲击成本的影响因素

影响因素	影响效果
资产管理规模（AUM）	较大的资产管理规模在交易流动性较小的股票时有可能产生更大的市场冲击成本
投资组合的换手率	如果投资组合的换手率较高，且要求在短时间内完成投资组合的更换，那么就有可能产生更大的市场冲击成本

影响因素	影响效果
信息或事件交易策略	如果基金经理是根据某个突发事件或信息进行交易,那么其对成交速度有一定要求,就有可能产生较大的市场冲击成本

16.5.2 滑点成本的计算

滑点(slippage)指的是股票最终的成交价与挂单时出价(bid)与要价(ask)均价的差。注意,市场冲击成本只是产生滑点的原因之一。如果市场本身的波动率很高或处于趋势市中,也会导致滑点成本上升。例如,在我国2015年与2016年的股灾中,时常发生千股跌停的事件。在当时的市场上想要卖出股票,将面临较大的滑点成本。

关于滑点成本,我们需要注意以下四个方面。

第一,小盘股的滑点成本通常高于大盘股。

第二,比起交易佣金(commission cost),更应注重滑点成本。

第三,当市场波动率较大时,滑点成本也往往越高。

第四,新兴市场中的滑点成本未必更高。

16.6 有效投资组合管理的特征

有效的投资组合管理未必能在短期取得非常高的收益,但其构建一定是与客户的期望收益与风险特征相匹配的。有效的投资组合构建过程通常具有以下几个特征。

—考点要求—
评估(evaluate)投资组合结构的有效性(★★★)

第一,清晰的投资逻辑及与之匹配的投资流程,即投资理念不能不清晰,落地环节不能"说一套做一套"。

第二,投资组合的风险与结构特征要匹配投资者的要求。

第三,有效的风控监管体系。

第四,合理的策略运营成本。

在实际情况下,不同投资风格下构建有效投资组合的标准可能是不同的。例如,持仓集中度较高的投资组合对风险管理的要求可能就相对更高。此外,在判断投资组合构建是否有效时,一定要从整体投资组合的角度进行判断,不能"只见树木不见森林"。

16.7 股票多空策略分类

在做空不受限制的市场上,既可以通过做多股票获利,也可以通过做空股票获利。本节根据在构建投资组合过程中允许做空的程度对股票多空策略进行分类,并讲述其理念及优缺点。

—考点要求—
讨论(discuss)权益类投资组合构建中纯多头、多头延伸、多空头、权益化市场中性等方法的风险、成本和潜在阿尔法收益(★★★)

16.7.1 纯多头策略

纯多头(long-only)策略是最常见的一种股票策略。采用纯多头策略的基金一般出于以下几点考虑。

第一，长期看股票市场存在向上趋势，投资权益类资产能够获取风险溢价。

第二，纯多头策略的策略容量较大，可以承接大规模资金，而与空头头寸相关的策略资金容量一般存在上限。

第三，纯多头策略承担有限风险且潜在风险可控。理论上，股票价格最低只能跌到0，纯多头股票投资者承担的风险是有限的；而股票价格上不封顶，股票做空者的潜在损失是无限的。

第四，纯多头策略的法律法规约束相对较小。多数国家对空头头寸的监管和相关约束规范较为严格，而对纯多头策略则相对较为宽松。

第五，纯多头策略的交易操作相对简单。毋庸置疑，买股票操作显然要比买卖衍生品等复杂的金融工具要简单。

第六，管理费用相对较低。

第七，符合一些投资者的认知和价值观。期货之类的衍生品投资本质上是一种"零和博弈"，一方赚钱必然有一方亏钱。而股票类资产则不同，多头投资者能够共同分享上市公司内在价值上升带来的红利。股票多头策略的这一特性符合众多投资者的投资理念。

16.7.2 多空策略

16.7.2.1 引入多空策略的原因

在股票纯多头策略的基础上引入多空（long/short）策略的原因通常包括以下三个方面。

第一，可以充分表达对一些股票的看空观点。

第二，可以减少对一些特殊行业、国家或地区的净头寸。

第三，纯多头策略只能通过买入存在投资机会的股票获利，而多空策略则还能利用股票被市场高估的机会来获利。

16.7.2.2 净头寸与总头寸

在纯多头策略中，每个资产的配置权重都在0与1之间；而在多空策略中，资产的权重可以是负数或甚至大于1。

投资组合的净头寸（net exposure）为投资组合多头头寸的绝对价值减去空头头寸的绝对价值；投资组合的总头寸（gross exposure）为投资组合多头头寸的绝对价值加上空头头寸的绝对价值。

16.7.2.3 优缺点

多空策略的优点体现在以下几个方面。

第一，能够充分表达基金经理的看空观点。

第二，能够充分利用杠杆和分散化投资带来的好处。

第三，基金经理能够更好地把控因子敞口。

多空策略的缺点体现在以下几个方面。

第一，理论上，空头头寸部分的潜在损失是无限的。
第二，杠杆有可能放大投资组合的整体风险。
第三，在许多情况下，做空是受到限制的。
第四，空头头寸往往需要交一定比例的保证金（collateral），这会对资金的充分使用造成影响。

16.7.3 多头延伸策略

多头延伸（long extension）策略是纯多头策略和多空策略的混合产物，故被称为"延伸"。根据空头头寸的占比，多头延伸策略常被简写成诸如"120/20"或"130/30"的形式。例如，"120/20"表示多头头寸的价值为总资金的120%，空头头寸的价值为总资金的20%，投资组合的净头寸价值恰好仍为100%。

多头延伸策略的优点在于，允许基金经理更加对称地表达自己看多与看空的观点。例如，假设基金经理对标的基准是标准普尔500指数，且股票A在标准普尔500指数中的权重为3%。那么，对于实施股票纯多头策略的基金经理来说，即便他看空股票A，最多也只能不配置该股票，将其权重设为0；而对于实施多头延伸策略的基金经理来说，还能进一步通过做空股票A获取收益。

16.7.4 市场中性策略

市场中性（market neutral）策略旨在完全对冲市场风险，是一种特殊的多空策略。例如，如果我们将股票的贝塔值作为市场风险的度量，那么在市场中性策略下，投资组合总体的贝塔值就应当为0。由于市场中性策略完全对冲了市场风险，其波动率较低，且能够单纯地反映出基金经理的投资能力，追求绝对收益。

市场中性的一个典型运用叫作配对交易（pairs trading）或统计套利（statistical arbitrage）。例如，基金经理在银行板块中相对看好工商银行而看空农业银行，就可以在做多工商银行股票的同时做空农业银行（假设存在做空农业银行的金融工具），获取两者之间价差带来的收益，这就是配对交易。由于两只股票均属于银行板块，配对交易剔除了银行业对两只股票的共同影响。

市场中性策略也存在以下两个缺陷。

第一，要做到完全市场中性是十分困难的。以贝塔为例，每只股票的贝塔不是静态不变的，且股票收益率之间的相关系数也是动态变化的。这意味着为了保持市场中性，必须频繁调仓。

第二，在牛市中，由于完全对冲了市场风险，市场中性策略的收益率偏低。

练一练

The following information relates to Questions 16-1 to 16-5.

Stephane Richard is an equity analyst at Dream Works Capital. He is analyzing information about Fund A of the company.

Fund A has an information coefficient of 0.18, a transfer coefficient of 0.38, and an active risk of 4.5%. Fund A is now holding 23 stocks, and has bought 55 stocks this year. The manager of Fund A has made 30 independent decisions this year.

Richard finds that compared with the asset under management of Fund A, the number of shares held by Fund A is small. The fund manager of Fund A is good at factor timing and analysis of consumer stocks.

Richard uses the multi factor model to analyze the historical data of Fund A, and the relevant results are shown in Exhibit 16.1.

Exhibit 16.1　Analysis Result of Fund A

Factor	Market	Size	Value
Coefficient	0.97	1.05	−0.55
Variance of the size factor return and covariances with the size factor return	0.00058	0.0013	0.00025
Portfolio's monthly standard deviation of returns		5.5%	

Richard observes a recent deal by Fund A. Before the transaction, Fund A allocates a bank stock and an agricultural stock respectively according to the benchmark weight. However, after the deal, Fund A overweights 1.5% of the bank's shares and underweights 1.5% of the agricultural shares.

Richard also makes some statements about investing with long only and long-short strategy.

Statement 1: Because of allowing short position, a long-short portfolio has greater investment capacity than long-only portfolio.

Statement 2: Long extension is a kind of long-short portfolio, and 120/20 strategy builds a portfolio of long positions worth 100% of the wealth invested in the strategy and holds short positions worth 20% of capital.

16-1　The expected active return of Fund A this year is closet to:
A. 1.69%.
B. 2.28%.
C. 9.23%.

16-2　What is the main building block of portfolio construction that Fund A focuses on?
A. Factor weighting.
B. Alpha skills.
C. Position sizing.

16-3　Based on Exhibit 16.1, the portion of total portfolio risk that is explained by the size factor in Fund A is closest to:
A. 37.86%.
B. 62.14%.
C. 71.68%.

16-4　As a result of Fund A's trade, the portfolio's active share will most likely:
A. increase.
B. decrease.
C. remain unchanged.

16-5　Which of Richard's statements about investing with long-short and long-only managers are/is not correct?

A. Statement 1.

B. Statement 2.

C. Statement 1 and Statement 2.

答案与解析

16-1　A

根据公式 $E(R_A) = IC\sqrt{BR}\sigma_{R_A}TC$ 即可计算主动投资比例（active return）。注意，BR 在公式中有根号，且其取值等于独立决策次数，而和买过或持有多少只股票无关。

16-2　B

基金 A 持有股票数量较少，且主要依赖于基金经理的因子择时和选股能力，说明基金 A 更多依靠基金经理阿尔法选股技巧。

16-3　B

规模因子对总风险的贡献绝对数值为：$0.97 \times 1.05 \times 0.00058 + 1.05 \times 1.05 \times 0.0013 + 1.05 \times (-0.55) \times 0.00025 = 0.00188$。投资组合总风险为：$0.055 \times 0.055 = 0.003025$。于是，规模因子对总风险贡献的比率为：$0.00188/0.003025 \times 100\% = 62.14\%$。

16-4　A

回忆正文中计算主动投资比例的公式：$\text{Active share} = \frac{1}{2}\sum_{i=1}^{n}|\text{Weight}_{\text{Portfolio},i} - \text{Weight}_{\text{Benchmark},i}|$，不难看出超配一只股票 1.5% 的同时低配另一只股票 1.5 会提升主动投资比例的取值。

16-5　C

说法 I 错误，纯多头（long-only）策略的容量更大，而不是多空（long-short）策略（short 头寸经常被限制）。

说法 II 错误，120/20 意味着多头头寸的资金为 120%，而不是 100%。

因此，选项 C 正确。

第 6 部分　组合管理中的另类投资

科目导学

考情分析

另类投资（alternative investment）是相对于传统投资（对股票、债券等可公开交易的资产进行投资）而言的投资类别。"组合管理中的另类投资"部分在 CFA® 三级考试中的分值占比为 5%~10%。考查题量为 1~2 个大题，考查题型可能为上午主观题或下午客观题。本部分在考试中的考查形式更偏向于定性，但亦有几个重难点内容可能会以定量的形式考查。

本部分主要研讨六种另类资产。其中，第 17 章研究了对冲基金的基本特征、六大投资策略与组合建立；第 18 章主要从整体投资组合配置的角度研究了另类投资的配置方法。本部分内容更加注重另类投资在组合投资中的角色与作用，与固定收益、权益、衍生品等策略联系紧密，对考生的综合分析能力要求更高。

本部分框架图

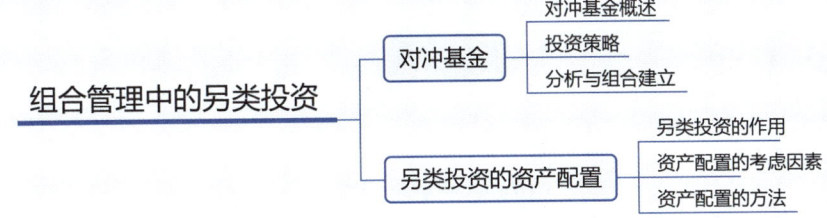

第 17 章
对冲基金

章节导学

知识引导

对冲基金会使用各种另类资产进行投资交易,相比其他投资机构拥有独特的特征。例如,对冲基金可以做空,可以使用杠杆,可以使用衍生品,且其产品往往存在锁定期……因为这些特征,对冲基金可以实施的策略种类繁多,不同的策略也有各自的特征和在组合中的不同的角色。本章介绍和研究的主要对象是对冲基金的投资策略的执行方法与其在组合中的作用。

考点聚焦

本章先简单介绍了对冲基金的特征,然后具体介绍了 13 种策略的特征、执行与作用,最后介绍了收益分析模型。考生除了掌握每种策略中做空、做多的标的资产外,还应掌握一些涉及简单计算的策略(如可转债策略、母基金策略)。第 3 部分的条件性因子风险模型看上去很复杂,但是不要求计算,只要求考生掌握原理。

本章框架图

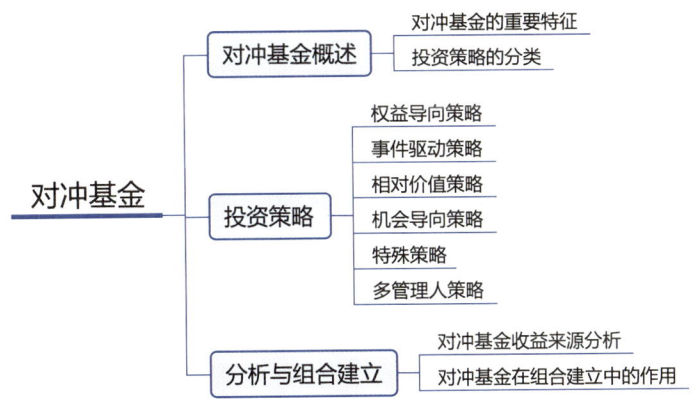

17.1 对冲基金概述

17.1.1 对冲基金的重要特征

对冲基金可以投资的标的范围非常广泛,可以做多、做空、使用衍生品策略,并且可以相对自由地使用杠杆,因此对冲基金的投资风格通常较为激进。

对冲基金主要具有以下 7 点特征。

(1) 总体监管程度较弱,不同地区有不同的法规要求。

(2) 较少的投资限制。对冲基金对风险暴露程度、多空头寸、杠杆比例等没有过多要求,因此投资策略非常灵活。

(3) 宽泛的投资范围。对冲基金可以跨资产大类、跨行业板块、跨国家地区进行投资,既可以投资传统资产,也可以投资另类资产,甚至可以投资收藏品,因此它的投资范围非常广泛。

(4) 具有严格的流动性限制。对冲基金具有锁定期(lock-up period)、通知期(notice period)、赎回门槛(gates)和退出窗口(exit windows)等条款,导致投资者赎回资金面临诸多限制,因此流动性较差。

(5) 较高的费用。对冲基金的费用结构较为复杂,通常收取 1%~2% 的管理费,并收取 10%~20% 的激励费,因此投资者面临高昂的费用。

(6) 对冲基金可以自由地使用杠杆。

(7) 投资风格较为激进。

17.1.2 投资策略的分类

—考点要求—
探讨(discuss)对冲基金投资策略的分类(★★)

一般来说,对冲基金的投资策略可以分为六大类,如表 17.1 所示。

表 17.1 对冲基金投资策略的分类

类型	投资策略
权益导向策略(equity-related)	• 股票多空(long/short equity) • 纯空和偏空(dedicated short bias) • 市场中性(equity market neutral)
事件驱动策略(event-driven)	• 并购套利(merger arbitrage) • 危机证券(distressed securities)
相对价值策略(relative value)	• 固定收益套利(fixed income arbitrage) • 可转债套利(convertible bond arbitrage)
机会导向策略(opportunistic)	• 全球宏观(global macro) • 管理期货(managed futures)
特殊策略(specialist)	• 波动策略(volatility strategies) • 再保险策略(reinsurance strategies)
多管理人策略(multi-manager)	• 母基金(fund-of-funds) • 多重策略(multi-strategy)

> **备考小贴士**
>
> 关于投资策略的分类，通常要求考生通过描述来判断基金经理使用的具体策略类型。

例题 17.1

可转债套利策略应该被归为哪类对冲基金策略？

A. 相对价值策略

B. 机会导向策略

C. 固定收益策略

名师解析

正确答案为 A。可转债套利策略是基于固定收益类资产所施行的策略，因此属于相对价值策略。

选项 B，机会导向策略中包含的是全球宏观策略和管理期货策略。

选项 C，对冲基金策略的六大类中没有固定收益策略。

17.2 投资策略

17.2.1 权益导向策略

权益导向策略中包含股票多空策略、纯空和偏空策略以及市场中性策略这 3 种投资策略。

17.2.1.1 股票多空策略

1. 股票多空策略概述

股票多空策略指的是做多被低估的股票的同时做空被高估的股票。

2. 股票多空策略的投资特征

（1）不同的基金经理关注的策略因子不同，因此，对同一只股票，不同的经理人采取的策略头寸可能相反。若经理人关注市盈率，则会采取做多市盈率低的股票的同时做空市盈率高的股票的策略。若经理人关注增长率，则会做多高增长率的股票同时做空低增长率的股票，而不管股票市盈率的高低。

（2）经理人通常希望通过选股与择时（timing）来积极管理基金，实现超额收益（alpha，α）。而一些其他的经理人会希望通过此策略降低组合的风险系数（beta，β）。

（3）考虑到股票市场从长期来看是上升的，因此经理人往往会保留 40%~60% 多头头寸的风险净敞口。

（4）杠杆的幅度是灵活多变的。净多头头寸比例越大，杠杆的使用程度越小。

3. 股票多空策略的执行

通常有两种获取 α 的策略执行方式：如果经理人可以称得上是某行业的专家

—考点要求—
探讨（discuss）股票多空策略的投资特征
（★★★）

—考点要求—
探讨（discuss）股票多空策略的执行方式
（★★★）

(specialist),对某行业板块非常熟悉,则其更愿意专注于该行业领域来研究、寻找股价被低估与被高估的公司并执行股票多空策略;其他的经理人(generalist)更愿意着眼于多个领域,偏好横跨多种行业板块的策略。

> **知识一点通**
>
> 行业专家型经理人通常采用基本面分析,利用自上而下和自下而上的分析方法寻找行业投资机会。例如,某基金经理人多年深耕生物医药行业研究,在分析最近的行业轮动后得出恒瑞医药股票被低估且信邦制药股票被高估的结论,那么该经理人会在做多恒瑞医药的同时做空信邦制药。
>
> 其他经理人通常会跨行业分散投资,并且会避免投资技术含量过高、专业性过强的行业。例如,某基金经理人并不了解区块链,因此会避免投资信息化行业,以避免因为对行业细节信息解读不到位所导致的投资失败。

两种执行方式存在各自的优点与缺点,如表 17.2 所示。

表 17.2 股票多空策略下两种策略执行方式的优点与缺点

策略的执行方式	策略的优点	策略的缺点
行业专家(specialist)	• 因为对特定领域的研究更透彻,所以投资会得到更优的组合表现,获得更高的 alpha	• 对于投资者而言,很难对某特定行业投资策略的基金进行尽职调查; • 由于投资策略仅聚焦于某行业可投资标的资产较少; • 较大的投资集中度会增大策略失败后的损失风险
其他经理人(generalist)	• 投资标的资产更加广泛; • 资产重新配置的效率更高	• 广泛的投资会增大组合 beta 与市场 beta 的接近度,因此可获得的 alpha 较小

4. 股票多空策略在组合中的作用

—考点要求—
探讨(discuss)股票多空策略在组合中的作用(★★★)

(1)增加组合的流动性。由于投资的标的资产在公开的二级市场上交易,因此流动性较好,加入组合可使其流动性增加。

(2)提高组合的分散性。向组合添加与已有投资产品相关性较低的投资标的资产可以提高组合的分散性。

(3)降低组合的波动性。由于向组合中增加了空头头寸,使组合的 beta 有所下降。

17.2.1.2 纯空和偏空策略

1. 纯空和偏空策略概述

纯空策略(dedicated short-selling)指的是只持有空头头寸的策略。做纯空策略并进行积极管理的基金经理人(activist)还会通过向大众公开发布看空报告来影响看空股票的价格。

—考点要求—
探讨(discuss)纯空和偏空策略的投资特征(★★★)

偏空策略(short-biased)指的是经理人对价值被高估的股票持空头的同时对价值被低估或跟踪指数的股票持多头,但保持空头头寸的风险净敞口。

2. 纯空和偏空策略的投资特征

(1)许多国家与地区会对卖空进行交易上的限制。

(2) 股票价格上升时，空头头寸会自然地增加，而此时是亏损的状态；股票价格下跌时，空头头寸会自然地收缩，而此时是盈利的状态。因此对于存在做空的策略而言，头寸变动方向与收益方向相反，风险更难管理。

(3) 由于股票价格下跌最多跌至0而上涨程度可能出现极端值，因此持有空头头寸的风险是无限的，但收益是有限的。

(4) 偏空策略下，经理人通常会保持30%~60%的净空头头寸。

(5) 纯空策略下，经理人通常会保持60%~120%的净空头头寸。

(6) 杠杆使用程度较低。

3. 纯空和偏空策略的执行方式

经理人可以通过基本面分析，采用自下而上的分析方法（bottom-up approach），从商业模式、杠杆比率、公司治理等角度来发掘价值被高估的、产品失败的、违约风险高的或存在欺诈行为的企业的股票来做空。

经理人也可以通过技术分析及会计手段，运用 Z-score, Beneish M-scored 等方法来寻找可以被做空的股票。

另外，通过观测信用违约互换利差（credit default swap spreads）的增加、公司债收益率利差的增加或交易所买卖看跌期权波动率的增加也可以寻找做空标的。

—考点要求—
探讨（discuss）纯空和偏空策略的执行方式（★★★）

4. 纯空和偏空策略在组合中的作用

(1) 增加组合的流动性。投资的标的资产在公开的二级市场上交易，因此流动性较好，该策略加入组合可使流动性增加。

(2) 提高组合的分散性。由于空头头寸的收益率与其他资产的收益率相关系数为负，因此适当的将该策略加入组合可以提高组合的分散性。

—考点要求—
探讨（discuss）纯空和偏空策略在组合中的作用（★★★）

17.2.1.3 市场中性策略

1. 市场中性策略概述

市场中性策略（equity market neutral，EMN）指的是通过在股票市场上按一定比例持有空头和多头两个相反的头寸，使整体策略净风险敞口为0，也就是 beta 为0。Beta 为0，则投资策略对市场波动的敏感度为0。

> **知识一点通**
>
> 首先，实际操作中难以在市场上找到 beta 刚好相同的两只股票来分别做多和做空；其次，就算通过历史数据找到符合条件的股票，其 beta 值也会随时间而改变，因此组合 beta 会随着时间的变化偏离0，导致组合需要不断地再平衡（rebalancing）。

2. 市场中性策略的投资特征

(1) 经理人使用基本面分析的同时，会更多地采用量化分析。

(2) 这种策略的施行通常是短期的。经理人采用此策略是希望通过寻找到短期价格错配，而后等到价格均值回归来获得利润。

(3) 杠杆使用程度较高。

(4) 成本较高。此策略需要不断进行再平衡（rebalancing），而每次再平衡都会产

—考点要求—
探讨（discuss）市场中性策略的投资特征（★★★）

生交易成本。

3. 市场中性策略的执行方式

（1）匹配交易（pair trading）。这种方式的标的资产为特征类似的股票，如同行业中同产品类型的两家公司的股票。通过做多价格被低估的股票并做空价格被高估的股票，使策略 beta 为 0。

（2）存根交易（stub trading）。这种方式的标的资产为母公司与子公司的股票。比如通过做多价格被低估的母公司的股票并做空价格被高估的子公司的股票，使得策略 beta 为 0。

（3）多类别交易（multi-class trading）。这种方式的标的资产通常为同一个公司发行的不同股票，如同股不同权的 A 股（有投票权）和 B 股（无投票权）。通过做多价格被低估的股票并做空价格被高估的股票，使策略 beta 为 0。

以上 3 种执行方式可以使用基本面分析或量化分析（如基于动量的模型、基于算法的模型）来寻找目前价格偏离均值回归价的股票，从而获得超额收益。

—考点要求—
探讨（discuss）市场中性策略的执行方式（★★★）

> **备考小贴士**
>
> 考生应当理解并掌握市场中性策略的本质是 beta 为 0。对此，考查的题型可能为计算题。

例题 17.2

莎拉，CFA®，是爱丽丝基金公司的一名基金经理。莎拉最近在对通信行业做研究分析，想要寻找投资获利的机会。莎拉发现，威尔电信公司和鲍勃电信公司是本国通信行业的龙头企业，2 家公司的产品相差不大，市场份额占有率不分伯仲，且商业模式也有许多相似之处。在通过估值模型的测算后，莎拉发现威尔电信公司的股票价格被明显高估了，而鲍勃电信公司的股票被明显低估了。莎拉收集了一些信息，如下表所示。如果莎拉想要采用市场中性策略中的匹配交易来对 2 个公司做出 100 000 美元多头头寸的投资，那么莎拉应该如何安排她的空头头寸金额？

2 家电信公司的基本信息

股票名称	Beta	股票价格（美元）	公司市场份额
威尔电信公司	0.72	72	36.7%
鲍勃电信公司	0.61	46	34.2%

名师解析

由于莎拉采用了市场中性策略中的匹配交易来进行策略执行，因此，头寸分配的最终目标为多头与空头的 beta 总和为 0。威尔电信公司的股票被高估而鲍勃电信公司的股票被低估，则应该做空威尔电信公司的股票且做多鲍勃公司的股票。多头头寸为 100 000 美元，则空头头寸应为：$100\ 000 \times \dfrac{0.61}{0.72} = 84\ 722$ 美元。

4. 市场中性策略在组合中的作用

（1）在市场波动性较大、震荡明显，或市场出现下行的时候，将市场中性策略加

—考点要求—
探讨（discuss）市场中性策略在组合中的作用（★★★）

入组合可以较为成功地获得超额回报。

（2）增加组合的流动性。

（3）提高组合的分散性。

（4）减小组合的标准差，即波动性。

> **知识一点通**
>
> 由于权益导向策略中的 3 种子策略均是基于股票市场的操作，投资标的资产都受到逐日盯市（mark-to-market），因此以上 3 种子策略在组合中的作用有一个共同点，即增加组合的流动性。

17.2.2 事件驱动策略

事件驱动策略指的是基金经理试图从企业重组、兼并、再融资、股票回购、破产等事件中去预测公司股价变化从而获利的策略。

经理人可以基于对未来可能会发生的事件进行预测而做出决策，此种方法被称为软催化事件驱动法（soft-catalyst event-driven approach）。经理人也可以在公司股票价格尚未完全反映已公开事件的影响之前做出决策，此方法被称为硬催化事件驱动法（hard-catalyst event-driven approach）。由于软催化事件驱动法的不确定性更高，因此该方法的风险更高，同时可能实现的收益率也更高。

事件驱动策略中包含并购套利策略和危机证券策略两种投资策略。

> **知识一点通**
>
> 经理人在对未来可能会发生的事件进行预测时只能利用公开信息与非重大非公开信息来分析研究，不可以使用重大非公开信息。

17.2.2.1 并购套利策略

1. 并购套利策略概述

并购套利指的是经理人通过分析市场上预期会成功的并购事件，做多被收购公司（也称为目标公司）股票的同时做空收购公司股票而从中获利。由于被收购公司通常会被溢价收购从而引起股价上升，而收购公司作为出资方其股价会下跌，等到成功并购后两家公司的股价会趋同，因此该策略可以实现套利。

> **知识一点通**
>
> 从美国的并购案例的历史数据来看，约有 70%~90% 的并购案可以成功执行。如果策略成功，通常可以获得 7%~12% 的收益，如果策略失败，通常会有 20%~40% 的损失，因此并购套利策略的收益率会呈现负偏态（negative skewness）。

2. 并购套利策略的投资特征

（1）从策略结果来看，只有两种结果——成功或失败。

—考点要求—
探讨（discuss）并购套利策略的投资特征（★★★）

(2) 流动性较好，因为标的资产均为在二级市场流通的上市公司股票。

(3) 此策略会由于政府干预而使并购结果的不确定性增加。

(4) 经理人会根据不同的企业进行不同比例的杠杆配置，杠杆比率可能会高达 300%~500%。

> **知识一点通**
>
> 政府可能会基于反垄断的原因，企图克服市场失灵，从而干预并购，也可能会基于政治、经济等原因对战略性企业、高科技企业、跨国企业的并购进行干预。干预的结果通常是无法顺利兼并，因此会增加策略失败的概率。

—考点要求—
探讨（discuss）并购套利策略的执行方式（★★★）

3. 并购套利策略的执行

(1) 现金并购（cash-for-stock）：用现金直接购买被收购公司的股票。

(2) 换股并购（stock-for-stock）：用收购公司的股票来换被收购公司的股票。

> **备考小贴士**
>
> 并购套利策略可能会采取上午主观题的考查形式，包含策略描述、计算与并购结果分析。

—考点要求—
探讨（discuss）并购套利策略在组合中的作用（★★★）

4. 并购套利策略在组合中的作用

提升组合的夏普比率（Sharpe ratio）。夏普比率指的是单位风险上获得的超额回报。夏普比率越高，说明组合投资越成功。由于并购套利策略可以获得较高的 alpha，因此将其加入投资组合中可以提升组合的夏普比率。但是该策略也会增加组合的左尾风险（left-tail risk）。由于并购套利策略的结果只有成功和失败两种。而一旦失败，亏损是较大的，因此将其加入投资组合会增加发生巨大损失的风险。

例题 17.3

在 3 周前，威尔科技公司发布了将要收购鲍勃信息公司的消息，采用 1 股威尔科技公司股票换 2 股鲍勃信息公司股票的股票收购方式。在收购消息发布后，威尔科技公司的股票价格从 60 美元跌至 55 美元，而鲍勃信息公司的股票价格从 21 美元涨至 24 美元。莎拉，CFA®，是爱丽丝基金公司的 1 名基金经理，通过分析研究，她认为此次收购很有可能成功，因此她决定做空 15 000 股威尔科技公司的股票的同时买入 30 000 股鲍勃信息公司的股票。

(1) 如果此次并购成功，莎拉通过并购套利策略可以获得多少收益？

(2) 如果此次并购失败，莎拉通过并购套利策略将会遭受多少损失？

名师解析

莎拉在使用并购套利策略时，并购消息已经发布，因此莎拉买入鲍勃信息公司股票的价格为 24 美元，而做空威尔科技公司股票的价格为 55 美元。

（1）如果并购成功，则2只鲍勃股票将会换成1只威尔股票，最终2家公司的股价会趋同。假设最终趋同的股票价格为Y。在执行初始策略时，做空15 000只55美元的威尔股票可以获得825 000美元，当威尔股票的价格跌到Y时，可以获得（825 000-Y）美元的收益。在执行初始策略的同时也会做多鲍勃股票，买入30 000只24美元的鲍勃股票需要花费720 000美元的成本，当鲍勃股票价格上涨到Y时，可以获得（Y-720 000）美元的收益。因此，如果并购成功，无论趋同价格为多少，该策略最终都可以获得（825 000-Y）+（Y-720 000）= 825 000-720 000 = 105 000美元的收益。

（2）如果并购失败，则鲍勃股票会从24美元跌回21美元，而威尔股票会从55美元回升至60美元。因此，做空15 000只55美元的威尔股票将会损失（55-60）×15 000 = 75 000美元，而买入的30 000只24美元的鲍勃股票将会损失（21-24）×30 000 = 90 000美元。那么，如果并购失败，该策略最终会遭受75 000+90 000 = 165 000美元的损失。

17.2.2.2　危机证券策略

1. 危机证券策略概述

危机证券策略指的是通过关注一些陷入财务困境或濒临破产的企业，根据企业具体情况，对其做多并进行资金支持策略。

2. 危机证券策略的投资特征

（1）如果策略成功，可以获得较高的收益，但是策略结果的不确定性也很高。

（2）通常对其资产持有多头，如果同时持有空头也会保留净多头风险敞口（long bias）。

（3）由于破产清算与重组可能需要较长的时间，目标的资产在企业出现危机时很难促成交易，因此存在流动性较差的问题。

3. 危机证券策略的执行方式

判断危机证券可以从衰退的竞争力、失败的产品、大量举债导致债权结构不佳、公司治理出现问题、陷入财务困境、财务造假以及其他欺诈违法行为等角度出发。

当企业濒临破产时，在以下3个阶段可以进入并采取策略。

（1）企业清算。企业对不同的资产存在清偿优先级。从优先级由高到低来看，受到清偿的资产依次为有抵押债券（secured debt）、无抵押的债券（unsecured debt）、优先股（preferred stock）、普通股（common stock）。如果经理人预测破产清算最终会发生，则会在做多被优先清偿的资产的同时做空被最后清偿的资产。如果经理人预测公司可以转危为安，则会做多此时价格被低估的资产，等到公司回到正常经营状态后实现收益。

（2）企业重组。若企业已进入重组阶段，经理人会做多预期重组成功的公司的股票，等到公司重组完成回到正常经营状态且股票价格上升后实现收益。

（3）支点证券（fulcrum securities）。支点证券指的是投资者先以债权人的身份持有公司的债券，通过资金支持帮助公司进行重组，如果重组并且成功上市，此时可以将原先持有的债券转换为股票，从而获得利润。

> **备考小贴士**
>
> 对于危机证券策略，可能会采取定性的考查方式。考试可能会在上午题的题目中进行场景描述，要求考生判断是否符合危机证券情形，并回答与题中场景相对应的可以采取的策略执行方式。

4. 危机证券策略在组合中的作用

—考点要求—
探讨（discuss）危机证券策略在组合中的作用（★★★）

将使用危机证券策略的对冲基金加入投资组合的最佳时期是宏观经济处于经济周期的复苏期时。由于在经济复苏期，很多企业正在进行重组，并且有很大概率可以重组成功或从破产清算中恢复生产，因此此时投资可以使组合获得较高的 alpha。

17.2.3 相对价值策略

相对价值策略指的是利用存在价格差的国家主权债券、公司债券、银行贷款等金融工具来套利，从而获得超额收益。

相对价值策略中包含固定收益套利策略和可转债套利策略两种投资策略。

17.2.3.1 固定收益套利策略

1. 固定收益套利策略概述

固定收益套利策略指的是，利用两个由于久期（duration）、流动性、信用质量、期权性风险（optionality）的不同而拥有不同定价的固定收益工具，同时持有多头和空头，以此从中套利的策略。

2. 固定收益套利策略的投资特征

—考点要求—
探讨（discuss）固定收益套利策略的投资特征（★★★）

（1）流动性极佳的债券市场中存在的套利机会较少。
（2）由于套利机会较少，经理人通常会使用较高的杠杆扩大风险来试图获得 alpha。
（3）风险与收益率之间的关系并不明确。由于采用的债券可能来自不同的市场，存在不同的信用风险、流动性、期权特性及凸性（convexity），此策略下扩大风险敞口并不一定能使 alpha 一同被扩大。

3. 固定收益套利策略的执行

—考点要求—
探讨（discuss）固定收益套利策略的执行方式（★★★）

（1）收益率曲线交易（yield curve trades）。

通过收益率曲线可知，期限长的债券通常有较高的收益率。

如果收益率曲线由于市场预期的改变而变得陡峭（steeper），可以通过做空长期债券的同时做多短期债券而从中套利。由图 17.1 可知，如果收益率曲线变得陡峭，期限较长的债券的收益率会上升而期限较短的债券的收益率会下降。通过债券定价模型可知，长期债券价格会下降而短期债券价格会上升。因此，基金经理人可以通过做空长期债券并做多短期债券实现套利。

由图 17.2 可知，如果收益率曲线由于市场预期的改变而变得平坦（flatter），可以通过做空短期债券的同时做多长期债券从中套利。同理，期限较长的债券的收益率会下降而期限较短的债券的收益率会上升。通过债券定价模型可知，长期债券价格会上升而短期债券价格会下降。因此，基金经理人可以通过做空短期债券并做多长期债券实现套利。

收益率曲线交易时，经理人为了避免信用风险、流动性风险以及期权性风险对策略的影响，通常会选择同一家公司发行的其他特征相同仅期限不同的债券来套利。

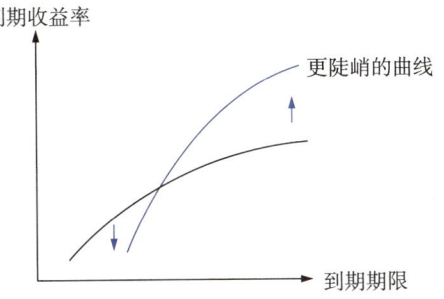

图 17.1　收益率曲线向陡峭移动示意图

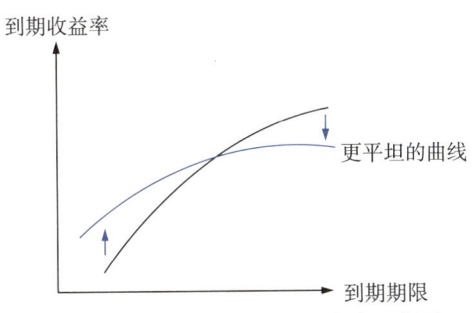

图 17.2　收益率曲线向平坦移动示意图

（2）利差交易（carry trades）。

此策略通过做空新发行的债券（on-the-run）的同时做多发行已久的债券（off-the-run）来实现套利。新发行的债券价格通常较高且流动性较好，而发行已久的债券的价格通常较低且流动性较差。随着时间的流逝，新发行的债券价格会下降，而发行已久的债券会因承担更高的流动性风险而产生更高的流动性溢价，因此发行已久的债券的价格会上涨。那么基金经理人就可以通过这两种债券的利差进行套利。

进行利差交易时，经理人为了避免期限风险与信用风险对策略的影响，通常会选择长期国债中同期限的但不同流动性的债券来套利。

> **知识一点通**
>
> 另外两种可以使用的套利策略分别是信用风险策略与期权性风险策略。
> 信用风险策略：利用同一家公司发行的不同信用评级的债券（如 AAA 与 BBB 两种债券），或者利用国债与公司债之间的信用风险差。
> 期权性风险策略：利用含权债券（option-embedded bonds）与不含权债券之间的定价差。

4. 固定收益套利策略在组合中的作用

提高组合的分散化程度。由于固定收益类资产的应用，增加了组合中投资资产的种类，可以利用其与其他资产较低的相关性来提升组合的风险分散度。另外，利用不同市场的固定收益类资产的多样化也可以进一步提高组合的分散化程度。

—考点要求—
探讨（discuss）固定收益套利策略在组合中的作用（★★★）

17.2.3.2 可转债套利策略

1. 可转债套利策略概述

可转债指的是债券持有人可在未来按照发行时约定的转股比率（conversion ratio）将债券转换成公司的普通股。可转债是一类比较特殊的债券，既具有债性也具有股性。

> **知识一点通**
>
> 转换价值（conversion value）是购买可转债时债券的票面价格，其价值含义为执行价格（strike price）乘以转股比率。例如，转换价值为 1 000 美元，转股比率为 50，即购买成本 1 000 美元，未来可以转换为 50 股普通股，那么执行价格相当于 20 美元。
>
> 转换价格（conversion price）是普通股现价乘以转股比率。例如，股票现价为 25 美元，转股比率为 50，那么此时转股可以获得 1 250 美元的转换价格，而成本仅有 1 000 美元。
>
> 当转换价值大于转换价格时，此时可转债处于价外（out-of-the-money）状态，债券持有人不会行权，此时可转债的债性更加突显。

—考点要求—
探讨（discuss）可转债套利策略的投资特征
（★★★）

2. 可转债套利策略的投资特征

（1）做多可转债存在一定的困难。由于可转债市场中的发行规模较小，市场流动性也较差，因此可寻找的套利机会较少。

（2）获得的 alpha 存在很多不确定性。由于可转债的价格受到多种因素的影响。可转债既具有债性又具有股性，影响债券与影响股票价值的因素都会影响可转债，使其特性较为复杂。

（3）经理人通常会采用较高的杠杆来扩大潜在收益。

3. 可转债套利策略的执行方式

—考点要求—
探讨（discuss）可转债套利策略的执行方式
（★★★）

可转债套利策略下，基金经理人会在做多可转债的同时做空所对应的普通股。由于可转债的复杂性与较低的隐含期权波动率，可转债价格通常会被低估。而与之对应的股票在二级市场中流动性通常较好，选择价格被高估的股票做空可以获得套利机会。

> **备考小贴士**
>
> 关于较复杂、难以理解的可转债套利策略，考试可能会同时出现定性与定量的考查方式。
>
> 定性的考查可能会要求考生讨论限制此策略成功率的因素。考生要掌握可转债既有债性也有股性的特点，因此要从两个方面讨论影响因素：一方面是影响债性的因素，如利率价格、到期期限、波动性等；另一方面是影响股性的因素，如宏观环境、市场情绪、企业经营等。
>
> 定量的考查可能会要求考生在给定的条件下计算转股比率、转换价值（策略成本）、空头与多头的头寸金额、可获利的价差等。

例题 17.4

莎拉是爱丽丝基金公司的一名基金经理，正在考虑为她管理的投资账户配置一部分以可转债策略为主的对冲基金。根据她的分析，汪汪狗粮有限公司股票的市场价格是 32 美元，而目前该股价高于其内在价值。该公司还在最近发行了可转换债券，每 1 000 美元面值的可转债可以按照 40 的转股比率转换为公司普通股。

(1) 汪汪狗粮有限公司的可转债的执行价格为多少？
(2) 莎拉应该做出怎样的策略执行？空头头寸和多头头寸的标的资产分别是什么？
(3) 该策略可以获得的价差为多少？

名师解析

(1) 执行价格 = $\dfrac{可转债面值}{转股比率}$ = $\dfrac{1\,000}{40}$ = 25（美元）

(2) 转换价值为 1 000 美元，转换价格 = 32 × 40 = 1 280（美元）。由于此时普通股股票价值被高估，而转换价值低于转换价格，因此现在是执行可转债策略的好时机。莎拉应该做空普通股的同时做多可转债。

(3) 无论价格如何变化，莎拉都可以获得每股 7 美元的价差收益。

当策略刚施行，股票现价仍维持在 32 美元时，由于做多可转债，执行价格为 25 美元，而现价 32 美元，每股可获利 7 美元。

当股票价格如预期下跌时，假设下跌 X 美元，由于做空股票，此时空头每股获利 X 美元。而对于多头，每股获利 = $32 - X - 25 = 7 - X$ 美元。因此，整体策略可以维持每股获利 7 美元。

4. 可转债套利策略在组合中的作用

当市场中可转债发行规模较大，市场流动性较好，资本市场较稳定时，在组合中加入可转债套利策略可以获得更好的套利机会。

—考点要求—
探讨（discuss）可转债套利策略在组合中的作用（★★★）

17.2.4 机会导向策略

机会导向策略指的是运用多种技术在不同的行业、不同的资产类别以及全球不同地区的市场上寻求可以获利的投资机会。

机会导向策略可以从 3 个角度分类：
(1) 运用技术分析或基本面分析；
(2) 主观投资（discretionary）或系统投资（systematic）；
(3) 按照投资标的类型或投资市场的类型。

主观投资更多地依赖经理人的投资分析、判断与能力，因此可能会出现因为过度自信等行为偏见导致的投资表现不佳的情形。系统投资更多地依赖统计、模型以及算法。

机会导向策略中包含全球宏观策略和管理期货策略两种投资策略。

17.2.4.1 全球宏观策略

1. 全球宏观策略概述

全球宏观策略指的是经理人着眼于不同类别的资产与全球宏观经济变化的关系，从

—考点要求—
探讨（discuss）全球宏观策略的投资特征（★★★）

中分析出可以获利的投资方式。

2. 全球宏观策略的投资特征

(1) 会运用基本面分析，也会运用技术分析。

(2) 会运用主观投资，也会运用系统投资。

(3) 通常会使用较高的杠杆与衍生品来扩大潜在收益。

3. 全球宏观策略的执行方式

—考点要求—
探讨（discuss）全球宏观策略的执行方式（★★★）

从汇率、通货膨胀率、经济周期、央行政策等宏观指标来进行自上而下（top-down）的基本面分析。优秀的策略执行还需要经理人结合量化模型与时机选择对不同国家的市场进行战略投资。

例如，某个新兴国家（emerging market）最近几年由于人口的爆发性增长，对公共服务和外贸的需求剧增，政府赤字和贸易逆差都非常严重。为了维持汇率稳定，该国的央行动用了大量的外汇储备去市场购买本国货币。可以预见的是，在未来，一旦该国的外汇储备短缺，该国的货币将不可避免地发生贬值。此时，使用全球宏观策略的对冲基金，可以通过购买该国货币的看跌期权（put options）进行获利。

—备考小贴士—

全球宏观策略内容较少且较简单，考生掌握主要策略执行方法为自上而下的基本面分析即可。

—考点要求—
探讨（discuss）全球宏观策略在组合中的作用（★★★）

4. 全球宏观策略在组合中的作用

(1) 有机会获得较高的超额收益。尽管经济形势和宏观政策难以准确预测，全球宏观策略通常效果不佳。但是从长远角度来看，经济存在周期性，因此仍然有获得 alpha 的机会。

(2) 提升组合的分散化程度。由于投资的标的资产涉及全球的市场，因此将其放入投资组合可以较好地分散风险。

17.2.4.2 管理期货策略

1. 管理期货策略概述

管理期货策略指的是经理人通过对交易所或场外交易市场（over-the-counter, OTC）中的期货、期权、互换等各类衍生品进行做多与做空来获取收益。

—知识一点通—

管理期货策略下，经理人甚至可能会使用将天气、空气污染物等作为标的物的异类期货合约。

考生还应注意，尽管该策略名中有期货（futures），但可以使用的标的资产不局限于期货。上述提到的各类衍生品及大宗商品（commodity）均可以作为标的资产。

—考点要求—
探讨（discuss）管理期货策略的投资特征（★★★）

2. 管理期货策略的投资特征

(1) 基于衍生品的特性，经理人可以使用较高的杠杆并及时止损，因此收益率更多地呈现为正偏态（positive skewness）。

（2）因为期货市场的全球化和逐日盯市制度，资产流动性极好。

（3）因为期货市场程式化的交易，会使得在一个突发事件上出现挤兑（crowding），从而造成极度亏损。

（4）若建立的头寸较为集中且金额较大，会发生执行延误（slippage）。

> **知识一点通**
>
> 由于管理期货策略的收益率会呈现出正偏态，因此经理人可以将该策略与并购套利策略结合，以此平衡并购套利策略的负偏态。

3. 管理期货策略的执行方式

管理期货策略通常专注于技术分析。管理期货策略有以下 2 种执行方式。

（1）最常使用的方法是时间序列动量（time-series momentum，TSM）。经理人会通过历史价格分析，买入价格上涨的标的资产并卖出价格下跌的标的资产。

（2）其他可以使用的方法是横截面动量（cross-sectional momentum，CSM）。不同于时间序列动量，横截面动量更着眼于不同资产类型之间的价格差距。经理人会买入价格上涨最多的标的资产而卖空价格下跌最多的标的资产。

—考点要求—
探讨（discuss）管理期货策略的执行方式（★★★）

例如，同样是投资贵金属期货的两个对冲基金——A 基金和 B 基金。A 基金使用的是横截面动量，该基金会同时对四种贵金属期货（包括黄金、白银、铂金、钯金期货）过去 6 个月的收益进行分析，然后做多其中表现较好的两种贵金属期货，做空表现较差的两种贵金属期货，A 基金的净头寸会趋近 0。而 B 基金使用的是时间序列动量，该基金每日都会观察四种贵金属期货过去 6 个月的收益，然后做多正收益的贵金属期货，做空负收益的贵金属期货。最终，B 基金的净头寸可能为多头，也可能为空头。

4. 管理期货策略在组合中的作用

（1）有机会获得较高的超额收益。由于管理期货策略的收益率通常在资本市场处于下行状态时表现出正偏态，将其放入投资组合可以获得较高的 alpha。

（2）提升组合的分散化程度。由于投资的标的资产与传统的权益类及固定收益类资产的相关系数较小，将其加入投资组合可以较好地分散风险。

—考点要求—
探讨（discuss）管理期货策略在组合中的作用（★★★）

> **知识一点通**
>
> 全球宏观策略与管理期货策略的特征有很多相似点，考生需要清晰理解 2 种策略在投资执行中存在的不同之处，如表 17.3 所示。
>
> 表 17.3　机会导向策略下 2 种不同策略的异同点
>
> | | 全球宏观策略 | 管理期货策略 |
> |---|---|---|
> | 不同点 | ● 利用宏观指标进行基本面分析
● 更常使用主观投资 | ● 利用动量、波动率等统计数据进行技术分析
● 更常使用系统投资 |
> | 相同点 | ● 流动性极好
● 存在周期性与波动性 | |

17.2.5 特殊策略

这一类策略较为特殊，通常着眼于利基类（niche）资产或证券。

特殊策略中包含波动策略和再保险策略两种投资策略。

> **知识一点通**
>
> 利基资产指的是主流的证券类资产以外，不常被人关注到的、具有独特的特征，且经理人发掘后能够通过专业的策略获取较高收益的一类资产。

17.2.5.1 波动策略

1. 波动策略概述

波动策略指的是经理人通过买入价格被低估的波动率相关资产，并卖出价格被高估的波动率相关资产来获得收益。

2. 波动策略的投资特征

—考点要求—
探讨（discuss）波动策略的投资特征（★★★）

（1）做多波动率会呈现出正凸性（positive convexity）。
（2）不同的策略工具体现不同的流动性。
（3）交易双方期权风险与权利不对称。

3. 波动策略的执行方式

—考点要求—
探讨（discuss）波动策略的执行方式（★★★）

对于波动策略，可以从执行的手段和标的资产两个角度来分析可行的做法。

（1）从策略执行的手段来看，有以下3种做法。

① 时区套利（time-zone arbitrage）：通过不同地区或国家的相同标的资产的错配定价（mispricing）进行套利。当经理人认为两个地区的价格会均值回归时，会在做多价格较低的波动率相关资产的同时做空价格较高的波动率相关资产。

② 跨资产波动率交易（cross-asset volatility trading）：通过发现不同市场的不同流动性导致的波动率被高估或被低估进行套利。

③ 通过分析判断波动率或资产价格的方向，使用相应期权只做多或只做空进行套利。

> **知识一点通**
>
> 比较典型的跨资产波动率交易例子是，如果经理人研究认为日经225指数（Nikkei 225）的现有波动率因为日本市场的期权流动性较差而被低估，而标普500指数（S&P 500）的现有波动率因为美国市场的期权流动性较好而被高估，经理人会在做多日经225指数的同时做空标普500指数，等价格回到均值回归水平，则可以从中获取收益。

（2）从策略执行的标的资产来看，有以下4种做法。

① 可以使用交易所交易的各式期权来建立跨式期权（straddle）、蝶式价差（butterfly spread）、日历价差（calendar spread）等策略。

② 可以使用场外交易的期权。

③ 可以使用芝加哥期权交易所波动指数（CBOE Volatility Index，VIX）。
④ 可以使用波动率互换（volatility swap）和方差互换（variance swap）。

4. 波动策略在组合中的作用

采用波动策略可以在组合其他资产表现较差时也能获得一定的收益率。虽然市场波动性与收益率呈现负相关，也就是说当市场出现大的波动时，组合中的其他资产通常无法获得 alpha，但是此时波动策略可以做多波动率，在扣除期权费成本后仍然能从中获取一定的收益。

—考点要求—
探讨（discuss）波动策略在组合中的作用（★★★）

17.2.5.2 再保险策略

1. 再保险策略概述

再保险策略可以采取寿险贴现（life settlement）或巨灾保险再保险（reinsurance）的做法。

> **知识一点通**
>
> 人寿保险（life insurance）指的是以人的生命为标的物的一种保险。投保人向保险公司定期缴纳约定金额的保费后，当被保险人于保险期内死亡，保险公司需要向受益人支付保险金。
>
> 巨灾保险（catastrophe insurance）指的是通过保险形式对由于地震、海啸、洪水等自然灾害造成的巨大财产损失和人员伤亡进行损失赔付。

2. 再保险策略的投资特征

（1）策略的成功与否依赖于被保险人能否在预期期限内死亡。

（2）策略的成功与否依赖于退保金额（surrender value）以及保费（premium）是否比较低。

（3）由于寿险很难在市场上随意买卖，因此流动性较差。

—考点要求—
探讨（discuss）再保险策略的投资特征（★★★）

3. 再保险策略的执行方式

寿险贴现指的是由于退保金额通常很低，对冲基金通过帮投保人支付每年的保费和一笔大于退保金额的补偿，使投保人将保险受益方转让给对冲基金，并希望该转让保单可以因被保险人在期限内死亡而履约，从中获取收益。

巨灾保险再保险指的是当保险公司预期未来会有巨灾发生时，保险公司无法单独承担这笔巨灾保险的赔付，于是将巨灾保险进行拆分，本公司承担一部分，另一部分分保给再保险公司。对冲基金可以向再保险公司买入这份分保保单赚取保费。若将来巨灾没有发生，则对冲基金可获利。

—考点要求—
探讨（discuss）再保险策略的执行方式（★★★）

4. 再保险策略在组合中的作用

再保险策略可以提升组合的分散化程度。因为寿险和再保险与传统投资和主流投资的相关度极低，且与资本市场及行业周期基本无关，因此可以在获得 alpha 的同时，极大地分散组合的风险。

—考点要求—
探讨（discuss）再保险策略在组合中的作用（★★★）

17.2.6 多管理人策略

多管理人策略通过多个对冲基金经理人与其不同的策略使投资者从中受益。

多管理人策略中包含母基金策略（fund-of-funds）和多重策略。

> **备考小贴士**
>
> 对冲基金的六大策略中，前五种均为单个管理人策略（single manager），考生要注意区分。

17.2.6.1 母基金策略

1. 母基金策略概述

母基金策略指的是有限合伙人（limited partners，LP）将投资资金交给普通合伙人（general partners，GP），由普通合伙人做专业的投资调查后投资多个不同策略的对冲基金。

母基金的结构示意图如图 17.3 所示。

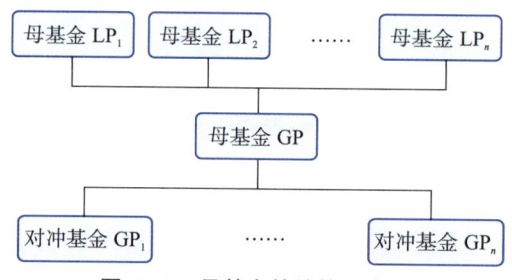

图 17.3 母基金的结构示意图

2. 母基金策略的投资特征

母基金与单个管理人类型的对冲基金相比，存在以下 5 个优点。

—考点要求—
探讨（discuss）母基金策略的投资特征（★★★）

（1）由于母基金拥有机构投资者的身份，因此可以投资一些封闭式基金（close-ended funds）。

（2）经理人可以通过母基金机构投资者的身份来协商更短的锁定期与通知期，从而增加母基金的流动性。但是也有一些特定的对冲基金会要求比其他单个对冲基金更加严格的锁定期，从而导致母基金整体的流动性减弱。

（3）由于母基金 GP 可以帮助 LP 对单个对冲基金做更专业的投资研究、尽职调查（due diligence）与行为监控，因此可以产生管理上的规模效应（economies of scale）。

（4）由于母基金可以投资多个国家与地区的对冲基金，因此能做到更好的风险分散化。

（5）由于母基金更好地分散了风险，因此可以降低投资门槛，对小额投资者开放。

母基金与单个管理人类型的对冲基金相比，存在以下 3 个缺点。

（1）由于母基金 GP 与投资的对冲基金 GP 均要收取管理费，这样的双重收取管理费的结构（double layers of fees）会增加 LP 的成本。

（2）存在不合理的净激励费（net performance fees）。若投资的单个对冲基金中有一些盈利而另一些亏损，导致母基金整体是亏损的或未达到收取激励费的门槛收益率，而盈利的单个对冲基金可能仍旧要向投资者索取 20% 的激励费时，这会在很大程度上增加投资者的投资成本。

（3）由于 LP 面临着双重基金管理人的结构，这样的双重委托代理人关系（principal-agent relationship）会增加利益冲突。

备考小贴士

母基金策略下可能会出现定量的考查方式。在 CFA® 一级的另类投资部分仅简单介绍了双重收费结构，而在 CFA® 三级中要求考生掌握母基金双重收费结构下的费用金额计算。

例题 17.5

莎拉是就职于爱丽丝基金公司的一名基金经理。她手下正管理着 1 个投入了熊猫母基金的对冲基金账户。熊猫母基金采取等权重投入了 A、B、C 3 个子基金，A 基金、B 基金和 C 基金分别采用股票多空策略、全球宏观策略以及管理期货策略。子基金均采用 2/20 的费用制度，也就是说会基于投入初始资金收取 2% 的管理费，并且在收益率大于 0 时基于扣除管理费后的收益部分收取 20% 的激励费。另外，熊猫母基金采用的是 1/10 的费用制度，若扣除管理费后的资金大于投入本金则会收取 10% 的激励费。1 年以后，A 基金的收益率为 18%，B 基金的收益率为 9%，C 基金的收益率为 -12%。对于投资者而言，A 基金、B 基金和 C 基金的净收益率分别为多少？熊猫母基金的净收益率为多少？

名师解析

对于投资者而言，母基金存在着双重的收费结构。在计算时，先计算子基金的管理费和激励费，再计算母基金的管理费和激励费。

A 基金的激励费 = 20% × (18% − 2%) = 3.2%

A 基金的净收益率 = 18% − 2% − 3.2% = 12.8%

B 基金的激励费 = 20% × (9% − 2%) = 1.4%

B 基金的净收益率 = 9% − 2% − 1.4% = 5.6%

对于 C 基金，由于亏损，因此不收取激励费，只收取管理费。

C 基金的净收益率 = −12% − 2% = −14%

由于 3 个子基金按照等权重分配，因此熊猫母基金的总收益率为：

$$\left(12.8\% \times \frac{1}{3}\right) + \left(5.6\% \times \frac{1}{3}\right) + \left(-14\% \times \frac{1}{3}\right) = 1.47\%$$

由于熊猫母基金的总收益率大于 0，因此其需要收取 1% 的管理费后再收取 10% 的激励费。

母基金激励费 = 10% × (1.47% − 1%) = 0.05%

母基金的净收益率 = 1.47% − 1% − 0.05% = 0.42%

由此得出，最终熊猫母基金的净收益率为 0.42%。

3. 母基金策略的执行方式

使用母基金策略的经理人的责任是寻找合适的有投资价值的对冲基金。在寻找合适投资时，可以采取以下 4 个步骤。

（1）从对冲基金的策略出发，寻找符合母基金 GP 投资理念的，使其愿意放入投资组合中的对冲基金；

（2）通过基本面分析及定量分析对可选的对冲基金进行尽职调查；

（3）与对冲基金经理人共同建立募集说明书（offering memorandum），确立对自己有利的管理费、锁定期、通知期等条款；

（4）后续对对冲基金进行不断地监管。

4. 母基金策略在组合中的作用

（1）提升组合的分散化程度。由于母基金投入了采用多个不同策略的对冲基金，可能涉及不同类别的资产、不同地区的资产以及与传统投资产品相关性极低的资产，因此可以很好地分散组合的风险。

（2）与其他的单个管理人的对冲基金策略相比，母基金所拥有的优点都可以对投资组合起到正向的作用。

17.2.6.2 多重策略

1. 多重策略概述

多重策略与母基金策略类似，使用多重策略的对冲基金可被看作是投资了多个不同策略的对冲基金而形成一个组合的基金。但不同的是，多重策略下的单个对冲基金也由创立组合基金的公司来管理和运营。

2. 多重策略的投资特征与执行方式

多重策略与母基金策略类似，可以通过基本面分析、技术分析等方法对单个不同策略的对冲基金进行战略配置。

与母基金策略相比，多重策略存在以下 2 个优点。

（1）由于多重策略对冲基金下的单个对冲基金使用的是同一套运营管理系统，因此可以更加快速且有效地配置资产。

（2）可以降低净额结算风险（netting risk）。这是因为多重策略不要求投资者对单个对冲基金支付激励费，只需要基于整体组合基金的表现支付激励费，并且也不需要对单个对冲基金支付管理费（management fees）。

与母基金策略相比，多重策略存在着以下 3 个缺点。

（1）由于单个对冲基金的资产配置的最终话语权在组合基金 GP 手里，因此多重策略可能会有较高的杠杆，从而增加了风险。

（2）由于整体基金使用同一套运营管理系统，操作风险（operational risk）并没有很好地被分散化。

（3）由于单个对冲基金均受到 GP 作为上级的管理，GP 的能力与决策对整体基金表现的影响较大。

> **备考小贴士**
>
> 考生应更加关注多重策略与母基金策略的不同之处，包括优点和缺点。考题通常会采取定性的考查方式，要求考生通过题目描述来辨析策略。

3. 多重策略在组合中的作用

由于具有更快的战略性资产配置与更优化的管理费结构,多重策略通常可以比母基金策略获得更高的回报率,因此在组合中,经理人会根据不同配置的需要来选择不同的策略。

—考点要求—
探讨(discuss)多重策略在组合中的作用(★★★)

> **备考小贴士**
>
> 考生一定要重视对以上 13 种策略的辨析。考生可以从策略所属类型、特征以及执行所使用的标的资产等多种角度出发,寻找策略之间的异同点。主观题常会描述经理人的投资行为,要求考生选择所属策略并描述策略相对应的执行方案,因此题目的作答过程环环相扣。一旦考生在策略的选择上出现错误,那么后面的题目也很难再得分。

17.3 分析与组合建立

17.3.1 对冲基金收益来源分析

17.3.1.1 条件性因子风险模型

不同的策略受到不同的风险影响,不同的风险带来的 alpha 不同。例如,套利策略的风险来源通常是利差风险(spread risk)和市场波动风险(market volatility risk),而事件驱动策略和权益策略的风险来源通常是权益风险(equity risk)。

—考点要求—
描述(describe)条件性因子风险模型(conditional factor risk model)如何解释对冲基金风险的来源(★★★)

条件性因子风险模型可以帮助经理人理解对冲基金的风险与超额收益的来源。线性回归模型中采用每种风险对应的回报指数作为解释变量来测算相应的对冲基金在某时期的回报率,因此可以一定程度地解释在经济周期上行时哪些风险因子带来了收益,而在经济震荡期哪些风险因子又变得显著。

13 种对冲基金策略涉及的主要风险因子可以总结为以下 6 种。

(1) 权益风险(equity risk):采用标普 500 含息指数(S&P 500 Index with dividend)的月度总收益率来衡量,简写为 SNP 500。

(2) 利率风险(interest rate risk):采用债券类指数,通常使用彭博巴克莱公司编制的 AA 债券指数(Bloomberg Barclays Corporate AA Intermediate Bond Index)的月度总收益率来衡量,简写为 BOND。

(3) 汇率风险(currency risk):通常使用美元指数(US Dollar Index)的月度总收益率来衡量,简写为 USD。

(4) 大宗商品风险(commodity risk):通常使用高盛大宗商品指数(Goldman Sachs Commodity Index,GSCI)的月度总收益率来衡量,简写为 CMDTY。

(5) 信用风险(credit risk):通常使用穆迪评级(Moody's)中 Baa 与 Aaa 两个级别公司债券的收益率利差的月度总收益率来衡量,简写为 CREDIT。

(6) 波动性风险(volatility risk):通常使用芝加哥期权交易所波动指数(CBOE Volatility Index)的月度总收益率来衡量,简写为 VIX。

条件性因子风险模型如公式（17.1）所示：

$$(\text{Return on HF}_i)_t = \alpha_i + \beta_{i,1}(\text{Factor 1})_t + \beta_{i,2}(\text{Factor 2})_t + \cdots + \beta_{i,K}(\text{Factor K})_t + D_t\beta_{i,1}(\text{Factor 1})_t$$
$$+ D_t\beta_{i,2}(\text{Factor 2})_t + \cdots + D_t\beta_{i,K}(\text{Factor K})_t + (\text{error})_{i,t} \quad (17.1)$$

公式（17.1）中，α_i 代表对冲基金 i 的截距；$\beta_{i,K}$（Factor K）$_t$ 代表在经济周期正常的 t 时刻对于风险因子 K 的风险暴露；D_t 代表哑变量，在经济正常时期为 0，在金融危机时期为 1；$D_t\beta_{i,K}$（Factor K）$_t$ 代表在金融危机时期，因子 K 带来的额外的风险暴露；$(\text{error})_{i,t}$ 代表均值为 0 的随机误差。

例题 17.6

以下哪种风险属于条件性因子风险模型中用来对对冲基金收益归因进行分析的？

A. 系统风险
B. 汇率风险
C. 流动性风险

名师解析

正确选项为 B。条件性因子风险模型主要使用 6 种风险，分别是权益风险、利率风险、汇率风险、大宗商品风险、信用风险以及波动性风险。

17.3.1.2 逐步回归法

尽管上述 6 种风险包含了重要的风险因素，但是一些风险之间可能存在多重共线性。例如，美元指数和大宗指数都严重受到宏观经济的影响，通常这两个指数会呈现接近 −1 的相关系数。

> **知识一点通**
>
> 多重共线性指的是线性回归模型中的解释变量之间由于存在高度相关的关系而使模型难以估计准确。

逐步回归法（stepwise regression）可以消除多重共线性对回归模型估计的准确度的影响，模型使用者需要进行以下 4 个步骤。

（1）找出所有会影响对冲基金回报率的风险因子；
（2）计算两两配对的因子的相关系数；
（3）每对风险因子中分别只取其中 1 个放入回归模型，保持其他因子不变，保留回归结果中 adjusted R^2 高的因子；
（4）将所有配对的因子进行前面 3 步，最终留下的风险因子为该模型最终的解释变量。

通过逐步回归法，得到 4 个可以使条件性因子风险模型估计较为准确的解释变量分别是权益风险、汇率风险、信用风险以及波动率风险。

> **知识一点通**
>
> Adjusted R^2 越大表示该方程对回报率的解释度越高。

17.3.2 对冲基金在组合建立中的作用

通过实践分析,对冲基金策略对投资组合可以起到降低风险并提升收益的影响。

—考点要求—
评估(evaluate)对冲基金策略的加入对传统投资组合的影响(★★)

> **知识一点通**
>
> (1)夏普比率(Sharpe ratio)表示单位风险上获得的额外收益,因此夏普比率越高表示组合越成功。
>
> (2)索提诺比率(Sortino ratio)表示单位下行风险(downside risk)上获得的超过最低可接受回报率(minimum acceptable return,MAR)的超额收益。索提诺比率更适合衡量存在另类投资策略的组合,因为另类投资的收益率通常不是正态分布的,而是呈现左偏态。
>
> $$索提诺比率 = \frac{R_p - \text{MAR}}{\text{downside risk}}$$
>
> 公式中,R_p 表示组合收益率;MAR 表示最低可接受回报率;downside risk 表示下行风险。
>
> (3)回撤率(drawdown)指的是对冲基金的历史表现中的阶段性跌幅,通常使用净值最高水位与接下来产生的净值低水位之差来衡量。最大回撤率(maximum drawdown)指的是在一段时间内的最大跌幅,通常使用净值最高水位与接下来产生的净值最低水位之差来衡量。回撤率表达是用历史数据来反映未来可能存在的亏损风险,因此最大回撤率越低表示策略越成功。如下图所示,时刻 2 至 3 期间发生一次回撤,回撤率为 $\frac{135-105}{135} \times 100\% = 22.22\%$。时刻 6 至 7 期间也发生一次较小回撤,而如果将时间段拉长至时刻 6 至 11 期间,则该时段的最大回撤率为 $\frac{156-98}{156} \times 100\% = 37.18\%$。
>
>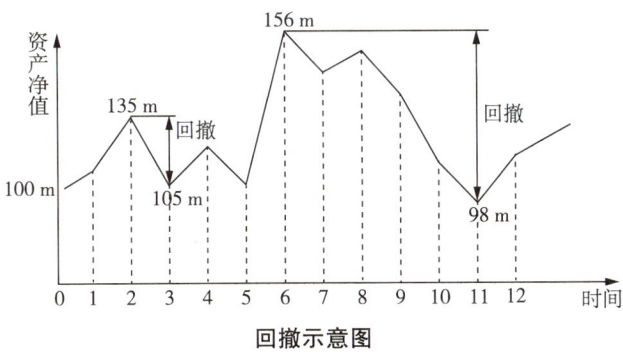
>
> 回撤示意图

若将对冲基金按照 20%的比例放入一个 60%传统权益投资、40%固定收益投资的投资组合中并维持原资产 6:4 的比例,则新的投资组合会变为 20%对冲基金、48%传统权益类投资及 32%固定收益类投资。若对 20%对冲基金投资分别采取 13 种不同的策略,会对新的组合起到不同的影响。按照 3 种衡量指标筛选出表现较好和较差的策略,如表 17.4 所示。

表 17.4 对冲基金策略在投资组合中的表现

新组合表现的衡量指标	与表现相对应的策略	
	表现较好	表现较差
较高的夏普比率和索提诺比率	• 市场中性 • 管理期货 • 全球宏观 • 并购套利 • 危机证券	• 母基金 • 多重策略
较低的标准差	• 纯空和偏空 • 熊市下的市场中性 • 管理期货 • 全球宏观策略下的母基金 • 市场中性	• 危机证券 • 可转债套利
较小的最大回撤率	• 市场中性 • 全球宏观 • 并购套利 • 管理期货	• 股票多空 • 危机证券 • 可转债套利

从对冲基金 2000 年至 2016 年的历史表现来看，将采用不同策略的对冲基金放入投资组合，并使其在组合中占比 20%，将会对组合产生不同的结果。与只考虑传统投资的资产组合相比，大多数对冲基金策略可以产生更高的收益率，并在一定程度上降低标准差。但也有一些策略会在经济景气阶段产生较大回撤率，如偏空策略，或是在实现更高收益的同时面临着回撤率翻倍的风险，如可转债套利策略。另外，表现非常优秀的是权益市场中性策略和管理期货策略，与传统投资资产组合相比，不仅可以提高收益率、夏普比率和索提诺比率，还可以在很大程度上降低最大回撤率。

练一练

17-1 Which of the following is the characteristic of hedge funds?

　　A. The existence of liquidity gates.

　　B. Conservative investment style.

　　C. High regulatory and legal constraints.

17-2 Adding a 20% allocation of a systematic futures strategy to a traditional 60%/40% portfolio is least likely decrease the total portfolio's:

　　A. Sortino ratio.

　　B. Standard deviation.

　　C. Maximum drawdown.

17-3 Compared to fund-of-funds strategy, what is the potential advantage of multi-strategy?

　　A. Less leverage.

　　B. Less operational risks.

　　C. Effective tactic asset allocation.

17-4 Which of the following strategy most likely exhibits left-tail skewness?

　　A. Managed futures strategy.

B. Merger arbitrage strategy.

C. Macro global strategy.

17-5 Compared to single manager strategy, fund-of-funds strategy is least likely to benefit from:

A. Better excess to closed funds.

B. Economies of scale in monitoring.

C. More reasonable fees.

17-6 A hedge fund manager longs a convertible bond and shorts its related stock to gain returns. Which strategy does the manager use?

A. Event-driven strategy.

B. Specialist strategy.

C. Relative value strategy.

答案与解析

17-1 A

选项 A，对冲基金存在锁定期、通知期与赎回门槛。

选项 B，对冲基金可以做空、使用衍生品及杠杆，因此投资风格通常较为激进。

选项 C，相较其他投资类型，对冲基金受到的监管较弱。

17-2 A

选项 A，将 20% 的使用管理期货策略的对冲基金加入 60%/40% 的传统投资组合后，通常可以使组合中收益增加且波动与风险降低。索提诺比率代表的是单位下行风险上获得的超过最低可接受回报率的超额收益，使用管理期货策略后通常会增加。该选项表述符合题意，为正确选项。

选项 B，标准差代表的是波动程度，使用管理期货策略后通常会减小。该选项表述不符合题意，为错误选项。

选项 C，最大回撤率代表的是对冲基金的历史表现中的最大跌幅，表明的是未来可能发生的最大损失，使用管理期货策略后通常会减小。该选项表述不符合题意，为错误选项。

17-3 C

选项 A，与母基金策略相比，多重策略通常会使用更高的杠杆。

选项 B，多重策略因为被同一个 GP 管理，存在较高的操作风险。

选项 C，多重策略由于整体基金使用同一套运营管理系统，可以更快速且有效地配置资产。

17-4 B

选项 A，历史数据显示，在市场下行时管理期货策略的收益率通常呈现右偏态。

选项 B，并购套利策略只有两种结果，成功或失败。如果失败，遭受的损失通常是巨大的，因此它的收益率会呈现左偏态。

选项 C，由于全球宏观策略的收益率取决于对经济形势及宏观政策的判断，不同时期的差异较大，没有固定的偏态。

17-5　C

选项A，由于母基金拥有机构投资者的身份，因此可以投资一些封闭式基金。该选项表述正确，但不符合题意，为错误选项。

选项B，由于母基金GP可以帮助LP对单个对冲基金做更专业的投资研究、尽职调查与行为监控，因此母基金策略可以产生管理上的规模效应。该选项表述正确，但不符合题意，为错误选项。

选项C，由于母基金存在双重管理费结构，并且存在不合理的净激励费，因此管理费更加不合理。选项C表述错误，但符合题意，为正确选项。

17-6　C

选项A，事件驱动策略包含的是全球宏观策略与管理期货策略。

选项B，特殊策略包含的是波动策略和再保险策略。

选项C，做多可转债的同时做空标的股票是可转债套利策略，而该策略属于相对价值策略。

第 18 章
另类投资的资产配置

章节导学

知识引导

另类投资的标的资产有对冲基金产品、私募股权投资产品、私人房地产、大宗商品等。不同标的资产之间的特征有较大的差异,在不同的经济环境下也有着截然不同的收益表现。在考虑整体投资组合的资产配置时,加入另类投资的配置往往可以起到加强组合收益的同时分散组合风险的效果。因此,本章介绍和研究的主要内容是另类投资在资产配置中起到的作用、应该被考虑的因素以及配置的方法。

考点聚焦

本章一共包含3节:另类投资的作用、资产配置的考虑因素以及资产配置的方法。第1节的重要程度适中,需要考生重点掌握的是建立投资机会集的2种方法(传统法和基于风险法)。第2节的重要程度较低,通常采取定性的考查方式。第3节的重要程度最高,其中3种配置方法以及流动性安排是常考点,可能会采取定量的考查方式,考生一定要重点掌握。

本章框架图

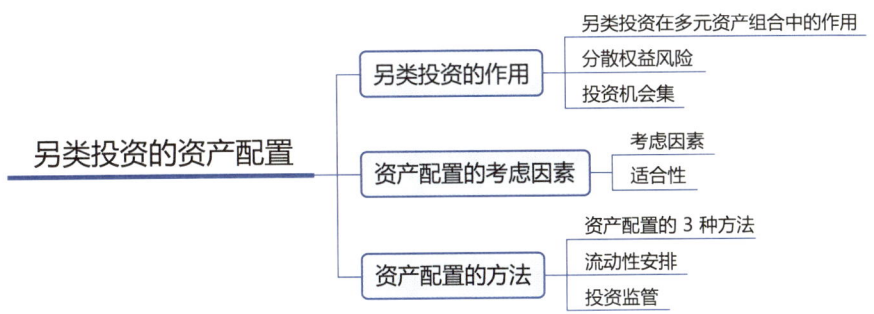

18.1 另类投资的作用

18.1.1 另类投资在多元资产组合中的作用

—考点要求—
解释（explain）另类投资在多元资产投资组合中的作用（★）

总的来说，将另类投资以适当的比例放入投资组合，可以使组合整体的收益提升并且风险降低。首先，一些另类投资的标的资产本身价格的变化可以产生资本增值的作用。其次，一些另类投资会在投资期间获得较稳定的收益（如房地产投资的租金收益、债券投资的利息收益、权益投资的红利收益）。另外，一些另类投资与传统投资的相关系数较低，可以产生很好的风险分散作用。最后，另类投资还可以起到安全保障（safety）的作用。安全保障指的是一些另类投资的标的资产价值有抵抗通货膨胀的作用（如黄金、木材），一些标的资产可以获得无风险利率（如国债），而另一些标的资产具有商品属性，可以在商品市场买卖从而保证其价值的稳定性。

> **知识一点通**
>
> 近年来，另类投资受到的关注越来越高。从2008年开始，美国先后实行了4次量化宽松政策，美国股市长期处于牛市状态。在牛市状态下，大批投资者在集中的权益类投资中承担了较小的风险又同时获得较高的收益。而从2018年开始，全球资本市场都面临着经济衰退风险，金融市场剧烈震荡，另类投资在投资组合中分散风险并加强收益的作用变得非常突出，因此资本市场也越来越看重对另类资产的投资。

不同类型的另类投资对组合的影响也不尽相同。以下为5种另类投资各自对组合的作用。

18.1.1.1 对冲基金

对冲基金（hedge fund）不同的策略有不同的作用。由于对冲基金包含的投资策略种类非常多，经理人可以做多或做空，可以采用微观分析，也可以采用宏观分析，可以使用的标的资产也特征各异，因此对冲基金在组合中起到的作用既可以降低风险又可以增加收益率。

> **知识一点通**
>
> 对冲基金的13种策略对组合的作用在第17章中有详细的讲解，此处不再赘述。

18.1.1.2 私募股权

私募股权（private equity）投资的作用有以下2种特征。

（1）私募股权投资可以获得较高的收益。私募股权没有产品公开地在二级市场上交易，流动性较差，因此回报率中会包含流动性溢价（liquidity premium）。

(2) 私募股权投资的分散化作用有限。私募股权的标的资产与公司公开交易的权益类资产的关联性很大，受到的风险影响因素基本相同，因此私募股权投资无法很好地分散组合的风险。

18.1.1.3 私募债权

投资私募债权（private credit）有直接投资（direct lending）与危机投资（distressed investment）两种方式。

(1) 直接投资债权可以在创造利息收入的同时获得由于非公开交易而产生的流动性溢价。

(2) 危机投资指的是通过较低的价格投资因陷入财务危机或其他原因濒临破产的公司的债券，等待公司转危为安后获取高收益的投资方式。由于此类债券与传统债券的相关度较低，危机投资还可以较好地分散组合的风险。

18.1.1.4 实物资产

实物资产（real asset）包含大宗商品、农地（farmland）、林地（timberland）、基础设施（infrastructure）。实物资产投资对组合最重要的作用是对冲通货膨胀风险。由于实物投资的标的资产具有商品属性，如属于大宗商品的金属、贵金属、能源以及粮食，其价值会跟随物价指数波动，因此可以对抗通胀风险。

18.1.1.5 商业地产

商业地产（commercial real estate）对于对冲未被预期到的通货膨胀（unanticipated inflation）也有较大的作用。首先，因为房产可以产生租金的收入，而且位置较好的房产的租金通常可以根据通货膨胀的情况调节，因此这部分投资价值可以对抗通货膨胀。其次，房产本身的价格很大程度上受到土地价格的影响，而土地价格受到宏观经济的影响，因此房产价格，尤其是地理位置极好的房产的价格，也会跟随物价指数波动，从而抵抗通胀风险。

> **备考小贴士**
>
> 另类投资在投资组合中的作用这部分内容较为简单，考生只需要掌握如何从整体和5种另类资产这两个角度分析另类投资的作用即可，考查形式通常为定性考查。

18.1.2 分散权益风险

对于以权益类资产为主的投资组合而言，投资者可以选择加入一定比例的另类投资或长期国债来分散风险。两种资产对组合起到的作用大小一定程度上取决于投资期限的长短。进行短期投资时，投资者更关注投资风险，而进行长期投资时，投资者更想实现高收益的目标。

从短期来看，加入债券可以更好地降低组合风险。历史数据表明，债券类资产与权

—考点要求—
比较（compare）另类投资和债券作为降低风险的工具与多头头寸的权益类组合的关系（★★）

益类资产的相关度较低,因此将债券类资产加入以权益类资产为主的组合,可以较好地分散组合的风险。而对于另类投资来讲,短期投资中存在的波动率(通常使用标准差来衡量)会被低估,因此无法准确估计其对组合分散风险的作用。

导致波动率被低估的主要原因有以下3点。

(1)一些另类投资资产的价值估计采用的是估值法(appraisal-based valuation),而估值法往往因为另类投资标的的估值频率较低导致收益率被平滑(smoothing),从而导致波动率被低估。

(2)幸存者偏差(survivorship bias)和回填偏差(backfill bias)都会导致资产价值与收益率被高估,从而导致下行风险被低估。

(3)对冲基金指数的波动率也是被低估的。对冲基金的指数是由各类策略及各类基金组成的。而实践经验表明,这些基金之间的回报率相关性极低,因此在标准差的计算中会得到较低的结果值。但实际上,一些策略下的单个对冲基金的风险可能会很高,所以波动率被低估。

> **知识一点通**
>
> 以下内容是 CFA® 一级中的知识点,在此用于帮助考生更好地理解上文内容。
>
> (1)估值法指的是在房地产相关资产的估值中采用的一种方法。房地产较为特殊,由于地段、大小、房龄和状况的不同,无法找到完全一样的资产,因此其价值的确定比较困难,而估值法是通过专家人为地、定期地通过可比房产的销售价格对房地产相关资产的价值进行估计。这种估值法因其估值的频率较低(通常为1年),从而导致估值不准确、估值较为主观,且波动率被低估。
>
> (2)幸存者偏差指的是在测算投资表现时,一些表现很差、已经被终止的项目没有被统计在内,导致测算的结果被高估。
>
> (3)回填偏差指的是在测算投资表现时,组合经理人倾向于将表现极好的项目的历史数据统计在内,从而可以抬高整体业绩表现,导致测算的结果被高估。

从长期来看,另类投资可以更好地在保证在一定的风险分散效果基础上获得较高的超额收益。因为投资组合的终极目标是获得较高的回报率,而债券类资产的问题在于依靠票息(coupon)得到的回报率不高,因此大量债券加入组合不能实现长期的收益率目标。所以相较而言,另类投资既可以因其与传统投资比较低的相关性实现风险分散,又能够抵抗通货膨胀甚至获得超高收益。

> **备考小贴士**
>
> 考生需要掌握另类投资和债券对权益类投资组合的风险分散的效果。考生要从两个维度来作答,一个是投资期限的长与短,另一个是两种资产各自的作用、优势与局限性。此考点的考查形式为定性。

—考点要求—
比较(compare)
定义投资机会集的传统法和基于风险法
(★★★)

18.1.3 投资机会集

投资机会集(investment opportunity set)是将多种投资方式按照一定标准划分的集

合，便于做资产配置时准确便捷地选择相应的投资策略。

18.1.3.1 传统法

传统法（traditional approach）下的资产划分通常使用两种标准，一是流动性，二是各类资产在不同的宏观经济状态下的预期的表现。

1. 以流动性为标准

以流动性为标准的传统法将投资机会分为流动性较好和流动性较差这 2 类，投资机会集划分结果如下。

（1）以流动性较好为标准的投资机会集

① 固定收益类资产：现金、债券。

② 权益类资产：股票、对冲基金多空策略。

③ 房地产及其他：房地产信托基金（real estate investment trusts，REITs）、大宗商品。

（2）以流动性较差为标准的投资机会集

① 固定收益类资产：私募债权。

② 权益类资产：私募股权。

③ 房地产及其他：私人房地产（private real estate）、私人实物资产（private real asset）。

2. 以宏观经济环境为标准

以宏观经济环境为标准的传统法将在特定的经济状态下获取高额收益的资产集合起来。投资机会再从两个维度划分为 4 类，一个维度是经济高增长与经济低增长或负增长，另一个维度是高通货膨胀（high inflation）、温和通货膨胀（moderate inflation）以及通货紧缩（deflation）。

从经济周期的角度来看，由于通货膨胀率是滞后指标，与经济增长率的关系如图 18.1 所示。

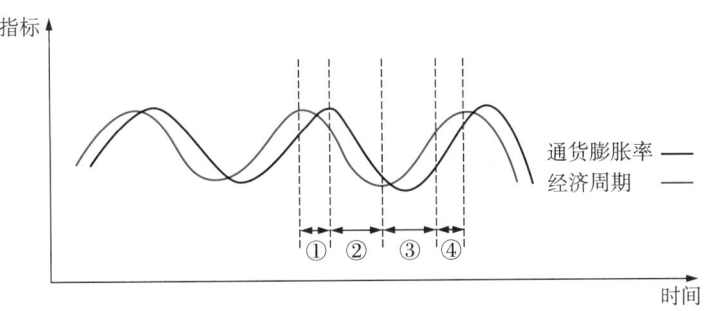

图 18.1　经济增长率与通货膨胀的关系

投资机会集划分结果如下。

（1）经济低增长或负增长且高通货膨胀：通货膨胀连结债券（inflation-linked）、黄金。

（2）经济低增长或负增长且通货紧缩：长期国债。

（3）经济高增长且温和通货膨胀：股票、私募股权、高收益债券、私募债权。

（4）经济高增长且高通货膨胀：房地产、大宗商品。

> **知识一点通**
>
> 经济学研究表明，宏观经济状态中很难出现经济高增长的同时通货紧缩、经济低增长或负增长的同时温和通货膨胀两种情况，因此两种状态下的投资机会集为空白。

当经济处于低增长甚至负增长且高通货膨胀时，经济处于滞胀状态（stagflation），配置的资产要在规避投资风险的前提下对抗通货膨胀，因此通货膨胀连结债券与黄金是最好的选择。

当经济处于低增长或负增长且通货紧缩时，长期国债的表现优于其他资产，长期国债也被称为对冲通货紧缩的资产（deflation-hedging assets）。由于此时经济出现衰退且通货紧缩，大部分的资产价值开始大幅下跌，而长期国债能够保证较稳定的利息收入及本金安全，因此可以很好地抵抗此经济状态下的风险。

当经济处于高增长且温和通货膨胀时，经济状态健康向好，配置高风险类资产能获得高收益，例如股票及私募股权。

当经济处于高增长且高通货膨胀时，能够对冲通货膨胀的资产表现优于其他资产。此时经济处于扩张后期，增长率即将到达顶峰，而通胀率由于滞后性会继续一段时间的高速增长，因此此时应该配置能够抵抗通货膨胀风险的资产，例如房地产及大宗商品。

18.1.3.2 基于风险法

基于风险法（risk-based approach）指的是通过技术分析的回归模型来测算不同另类资产的预期回报率。回归模型的解释变量是一些常见的风险因子，这些风险因子包含但不限于股票市场收益率、市值规模、价值因子、通货膨胀、信用利差、流动性、汇率、久期。

> **知识一点通**
>
> 价值因子指的是价值型股票相对于增长型股票所能多获得的额外收益。在不同的经济状态下，额外收益不同，可能为正也可能为负。历史经验表明，在经济向好时期，增长型股票表现往往优于价值型股票，而在经济衰退时期，价值型股票表现往往优于增长型股票。

回归结果会展示出不同资产在不同风险因子下的显著程度。例如，新兴市场权益投资对权益市场收益率因子结果显著，通货膨胀连结债券对久期因子和通胀因子结果显著，而大宗商品对通胀因子和汇率因子显著。

由于风险回归这种资产分类方法非常直观，投资者可以高效地基于不同维度分散化配置资产，而且可以更好地理解不同资产的风险来源。

> **备考小贴士**
>
> 基于风险法的概念看起来很抽象，但是考生不必过于紧张，此部分不要求考生掌握回归模型，只需要记住有哪些代表性的风险因子，并理解风险因子与资产配置的关系即可。

18.1.3.3 两种方法的对比

传统法和基于风险法各自的优势与局限性如表 18.1 所示。

表 18.1 传统法和基于风险法的优势与局限性对比

	传统法	基于风险法
优势	• 资产分类清晰易懂，对于配置的程序而言，便捷快速。 • 流动性安排在一些特定经济状态下至关重要，因此明确的流动性分类使配置时可以快速定位目标资产	• 各类资产的风险因子都可以被明确地定义。 • 经理人可以通过明确的风险因子建立完善的风险管理系统，达到精准的风险分散化
局限性	• 由于没有明确的风险因子测算，经理人会主观认为在各大类资产的配置能起到很好的风险分散效果，但实际可能忽略了关联程度导致分散效果不佳。 • 无法准确地定义风险来源	• 由于模型的测算是基于历史数据，历史数据不代表未来变化，因此模型结果并不充分。 • 存在执行的困难。尽管该模型充分考虑了风险因素，但是在资产配置时还应充分考虑流动性、投资期限等因素，而模型无法体现这些因素

18.2 资产配置的考虑因素

18.2.1 考虑因素

在另类投资的资产配置中，经理人需要根据投资者的具体要求多方面考虑，在既能达到风险与收益要求的同时，尽可能地减少投资者的成本并满足其他特殊要求。

—考点要求—
探讨（discuss）在配置不同类型的另类投资时的重要考虑因素（★★）

> **备考小贴士**
>
> 以下 7 点考虑因素实际上包含着资产配置的顺序与逻辑，类似于投资政策说明（investment policy statement，IPS）中要依次书写的收益目标、风险目标及 5 个配置约束（流动性、法律要求、时间期限、税额、特殊要求，LLTTU），考生可以通过对比规律记忆。在进行另类投资的配置时，经理人首要考虑的是收益目标与风险目标，需要从多种另类投资中选择可以满足以上 2 个目标的投资工具。接下来应根据投资者的个人需求进行流动性安排，之后从费用和税额支出考虑，尽量减小投资者的成本，最后再进行特殊要求的安排。

18.2.1.1 风险

传统投资通常采用的均值方差最优化模型（mean-variance optimization）并不能很好地衡量另类投资在组合配置中的风险，主要是因为另类投资的收益率并不符合正态分布。首先，一些投资在实际投入资本小于承诺资本（committed capital）时，用承诺资本算出的收益率是较小甚至为负的，而后期等投入资本全部到位时计算出的收益率才会较为准确。其次，一些另类投资本身收益率的分布就会呈现偏态（左偏态或右偏态），因此使用均值方差最优化模型衡量另类投资的风险是不完善的。

另类投资还有一些特殊的风险来源。首先，一些另类资产（如房地产）存在估值主观、估值不准确、流动性极差等问题，会带来潜在风险。其次，一些另类投资的资金并不是一次性给到经理人（如私募），而是在前几年陆陆续续投入，因此实际承担的风险并不完全等同于资产配置时预期的风险。

18.2.1.2 目标收益

由于另类投资的标的资产流动性较差导致收益率的历史数据非常有限，且不同资产具有不同的特性，因此并没有一个适用于所有资产类别的收益率计算方法。通常需要经理人根据不同的投资标的进行测算。

经理人可以考虑采用"搭积木"法（"building blocks" approach），它适用于部分另类投资资产。此方法基于标的资产所有的潜在风险，在无风险利率的基础上，叠加对应的风险溢价，并加上经理人的预期超额收益（alpha），减去相应的管理费、激励费和税费，最终得到预期收益率。

例题 18.1

爱丽丝，CFA®，是威尔投资管理公司的高级经理人。目前她在对自己管理的资本总额 100 万美元的组合进行另类投资的资产配置，并要测算鲍勃公司的 10 年期私募债权的预期收益率。通过她的研究分析收集到以下数据。

（1）10 年期国债的收益率为 2%。
（2）鲍勃公司在二级市场上公开交易的 10 年期债券与 10 年期国债之间存在 4% 的信用利差。
（3）10 年期的私募债权相较于公开交易债券应该享有 3% 的流动性风险补偿。
（4）鲍勃预期通过积极管理（active management）可以获得 3.5% 的超额回报。
（5）资产管理费用为 2%，基于组合的最终价值（ending value）征收。
（6）对投资者在扣除所有费用后获得的收益部分征收 10% 的所得税。

请计算：
（1）鲍勃公司的 10 年期私募债权的预期收益率为多少？
（2）如果实现预期，对于投资者而言，最终的净回报率为多少？

名师解析

（1）对于私募债权这类另类投资资产，可以采用"搭积木"法来测算预期收益率。

预期收益率 = 2% + 4% + 3% + 3.5% = 12.5%

（2）对于投资者而言，净回报率还要扣除管理费、激励费以及税额。计算步骤如下：

① 先计算该组合的最终价值。

最终价值 = 1 000 000 × (1 + 12.5%) = 1 125 000（美元）

② 再对最终价值征收 2% 的管理费：
管理费 = 1 125 000 × 2% = 22 500（美元）
③ 扣除费用后的收益会被征收 10% 的税：
最终收益 =（125 000 - 22 500）×（1 - 10%）= 92 250（美元）
则对于投资者而言，最终收益率为（92 250 ÷ 1 000 000）× 100% = 9.23%。

18.2.1.3 投资工具

可以进行另类投资资产配置的投资工具（investment vehicle）有以下 4 种。

(1) 作为有限合伙人直接投资，由普通合伙人来管理账户。这是最常用的方法。

(2) 对于投资金额较小的投资者，通常采用公募基金（mutual funds/publicly traded funds）或欧盟可转让证券集合投资计划（undertaking for collective investment in transferable securities，UCITS）。

(3) 对于投资金额较大的投资者，可以采用分开管理账户（separately managed accounts，SMAs）的形式。分开管理账户针对的是由于投资金额巨大需要更加专业化且定制化的策略制定与资产配置的投资者。如果基金账户中客户仅有一位投资者，则称为一人基金（fund of one）。

(4) 采用母基金的形式来投资。

18.2.1.4 流动性

不同的另类资产存在不同的流动性。

对于对冲基金而言，通常会有 1 年以上的锁定期，在锁定期结束后，赎回之前仍然需要给经理人留有 1~3 个月的通知期做准备，并且赎回的最高金额也会受到限制。以上规定均会降低对冲基金的流动性。

对于私募投资而言（股权、债权、房地产及实物资产），投资年限通常很长，达 10 年以上，且初期募集资金仅开放 1 年左右。在投资初期，需要投资人对投入总资金做出承诺，虽然并不要求一次性投入全部的承诺资本，但是在资产运营的前几年，经理人可能会随时要求投资人在实缴资本的基础上追加投资（capital calls），直到累计至承诺资本的金额。在投资期间，不允许投资者赎回资金，只能在投资后期等待经理人的退出分配资金（distributions）。

> **知识一点通**
>
> 侧袋账户（side pocket）用于投资流动性较差的标的资产，侧袋账户的设置可以使经理人更加公平地配置每个投资者的流动性。由于资产配置中流动性较差的资产无法及时变现，如果此时某投资者提出赎回要求，而其投资比例下的流动性资产的金额低于赎回金额，经理人为了满足赎回要求，可能会侵占其他投资者投资比例下的流动性资产。因此，可以将流动性较好的资产和流动性较差的标的资产分别放入两个账户——主袋账户和侧袋账户。当有投资者提出赎回要求时，只能将其投资比例下的主袋账户的金额归还，而不能动用其他投资者的主袋账户。

18.2.1.5 费用与支出

对冲基金通常采用"2/20"的费用结构。"2"指的是经理人按照资产管理规模（asset under management，AUM）的2%来收取管理费。"20"指的是经理人按照已实现的收益的20%来收取激励费。实践中，基于基金管理公司规模的不同，管理费可能会在0.5%~2.5%之间，而激励费可能会在10%~20%之间。除此之外，如果投资者一定要在锁定期内赎回资金，可能会面临高达占总投资金额10%的惩罚金。

私募基金会按照承诺资本而不是投入成本（invested capital）来收取管理费。在基金运作的前期，经理人还未将承诺资本收取完毕时，投资者支付的管理费是偏高的，导致内部收益率基本为负且会持续一段时间，到了投资后期收益率才会有所上升，这种情况也被称为J曲线效应（J-curve effect）。

此外，另类标的资产正常运行或交易所产生的行政费用（administration fees），如审计费、会计费、法律费等，也都会转移给投资者承担。

> **备考小贴士**
>
> 对冲基金的"2/20"费用结构的相关计算为CFA®一级及二级的重点考查内容，在三级不再做考查要求，因此考生只需要掌握相关费用规定即可。

18.2.1.6 税款

不同的另类投资会面临不同的税率，投资者应当根据自己的情况选择合适的资产进行配置。

一些另类投资在一些国家有税收优惠政策。例如，在美国，养老金基金以及捐赠基金（endowment funds）属于免税机构（tax-exempt organizations），但是此类基金的资金用途必须符合免税的要求，否则将被收取非业务所得税（unrelated business income tax，UBIT）。

> **备考小贴士**
>
> 考生不需要掌握免税或税款优惠的具体政策，只需要了解不同的另类资产会有不同的税收政策即可。

18.2.1.7 其他考虑因素

想要做另类投资的投资者还应考虑是否能够进行全面的尽职调查便于自己寻找到合适的投资标的以及经理人，是否能够寻找到符合自己投资理念并能够帮助自己获得较高收益的经理人，以及是否能够在资产被管理期间进行适当地监管。

—考点要求—
探讨（discuss）
另类投资的资
产配置中对适
合性的考虑
（★）

18.2.2 适合性

投资者应当通过投资期限、投资专家、公司治理以及透明度的考虑来选择最适合自己的另类投资。

18.2.2.1 投资期限

对于要求投资期限较短、希望流动性较好的投资者,可以选择使用二级市场上公开交易的权益类及固定收益类资产策略的对冲基金、大宗商品衍生品以及房地产信托基金。对于投资期限适中的投资者,应当根据自己的期限要求选择锁定期匹配的对冲基金。对于投资期限大于15年的投资者,可以选择私募股权、私募债权、私人实物资产以及私人不动产。

18.2.2.2 投资专家

首先,由于另类投资的复杂性,通常要求投资者本身具有投资相关的专业性。其次,投资者需要根据自己的投资理念找到相匹配的投资经理人及其投资策略。投资者还需要尽力消除与经理人之间存在的信息不对称(information asymmetry),以免投资者无法准确有效地评估经理人的投资表现。

18.2.2.3 公司治理

投资者应当寻找拥有较好的治理结构的公司来管理自己的资产,以便更好地满足自己的投资需求。投资者可以从正式的投资政策说明书中是否含有明确的投资目标及定期的投资运作报告、投资经理人是否责任明确且具有绝对的决策权这两个方面来判断公司治理的好坏。

18.2.2.4 透明度

由于大多数国家对私募股权、私募债权等另类投资没有法律上的投资报告披露要求,因此另类投资的透明度普遍较低。

一些另类投资(如私人不动产、私募股权)在投资者做出承诺资本(committed capital)后,很长一段时间内不会披露投资策略,并要求投资者不断地追加投资金额,这类投资透明度极低,被称为"盲池"(blind pool)。

而另一些另类投资(如对冲基金)会使用独立管理方(independent administrators)进行资产托管及清算,且经理人会定期地出具投资管理报告。报告中会大致地说明过去一个季度的投资表现、持仓仓位以及对未来市场的预期,因此透明度较好。

> **知识一点通**
>
> 透明度越低,经理人操纵资金的可能性就越高。分开管理账户的投资者由于投入资金量大且投资策略是定制化的,可以要求更细节的披露,因此在很大程度上降低了账户被经理人操纵的风险。

> **备考小贴士**
>
> 适合性部分的内容较少且较简单,考查频率不高且考查难度较低,考生只需要理解内容即可。

18.3 资产配置的方法

18.3.1 资产配置的3种方法

—考点要求—
探讨（discuss）对另类投资进行资产配置的方法（★★★）

在完成投资目标和投资限制等考虑后，经理人将开始在可选资产中进行最优资产配置的测算。常用的资产配置方法有蒙特卡洛模拟、投资组合最优化和基于风险因素最优化3种。无论选择哪种方法，经理人在进行测算最优配置权重前，都需要先对输入数据进行一定的调整和处理。

首先，因资产的估值方式造成收益率数据过于平滑的问题，需要使用序列相关性（serial correlation）检验来判断是否需要数据调整。检验结果的相关性越大，表明数据越平滑，需要调整为不平滑的数据后才可以继续资产配置。

其次，由于另类投资的收益率可能会出现偏度和极端峰度而造成尖峰肥尾（fat tails），使用仅适用于正态分布的模型会出现低估下行风险的问题，因此需要使用数量模型对数据进行调整。可以使用的模型有随机波动模型（stochastic volatility）、区域转换模型（regime-switching models）以及极端值理论（extreme value theory）。

> **备考小贴士**
> 考生不需要掌握序列相关性的检验方法调整平滑数据的方法以及数量模型，只需要了解在使用配置方法前对相关数据应当进行的相应调整即可。

18.3.1.1 蒙特卡洛模拟

蒙特卡洛模拟（Monte Carlo simulation）是最实用的资产配置方法之一。经理人使用蒙特卡洛模拟进行资产最佳配置时，可以考虑使用以下3个步骤。

（1）首先对目标另类投资资产的收益率历史数据进行统计，并将不符合正态分布的数据进行相应处理。例如，使用区域转换模型将高波动的收益率和低波动的收益率通过时区的划分进行处理，或是将私人不动产的收益率数据进行不平滑处理。

（2）将传统投资资产和另类投资资产进行不同权重的多种配置。例如，资产组合1可以配置45%股票类资产加上55%债券类资产，资产组合2可以配置45%股票类资产、20%对冲基金、15%债券类资产、10%私人不动产加上10%大宗商品期货合约。

（3）将不同的资产配置组合进行蒙特卡洛模拟，并设定目标收益率，如7.2%。在设定的投资期限上，蒙特卡洛模拟会出现如图18.2所示的结果。图中所示为上述两种资产组合示例在投资期限上满足目标收益率的概率曲线。该连续曲线表明，概率越高的资产配置，越有可能满足投资目标收益率。

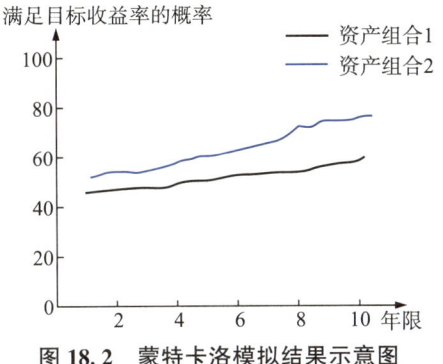

图 18.2 蒙特卡洛模拟结果示意图

> **备考小贴士**
>
> 由于蒙特卡洛模拟需要仿真软件（如 MATLAB）在电脑上运行，相应的结果结合图示才会更加直观明了，因此这个部分只要求考生掌握上述模拟步骤并能够从图 18.2 中判断出哪种资产配置最好即可。考查形式通常为定性考查。

18.3.1.2 投资组合最优化

投资组合最优化（portfolio optimization）的资产配置方法下包含以下 2 种最优化方法。

1. 均值-方差最优化（Mean-Variance Optimization）

通过不同比例、不同资产的配置会形成不同的均值-方差组合，所有的组合放在一张图表上，以标准差为横坐标，收益的均值为纵坐标，在所有模拟结果中挑选出在任意收益率上方差最小的组合且在任意方差上收益率最高的组合，这些组合将形成一条有效前沿曲线（effective frontier curve），而在这条曲线上的投资组合都是在特定风险下的最优组合。

在均值-方差最优化模型下，资产配置分为两种，一种是标的资产的配置没有任何限制，另一种是标的资产的配置存在一些限制，如不可以做空、杠杆不超过 2 倍或是对冲基金的配置比例不超过 25% 等。根据实操经验，配置的限制会缩小潜在收益率，因此有限制配置的有效前沿曲线通常低于无限制配置的有效前沿曲线。

2. 均值-条件风险价值最优化（Mean-CVaR Optimization）

尽管均值-方差最优化是常用的配置方法，但是考虑到另类投资的收益率往往并非正态分布，投资者会在配置资产时更关注下行风险。均值-条件风险价值最优化则是更适合收益率存在尖峰厚尾的资产组合的配置方法。该方法同样通过不同比例、不同资产的配置形成多个组合，在所有模拟结果中挑选出在任意收益率上条件风险价值最小的组合且在任意条件风险价值上收益率最高的组合，这些最优组合也将形成有效前沿曲线。

> **知识一点通**
>
> 风险价值（value at risk，VaR）指的是在一定概率水平（置信度）下，资产组合在未来特定时期内的最小损失值。
>
> 条件风险价值（conditional value at risk，CVaR）是一种投资风险计量方法，指的是在投资组合的损失超过某个给定在险价值的条件下，该投资组合的期望损失值。

例题 18.2

莎拉，CFA®，目前管理着一个资产总额 USD 1 000 000 的投资组合。她对该投资组合做出了 6 种资产配置，并对资产配置的回报率、波动率等信息做了统计，如下表所示。她在与投资者的沟通中了解到，资产配置需要满足以下 3 点要求。

(1) 投资组合的收益率要满足最低 6.5% 的要求。
(2) 投资组合的单位风险上的收益率要尽可能大。
(3) 99% 的置信区间下，投资者的期望损失不能超过 25%。

6 种投资组合资产配置方案

资产配置方案	预期收益率	标准差	99% 风险价值	99% 条件风险价值
A	5.89%	5.26%	−14.21%	−17.25%
B	6.12%	6.45%	−16.55%	−18.33%
C	6.53%	6.89%	−16.71%	−20.38%
D	6.84%	6.73%	−18.03%	−23.43%
E	7.01%	7.39%	−18.27%	−25.09%
F	7.26%	7.82%	−19.12%	−25.49%

根据上表，哪种组合的资产配置最能够满足投资者的要求？

名师解析

资产组合 D 最能满足投资者的要求。

首先，资产配置方案 A 和方案 B 不能满足投资者收益率最低 6.5% 的要求。方案 A 的预期收益率为 5.89%，而方案 B 的预期收益率为 6.12%，均小于 6.5%，因此不满足第 1 个条件。

其次，资产配置方案 E 和方案 F 均不满足 99% 的置信区间下，投资者的期望损失不能超过 25% 的要求。方案 E 的 99% 条件风险价值为 −25.09% 而方案 F 的 99% 条件风险价值为 −25.49%，绝对值均大于 25%，因此不满足第 3 个条件。

最后，投资者希望在单位风险上的收益率最高。方案 C 单位标准差上的预期收益率为 0.95%，而方案 D 单位标准差上的预期收益率为 1.02%，因此方案 D 为最能够满足投资者要求的资产配置方案。

18.3.1.3 基于风险因素的最优化

经理人在使用基于风险因素的最优化（risk factor-based optimization）模型进行资产配置时，可以考虑以下 4 个步骤。

(1) 根据目标标的资产的特性来确定影响其收益率的潜在风险因素。风险因素包含但不限于权益风险、汇率风险、信用风险、久期风险、流动性风险、波动率风险以及通货膨胀风险。

(2) 通过对已确定的风险因素进行回归模拟可以测算出每种风险因素的预期收益，如图 18.3 所示。

(3) 根据给出的较高的预期收益率中所对应的风险进行具有该风险的相关资产的

配置。资产配置时，同一种风险可能涉及多种类型的资产。例如，含有权益风险的标的资产有国内的权益类资产、国外的权益类资产以及私募权益类资产。因此，经理人需要根据投资者的具体需求、偏好以及其他风险因素的限制来配置不同的投资组合。

（4）最后，计算可行的多种投资组合的预期收益率与波动率，选择出最适合投资者的或单位风险上收益率最高的最优资产配置方案。

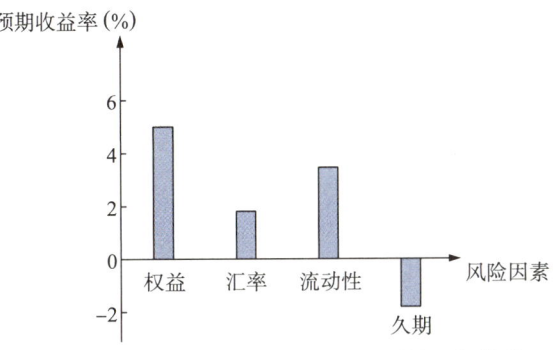

图 18.3　基于风险因素的最优化模型的预期收益

但是基于风险因素的最优化模型也存在局限性。在市场波动较大的时候，一些对市场波动敏感的风险因素会变得非常不稳定，并且风险之间的关联性也会随着市场的波动而变化，导致模型结果并不准确。因此，在使用基于风险因素的最优化模型前，经理人需要对存在多重共线性或序列相关性的数据进行处理。

---备考小贴士---

3 种资产配置的方法是考生必须要掌握的内容。考生要掌握 3 种方法的基本原理和配置逻辑，并且涉及的例题均为可能出现的考查重点与考试形式，考生一定要重点掌握。

18.3.2　流动性安排

流动性安排在另类投资的资产配置中极为重要，尤其是对于某些资金赎回灵活度较低的另类投资，如私募基金。通常在加入私募基金时，投资者会做出承诺资本，但是不需要将承诺资金一次性全部投入。经理人会在投资初期每年提出投资资本追加要求，因此对于投资者而言，初期会有持续的现金流流出。而在投资后期，经理人也不是一次性返还退出资本，而是每年进行一定比例的退出资本的分配，因此对于投资者而言，后期会有持续的现金流流入。私募基金的现金流示意图如图 18.4 所示。

—考点要求—
探讨（discuss）在另类投资的资产配置中流动性安排的重要性（★★）

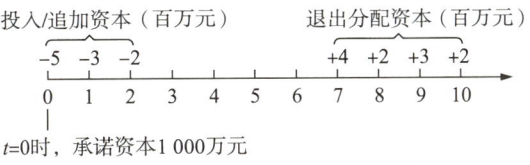

图 18.4　私募基金的现金流示意图

一方面，投资者要对自己未来的日常生活支出做好准备；另一方面，货币具有时间价值，因此预先进行现金流进出的测算可以使投资者对未来的资金流动性要求十分清楚，并对此做出相应的投资规划。

18.3.2.1 测算未来现金流

在进行流动性测算前，投资者需要进行以下 3 个假设。
（1）基于资产净值（net asset value，NAV）的预期年化回报率；
（2）每年追加资金的金额和追加年限；
（3）每年退出分配资金的金额和分配年限。
在完成假设后，投资者应对未来投资期限内的现金流进行测算。

> **备考小贴士**
>
> 对于流动性安排，可能会采取定量的考查方式。现金流的计算方法是比较基础的数学运算，在这里不再赘述。考生需要将题意理解清楚，根据题目要求进行相关计算和探讨。例题 18.3 完整地展示了可能考查的内容，考生应当掌握。

例题 18.3

莎拉，CFA®，正在管理着总资产 500 000 000 美元的投资组合。投资组合的资产年化回报率为 5%。莎拉预计在 3 年后将投资组合中的 20% 进行阳光私募基金的资产配置。阳光私募基金的投资总年限为 10 年，前 3 年每年年初会持续进行资本追加，第 1 年需要投入承诺资本的 40%，第 2 年的追加金额为剩余应投入资本的 40%，而第 3 年应当追加完所有承诺资本。后 3 年年末会基于基金当前资产净值进行退出资金的分配，每年分配资产净值的 30%，而第 10 年年末会将所有资金归还投资者。假设阳光私募基金基于资产净值的年化回报率为仅有 4%。
（1）在组合管理的第 3 年对私募基金投资做出的承诺资本金额为多少？
（2）私募基金的管理期内，前 3 年的预期追加资本金额分别为多少？
（3）私募基金的管理期内，后 3 年的预期退出分配资本金额分别为多少？
（4）私募基金的 10 年期间，承诺资本的 10 年期总回报率为多少？年化收益率为多少？

名师解析

（1）承诺资本为 115 762 500 美元。

3 年后，投资组合的总资产 = 500 000 000 × (1 + 5%)³ = 578 812 500（美元）。

由于将进行 20% 的私募基金配置，因此在组合管理的第 3 年，承诺资本 = 578 812 500 × 20% = 115 762 500（美元）。

（2）前 3 年的预期追加资本金额分别为 46 305 000 美元、27 783 000 美元、41 674 500 美元。

由于第 1 年年初追加资金为承诺资本的 40%，因此第 1 年的投入资本 = 115 762 500 × 40% = 46 305 000（美元）。

第 2 年年初要求投入资金为剩余应投入资本的 40%，因此第 2 年的投入资本 = (115 762 500 - 46 305 000) × 40% = 27 783 000（美元）。

第 3 年年初要求将剩余的承诺资本全部追加完成，因此第 3 年的投入资本 = 115 762 500 - 46 305 000 - 27 783 000 = 41 674 500（美元）。

（3）后 3 年的预期退出分配资本金额分别为 45 799 097.97 美元、33 341 743.32 美元、80 909 297.12 美元。

第 1 年年初投入 46 305 000 美元，到第 8 年年末进行第 1 次分配时净值 = $46\ 305\ 000 \times (1+4\%)^8 = 63\ 371\ 589.88$（美元）。

第 2 年年初投入 27 783 000 美元，到第 8 年年末进行第 2 次分配时净值 = $27\ 783\ 000 \times (1+4\%)^7 = 36\ 560\ 532.62$（美元）。

第 3 年年初投入 41 674 500 美元，到第 8 年年末进行第 3 次分配时净值 = $41\ 674\ 500 \times (1+4\%)^6 = 52\ 731\ 537.44$（美元）。

第 8 年年末的资产净值 = 63 371 589.88 + 36 560 532.62 + 52 731 537.44 = 152 663 659.90（美元）

第 8 年年末的退出分配资本 = 152 663 659.90 × 30% = 45 799 097.97（美元）

第 1 次分配后的剩余资金到了第 9 年年末的资产净值 = (152 663 659.90 - 45 799 097.97) × (1 + 4%) = 111 139 144.40（美元）

第 9 年年末的退出分配资本 = 111 139 144.40 × 30% = 33 341 743.32（美元）

第 2 次分配后的剩余资金到了第 10 年年末的资产净值 = (111 139 144.40 - 33 341 743.32) × (1 + 4%) = 80 909 297.12（美元）

最后的资产净值将会全部归还投资者，因此最后一次分配金额为 80 909 297.12 美元。

（4）10 年间，总回报率为 38.26%，年化收益率为 3.29%。

承诺资本总计 115 762 500 美元。

收到的净资产总计 = 45 799 097.97 + 33 341 743.32 + 80 909 297.12 = 160 050 138.41（美元）

10 年期总回报率 = $\dfrac{(160\ 050\ 138.41 - 115\ 762\ 500)}{115\ 762\ 500}$ = 38.26%

年化收益率 = $(1 + 38.26\%)^{\frac{1}{10}} - 1$ = 3.29%

18.3.2.2 管理追加资本

由于未来会面临追加资本的要求，因此投资者既需要维持一定的流动性以满足经理人的追加要求，也需要让这部分的资金获得一定的收益。通常可以将这部分资金投入与组合中的标的资产性质相似但是在公开市场上交易的流动性较好的替代投资品（placeholders）。例如，若组合中基金的标的资产为私人不动产，那么可以选择将还未追加的资金投入房地产信托基金。

18.3.2.3 预防突发情况

不难看出，现金流测算基于非常多的假设，而这些假设存在的不确定性可能会带来突发情况。因此，在流动性安排的最后，投资者需要做敏感性分析和情景假设，并对相应的情况做好流动性准备。例如，在做情景假设时，投资者可以假设两种极端情况，即追加资本比例变大的同时追加速度变快，以及追加资本比例变小的同时追加速度变慢。

18.3.3 投资监管

—考点要求—
探讨（discuss）监管另类投资项目时的考虑因素（★）

在资产配置后，投资者需要持续地对投资组合中各类标的资产的收益表现进行监管，并且要实时监测是否与自己的投资目标（收益与风险）和投资限制（流动性、法律、税额、时间期限、特殊要求）匹配。

另外，投资者还应对投资管理公司和投资流程进行监管。可以考虑从以下 6 个方面进行调查了解和监管。

（1）是否存在组合管理的核心经理人离职的风险。
（2）经理人与投资者的利益是否一致。
（3）投资过程中是否存在投资风格的偏离。
（4）风险管理的体系是否完善。
（5）其他投资者的提前赎回是否会影响自己的资金的投资表现。
（6）管理公司是否聘请了信用良好的独立第三方（如托管方、律师事务所、会计师事务所）。

投资者在对收益表现进行监管时，需要了解经理人对收益的具体计算方法以及衡量表现的基准。在对收益表现进行测算时，经理人通常会选取内部收益率来衡量组合表现。此外，资本回报倍数（multiple on invested capital，MOIC）也是私募股权等基金常用的一种收益率衡量方法。由于一些另类投资的资金流动性较差，存在锁定期（如对冲基金、私募基金），因此时间权重收益率（time-weighted returns）等衡量方法并不适用于含有另类投资的资产组合。

经理人通常会根据组合的资产配置形成定制化的指数来作为衡量基准。但由于包含另类投资的资产组合具有各类的非系统性风险（idiosyncratic risk），因此指数并不能完全反映资产组合的表现情况。

> **备考小贴士**
> 投资监管相关内容较少且较简单，考查形式为定性。

练一练

18-1 Which of the following alternative investments would the manager recommends to an investor who wants to hedge high inflation risk and to benefit from diversification in public equity portfolio?

A. Private equities.
B. Equity hedge funds.

C. Commodity futures.

18-2 One of the limitations for using risk-based approaches in defining the opportunity set is that could:

A. overestimate the portfolio diversification.

B. be sensitive to the historical look-back period.

C. be hard to find drivers of risks.

18-3 Which of the following statements best describe considerations with risks?

A. Mean-variance optimization is the best method in representing risk characteristics of alternative investments.

B. Private equities have low risk exposures to illiquidity since invested capital can be redeemed anytime.

C. Private real estate might suffer from some potential risks because of the use of appraisal-based valuation.

18-4 When a manager presents the performance of a private equity fund, which of the following measurements of returns is least likely used?

A. Time-weighted return.

B. Internal rate of return.

C. Multiple on invested capital.

18-5 The requirement of liquidity in liquidity planning increases if:

A. the pace of distributions increases.

B. the pace of capital called increases.

C. the percentage of recent capital called falls.

18-6 A manager noticed that the distribution of portfolio returns is not normal, which approaches to asset allocation can be used without adjustments of historical returns data?

A. Mean-CVaR optimization.

B. Mean-Variance optimization.

C. Monte Carlo simulation.

答案与解析

18-1 C

选项A，由于私募股权的标的资产与公开交易的权益类资产的关联程度很大，受到的风险影响因素基本相同，因此其分散化作用有限。

选项B，使用权益类策略的对冲基金同样存在与公开交易的权益类资产的关联程度很高而导致的分散化作用有限的问题。

选项C，由于投资者希望可以在高通货膨胀的经济环境下对冲风险，因此可以选择的另类投资有私人不动产、私人实物资产以及大宗商品及其衍生品。另外，投资者希望现有的权益类投资组合可以通过另类投资的配置获得分散化的好处，因此不应该进行和权益相关的资产投资。

18-2　B

选项A，高估了资产配置的风险分散化效果为传统法的局限性之一。

选项B，由于风险法的测算是基于历史数据，历史数据不代表未来变化，因此模型结果并不充分，此为风险法的局限性之一。

选项C，无法准确地定义风险来源为传统法的局限性之一。

18-3　C

选项A，由于另类投资的收益率分布并不符合正态分布，均值方差最优化模型并不能很好地衡量另类投资在组合配置中的风险。

选项B，私募股权的投资资本不可以随时赎回，因此流动性较差。

选项C，由于私人不动产通常采用估值法，而这种方法存在估值频率低、估值主观且不准确、流动性极差等问题，因此会带来潜在风险。

18-4　A

选项A，由于私募股权基金流动性较差，投入资金在一段时间内不可赎回且会在投资前期不断追加投资金额，因此时间权重收益率并不适合用于私募股权基金的收益率测算。

该选项表述错误，符合题意，为正确选项。

选项B，内部收益率是另类投资常用的一种收益率衡量方法。该选项表述正确，不符合题意，为错误选项。

选项C，资本回报倍数是私募股权基金常用的一种收益率衡量方法。该选项表述正确，不符合题意，为错误选项。

18-5　B

选项A，当退出分配资本的分配速度提高时，对于投资者是现金流入加快，因此对流动性的要求会变低。

选项B，当资金被追加的速度提高时，对于投资者是现金流出加快，因此对流动性的要求会变高。

选项C，当资金被追加的比例减小时，对于投资者是现金流出金额变小，因此对流动性的要求会变低。

18-6　A

选项A，当收益率分布存在峰度或偏度的情况时，采用均值-条件风险价值最优化模型不需要进行数据处理。

选项B，均值-方差最优化模型中的有效前沿是基于正态分布的假设。因此在使用前应当对数据进行处理。

选项C，在使用蒙特卡洛模拟之前，应当将不符合正态分布的数据进行相应处理。

第 7 部分 私人财富管理

科目导学

考情分析

"私人财富管理"是 CFA®三级考试中考试比重较高的一门课,难度中等偏上,考试题型以写作题为主,选择题为辅。

本部分旨在探讨私人财富管理的过程,以及为个人投资者制定投资策略说明书(IPS)的过程。IPS 是资产投资的蓝图,它确定了投资者的需求、目标、风险容忍度以及限制因素。对个人投资者来说,税收和监管是重要的考虑因素。由于税收和政策法规因地区而异,投资组合构建和财富传承的节税策略必须因地制宜。

本部分共有 3 个章节:私人财富管理概述、私人财富管理专题探讨以及私人财富风险管理,每个章节都是重点章节。第 19 章《私人财富管理概述》从宏观上介绍私人财富管理的工作流程以及基本概念。第 20 章《私人财富管理专题探讨》涉及税务筹划在私人财富管理中的应用、集中持有单一资产、财富传承这三方面的专题探讨。税务筹划在私人财富管理中的应用、全球视角下的遗产规划和集中持有单一资产均为在节税的前提下讨论如何满足私人客户的投资需求。第 21 章《私人财富风险管理》从宏观的角度,讨论私人客户在理财生命周期中面临的风险,以及管理风险的工具。

本部分框架图

```
私人财富管理 ─┬─ 私人财富管理概述
              ├─ 私人财富管理专题探讨
              └─ 私人财富风险管理
```

第 19 章
私人财富管理概述

章节导学

知识引导

本章介绍了投资经理①为个人投资者设计和执行个人投资策略说明的工作流程,大致分为3个阶段:首先,了解客户,包括简单对比私人客户和机构客户之间的关键差异,识别与财富管理过程相关的客户财务状况的关键属性,测试客户的资本充足性等;其次,撰写个人投资策略说明;最后,执行个人投资策略说明中的计划,包括投资组合的构建、业绩报告和回顾的方法等。

考点聚焦

本章内容逻辑清晰,整体难度不高,重点突出,在CFA®三级考试的主观题和客观题中均有可能出现。在本章的学习过程中,考生需要重点关注了解客户和撰写个人投资策略说明这两个阶段的知识点。

本章框架图

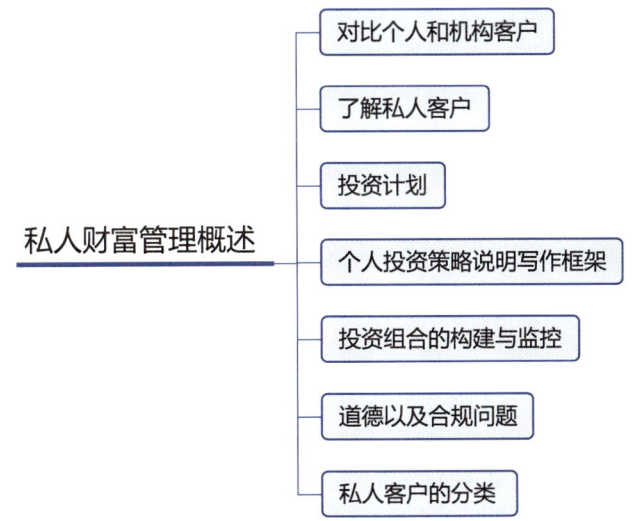

---

① 在CFA®中,"私人财富经理""投资经理"和"顾问"是同义词。"个人投资者"也可以称为"私人客户",或者简称为"客户"。在实践中,私人财富管理公司通常独立运作,或者作为组织的代表,如财富管理公司、银行、经纪人或做市商。私人财富管理部分将统一用"投资经理"代表管理私人财富的专业人士或主体。

19.1 对比个人和机构客户

私人客户包括有个人财富投资需求的个人和家庭。这些客户是资产的所有者,但通常会聘请私人财富管理公司代表他们承担投资责任。作为投资经理,在为客户服务之前,先要了解私人客户和机构客户的区别以及相应的特征。

19.1.1 投资目标

—考点要求—
区分(contrast)私人客户和机构客户在投资中的差异(★)

私人客户的投资目标可以概括为以下4个。
(1)"养自己",即为自己的退休生活储备足够的资金。
(2)"养家人",美国大多数家庭是男人工作,女人在家照顾孩子。所以,要靠理财弥补日常生活开支的缺口,为孩子积累教育基金和结婚基金,还有的人要为父母积攒养老基金。
(3)"给别人",即捐赠。
(4)"给家人",即将财富传承给后代。这部分会在"私人财富管理专题探讨"中详细讨论。

通常,前两个是主要目标(primary),后两个是次要目标(secondary)。
私人客户的投资目标和机构客户的投资目标存在的差异总结见表19.1。

表 19.1　私人客户和机构客户投资目标的差异

私人客户	机构客户
• 投资目标不明确,且难以量化 • 投资目标随时间推移而变化 • 投资目标通常相互冲突	• 投资目标更清晰,且容易量化 • 投资目标不太可能随时间发生重大变化 • 投资目标优先级明确

> **备考小贴士**
>
> 考生可以通过"养自己、养家人、给家人、给别人"记忆私人客户的投资目标。

19.1.2 限制因素

19.1.2.1 投资期限

私人客户的投资期限比机构客户的短。因为,人的寿命是有限的,但机构的实质是公司,可以永续经营,投资周期是无限的(infinite)。

另外,私人客户在不同的生命周期中要完成不同的人生目标,投资目标随时间的推移而变化。而机构客户通常是在单一的投资期限内完成单一的投资目标。

19.1.2.2 规模

私人客户的资产规模差别很大,超高净值客户的投资规模可达上百亿美元,能够投资另类资产,如私募等投资门槛比较高的资产类别。而中小散户的投资规模可能只有几万美元,可投资的资产类别会受到一定的限制,无法涉足另类投资等。机构客户的投资规模往往都比较大,投资类别一般不会受到严重的限制。

因此,投资规模会影响客户对资产类别(asset class)的选择。

19.1.2.3 税收

税收对私人投资者来说比较重要也比较复杂。对投资收益(investment income)和已实现的资本利得(realized capital gains)的征税方式会影响私人客户的资产配置以及对投资经理的选择。比如,在投资收益的税率较高的情况下,私人客户更倾向于投资市政债券(municipal bonds)等免税类的证券,具体的税收筹划会在后续章节中阐述。

相比私人客户,机构客户的税收政策一般比较简单,因此在本章不做讨论。

19.1.3 其他区别

19.1.3.1 投资治理体系

私人投资者的投资治理模式和决策过程与机构投资者有很大不同。机构投资者通常在正式的治理结构下运作。这种治理结构通常包括一个董事会和一个投资委员会,甚至还会有具有投资专长的独立董事。董事会和投资委员会在制定投资战略和监测投资业绩方面发挥关键作用。

相比之下,私人投资者的投资治理往往不那么正式。私人投资者会与投资经理一起确定合适的投资策略,并体现在个人投资策略说明中。

19.1.3.2 投资精准度

机构投资者往往比私人投资者具有更高程度的投资成熟度,并获得更多的投资资源。与机构客户不同,私人客户更容易做出"更情绪化"、更灵活的投资决定。

19.1.3.3 政策法规

在大多数国家,私人投资者和机构投资者的监管环境是不同的。在某些情况下,不同的监管机构会分别关注这两个投资者群体。例如,在美国,证券交易委员会(SEC)和国家监管机构监管独立注册投资顾问(RIAs),而金融行业监管局(FINRA)则监管那些为经纪人、做市商工作的顾问们。有时候,私人投资者和机构投资者也会受到同一个监管机构不同程度的监管。

19.1.3.4 投资的特殊性和复杂性

私人投资者和机构投资者之间的最后一个区别与个人的独特性和复杂性有关。具有类似财务状况和投资目标的私人投资者可能适合不同的投资策略。很多因素可能会影响个人的偏好和需求，比如，家庭和教育背景、工作经历、财富来源、税收情况、投资经验、人脉关系和地理位置等。有类似特征和投资目标的机构投资者也可能遵循不同的投资策略，但机构投资者出现这种结果的可能性低于私人投资者。

19.2 了解私人客户

19.2.1 客户基本信息

—考点要求—
探讨（discuss）
需要了解的私人
客户信息（★）

19.2.1.1 了解客户的个人信息

从投资经理第一次与私人投资者沟通开始，收集个人信息的工作就开始了。投资经理会提出一系列的问题，以便更全面地了解客户。

首先，投资经理要了解客户的家庭状况（family situation），包括婚姻状况、子女和孙辈的数量以及家庭成员的年龄。通常，由于受到当地法律法规的监管，投资经理需要获得客户的身份证明，如护照的副本。还需要收集客户的就业和职业信息，与客户探讨他们的职业发展规划和退休意愿。

其次，投资经理应该评估客户财富的来源（source of wealth）。例如，有的客户通过长期的投资组合积累财富，那么，他可能对市场波动有着丰富的经验。但是，有的客户通过出售公司获得人生的第一桶金，那么，他可能并不具备同样的市场经验或投资能力。

再次，作为投资背景谈话的一部分，投资经理应该了解客户是否有明确的投资收益率目标（return objective）。有的客户对最低的绝对或相对投资收益率有明确的预期，但有的客户更专注于实现特定的投资目标，而没有量化的收益率目标。因此，投资经理需要收集客户的投资偏好（investment preferences），例如，流动性偏好或在投资中考虑环境、社会和治理（ESG）问题的意愿。

最后，投资经理应该详细了解客户的财务目标（financial objectives）和风险容忍度（risk tolerance），后文会详细介绍。

19.2.1.2 了解客户的财务信息

投资经理需要收集私人客户的财务数据，为其编制私人资产负债表和现金流量表。私人资产负债表见表19.2。

表 19.2　私人资产负债表

资产	负债
现金储蓄账户	消费贷款
银行存款	信用卡负债
投资账户和退休账户	财产相关负债
投资账户余额	房贷（自住房屋）
退休账户余额	房贷（投资性房地产）
私人投资账户	

续表

资产	负债
雇主股票、期权	
非上市公司股权	
人寿保险的现金价值	
不动产投资	
自住房屋	
投资性房地产	
其他私人财产	
汽车	
收藏品（古董字画等）	
总资产	总负债
	财富净值（Total Net Worth） =总资产−总负债

除了资产和负债，现金流也与私人客户的财务状况高度相关。现金流的来源可能包括工资收入、企业利润分配、政府福利、养老金、年金收入和投资组合收入等。投资经理还需要收集客户的费用信息，以便预测客户未来的年度生活支出需求。

备考小贴士

私人资产负债表在《私人财富风险管理》一章详细展开讨论，这里考生简单了解即可。

19.2.1.3 了解客户的税收情况

1. 一般纳税类别（Common Tax Categories）

虽然不同国家或地区的税收制度各异，但一般都会就以下几类所得征税。

（1）针对收入所得征税（taxes on income）。

收入税的课税对象包括个人投资者获得的工资收入（salaries）、利息收入（interest）、股利收入（dividends）、资本利得（capital gains）和租金收入（rental income）。

（2）针对拥有的财产征税（wealth-based taxes）。

财产税的课税对象包括个人投资者拥有的房地产（real estate）和转移的财富，比如遗产。

（3）针对消费支出征税（taxes on consumption/spending）。

这类税包括消费税（sales taxes）和增值税（value-added taxes）两个税种。私人财富管理不涉及这两个税种，考试不会涉及。

2. 基本的节税策略（Basic Tax Strategies）

（1）避税（tax avoidance）。

如果可能的话，私人客户更希望能够合理避税。避税不应与非法的逃税（tax

evasion）混为一谈。一些国家允许投资者向某些特殊的税收优惠账户缴纳有限的金额，投资过程中获得的投资收益和资金提取时均享受一定的税收优惠政策。避税还可以应用于各种财富转移技术中，以减少财富转移税。

（2）减税（tax reduction）。

投资经理可能会为客户配置一定比例的免税债券，或者建议客户限制投资税负较重的资产类别，以降低税收对私人客户的影响。

（3）税收递延（tax deferral）。

将纳税义务推迟到晚些时候，从而无限期地推迟纳税义务的履行时间，达到降低税负的目的。比如，适用于累进税制（税率随收入增加而增加的征税形式）的投资者，可以将投资获得的资本利得推迟到退休后变现，一次性缴税。因为，退休后，投资者的边际税率会比在职期间的边际税率低得多，这样就可以降低应纳税费。另外，还可以限制投资组合的换手率，从而限制资本利得实现的频率。

例题 19.1

请判断以下两个投资策略应用的是哪种节税策略。

投资策略1，将资金分配到 A 账户和 B 账户两个投资账户。A 账户获得的投资收益免税，而且，从 A 账户提取资金也是免税的。B 账户获得的投资收益免税，但是，从 B 账户提取资金时需要缴税。

投资策略2，减少对高额税费资产类别的投资比例，提高私人客户投资组合的税后投资收益。

名师解析

投资策略1，应用了避税（针对 A 账户）和税收递延（针对 B 账户）这两种节税策略。

投资策略2，应用了减税的节税策略。

> **备考小贴士**
>
> 关于税收的问题将在《私人财富管理专题探讨》一章中详细展开讨论，这里简单了解即可。

19.2.1.4 了解其他相关信息

除以上信息以外，投资经理还需要了解私人客户是否有遗产规划。如果客户对财产的分配早有规划，投资经理应获取相关法律和管理文件的副本，如遗嘱和信托文件等。另外，投资经理还需要获得客户的人寿保险、伤残保险、责任保险和其他相关保险的详细信息。

通常，投资经理和客户会就谁可以批准、改变投资政策，谁可以授权交易活动以及谁可以授权资金转移等事宜达成一致。在为夫妻提供理财服务时，要确定谁将是投资经理的主要联系人，以及夫妻双方谁是主要投资决策人。在这些问题上有明确的指导方针可以最大限度地减少不必要的误解或冲突。

投资经理要事先明确提供的理财服务的范围，比如投资经理提供业绩报告的频率、格式、内容和传递方式等，了解客户是否有其他的报告需求。当客户对流动性有要求时，比如需定期从投资组合中提取一定金额的现金，投资经理应建立有效的流程协助客户完成交易。

有些客户可能还希望他们的投资经理直接与第三方专业人士沟通，比如会计师和法律顾问。投资经理和客户应事先就信息的保密性达成一致，确定哪些信息可以与第三方分享，哪些信息不能与他们分享。

19.2.2 客户的投资目标

私人客户的投资目标可以大致分为计划内目标（planned goals）和计划外目标（unplanned goals）。

—考点要求—
基于客户信息，识别并形成（identify and formulate）客户的投资目标（★★★）

19.2.2.1 计划内目标

计划内目标（planned goals）指在可预见的未来能够合理估计或量化的投资目标。

1. 退休

很多私人客户的投资目标是在退休之后仍然能够维持比较舒适的生活水平。

2. 购置固定资产

很多比较年轻的私人客户会计划购置自住房屋。年长或者经济条件优越的私人客户可能计划购置第二套住房、度假屋或者其他奢侈品（如古董字画等）。

3. 教育

子女的教育费也是很多私人客户需要筹集的资金之一。不同国家或地区的教育费用差异很大，比如，美国的教育费用的增长率远远高于一般通货膨胀率。

4. 家庭重大事件

有些家庭重大事件花销较大，比如子女的婚礼筹备。有些私人客户需要投资经理帮助他们积累其子女举行婚礼所需的资金。

5. 财富传承

私人客户希望自己的财富能够世代相传，即将自己的财富以遗产的形式传承给后代，或者在生前以赠予的形式传承给后代。如果客户事先计划将一定规模的财富作为遗产传承给后代，这个投资目标应优先于其他投资目标。

6. 捐赠

私人客户可能希望将自己的财富通过生前赠予或者死后遗产的形式捐赠给慈善机构。这个投资目标灵活性比较高，捐赠的金额取决于客户的财富水平及其所在地的政策法规。

19.2.2.2 计划外目标

计划外目标（unplanned goals）指不可预见的财务需求。实现这些投资目标的难度远高于计划内目标，原因是计划外目标难以估计金额以及资金提取的时间。

1. 财产修缮费用（Property Repairs）

虽然私人投资者会购买财产保险，但是仍然会发生一些超出财产保险保额范围的财产损失。比如，龙卷风把客户的房子摧毁，需要 30 万元的修缮费，但财产保险最多只能提供 20 万元的理赔。那么，财产保险无法覆盖的 10 万元资金需求需要从客户的投资组合中支取。另外，这类资金的实际支取时间无法精准预测。

2. 医疗费用（Medical Expenses）

即使私人投资者会购买医疗保险，但可能仍然会发生超出医疗保险理赔金额的支出。另外，有些私人客户还需要承担年长的家庭成员的医疗费用。有些国家或者地区的医疗费用的增长率远远高于一般通货膨胀率。

3. 其他不可预见的费用（Other Unforeseen Spending）

除上述费用，私人投资者可能会发生一些其他不可预见的重大支出，比如意外交通事故造成的超出相应保险理赔范围的损失。

> **知识一点通**
>
> 计划外目标多指相应的保险理赔覆盖不了的损失。

> **备考小贴士**
>
> 考生应能够区分计划内目标以及计划外目标，这部分在 CFA® 三级写作题中出现的概率较大。

19.2.2.3 投资经理的职责

由于私人客户的投资目标大多不够明确，投资经理的作用就显得尤为重要。投资经理需要在以下几个方面帮助私人客户。

1. 量化投资目标（Goal Quantification）

目标是否量化很重要，但事实上，一个年轻的私人客户很难预知退休后的生活开支是多少。而且，有些客户表达的需求很可能是不切实际的。投资经理需要帮助客户尽量量化所有的投资目标。

2. 投资目标的优先级（Goal Prioritization）

私人客户的投资目标通常不止一个，但客户的财富是有限的，多个投资目标之间很可能相互冲突，给它们排列优先级非常重要。这里需要注意的是，资金需求发生的时间并不是投资目标优先级排序的唯一标准。换句话说，离当前越近的目标不一定越重要。

3. 投资目标的变化（Goal Changes）

个人投资者的情况可能会因为各种各样的原因而改变。当这些变化发生时，投资经理必须帮助客户重新确定投资目标的优先级，并重新评估他们的投资策略。确定客户目标不是一次性的任务，而是投资经理和客户之间持续对话的一部分。

例题 19.2

小明和小丽是一对夫妇，育有两个孩子。小明今年 45 岁，是 IT 公司的销售经理，小丽是家庭主妇，两个孩子的年龄分别为 15 岁和 10 岁。他们住在中国北京，拥有一处自住房屋。小明找到他的投资经理，希望投资经理帮助他做财富管理。小明计划为子女筹集去国外读大学的资金，他估计教育基金大概需要 100 万元人民币。小丽希望为子女的婚礼积累资金。

小明计划 60 岁退休，夫妻二人都希望投资组合能够支持退休之后的生活开支缺口，但具体金额不确定。另外，夫妻二人计划退休之后在云南定居养老，所以计划在云南购置一套房产，预计需要 200 万元人民币。小丽父母的医疗费用仍然需要小明出资承担。由于还有 3 年就要支付孩子出国留学的费用，所以，小明认为满足子女的教育资金需求是最重要的理财目标。

请根据上述信息，回答下列问题。
(1) 小明和小丽的计划内目标是什么？
(2) 小明和小丽的计划外目标是什么？
(3) 小明和小丽的投资目标是否是量化的？
(4) 小明和小丽的投资目标的优先级是否合理？

名师解析

(1) 小明和小丽的计划内目标：
① 筹集子女的教育基金；
② 筹集子女的婚礼费用；
③ 筹集养老资金；
④ 在云南购买一套住房。

(2) 小明和小丽的计划外目标：
① 筹集小丽父母的医疗费用；
② 筹集北京住房不可预期的修缮费用，如果购置云南的房产，还需要为云南住房不可预期的修缮费用作资金储备。

(3) 小明和小丽的投资目标是否量化：

小明和小丽的投资目标中，目前只有教育资金需求和云南房产购置的资金需求被量化了。投资经理需要帮助小明和小丽量化其他的投资目标。

(4) 小明和小丽的投资目标的优先级：

小明认为教育资金的需求最重要。但是，资金需求发生的时间并不是判断投资目标重要性的唯一标准。如果教育资金筹集会在很大程度上影响小明和小丽的退休资金的积累，那么，投资经理需要和客户坐下来重新评估一下多个投资目标的优先级顺序。

备考小贴士

考生应重点掌握私人客户投资目标的分类、量化和优先级的确定。

―考点要求―
评估（evaluate）私人客户的风险容忍度（★★★）

19.2.3 客户的风险容忍度

在私人客户信息收集阶段，了解客户的风险容忍度（risk tolerance）至关重要。实践中，风险容忍度可能同时表达一系列风险相关的概念。

1. 风险容忍度（Risk Tolerance）

风险容忍度指投资者承受风险的意愿（willingness）以及能力（ablility）水平。换言之，风险容忍度是在投资业绩有可能并不理想的情况下，客户依然愿意承担风险进行投资的程度。风险容忍度与风险厌恶（risk aversion）相反，风险厌恶是指投资者不愿承担风险的程度。

2. 风险承受能力（Risk Capacity）

风险承受能力专指投资者承担投资风险的能力（ability）。与风险容忍度的区别是，风险承受能力更强调客观事实，而风险容忍度更倾向于表达投资者对风险的态度（attitude）。

风险承受能力取决于投资者的财富规模、收入水平、投资期限、流动性需求等因素。风险承受能力高的客户能够在不影响整体投资目标的前提下接受较高的投资损失。

3. 风险感知（Risk Perception）

风险感知指投资者对投资决策或投资环境的风险的主观判断。与风险容忍度不同，风险感知取决于投资者身处的环境。因此，投资经理可以帮助客户形成正确的风险感知。一般而言，不同的人对风险的感知存在很大差异。比如，某私人客户周围的朋友都是炒比特币期货的，那该客户觉得自己投资创业板块的股票没什么风险，因为他（或她）承担的风险相对于他（或她）的朋友们低得多。但客观而言，该客户的投资风险也很高。在这种情况下，分析师就要纠正客户对风险的感知。

备考小贴士

考生应重点掌握风险容忍度、风险承受能力和风险感知3个概念。这3个概念是CFA®三级写作题的重点，考生需要从具体的案例表述中判断主人公对风险的客观承受能力以及主观态度。

19.2.3.1 获取私人客户风险容忍度的方法

实践中，投资经理通常通过风险容忍度测试问卷（risk tolerance questionnaire）和风险容忍度沟通（risk tolerance conversation）两种方法了解客户的风险容忍度。

1. 风险容忍度测试问卷

风险容忍度测试问卷的结果通常用评分表示，被用作投资规划过程的输入参数。风险容忍度测试问卷并不完善。学术研究表明，问卷调查方法具有高度的主观性，问卷题目的结构和问法都会影响投资者的答案。例如，以百分比或绝对金额表示损失可能导致投资者做出不同的反应。如果问卷的问题是："是否能接受3%的损失？"客户的回答可能是肯定的，因为这个百分比很低。但是，如果客户的投资规模是1亿美元，3%的损失意味着有300万美元的损失。那么，当变换提问的方式："是否能接受300万美元的损失?",客户的答案很可能是否定的。

2. 风险容忍度沟通

与客户的沟通可以帮助投资经理形成关于个人风险承受能力更有价值的判断,这些判断可能不会在风险容忍度测试问卷或性格类型测试中得到明显体现。投资经理在和私人客户沟通时,应着重获取以下内容。

(1)客户的财务决策受朋友或家庭成员影响的程度。

(2)客户形成投资风险观点的金融经验。例如,经历过经济衰退的投资者,即使是在童年时期经历过,也可能会将负面观点带到当下的投资决策中。

(3)客户过去投资的成功经验和失败的惨痛经历。

(4)客户财富积累的方式:自主创业、被动的工资收入储蓄、继承和流动性事件等。

(5)客户能够接受的衡量投资损失的标准是绝对值还是百分比。

19.2.3.2 多投资目标的风险容忍度

因为客户通常有多个目标,风险容忍度可能会因目标的不同而不同。比如,客户对短期投资目标的风险容忍度较低,但对长期投资目标的风险容忍度较高。投资经理在私人财富管理的过程中面临的一个挑战是,如何令人满意地解决不同目标下可能存在冲突的风险容忍度。

19.2.4 投资经理需要具备的技能

私人财富管理既是一门科学,也是一门艺术。投资经理既要具备扎实的金融投资知识(硬技能),还要具备良好的沟通技巧(软技能),才能更好地维护客户关系。投资经理需要具备的技能见表19.3。

——考点要求——
描述(describe)投资经理需要具备的技能(★)

表 19.3 投资经理应具备的技能

硬技能(Technical Skills)	软技能(Soft Skills)
了解资本市场	沟通技能
资产配置能力	社交技能
税务筹划能力	引导教育客户的技能
数理统计能力	业务拓展和营销技能
金融专业软件操作能力	
外语会话能力	

19.3 投资计划

19.3.1 资本充足性分析

在了解到私人客户的投资目标以及风险容忍度之后,投资经理需要测算客户目前拥有的财富,或者通过投资积累的财富是否足够实现这些目标,即资产充足性分析(capital sufficiency analysis),也称资产需求分析(capital needs analysis)。

——考点要求——
评估(evaluate)投资目标的资本充足性(★★★)

资本充足性分析有两种方法：确定性预测模型（deterministic forecasting model）和蒙特卡洛模拟（Monte Carlo simulation）。

19.3.1.1 确定性预测模型

确定性预测模型的主要原理是通过现金流折现模型判断客户是否能够通过合理的投资积累足够的财富以满足其投资目标。例如，私人客户 Max 现年 30 岁，计划 60 岁退休。Max 当前拥有 100 万元财富，每年可以向投资账户投入 10 万元资金，直到退休为止。Max 希望在他退休时，投资组合的价值为 800 万元。那么，Max 目前拥有的投资组合是否能够满足其退休养老的目标呢？

利用确定性预测模型，Max 未来的预期现金流见图 19.1。投资经理可以通过输入现值、年金、投资期限、终值等参数测算要求的投资回报率。如果在实践中可以满足确定性预测模型要求的回报率，则客户的资本是充足的。回到 Max 的案例，通过测算（PV = 100，FV = -800，N = 30，PMT = 10），可知，年化投资回报率超过 3.5% 就可以达到 Max 在退休时拥有 800 万元财富的投资目标。平均每年 3.5% 的投资回报并不难做到，所以，Max 当前拥有 100 万元的投资组合，并在未来 30 年内，每年再存入 10 万元的计划完全可以通过资本充足性测试。由此可见，确定性预测模型基于投资组合在投资期限内线性增长（straight-line）的假设测算资金充足性。

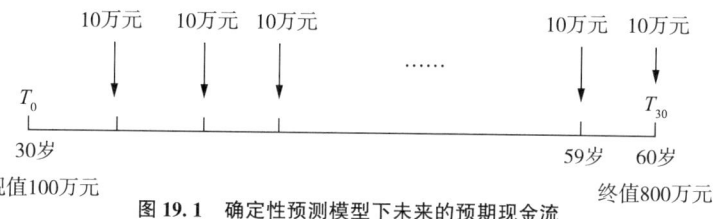

图 19.1　确定性预测模型下未来的预期现金流

19.3.1.2 蒙特卡洛模拟

相比确定性预测模型，蒙特卡洛模拟更为复杂，也更加灵活。与确定性预测模型不同，蒙特卡洛模拟并不假定投资组合以单一的增长率增长，而是以简单的算术平均值作为投资组合的回报率，再利用年化回报率的标准差预测资金的充足性。一些更高级、更复杂的蒙特卡洛模拟软件可以根据单独的资产类别假设收益率，再针对各个资产类别的波动率、资产类别之间的相关系数做出相应假设，而不是在整个投资组合层面上做出假设。同时，还可以结合不同投资期限（investment horizon）、不同的通货膨胀率假设、私人客户适用的税收政策的变化、理财管理费的变化等因素，通过上万次甚至上亿次的模拟运算，给出私人客户投资组合终值的估计分布。

投资经理应该谨慎使用历史数据作为确定性预测模型和蒙特卡洛模拟的输入变量。前瞻性的资本市场假设（forward-looking capital market assumptions）应该作为分析的基础。

投资经理需要会解读蒙特卡洛模拟返回的分析结果，见表 19.4。

表 19.4　蒙特卡洛模拟结果（欧元）

百分位	10 年后的投资组合终值	15 年后的投资组合终值	20 年后的投资组合终值
第 5	3 519 705	3 651 141	3 647 205
第 25	1 981 738	1 698 326	1 530 249
第 50	1 239 714	843 697	569 851
第 75	765 698	305 003	−249 328
第 95	197 056	−264 171	−1 402 731
成功的试算比例（successful trial）	97%	86%	70%

由表 19.4 可知，在所有模拟运算中，75%的模拟运算得到的 10 年后投资组合的终值均超过 765 698 欧元。5%的概率投资组合在 10 年后的终值超过 3 519 705 欧元。成功的试算比例（successful trial）指投资组合终值满足客户投资目标的概率。比如，客户的目标是 20 年后投资组合的终值不能小于零，那么模拟后的结果中有 70%的概率投资组合的终值大于等于零。因此，在 20 年投资期限下，满足客户投资目标的成功的试算比例为 70%。反过来，20 年后，有 30%的概率投资组合的终值小于零，没有满足客户的投资目标。回到上文提及的 Max 的投资组合充足性分析的案例，假设预期 Max 在 90 岁身故，利用蒙特卡洛模拟 60 年（90 − 30）后投资组合的终值。如果 Max 在 90 岁身故时，投资组合恰好被消耗一空或略有结余，则投资理财视为成功。反之，如果 Max 还未到 90 岁身故时，投资组合就早已弹尽粮绝，则投资理财视为失败。所以，成功的试算比例也表示投资理财成功的概率（probability of success）。一般而言，投资经理要确保成功的概率在 75%至 90%之间。

如果成功的概率低于可接受的合理范围，投资经理应帮助客户做适当的调整。比如：

（1）提高定期的再投资金额；
（2）降低投资目标；
（3）适当延后投资目标实现的时间，如延长工作年限，适当延后退休年龄；
（4）在客户可以接受的风险水平上，适当调整投资策略，提高预期投资回报率。

例题 19.3

小明和小丽是一对夫妇，育有两个孩子。小明今年 35 岁，是 IT 公司的销售经理，小丽是家庭主妇，两个孩子的年龄分别为 8 岁和 3 岁。小明计划为子女筹集大学阶段的教育资金。目前，小明的投资组合价值 15 万元人民币，从下一年开始，小明会再投资 1.5 万元人民币并以每年 3%的通货膨胀率增长。按照当前的经济环境，每年的学费为 6 万元人民币，并以 6%的通货膨胀率增长。

小明的投资经理用蒙特卡洛模拟法做资产充足性分析，得到如下结果，见下表。

蒙特卡洛模拟结果（人民币　单位：元）

百分位	10年后的投资组合终值	15年后的投资组合终值	20年后的投资组合终值
第5	603 581	593 166	414 233
第25	484 273	394 474	196 844
第50	418 096	294 544	56 570
第75	197 842	204 573	-37 857
第95	286 223	106 570	-95 124
成功的试算比例（successful trial）	100%	100%	65%

请问通过什么方法可以提高投资成功概率？

名师解析

提高投资成功概率的方法如下：
(1) 提高每年的再投资金额；
(2) 降低投资目标，比如，只筹集一部分学费；
(3) 在客户可以接受的风险水平上，适当调整投资策略，提高预期投资回报率。

请注意：延迟投资目标实现的时间这种方法并不适用于这个案例的情况。所以，考生在解决问题时，一定要注意实操性和可行性。

> **备考小贴士**
>
> 考生应重点掌握对蒙特卡洛模拟分析结果的解读以及提高投资成功概率的方法。

19.3.2　退休计划

—考点要求—
探讨（discuss）退休计划的原理（★）

从私人财富管理的角度将一个成年人的一生分为7个理财阶段：求学阶段、初入职场阶段、事业发展期、财富快速积累期、退休前期、退休后早期以及退休后期。这部分内容将在《私人财富风险管理》一章中详细展开讨论。

投资经理可以使用多种方法分析客户的退休目标。3种常用的方法有生存表、年金和蒙特卡洛模拟。

19.3.2.1　生存表

生存表（mortality table）给出当前特定年龄的个人和其预期的寿命。投资经理可以使用生存表确定客户活到特定年龄的概率，然后，估算剩余寿命中预期的退休生活支出金额。

生存表（见表19.5）提供了计划年份（plan year）、客户年龄、预期剩余寿命和存活到某一年的概率。如果客户Max目前79岁，预期寿命为87岁，Max活到82岁（3年后）的概率是58%。

在实践中，投资经理可以使用生存表估计客户的退休生活支出需求的现值。生存表的缺点是，个别人活到一定年龄的概率可能超过一般人群。教育水平和获得高质量医疗保障等因素往往与寿命的延长有关。因此，从精算的角度看，生存概率可能低估了给定客户在给定年龄存活的真实概率。

表 19.5 生存表

计划年份	客户年龄	预期剩余寿命	存活概率
0	79	8	100%
1	80	7.5	67%
2	81	7.1	63%
3	82	6.6	58%
…	…	…	…
20	100	0	0%

19.3.2.2　年金

年金保险（annuities）指投保人或被保险人一次性或按期交纳保险费，保险人即保险公司以被保险人生存为条件，按年、半年、季或月给付保险金，直至被保险人死亡或保险合同期满。它是人寿保险的一种，保障被保险人在年老或丧失劳动能力时能获得经济收益。年金可以对冲长寿的风险（longevity risk），即私人财富在生前被消耗一空的风险。这部分内容将在《私人财富风险管理》章节中详细展开讨论。

19.3.2.3　蒙特卡洛模拟

前文讨论了蒙特卡洛模拟在客户资本充足性分析中的应用。蒙特卡洛模拟也可以分析客户的退休目标，优点是它可以通过模拟客户的真实投资组合的资产配置，给出达到客户退休目标的概率。另外，蒙特卡洛模拟非常灵活，适用于基于复杂的投资场景建模。例如，如果客户计划购置金额比较重大的资产，或者想将财产传承给后代，又或者存在大额不可预见的费用，投资经理可以使用蒙特卡洛模拟对这些复杂场景进行建模。

蒙特卡洛模拟的缺点是它只是一种估计方法，无法预测未来。此外，模型的输出结果对输入参数的微小变化非常敏感。

19.3.2.4　退休计划中存在的行为偏差

在投资经理为私人客户做退休计划的过程中，私人客户容易出现如下行为偏差。

1. 损失厌恶加剧（Heightened Loss Aversion）

一些研究表明，退休的投资者比年轻的投资者更厌恶损失。这一特征会对退休期间的资产配置以及回报假设产生影响。

2. 消费落差（Consumption Gaps）

由于对损失的厌恶加剧和对未来财富需求的不确定性，许多退休人员不敢消费，使他们的实际支出低于投资经理的预期，导致实际消费和潜在消费之间存在落差。

3. 年金困境（Annuity Puzzle）

购买年金保险需要先交纳保险费，但年金保险的保险费通常比其他保险的保费更加昂贵。同时，由于年金保险的保费要支付给保险公司，因此，投保人会失去对这笔财产的控制权。另外，提前将资金投资在年金产品上，且通常不能提前撤销年金合约，可能会错失其他的投资良机。

4. 更倾向获得流动性（Preference for Investment Income over Capital Appreciation）

退休人员更关注日常流动性需求，更倾向于投资股息分红（dividends）高的股票，再将股息分红消费掉，这是一种缺乏自控力的表现。但他们不会轻易把股票卖掉赚取资本利得收入，因为担心无法享受股价上涨的好处，这如同杀鸡取卵。

19.4 个人投资策略说明写作框架

—考点要求—
探讨（discuss）个人投资策略说明的结构（★★★）

投资经理了解了客户的所有信息以及理财目标之后，要把这些信息落实到纸面，形成投资经理和客户双方认可的投资策略说明。所以，这部分内容和上文所述内容有部分重复。这部分主要介绍个人投资策略说明（investment policy statement，IPS）的结构框架和需要书写在说明中的内容。个人投资策略说明由6部分构成，分别为：客户基本信息和投资目标、投资参数、投资组合的资产配置、投资组合管理、投资经理的责任和义务以及附录。

19.4.1 客户基本信息和投资目标

—考点要求—
拟订（prepare）个人投资策略说明的投资目标部分（★★★）

个人投资策略说明（IPS）的第一部分是客户基本信息和投资目标。客户的基本信息包括客户的姓名、年龄以及相关的个人和财务信息。

普遍的投资目标（common objectives）包括筹集退休后的生活支出，支持家人的生活支出，给后代留遗产和捐赠给慈善机构。这些投资目标通常也被称为持续性的理财目标（ongoing objectives）。一次性的理财目标（one-time objectives）包括购买第二套房、环球旅行等。

—考点要求—
评估并推荐（evaluate and recommend）改善个人投资策略说明的方法（★★）

在个人投资策略说明中，必须要详细地、量化地表述客户的每个投资目标。比如，投资经理应该写"某某客户计划自退休开始，每年支取××金额，每年支取的金额随通货膨胀率逐年增加"，而不能简单地表述为"某某客户计划自退休开始，每年支取一定金额，并逐年增加"。通常，私人客户很难量化他们的投资目标。这种情况下，投资经理需要帮助客户先指定一个大概的理财目标，并持续跟进客户的个人情况以及财务状况的变化，逐步量化投资目标。

个人投资策略说明中应包括与投资目标相关的并影响资本充足性分析的现金流。例如，如果客户打算在随后开始定期提取资金之前，每年向其投资组合投资额外的现金流，投资目标中应反映这笔预期会发生的再投资金额。同样地，如果客户预期未来会发生重大的流动性事件（如出售家族企业的非核心业务），投资经理应将该信息清晰地在这部分中表述。

在涉及多个理财目标的情况下，投资经理应注意这些目标的优先级顺序。例如，客户希望投资组合能够支持他们退休之后的生活支出，同时还想给他们的孩子留有一定金额的遗产。这种情况下，主要目标是客户的退休保障，次要目标是财富传承。

当资本充足性分析结果表明客户当前的投资组合不能支持其投资目标时，投资经理必须与客户沟通，帮助客户建立一个可以实现的投资目标。

投资组合当前的市场价值以及投资账户的类型作为客户背景信息的一部分，应被清晰地说明，比如，投资账户的纳税状况、个人账户或夫妻联合账户、退休计划账户等。另外，这部分还应描述客户在投资组合之外拥有的任何其他投资资产（如由另一家财富管理公司管理的账户）和任何外部来源的现金流（如养老金收入）。

例题 19.4

小明现年 50 岁，是一位中国私人投资者。小明在一家上市互联网公司做 IT 高级工程师，由于对金融投资有着浓厚的兴趣，他在投资方面取得了一定的成绩。他的投资组合当前的市场价值为 700 万元人民币，包括一些普通股头寸以及价值约 300 万元人民币的房地产投资。投资组合中包含大量的资本利得收入，他预计未来几年将投资更多流动性较强的另类投资。他估计，在退休前，他每年可以向投资组合再投资大约 20 万元人民币并随通货膨胀率逐年增长。他对市场波动性的容忍度远高于平均水平，而且从历史数据上看，他的投资组合主要由科技公司的大盘股组成。小明计划 60 岁退休，之后每年大约需要 50 万元人民币支持其退休后的生活支出。他希望增加可投资的资产类别，并将财富传承给后代。

请拟订小明的个人投资策略说明中的投资目标部分。

名师解析

投资组合的目的是支持小明退休后的生活支出，并为他的孩子留下遗产。除了投资组合中流动性较高的股票，小明拥有价值约 300 万元人民币的房地产投资，未来几年净资产可能还会增加。小明预计至少 10 年内都不需要从投资组合中提取资金。

小明估计他退休后，每年经通货膨胀调整后的生活支出大约为 50 万元人民币。他的现金流需求将部分通过金融资产投资组合和房地产投资组合得到满足。投资经理将持续与小明合作，量化他的遗产目标，并确保投资组合可以支持他整个退休期间的流动性需求。

备考小贴士

个人投资策略说明的投资目标部分非常重要，考生应具备书写客户投资目标的能力。

19.4.2 投资参数

19.4.2.1 风险容忍度

投资经理要将客户的风险容忍度评估结果清晰地描述在此部分。

19.4.2.2 投资期限

私人投资者的投资期限（investment horizon）通常是一个时间段而不是一个具体的年限。比如，投资经理认为某个投资目标要在比较长的时间段内实现，则在个人投资策略说明中可以表述为"超过15年"。如果是一个短期目标，则可以表述为"短于10年"。如果客户有多个投资目标，则客户也会有多个投资期限（multiple time horizons）。投资经理需要和客户逐一确认每个投资目标的投资期限并清晰地体现在个人投资策略说明中。

例题 19.5

沿用例题 19.4 的信息，请拟订小明的个人投资策略说明中的投资期限部分。

名师解析

小明的投资期限为整个退休期间，时间将超过 10 年。

> **备考小贴士**
> 考生应会识别和书写客户的投资期限。

19.4.2.3 资产类别的投资倾向

个人投资策略说明应明确构成客户投资组合的资产类别（asset class），或者列出客户尚未批准投资的资产类别。

19.4.2.4 其他投资偏好

有的私人客户会有一些其他重要的投资偏好，比如有些客户有 ESG 相关的投资偏好，希望投资于关注环境、社会或公司治理的公司或行业。此部分可能包含关于 ESG 偏好的一般评论或特定标准。

另外，客户可能希望继续持有从父辈继承来的财产或继续持有投资经理认为并不适合客户投资的资产。例如，客户可能要求保留继承获得的普通股投资，即使这些股票并不适合客户投资；或者，客户由于雇佣关系，要求保留雇主或者前雇主公司股票的头寸，即使这么做会增加客户的非系统性风险。

19.4.2.5 流动性偏好

如果投资经理没有在"客户基本信息和投资目标"部分表述客户确定的流动性需求，这些需求应该在"流动性偏好"部分注明。有些投资者要求在投资组合中保留一定比例的现金储备（cash reserve）。

如果客户对流动性的偏好约束了对资产类别的选择，那么应该在本部分加以说明。例如，如果客户的流动性需求决定了整个投资组合必须能够在相对短的时间内变现，那么私募股权投资等流动性较低、锁定期限较长的资产类别就不适合成为客户投资组合的一部分。

19.4.2.6 限制性因素

私人客户的限制性因素可能会限制某些投资策略的应用或某些资产类别的投资。客户可能会受到某些特殊用途账户（例如，设定提存计划账户）对资产类别的投资限制。另一个重要的限制性因素可能涉及在处置有大量未实现资本利得的投资产生重大的税务负担。如果客户有与 ESG 相关的投资限制，杠杆使用的限制等应于此部分中披露。

19.4.3 投资组合的资产配置

此部分包含私人客户投资组合中每个资产类别的目标分配权重。投资组合的资产配置方法有两种。

（1）战略性资产配置方法（strategic asset allocation approach）下每个资产类别都有一个具体的目标配置比例，及可接受的波动范围的上限和下限（upper and lower bounds），见表 19.6。

表 19.6 战略资产配置方法

资产类别	下限	目标资产配置	上限
短期债券类投资	8%	10%	12%
中长期债券类投资	22%	25%	28%
股权类投资	50%	55%	60%
房地产投资	8%	10%	12%

（2）战术性资产配置方法（tactical asset allocation approach）下每个资产类别投资的目标权重并不是一个确定的百分比，而是一个目标"范围（ranges）"。

19.4.4 投资组合管理

在投资组合管理这一部分中，投资经理将讨论客户投资组合管理中涉及的各种问题，包括自由裁量权的认定，如何以及何时进行再平衡，客户投资组合中的战术资产配置变化等内容。

19.4.4.1 自由裁量权

自由裁量权（discretionary authority）指客户授予投资经理自由裁量的程度，即在不需要获得客户批准的情况下采取投资行动的权力。完全自由裁量权（full discretion）意味着投资经理可以无需获得客户事先批准，自主实施再平衡交易或更换基金管理公司等操作。以非自由裁量权方式（non-discretionary capacity）运作的财富管理公司可以向客户提出建议，但未经客户同意无法执行建议。

19.4.4.2 再平衡

再平衡（rebalancing）的方法主要有两个。

（1）有的财富管理公司采用"基于时间"的再平衡策略（"time-based" rebalancing policy），即不管当前资产类别权重与目标资产类别权重之间的差异，将客户的投资组合按照规定的频率（如季度或年度）重新调整到目标权重。

（2）更常见的做法是使用"基于阈值"的再平衡策略（"threshold-based" rebalancing policy），即当资产类别权重与目标权重偏离预先设定的百分比时，投资经理就会启动再平衡交易。这种方法同样设定了投资经理审查客户投资组合的频率，以寻找可能的再平衡机会。

19.4.4.3　技术性变动

定期对客户的资产配置进行战术性调整的投资经理应在本部分为实现此类调整设立参数。请注意，如果仅使用战略性资产配置方法为客户做资产配置，则个人投资策略说明中将不会出现"技术性变动"这个部分。

19.4.4.4　第三方资管的监管

本部分应指出客户使用的第三方资产管理公司有哪些，管理的资产有哪些。阐述投资经理是否倾向于投资共同基金、交易所交易基金（ETF）或者传统的投资类证券。讨论使用第三方基金管理公司所带来的额外成本。

关于第三方投资经理，本部分应包括投资经理尽职调查过程的基本信息，以及尽职调查的频率。其中，尽职调查过程的基本信息包括使用的量化筛选方法、影响经理选择和保留决策的定性标准等。

19.4.5　投资经理的责任和义务

本部分阐明投资经理的总体职责。

19.4.5.1　投资经理的职责

职责清单列举投资经理在帮助客户实现投资目标的过程中应履行的义务，包括如下内容。

（1）制定适合客户的资产配置。
（2）推荐或选择投资方案。
（3）监控资产配置和再平衡。
（4）利用衍生品、杠杆、卖空和回购协议（repos）等工具。
（5）监控与实施投资策略相关的成本。
（6）监控第三方资管提供的服务质量。
（7）起草和维护个人投资策略说明。
（8）业绩报告。
（9）税务和财务报告。
（10）表决权代理。
（11）协助准备与私募基金发行相关的协议。

19.4.5.2 个人投资策略说明的定期回顾

投资经理应确定与客户回顾个人投资策略说明的频率。客户需要确认投资目标是否需要更新。同样,投资经理需要确认投资策略是否能够实现目标。

19.4.6 附录

附录中包含投资预测模型的预期结果,资本市场预期,如预期回报率的估计、各个资产类别的标准差以及相关系数等信息。

> **备考小贴士**
> 考生应掌握个人投资策略说明的六大部分以及各个部分应包含的内容。

19.5 投资组合的构建与监控

19.5.1 资产配置方法

投资经理已经完成个人投资策略说明的拟订工作,并与客户达成共识。接下来的工作是执行个人投资策略说明中约定的投资经理应尽的职责,为客户构建投资组合。构建投资组合的方法主要有两种:传统方法(traditional approach)和基于投资目标的方法(goals-based investing approach)。

—考点要求—
推荐(recommend)私人客户的资产配置,并说明理由(justify)(★★★)

19.5.1.1 传统方法

传统的资产配置方法包括如下几个步骤。

1. 识别资产类别(Identify Asset Classes)

投资经理应先对资产类别进行明确的划分。有的投资经理将所有美国权益类证券划分为一类,有的投资经理可能会将美国小盘股和美国大盘股划分为两个单独的资产类别。总而言之,基金经理会根据客户的投资组合规模、投资偏好或限制、税务状况,以及资产类别的一般风险/回报水平等因素决定大类资产的分类方法。

2. 建立资本市场预期(Develop Capital Market Expectations)

投资经理要测算每个资产类别的预期收益率、标准差和资产类别之间的相关系数,并根据资本市场的变化不断更新这些参数的预期。

3. 确定资产配置(Determine Portfolio Allocations)

根据均值方差模型(mean-variance optimization)确定投资组合的资产配置。最优的资产配置指客户可接受的风险水平上,能够达到最大预期投资回报率的投资组合。但是最优的资产配置在实践中很难落地,因为客户本身会存在一些行为偏差,或者有一些特定的投资限制性因素。

4. 评估限制性因素(Assess Constraints)

如果私人客户拥有多处房产,那么,在构建组合时,投资经理不应该再为客户配置

REITs 了。比如德国的资本利得适用税率比较高，那么，投资经理在给客户做资产配置的时候，要考虑税收的影响。

5. 构建投资组合（Implement the Portfolio）

投资经理要事先确定各个资产类型采用主动投资还是被动投资的策略，这关系到投资经理的选择问题。

6. 决定资金在各个投资账户中的分配情况（Determine Asset Location）

私人客户可能同时拥有多个投资账户，他们的税收政策各不相同。投资经理可以通过将不同大类资产在不同投资账户之间的分配为客户降低或递延税负，获取更高的税后收益。（这部分内容将在《私人财富管理专题探讨》一章中详细展开讨论。）

19.5.1.2 基于投资目标的方法

基于投资目标的方法是指投资经理利用均值方差模型，针对私人客户每个投资目标分别做资产配置，而不是针对私人客户的资产整体做资产配置。前文讨论的投资组合构建过程的其余步骤：识别资产类别、构建投资组合和决定资金在各个投资账户中的分配情况与传统方法相同。

这种方法的优点是，客户更容易在特定投资目标的基础上表达他们的风险容忍度，而不是在整体投资组合的水平上表达风险容忍度，按照私人客户的多个投资目标将整个资产分拆，再做资产配置。这种做法的缺点是，从投资组合整体的角度看，资产配置并不是最优的。

传统的资产配置方法和基于投资目标的资产配置方法的对比见表 19.7。

表 19.7 传统和基于投资目标的资产配置方法的对比

	传统的资产配置方法		基于投资目标的资产配置方法	
	均值方差模型给出的资产配置	考虑客户特殊情况后推荐的资产配置	用于购买度假屋的投资组合	用于退休计划的投资组合
债券类投资	40.92%	41.00%	78.00%	34.00%
权益类投资	40.74%	48.00%	17.00%	54.00%
另类投资	18.34%	11.00%	5.00%	12.00%
总权重	100.00%	100.00%	100.00%	100.00%
预期回报率	6.77%	6.69%	4.42%	7.12%
标准差	10.00%	10.00%	4.56%	11.15%

由表 19.7 两种资产配置方法的对比可以看出：在传统的资产配置方法下，在用均值方差模型得到最优资产配置之后，投资经理将根据客户的投资偏好或限制性因素做微调。比如，客户偏好于投资股票，且认为另类投资的流动性过低，不希望投资过多流动性差的资产，那么，投资经理可以增加股票的配置权重（40%上调至48%），减少另类投资的权重（18.3%下调至11%）。调整之后，投资组合整体的风险不变，但由于不是最优的资产配置，故投资组合的总体回报率下降。

在基于投资目标的资产配置方法下，根据私人客户的投资目标，将资产做相应拆分，然后针对拆分后的部分用均值方差模型做资产配置。比如，私人客户打算 5 年后购置一幢度假屋，想单独存一笔钱理财，这笔钱将在 5 年后提取。由于投资期限比较短，投资经理为购置度假屋的投资目标做资产配置时，债券的权重比较高，预期收益率和风险水平相对比较低。客户的剩余资金将用于满足支持其退休生活支出的目标，现金的提取时间至少出现在 20 年后。由于投资期限比较长，风险容忍度比较高，投资经理可以为客户多配置股票和另类投资。投资组合的预期回报率和标准差均相对较高。基于投资目标的资产配置方法可以区分短期目标与长期目标，根据不同理财目标，设定不同的风险容忍度和预期回报率，再配置不同的资产以实现目标。

> **备考小贴士**
>
> 考生应重点掌握基于投资目标的资产配置的原理、优缺点以及与传统资产配置方法的差异。

19.5.2 业绩报告与回顾

投资经理在管理私人客户的资产之后需要定期向客户汇报业绩。通常，有两种与客户沟通投资组合的业绩的方式，一种以出具投资组合业绩报告（portfolio reporting）的形式沟通，另一种是以投资组合回顾（portfolio review）的形式沟通。前者是被动的告知，可以通过电子邮件的形式或者邮寄报告的形式实现。后者是主动的沟通交流，可以通过面对面的会谈和电话沟通的形式实现。

—考点要求—
描述（describe）业绩报告与回顾的有效方法（★）

19.5.2.1 投资组合报告

投资组合报告包括如下几种。
（1）投资组合的资产配置报告（通常体现战略资产配置方法下的资产配置）。
（2）当期业绩汇总报告（通常以年为单位）。
（3）当期业绩明细报告（包括每个资产类别或单个证券的业绩）。
（4）历史业绩报告（包括从客户签约开始至当期的业绩）。
（5）当期缴存和提取报告。
（6）当期买入卖出报告。
（7）货币风险报告（披露汇率波动对业绩的影响）。
（8）基准报告。

投资组合报告可能缺乏一些关于近期经济和金融事件的评论，或者对资产类别整体表现的评论等信息。因此，投资经理通常在投资组合报告中附上一份市场评论（market commentary）发给客户。

由于私人客户的投资目标通常是长期的，而业绩评估的频率可能是每年一次，所以存在期限上的不匹配。这种期限不匹配可能会破坏长期投资决策。例如，投资组合业绩的短期波动可能被客户误认为投资目标无法实现。

> **备考小贴士**
>
> 考生应重点掌握投资经理需要准备的投资组合报告有哪些。

19.5.2.2 投资组合回顾

投资组合回顾为投资经理提供了重新审视客户的投资计划的机会，投资经理通常会询问客户目标、风险容忍度、投资期限等是否有任何变化。另外，私人客户的就业、流动性需求、家庭支出需求、外部现金流来源、资产规划的变化也会导致客户投资策略发生变化。

在投资组合回顾的环节，投资经理还要检查投资组合是否需要再平衡，是否需要对资产类别进行调整等。

19.5.3 业绩评估

—考点要求—
评估（evaluate）私人财富管理的业绩（★）

投资经理将财富管理期间的业绩汇报给客户之后，客户需要就投资经理的业绩评估理财是否成功。在既定的风险水平上，投资组合的终值是否可以达到预期水平。资产管理流程是否按照个人投资策略说明的要求执行，是否存在违反 ESG 等相关规定的现象。投资组合的业绩是否超过基准。

对于财富管理成功的定义，需要事先与客户达成一致。私人客户通常将投资经理的业绩和历史回报率比较，判断投资经理业绩的好坏。然而，投资经理则是从长期的角度审视是否能够达成理财目标，从而判断财富管理的成败。短期的市场调整是难免的，故短期内的较低投资回报并不能代表未来投资回报率的趋势。所以，投资经理需要事先与客户就业绩评估的标准达成一致。

19.6 道德以及合规问题

—考点要求—
探讨（discuss）服务于私人客户的道德以及合规问题（★）

与其他金融从业者一样，私人财富管理公司也面临很多道德和合规问题。有些问题是私人财富管理实践所特有的。

1. 信托责任和适合性（Fiduciary Duty and Suitability）

在私人财富管理中，两个主要的道德概念是信托责任和适合性。信托责任是指受托人对委托人或受益人负有的、严格按照委托人的意愿进行财产管理的责任。因此，私人财富管理公司通常被认为是在"受托标准"下运营的。适合性是财富管理公司信托责任的关键要素。涉及准则包括准则 I（B）"独立性和客观性"；准则 III（A）"忠诚、审慎和谨慎"；准则 III（C）"适当性"；准则 V（A）"尽职和合理原则"。

2. 了解你的客户（Know Your Customer，KYC）

KYC 要求财富管理公司必须获得每个客户的基本信息，包括客户的风险和回报目标以及客户财富的来源，这可能有助于尽早发现客户洗钱等违法行为。涉及标准 III（C）"适当性"。

3. 保密性（Confidentiality）

保密性对于维护客户关系至关重要。财富管理公司通常掌握着高度私密和敏感的客户信息，投资经理需要遵守准则 III（E）"保密"。

4. 利益冲突（Conflicts of Interest）

投资经理可能会与私人客户产生利益冲突。例如，当投资经理通过推荐某些投资产品赚取佣金时，投资经理可能只推荐能够产生佣金的产品或佣金较高的产品给客户。当财富管理公司采用以资金管理规模（asset under management，AUM）为收入基础的制度时，投资经理可能不建议客户从投资组合中撤出资产。利益冲突与准则Ⅰ（B）"独立性和客观性"及准则Ⅵ"利益冲突"有关。

19.7 私人客户的分类

财富管理公司会按照私人客户资产规模将客户分类，提供不同的理财服务，见表 19.8。

—考点要求—
探讨（discuss）不同类型的私人客户所享受的服务（★）

表 19.8 私人客户的分类

	大众富裕阶层（Mass Affluent Segment）	高净值客户（High-net-worth Segment）	极高净值客户（Very-high-net-worth Segment）	超高净值客户（Ultra-high-net-worth Segment）
私人财富规模	10 万至 100 万美元	100 万至 500 万美元	500 万至 5 000 万美元	超过 5 000 万美元
个性化服务	无	有	更明显的另类投资需求（如对冲基金、私募等）	家族办公室：账单支付服务、财务记账、负债管理、礼宾服务、旅行计划，以及关于购买艺术品或飞机等资产的建议，处理家族治理问题
每个投资经理服务的客户数量	多	少	少	一个家族的所有成员；或多个家族的所有成员
税务和遗产规划需求	无	有	有	有且较复杂

随着金融技术的快速发展，私人财富管理领域的一个趋势就是智能投顾（robo-advisor）。智能投顾通过网络问卷直接收集客户的信息，如风险容忍度、投资期限、投资目标、资产和负债的状况等。使用均值方差模型或其他技术为客户推荐合适的资产配置，并通常使用交易所交易基金或共同基金实现投资策略。智能投顾能够持续监控和管理客户的投资组合，并根据需要定期调整投资组合，向客户提供定期报告。智能投顾最突出的优点是成本低。

智能投顾已经将服务范围扩展到私人财富管理的各个领域，例如，构建与 ESG 相关的投资组合、纠正客户的行为偏差等。传统的财富管理公司也会与智能投顾公司合作，降低费用，提供原本无法提供的服务。

> 备考小贴士
> 业绩评估、道德合规问题以及私人客户的分类非重要考点，考生简单了解即可。

练一练

19-1 Which of the following statements related to private clients and institutional clients is correct?

I. The investment objectives of private clients often compete with one another and keep constant over time.

II. The investment time horizon of private clients is usually shorter than the time horizon of institutional investors.

III. Since the investment scale of institutional investors is usually larger than the scale of private clients, the taxes are more complex for institutional investors.

A. II only.   B. I and II.   C. I, II and III.

19-2 Which of the followings is an unplanned goals?

A. Purchase the third vacation property.

B. Fund for children's weddings.

C. Fund for medical expenses for elder family members.

19-3 Which of the following statements related to private clients' investment goals is most likely correct?

A. The goals prioritization is determined by time.

B. It's hard for private clients to quantify each goal, so it doesn't matter that there are some goals without quantification.

C. Private clients tend to have multiple, sometimes competing goals. The wealth managers should help the private clients to determine which one is the most important.

19-4 Tom, 40 years old, is a private client and has an investment goal to purchase an aircraft 15 years later. The aircraft is about USD 10 000 000. Annie is Tom's wealth manager and she runs Monte Carlo simulation to determine the probability of success. The simulation results are presented in Exhibit 19.1.

Exhibit 19.1 Monte Carlo Simulation Results for Purchasing an Aircraft

Percentile	Year 10 Portfolio Value (USD)	Year 15 Portfolio Value (USD)	Year 20 Portfolio Value (USD)
25th	10 483 140	15 830 218	19 781 065
50th	8 716 870	11 021 497	16 990 323
75th	5 235 899	8 921 005	10 776 491

The probability that Tom will be able to meet his goal is closest to:

A. 25%.   B. 50%.   C. 75%.

19-5 Annie is a wealth manager of several private clients and she will send only a detailed list of all the investments in their portfolio each quarter. The list includes purchase and sale, contribution and withdrawal, as well as the current return for each investment. Which of the following statements related to portfolio reporting is most likely correct?

A. The portfolio reporting contains sufficient information to make the private clients informed.

B. The portfolio reporting should also include a portfolio asset allocation report and a performance report for overall portfolio.

C. Besides the detailed list, Annie should send a market commentary, typically in a letter or an email, only.

19-6 Which of the followings is not correct related to the portfolio construction methods?

A. The traditional approach uses mean-variance optimization to identify possible portfolio allocations that meet the client's return requirement and risk tolerance.

B. The goals-based investing approach does not adopt mean-variance optimization to determine the assets allocations.

C. The goals-based investing approach cannot achieve the highest investment return at a certain level of risk for the entire portfolio.

答案与解析

19-1 A

说法Ⅰ错误，原因是私人客户的投资目标可能会相互冲突并且随时间的推移而变化。

说法Ⅱ正确，私人客户的投资期限通常短于机构投资者的投资期限。

说法Ⅲ错误，原因是私人客户的税收制度比机构投资者更复杂。

故选项 A 正确。

19-2 C

购买度假屋、为子女的婚礼储蓄都是计划内的投资目标。为家庭中年长者负担医疗费是计划外投资目标。

19-3 C

选项 A，投资目标的优先级顺序不一定是按照投资目标实现的时间顺序排列的。

选项 B，虽然通常情况下，私人客户很难对投资目标进行量化估计，但是，投资经理需要帮助客户逐渐量化他们的投资目标。

选项 C，私人客户的投资目标往往存在冲突，投资经理需要帮助客户确定最重要的理财目标。

19-4 B

由蒙特卡洛模拟结果可知，15 年后，Tom 的投资组合终值超过 USD 10 000 000 的概率接近 50%。

19-5 B

选项 A，Annie 每个季度只发给客户投资组合中各项投资的详细信息是不够的。

选项 B，应告知客户投资组合整体的资产配置、当期业绩报告等关键信息。

选项 C，在各项投资的详细信息以外，只提供市场评论是不够的。

19-6 B

选项 A，传统的投资组合构建方法使用均值方差模型对整个投资组合做资产配置。

选项 B，基于投资目标的方法指投资经理利用均值方差模型，针对私人客户每个投资目标分别做资产配置，而不是针对私人客户的资产整体做资产配置。

选项 C，整个投资组合并没有在有效前沿上。所以，在既定的风险水平上，投资组合的回报并不是最高的。

第 20 章
私人财富管理专题探讨

章节导学

知识引导

本章涉及私人财富管理的三个核心专题：税收筹划、集中持有单一资产的管理和财富传承的基本工具和技术。本章将从税收筹划问题开始展开讨论，集中持有单一资产的管理和财富传承均在税收筹划的框架下进一步深入探讨。整个章节丝丝相扣、前后呼应。

投资经理在为客户赚取投资收益的同时还应尽可能减少客户的税负，为客户获取税务筹划的超额收益。比如，两个投资经理 A 和 B，他们的税前投资回报均为 10%，但是投资经理 A 的税后投资回报为 6%，投资经理 B 的税后投资回报为 1%。由此可知，在择股、择时能力相同的条件下，投资经理 A 的税收筹划能力更强，能为客户赚取更多税后超额收益。

投资经理在为高净值客户理财时，会遇到一个比较普遍的问题，高净值客户持有的资产类别过于单一，并且单一的资产类别成为客户财富积累的主要来源。本文主要讨论 3 种集中持有单一资产的情况：集中持有上市公司股票、集中持有非上市公司股票和集中持有不动产。集中持有单一资产的高净值客户通常不愿意出售这部分资产转而投资多样化的投资组合。所以，投资经理需要通过一些技术手段帮助客户在保有单一资产的同时，分散风险，多样化投资。与此同时，投资经理应当尽量避免触发客户的纳税义务。

财富传承是私人财富管理中非常重要的环节。对于高净值客户而言，财富传承以及相应的税务筹划的需求越来越高。本章将介绍与遗产分配相关的法律法规，并与生前赠与进行对比；最后介绍财富传承的工具。

考点聚焦

本章内容逻辑清晰，主题突出，但计算题比以前年度的考纲要求更少、难度更低。从整体角度评估，定性题的分析较以往年度的考纲要求更多、难度更高。本章在 CFA® 三级的写作题以及单选题中均可能出现，同时涉及定性题和定量题的考查，请考生格外重视。

本章框架图

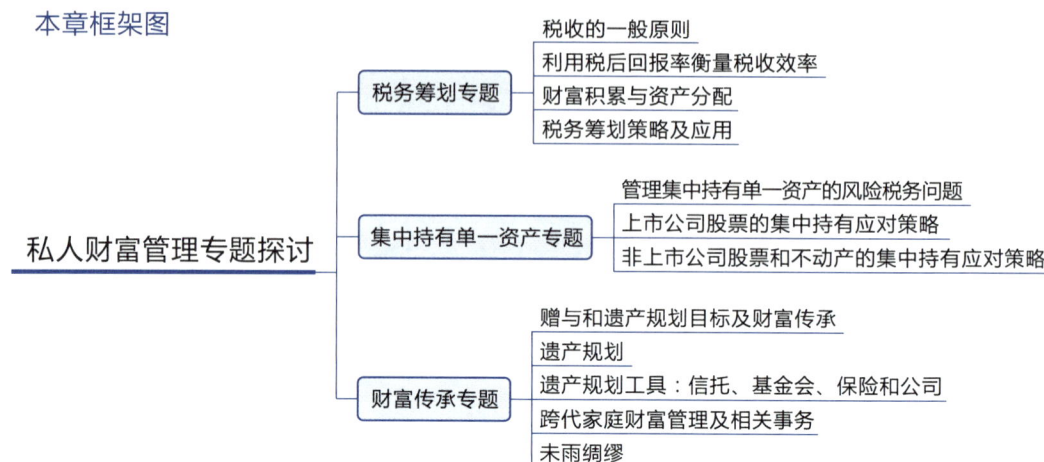

20.1 税务筹划专题

20.1.1 税收的一般原则

投资经理在帮助应税私人客户管理财富的过程中，应意识到税收制度对资产配置、投资决策、证券选择等方面的影响。投资经理应充分了解客户的纳税情况，包括纳税申报的构成部分、投资账户的税收状况以及客户适用的纳税制度。

—考点要求—
对收入、财富和财富转移征税的比较（compare）
（★★★）

20.1.1.1 纳税申报的构成部分

税收制度由国家、税收管辖区制定，主要针对如下 5 种收入征税：

第 1 种，所得税（income tax）的征收对象是自然人、公司或者其他法人。所得税是按应纳税收入的百分比计算的，通常不同水平的收入适用不同的税率。由于本章主要讨论个人财富管理中的税收筹划问题，因而征收范围包括工资收入、房租收入、利息、股利收入。

第 2 种，利得税（gains tax）是基于金融资产的价值增值部分，在抛售金融资产时缴纳资本利得税。

第 3 种，财产税（wealth or property taxes）针对不动产（房地产）征税，但也可能适用于金融和其他资产，一般按年征收。目前，类似的综合财富税仅适用于有限的几个国家，但越来越多的国家正在考虑将其作为一种增加税收的机制。

第 4 种，印花税（stamp duties）对股票或房地产的购买价格征税。外国投资者的税率可能高于国内投资者的税率。

第 5 种，财富转移税（wealth transfer tax）是当资产通过某种机制从一个所有者转移到另一个所有者（非直接出售或者购买交易）时所征收的税。比如，在投资者死亡后，将遗产传给下一代时所支付的"遗产"税或"继承"税；投资者生前就资产的转让支付的"赠与"税。在某些国家的纳税制度下，这些税是资产转让者的应承担的责任；在其他情况下，这些税是强加给资产的接受者的。

综上所述，私人客户需要就他们的收入（所得税和利得税）、他们拥有的财富（财富税或财产税）、他们购买的资产（印花税）和他们转让的资产（赠与税和遗产税）纳税。所得税和资本利得税是对私人客户投资组合管理影响最直接的税种。接下来将对这些税种展开简要讨论，以及讨论一些房地产投资享受到的税收优惠。

1. 所得税

许多国家的税法为某些类型的利息收入提供了优惠待遇。例如，在意大利，政府债券的利息收入税率较低。在美国，州和地方政府债券（市政债券，municipal bonds）的利息收入通常免除联邦和州所得税。除非有特别规定，利息按一般所得税税率征税。

双重征税（double taxation）指同一笔收入被重复征税的情况。例如，公司在给股东发放股息的过程中，由于股息是净利润的再分配，税前利润在公司层面被征一次税，得到净利润。然后净利润中作为股息支付的那部分收益在投资者层面被再次征税。有的国家在税法中通过具体的豁免或规定来减轻股息收入的双重征税负担。比如，在澳大利亚，如果私人客户的个人税率高于公司税率，那么，税前利润在公司层面被征第一层税之后，私人客户可以获得税收优惠，仅需支付个人税率和公司税率之间的差额即可。再如，在美国，如果私人投资者持有一只普通股至少 61 天，或者持有优先股至少 91 天，那么大多数国内公司和符合条件的外国公司的股息可以适用更低的税率。

代表私人客户进行投资的投资组合经理还必须考虑跨境投资的税务影响。在投资所在国经常征收预扣税（withholding taxes），在投资所在国征税后，可能在投资者的祖国再次征税。最常见的是针对利息、股息和特许权使用费征收预扣税。

2. 资本利得税

有些国家对资本利得采用全额或者限额免税政策；或适用较低的税率；或持有期越长，适用税率越低；又或对本国资本市场投资获得的资本利得给予税收优惠政策等。一般情况下，只针对已实现的资本利得（realized gains）征税；极少数情况下针对未实现资本利得（unrealized gains）征税。已实现的资本损失可以抵减已实现的资本利得，从而达到少缴税的目的。

计税基础（tax basis or cost basis）是计算资本利得或损失的基础。比如股票投资，计税基础等于股价乘以股票数量，加上佣金和其他交易成本。资本利得或损失等于资产的卖出价格（扣除佣金和其他交易成本）减去计税基础。

在一些特定情形下，用于计算资本利得或损失的税基不一定是投资者的历史投资成本。例如，美国税法允许在特定的情况下，计算资本利得税的税基可以在投资者去世时上调至死亡当日公允价值（"step-up" on death），这将使得资本利得降低至零，从而免交资本利得税。

资本利得分为短期资本利得（short-term capital gains）和长期资本利得（long-term capital gains）。持有期是指购买和出售资产之间的时间长度。如果持有期较短，资本利得通常按一般收入征税；如果资产持有时间超过相关管辖区税法规定的最低期限，资本利得可以按较低的税率纳税，称为长期资本利得税率（long-term capital gains rate）。较低的长期资本利得税率可以在一定程度上抑制投机性短期交易，鼓励投资者长期持有资产。在这些地区，股票通常比应税债券更有投资吸引力，因为很大一部分股票回报来自能够享受税收优惠的资本增值。

3. 房地产税

一般而言，国家税法对房地产投资的净收入（net income）征税，允许诸如房屋维护费、房贷利息和折旧等费用在计算纳税义务之前从总收入中扣除。

有些国家的税法规定，房地产互换（real estate exchange）无需立即缴税，投资者可以推迟缴纳资本利得税直到新换来的房地产被出售。

20.1.1.2 投资账户的税收状况

账户的税收状况也会影响私人客户的投资决策。投资账户的税收状况总共有 3 类：应税账户（taxable accounts）、税收递延账户（tax-deferred accounts, or TDAs）以及免税账户（tax-exempt accounts, or TEAs）。其中，税收递延账户和免税账户属于税收优惠账户。3 种投资账户的征税方式见表 20.1。

表 20.1　3 种投资账户的征税方式

投资账户类型	税前工资缴存时（contribution）	投资账户内（investments）	提取时（withdraw）
应税账户	按工资收入征税	按税法对利息、股利收入，资本利得收入的征税方式正常征税	不征税
税收递延账户	不征税	不征税	全额整体征税
免税账户	按工资收入征税	不征税	不征税

表 20.1 展示了投资人在赚取工资薪酬之后，将财富分配到不同的投资账户时的征税方式。如果投资人将财富分配到应税账户做投资，则税前工资收入要按其所在国对工资薪酬的征税方式纳税，再将税后工资收入缴存到应税投资账户中做投资。在投资账户中，由于投资人持有股票债券等金融产品，赚取的利息、股利收入和资本利得收入均按照投资人所在国对各种投资收益的征税方式正常纳税。当应税账户变现提取时，无需再纳税。

如果投资人将财富分配到税收递延账户，则缴存金额可以在个人所得税前扣除，即这部分金额无需缴纳个人所得税。税收递延账户中的投资收益（利息、股利收入和资本利得收入）在获得时（提取前）无需缴税。只有当提取时，就整个提取金额按照客户的一般收入所得税率（ordinary income tax rate）一次性纳税。

如果投资人将财富分配到免税账户，税前工资收入要按其所在国对工资薪酬的征税方式纳税，再将税后工资收入缴存到免税账户中做投资。免税账户中的投资收益（利息、股利收入和资本利得收入）在获得时无需缴税。在提取时也无需纳税。

即如果资金被分配到应税账户，从资金的流入到流出要交两次税。而如果资金被分配到两个税收优惠账户，从资金的流入到流出均只需要交一次税。所谓"递延"账户，即唯一一次的纳税动作被递延到最后变现提取时。所谓"免税"账户，即自投资开始免税。

由于税收优惠账户多应用于个人养老基金的投资管理，有些国家规定了税收优惠账户提取的时间和条件（比如，个人只有在退休时，才能从税收优惠账户中提取资金），提前提取可能需要缴纳一定金额的罚款。

养老基金、校友捐赠基金和慈善捐赠基金一般是免税的。个人的退休账户通常是税收递延账户。不同的国家，具体规定也不尽相同，比如，在澳大利亚，退休养老金计划（机构投资者）以低于个人投资者的税率缴税。

例题 20.1

年末，私人客户 Max 持有的投资组合详细信息见下表。

投资组合详细信息

资产类别	市场价值	未实现短期资本利得	已实现短期资本利得	未实现长期资本利得	已实现长期资本利得	投资收益（股息、利息、租金）
国内权益	$700 000	− $50 000	$15 000	$200 000	$50 000	$80 000

续表

资产类别	市场价值	未实现短期资本利得	已实现短期资本利得	未实现长期资本利得	已实现长期资本利得	投资收益（股息、利息、租金）
国内固收	$400 000	0	0	$100 000	0	$16 000
房地产投资	$200 000	0	0	$60 000	0	$50 000
总额	$1 300 000	−$50 000	$15 000	$360 000	$50 000	$146 000

（1）假设这是一个应税账户，哪些税务考虑可能会影响你的投资组合决策？

（2）如果这是一个递延退休账户并且客户打算在年末的时候提取税前$60 000，哪些税务因素会影响客户的决策？

名师解析

（1）第一，私人客户Max需要就年末已实现的长、短期资本利得以及投资收益（利息、股息、租金）纳税。

第二，符合条件的股息和利息收入可以享受税收优惠政策。比如符合条件的上市公司且持有期超过61天的普通股或者持有期超过91天的优先股股息，市政债券利息。

第三，房地产的维修费用、房贷利息、折旧费用均可以抵扣房租收入，从而降低房地产投资的净收入。

第四，$50 000的短期未实现资本损失可以通过将其实现掉从而抵销$15 000的已实现短期资本利得，剩余部分（$50 000−$15 000=$35 000）可以抵销已实现长期资本利得。

第五，任何剩余的长期资本利得均可以适用更低的长期资本利得税率缴税。

（2）私人客户Max仅针对提取金额$60 000整体一次性缴税，税率即客户的边际所得税率（marginal income tax rate）。在递延退休账户中，各种投资收益均免税。

> **备考小贴士**
> 从考试角度来讲，投资账户的税收状况是重要考点，请考生重视。

20.1.1.3 全球税收管辖权

—考点要求—
描述（describe）全球税收管辖权（★★★）

政府利用税收制度引导纳税人的行为，比如前文提及的养老金递延账户能够起到引导纳税人为退休之后的生活支出提前储蓄的行为。这些激励机制在全球范围内的不同国家有所不同，并随着政府的需求和目标的变化而变化。本章的重点并不在于要求考生了解每个国家和税收管辖区的具体规则，而是提示考生意识到不同的税收环境是如何影响客户的总体投资框架的。

总体而言，在国际上主要存在3大类税收制度：避税天堂（tax havens）、地域管辖权税收制度（territorial tax systems）、居民管辖权税收制度（worldwide tax systems）。

1. 避税天堂

避税天堂的国家或独立地区对外国投资者实行免税或极低税率的纳税制度。例如，开曼群岛是一个众所周知的避税天堂，不针对外国投资者征收所得税、资本利得税、房产税（除非房产被转让给另一个个人或实体），也不征收公司税。同样地，英属维尔京群岛、巴哈马群岛不对外国投资者赚取的收入和资本利得征税。俄罗斯和沙特阿拉伯的税率也很低，但由于其优惠的税收待遇仅面向本国居民，因此，这两个国家不被视为避税天堂。

2. 地域管辖权税收制度

地域管辖权税收制度，又被称为收入来源地管辖权税收制度，是指一个国家对发生于其领土范围内的一切应税活动和来源于或被认为来源于其境内的全部所得行使征税权力的制度。这种管辖权是按照属地原则确立的。例如，中国香港特别行政区的税率比内地低得多，而且不对资本利得、股息以及在中国香港特别行政区以外获得的收入征税。菲律宾和新加坡也采用地域管辖权税收制度。

3. 居民管辖权税收制度

居民管辖权税收制度，是指一个国家对凡是属于本国居民取得的来自世界范围的全部所得行使征税权力的制度。例如，瑞士、法国、德国、印度、加拿大和日本等许多国家均采用居民管辖权税收制度。这种管辖权是按照属人原则确立的。各国税法对居民身份的确认方法不尽相同，有的是按居住期限来确定，也有的是依据是否有永久性住所来确定等。

居民管辖权税收制度可能导致国际双重征税（double taxation），又被称为国际重复征税，即两个或两个以上的国家对同一跨国纳税人的同一征税对象进行分别征税所形成的交叉重复征税。国际税收协定（tax treaties）用于解决或者部分解决国际双重征税的情况。国际税收协定指两个或两个以上的主权国家为了协调在处理跨国纳税人征税事务和其他有关方面时，相互之间的税收关系本着对等原则，经由政府谈判所签订的一种书面协议或条约，也被称为国际税收条约。

由于采用居民管辖权税收制度的国家通常只对被认定为该国居民的个人征税，居住规定（residence rules）就变得非常重要。居住规定明确规定了一个人在一个国家居住多长时间才能被认定为本国的应纳税居民。如果一个人在一个以上的国家居住，税收协定可以在确定税收居所方面发挥重要作用。大多数税收协定都包含"打破平局"的规则（tie-breaker rules），防止同一个人被同时视为一个以上国家的纳税居民。

美国是世界上少数几个采用公民管辖权税收制度的国家之一。公民管辖权指一个国家依据纳税人的国籍行使税收管辖权。对凡是属于本国公民取得的来自世界范围内的全部所得行使征税权力。这种管辖权也是按照属人原则确立的。公民是指取得一国法律资格，具有一国国籍的人。因此，在中国香港特区居住的美国公民将对其全球收入在美国征税，而同样居住在中国香港特区的加拿大公民则无需对其在加拿大以外的收入征税。

私人财富顾问必须全面了解会影响投资和遗产规划的税收管辖区。某个私人客户是A国的公民，B国的居民，并在其他几个国家有投资或者继承人，这种情况并不少见。私人客户祖国的税收规定可能会影响他在其他国家持有资产的决定。

例题 20.2

私人客户 Max 是中国香港特别行政区的居民,他对避税天堂的投资很感兴趣。新西兰是一个避税天堂。Max 的财富顾问 Wen 经过仔细研究发现,新西兰的权益投资和债券投资都适合被加入 Max 的投资组合中。Max 的境外投资组合的资产配置见下表。

Max 的境外投资组合资产配置

	投资金额（CHF）	股息/利息率	资本增值率
新西兰股票	500 000	5%	10%
新西兰债券	500 000	3%	0%

假设资本利得将在年末通过抛售证券变现。

（1）境外投资组合的税前预期收益率是多少？

（2）①作为一位私人财富顾问,你应该了解哪些与税收相关的信息？

②在计算税后回报率时,你应该了解哪些与中国香港特别行政区和新西兰税收相关的信息？

（3）如果中国香港特别行政区和新西兰之间没有任何税收协定,新西兰对外国投资人不征收遗产税和资本利得税。新西兰对外国人在本国赚到的利息和股息征收 30% 的预扣税。基于这些补充信息,客户 Max 的税后投资收益率是多少？

（4）如果中国香港特别行政区和新西兰之间有税收协定,允许符合条件的中国香港特别行政区居民在新西兰赚到的利息和股息享受更低的预扣税率。股息收入的预扣税率由 30% 降低到 10%,利息收入的预扣税率由 30% 降低到 0%。基于税收协定,税后投资收益率是多少？

名师解析

（1）税前收益 = CHF 500 000 × 5% + CHF 500 000 × 10% + CHF 500 000 × 3% = CHF 90 000

$$预期收益率 = \frac{CHF\ 90\ 000}{CHF\ 1\ 000\ 000} \times 100\% = 9\%$$

（2）①你应该确认客户是否是居民管辖权税收制度下的税收管辖区的公民或永久居民。（例如,美国公民和永久居民即使目前不在美国居住,也要在美国纳税）

②你需要确认新西兰投资组合在中国香港特别行政区的税收待遇。你还需要了解新西兰的税收状况。

（3）由于新西兰对外国人在本国赚到的利息和股息征收 30% 的预扣税,因此,

预扣税 = (CHF 500 000 × 5% + CHF 500 000 × 3%) × 30% = CHF 12 000

税后投资收益 = CHF 90 000 − CHF 12 000 = CHF 78 000

$$税后投资收益率 = \frac{CHF\ 78\ 000}{CHF\ 1\ 000\ 000} \times 100\% = 7.8\%。$$

（4）基于税收协定,预扣税 = CHF 500 000 × 5% × 10% + CHF 500 000 × 3% × 0% = CHF 2500

税后投资收益 = CHF 90 000 − CHF 2 500 = CHF 87 500

$$税后投资收益率 = \frac{CHF\ 87\ 500}{CHF\ 1\ 000\ 000} \times 100\% = 8.75\%。$$

20.1.2 利用税后回报率衡量税收效率

例题 20.2 展示了税收如何对投资者的净收益率产生实质性的影响。税收不仅会降低投资者当年的回报，还会影响长期回报，因为用于复利增长的回报率是较低的税后年化回报率。私人财富顾问需要通过量化税收对收益的影响来衡量投资的税收效率。接下来，本书将深入探讨各种资产类别的"税收效率"和税后回报率的计算。

——考点要求——
探讨（discuss）并分析（analyze）投资的税收效率（★★★）

20.1.2.1 各类资产的税收效率以及投资策略

高效税收策略（tax-efficient strategy）指税费在税前回报中的占比最小的投资策略。一般而言，股票投资组合的税收效率通常高于依赖衍生品、不动产或应税固定收益的投资策略。原因大致可以总结为以下三点。

（1）股票分红通常享受税收优惠。
（2）在许多国家的税收制度下，资本利得的税率比普通收入的税率更低。
（3）通过择时出售，为资产管理提供了控制税负（tax burden）的灵活性。

另类投资资产因其回报与其他传统资产的回报具有低相关性而受到投资者青睐，但与这些投资相关的税收规则可能要复杂得多。房地产、林地和油气合伙企业通常有自己的税收规定。市场中性策略通常采用杠杆、卖空、可转换债券、期权、期货合约等工具。即使对税务专家来说，理解围绕这些工具的税收规则也是很难的。在税后和费用后的基础上，针对这些资产类别对投资组合风险和回报的贡献进行建模是很重要的。

在同一个资产类别中，投资风格会影响投资组合的税收效率。一般而言，高收益率和高换手率策略的税收效率往往较低。然而，交易模式的时机也是一个重要因素。例如，动量策略往往是高换手率策略，通过持有价格上涨的股票，同时卖空价格下跌的股票，利用损失抵税（tax loss harvesting）的税务筹划工具（将在 20.1.4 作详细介绍）降低应纳资本利得税，提高税收效率。价值股策略和小盘股策略的税收效率往往比较低，因为这种策略在证券达到预先设定的目标价格时卖出，从而更频繁地实现收益，应纳资本利得税较高。

使用投资风格箱（style box）的方法选择基金经理也会造成税收效率低下。因为当基金经理发生风格偏移（style drift）的时候，即基金经理偏离了自己的投资风格时倾向更快地实现账面利得，从而产生更多的已实现资本利得，应纳资本利得税增加。另外，基金经理在整个基金的层面调整资金在不同投资风格之间的配置，也会产生已实现的资本利得，增加税负。

> **知识一点通**
>
> 基金经理投资风格箱为投资者提供了很好的参考，它把影响基金业绩的两项因素单独列出来，这两项因素分别是：投资股票的规模和风格。
>
> 按照基金持有股票市值不同，把基金投资股票的规模定义为大盘、中盘和小盘；以基金持有的股票风格为基础，把基金投资股票的价值/成长风格定义为价值型、混合型和成长型，基金经理的投资风格箱见图 20.1。

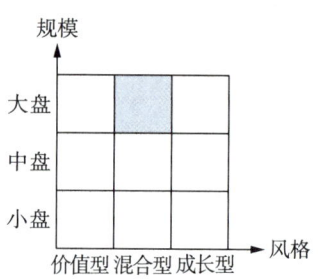

图 20.1 基金经理的投资风格箱

图 20.1 中阴影部分所在位置表明基金的投资风格，但是投资风格不是一成不变的，基金经理和基金团队会根据市场动态和走势，对其进行实时调整。

最为著名的是晨星投资风格箱，它提供了一个直观简便的分析工具，协助投资人优化投资组合并对组合进行监控。通过晨星基金网，输入基金代码，就可以查找到基金的投资风格箱。

> **备考小贴士**
>
> 考生要从定性的角度判断不同的资产类型和投资策略税收效率的高低。

20.1.2.2 计算税后回报率

为了衡量税收效率，本文将介绍四种私人财富顾问常用的税收回报率。

（1）税后持有期回报率（after-tax holding periodreturn）。
（2）税后清算后回报率（after-tax post-liquidation return）。
（3）税后超额回报率（after-tax excess returns）。
（4）税收效率比率（tax-efficiency ratio，TER）。

1. 税后持有期回报率

税后持有期回报率的计算服从一个隐含的、简化的假设，即在资产出售时，税费从账户中提取出来。税前持有期回报率 R 的计算公式如下：

$$R = \frac{(value - value_0) + income}{value_0} \tag{20.1}$$

税后持有期回报率用 R′ 表示，计算公式如下：

$$R' = \frac{(value - value_0) + income - tax}{value_0} = R - \frac{tax}{value_0} \tag{20.2}$$

公式（20.2）中的持有期内的应付税费（tax）可以用投资组合中的每种投资收益乘以对应的适用税率的和来表示。比如，投资组合中的已实现的资本利得乘以资本利得的适用税率加上利息收入乘以利息收入的适用税率加上股息投入乘以股息收入的适用税率，以此类推。用 $transaction_i$ 代表各种应纳税投资收益（已实现的资本利得、利息收

入、股息收入等），用 t_i 代表各种应纳税投资收益的适用税率。则给定投资期间内的应纳税额为

$$tax = \sum_{i=1}^{n} transaction_i \times t_i \tag{20.3}$$

如果税后回报率是按月计算的，则累计税后回报率 R'_G，可按月回报率几何平均法计算。

$$R'_G = [(1+R'_1)(1+R'_2)\cdots(1+R'_n)]^{1/n} - 1 \tag{20.4}$$

2. 税后清算后回报率

在评估共同基金或其他混合投资工具的投资时，应税投资者可能需要考虑未实现资本利得的影响。此时，选择税后清算后回报率最为合适。税后清算后回报率假设所有的投资组合在分析日被出售，由此产生的已实现的资本利得税将从投资组合中扣除。

由于资本利得均被假设在抛售时才得以实现进而实施缴税，所以，在每个投资期末计算税后清算后回报率 R_{PL} 时应减去内含的应纳资本利得税。

$$R_{PL} = \left[(1+R'_1)(1+R'_2)\cdots(1+R'_n)\left(1 - \frac{liquidation\ tax}{final\ value}\right)\right]^{1/n} - 1 \tag{20.5}$$

其中，liquidation tax =（final value − tax basis）× capital gains tax rate。

知识一点通

公式（20.5）还可以表示为：

$$R_{PL} = \left[(1+R'_1)(1+R'_2)\cdots(1+R'_n)\left(1 - \frac{final\ value - tax\ basis}{final\ value} \times T_{cg}\right)\right]^{1/n} - 1 \tag{20.6}$$

其中，$\frac{(final\ value - tax\ basis)}{final\ value}$ 代表所有未实现资本利得（即内涵资本利得，embedded gains）在投资组合投资 n 年后、清算之前的终值中的比例；T_{cg} 代表资本利得适用税率（capital gains tax rate）。

备考小贴士

从做题的角度出发，案例中多通过已知内涵资本利得在投资 n 年后、清算之前的终值中的比例和资本利得使用税率，计算税后清算后回报率。所以考生可以重点记忆公式（20.6）。

例题 20.3

某私人客户的应税投资账户的税前回报率以及税后回报率详情见下表。

投资组合的回报率

年份	税前投资回报率	税后投资回报率
1	4.0%	3.0%
2	12.0%	10.0%
3	6.0%	4.5%
4	−5.0%	−3.0%
5	5.5%	4.8%

假设内涵的未实现资本利得是投资组合清算前期末价值的 15%，资本利得适用税率为 30%。

（1）投资 5 年后，组合的税后年化收益率是多少？
（2）投资 5 年后，组合的税后清算后年化收益率是多少？

名师解析

（1）由公式（20.4），可得：

$R'_G = [(1+R'_1)(1+R'_2)\cdots(1+R'_n)]^{1/n} - 1 = [(1+3\%)(1+10\%)(1+4.5\%)(1-3\%)(1+4.8\%)]^{\frac{1}{5}} - 1 = 3.78\%$

（2）由公式（20.6），可得：

$R'_G = [(1+R'_1)(1+R'_2)\cdots(1+R'_n)(1 - \frac{\text{final value} - \text{tax basis}}{\text{final value}} \times T_{cg})]^{1/n} - 1$

$= [(1+3\%)(1+10\%)(1+4.5\%)(1-3\%)(1+4.8\%)(1-15\%\times30\%)]^{\frac{1}{5}} - 1$

$= 2.82\%$

3. 税后超额回报率

在实务中，超过 85% 的主动基金经理的税后投资业绩不及市值加权的指数基金的业绩。税费侵蚀了部分投资收益，大多数共同基金管理公司并没有产生足够的超额收益（alpha）来支付基金管理费用和税费。

如果税前超额回报率用 x 表示，投资组合的税前回报率用 R 表示，投资组合的基准税前回报率用 B 表示，则：

$$x = R - B \tag{20.7}$$

如果税后超额回报率用 x′ 表示，投资组合的税后回报率用 R′ 表示，投资组合的基准税后回报率用 B′ 表示，则：

$$x' = R' - B' \tag{20.8}$$

税务筹划的超额收益（tax alpha）通过从税后超额收益中减去税前超额收益来分离税收管理的好处：

$$\alpha_{tax} = x' - x \tag{20.9}$$

4. 税收效率比率

税收效率比率(TER)即税后回报率除以税前回报率的商。

$$\text{TER} = \frac{R'}{R} \tag{20.10}$$

例如,如果一个投资组合的总年化回报率是10%,税后回报率是7%,那么税收效率比率为70%(7%/10%)。

税收效率比率可以帮助私人财富顾问更好地了解哪些基金更适合在私人客户的应税账户中投资。然而,当投资回报率为负数时,税收效率比率就没有意义了。例如,如果一个投资组合的税前回报率为-10%,税后回报率为-13%,那么税收效率比率是130%(-13%/-10%)。显然,这是不对的,因为实际上税收使回报变得更低。

例题 20.4

私人客户 Wen 居住于洛杉矶,Wen 的应税账户中有一个由股票和债券组成的投资组合。根据美国的税法,边际税率是由联邦税、州税和地方税组成的综合收入税。私人客户的所有投资收益均按照边际税率缴纳。综合收入税的相关信息见下表。

综合收入税

管辖区内的收入税目	税率
美国联邦收入税	37.00%
洛杉矶所在州收入税	8.25%
洛杉矶市收入税	10.25%
联邦净投资收益税	3.80%
一般投资收益所得(ordinary investment income)的总税率	59.30%

不同资产类别的适用税率见下表,有些资产类别享受税收优惠。

不同资产类别适用税率

资产类别税目	税率	税收优惠条件
洛杉矶所在州的市政债券利息收入	0.00%	洛杉矶居民
非洛杉矶所在州的市政债券利息收入	12.70%	
资本利得	30.00%	持有期长于1年
符合条件的股息收入	30.00%	持有期长于61天
美国国债利息收入	35.0%	
其他固收类工具	59.30%	
不符合条件的股息收入	59.30%	

私人客户 Wen 的投资组合由公募基金和 ETFs 组成,下表是 Wen 的投资组合的具体资产配置。

Wen 的投资组合的资产配置报告

资产类别	年化税前回报率	年化税后回报率
权益类被动型 ETFs	10.65%	10.10%
权益类主动型公募基金	13.10%	10.25%
高收益债券 ETFs	4.50%	1.80%

（1）计算上表中各个基金的税收效率比率。哪个基金的税收效率最高，为什么？

（2）如果 Wen 在月初以每股 $150 的价格买了 10 000 股苹果公司股票，月末以每股 $175 的价格全部抛售，并在月中收到苹果公司发放的现金股息为每股 $1。忽略交易成本，Wen 的应纳税费是多少？

（3）探讨 Wen 投资苹果公司股票的税收效率，如何提高这笔投资的税收效率呢？

（4）如果苹果公司股票在月末以每股 $140 的价格抛售，请探讨这笔投资的税收效率。

（5）Wen 的投资组合中还有洛杉矶所在州的免税市政债券。Wen 想持有这些债券至到期。由于投资期内利率下降，债券的价格上升了 1%。同时，Wen 收到了债券价格 0.5% 的利息收入。请计算持有该债券的税前以及税后回报率。

名师解析

（1）由公式（20.10）得到各个基金的税收效率比率，见下表。

投资组合中各个基金的税收效率比率

资产类别	TER = $\dfrac{R'}{R}$
权益类被动型 ETFs	10.10%/10.65% = 94.84%
权益类主动型公募基金	10.25%/13.10% = 78.24%
高收益债券 ETFs	1.80%/4.50% = 40.00%

由于权益类被动型 ETFs 的换手率低，以及如果长期持有，资本利得递延并享受税收优惠政策，使得其税收效率比率最高。

由于权益类主动型公募基金的高频交易特性，组合中的股票持有期普遍较短，短期资本利得和股息收入较多，无法享受税收优惠政策，导致较高的税费，进而其税收效率比率低于权益类被动型 ETFs 的税收效率比率。

高收益债券 ETFs 的税收效率比率最低，原因在于高收益债券利息收入无法享受税收优惠，适用税率是所有税率中最高的（59.30%）。

（2）由于苹果公司股票的持有期仅有一个月，故无法享受低税率的税收优惠政策。一般投资收益所得（ordinary investment income）的总税率为 59.30%，同样适用于苹果公司股票投资的所有类型的收益。

资本利得税费 = 10 000 × ($175 − $150) × 59.3% = $148 250

股息收入税费 = 10 000 × $1 × 59.3% = $5 930

总税费为 $154 180。

（3）由公式（20.1）可得，税前持有期回报率为：

$$R = \frac{(value - value_0) + income}{value_0}$$

$$= \frac{(175 - 150) \times 10\ 000 + 10\ 000}{1\ 500\ 000}$$

$$= 17.33\%$$

由公式（20.2）可得，税后持有期回报率为：

$$R' = \frac{(value - value_0) + income - tax}{value_0} = R - \frac{tax}{value_0}$$

$$= 17.33\% - \frac{154\ 180}{1\ 500\ 000}$$

$$= 17.33\% - 10.28\% = 7.05\%$$

由公式（20.10）可得，税收效率比率为：

$$TER = \frac{R'}{R} = \frac{7.05\%}{17.33\%} = 40.70\%$$

根据税后优惠政策要求，如果 Wen 长期持有苹果公司股票（持有期长于 1 年时，资本利得享受更低的税率；持有期超过 61 天时，股息收入享受更低的税率）可以提高税收效率比率。

（4）如果月末苹果公司的股票以每股 $140 的价格抛售，投资的损失可以降低应纳资本利得税费 $59 300 [= 10 000 × ($140 − $150) × 59.3%]。股息收入税费 = 10 000 × $1 × 59.3% = $5 930。总税费为 −$53 370。

由公式（20.1）可得，税前持有期回报率为：

$$R = \frac{(value - value_0) + income}{value_0} = \frac{(140 - 150) \times 10\ 000 + 10\ 000}{1\ 500\ 000} = -6\%$$

由公式（20.2）可得，税后持有期回报率为：

$$R' = \frac{(value - value_0) + income - tax}{value_0} = R - \frac{tax}{value_0}$$

$$= -6\% - \frac{(-53\ 370)}{1\ 500\ 000} = -6\% + 3.56\% = -2.44\%$$

由此可见，发生资本投资损失时，税后持有期回报率 R′ 高于税前持有期回报率 R。其原因是已实现的资本损失可以使投资人节省资本利得税。

（5）洛杉矶所在州的免税市政债券在持有期的总收益率为 1% + 0.5% = 1.5%。由于洛杉矶所在州的免税市政债券享受免税政策，故税后持有期回报率 R′ = 1.5% = R，税收效率比率为 100%。

> **备考小贴士**
>
> 考生应熟练掌握所有税后回报率的计算。

20.1.3 财富积累与资产分配

—考点要求—
分析（analyze）应税账户、税收递延账户和免税账户对财富积累的影响（★★★）

20.1.3.1 投资账户类型介绍

前文在讨论税后回报率的计算时，均基于一个前提，即客户在应税账户中投资。在实务中，私人投资者通常拥有三种投资账户：应税账户（taxable accounts）、税收递延账户（tax-deferred accounts, or TDAs）以及免税账户（tax-exempt accounts, or TEAs）。其中，税收递延账户和免税账户属于税收优惠账户（可回顾20.1.1"投资账户的税收状况"的内容）。本节将评估账户类型对财富积累的影响。

1. 税收递延账户

根据上文对税收递延账户纳税特征的介绍，假设投资人投资一个货币单位到税收递延账户，预期税前投资回报率为R，n年后提取时按税率t征税。则税收递延账户的税后终值为：

$$FVIF_{TDA} = (1+R)^n (1-t) \tag{20.11}$$

2. 免税账户

根据上文对免税账户纳税特征的介绍，假设投资人投资一个货币单位到免税账户，预期税前投资回报率为R，n年后提取。则免税账户的税后终值为：

$$FVIF_{TEA} = (1+R)^n \tag{20.12}$$

> **知识一点通**
>
> 此处请考生注意，在做题时，通常默认免税账户的缴存金额是<u>税后金额</u>。故公式（20.12）无需再做税率的调整。

3. 应税账户

根据前文所述，假设投资人投资一个货币单位到应税账户，预期税后投资回报率为R'，n年后提取。则应税账户的税后终值为：

$$FVIF_{taxable} = (1+R')^n \tag{20.13}$$

例题 20.5

客户Max持有一个投资组合，期初资产规模为USD 300 000，预期税前年化回报率为6%。假设所有投资收益均适用10%的税率，计算20年后，以下情况的税后资产终值。

（1）如果全部资金在应税账户，且所有投资收益均为利息、股息收入，每年征一次税。

(2) 如果全部资金在税收递延账户。

(3) 如果全部资金在免税账户。

名师解析

(1) 根据公式 (20.13),可得:

$$FV = Principal \times FVIF_{taxable} = Principal \times [1 + R']^n = 300\,000 \times [1 + 0.06(1 - 0.1)]^{20} = USD\,858\,882$$

(2) 根据公式 (20.11),可得:

$$FV_{TDA} = Principal \times (1 + R)^n(1 - t) = 300\,000 \times (1 + 0.06)^{20}(1 - 0.1) = USD\,865\,927$$

(3) 根据公式 (20.12),可得:

$$FV_{TEA} = Principal \times (1 + R)^n = 300\,000 \times (1 + 0.06)^{20} = USD\,962\,141$$

第1种和第2种情况的区别在于,应税账户中递延资本利得税仅针对投资组合的<u>增值部分征税</u>。而税收递延账户针对本金和资本增值的部分,<u>整体</u>征税。

备考小贴士

考生应掌握各个账户投资终值的计算。

20.1.3.2 资产分配

私人客户的资产通常分布在应税、税收递延和免税账户中。对这些客户来说,资产配置不仅必须考虑适当的整体资产类别组合,还必须考虑哪些资产类别最适合在哪些账户中持有。这被称为资产分配(assets location),即确定资产是否在应税账户,或是税收递延账户,抑或是免税账户中投资。<u>一般的经验法则是,将税负轻的资产放在应税账户中投资,而将税负重的资产放在免税或者税收递延账户中投资</u>。例如,应税债券应被分配至免税账户中投资,符合资本利得税收优惠条件的股票应被分配至应税账户,具有更高换手率的股票投资应被分配至免税账户,才能获得更好的税后回报。

1. 资产分配对提取策略的影响

前文讨论资产分配对财富积累的影响,本节假设客户已经达到退休年龄,并将很快使用他们的退休资产来支持预期剩余寿命中的支出需求。在从各个账户中提取资金时,客户应使用税收有效的账户提取策略(tax-efficient decumulation strategy)。

由于退休账户是免税或是税收递延的,税收优惠账户能够使客户的财富以更高的回报率(税前回报率)实现复利增长。所以,在提取资金时,客户应先从应税账户中取钱用于日常退休生活的支出花销,从而让税后优惠账户中的资产继续以高回报率实现更长时间的复利增长。

例题20.6将通过量化对比来说明采用税收有效的账户提取策略和税收无效的账户提取策略对私人客户财富的影响。通常而言,退休储蓄账户是税收递延账户,为了使对比更加明显,例题假设退休储蓄账户是免税账户。

—考点要求—
分析(analyze)应税账户、税收递延账户和免税账户对提取策略的影响(★★★)

例题 20.6

客户 Max 拥有两个投资账户，分别为应税账户和免税账户。每个账户的初始余额均为 USD 1 000 000。假设这两个账户的税前收益率均为 10%，应税账户投资收益的实际税率为 30%，即税后收益率为 7%。每年年底，Max 提取 USD 200 000。

方案一：首先从应税账户中提取资金，使得免税账户以更高的回报率实现复利增长。一旦应税账户的余额提取完毕，将从免税账户中提取资金。

方案二：先从免税账户中提取资金，一旦免税账户的余额提取完毕，将从应税账户中提取资金。

请计算 10 年后，客户 Max 的投资账户余额。

名师解析

下表展示了采用税收有效的账户提取策略，10 年投资期限到期后，客户 Max 的投资账户终值的计算过程。下面第二张表展示了采用税收无效的账户提取策略，10 年投资期限到期后，客户 Max 的投资账户终值的计算过程。

账户余额：采用税收有效（tax aware）的账户提取策略

年份	应税账户提取金额	免税账户提取金额	年末应税账户余额	年末免税账户余额
0			1 000 000	1 000 000
1	200 000		870 000[a]	1 100 000[b]
2	200 000		730 900	1 210 000
3	200 000		582 063	1 331 000
4	200 000		422 807	1 464 100
5	200 000		252 404	1 610 510
6	200 000		70 072	1 771 561
7	74 977[c]	125 023[d]		1 823 694[e]
8		200 000		1 806 064
9		200 000		1 786 670
10		200 000		1 765 337

注：a：870 000 = 1 000 000 × [1 + 10%(1 − 30%)] − 200 000
b：1 100 000 = 1 000 000 × (1 + 10%)
c：74 977 = 70 072 × [1 + 10%(1 − 30%)]
d：125 023 = 200 000 − 74 977
e：1 823 694 = 1 000 000 × (1 + 10%)^7 − 125 023

账户余额：采用税收无效（tax indifferent）的账户提取策略

年份	应税账户提取金额	免税账户提取金额	年末应税账户余额	年末免税账户余额
0			1 000 000	1 000 000
1		200 000	1 070 000	900 000

续表

年份	应税账户提取金额	免税账户提取金额	年末应税账户余额	年末免税账户余额
2		200 000	1 144 900	790 000
3		200 000	1 225 043	669 000
4		200 000	1 310 796	535 900
5		200 000	1 402 552	389 490
6		200 000	1 500 730	228 439
7		200 000	1 605 781	51 283
8	143 589	56 411	1 574 597	
9	200 000		1 484 819	
10	200 000		1 388 757	

由此可见，采用税收有效的提取策略，10 年后，客户的资产终值更高。

2. 资金分配对慈善捐赠策略的影响

当私人客户的投资目标包括慈善捐赠时，有些国家的税法规定，如果将内含未实现资本利得的证券赠与符合条件的慈善机构，则可以免征资本利得税。那么，私人客户可以考虑将应税账户中的低成本资产（即包含较高资本利得的资产）捐赠给符合条件的慈善机构，这样可以从赠与中获得税收优惠（税收减免，减少整体纳税义务），同时免除投资组合中未实现资本利得的未来纳税义务。

例题 20.7

私人客户 Max 希望向当地红十字会捐赠 50 万美元。他集中持有价值 1 000 万美元的雇主公司股票（税基为 100 万美元，未实现资本利得为 900 万美元）。Max 希望分散目前集中持有的雇主公司股票的风险。Max 还持有一个高度分散化的投资组合和一个退休账户。收入和已实现资本利得的税率为 50%。

私人客户 Max 应该如何筹集这项慈善捐赠款项？

名师解析

私人客户 Max 应捐赠手中持有的集中资产头寸（即大量持有的雇主公司股票）。红十字会作为一个免税主体，可以免税出售股份。同时，Max 还可以降低集中风险敞口。许多国家的税法规定，投资者的慈善捐赠可以获得所得税减免，所得税减免金额最高可达 25 万美元（=50 × 50%）。

备考小贴士

考生应掌握资产分配对提取策略的影响的分析和计算。

20.1.4 税务筹划策略及应用

20.1.4.1 基本的税务筹划策略介绍

—考点要求—
解释（explain）投资组合税务筹划的策略及应用（★★★）

基本的税务筹划策略可以分为两大类。

第一类策略的主要目的是在合乎法律规定的前提下，降低私人客户的应纳税费。比如：

（1）利用资产分配技术，将税负重的资产分配至税收优惠账户（税收递延账户或免税账户）投资，而不是在应税账户中投资。

（2）投资免税债券而不是应纳税债券。

（3）长期持有股票（满足税法对持有期的具体要求），进而享受更低的资本利得税率。

（4）长期持有股票（满足税法对持有期的具体要求），进而享受更低的股息收入税率。

第二类策略的主要目的是递延私人客户的应纳税费，即帮助客户递延纳税义务履行的时间。使得私人客户持有的投资组合可以以税前回报率在更长的时间内实现复利增长。比如：

（1）使用累进制纳税的国家可能给予退休后人员更低的所得税税率，私人财富顾问可以帮助客户将纳税义务递延至客户退休之后再履行。

（2）控制投资组合的换手率（turnover），进而减少资本利得变现的频率，使更多的资本利得递延至更远的未来。

（3）利用损失抵税（tax loss harvesting）技术，递延私人客户的纳税义务。具体操作过程将在20.1.4.2中详细讨论。

> **知识一点通**
>
> 投资经理在财富管理的过程中，不仅要为客户赚取投资的超额收益，同时，还要兼顾税务筹划问题，帮助客户降低税负。因此，区分避税（tax avoidance）和逃税（tax evasion）两个概念就显得尤为重要。避税是在合法合规的前提下，采用税收优惠账户、设置家族信托基金、购买人寿保险等方法降低客户的应纳税费。而逃税是违法行为，比如，通过瞒报或谎报收入少缴税或骗取退税等行为。

20.1.4.2 税务筹划策略的应用

—考点要求—
解释（explain）投资组合税务筹划的策略及应用（★★★）

无论客户是机构还是个人，风险、回报和成本是所有理财顾问共同关心的问题。私人财富投资组合的经理还要承担额外的复杂性，即尽量减少税收对回报的拖累。本节将进一步对税务筹划在投资组合管理过程中的具体应用展开以下讨论。

（1）投资工具（investment vehicle）的选择（即资产是否以合伙制、基金或单独管理账户的形式持有）；

（2）损失抵税（tax loss harvesting）；

（3）批次税收核算（tax lot accounting）；

（4）税务递延（tax deferral）；

（5）量化税务筹划（quantitative tax management）。

1. 投资工具的选择

作为私人财富管理公司，私人财富顾问可以选择使用集合管理账户（commingled funds）或者单独管理账户（separately managed account）。集合式管理工具包括共同基金、合伙制基金（partnerships）。投资工具的结构不仅会影响私人客户的纳税义务，还可能会影响私人顾问使用税收筹划管理技术的能力。当一个投资组合有多个资产所有者（owners）时，如在合伙制基金和共同基金中，投资和交易活动的税收后果是由所有的资产所有者共担的。

在合伙制基金中，无论是对冲基金还是私募股权基金，税收通常会被转移到相关合伙人身上。合伙制基金是一种很有吸引力的税收结构，因为该基金本身不征税，而且基金份额的赎回通常被归类为资本利得，而不是普通收入。

在共同基金中，股息和利息收入会被分配给相关投资者。因此，投资者要在获得这些收入的当年缴纳所得税。如果投资者出售其投资的共同基金的份额，则应就基金份额的增值部分履行纳税义务。此外，投资者可能还需要为基金内部发生的交易缴纳资本利得税。每逢年底，各个基金都会发布一份公告，详细说明当年基金内实现的长期和短期收益，投资者需要按其持有基金份额的比例共同承担这部分资本利得税费。

当新股东买入某基金时，他们也购买了一部分以前期间累积的未实现资本利得。通过投资组合经理的交易活动和其他股东的赎回活动，这些收益可能成为已实现的资本利得。此时，即使没有申请赎回的投资者也要分担这部分已实现资本利得税。例题 20.8 将用一个简单的例子说明这一点。

例题 20.8

MaxMaximum 基金成立于 20×1 年，当时有 10 个投资者和 USD 10 000 000 的资产。从那时起，该基金的资产已增值至 USD 11 000 000。内含资本利得 USD 1 000 000。该基金一直没有交易，所有原始投资者都持有自己的原始份额。每位投资者的税基为 USD 1 000 000，每位投资者持有的基金份额的价值为 USD 1 100 000。

目前，MaxMaximum 基金向新的投资者开放，私人客户 Wen 投资了 USD 1 100 000。目前该基金的税基总额为 USD 11 100 000（=USD 10 000 000 + USD 1 100 000），基金的资产净值为 USD 12 100 000。Wen 拥有基金 1/11 的份额，他的税基为 USD 1 009 091（=$\dfrac{USD\ 11\ 100\ 000}{11}$）。如果该基金经理出售基金中的标的资产，Wen 将获得 USD 90 909（=USD1 100 000 – USD 1 009 091）的资本利得分配，尽管他的投资没有增值，但他必须为此纳税。由此可见，Wen 按比例承担了之前投资者的部分纳税义务。

共同基金数据供应商计算潜在资本收益风险（potential capital gain exposure，PCGE）等指标，以帮助投资者确定共同基金是否承担了重大税收责任。PCGE 可以作为未来资本收益分配的一个指标。

$$PCGE = \frac{\text{net gain or losses}}{\text{total net assets}} \quad (20.14)$$

集合管理结构的基金可能比其他结构的基金税收效率更高。例如，交易所交易基金（exchange traded funds，ETFs）不像共同基金那样被直接出售给投资者。相反，ETF 经理利用银行和经纪公司作为中介。作为股票创建和赎回过程的一部分，这些中介机构提供或接收一篮子投资组合股票。由于 ETFs 在一级市场和二级市场均可以交易，套利行为使基金的价格与基金的资产净值保持一致，从而降低了套利的资本利得空间。此外，ETF 经理可以选择交付哪些股票给中介，为了减少未实现的资本利得，他们可能会选择税基低的股票纳入这一篮子股票中。

单独管理账户（separately-managed accounts，SMAs）为税务筹划提供了最大的灵活性。这些资产只有一个所有者，因此投资组合决策可以根据特定投资者的税收情况进行调整。在 SMA 投资组合内实现的损失可以用来抵销在 SMA 之外持有的资产的收益。相反，共同基金的任何损失只能用来抵销基金内实现的收益，不能分配给投资者。这使得基金内的损失对应税投资者的价值大大降低。

表 20.2 总结了合伙制基金、共同基金、ETFs 和单独管理账户的税收特征。

表 20.2 投资工具的税收特征

投资工具	税收特征
合伙制基金	纳税义务被转移到合伙人身上
共同基金	税收责任受共同投资者的影响。例如，一个投资者的赎回将触发所有其他投资者的资本利得纳税义务
ETFs	纳税义务可以通过申赎过程减少或消除
单独管理账户	已实现的资本损益可以和该所有者的其他投资账户综合纳税

例题 20.9

私人客户 Max 是一个应税投资者，他想投资两只基金。两只基金的基本情况如下：

基金 A 的初始规模为 USD 3 000 000，资本增值了 USD 600 000，并已经将其中的 USD 200 000 以分红的形式分配给投资者。

基金 B 的初始规模为 USD 3 000 000，资本增值了 USD 300 000，但后续又亏损了 USD 700 000。

（1）两只基金的 PCGE 是多少？

（2）作为应税投资者，Wen 应该如何做投资决策？

名师解析

（1）由公式（20.14），$PCGE = \frac{\text{net gain or losses}}{\text{total net assets}}$，可得：

基金 A 的 PCGE = $\frac{\text{net gain or losses}}{\text{total net assets}} = \frac{400\,000}{3\,400\,000} = 11.76\%$

基金 B 的 PCGE = $\frac{\text{net gain or losses}}{\text{total net assets}} = \frac{-400\,000}{2\,600\,000} = -15.38\%$

（2）基金 B 的 PCGE 更低，说明税收效率更高，因为基金内涵资本损失可以在未来对冲资本利得，降低未来的应纳税费。而基金 A 的 PCGE 较高，说明未来基金会将目前内涵的资本利得通过分红分配给投资者，增加投资者未来的应纳税费。

> **备考小贴士**
>
> 考生应掌握 PCGE 的计算以及分析。

2. 损失抵税、批次税收核算和税务递延

前文介绍过高频的交易会对投资组合的财富积累产生比较大的侵蚀作用。在某些情况下，交易并不意味着税收方面的无效率。比如说，在当期确认部分投资损失可以减少当期的税前收益，从而减少当期的应交税金，这被称为损失抵税（tax loss harvesting）。损失抵税是在组合税务管理中会经常用到的一种方法。

假设投资经理 Max 管理的投资组合有两支股票，股票 X 和股票 Y。T_1 代表第一年年末，T_2 代表第二年年末。T_1 时刻，股票 X 实现了 USD 50 的资本利得（realized gain），股票 Y 的获得成本为 USD 220，当前有 USD 45 的账面亏损（unrealized loss）。资本利得税的适用税率为 20%。

投资经理 Max 有两种交易计划。计划 A，将在 T_1 时刻就已实现的资本利得 USD 50 按 20% 缴税，同时继续持有股票 Y。在 T_2 时刻，股票 Y 的市场价值升至 USD 250 时，将其抛售。计划 B，在 T_1 时刻抛售股票 Y，然后买入收益相同的股票 Z。股票 Z 的成本为 USD 175。在 T_2 时刻，股票 Z 的市场价值升至 USD 250，将其抛售。交易过程见表 20.3。

表 20.3　损失抵税的交易过程

	T_1 时刻	T_2 时刻
投资组合		
股票 X	已实现利得 USD 50	
股票 Y	账面亏损 USD 45；成本 USD 220	市场价值 USD 250
股票 Z	成本 USD 175	市场价值 USD 250
交易计划		
A	抛售股票 X，缴纳资本利得税。继续持有股票 Y	抛售股票 Y，缴纳资本利得税
B	抛售股票 X 和 Y，缴纳资本利得税。再买入与股票 Y 收益相同的股票 Z	抛售股票 Z，缴纳资本利得税

交易计划 A，在 T_1 时刻，应缴资本利得税为 USD 10（USD 50 × 0.2）。由于股票 Y 的成本为 USD 220，当期账面浮亏 USD 45，则 T_1 时刻股票 Y 的市场价值为 USD 175。在 T_2 时刻，股票 Y 已实现的资本利得为 USD 30（USD 250 - USD 220），应缴资本利得税为 USD 6（USD 30 × 0.2）。两年总共纳税金额为 USD 16。

交易计划 B，在 T_1 时刻，由于将股票 Y 的账面亏损变现，总共已实现的资本利得为 USD 5（USD 50 - USD 45），应缴资本利得税为 USD 1（USD 5 × 0.2）。在 T_2 时刻，股票 Z 已实现的资本利得为 USD 75（USD 250 - USD 175），应缴资本利得税为 USD 15（USD 75 × 0.2）。两年总共纳税金额为 USD 16。

交易计划 A 和 B 在两年中应缴税费见表 20.4。

表 20.4　损失抵税应缴税费的计算

交易计划	投资组合	T_1 时刻应缴税费	T_2 时刻应缴税费	应缴税费总额
A	股票 X	USD 10	无	USD 16
	股票 Y	无	USD 6	
B	股票 X	USD 10	无	USD 16
	股票 Y	-USD 9	无	
	股票 Z	无	USD 15	

由表 20.4 可知，在 T_1 时刻，交易计划 B 比交易计划 A 减少税费 USD 9（USD 10 - USD 1）。交易计划 B 采用了损失抵税的投资组合税务管理策略。

需要说明的一点是，出售亏损股票，再买入收益率相似的股票，会使投资的计税基础降低到市场价值，增加未来税负，但两年内的税金总额相同。换言之，损失抵税是将有账面损失的证券变现，用资本损失抵减资本利得，减少净资本利得总额，当期少缴税。但是，再投资的计税基础降低，使得未来的税负增加。由此可见，当期少交的税金仅仅是被推迟了。所以，损失抵税的好处主要是税务递延（tax deferral）。

考生可能会有一个疑问，交易计划 B 中，为什么要在 T_1 时刻买入一个和股票 Y 收益相似的股票，而不是干脆买回股票 Y。主要原因是要实现损失抵税，一般需要进行往返交易（确认亏损以后，再买入新的证券），这就需要投资经理找到与出售的亏损证券的风险收益特征类似的证券。之所以不使用同一证券，是因为反虚假交易法案洗售规则（wash sale rule）的限制。该法案规定，如果投资者想要通过出售某支亏损的证券来用确认的损失抵税的话，那么，投资者在出售该证券之日起的前或后 30 天之内，不得再买入该支证券（或者本质上完全相同的证券）。否则，实现的亏损是不允许抵扣利得的。值得注意的是，该规定适用的范围比较广，在规定的时间限制内，如果投资者通过其配偶的账户买回本质上完全相同的证券，或是通过自己的其他投资账户或者退休账户将其买回的行为，均被视为违规。

很多学术研究都假设可以找到与出售的亏损证券在经济意义上等价的证券。然而在有些情况下，这个假设并不成立，特别是当出售的亏损证券是单只证券时。

对于被动管理的指数型基金，一般可以找到类似的替代品。尽管税法在这一点讲得很模糊，但是如果投资者持有亏损的标准普尔 500 指数型基金，则完全可以出售标准普尔 500 指数型基金，确认损失，然后再买入拉塞尔 3000 指数型基金。监管当局不会把这种行为界定为虚假交易，因为这两种指数型基金投资的证券不同，追踪的指数也不同。然而，这两种指数的历史收益率之间几乎是百分之百相关，这就使得这两种指数型基金从经济意义上看是理想的替代品。

另一个困难是，在洗售规则时间限制以外，财富顾问可能会出售替代证券，并再投资原来的证券。此时，替代证券的抛售有可能实现了短期资本利得，进而给客户带来了额外的税收负担。

> **备考小贴士**
>
> 损失抵税是非常重要的考点，考生应掌握：
> 第一，损失抵税的交易过程；
> 第二，采用损失抵税方法时，计算每一年的应缴资本利得税；
> 第三，对比 T_1 时刻，采用损失抵税方法比不采用损失抵税方法减少税收的金额；
> 第四，采用损失抵税方法的好处是将 T_1 时刻少交的税金递延到了未来。

税收有效的交易投资组合可以避免短期收益的频繁实现，并通过实现短期的资本损失，利用损失抵税的技术手段为私人客户提供更高效的资产管理服务。无论是长期的还是短期的资本损失，都可以用来减少客户当年的应纳税费。

损失抵税的核心是批次税收核算的原理。通常，投资组合的头寸是随着时间的推移而建立的，每次购买的证券成本不同（即计税基础不同）。例如，投资者可能在不同的时间以不同的价格分三次，每次购买 100 股特斯拉的股票，批次税收核算的方法可以追踪每一项投资的成本以及投资时间，精准地核算投资人的纳税义务。

最常见的税收批次核算方法有先进先出（first in, first out / FIFO）、后进先出（last in, first out / LIFO）、高进先出（highest in, first out / HIFO）。假设，投资者分三次购买特斯拉股票的价格按投资时间排序，分别是每股 USD 200，USD 400，和 USD 300。投资者以每股 USD 600 的价格抛售了 100 股特斯拉股票。如果投资者选择使用先进先出法计算应纳资本利得税，则资本利得为每股 USD 400（USD 600-USD 200）；如果投资者选择使用后进先出法计算应纳资本利得税，则资本利得为每股 USD 300（USD 600-USD 300）；如果投资者选择使用高进先出法计算应纳资本利得税，则资本利得为每股 USD 200（USD 600-USD 400）。类似地，指定批次的方法提供了最大的灵活性，以确保交易的税收效率。如果投资者在交易时没有指定要出售哪一批次的投资，则交易系统默认使用先进先出法计算本次交易的资本利得，以确定投资者的应纳税费。然而，由于股票市场通常会随着时间的推移而升值，使用先进先出法意味着先出售计税基础最低的股票，这往往使其成为税收效率最低的选择。

并非所有国家的税法都允许进行税收批次核算的方法。例如，在加拿大，用于确定任何销售的收益或损失的成本基础是该证券中所有批次的平均购买成本。

私人财富顾问可以通过使用损失抵税和高进先出法的组合拳来降低资本利得的金额，创造税务筹划超额收益。

例题 20.10

私人客户 Max 分不同批次投资了 400 股特斯拉的股票，具体的投资批次信息见下表。年末，Max 想抛售其中的 100 股。假设，特斯拉当前的股价为每股 USD 600，持有期长于一年的资本利得适用税率为 20%，持有期短于一年的资本利得适用税率为 50%。

特斯拉股票交易明细

税收批次/交易日期	交易股份数	交易价格（USD）	持有期
#1/Jan. 1st, 20×1	100	500	> 1 year
#2/Aug. 1st, 20×1	100	700	> 1 year
#3/Mar. 1st, 20×2	100	680	< 1 year
#4/Sep. 1st, 20×2	100	650	< 1 year

（1）分别计算 FIFO、LIFO、HIFO 的应纳税额。
（2）哪种税收批次核算方法最有效？

名师解析

（1）FIFO、LIFO、HIFO 的应纳税额核算过程见下表。

资本利得税费核算方法

税收批次核算方法	抛售的批次	投资成本	资本利得或损失	应纳资本利得税费
FIFO	#1	$ 500	$ 10 000	$ 2 000
LIFO	#4	$ 650	($ 5 000)	($ 2 500)
HIFO	#2	$ 700	($ 10 000)	($ 2 000)

由于使用 LIFO 和 HIFO 均会导致投资者的资本损失，Max 可以利用损失抵税的方法对冲其他证券投资产生的短期或者长期已实现资本利得，进而降低总税负。

（2）如果以每股 USD 600 的价格抛售第三批次投资的特斯拉股票，可以获得最大税收效率。因为资本损失为 USD 8 000 [=(USD 600 − USD 680)×100 shares]，从而节省 USD 4 000 的资本利得税费。通常而言，HIFO 是最有效的税务筹划方法。但是这道题略有不同，由于 HIFO 是长期资本利得，享受更多的税率优惠，所以不是最大程度上省税的方法。另外，由于短期资本利得税率更高，第三批次的资本损失对冲 Max 其他证券投资短期资本利得，可以节省更多税费，税收效率最高。

> **备考小贴士**
>
> 考生掌握应用税收批次核算的各种方法以及分析应用。

20.1.4.3 量化税务筹划

税务筹划的核心是量化和管理风险的能力，这些风险是由投资组合的构建、交易等执行过程引入的。跟踪误差是常用的相对风险度量标准。量化税务筹划方法可以帮助投资组合经理优化投资组合的税收效率，跟踪误差可以用来评估由于使用了各种税务筹划的方法而给投资组合带来的风险。

量化税务筹划使用量化风险模型估计投资组合中每一种证券的风险和相关性。然后，将这些风险的估计值作为投资组合优化算法的输入值，从而达到如下目的：

（1）最小化跟踪误差风险；
（2）最大化实现资本损失；
（3）最小化已实现资本利得；
（4）降低交易成本；
（5）满足客户的任何限制条件，如投资组合中各证券、行业、板块和国家的权重限制，洗售限制、换手率和流动性限制等。

利用量化税务筹划的方法可以最大限度地减少税收对投资组合收益率的拖累并降低投资风险。

与一年一次的损失抵税不同，投资组合经理可以在全年随时寻找损失。任何投资管理过程，无论是主动的还是被动的，都可以从系统地监测投资组合的税收机会中获益。当证券被抛售以实现损失时，可以使用风险模型和优化算法来识别替代证券，以确保维持稳定的投资组合预期风险。

> **备考小贴士**
> 考生对于量化税务筹划方法仅作简单了解即可。

20.2 集中持有单一资产专题

20.2.1 管理集中持有单一资产的风险税务问题

集中持有单一资产在家庭创富过程中可能发挥关键作用，有三类集中持有单一资产的情况，分别是：上市公司的股票、非上市公司股票、商业或投资性不动产。

—考点要求—
对管理集中持有单一资产的风险和税收问题的讨论（discuss）
（★★★）

在高净值客户中，有些是上市公司的高管，在工作过程中接收股票作为报酬。上市公司的股票的集中头寸可能是非上市公司上市成功，也可能是将私有企业通过换股出售给上市公司获得的。

虽然"集中"的定义因人而异，但在本章中，"集中持有单一资产"一词用于描述一种潜在成为非多元化并且缺乏有效性的持仓状态，原因可能来自低成本基础或者个人情况。顾问必须能够协助客户就这些集中持有作出决定，包括管理这些与仓位有关的风险和税务问题。下面将讨论管理这些集中持仓的处理方法。

考虑集中持有单一资产时，主要考虑以下4种风险和税收因素。

（1）集中持仓带来的固有的特异风险；
（2）缺乏多样化导致投资组合效率下降；
（3）集中持有大量上市公司股票、集中持有非上市公司股票所固有的流动性风险；
（4）如果为了降低其他风险而出售部分集中仓位，可能会引发巨额税务，从而减少回报。

非上市公司往往比上市公司规模小，它们的运营历史可能比较短，业务组合单一。由于经营模式为家庭所有制，它们可能难以吸引高素质的管理人员。另外，它们获得融资的渠道可能比上市公司更有限。这些风险，无论是单个风险还是各种风险的结合，通常都会使集中持有非上市公司的头寸比持有类似规模的上市公司头寸的风险要大得多。

然而，无论是上市公司还是非上市公司，集中头寸都会使投资组合承担更高的风险。对于持有上市公司或者非上市公司股票的高净值客户，他们承担了诸如关税增加等行业特有的风险，以及特定公司经营、声誉方面的特异风险。一旦达到一定的财富水平，财富所有者往往倾向维持现状。

资产的流动性风险也是集中持仓的重要考虑。对于集中持有非上市公司股票的客户而言，股票不能随时出售。对于上市公司而言，根据相关法律法规，如果持有人是公司的董监高或者控股股东、实际控制人等身份，在出售股票方面则会受到种种限制。即使不考虑监管限制，集中持仓的大笔出售可能会比规模较小的头寸带来更高的交易成本。最后，由于投资者长期持有集中头寸，因此，集中头寸的成本基础往往很低。出售全部或部分头寸可能会引发重大的税务支出。

20.2.1.1 解决集中持有问题策略的考虑因素

在解决集中持有问题策略时，基金经理通常需要综合考虑以下8类因素。

1. 集中度（Degree of Concentration）

集中持有单一资产相对于全部仓位的占比越高，越需要重视其风险，处理的紧迫程度也越高。

2. 集中持有资产的波动性和回撤风险（volatility and downside risk of the position）

资产波动性越大，多样化越有效。

3. 税收成本基础（Tax Basis）

成本基础越低，卖出集中持仓后引发的税费就越高。

4. 流动性（Liquidity）

资产流动性越差，达到降低风险目标的成本就越高。

5. 投资者的税率（Tax Rate of the Investor）

投资者税率越高，卖出集中持仓后引发的税费就越高。

6. 投资者的投资期限（Time Horizon of the Investor）

投资者的投资期限越长，越能更好地应对卖出带来的税务影响。

7. 对投资者的限制（Restriction on the Investor）

如果投资者受到诸如雇佣协议或者收购协议的约定限制而无法出售集中持有资产，则需要寻找一些卖出以外的策略。

8. 情感因素或者其他非金融考量（Emotional Attachment and Other Non-financial Considerations）

由于集中持有单一资产经常是高净值客户的财富来源，这种天然的情感依恋会令他们不愿意卖出。公司所有者也可能希望通过持有股份来保持投票权，以体现自身与公司之间的关系。

20.2.1.2 若干种缓解集中持仓风险的方法

在解决集中持有问题策略时,投资者可以考虑以下几种缓解集中持有风险的方法。

1. 出售并分散投资(Sell and Diversify)

最简单(通常也是最好的)的方法是出售集中投资头寸,缴纳资本利得税,然后将税后收益再投资于分散化的投资组合。

2. 分阶段多元化(Staged Diversification)

由于择时是股权交易中比较重要的考量因素之一,所以分批出售至少可以部分降低时机不利的风险。

3. 对冲和货币化(Hedging and Monetization Strategies)

有几种衍生品的策略可用于对冲集中持仓的风险。一旦对集中持有的头寸进行了对冲,货币化(例如以集中头寸的价值作抵押的贷款)就为所有者提供了资金,用于支出或再投资,而不会触发纳税义务。

4. 免税交易(Tax-Free Exchanges)

在一些司法管辖区,投资者可以交换资产,用较为分散化的组合取代集中持有头寸,而无需缴税。

5. 慈善捐赠策略(Charitable Giving Strategies)

慈善信托、私人基金会和捐赠者建议基金(专为支持捐赠者的慈善捐赠而设立的投资账户),可将资产转移到一个免税账户,在该账户中出售资产而不必缴纳资本利得税。虽然私人基金会和捐赠者建议基金的资产只能用于资助客户的慈善目标,但慈善信托的结构可以在为客户定期提供利益分配的同时,满足未来需要实现的慈善捐赠目标。

6. 避税和延期纳税(Tax-Avoidance and Tax-Deferral Strategies)

在一些司法管辖区,如果纳税人持有集中头寸直至死亡,则税法允许其继承人享受提高遗产的计税基础至原头寸持有人死亡当日资产的公允价值(step-up in basis at death)。由此,在财产继承时刻,继承人继承的集中头寸的资本利得为零,无需缴纳资本利得税。损失抵税可以与分阶段的多元化战略相结合,以匹配利得与损失。使得客户可以分摊税收负担,从而获得延迟部分税收的灵活性。

20.2.2 上市公司股票的集中持有应对策略

本节将描述若干种降低集中持有上市公司股票风险的方法。在实际操作过程中,基金经理经常会使用多种策略。策略的选择不只要基于标的和市场的情况,考虑投资者的经验也很重要。如果投资者对某种策略完全不理解,则尽量不要选择该策略,以避免产生不良结果。

—考点要求—
对集中持有上市公司股票的应对策略的描述(describe)(★★★)

20.2.2.1 阶段性多样化和完整组合策略

对于上市公司的股票而言,最简单的方式是直接卖出缴税,并将收益投资于多元化的组合。客户通常会希望在若干年的过程中逐渐出售股票。这种方法被称为阶段性多样化方法(staged diversification strategy)。该策略的优势在于可以将纳税义务分摊到多个纳税年度，但缺点在于集中持仓的时间延长了。

另一种更加复杂的方式是用部分出清集中持有头寸获取的资金构建完整组合（completion portfolio）。完整组合是一种基于指数的投资组合（an index-based portfolio），当将其加入客户集中持有头寸中时，整体组合的风险敞口与投资者的基准组合（benchmark portfolio）的风险敞口类似。完整组合也可以结合税收优化，使用量化模型实现更多的资本损失，最小化相对基准组合的主动风险（即跟踪误差，active risk）并实现最大化税后收益。完整组合中的损失正好可以用来抵销集中持仓股票的利得，从而降低资本利得净值，达到降低资本利得税费的目的。

> **知识一点通**
>
> 投资者在该策略中面临两个目标的平衡：一个目标是将纳税义务最小化，另一个目标是投资比较基准的跟踪误差最小化。如果完全达到其中一个目标，则另一个目标就无法完成。这两个目标不可兼得，只能寻求一种平衡。

20.2.2.2 税务最优化股票策略

用于管理集中持有上市公司的税务最优化股票策略主要分为三种，分别为货币化、双限期权、卖出看涨期权。主要原理是在不抛售资产的前提下，利用衍生品等金融工具降低集中持有的风险，再进行股权质押贷款，提高贷款比例（loan-to-value ratio，LTV ratio），获取流动性，并进一步投资于多样化组合以降低总风险。由于并没有将集中持有的单一资产卖掉，故一般不会触发纳税义务。

1. 股票货币化（Equity Monetization）

货币化指的是一系列策略，特征是不需要即刻卖出股票，但仍能获得流动性。选择该策略的投资人除了避税的考虑，也可能是由于法律法规的要求无法卖出股票，不愿意放弃投票权或者只是想短暂获取流动性并不愿意真正抛售股票。货币化一般分为两个步骤：第一步，使用衍生品，比如做空（short sale）、总收益互换（total return swap）、期权期货或者远期协议等方法将大部分风险对冲；第二步，将已经进行风险对冲的头寸进行股权质押贷款，此时由于头寸的风险已经降低，贷款比例相较于未进行对冲之前将大幅提升。此时可将抵押所得款进一步投资于多样化组合以降低总风险。

2. 双限期权

零成本双限期权（cashless collar 或者 zero-premium collar）是一种非常常见的对冲策略。该策略由股票的多头头寸、较低期权行权价的看跌期权的多头头寸和较高期权行权价的看涨期权的空头头寸构成。看跌期权和看涨期权的期权费相同以构建出零成本的投资组合。其中看跌期权和看涨期权均为价外期权。

零成本双限期权的优点：如果股价下跌至看跌期权的行权价之下，则投资者不会有更多的损失，即资产受到了保护。同时投资者享受的上涨空间也因为卖出了看涨期权而变得有限。

> **知识一点通**
>
> 在货币化的过程中，如果将原来的集中持仓割裂来看，风险并未消失。在某些税制下，如果对冲风险的行为已经将股票的风险完全移除，则可能被认为视同出售（constructive sale）并且需要缴税。所以刻意保留部分风险以避免触发该类条款也是对冲中应该考虑的。

3. 卖出看涨期权

股票的多头头寸和看涨期权的空头头寸可以合成持保看涨期权（covered call）。当投资者认为股票的价格波动不会超过一定范围时，则可以执行该策略，收到期权费，获得流动性。做空看涨期权的行权价实际上是一个将资产卖出的心理价位。缺点是投资人承担了全部的下行风险，并且限制了向上的盈利空间。

通常，当投资人认为标的资产的价格在可预见的未来存在涨幅上限时，多使用持保看涨期权。投资经理可以将客户的集中持有股票分成多个批次，卖出不同行权价的看涨期权，到期期限交错顺延，让客户更好地分阶段卖出集中持有的单一资产。该策略有一大好处，就是使得客户对卖出这些资产做好心理上的准备。

20.2.2.3 免税转换

在某些税制下，有免税的集中持仓仓位的转换机制安排。在美国，相应的安排被称为转换基金（exchange fund），每位参与者都相当于拿出自有的低成本股票参与该基金，并且按比例换取该基金的份额。参与该类基金不会引发纳税义务，但必须持有最少 7 年该基金份额。赎回时，参与人将按参与的份额比例获得一篮子的股票。

此方法也有一些限制，该转换基金的基金经理会对能否接受特定股票的参与进行主观判断。同时，赎回时能获得的股票组合也是根据基金经理的自主判断而决定的。一般而言，此类转换基金的多样化程度不够理想，提前支取也可能需要支付赎回费。

20.2.2.4 慈善余额信托

如果投资者有慈善捐赠的目标，很多遗产规划的方法可以用来应对集中持仓问题。其中，慈善余额信托（charitable remainder trust）是一种典型的安排。投资者将集中持仓的股票以不可撤销捐赠（irrevocable donation）的形式给信托，并且获得减税额度。慈善余额信托作为免税实体，将该股票出售后不需要缴纳资本利得税，并可将股票出售所得进行多样化投资。在所有信托受益人过世后，该慈善余额信托的余额就将被捐赠给慈善事业。

20.2.3 非上市公司股票和不动产的集中持有应对策略

本节将描述若干种降低集中持有私有公司股票和不动产风险的方法。企业主一般都具有资产但是缺乏现金流。他们的主要资产都与自身的企业紧密联系在一起。获得流动性可能会带来一些问题，比如被稀释甚至丧失了企业的所有权。私有公司股票的处理方式包含以下几类：首次公开发行（initial public offering）、出售给外部投资者、出售给内

—考点要求—
对集中持有非上市公司股票和不动产的应对策略的描述（describe）
(★★★)

部人士、剥离非核心业务、以公司股权质押进行个人贷款、资本重组（recapitalization）或者是员工持股计划（employee stock ownership plan，ESOP）。下面将对几个重点策略进行描述。

20.2.3.1 以公司股权质押的个人贷款

公司所有者可以利用集中持有的非上市公司股票做质押贷款从而获得现金流。这种方法的优点是对于公司和个人而言，一般都不会触发纳税义务。

所有者用手中的公司股权作为质押，相当于设置了公司股权的看跌机制。公司可以借助一些其他的借款手段来支持所有者的偿付。如果所有者无力偿还贷款，则视同出售股权还债。此时所有者将产生纳税义务。

这种方法的优点是所有者仍然拥有对公司的所有权和控制权，同时在不触发纳税义务的前提下获得流动性，用于投资分散化的资产类别。另外，有些国家的税法规定，个人贷款期间内产生的利息可以进行税前抵扣，降低应纳税所得额，从而降低税负。

20.2.3.2 杠杆资本重组

杠杆资本重组（leveraged recapitalization）比较适合中型市场规模的企业主。该策略也被称为分步退出。第一步，私有企业主将部分股权转让给私募股权基金等外部投资者，自己保留一部分股东权益。这样做的优点是可以获得出让股权的现金流，用于投资分散化的组合以降低集中持有的风险。在保有原公司中的管理职能的同时，享受剩余股份价值上涨的空间。这种做法的缺点是卖出部分集中持有的股票后将触发纳税义务。第二步，已参与的私募股权基金等投资者从财务角度帮助公司进行债权融资以获得更多资金，企业主在这个过程中可以专注于公司的运营并仍然保有一小部分的公司股权。在若干年的运营后最后达到完全卖出股票的目标。

机构投资者的介入给企业带来了更多的资源并且增强了企业的实力。企业有实力提高融资金额从而更快成长。私有企业的原所有人也可以集中精力管理公司。

20.2.3.3 员工持股计划

员工持股计划是退休计划的一种，私有企业主可以将其持有的部分或者全部股权出售给公司的养老金计划，如员工持股计划。该计划可以以一定的价格购买部分或者全部的私有公司股权。在某些税制下，公司所有者出售股权给员工持股计划时的资本利得可以递延缴税。所有者可以自主决定出售给员工持股计划的股份数量，并保留公司的控制权以及股价上涨的空间。

20.2.3.4 集中持有不动产的管理策略

特定不动产的风险大多数为非系统性风险，资产价值可能会因为一些特定事件产生重大的损失，比如主要承租人的破产，而整体不动产市场此时可能并没有发生系统性风险事件。投资者经常会忽略非系统性风险并且高估自己所持有的不动产的价值。

不动产的持有人经常可以使用抵押贷款、慈善信托或者捐赠者指定基金（donor-advised fund）来获取流动性。当然不同税务制度下的不动产货币化的方法也各不相同，比如在美国就有房地产信托基金（real estate investment trusts, REITS），将一系列的不动产集中在同一个组合中向大众发行。

20.2.3.5 抵押贷款

对于集中持有不动产的投资者而言，除了直接出售不动产来获得流动性以外，房产抵押贷款也是一种颇为常见的获得流动性的方法。房产抵押贷款的优点主要体现在投资者可以在不触发纳税义务的前提下获得流动性，同时保有房产的所有权。不动产所有人仍然可以享受到房产未来的升值空间。

如果房产抵押贷款属于无追索权的贷款（non-recourse loan），若投资者违约，资金出借方仅拥有对抵押物（即房产）的追索权，出借方没有权利追索债务人的其他资产。这种情况等同于债务人给自己的房产设置了一个看跌机制。反之，如果房产抵押贷款属于有追索权的贷款（recourse-loan），若投资者违约，资金出借方拥有对债务人所有资产的追索权。

通常情况下，房产抵押贷款的最高贷款比例较高，由于抵押物为不动产，贷款期间产生的租金可以设定为和贷款利息支出一致，这样就不产生额外的收益。还款的方式可以是期间偿还利息和本金，也可以是期间只支付利息，在期末归还本金。

20.2.3.6 不动产慈善型货币化

投资人可以将持有的不动产赠与捐赠者指定基金，获得相应的公益捐赠税务扣除额度。例如，投资者认为所持有的不动产的未来收益率将跑输其他的股票，则可以使用该方法。该捐赠者指定基金可以卖出该不动产并且无需缴纳税款。捐赠者指定基金享受税收优惠、让捐赠者在善款使用和投资方面长期享有建议权。

20.3 财富传承专题

20.3.1 赠与和遗产规划目标及财富传承

基金经理可能要经常面临对具体资产的管理，但是优秀的私人财富经理还需要理解从客户的角度，有哪些可选择的工具和技巧来进行资产保值和财富传承。

赠与和遗产规划目标是需要基金经理关注的。由于人的寿命有限，当客户有足够的资产后，均会面临资产的传承或者是捐赠问题。为解决该问题而进行规划的过程就是赠与和遗产规划（gift and estate planning）。赠与和遗产规划的目的是帮助私人客户进行财产传承。遗产（estate）是自然人持有或者控制的财产，包括金融资产（如银行存款、股票债券、企业股份等）、有形资产（如古董字画等收藏品、汽车等）、不动产（如房地产）和知识产权（如版权、专利等）。遗产规划（estate planning）即对赠与和遗产做准备和规划的流程。该过程的专业度一般也较高。有效的遗产规划的目标一般包含以下几个方面。

—考点要求—
财富传承过程中对税务和非税务目标的讨论（discuss）（★★★）

（1）产生足够的期间收益和流动性。支持本人和家人的日常生活，以及支付相应遗产税费。

（2）决定资产的控制形式。客户可能想将所有权交给下一代，但并不想将控制权和财产分配的决定权交给下一代。同样地，在赠与慈善机构时，客户也可能希望保有对资产使用方法的决定权。

（3）资产保护。一部分遗产规划工具，如信托资产，可以保护委托人免受债权人的追讨或者规避法定继承（forced heirship）对财产的分配。法定继承制度规定被继承人的子女或者配偶有权继承固定比例的遗产。如此一来，这部分资产就无法被赠与非家族成员。法定继承制度基本存在于大陆法系（civil law）国家，如西班牙、法国和瑞士；对普通法系（common law）国家如加拿大、英国、美国，则不适用。法定继承权安排对伊斯兰教法（shari'a law）也适用。

> **知识一点通**
>
> 　　大陆法系源于罗马法，是在世界上占主导地位的法律体系。它以固定的法典和法规为基础。在大陆法系国家，法官对特定案件适用一般的、抽象的规则或概念。而普通法系通常可以追溯到英国的普通法体系，表现为从具体案例中得出抽象的规则。在大陆法系国家，法律主要是通过立法或行政行为发展起来的。在普通法体系国家，法律主要是通过法院的裁决发展起来的，有时也被称为"判例法"。

（4）转移资产时综合考虑税务安排。财富转移税的两种主要形式与资产转移的主要方式相对应。根据有关国家的税法，可以对生前赠与财产征收赠与税，也可以在去世时进行遗产继承并征收遗产税（estate tax）或者继承税（inheritance tax）。被继承人缴纳的税被称为遗产税，继承人缴纳的税被称为继承税。在某些司法管辖区，如果在转移资产时进行了隔代继承（generation-skipping），即祖父母绕过父母直接给孙子孙女送礼物或者进行遗赠，则可能会征收"隔代继承税"。

（5）保护家族财富。在遗产规划过程中建立家庭治理（family governance）体系，可以减少家族成员之间的潜在纠纷，确保他们共同努力并实现共同的投资和慈善目标。家庭治理是一个家庭集体沟通和决策的过程。一个良好的管理框架可以为当前和未来的几代人服务，并应有助于在几代人之间保存和增长财富。家庭治理通常会制定家庭章程（family constitution），以确定家庭治理的作用。虽然家族章程通常是非约束性文件，但继承计划中使用的工具具有约束力，这些工具可能包括信托、基金会、人寿保险和公司。

（6）事业继承。赠与和遗产规划有助于创始人（或当前财富所有者）将家族企业的控制权和所有权传给下一代。此外，创始人可能会面临一个选择：是将管理责任分配给外部管理人员，还是在家族内部保持对企业的控制，甚至是直接出售企业。

（7）实现慈善目标。在大多数司法管辖区，向符合条件的慈善机构或私人基金会捐款，可以获得赠与税或遗产税减免，这就使得更多资金可以被用于慈善事业。如果慈善捐赠是在捐赠者在世时进行的，也有资格获得所得税减免。私人基金会的建立也可能有助于建立一个持久的家族遗产，使后代能够了解家族价值观。

例题 20.11

小明和小丽婚后育有两个孩子，假设丈夫小明今天死亡，遗产总额为 60 万元。小明和小丽所在国家适用法定继承制度，规定存活一方配偶继承死亡一方遗产总额的 1/3，子女继承死亡一方遗产总额的 1/3。小明在遗嘱中表示留给其唯一在世的母亲 25 万元。请问：

1. 小丽至少能够继承多少财产？
2. 每一个孩子能够继承多少财产？
3. 小明的母亲可以按照遗嘱继承到 25 万元吗？

名师解析

1. 根据法定继承制度的规定，小丽可以继承死亡一方总遗产的 1/3，即 20 万元（60×1/3）。

2. 遵循法定继承制度，子女作为一个整体继承死者总遗产的 1/3。两个子女一共可以继承 20 万元（60×1/3），每一个孩子能够继承 10 万元（20×1/2）财产。

3. 按照"先法律后遗嘱"的原则，小明的妻子小丽和其子女按法律规定继承遗产之后，按小明的意愿可自由分配的遗产仅剩 20 万元（60-20-20）。所以，小明唯一在世的母亲只能继承到 20 万元，而拿不到遗嘱中所述的 25 万元。

请考生注意第一问中"至少"二字的表述。由于大陆法系继承的原理是"先法律后遗嘱"，如果小明在遗嘱中说"留给其唯一在世的母亲 10 万元，剩余部分分配给妻子小丽"。则妻子小丽不仅能够按照法律规定分到 20 万元，还可以再分到 10 万元。所以，小丽至少可以继承到法律规定部分的 20 万元。

20.3.2 遗产规划

拥有正确的财产规划策略对于确保财富的平稳传承至关重要。赠与和遗产规划工具的选择取决于法律制度以及每个家庭的目标。本节将介绍遗产规划的主要概念，如遗嘱、遗嘱认证流程（probate），以及不同法律制度下财产转移方式的差异。本节解释了在财产转移中使用礼物和遗嘱遗赠（例如，在个人遗嘱中列出的赠与）的主要原则。本节还讨论了使用最广泛的遗产规划工具，如信托、基金会、人寿保险和公司等。

—考点要求—
在大陆法和普通法下对继承、遗赠、生前赠与目标实现策略的讨论（discuss）（★★★）

20.3.2.1 遗产规划工具介绍

前文已经介绍过遗产规划（estate planning），即对赠与和遗产做出准备和规划的流程。遗嘱（will or testament）指的是立遗嘱人（testator）生前在法律允许的范围内，按照法律规定的方式对其遗产或其他事务做的个人处理。遗嘱认证流程（probate）是确认遗嘱具有法律效力的一系列法律程序，从而使遗嘱执行人、继承人以及利益相关方可以获得法律赋予的权利。无遗嘱者（intestate）是指死者（decedent）生前并没有立下具有法律效力的遗嘱，或遗嘱中并未对财产进行分割的人。这种情况下，法庭将对资产的处置做出相应安排。

一国的法制系统可能会对个人自由处置资产的权利进行限制。在普通法系国家，如英国或者美国，可能会尊重立遗嘱人的主观意愿。但是在大多数的大陆法系国家，立遗嘱人不能完全自由处置自己的遗产。例如，在法定继承权下，孩子对父母的遗产享有法定继承权，所以，有些富人会进行离岸信托的安排以规避法定继承制度的约束。他们也会进行生前赠与的操作，使得在法定继承权下可以分配的遗产总量变少。遵循伊斯兰教法的各个国家之间有很大的差异，但总体更像大陆法律体系，尤其是在遗产规划方面。

一个国家的法律制度决定了投资人在财富转移的过程中适用哪些遗产规划工具。例如，信托就是普通法系特有的一种法律概念。信托（trust）是一种信托机构受到个人或家族的委托，代为管理、处置家庭财产的财产管理方式，以实现富人的财富规划及传承目标。信托可以做到将资产的所有权和收益权相分离，信托的设立人（或委托人，settlor）把资产委托给信托公司（trustee）管理，并制定受益人（beneficiaries）享受托管资产投资收益的具体方案。

信托可以是遗嘱信托（testamentary trust，通过立遗嘱人的遗嘱体现），也可以是生前信托（inter-vivos，在世时设立的信托）。信托是一种法律关系，不是法律主体。法律主体是指享有法律权利和承担法律义务的个人或组织，这些权利和义务包含签署合同、协议、进行付款、交易、承担义务和处罚，也包括采取法律行动以对相关方进行索赔。

信托本身不能持有资产，签订合同或办理其他法律手续。虽然资产可能被放置在信托中，但资产的合法所有者通常是受托人或授予人。一些大陆法系国家可能不承认外国信托。包括法国和德国在内的许多大陆法系司法管辖区不承认信托（尽管他们的税法确实涉及对信托的处理）。与此相对，基金会可以以自己的名义持有资产。基金会起源于大陆法制度的遗产规划工具，在一些普通法系司法管辖区亦有类似机构，主要用于类似慈善信托的目的。

20.3.2.2 生前赠与和遗嘱遗赠

财富传承的方法可以分为生前赠与和死后遗产继承。生前赠与可能被征税，在一些大陆法系司法管辖区（如法国），生前赠与的免税额取决于受赠人和捐赠者之间的关系。

在死后进行的资产的遗赠被称为遗嘱遗赠（testamentary bequest）或者遗嘱无偿转让（testamentary gratuitous transfer）。从接受者的角度来看，这被称为继承。如前所述，对财富转移征税可适用于继承人或被继承人。这些税可能适用于统一税率或者累进税率（税率随着转移的财富数量的增加而增加）。通常在扣除法定免税额之后才征税，税率也可能取决于继承人和被继承人之间的关系。例如，对配偶的继承，通常是免税的（如在英国、美国和法国）。

许多司法管辖区规定了定期或终身的礼物法定免税额度。例如，英国纳税人终身免税赠与额度最高可达死前 32.5 万英镑。在美国，对每位受赠人每年都有 1.5 万美元的免税赠与额度。这些金额不计入公民和家庭的终身赠与和遗产税豁免。其他免税的政策也是相当常见的。通过赠与进行部分资产的转让是很常见的节税方式。

例题 20.12

客户 Max 是一位鳏夫，于 2023 年 5 月去世。他是英国居民，死亡时总遗产规模为 £1 000 000。他的孩子们是遗产的继承人，英国对超过 £300 000 以上的遗产额征收 40% 的遗产税。需要缴纳多少遗产税？

名师解析

遗产税 = (£1 000 000 − £300 000) × 40% = £280 000

在生前或死后赠与资产的选择有很多考虑因素，包括税收制度和预期的资产回报率。在生前使用免税赠与额后，赠与的资产在受赠者的账户中仍然可以进行投资，被赠与的资产仍然要对投资回报（如股息和资本）征税。

相对地，如果资产没有作为礼物被生前赠与，而是一直留在遗产里，在最终被继承时它将被征收遗产税。人们普遍认为在生前赠与预计会升值的资产会更明智，而不是作为遗产传给下一代。因为未来的遗产税负担一般认为比现在的礼物税负担更重。根据管辖权的不同，生前赠与和遗嘱转让之间可能存在一些差异。例如，在英国，针对不征税的赠与，如果赠与人在赠与完成后的七年内去世，就要补缴遗产税。

在美国，如果是生前赠与，则赠与税由赠与人支付，这样可以进一步降低其遗产总额，节约未来的遗产税赋。例如，客户 Max，现有总遗产 $300 000，他所居住的国家有遗产或者赠与免税额共 $120 000，适用的遗产税税率是 40%。如果他生前将 $170 000 作为礼物赠与孩子们，则其中的 $50 000 需要缴税，他从他剩余的 $130 000 资产中拿出 $20 000 缴税。在他过世后，他的孩子们还可以获得 $110 000 的遗产税后额 $66 000，这样总共获得 $236 000。如果 Max 不进行生前赠与，则总共需要对扣除掉免税额的 $180 000 缴税 $72 000，孩子们总共得到的税后遗产为 $228 000。可以看出，由被赠与人缴赠与税的方法最终获得的总税后值更少。

大多数司法管辖区对针对非盈利或者是慈善机构的捐赠提供两种形式的税收减免。首先，大多数慈善捐赠不需缴纳赠与税。其次，大多数司法管辖区允许慈善捐赠进行所得税的扣除。因此，有慈善捐赠意愿的家庭可以在税务效率很高的前提下转移财富。此外，如果家庭建立了自己的慈善组织，已转让给慈善机构的资产的投资回报可以免税，长期来看，也增加了可用于支持慈善目标的资产总量。

20.3.2.3 税务效率的对比：赠与与遗产

在生前赠与和遗产继承两种方式之间选择时，假设客户当前有 1 个货币单位的资产，可选的方案是作为礼物立即免税赠与和等去世后以遗产形式继承。具体的选择方法为相对值计算。

相对价值（relative value）的分子为作为礼物赠与的资产的税后终值，分母为作为遗产继承的资产的税后终值。

$$RV_{\text{Tax Free Gift}} = \frac{FV_{\text{Gift}}}{FV_{\text{Bequest}}} \qquad (20.15)$$

用 F（father generation 或者 first generation）代表持有待传承资产的客户，用 S（son generation 或者 second generation）代表其下一代。F 的投资组合的税前回报率用 r_e 表示，S 的投资组合的预期税前回报率用 r_g 表示。F 的投资收益（利息、股利收入和资本利得）的有效税率用 t_e 表示，S 的投资收益（利息、股利收入和资本利得）的有效税率用 t_g 表示。假设客户 F 在 n 年后去世，那么 F 在今天将 1 个货币单位的资产以赠与的形式传承给 S，并且不需要缴纳礼物税。此后，S 持有资产进行投资直到 F 去世的时刻。税后的资产终值为：

$$FV_{\text{Gift}} = [1 + r_g(1 - t_g)]^n \qquad (20.16)$$

如果 F 一直持有这 1 个货币单位的资产自行投资，在 n 年后去世，并将这笔资产以遗产的形式传承给 S，遗产全额缴纳遗产税，则税收的资产终值为：

$$FV_{Bequest} = [1 + r_e(1 - t_e)]^n (1 - T_e) \qquad (20.17)$$

将以上两个终值代入相对价值的公式中：

$$RV_{Tax\ Free\ Gift} = \frac{FV_{Gift}}{FV_{Bequest}} = \frac{[1 + r_g(1 - t_g)]^n}{[1 + r_e(1 - t_e)]^n (1 - T_e)} \qquad (20.18)$$

假设两个税前收益率和投资收益税率都相等，可以看出相对价值最后为 $1/(1 - T_e)$，很显然，如果生前赠与可以享受每年一定的免税政策，则应建议客户尽早筹划生前赠与的财富传承方案，并尽最大可能利用每年的赠与免税额度。

当生前赠与需要纳税时，该方法仍可以使用。我们对公式（20.18）进行调整后即可获得可税赠与与可税遗产的相对价值：

$$RV_{Taxable\ Gift} = \frac{FV_{Gift}}{FV_{Bequest}} = \frac{[1 + r_g(1 - t_g)]^n (1 - T_g)}{[1 + r_e(1 - t_e)]^n (1 - T_e)} \qquad (20.19)$$

通过观察本公式可以发现，如果 $r_g = r_e$，$t_g = t_e$，则 $RV_{Taxable\ Gift} = \frac{1 - T_g}{1 - T_e}$。很显然，如果生前赠与的税率更低，则应建议客户尽早筹划生前赠与的财富传承方案。如果 $T_g = T_e$，$r_g = r_e$，则财富在投资利息税更低的一代人手中持有更有效。在最初时刻，财富规模不大，税务基础低，应将投资收益高的资产以赠与形式尽早传承给下一代，以避免高额的遗产税。实践中受赠人和捐赠人的收益率和收益税税率可能都会不同，很多情况下，受赠人的税率可能会更低一些，此时生前赠与就可以获得相对更多的复利收益。

> **知识一点通**
>
> 此处考生请注意，在应税礼物与应税遗产的相对价值计算公式中，礼物的税收是由受赠者支付而非赠与人。如前文所述，这两种方法会产生税收上的区别。

> **备考小贴士**
>
> 此处考生请注意，在做题时，可能需要计算相对价值（RV）。RV 的比较对象是 1，如果 RV 大于 1，则应当进行生前赠与；如果小于 1，则应当作为遗产进行传承。同时还要能够做到解释出现这种情况的原因，基本为 T_g 与 T_e、r_g 与 r_e、t_g 与 t_e 的大小比较。

例题 20.13

客户 Jessica 目前 70 岁，有 100 万美元的额外资产计划传承给她的儿子 Jack。Jessica 所在国家的税法规定生前赠与需受赠人全额纳税，税率 25%。遗产也需全额纳税，税率为 40%。Jessica 的投资收益适用税率为 35%，Jack 的投资收益使用税率为 20%。假设所要传承的资产预期税前收益率为 8%，Jessica 的剩余寿命还有

20 年,请计算赠与和继承的税后相对价值,判断应当进行生前赠与还是遗产继承,并说明理由。

名师解析

根据公式(20.19):

$$RV_{\text{Taxable Gift}} = \frac{FV_{\text{Gift}}}{FV_{\text{Bequest}}} = \frac{[1 + r_g(1 - t_g)]^n (1 - T_g)}{[1 + r_e(1 - t_e)]^n (1 - T_e)}$$

$$= \frac{[1 + 8\%(1 - 20\%)]^{20}(1 - 25\%)}{[1 + 8\%(1 - 35\%)]^{20}(1 - 40\%)} = 1.57 > 1$$

由此可知,生前赠与更划算,原因如下:

(1) 生前赠与税率更低,税负更轻,死后遗产税重。

(2) 儿子 Jack 的投资收益使用的税率较低,Jack 手中持有的投资组合在预期投资收益率一定的前提下,税后终值更高。

(3) 复利的作用使两种财富传承方式的终值差距加大。

20.3.3 遗产规划工具:信托、基金会、保险和公司

前文描述了生前赠与和遗嘱继承以及两者之间的一些比较。下文将展开探讨遗产传承的工具,即通过什么途径能将财产高效地传承给下一代。常见的遗产规划工具包括信托(普通法概念)、基金会(大陆法概念)、人寿保险和公司。每种工具都对如何控制管理资产、是否能保护资产、如何纳税等做出不同的安排。

—考点要求—
跨世代财富管理工具的描述
(describe)
(★★★)

20.3.3.1 信托

前文已经对信托做过简单的介绍,信托是由设立人(亦称委托人)建立的一种安排。设立人将资产转让给信托,并指定受托人。设立人可以指定本人、其他自然人或一个机构(信托公司)作为受托人。受托人持有和管理资产受益人的利益。因此,受益人并不持有受托资产的所有权,仅仅享有实益所有权(beneficial ownership),即比如享有房屋的居住权或股票的分红权,但房屋和股票的所有权并不归属于受益人所有。

信托至少可以从两个维度分类。第一种,从信托关系是否可以撤销的角度,分为可撤销型信托(revocable trust)和不可撤销型信托(irrevocable trust)。第二种,从投资收益分配形式的角度,分为固定信托(fixed trust)和全权信托(discretionary trust)。

可撤销型信托是指委托人在信托契约中保留了随时终止信托并取回信托资产的权利的信托。法律上仍视委托人为信托资产所有人,应承担财产税以及投资收益相关税费。可撤销型信托基于当事人撤销申请和法院判决而终止。有些信托的委托人利用信托财产独立性的原则设立信托使自己的财产减少并且没有足够的财产清偿债务,损害了债权人的利益。因此,有些国家的法律为了防止委托人利用信托转移财产逃避债务并保护债权人的合法权益,赋予委托人的债权人申请撤销信托的权利。

相对地,不可撤销型信托是指信托不附有可撤销条款,因而财产委托人无信托撤销权的信托。法律上视受托人为信托资产的所有者,承担受托财产的纳税义务和管理义

务。不可撤销型信托在财产的所有权、收益权的分离方面优于可撤销型信托，如果委托人受到债权人的债务追讨，不可撤销型信托中的资产将被保护起来免受债权人的追讨。另外，不可撤销型信托还可以避免后代的无度挥霍，起到对家族财富保值、增值的作用。

在第二种分类方式中，固定信托是指委托人预先规定信托中资产收益在受益人中分配的频率、金额和时间。相对地，全权信托是指由信托公司指定托管资产收益在受益人之间分配的规则。例如，当信托受益人所控制的公司的债权人追讨时，信托公司可以选择暂时不支付给受益人任何信托收益。这样就能使受托资产和受益人的债务隔离，更好地保护受托资产。

信托有以下作用。

（1）控制。使用信任结构的一个常见动机是不愿将控制权转移给受益人。原因可能是受益人没有能力或不愿意管理这些资产，或是因为年轻，不成熟，或有残疾等。当然，委托人可能对资产有特定的使用目的。

（2）资产保护。一般来说，债权人无法获得非债务人的资产。如前所述，不可撤销型信托可以保护资产免受委托人的债权人追索，全权信托可以保护资产免受受益人的债权人追索。在共同财产管辖范围内，发生诸如离婚之类的情况，信托也可以用来确保家族产业不被稀释。信托还可以用来保护受托资产不需要进入遗嘱认证流程。

（3）与税收相关的事项。信托也可以用于税务管理。例如，在累进税率制度下，富人的收入按相对较高的税率征税，他们可以将资产转移给信托公司，该资产收入可以按较低的税率（如受益人税率）进行纳税。此外，如果一个不可撤销型信托同时又是全权信托，受托人可以根据受益人的纳税情况调整信托收益的发放。或者，委托人可以在税率较低的司法管辖区创建信托。

20.3.3.2 基金会

基金会（foundation）是在某些司法管辖区可用的法律实体。基金会通常是由个人或者机构设立和资助为了特定的慈善目的（如促进教育或慈善事业）而设立。当基金会由个人或者家族设立并且派驻自己的董事管理时，基金会被称为私人基金会（private foundation），又称家族基金会（family foundation），捐赠者家族成员经常积极参与其中。

虽然信托安排通常将决策权转移给受托人，基金会允许捐献人保留对资产的控制权和管理权。根据不同的司法管辖区，私人基金会有最低的每年捐赠比例。例如，在美国，基金会每年的支出必须是前一年平均净投资资产的5%。设立基金会的好处之一是转移到基金中的资产可以获得税务抵扣的税收优惠待遇。基金会投资收益的税收也能享受优惠。和信托相同，基金会可以在委托人死后，继续执行委托人的遗愿。越来越多的基金会不再设立成永久基金会，而是计划在若干年内使用完资产。

20.3.3.3 人寿保险

人寿保险（life insurance）是指投保人（policy holder）通过支付保费（premium），以被保险人（the insured）的寿命为保险标的，且以被保险人的死亡为给付条件的人身保险。被保险人将风险转嫁给保险人（the insurer），在被保险人死亡时，保险人赔付约定的保险金给受益人。人寿保险也被认为是一种比较高效的财富传承工具。主要原因如下：

（1）投保人支付给保险人的保费可受到保护，投保人的债权人无权追索支付的保费，并且保费的支付还可以令资产总额下降，减少遗产税的支付。

（2）人寿保险的赔付，即死亡保险金通常是免税的。

（3）保险金的赔付可以避开遗嘱认证流程或其他法定继承程序直接给指定的受益人。

20.3.3.4 公司

公司也可以是放置资产的有用工具，比如受控境外企业（controlled foreign corporation）。此处的"境外"是相对于本人所属国而言的"境外"。例如，美国人在美国以外的国家设立企业并拥有超过一定比例的股权或受益权。一旦被认定为受控境外企业，该企业产生的收入有可能需要向本国政府缴纳所得税。根据不同的司法管辖区的规定，从受控境外企业获得的收入的税收可能允许被递延，如递延到收益分配给股东，或直到公司被出售或股票以其他方式被处置。许多国家对于受控境外企业的原则上确保税收最终在其母国支付。

> **备考小贴士**
>
> 考生应重点掌握信托、基金会和保险这三种传承工具的特征和适用条件。由于受控境外企业只能递延纳税义务，作用比较单一，考生简单了解即可。

20.3.4 跨代家庭财富管理及相关事务

现代的富裕家庭除了主要的财富创造者或企业创始人，家庭中可能包括众多的兄弟姐妹、子女、孙子女及其他亲属。家庭成员可能会面临行为和情感上的挑战，比如代际冲突，兄弟姐妹间的竞争，或其他紧张关系，这些都可能对有关家族企业和财富传承的决策产生不利影响。当有很多利益相关者参与其中时，家族可以建立家族治理体系以确保财富的有效产生、传承、保存和增值。为了避免富不过三代的结果发生，有必要对财富进行良好的规划。大约70%的家族企业在第二代接棒前就失败或者转让退出了。代际间传承的失败主要源于以下几个理由。

（1）子孙太多，财富在分配过程中被过度稀释。

（2）年轻一代对家族企业缺乏兴趣。

（3）家庭成员的教育和规划不足。

较好的家庭治理能够缓解这些问题。下面将展开描述代际间的财富管理事务和相关问题。

20.3.4.1 家庭治理的一般原则

家庭治理被定义为一个家庭的集体沟通和决策的过程，旨在服务家庭成员和子孙后代。家庭治理是以家庭的共同价值观为基础的，目的是实现家庭财富在很长一段时间内保值增值。

家庭治理有以下几个目的。

（1）建立家庭成员之间的合作原则。

（2）实现家族财富的保值增值。

（3）实现家族人力资本和金融资本的不断增长。

（4）家庭治理框架的落实体现为正式的法律文件，无法律约束力的家庭协议，以及由家庭成员在会议期间集体确定的目标和价值观清单。

（5）专注于管理人力、智力和社会资本。其中，人力资本包括每个家庭成员的独特天赋和经历。智力资本指的是家族企业领域以外的知识积累。社会资本指的是家庭成员在当地社区扮演的慈善家、领导者角色并且带来的社会影响力。

（6）认识到每个家庭成员个人目标的重要性。

（7）改善家庭内部的沟通。

（8）定义一个家庭的使命和愿景。

（9）教育年轻一代掌握足够的能力来应对金融财富带来的责任。

良好的家庭治理系统还可以帮助减轻或缓解个人家庭成员在进行决策过程中的行为偏误带来的不利影响。家庭治理系统应尽早建立，同时家庭成员都应意识到及时沟通和共同决策的重要性，该系统将成为非常有价值的工具。

20.3.4.2 家庭冲突的解决

冲突解决机制几乎在所有的法律关系中都是必要的，在共同所有权和投资相关的股东协议和其他文件中也普遍存在。就家族企业和财富而言，如何解决矛盾也很重要。在家庭环境中，解决冲突尤其具有挑战性。

对于许多拥有财富和企业的家庭来说，家庭章程（family constitution）是解决冲突的第一步，通常是一份没有法律约束力的文件，其中规定了家庭成员和其他利益相关者的一套事先约定的权利、价值观和责任。

家庭章程中规定的解决冲突的方法可以通过纳入股东协议、信托文件和家庭资产而具有法律约束力。诚然，只有富裕阶层的家庭才会使用家族章程及其提供的治理方法，但其中涉及的原则适用于所有家庭。在资产保护和继承规划中，单纯考虑可能的冲突以及如何解决它们是重要的一步。

20.3.4.3 家族企业传承方法

如果家族的财富主要为家族企业，在某个时点，创始人必须面对企业继承规划的问题：将企业的管理和所有权移交给家族中的新一代，还是将企业出售？

1. 将家族企业移交给下一代

创始人可以在生前或死后将公司的股份分配给后代。股份可以直接转让，也可以通过信托方式转让。

控制权是创始人必须做出的重要决定：在转型后，谁将控制企业？

创始人可以选择保留有表决权的股份，以保留实际的经营控制权，只将无表决权的股份以赠与或信托的方式转让给子女。或者，创始人可以将有表决权的股份转让给积极参与企业的家族成员,而将无表决权的股份转让给不积极参与企业的家族成员。

如前所述,管理机构的创建在企业继承及其持续经营方面发挥着至关重要的作用。有外部成员的董事会可以提供独立的观点,有助于企业传承的成功。由家族每一代成员代表组成的家族委员会有助于保持家族成员之间的沟通。家族委员会亦应致力于平衡家族成员的流动性需求和企业的资本金需求,以确保企业保持长期竞争力。

> **知识一点通**
>
> 董事会和家庭委员会都可能倾向具有社会认同偏见(social proof bias),即一个人倾向在不完全了解所有相关事实的情况下追随群体中其他成员的判断。减少社会认同偏见的方法之一是确保董事会和家庭理事会的成员拥有多元化的技能和经验。各成员还应积极分享和讨论有关专题的知识和信息。

2. 出售家族企业

家族企业往往对创始人和其家庭具有情感价值。因此,在出售企业时,创始人可能会表现出禀赋效应(endowment bias),即高估企业价值,并拒绝承认企业存在缺点。这可能会使出售的谈判复杂化。私人财富顾问必须管理创始人的预期,以确保业务出售的顺利执行。

退出家族企业涉及的远不止确定企业的公允价值。其他的商业、个人、家庭和慈善目标也可能会受到这一重大转变的影响。在家族企业出售时,可能需要缴纳资本利得和所得税。现金流需求可能会受到影响,遗产规划和慈善捐赠策略也会受到影响。

家族企业的出售时机:许多企业主会在出售之前,将企业的实际所有权转移到信托机构或其他的金融工具,企业股权不再是企业主的财产,在后续传承时无需缴纳遗产税。由于缺乏控制权或缺乏流动性,转让价值可能会打折扣,这可能会减少赠与和遗产的税赋。

选择合适的受托人:当使用信托作为财富转移工具时,创始人除非使用共同受托人,须在个人或公司受托人之间进行选择。与家庭关系密切的个人受托人可能对委托人和受益人都很了解,包括他们的价值观和愿望。机构受托人可能更适合确保多代家庭的有效传承,而且往往具有较低的行政费用和更广泛的技能和资源。委托人可以选择分担责任,给予非受托人(如家庭成员、顾问或委员会)对企业战略、投资或资金分配的一定程度的控制。受益人通常不能直接接触信托资产。但是,根据适用法律和信托规定,他们可以参与有关信托管理或受托人选择的决策。一个好的做法是定期召开包括受托人和受益人在内的会议,以改进有关信托资产的决策。

对于多代信托来说,替换公司受托人的能力非常重要。在一些司法管辖区,家族委员会可以直接控制家族信托;在其他司法管辖区,家庭委员会只能作为非正式的管理机构。私人信托公司(private trust companies)如今变得越来越普遍。这些信托公司是专门为单个家庭设立的。

售后方面的考虑:家族企业的出售创造了流动性,可以用来建立一个新的企业或慈善实体。然而,如果没有事先的计划,也可能导致资产分散在众多的家庭成员之间,导致家庭成员共同投入的商业活动消失。

通过预先建立合适的架构（如家族基金会或捐赠者建议基金），家族可以在企业退出后通过追求慈善目标而团结起来。通过这种方式，家庭可以通过影响力投资（impact investing）增加其社会资本，培养年轻一代，并促进家庭的价值观。愿意控制资金分配的创始人可以指定基金会应该资助的慈善事业，甚至提供一份具体的慈善机构和资助金额的清单。

无论选择何种方式进行世代财富转移，都应当建立健全家族治理制度，以促进家族成员之间的沟通和透明的决策过程。家族管理有助于将家族成员团结在商业或慈善的共同目标周围，并促进家族财富的跨代保值和增值。

20.3.5　未雨绸缪

针对富裕家庭，其他许多需求也会涉及税收最小化、资产保护和遗产规划。我们需要及时识别和讨论这些问题。

在同一个资产保护和遗产规划的案例中，对一个话题的深入研究常常可以带来更好的架构和效果。例如，许多司法管辖区都有一般的反避税规则，允许税务机关在没有商业目的的情况下拒绝税收优惠的安排。但是如果信托能证明其主要动机就是解决继承问题或防范可能的政治风险，那么税务当局将难以证明避税是其主要目的，虽然该信托也同样起到了避税的效果。

20.3.5.1　离婚

婚姻法因管辖区的不同而不同，并赋予配偶各种不同权利。在一些司法管辖区，只有正式婚姻关系才能享有相应的合法权益。在其他一些司法管辖区，长期的同居关系也可能被赋予等同于婚姻权利的权利。

离婚时，双方需要商定相应的财务安排。如果不能取得一致，法院可以介入并作出裁决。在英国，一般的原则是，解除婚姻关系时双方各获得 1/2 的资产。最终法院可以在考虑公平性的基础上做出偏离这一比例的分配决定。

需要注意的是，婚姻资产并不一定局限于那些在婚姻存续期间赚得的财产。配偶通过继承所得的遗产也被认为是家庭财产的一部分，因此在离婚时应平分。由于这样的安排，针对家庭企业潜在的离婚就应当做出相应的安排，以达到良好传承的目的。考虑到在一些国家多达一半的婚姻以离婚告终。为给家族企业提供财富保护，信托基金和一些其他的安排就变得特别重要。

在许多国家，夫妻之间有可能就他们之间的财务安排达成协议，包括离婚的情景下。如果在婚前进行安排，这通常被称为婚前协议（pre-nuptial agreements）。结婚之后的类似安排通常被称为婚后协议（post-nuptial agreements）。即使在某些国家，这类协议不具有约束力，但它们通常仍在夫妻离婚、发生纠纷时具有参考价值。由于婚前协议鼓励公开讨论与婚姻有关的财务问题，这往往是一件好事。

如何以及何时讨论婚前（和婚后）协议是一种非常私人和敏感的问题。许多顾问建议，年轻一代应尽早了解婚前协议的好处。一些家庭如果已经设立了信托和其他财富架构，需要婚前协议来明确一些利益的分配。

20.3.5.2 失能

随着生活水平和医疗保健方面的进步,世界各地的人都预期活得更长,这样的变化对家庭继承的影响是巨大的。过去,如果一位富人或企业主在 75 岁时去世,他的子女可能在 40 多岁或 50 岁出头的时候从父母那里继承遗产,或许是一个恰到好处的大展身手的时机。但如果父母活到 100 岁呢?孩子们可能会在 60 多岁时才继承遗产,那么他们为家族未来贡献力量的能力也衰退了。

与长寿问题相关的一个并不乐观的现实是,当人们活到 90 多岁和 100 多岁时,可能出现种种失能问题。痴呆是非常常见的病症,好的财富规划需要未雨绸缪,预想很多情景是非常重要的。比如,如果客户残障了怎么办?谁来做决策?如果财富拥有者活到 100 岁呢?孩子应该在什么年龄对他们预期继承的资产有一定权利?

在残疾情况下,就个人健康问题和商务问题作出决定的事宜可交由监护人处理。指定监护人程序因国家不同而异。如果事先不做好监护人指定,则可能会带来一些风险,其中包括指定监护人程序非常费时,造成中间的决策真空。监护人对业务不了解而可能造成损失。还可能造成监护人权利的争夺和争议。

生前遗嘱(living wills)和永久代理权(durable powers of attorney)都是应对失能的工具。生前遗嘱是当本人丧失行动能力时,用来表达对医疗愿望的文件,生前预嘱通常具有法律约束力。永久代理权为第三方提供了在某些领域的决策权,可能包括财务和医疗问题。委托书的效力是"永久的",因为即使授予人丧失行为能力,它仍继续有效。如果考虑周全,信托和其他工具也可以起到很好的作用。

练一练

20-1 A portfolio's pre-tax and after-tax annual returns are shown in Exhibit 20.1.

Exhibit 20.1 Investment returns

Year	Pre-tax Return	After-tax Return
1	9.0%	7.0%
2	12.0%	10.0%
3	−6.0%	−4.5%
4	−5.0%	−3.0%
5	5.5%	4.8%

Assume the portfolio has embedded gains equal to 10% of the ending value and must pay capital gains taxes at a 30% rate.

What is annualized post-liquidation return over the 5-year period?

A. 2.70%

B. 2.08%

C. 2.99%

20-2 Richard Tomson has two investment accounts, one is taxable account, and the other is tax deferred account. If the Heavy Dividends Tax Regime, dividends are subjected to a relative high tax rate whereas other kind of returns are tax exempt, is applied in taxable account, which of the following assets is most appropriate to locate in TDAs?

A. Taxable bonds.

B. Non-dividend paying stocks.

C. High-dividend paying stocks.

20-3 Yao Wong, CFA®, is managing a portfolio which has a realized capital gain CAD 70 000 and an unrealized loss CAD 55 000. If the government permits investors to realize capital losses to offset other capital gains, how much current tax payable assuming the capital gain tax rate is 20 percent?

A. CAD 3 000

B. CAD 11 000

C. CAD 14 000

20-4 Handsome Wen is a taxable investor and considering two mutual funds:

Fund A started with $1 million in assets, experienced capital appreciation of $600 000, and distributed $200 000 of realized capital gains to shareholders.

Fund B started with $1 million in assets, experienced capital appreciation of $300 000, and subsequently suffered a capital loss of $700 000.

What is the PCGE for each fund?

A. 60% for Fund A, 30% for Fund B.

B. 37.5% for Fund A, −40% for Fund B.

C. 28.57% for Fund A, −66.67% for Fund B.

20-5 Elizabeth, senior management of Airbus, has a large number of Airbus shares through share-based grant compensation. Hepburn is a financial advisor and managers her wealth. He suggests that Elizabeth should monetize her concentrated position. She intends to hedge against a decline in share price and retains a certain degree of upside potential at the same time. Airbus's share price is currently USD 60, which of the following strategies is most appropriate with zero out-of-pocket costs (assuming all else equal)?

A. Long puts with a strike price of USD 60 and short calls with a strike price of USD 60.

B. Long calls with a strike price of USD 50 and short puts with a strike price of USD 75.

C. Long puts with a strike price of USD 58 and short calls with a strike price of USD 63.

20-6 Adele and her husband live in a civil law country with their two children. The forced heirship rules entitle the surviving spouse to one-third of the total estate, and the children are entitled to split one-third of the total estate. The Adele's total estate has grown from USD 10 million to USD 26 million during their marriage. Suppose Adele passes away today, what is the minimum amount that each child should be entitled to before estate taxes?

A. USD 8.67 million

B. USD 4.33 million

C. USD 3.33 million

答案与解析

20-1 B

本题考查税后清算后回报率的计算。根据公式，$R_{PL} = [(1+R'_1)(1+R'_2)\cdots(1+R'_n)(1-\frac{\text{final value-tax basis}}{\text{final value}} \times T_{cg})]^{1/n} - 1 = [(1+7\%)(1+10\%)(1-4.5\%)(1-3\%)(1+4.8\%)(1-10\%\times30\%)]^{\frac{1}{5}} - 1 = 2.08\%$。

20-2 C

本题考查影响资金在各投资账户中分配的因素。

由于应税账户采用股息税负较重的税收制度，故高股利的权益投资应避免放在应税账户中。税收递延账户内的投资收益免税，所以，将高股利的权益类投资分配到税收递延账户最为合适。

由于利息在重股票分红税制下享受税收优惠甚至有可能免税，则应税账户中可以适当分配债券类资产，不会给客户带来明显的税收负担。故选项 A 不正确。

无股利的权益类资产仅存在缴纳资本利得税的可能，而在重股票分红税制下，资本利得享受税收优惠甚至有可能免税，则应税账户中可以适当分配无股利的权益类资产，也不会给客户带来明显的税收负担。故选项 B 不正确。

20-3 A

本题考查损失抵税的计算。

由于税法允许使用损失抵税政策，投资经理可以将账面损失变现抵减已实现资本利得，故净资本利得为 CAD 15 000（CAD 70 000 − CAD 55 000），当期应缴资本利得税为 CAD 3 000（CAD 15 000 × 0.2）。

20-4 C

本题考查 PCGE 的计算。根据公式，$\text{PCGE} = \frac{\text{net gain or losses}}{\text{total net assets}}$，基金 A 的 $\text{PCGE} = \frac{\text{net gain or losses}}{\text{total net assets}} = \frac{400\,000}{1\,400\,000} = 28.57\%$；基金 B 的 $\text{PCGE} = \frac{\text{net gain or losses}}{\text{total net assets}} = \frac{-400\,000}{600\,000} = -66.67\%$。

20-5 C

选项 A，构建期权合成远期合约将标的资产的价格锁定在当前市场价格上对冲所有下行风险以及上涨空间，故选项 A 错误。

选项 B，零成本双限期权行权价之间的关系为：看跌期权行权价低于当前价格，看涨期权行权价高于当前价格，并且看跌和看涨期权的期权费一样。选项 B 看涨与看跌期权的行权价不符合上述关系，故选项 B 错误。

选项 C，符合上述关系，故选项 C 正确。

20-6 B

根据继承法的规定，子女可以继承死者一方总遗产的 1/3，即 867 万美元（26 000 000 × 1/3）。由于夫妇有两个孩子，每个孩子能够继承大约 433 万美元财产。

第21章 私人财富风险管理

章节导学

知识引导

风险管理贯穿整个私人财富管理的各个环节。人生的各个阶段面临不同的风险，如过早死亡的风险、意外伤残的风险、身患慢性疾病的风险等。投资经理要全面筹划客户的所有资产并管理不同生命周期出现的风险，从而帮助私人客户达到人生各阶段的投资目标，如有足够的退休金用于养老。本章分为4个部分：第一部分引入人力资本的概念，这为投资经理提供全面的私人财富管理视角；第二部分介绍私人财富风险管理框架，主要需要了解人在不同生命阶段面临的风险；第三部分介绍对冲个人风险常用的工具，即保险和年金；第四部分介绍私人财富风险管理的应用。

考点聚焦

本章定量考查的重点是人力资本的概念以及计算，保险计划的分析；定性考查的重点是个人风险敞口的识别、保险和年金的概念。本章的应用性很强，重点内容应用于《案例分析技巧——私人财富管理》一章中。

本章框架图

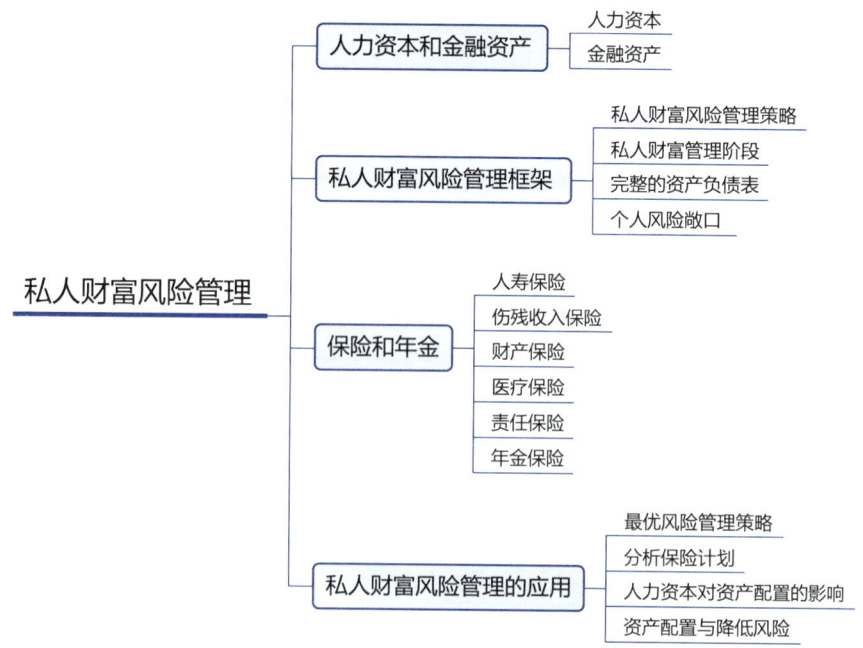

21.1 人力资本和金融资产

全面地认识私人客户的资产和负债是风险管理的基础。私人客户的资产由人力资本和金融资产两部分组成。

—考点要求—
比较（compare）人力资本和金融资产的特征（★★★）

21.1.1 人力资本

人力资本（human capital）是指自然人依靠自身技能、知识储备和经验赚取的未来收入的现值。这些技能和经验为人们带来未来经济利益的流入，所以，从私人客户完整的资产负债观的角度看，人力资本属于私人客户的重要资产。人力资本往往占私人客户总资产的绝大部分。从风险管理的角度，投资经理需要测算客户的人力资本以及判断客户人力资本的特征。

首先，人力资本的计算采用现金流折现的方法估计。如果客户从事的职业带来的收入非常稳定，比如教授和公务员，那么，计算人力资本所用的折现率应比较低。这种未来收入波动性较低的人力资本被称为债券型的人力资本（bond-like human capital）。反之，如果客户从事的职业带来的收入非常不稳定，比如交易员、赛车选手等，那么，计算人力资本所用的折现率应比较高。这种未来收入波动性较高的人力资本被称为股票型的人力资本（stock-like human capital）。

用 w_t 代表私人客户在第 t 年的年收入，N 代表私人客户剩余的工作年限，HC_0 代表客户当前的人力资本现值，则人力资本的计算原理为：

$$HC_0 = \sum_{t=1}^{N} \frac{w_t}{(1+r)^t} \quad (21.1)$$

在测算私人客户未来预期收入时，为了方便计算，通常假设收入以一个稳定的增长率（g_t）逐年增长。r_f 代表名义无风险收益率，y 代表私人客户的收入风险高于无风险收益的溢价部分。如前文所述，收入波动性高的职业对应 y 比较高，收入相对稳定的职业对应 y 比较低。r_f+y 为公式（21.1）的折现率 r。用 $p_{(s_t)}$ 代表客户存活到给定年龄的概率，则人力资本计算的公式为：

$$HC_0 = \sum_{t=1}^{N} \frac{p_{(s_t)} w_{t-1}(1+g_t)}{(1+r_f+y)^t} \quad (21.2)$$

例题 21.1

Max 今年 57 岁，是一名交易员，计划 60 岁退休。Max 当前的年薪为 EUR 100 000，预期薪资增长率为 5%。Hepburn 是 Max 的投资经理，经测算，Max 未来 3 年的生存概率见下表。无风险收益率为 3%，收入波动性调整值（y）为 4%。请计算 Max 的人力资本。

小明的生存概率

年份	年龄	存活概率
1	58	0.99
2	59	0.98
3	60	0.97

名师解析

根据公式（21.2），小明的人力资本见下表。

小明的人力资本（EUR）

年份	小明的存活概率	小明的工资	折现金额（折现率为7%）
1	0.99	105 000	97 150
2	0.98	110 250	94 371
3	0.97	115 762	91 661
合计			283 182

由公式（21.2）可知，在其他因素不变的前提下，私人客户的收入越稳定，波动性越低，折现率越低，则人力资本越高。收入增长率越高，当前收入越高，则人力资本越高。需要注意的是 N 为当前至退休时的年限。

由于估算私人客户人力资本用到的要素均有不确定性，人力资本损失的风险可以通过配置人寿保险、意外保险等对冲。

> **备考小贴士**
>
> 考生需要重点掌握人力资本的计算原理以及各个要素对人力资本的影响，这部分内容多在 CFA® 三级客观题中考查。

21.1.2 金融资产

金融资产由个人资产（personal assets）和投资性资产（investment assets）组成。

21.1.2.1 个人资产

个人资产（personal assets）指不具有增值能力的消费型资产，比如代步汽车、衣物、家具和自住房等。私人客户通常对持有的个人资产具有禀赋效应的行为偏差。由于自住房和收藏品（如珠宝饰品、古董车、艺术品等）也具有增值的特征，故也可以将自住房称为混合资产（mixed assets）。

21.1.2.2 投资性资产

投资性资产（investment assets）包括公开市场交易的资产（publicly traded marketable assets）、非公开市场交易的资产（non-publicly traded marketable assets）以及没有交易市场的资产（non-marketable assets）。

（1）公开市场交易的资产指流动性较高的普通股、优先股、债券、货币市场工具等。

（2）非公开市场交易的资产包括投资性房地产、年金、人寿保单的现金价值、非上市公司股权、收藏品等。其中，年金将在本章的21.3部分详细介绍。人寿保单的现金价值指被保险人要求解约或退保时，寿险公司应该退还的金额。在长期寿险契约中，保险人为履行契约责任，通常需要提存一定数额的责任准备金。当被保险人于保险有效期内因故要求解约或退保时，保险人按规定，将提存的责任准备金减去解约扣除后的余额退还给被保险人，这部分余额即解约金，亦即退保时保单所具有的现金价值。

（3）没有交易市场的资产包括已赚到的养老金（vested employer pension plans）和政府养老金两部分。其中，已赚到的养老金指雇主发放给员工的养老金，员工在就职期间赚到的养老金部分。虽然这部分养老金在员工退休之后发放现金，但从权责发生制的角度，员工已经赚到了这部分养老金，属于私人客户的投资性资产。相反，员工未来的工作期间对应的养老金并没有赚到手（unvested pension benefits），属于私人客户未来预期收入的一部分，所以未赚到的养老金属于人力资本的一部分。政府发放的养老金比公司发放的养老金更有保障，所以，政府养老金类似于债券。

> **知识一点通**
>
> Vested可以理解为"已赚到但未支付"的意思。Unvested可以理解为"未赚到且未支付"的意思。如果私人客户已经退休，则所有未来获得的养老金均为投资性资产。

> **备考小贴士**
>
> 已赚到的养老金为投资性资产，而未赚到的养老金为人力资本，考生需要重点理解。

21.2 私人财富风险管理框架

21.2.1 私人财富风险管理策略

私人财富风险管理策略为投资经理提供一套识别风险的方法，帮助投资经理决定哪些风险应当及时避免，哪些风险应当尽量降低以及哪些风险应转嫁给第三方。私人财富风险管理策略具体分为以下4步。

第一步，确定投资目标。

第二步，识别风险。

第三步，评估风险并选择适合的方法管理风险。

第四步，控制风险敞口并做出及时调整。

21.2.2 私人财富管理阶段

从私人财富管理的角度，可以将一个成年人的一生分为7个理财阶段：求学阶段、初入职场阶段、事业发展期、财富快速积累期、退休前期、退休后早期以及退休后期。下文将逐一探讨各个理财阶段的特征和理财目标。

21.2.2.1 求学阶段

人们在求学阶段（education phase）学习新的知识和技能，不断积累人力资本。这个阶段始于初等教育，终于学徒阶段。具体时间根据个人的情况不尽相同。绝大部分人求学阶段的费用由监护人提供，此时，人们属于自己的积蓄并不多。

21.2.2.2 初入职场阶段

初入职场（early career）的时间取决于个人毕业的时间，有的人步入职场的时间可能比较晚，大概在30岁时。有些人在这个阶段会结婚生子，购买自住房，开始给子女积攒教育基金。由于没有太多生活结余，这个阶段的人们几乎不会为退休后的生活积攒资金。由于刚刚结束学业，这个阶段是人力资本在一生中最高的时刻（N最大）。对于初入职场阶段的个人而言，家庭未来的开支主要依赖人力资本，所以，这个阶段配置人寿保险的需求最高。

21.2.2.3 事业发展期

事业发展期（career development）大概处于35岁至50岁之间。处于事业发展期的人们，在专业领域不断积累工作经验，实现职位晋升，收入随之增加，生活开支中比较重要的是子女的教育费用。这个阶段的最大特点是，人们开始为养老储蓄。高收入人群还会为购置度假屋或环球旅行等目标做理财规划。

21.2.2.4 财富快速积累期

财富快速积累期（peak accumulation）大概处于51岁至60岁之间。这个阶段的人们在自己的专业领域已有所建树，收入几乎已经达到最高峰，财富迅速积累。但是考虑到未来的人力资本越来越少，人们倾向于更加保守的投资风格，降低投资组合的风险，寻求节税的方法。相对于财富的增长，人们更关注投资回报的稳定性。另外，这个年龄的人事业风险（career risk）比较高，一旦失业，就很难找到相似收入水平的工作了。

21.2.2.5 退休前期

退休前期（pre-retirement）是到退休年龄之前的几年。通常，这个阶段的收入也是人们一生中最高的，投资组合的风险降低，波动性降低。同时，投资人会更注重税收筹划。

21.2.2.6 退休后早期

退休后早期（early retirement）指退休后的前10年。大部分人在这个阶段身体状况仍然比较健康，有的人还会在社会上发挥余热，有一定的收入。但有些人因为身体的原因退休回家，他们的生活水平可能要根据退休后的收入和积蓄做出调整，以适应退休后的生活。

21.2.2.7 退休后期

退休后期（late retirement）一般指退休后10年至去世这段时间。人们可能会面临长寿风险（longevity risk），即财富提前消耗一空的风险。虽然很多人在这个阶段身体依然比较健康，生活能够自理，但有一些人可能会遭受疾病的困扰，而花费很多医疗费。这个阶段人们的认知意识普遍逐渐下降，为避免投资决策的失误，可以选择专业人士帮忙理财，或者选择购买年金产品。

> **备考小贴士**
> 此部分不作考试要求，考生简单了解各理财阶段的特征即可。

21.2.3 完整的资产负债表

21.2.3.1 传统的资产负债表

传统的资产负债表比较容易量化，它包括私人客户拥有的可以识别的资产和负债，见表21.1。

—考点要求—
描述（describe）完整的资产负债表（★★★）

—考点要求—
探讨（discuss）人力资本、金融资产和经济意义上的财富净值之间的关系（★★★）

表21.1 传统的资产负债表（单位：万美元）

资产		负债	
流动资产		短期负债	
银行存款	10	银行信用卡	3
理财	20	短期负债总额	3
流动资产总额	30		
投资性资产		长期负债	
应税账户	40	车贷	22
退休计划	35	房贷	250
人寿保险的现金价值	15	房屋抵押贷款	30
投资性资产总额	90	长期负债总额	302
个人资产			
自住房	500		
代步车	45		
家具	25		

资产		负债	
个人资产总额	570		
总资产	690	总负债	305
		财富净值（net worth）	385

21.2.3.2 完整的资产负债表

投资经理需要全面地了解客户的财务状况，显然，传统的资产负债表并不能出色地帮助他（她）完成这个任务。因为它漏掉了非常重要，但又不能直观识别的资产和负债，如人力资本、未赚到的未来养老金的现值、未来生活支出的现值和遗产的现值。其中，人力资本和未赚到的未来养老金的现值属于资产，而未来生活支出的现值和遗产的现值属于负债。完整的资产负债表（holistic balance sheet）或经济意义上的资产负债表（economic balance sheet）可以呈现私人客户整个生命周期中资产和负债的组成结构，见表21.2。

表21.2　完整的资产负债表（单位：万美元）

资产		负债	
流动资产		短期负债	
银行存款	10	银行信用卡	3
理财	20	短期负债总额	3
流动资产总额	30		
投资性资产		长期负债	
应税账户	40	车贷	22
退休计划	35	房贷	250
人寿保险的现金价值	15	房屋抵押贷款	30
投资性资产总额	90	长期负债总额	302
个人资产			
自住房	500		
汽车	45		
家具	25		
个人资产总额	570		
人力资本	1 200	生活支出现值	1 700
未赚到的养老金现值	600	遗产现值	300
总资产	2 490	总负债	2 305
		经济意义上的财富净值（economic net worth）	185

人力资本、金融资产和经济意义上的财富净值之间的关系为：

$$\text{Economic net worth} = \text{Net worth from the traditional balance sheet}$$
$$+ (\text{PV of future earnings} + \text{PV of unvested pension benefits})$$
$$- (\text{PV of consumption goals} + \text{PV of bequests}) \quad (21.3)$$

经济意义上的财富净值会在人生理财的不同阶段发生变化，对年轻的客户而言，人力资本占总资产的绝大部分，随着年龄的增长，投资性资产逐渐积累，人力资本逐渐下降。由此可见，金融资产的积累是由人力资本转化而来的，所以，人力资本和金融资产之间呈反向关系（inversely related）。最年轻的时候人力资本最高，刚刚退休时金融资产最高，见图21.1。

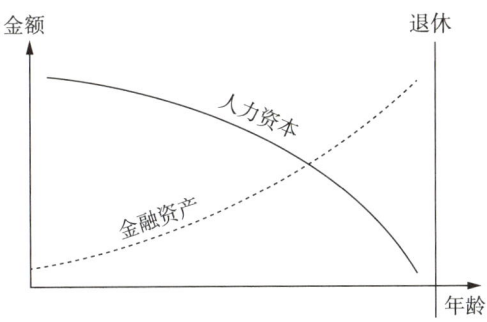

图 21.1　人力资本和金融资产之间的关系

例题 21.2

对比传统的资产负债表和经济意义上的资产负债表之间的区别。

名师解析

传统的资产负债表列示的资产和负债比较容易量化。经济意义上的资产负债表比传统的资产负债表增加了人力资本和未赚到的养老金现值两项资产，以及未来生活支出现值和遗产现值两项负债。

> **备考小贴士**
>
> 考生需要重点理解人力资本和金融资产之间的关系。如果题中给出"人们在事业巅峰期人力资本最高"的说法，则是错误的。
> 考生应重点区分传统的资产负债表和完整的资产负债表。

21.2.4　个人风险敞口

私人财富管理过程中重要的环节是管理金融资产和人力资本的风险。下文将介绍个人面临的风险敞口及其对人力资本和金融资产的影响。

—考点要求—
探讨（discuss）与人力资本和金融资产相关的风险（★★★）

21.2.4.1　收入风险

收入风险（earnings risk）是指会影响个人收入的负面事件所带来的风险。个人健康相关的问题（health issues）会影响个人收入，比如建筑工人等靠体力赚钱的从业者，他们的身体健康直接影响其赚钱的能力。除此之外，未充分就业的风险（underemployment）和失业风险（unemployment）都会负面影响个人收入。比如，从事的工作完全不适合自己（poor fit），导致工作表现差强人意被炒鱿鱼。在政府或者事业单位工作，失业的风险比较低。在初创公司工作失业风险比较高。有些周期性较强的企业，比如银行，会在经济形势不好的时期大量裁员。个体经营者的收入波动性通常比较大，收入风险较高。失业时间越长的个人，收入风险越高，因为很多企业不太愿意雇佣空档期较长的候选人。

收入风险会使人力资本和金融资产同时下降。如果收入没有了，只能变卖资产过活。基金经理要帮客户准备应急资金，当客户失业等事件发生时可以及时弥补生活开支，并有资金做就业培训，寻找再就业的机会。

21.2.4.2　意外死亡的风险

意外死亡的风险（premature death risk，mortality risk）是指因英年早逝给人力资本和金融资产带来损失的风险。

人死后需要支付大笔丧葬费（death expenses）和过渡费用（transition expenses），使金融资产下降。比如，家庭中的男主人意外死亡，他生前租车的租金（lease fee）对于依然存活的家庭成员而言就是过渡费用。死者遗产的处置也会带来相关费用的支出。如果女主人是家庭主妇，则需要培训女主人，使她能够再就业。

21.2.4.3　长寿风险

长寿风险（longevity risk）是指投资者的寿命超过预期或超过投资组合能提供收入的年限的风险。随着预期寿命的延长，退休人员，特别是那些有家族长寿史的退休人员，必须对自己的理财规划做出相应调整，比如延长工龄，晚些退休。这种情况下，人力资本会相应增加。

一些退休理财规划都设定投资者能活到85岁，从而忽略了长寿风险。85岁确实是65岁退休的投资者寿命的合理预期，但是，它仅仅是对寿命的平均估计值。几乎可以肯定的是，有接近一半的投资者的真实寿命会超过他们的预期。因此，如果投资者按照85岁的预期寿命来规划自己的退休收入需求，就会有一些人在去世之前耗尽自己的财产。此外，如果养老金不和通胀挂钩，风险更大。所以，长寿风险会使投资者的金融资产下降。

21.2.4.4　财产风险

财产风险（property risk）指个人财产遭到损毁、盗窃或遗失的风险。事实上，很多事件可以带来财产风险，比如失火、自然灾害、被盗等。财产风险会给当事人带来直接损失（direct loss），即被损坏的或被盗财产本身的价值。比如，房子着火后的修缮费用。另外，财产风险还会造成间接损失（indirect loss）。比如，房子着火后修缮期间，房主暂时租房所花费的租金费用。所以，财产风险必将使人们的金融资产遭受损失。

试想一下，如果投资者买了一辆卡车，靠运货赚钱。那么，当车子被毁坏或者盗窃后，投资者没有了赚钱的工具，不仅金融资产遭受损失，人力资本也将受到负面影响。所以，如果投资者没有配置财产意外险，则金融资产和人力资本均会暴露在风险敞口之下。

21.2.4.5 责任风险

责任风险（liability risk）是指个人或单位因造成他人的财产损失或人身伤害，依法律或合同应承担赔偿责任的风险。最常见的责任风险就是车祸造成他人伤残，如果法律认定了责任方，责任方需要支付受害人医药费、车辆维修费等。有的国家会没收责任方的工资或其他收入用于赔偿，所以，责任风险会使人力资本和金融资产受到负面影响。

21.2.4.6 健康风险

健康风险（health risk）是指疾病、伤残给个人带来的风险。疾病和伤残也会危及人们的寿命。健康风险可能会对投资者的人力资本和金融资产带来严重的负面影响。如果家庭中有患先天性疾病而不能自理的成员，需要特殊医疗器械或者设施辅助看护、照顾，医疗费用的开销会非常高，高昂的医疗开支甚至要持续至家庭经济支柱退休之后。虽然长期看护（long-term care）在很多国家被纳入医保范围，但长期看护开销仍然会给家庭的金融资产带来极大的消耗。另外，长期医疗成本的通胀率往往会高于普通的消费通胀率，购买长期看护险可以对冲这种风险。

> **备考小贴士**
>
> 考生需要重点关注各个风险敞口对人力资本和金融资产的影响。上述风险中，除长寿风险，所有风险均对人力资本和金融资产有负面影响。长寿风险可能会增加人力资本，但仍然会对金融资产产生负面影响。

21.3 保险和年金

为更好地管理上述个人投资者面临的风险，投资经理可以为私人客户配置保险和年金对冲个人风险。

—考点要求—
描述（describe）保险的种类（★★★）

21.3.1 人寿保险

人寿保险（life insurance）是人身保险的一种，是以被保险人的寿命为保险标的，且以被保险人的死亡为给付条件的人身保险。和所有保险业务一样，人寿保险使被保险人将风险转嫁给保险人，接受保险人的条款并支付保险费。

21.3.1.1 人寿保险的作用

1. 对冲风险

人寿保险通常用于对冲意外死亡的风险。与其他保险不同的是，人寿保险转嫁的是被保险人死亡的风险。人寿保险的赔偿金可对冲死者丧失的未来的人力资本价值。

2. 遗产传承

人寿保险也是遗产传承的工具，赔偿金能够为人寿保险受益人提供流动性。

赔偿金可以立即为受益人提供流动性，且免去了遗产认证（probate）分配遗产的法定程序，省时省力且隐私性强。

如果遗产包括不动产，执行遗产认证程序很难做到对不同继承人公平公正。比如，死者遗产中有一个价值 3 000 万元的别墅，分给 3 个孩子，谁住一层，谁住二层，谁住朝阳的房间，谁住不朝阳的房间，谁住带卫生间的卧室，谁住不带卫生间的卧室等一系列的问题都不好解决。由此带来的家庭成员之间的纠纷和矛盾可能会愈演愈烈。如果死者的遗产是一个价值 3 000 万元的保单，则可以直接给每个孩子分 1 000 万元，公平合理，方便快捷，还能避免不必要的麻烦和纠纷。

3. 免税

通常，寿险的死亡保险金对受益人来讲是免交收入所得税的，因此，人寿保险是比较理想的财富传承工具之一。

21.3.1.2 人寿保险的种类

人寿保险主要有定期寿险和永久寿险两种类型。

1. 定期寿险（Temporary Life Insurance）

定期寿险为一段时期提供保险保障。如果保险期内被保险人死亡，受益人将获得理赔，得到保险金，否则不会发生任何给付。定期寿险大都是对被保险人在短期内从事较危险的工作提供的保障。比如，投资者在 30 岁购买一个 10 年的定期寿险，如果投资者 40 岁之前身故，受益人获得理赔，否则不会获得任何理赔。定期寿险没有任何的现金价值。

定期寿险的保费有金额固定的，也有金额可变的（保费随年龄和死亡概率上升而上升）。但定期寿险的保费通常低于永久寿险的保费，因为投保时间相对较短。保险期越短，保费越便宜。

2. 永久寿险（Permanent Life Insurance）

永久寿险为被保险人提供终身保障。由于人的死亡是必然的，因而终身保险的保险金最终必然要支付给受益人。由于永久保险的保险期限长，其费率高于定期保险，并伴有储蓄功能，即保单具有现金价值（cash value）。永久寿险有两种常见的险种，一个是终身人寿保险（whole life insurance），另一个是万能人寿保险（universal life insurance）。

（1）终身人寿保险。

终身寿险的保费是每期固定的，比如，每年付、每半年付、每季度付或者每月付。如果投保人出现断供的情况，则保单失效（lapse）。在被保险人购买保险时，保险公司会根据被保险人的年龄、性别及是否吸烟来确定费率。不可撤销条款（non-cancelability）使投资者在年轻、健康的时候买终身寿险更便宜。

终身人寿保险有两种形式：分红型保单和非分红型保单。

① 分红型保单在赔偿时，赔偿金额为合同基本保险金额和现金价值（cash value）之间较大的一个。保单持有人可以分享保险公司经营成果，保单持有人每年都有权获得建立在保险公司经营成果基础上的红利分配。简单地说就是分享红利，享受公司的经营成果。

人随着年龄的增加，死亡率会上升。因此，投保人向保险公司支付的保险费本该随年龄逐年增加。考虑到年龄比较大的人在更需要保障时可能因体力下降存在而收入减少，缴不起保险费的情况，保险公司一般采用均衡保费的科学方法将整个缴费期间应缴的保险费"均匀"地分摊到整个交费期内，使每年所交保险费固定，不随年龄增长而不断增加。换句话说，投保人年轻时（相对实际死亡风险而言）"多"交一些保费，年龄大时（相对实际死亡风险而言）"少"交一些保费。因此，在保单生效后，"多"交的保险费便"存"在了保险单上。通常，保险公司将这部分"存"起来的保险费用于投资，所获得的投资价值减去保险公司相应的管理费用便是寿险保单的现金价值。在买保险的时候通常会有一个保单现金价值表，表上显示保单的现金价值随时间变长而逐渐增加。

② 非分红型保单的价值是固定的，保单持有人不参与分享保险公司的经营成果。

（2）万能人寿保险。

万能人寿保险（universal life insurance）具有灵活性高、成本透明和可投资的特征。保险期间，保险费可随保单持有人的需求和经济状况变化而变化。投保人甚至可以暂时缓交、停交保险费，从而改变保险金额。

21.3.1.3 人寿保险保单的基本要素

人寿保险保单的基本要素如下。

（1）保单的类型以及保险期限，如 20 年的定期人寿保险合同。

（2）身故保险金（也称"保额"），如 1 000 万元。

（3）自杀条款。如果被保险人在保单签署之后两年内自杀，保险人不予理赔。

（4）投保等待期（contestability period），是保险公司有效规避风险和逆向选择的方式，用于防止投保人或被保险人明知将要发生保险事故而马上投保以获取保险金的行为。等待期的时长一般为首次投保后的 90 天至 180 天。

（5）被保险人（the insured）的姓名、年龄、性别等基本信息。被保险人是触发死亡赔偿的人。

（6）保单持有人（the policy owner）的基本信息。保单持有人也称投保人，即缴纳保险费的人。

（7）受益人（the beneficiary or beneficiaries）的基本信息。受益人指获得身故赔偿金的人。

保险利益（insurable interest）原则是保险行业中的一个基本原则，又称"可保利益"或"可保权益"原则。所谓保险利益是指投保人或被保险人对其所投保的标的具有法律所承认的权益或利害关系。各国法律把保险利益作为保险合同生效的重要条件。如果保单持有人和被保险人不是同一个人，则二者之间必须存在保险利益关系。比如，

—考点要求—
描述（describe）人寿保单的基本要素（★）

夫妻双方存在保险利益关系，因为一方死亡，将给家庭收入带来灾难性的锐减，存活一方的直接利益受到严重损害。妻子如果给丈夫购买人寿保险，则妻子是保单持有人，丈夫是被保险人，保险公司是保险人（the insurer）。妻子可以规定受益人是自己，也可以规定受益人是其子女。此外，丈夫可以给自己购买人寿保险，规定受益人是其妻子或者其子女。这种情况下，保单持有人就是被保险人。由此可见，保单持有人可能同时也是被保险人，保单持有人可能同时也是受益人，但被保险人一定不可能是受益人。

> **知识一点通**
>
> 　　这里的保险利益主要指人身保险利益。人身保险利益并不直接体现为投保人和保险标的之间的利害关系，而体现为投保人和被保险人之间的人身依附关系或者依赖关系。人身保险的保险利益的形式有：
>
> 　　（1）本人。指投保人自己给自己买人身保险，任何人对于自己的身体或者寿命有无限的利益。
>
> 　　（2）配偶、子女和父母。依照一般原则，家庭成员相互间具有保险利益。家庭成员相互间有亲属血缘以及经济上利害关系，投保人以其家庭成员的身体或者寿命为保险标的订立保险合同，应当具有保险利益。
>
> 　　（3）其他家庭成员和近亲属。投保人给他的其他家庭成员和近亲属购买人身保险。主要包括投保人的祖父母、外祖父母、孙子女以及外孙子女等直系血亲，投保人的亲兄弟姐妹、养兄弟姐妹、有抚养关系的继兄弟姐妹等旁系血亲。投保人对其他家庭成员和近亲属有保险利益，必须以他们之间存在抚养赡养或扶养关系为前提。
>
> 　　（4）同意他人投保的被保险人。投保人以他人的寿命或身体投保人身保险，不论投保人和被保险人相互之间有无其他利害关系，经被保险人书面同意，订立人身保险合同，视为投保人对被保险人有保险利益。
>
> 　　（5）有其他利害关系的人。投保人对他人具有人身信赖或者法律上的积极利益或者权利，由于该人的死亡或者残废以致影响投保人的利益的，投保人对该人有保险利益。对投保人有其他利害关系的人，主要限于投保人的债务人、投保人的财产或者事务的管理人、投保人的雇员等。

（8）保费（premium）支付的频率以及金额。保费一次性付清的保单称为趸交保费保单。分期支付保费的保单称为期交保费保单。

（9）保单的附加条款（riders）。

① 不丧失价值条款（non-forfeiture clause）。

永久寿险保单中通常设有不丧失价值条款，主要包括现金解约价值（cash surrender option）、减额缴清保险（reduced paid-up option）和展期选择权（extended term option）。此条款主要是针对投保人在缴纳保费期间断供的情况，为了防止前面的保费白白浪费，给出的3种保单处置意见。比如，投保人购买一个每年缴纳20万元保费，一共缴纳10年的万能险，身故保险金为500万元。如果投保人已经按时缴纳4年保费，但之后的保费无力支付，出现了断供的情况。处置方案如下：

按照现金解约价值（cash surrender option）条款，保险保障就此终止，投保人收到保险公司退还的保单现金价值。

按照减额缴清保险（reduced paid-up option）条款，保险公司允许投保人用现金价值购买一份减额的缴清保险。比如，购买一个每年保费为 20 万元，一共缴纳 4 年的终身寿险，身故保险金为 100 万元。

按照展期选择权（extended term option）条款，保险公司允许投保人将现金价值用来按照原保额购买一个缴清定期寿险。比如，购买一个 5 年内有效的定期寿险，身故保险金仍然为 500 万元。

② 意外死亡保险给付（accidental death rider, accidental death and dismemberment, AD&D）。

如果被保险人因意外事故死亡，保险公司会提供双倍甚至 3 倍身故保险金。

③ 加速死亡给付条款（accelerated death benefit）。

当被保险人确诊患有重大疾病或处于疾病晚期时，提前死亡给付条款允许在被保险人死亡之前领取部分或者全部身故保险金，而不需要支付额外的保费。这样可以减少保单的身故给付和现金价值。

④ 续保条款（guaranteed insurability）。

大多数险种只允许 60 岁以下的被保险人购买保险，少部分险种允许 70 岁以下的被保险人投保。如果被保险人 61 岁时第一次购买某种保险，必然无法投保。但如果被保险人在年轻的时候就已经购买该保险，保险合同条款则允许被保险人 60 岁之后继续续保。

⑤ 保险豁免条款（waiver of a premium）。

保险豁免，是指被保者或者投保人在保险合同约定的某些特定风险发生的情况下，导致完全丧失劳动能力时，由保险公司同意，投保人可以不用再继续缴纳剩余保费，而保险合同仍然持续有效。

备考小贴士

考生简单了解人寿保险保单的基本要素以及各个附加条款的含义即可，这部分在客观题中考查的概率比较大。

21.3.1.4 人寿保险保单的定价

人寿保险的定价取决于 3 个因素：被保险人的生存概率（mortality expectations）、折现率（discount rate 或 interest factor）和附加保费（loading）。

生存概率（mortality expectations），英文字面意思为一个人在给定年龄死亡的概率。在被保险人购买保险时，保险公司会根据被保险人的年龄、性别、健康状况及是否吸烟等因素判断他们在给定年龄死亡的概率，从而确定保单的费率。在健康状况和吸烟习惯一样的前提下，相同年龄的女性在给定年龄死亡的概率低于男性。所以，相同条件下，女性支付的保费也比男性支付的保费更低。

折现率（discount rate 或 interest factor）指保险公司投资的预期回报率。

—考点要求—
描述（describe）如何定价人寿保单（★★★）

附加保费（loading）指分摊至保单中的保险公司的运营成本，比如，给销售人员的佣金提成、身体检查费用、管理行政费用、出险评估费用等。人寿保险的总保险费（gross premium）由纯保险费（net premium）和附加保费（load）两部分构成，见公式（21.4）。通常，保险公司在测算一款保险的纯保险费之后，会根据自身运营过程发生的管理支出上调保险费覆盖成本，以保证保险公司的盈利能力。上调的金额称为 load，上调的过程称为 loading。

$$\text{Gross premium} = \text{Net premium} + \text{Load} \tag{21.4}$$

纯保险费（net premium of a life insurance policy）指以预定时间发生概率为基础进行精算分析所得出的保险费现值。

例题 21.3

Max 今年 50 岁，购买了一个保险期限为 1 年的定期寿险，身故保险金为 20 万加元。Max 身体健康且没有酗酒、吸烟等不良嗜好，根据生存概率表，Max 在 50 岁死亡的概率为 0.23%。假设保险公司的折现率为 6%，请计算定期寿险的纯保险费。

名师解析

根据 Max 的生存概率，1 年后，定期寿险的现金流为：

$200\,000 \times 0.0023 + 0 \times (1 - 0.0023) = \text{CAD } 460$

则在 Max 购买保险时，保险未来现金流的现值为：

$$\frac{460}{(1+0.06)^1} = \text{CAD } 434$$

所以，1 年期身故赔偿金为 20 万加元的定期寿险的纯保险费为 434 加元。

人寿保险公司可以分为互助保险公司（mutual companies）和商业保险公司（stock companies）两类。二者的主要区别是经营的主体性质，一个是互助性质的，一个是商业性质。商业保险公司的所有人是股东，以盈利为经营目的。如上文所述，商业保险公司将成本和利润作为附加费用增加投保人支付的保费，将保费用于投资赚取收益，再将利润以股息分红的形式分给股东。互助保险是由一些具有共同要求和面临同样风险的人自愿组织的，是预交风险损失补偿分摊金的一种保险形式。所以，互助保险公司的实际所有者是保单持有人，不以盈利为经营目的。虽然互助保险公司也在纯保险费的基础上附加费用销售保单，但如果出险赔偿等支出低于预期，投资回报高于预期，超过纯保险费和附加费用的保险费会返还给保单持有人。

下文就以互助保险公司为前提，探讨投保人在购买保险的时候，如何比较相同保额不同保单的成本。

通常使用保费负担率（net payment cost index）和退保损失率（surrender cost index）两个指数衡量。两种方法均计算终身人寿保险每千元保单每年的成本，并且，仅计算保单第一年的净支出即可。

上述两种方法基于不同的假设，换句话说，两种方法适用不同的保单赔偿条款。保费负担率法假设保险一直处于生效状态，20 年后被保人身故，受益人拿到身故保险金。而退保损失率法假设 20 年后投保人退保，投保人拿到保单的现金价值。

例题 21.4

假设 Max 为自己购买一个终身人寿保险，保额为 CAD 200 000，每年年初支付 CAD 4 000 的保费。预期在每年年末，保险公司以分红的形式返还 CAD 1 000。假设 20 年后，Max 身故，折现率是 6%，请利用保费负担率法，计算保单的成本。

名师解析

根据题意，保费负担率假设下，未来 20 年的保单现金流如下图所示。

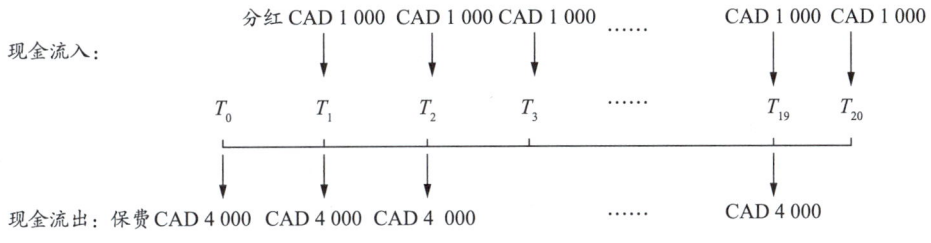

保费负担率假设下保单现金流

由于每年的现金流具有重复性的规律，所以，将第 1 年的现金流提取出来，如下图所示。

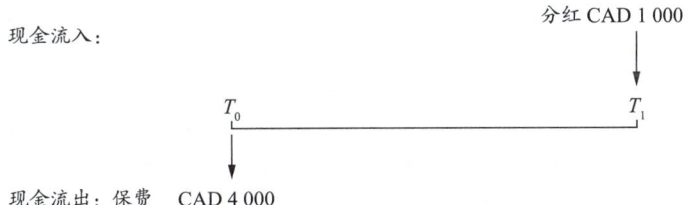

保费负担率假设下保单第 1 年的现金流

第 1 年在年初有 CAD 4 000 的现金流出（支付的保险费），年末有 CAD 1 000 的现金流入（获得的分红）。所以，只需要将年末现金流折现至年初，计算 1 年期的净现值（NPV）即可。则保单第 1 年的净现值为：

$$-4\,000 + \frac{1\,000}{(1+0.06)^1} = -CAD\ 3\,056.6$$

每千元保单每年的成本为：

$$\frac{3\,056.6}{200\,000} \times 1\,000 = CAD\ 15.28$$

注意，由于 20 年后 Max 身故的保险金是支付给受益人的，故 Max 的现金流中并不会包含 20 年后的身故赔偿金。

例题 21.5

假设 Max 为自己购买一个终身人寿保险，保额为 CAD 200 000，每年的年初支付 CAD 4 000 的保费。预期在每年年末，保险公司以分红的形式返还 CAD 1 000。

假设 20 年后，Max 退保，拿到保单的现金价值 CAD 45 000。折现率是 6%，请利用退保损失率法，计算保单的成本。

名师解析

根据题意，退保损失率假设下，未来 20 年的保单现金流如下图所示。

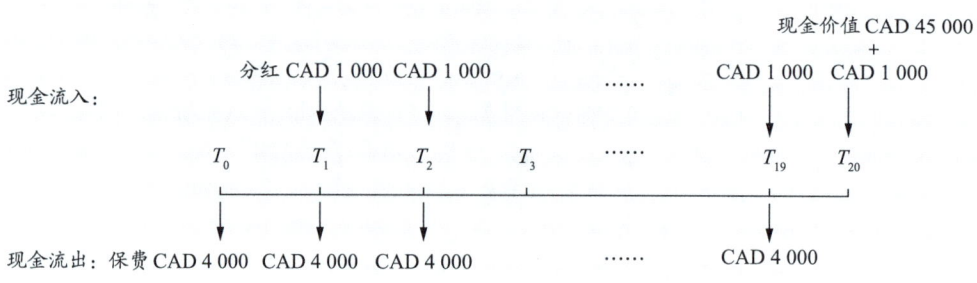

退保损失率假设下保单现金流

除了每一年在年初有 CAD 4 000 的现金流出（支付的保险费），年末有 CAD 1 000 的现金流入（获得的分红）以外，第 20 年年末，还有一笔一次性现金流入 CAD 45 000。

首先，将第 20 年年末的一次性现金价值的提取折现至每一年年末，使每年的现金流具有重复性的规律。利用计算器，FV=45 000，PV=0，N=20，I/Y=6，计算 PMT=1 223.31。由于现金价值为期末一次性现金流入，相当于每一年有 CAD 1 223.31 的等价现金流入。由此，每一年的现金流都由年初 CAD 4 000 的保费支出、年末 CAD 1 000 的分红收入和年末 CAD 1 223.31 现金价值的等价年金构成。所以，将第 1 年的现金流提取出来，如下图所示。

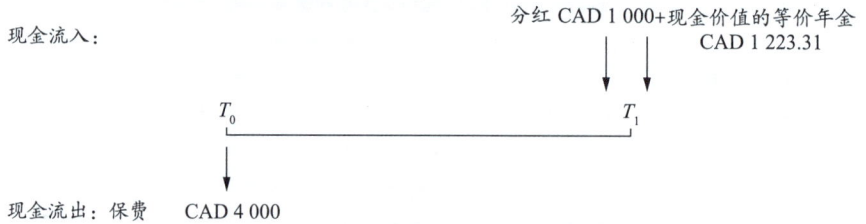

退保损失率假设下保单第 1 年的现金流

同样地，只需要将年末现金流折现至年初，计算 1 年期的净现值（NPV）即可。保单第 1 年的净现值为：

$$-4\,000 + \frac{1\,000 + 1\,223.31}{(1+0.06)^1} = -CAD\ 1\,902.54$$

每千元保单每年的成本为：

$$\frac{1\,902.54}{200\,000} \times 1\,000 = CAD\ 9.51$$

对投保人而言，保费负担率和退保损失率均越低越划算。但两种方法均基于对保单未来现金流的预测，如果实际情况不及预测的情况，则投保人的实际成本会更高一些。

> **知识一点通**
>
> 考生要注意，从上述例题中阐述的保单条款可知，保费负担率和退保损失率是衡量不同保单成本的方法，不可将二者用于同一个保单成本的比较。

> **备考小贴士**
>
> 考生需要了解影响人寿保险定价的3个因素，并知道如何利用保费负担率和退保损失率计算保单的成本。这部分内容在CFA®三级客观题中考查的概率比较大。

21.3.2 伤残收入保险

伤残收入保险（disability income insurance）的目的是减轻伤残导致的收入风险，伤残是指自然人由于身体受伤、疾病或其他损害而不能充分就业的风险。一般地，伤残收入保险政策规定受伤前收入和受伤后收入之间的差额的一定比例作为理赔支付给被保险人。与所有的保险政策一样，残疾收入保险的政策标准在不同的司法管辖区甚至不同的公司都有很大的差异。大多数保单的保费是固定的，并根据投保时被保险人的年龄、健康状况以及所从事的职业适度调整。

投资经理可以建议私人客户购买伤残收入保险用以管理因身体伤残带来的收入降低的风险。

21.3.3 财产保险

财产保险（property insurance）是在发生与被保险人财产有关的损失时，对被保险人的一种保护。常见的财产保险包括屋主保险（homeowner's insurance）和汽车保险（automobile insurance）。投资经理可以建议私人客户购买财产保险用以管理与其财产相关的风险。

21.3.3.1 屋主保险

屋主保险的目的是解决与房屋所有权有关的风险以及与个人财产和责任有关的风险。

屋主保险有指定险保单（named-risks）和一切险保单（all-risks）两种。指定险保单承保保单中列明指定类型的风险。一切险保单承保一切可能造成被保险财产损失的风险事故，但不包括保单中列出的除外风险事故。一切险保单通常保费更高。根据索赔的方式，屋主保险的给付有两种选择。以重置成本（replacement cost）为基础的保单是以维修的总成本或损坏财产需置换部分的总成本计算，不减去免赔额和折旧。重置成本赔偿方式对被保险人是有利的，但保费比较昂贵。以实际现金价值（actual cash value）为基础的保单将赔偿投保人重置成本减去折旧的净值。

免赔额指在保险公司支付任何款项之前，保单所有人必须承担的损失金额。免赔额是一种主动保留风险的体现。如果房主的保单有 10 000 美元的免赔额，而飓风造成的损失是 100 000 美元，那么被保险人必须承担 10 000 美元的损失，而保险公司将承担剩下 90 000 美元的损失。免赔额确保被保险人保留一些与损失相关的责任和风险。

作为业务模式的一部分，保险公司通过保单定价鼓励客户选择较高的免赔额。对于投保人来说，这意味着在确定最佳的可扣除水平时应该进行成本效益分析，因为较大的可扣除水平可能意味着较低的保险费。想象一下，一份可扣除 10 000 美元的保单每年的保费是 20 000 美元，而一份可扣除 5 000 美元的保单每年的保费是 21 000 美元。投保人应该衡量为第二个 5 000 美元的损失每年多花 1 000 美元是否值得。

有些人为了省钱而给自己的房子投保过低，这么做的风险是自己承担的。如果潜在的损失超过保险金额，那么投保人就需要承担超额风险。对于拥有巨额财富、家庭资产占其净资产比例相对较小、且拥有充足流动性的个人来说，自己承担部分风险可能是有意义的。根据行业惯例，被保险人在建筑物上的投保额至少等于其重置成本的 80%时，该建筑物的任何可保损失才会按照全部修理成本或置换成本赔付，且不减去折旧。但如果投保额小于重置成本的 80%时，该保单提供的赔付较少。因此，维持足够的保险金额以满足 80%的要求非常重要。

除了购买屋主保险以外，房屋所有人还可以通过其他风险管理技术解决风险。比如，把有价值的金融文件存放在银行的保管箱里以避免被盗的风险；使用高质量的锁、警报和监视系统；异地存储备份电子数据；使用防火建筑材料和随手可得的灭火器避免火灾损失的风险等。

21.3.3.2 汽车保险

汽车保险费率主要根据汽车的价值以及主要驾驶员的年龄、性别、汽车的用途、停放地点和驾驶记录等因素决定。汽车损坏险通常分为碰撞险和综合险两部分。碰撞险（collision coverage）是针对意外事故造成的损失而承保的。综合险（comprehensive coverage）提供除了碰撞之外的一切险的保险，如玻璃破碎、冰雹和盗窃。如果被保险人的汽车被未投保或投保不足的司机损坏，也可以提供保险，同时可以对被保险人的汽车乘客提供医疗保险。两个险种均是基于实际现金价值签发保单，均有一定的免赔额。同样，选免赔额涉及成本效益分析。

21.3.4 医疗保险

医疗保险（health/medical insurance）是补偿劳动者因疾病风险造成的经济损失给付保险金的保险。不同国家的医疗保险制度可能相差甚远。

综合重大医疗保险（comprehensive major medical insurance）涵盖了绝大多数医疗保健费用，如医师费、手术费、住院费、化验费、X 光片与磁共振成像仪（MRIs）的费用，以及大多数其他"合理且惯例性"的费用，是普遍接受的医疗制度的一部分。

21.3.5 责任保险

个人对更高的责任限额和更多的保护的追求创造了个人超额责任保险、巨灾责任保险，或者称为伞状责任保险（personal umbrella liability insurance policy）。它是一种超额保险，所以必须以汽车保险和屋主保险等这样的基本责任保险为基础。依据伞状个人责任保单的设计，保险人在基本保险限额用尽后开始担负赔偿责任。例如，假设 Max 遭遇了一场机动车事故，由于他的疏忽，Jane 受到了极为严重的伤害。陪审团认为 Max 应该就其对 Jane 造成的伤害赔付 600 000 美元。Max 购买了一次索赔限额为 200 000 美元的汽车保险，Max 当时认为这个保额已经绰绰有余。但不幸的是，这次事故 Max 还要自己支付剩下的 400 000 美元赔偿。如果 Max 购买了 1 000 000 美元的伞状责任保险，这个超额保险就会替 Max 支付剩余的 400 000 美元。

除此之外，伞状个人责任保单为多种风险载体提供保险，比如承保一些指定的个人伤害索赔，包括诽谤、诋毁、非法拘留、非法闯入、隐私侵犯、恶意起诉等诸如此类的行为造成的伤害。

投资经理可以建议私人客户购买责任保险管理由于个人疏忽造成的负债风险。

> **备考小贴士**
>
> 由于考纲并没有具体的要求，考生简单了解伤残收入保险、财产保险、医疗保险和责任保险即可。

21.3.6 年金保险

年金保险（annuities）通常用于管理个人面临的长寿风险。

—考点要求—
探讨（discuss）年金在私人财富管理中的应用（★★★）

21.3.6.1 年金保险的基本概念

年金保险指投保人或被保险人一次或按期交纳保险费，保险人以被保险人生存为条件，按年、半年、季或月给付保险金，直至被保险人死亡或保险合同期满。它是人寿保险的一种，保障被保险人在年老或丧失劳动能力时能获得经济收益。

与前述人寿保险合同类似，年金保险合约涉及 4 个主体：保险人（the insurer）、被保险人（the annuitant）、年金持有人（the contract owner）和受益人（the beneficiary）。保险人为发行年金合约的人寿保险公司。被保险人是领取年金的人。年金持有人是购买年金保险的人，通常也是领取年金的人。受益人通常指在年金持有人或被保险人死亡之后取得收益的人。

21.3.6.2 年金保险的分类

年金保险可以从多种维度进行分类，常见的两种维度，一种是按照递延年金和即时年金分类；另一种是按照固定收益年金和可变年金分类。

递延年金（deferred annuities）是指购买年金之后，在规定的未来某个时点开始领取年金收入。即时年金（immediate payout annuities）的收益在购买时就可以获得。如果私人客户想在退休之后就开始收到一个固定的收益，则可以在退休时购买即时年金。

无论是递延年金还是即时年金，都可以投资于固定账户（fixed account）或者可变账户（variable account）。因此，就产生了 5 种组合。

1. 递延可变年金（Deferred Variable Annuities）

递延可变年金类似于共同基金，年金持有人可以在潜在投资名单上进行选择。大多数情况下，投资工具是由多个投资经理管理的高度分散的投资组合。投资经理通过模拟一些比较受投资者欢迎的共同基金的策略，管理可变年金中的账户。和共同基金相比，可变年金的费用比较高，投资者可选择的投资范围也比较有限。

递延可变年金通常会包含年金死亡收益（death benefit），当被保险人在收益未支付完毕之前身故时，受益者可以领取年金的累积价值。如果想提前终止递延可变年金，则需要支付一定的退保手续费（surrender charges）。此外，与共同基金类似，除非年金持有人在签署合约时添加了附加功能或被允许将递延可变年金的价值转换为即时年金，否则递延可变年金不能保证终生收入。

递延可变年金通常设有一系列保证最小收益条款（guaranteed minimum withdrawal benefit）。典型的保证最小收益条款如最小存活收益保证承诺，只要被保险人活着，就按初始投资价值的固定比例（如4%）支付年金。每笔付款都将相应减少递延可变年金合同的现值。如果市场持续表现良好，初始投资价值可能不会耗尽，剩余价值将归受益人所有。在市场下跌时，投资价值可能会枯竭。在这种情况下，保险公司应履行合同义务，只要被保险人还活着，就继续支付最低保障利益。

2. 递延固定年金（Deferred Fixed Annuities）

递延固定年金指被保险人可以从未来约定的时点开始领取固定金额的年金收入。相同支付条件的递延固定年金，越年轻的时候购买，越便宜。被保险人也可以提前套现年金，获得年金的经济价值减去退保手续费的净值，年金保险就此终止。

3. 即时可变年金（Immediate Variable Annuities）

即时可变年金的持有人一次性支付所有年金费用，被保险人立即领取年金收入直至身故。年金收入的金额受到投资组合业绩的影响而变动，但年金持有人可以支付额外的费用获取可变年金最小收益保障。

4. 即时固定年金（Immediate Fixed Annuities）

即时固定年金的持有人一次性支付所有年金费用，被保险人立即领取固定金额的年金收入直至身故。

即时固定年金的"年金收益率"（income yield）是指每年获得的年金收入总额占购买年金价格（总保费）的百分比。例如，投资者以10万美元的价格购买了一份即时固定年金，在有生之年每年可以得到8 000美元的固定年金收入，那么该年金收益率为8%。

年金收益率受许多因素的影响，一个关键因素是被保个人（联合被保人）的年龄。表21.3给出了在既定的年金价格的前提下，两种不同的即时年金类型的年金收益率情况。一种是终身年金（被保人存活期间按期收到约定年金，没有剩余福利），另一种是带有10年支付期限的终身年金（保证年金至少持续支付10年，如果被保人在10年内死亡，则剩余年度的年金给付给年金保险受益人；如果被保人存活超过10年，则年金持续支付至被保人死亡为止）。表21.3同时提供了3种不同被保人的年金收益率，分别为男性、女性和联合（一对夫妇）被保人。这里假设联合被保人年龄相同，如果夫妻双方中有一人去世，幸存下来的一方每年获得的保险金保持不变。

表 21.3 不同即时固定年金收益率对比

年龄	终身年金			带有 10 年支付期限的终身年金		
被保人	男性	女性	联合	男性	女性	联合
60	6.28%	5.87%	5.51%	6.15%	5.86%	5.42%
70	8.04%	7.31%	6.65%	7.46%	7.01%	6.59%
80	11.90%	10.87%	9.35%	9.30%	8.96%	8.51%
90	20.10%	19.34%	14.51%	10.66%	10.49%	9.86%

来源：www.immediateannuities.com

根据表 21.3 得出以下结论。

（1）当预期剩余寿命较短时，年金收益较高。例如，在购买年金的价格相同的前提下，90 岁的男性会比 60 岁的男性获得更高的年金收入，因为老年男性的预期寿命较短，每年收到的年金收入更多。60 岁的女性比 60 岁的男性得到的年金收益更少，因为女性的平均预期寿命比男性更长。年金收益是通过估计给定年金池的平均寿命来确定的。较短的平均支付期将意味着池中较年长的保险金领取者的年金收入更高。

（2）对比两种终身年金产品，相同年龄的被保人，包含特定给付时间的即时固定年金产品的年金收益更低，如一位 80 岁的投资者（无论是男性还是女性）很可能领了 4 年年金就去世了。如果没有固定支付年限，保险公司就可以根据人的死亡概率给付年金，由于被保人提前死亡的可能性较高，其死后保险公司无需再继续给付年金，故保险公司可以每期多支付被保人一点钱。反之，如果被保人带有 10 年支付期限的终身年金，则强制要求保险公司给付被保人 10 年的年金，即使被保人早已死亡。这对保险公司而言肯定是"不划算"的，那么，保险公司给付的年金就会减少，年金收益率降低。

（3）对比两种终身年金产品，相同年龄的被保人，包含特定给付时间的即时固定年金产品的收益率降低的程度随年龄的变化而不同。例如，增加 10 年给付期限对 60 岁男性的年金收益率的影响相对较小（从 6.28% 下降到 6.15%），但对 90 岁男性的影响明显更大（从 20.10% 下降到 10.66%）。同样地，这种差异也基于预期寿命。一位 60 岁的男性在接下来的 10 年内死亡的概率远远小于一位 90 岁的男性在接下来的 10 年内死亡的概率，对此，年金的支付金额会相应做出调整。

所以，一个关注终身收入最大化的客户，最好不要购买添加任何包含剩余福利附加条款的年金保险。然而，如果私人客户有在保证终身收入的同时为继承人提供一些剩余财富的投资目标，配置有固定支付年限的年金产品是可取的。除了死亡概率之外，另一个影响年金定价的关键变量是保险公司从保费中获得的预期回报。由于保险公司倾向于保守投资，债券的收益率水平为保险公司的投资预期回报率提供了一个相对较好的参考。至少从历史角度看，债券收益率可以反映出年金收益率随时间变化的情况。如果当前债券收益率低于历史债券收益率，而预期寿命在增加时，假设年金保险总保费（价格）不变，即时固定年金每年的给付水平将相对历史水平更低。如果市场上的投资人预期债券的收益率最终会回升，那么当前较低的年金收益率可能会打消他们购买年金的念头。另外，如果未来每年获得的年金金额固定，在当前债券收益率水平较低的环境下，投资者需要支付较高的保费购买即时固定年金产品，投资成本因此提高。

5. 混合型年金（Advanced Life Deferred Annuity，ALDA）

混合型年金也称老寿星年金，属于递延即时支付年金保险。混合型年金的持有人需要一次性支付所有的年金费用，在耄耋之年（比如 80 岁或者 85 岁）才能领取固定的年金收入。这种年金比较便宜，主要原因是：首先，80 岁以上的人购买年金，本身剩余寿命不长，领取的年金收入有限；其次，如果年金持有人在 30 岁时购买混合型年金，80 岁开始领取年金收入，保险公司有 50 年的投资期，投资期限长，投资组合的风险承受能力较强，收益相对更有保障；最后，如果年金持有人在 30 岁时购买混合型年金，但 80 岁之前身故，则保险公司无需支付年金给被保险人。这种年金可以为人生的最后一段时间补充生活开支，更好地管理长寿风险。

21.3.6.3 固定年金和可变年金的优缺点

—考点要求—
探讨（discuss）固定年金和变动年金的优缺点（★★★）

1. 年金收入的波动性

固定年金和可变年金之间最明显的区别是年金收入的形式。固定年金提供了固定的收入现金流，而可变年金的年金收入可能会根据年金的支付条款发生很大的变化。寻求高水平收入保障的退休人员最好选择固定年金或者限制收入随时间变化的可变年金。风险承受能力强的退休人员可能对可变年金更感兴趣。如果一个退休人员愿意随着时间的推移调整他们的支出，那么，可以通过选择可变年金来增加每年的支出，使年金收入与风险资产组合相关联。

2. 灵活性

这里主要指年金保险解约的灵活性。固定年金和即时变动年金不得解约。递延可变年金可以提前解约，但会附有罚款。

3. 未来市场预期

固定年金将年金锁定在现时利率上，现时利率即在投保人购买年金时保险公司债券类投资组合的回报率。它是一种保证本金的投资产品，在利率上升的时候比较受欢迎，这是因为他们的现金价值是固定的，所以以利率上升时，现金价值不会下降，这一点与债券不同。

可变年金的投资收益取决于投资账户的业绩表现，如果业绩表现良好，则有未来年金收入更高的可能性。

4. 年金费用

可变年金的费用往往高于固定年金，主要原因是可变年金有对冲市场风险的成本、管理费用和降低价格竞争的费用。有证据表明，保险产品的价格受到价格竞争的显著影响，消费者更容易比较即时固定年金，因为消费者只需根据其支出金额选择最高的年金收入额。如果消费者不能很容易地对比产品特性的相对效率，那么不透明的可变年金定价可以减少价格竞争。

5. 通胀因素

通货膨胀会对固定年金的实际收入产生显著的负面影响。例如，如果年通货膨胀率平均为 4%，那么大约 24 年后，收入的价值大约是年金开始时价值的一半。固定年金是名义上的，不会随着通货膨胀而改变。但有些可变年金或含有通胀对冲机制附加条款的固定年金允许根据通货膨胀的变化调整年金收入的金额。

> **备考小贴士**
>
> 考生需要了解固定年金和可变年金的优缺点，在 CFA® 三级主观题和客观题中均有可能出现。

21.3.6.4 年金保险的适用情况

年金保险在以下几种情况下比较合适投资。

（1）投资者的长寿风险较高；

（2）投资者偏好拥有持续的投资收入；

（3）投资者没有遗产规划需求；

（4）投资者是风险厌恶者，不愿意承担理财的风险和损失；

（5）投资者的退休保障收入较低，尤其是由固定收益计划（defined benefit plan）转到固定缴款计划（defined contribution plan）的投资者。

21.4 私人财富风险管理的应用

在了解了私人投资者完整的资产负债表，私人客户一生不同理财阶段面临的风险敞口以及管理风险的工具之后，投资经理需要将这些知识应用于实践中。这部分将要讨论私人客户需要多少人寿保险才能较好地对冲意外死亡的风险，人力资本对私人财富资产配置的影响等应用问题。

21.4.1 最优风险管理策略

对私人客户风险的管理策略取决于客户的风险承受能力，相同财富水平的私人客户，风险承受能力强的客户（相对于承受能力低的客户）倾向于承担更多的风险。

有 4 种风险管理技术：风险规避（risk avoidance）、风险降低（risk reduction）、风险转移（risk transfer）和风险保留（risk retention）。

如果投资者决定不为风险敞口投保，那么仍然可以选择采用损失控制的措施来降低潜在损失的影响。损失控制（loss control）是指为减少或消除与风险相关的成本所采取的措施。有 3 种控制损失的一般方法，其中，风险规避（risk avoidance）是控制损失最纯粹的形式。投资者可以通过风险规避的方式排除损失事件发生的可能性。例如，通过出售资产来避免一辆收藏汽车或一件珠宝丢失的风险。如果一项资产不再提供显著的效用，或者由于价格升值而导致风险暴露的程度上升，那么，这种策略可能特别具有吸引力。

另外两种类型的损失控制是预防损失（loss prevention）和减少损失（loss reduction），它们都属于风险降低的风险管理技术。预防损失是采取措施减少损失事件发生概率的过程。例如，安装安全系统以减少被盗的可能性。在汽车上安装倒车摄像头以减少倒车时造成财产损失或人身伤害的概率。安装游泳池警报器可以降低孩子溺水的可能性。减少损失是指发生损失事件后试图降低损失规模的措施。例如，在厨房配备一个高质量的灭火器，可以及时控制火势，降低火灾损失。这里需要注意的是，配置灭火器并不能降低损失事件发生的概率，只能起到及时止损的作用。

风险转移通常通过保险、年金产品或者合同的形式实现。比如，飓风、地震对私人财产造成的损害，交通事故造成的损失等，这些可以通过购买相应的保险，将风险转嫁给保险公司。一个公寓租赁者可能会选择一份长期租约，以便在通货膨胀时期将月租金水平锁定在更长的一段时间内，从而将租金上涨的风险转移给房东，然后房东必须承担这个机会成本。

对于损失发生频率低且损失程度也较低的风险事件，投资者可以自行承担这种风险。比如，上班迟到被扣小额工资。上班迟到发生的概率普遍比较低，损失也比较小，雇主通常也设有一定的宽容度。对于个人而言，这种风险就可以保留，没有必要做对冲。

一个系统的风险管理方法是考虑每种风险暴露的最佳策略。图 21.2 根据损失发生频率（probability of loss event occurs）和损失程度（severity）两个维度，把风险事件分为四个等级，帮助客户决定什么时候保留风险是合适的，什么时候最好减少风险的潜在大小（或严重程度），以及什么时候转移风险是有意义的。例如，安装高质量的防火屋顶可以降低发生火灾的概率和火灾造成的潜在损失。然而，安装一个新的、昂贵的屋顶的成本可能太高。在这种情况下，火灾的巨大潜在损失可以通过财产保险转移，并且可以使用免赔额（insurance deductibles）来设置最佳的风险保留额度。

> **知识一点通**
>
> 保险免赔额指保险公司不承担赔偿义务的损失水平。假设投保人在倒车时撞到了商场停车场的一根灯柱，给投保人的车造成了价值 1 000 美元的损失。如果投保人所购买的保险约定免赔额是 1 500 美元，保险公司就不承担本次赔偿义务。如果保险有 600 美元的免赔额，那么投保人将支付应自行承担的 600 美元损失，保险公司将理赔 400 美元。所以，客户的风险容忍度越高，配置保险的免赔额就可以越高，客户自己承担的损失就更多。

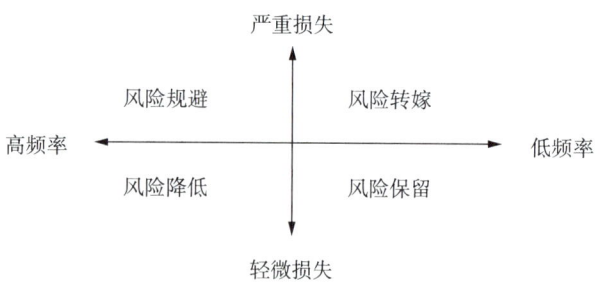

图 21.2 风险管理策略

风险转嫁通常通过保险、年金产品或者合同的形式实现。

> **备考小贴士**
>
> 这部分内容不做考试要求，考生简单了解即可。

21.4.2 分析保险计划

本部分主要探讨私人客户购买多少人寿保险比较合适。下面介绍两种测算方法：人力资本估值方法（human life value method）以及收入替换和现金需求方法（needs analysis method）。

人力资本估值方法假设夫妻单方身故，计算身故一方未来的人力资本现值。由于人寿保险是管理意外死亡风险的工具，所以，人寿保险的保额应至少覆盖身故一方未来人力资本的现值。

收入替换和现金需求方法计算存活的所有家庭成员的生活开支与收入缺口的现值。

21.4.2.1 人力资本估值方法案例

小明和小丽是一对夫妻，育有一儿一女。小明40岁，小丽38岁，女儿10岁，儿子8岁。小明是IT工程师，目前的年收入为20万美元，并预期每年年薪增长率为4%（包含通胀以及晋升因素），预计60岁退休。小丽目前是家庭主妇，没有经济来源。根据当地税法的规定，个人所得税率为均一税率20%。小明每年的个人生活开支为5万美元，雇主每年给小明支付3万美元退休计划福利金。小明已经购买了一份保额为30万美元的人寿保险，当地法律规定，人寿保险赔偿金需要缴纳20%的税费。折现率为6%。

由于小丽没有收入，小明是家庭的经济支柱，所以，小明的人力资本至关重要，投资经理应为小明购买充足的人寿保险对冲人力资本损失的风险。

首先，需要计算小明的净收入，人寿保险的税前保额应覆盖小明未来净收入的现值。计算过程见表21.4。

表21.4 小明当前净收入（万美元）

小明生前净收入		假设小明身故，税前保额	
税前工资	20	税前保额	17.5
个人所得税	(4)	人寿保险应纳税费	(3.5)
税后工资	16	税后保额	14
个人生活开支	(5)		
雇主支付的退休福利	3		
税后净收入	14	税后保额	14

由于小明身故之后不再产生个人生活开支，也没有退休福利，所以，税后保额仅需覆盖小明生前净收入即可。

由于小明的工资每年均以4%的速度增长，故当前年度的税前保额也应以4%的速度每年增长。假设小明今天身故，则小明的保额为：

$$PV = \frac{17.5 \times (1+4\%)^0}{(1+6\%)^0} + \frac{17.5 \times (1+4\%)}{(1+6\%)} + \frac{17.5 \times (1+4\%)^2}{(1+6\%)^2} + \cdots + \frac{17.5 \times (1+4\%)^{19}}{(1+6\%)^{19}} \quad (21.5)$$

由于传统期初现金流模式下现值的计算公式为：

$$PV = \frac{CF}{(1+r)^0} + \frac{CF}{(1+r)} + \frac{CF}{(1+r)^2} + \cdots + \frac{CF}{(1+r)^{n-1}} \quad (21.6)$$

对比公式（21.5）和公式（21.6），可以得到：

$$\frac{1}{(1+r)} = \frac{(1+4\%)}{(1+6\%)} = \frac{(1+\text{growth rate})}{(1+\text{discount rate})}$$

推导得出：

$$r = \frac{(1+\text{discount rate})}{(1+\text{growth rate})} - 1 \tag{21.7}$$

所以，用于计算小明的人寿保险保额的折现率为：

$$r = \frac{(1+\text{discount rate})}{(1+\text{growth rate})} - 1 = \frac{(1+6\%)}{(1+4\%)} - 1 = 1.9\%$$

将计算器调整为期初模式，计算小明的税前保额：
PMT=17.5，FV=0，I/Y=1.9，N=20，求得 PV=-294。

即小明税前人寿保险保额应为 294 万美元。由于小明已经购买 30 万美元保额的人寿保险，故再配置 264 万美元保额的人寿保险比较合适。

> **知识一点通**
>
> 考生要注意，由于人寿保险的保额要支持可能丧失的人力资本，假设被保险人今天死亡，保险公司应立即出险理赔，理赔金额也是期初现金流。另外，终身人寿保险也是一种防御工具，故测算时均采用现金流的期初模式。

21.4.2.2 收入替换和现金需求方法案例

收入替换和现金需求方法是一种更加全面和复杂的估计方法。估值的目标是得出在夫妻中一方去世的情况下，存活的家庭成员所有生活支出和收入的差额以及现金需求需要通过人寿保险保额覆盖的金额。

小明和小丽是一对夫妻，育有一儿一女。小明 40 岁，小丽 38 岁，女儿 10 岁，儿子 8 岁。小明是 IT 工程师，目前的年收入为 20 万美元，预计 60 岁退休。小丽目前做兼职讲师，税后年收入为 5 万美元。小丽计划 10 年之后（子女均成年）转为全职讲师，税后年薪预计为 10 万美元。预计小丽未来每年的生活开支为 8 万美元，60 岁退休，90 岁身故。小明已经购买了一份保额为 30 万美元的人寿保险。

小丽的一双子女每人每年的生活开支为 5 万美元，预计 24 岁时可以经济独立。假设小明身故，在两年的过渡期内，还会有额外每年 1.5 万美元的费用开支。假设所有收入和支出均以每年 4% 的速度增长，折现率为 6%。

第一步，计算存活家庭成员收入与生活支出的差额（total capital needs）。

小丽的未来收入现值计算见表 21.5。

表 21.5 小丽的未来收入现值（万美元）

期初模式	PMT	I/Y	N	FV	PV
38 岁至 48 岁	5	1.9	10	0	-46
48 岁至 60 岁	10	1.9	12	0	-108

小丽的未来收入现值为：

$$46 + \frac{108}{(1+0.06)^{10}} = 106$$

小丽及其子女的生活支出的现值计算见表21.6。

表21.6 小丽及其子女的生活支出现值（万美元）

	期初模式	PMT	I/Y	N	FV	PV
小丽	38岁至90岁	8	1.9	52	0	−268
女儿	10岁至24岁	5	1.9	14	0	−62
儿子	8岁至24岁	5	1.9	16	0	−70
过渡期	最近两年	1.5	1.9	2	0	−3
	所有生活支出现值总额					403

存活的家庭成员收入与支出的差额为−297万美元（106−403）。

第二步，计算现金需求（cash needs），见表21.7。

表21.7 现金需求（万美元）

丧葬费	2
应付税费	1
房屋贷款	35
其他负债	5
教育基金	40
应急基金	10
现金需求总额	93

第三步，计算金融资产总需求（total financial needs）。

$$\text{Total financial needs} = \text{Total capital needs} + \text{Cash needs} \tag{21.8}$$

存活家庭成员的金融资产总需求为390万美元（297+93）。

第四步，计算现有资金总额（total capital available），见表21.8。

表21.8 现有资金总额（万美元）

现金储蓄	40
已赚到的养老金	18
已有人寿保险	30
房屋租金收入	12
现有资产总额	100

第五步，计算所需人寿保险保额（life insurance need）。

$$\text{Life insurance need} = \text{Total financial needs} - \text{Total capital available} \tag{21.9}$$

小明需要再配置290万美元保额的人寿保险比较合适。

一般而言，两种保险计划的分析方法得出的结论不一样，投资经理在得到测算结果之后可以和客户商榷最终的投保金额。

> **备考小贴士**
>
> 考生需要掌握上述两种保险计划分析方法，且这两种方法均默认现金流采用期初模式折现。考生尤其要掌握公式（21.7）计算折现率的方法。这部分内容应用性比较强，CFA®三级主观题和客观题的考试中均有可能考查。

21.4.3 人力资本对资产配置的影响

—考点要求—
探讨（discuss）人力资本的风险特征对资产配置的影响（★★★）

投资经理在为客户做资产配置的过程中要考虑到客户的人力资本对资产配置的影响。尽量降低人力资本和金融资产的相关性，从而降低经济意义上的资产负债表（economic balance sheet）的波动性。

比如，年轻人的人力资本（类似债券的特征）比较高，所以，投资组合中应该多配置股票；而随着退休年龄的临近，人们的债券型人力资本会逐渐枯竭，投资组合中应多配置债券。如果夫妻二人在同一家公司工作或在同一行业工作，投资经理应通过配置与客户人力资本所在行业相关性低的金融资产以分散风险。如果客户从事的工作不受地域限制，则人力资本的风险较低。比如，程序员可以在美国硅谷工作，也可以在中国中关村工作。但是，国家公务员的人力资本风险较高，因为美国的公务员失业之后，不太容易去其他国家做公务员。

人力资本的流动性也更差，有些职业的收入增长可能与通货膨胀保持同步，而其他职业则不会。所以，金融资产中应多配置流动性较高的资产。如果客户的人力资本不与通胀挂钩，则应配置抗通胀的金融资产。

客户从事的职业属性影响人力资本的特征，比如，私人客户在金融行业工作，工资薪酬与市场表现的相关度较高，那么人力资本更像股票（equity-like）。投资经理应为这类客户多配置债券类的金融资产以分散投资组合整体的风险。反之，如果客户是大学教授或者政府工作人员，收入非常稳定，和资本市场的表现相关度很低，那么人力资本更像债券（bond-like），在做资产配置的时候，更应该增加股票的比重。

> **例题 21.6**
>
> Max 是期货交易员，他的薪酬和市场表现密切相关。如果 Max 的投资组合中股票的权重为 50%，而 Max 的人力资本中有 60% 类似于股票（stock-like）。经测算，Max 的人力资本为 EUR 7 000 000，金融资产为 EUR 3 000 000。Max 投资组合中人力资本和金融资产的配置各是多少？
>
> **名师解析**
>
> Max 的资产配置见下表。
>
> **Max 的资产配置（单位：百万欧元）**
>
> | | 人力资本 | 金融资产 | 财富总额 |
> |---|---|---|---|
> | 当前金额 | 7 | 3 | 10 |
> | 股票型财富金额 | 4.2（7×0.6） | 0.8（5−4.2） | 5 |
> | 债券型财富金额 | 2.8（7×0.4） | 2.2（5−2.8） | 5 |

由此可见，金融资产中，股票型财富占26.7%（0.8÷3），债券型财富占73.3%（2.2÷3）。人力资本和金融资产构成的投资组合由50%的股票型财富和50%的债券型财富组成。

备考小贴士

考生需重点掌握人力资本的风险特征对资产配置的影响。

21.4.4 资产配置与降低风险

私人客户财富管理的目的之一是平滑家庭开支，即在客户的风险承受能力范围内，通过保险或其他风险管理工具管理风险，提高客户的可用开支。每个家庭面临的投资风险、财产风险、人力资本风险均有系统性和非系统性两面。识别每个家庭所面临风险的独特之处，采用一些策略降低非系统性风险至关重要。一个有两个孩子和一个收入较低的配偶的年轻医生要承担一些特殊风险。首先，夫妇的投资组合应该是多样化的，不能与医生的收入高度相关。其次，家庭最大的资产——人力资本——可能会因残疾或过早死亡而减少或丧失。人寿保险和伤残保险是比较理想的对冲工具。医疗事故保险提供了针对特殊责任风险的保护。

—考点要求—
推荐并证实（recommend and justify）适合的资产配置策略以降低私人财富管理风险（★★）

对于年轻的家庭，整个财富组合的价值几乎完全由人力资本构成，金融资产的流动性显得尤为重要。年轻家庭可以选择购买定期人寿保险，在节省保费开支的前提下，也能有效地降低意外死亡对家庭造成的损失。

对于即将退休的夫妇，他们的孩子已经长大成人，独立生活，而且他们拥有一个规模庞大的投资组合，他们将面临一系列非系统性风险。尽管他们的总收入可能比年轻医生高，但由于即将退休，他们的人力资本价值少得多。因此，对于老夫妻而言，投资组合的风险比人力资本风险更值得关注。人寿保险可能只有作为一种满足遗产规划和流动性需求的手段才有价值。在这个人生阶段，伤残保险需求降低。健康风险和责任风险仍然是重要的风险敞口，可以通过健康保险、长期护理保险和责任保险对冲这些风险。房屋的价值可以通过财产保险得到保护。此外，还应考虑区域房地产价格变动的特殊风险。年金可以有效降低长寿风险。市场风险可能尤其重要，因为与年轻家庭相比，年老夫妇的金融资产占家庭总财富的比例要大得多。

如果家庭成员的人力资本与整体经济高度相关，比如，在周期性行业工作，且持有大量雇主的股票，风险会骤然增加。投资经理首先要建议客户出售其雇主的股票，如果股票被限制出售，投资经理可以建议客户买入看跌期权以对冲风险。为了平衡客户的人力资本风险，退休投资组合应该增持与客户所在行业不相关或负相关的行业基金。

备考小贴士

考生应根据案例中具体情况，综合考虑人力资本和金融资产的特征，做出最优资产配置。

练一练

21-1 Which of the following statements is most likely correct?

I. Unvested pension benefits are part of financial capital.

II. Vested pension benefits are part of financial capital.

III. Unvested pension benefits are the benefits which had been paid to the individuals.

    A. I.   B. II.   C. III.

21-2 Tom, a trader in Wall Street, is informed by his employer that the salary growth rate will be slow down due to the epidemic situation. He is worry about losing his job. Tom has the risks related to:

A. human capital only.

B. financial capital only.

C. both financial capital and human capital.

21-3 Angel and Jerry are a couple married ten years ago. Angel purchases a whole life insurance policy on Jerry's life and the beneficiary is their child. The policy promises to increase the payout if Jerry dies or becomes dismembered from an accident. Which of the following statements regarding to the whole life insurance policy is correct?

A. This is a non-forfeiture clause.

B. This is a waiver-of-premium rider.

C. This is an accidental death rider.

21-4 Tom purchased a whole life insurance for himself. Assuming the expected life span is 20 years, the discount rate is 6%, policy information is shown in Exhibit 21.1. Using the surrender cost index, the cost of the whole life insurance is:

Exhibit 21.1 Tom's life insurance policy

Face value	CAD 800 000
Annual premium (paid at the beginning of the year)	CAD 15 000
Policy dividends anticipated per year (paid at the end of the year)	CAD 1 000
Cash value projected at the end of 20 years	CAD 60 000

    A. CAD 15.65   B. CAD 17.57   C. CAD 18.45

21-5 David, 50 years old now and CFO of Lion Food Manufactories, purchased an annuity with the following features:

I. the payouts begin when David 80 years old.

II. the costs are cheaper than many other types of annuities.

Which type of annuity should David purchase?

A. Immediate variable.

B. Deferred variable.

C. Advanced life deferred annuities.

21-6 The client David asks his financial advisor Amy to compare his traditional and economic balance sheets. Amy calculates that the sum of the present values of David's consumption goals and bequests exceeds that of his unvested pension benefits and future earnings. Which of the following statements is most likely correct?

A. David's net worth is less than his economic net worth.

B. David's economic net worth is less than his net worth.

C. David's financial assets are less than his human capital.

答案与解析

21-1　B

说法 I 错误，unvested pension benefits 指未赚到手的养老金，属于私人客户未来预期收入的一部分，所以未赚到的养老金属于人力资本的一部分。

说法 II 正确，vested pension benefits 指已经赚到的养老金，即使尚未拿到现金。所以，已赚到的养老金属于金融资产的一部分。

说法 III 错误，由于这部分养老金并没有赚到手，故也没有支付。

21-2　C

由于 Tom 的工资增长率放缓，人力资本降低。Tom 还担心失业，一旦失业，没有收入，只能消耗已有金融资产维持生计，故金融资产也会降低。人力资本和金融资产同时面临风险。

选项 A 和选项 B 说法均不全面。

21-3　C

意外死亡保险给付（accidental death rider, accidental death and dismemberment, AD&D）指如果被保险人因意外事故死亡，保险公司会提供双倍甚至三倍身故保险金。

21-4　A

退保损失率法计算人寿保险成本。

首先，将第 20 年年末的预期现金价值折算为每年年末的年金。利用计算器期末现金流模式：FV=60 000，N=20，I/Y=6，PV=0，计算 PMT=−1 631。20 年年末一次性支付的现金价值相当于每年年末获得 1 631 的年金收入。

其次，将第 1 年年末的分红以及现金价值等价年金折现到期初，计算净现值：

$$-15\,000 + \frac{1\,000 + 1\,631}{(1+0.06)^1} = -12\,518$$

最后，每千元保单每年的成本是：

$$\frac{12\,518}{800\,000} \times 1\,000 = 15.65$$

21-5　C

同时具有特征 I 与特征 II 的产品为混合型年金也称老寿星年金，它属于递延即时支付年金保险。混合型年金的持有人需要一次性支付所有的年金费用，在耄耋之年（比如 80 岁或者 85 岁）才能领取年金收入。这种年金比较便宜。

21-6　B

选项 A，根据题中给出的信息不能判断金融资产和人力资本之间的大小关系。

选项 B，根据完整的资产负债表，未来生活开支以及遗产的现值之和超过人力资本和未赚到的养老金现值，使经济意义上的财富净值低于传统的财富净值。

选项 C，根据题中给出的信息不能判断金融资产和人力资本之间的大小关系。

CFA®
三级中文教材

机构投资者 | 交易执行、业绩评估及基金经理选择
案例分析技巧 | 伦理与职业标准

下

高顿教育研究院　编著

文匯出版社

目　　录

第 8 部分　机构投资者

第 22 章　机构投资者投资组合管理 ·· 469
22.1　机构投资者投资组合管理概述 ·· 470
　22.1.1　机构投资者介绍 ·· 470
　22.1.2　投资策略概述 ··· 471
22.2　各机构投资者及其投资策略 ·· 473
　22.2.1　养老金计划 ·· 473
　22.2.2　主权财富基金 ··· 483
　22.2.3　大学捐赠基金和私有基金会 ·· 486
　22.2.4　银行和保险公司 ·· 490

第 9 部分　交易执行、业绩评估及基金经理选择

第 23 章　交易策略与执行 ·· 509
23.1　交易动机 ··· 510
　23.1.1　追求利润 ·· 510
　23.1.2　风险管理与对冲需求 ·· 511
　23.1.3　现金流需求 ··· 511
　23.1.4　公司行为、指数重建与追加保证金要求 ·· 511
23.2　策略与选择 ·· 512
　23.2.1　交易策略参数 ··· 512
　23.2.2　参考价格 ·· 514
　23.2.3　交易策略 ·· 516
23.3　策略执行 ··· 518
　23.3.1　交易执行选择 ··· 518
　23.3.2　算法交易 ·· 520
　23.3.3　市场间对比 ··· 523
23.4　交易评估 ··· 524
　23.4.1　交易成本计量 ··· 524
　23.4.2　交易成本分析 ··· 527
23.5　交易治理 ··· 531
　23.5.1　最优执行 ·· 531

23.5.2	最优执行的决定因素	532
23.5.3	合格的经纪商及执行渠道	532
23.5.4	监督执行安排的流程	533

第24章 投资组合业绩评估 536

- 24.1 业绩评估的构成 537
  - 24.1.1 业绩计量 537
  - 24.1.2 业绩归因 540
  - 24.1.3 业绩评价 540
- 24.2 业绩归因 540
  - 24.2.1 有效归因流程与归因分类 540
  - 24.2.2 收益归因 542
  - 24.2.3 风险归因 552
  - 24.2.4 宏观归因 vs 微观归因 552
- 24.3 投资基准 555
  - 24.3.1 基于资产的基准 555
  - 24.3.2 合理的基准所具备的特征 558
  - 24.3.3 正确选择基准的重要性 559
  - 24.3.4 基准质量评估 559
  - 24.3.5 另类投资基准 560
- 24.4 业绩评价 562
  - 24.4.1 区分投资技巧与幸运 562
  - 24.4.2 业绩评价指标 562

第25章 基金经理选择 573

- 25.1 基金经理选择简介 574
- 25.2 基金经理选择框架 574
  - 25.2.1 基金经理选择范围 575
  - 25.2.2 基金经理选择的假设检验 575
- 25.3 基金经理寻找与选择 577
  - 25.3.1 投资风格分析 577
  - 25.3.2 捕获率与回撤 579
- 25.4 基金经理尽职调查 580
  - 25.4.1 投资尽职调查 580
  - 25.4.2 运营尽职调查 582

第 10 部分 案例分析技巧

第 26 章 案例分析技巧——机构投资者 591
26.1 流动性管理 592
26.1.1 流动性风险管理工具 592
26.1.2 非流动性风险溢价 595
26.2 案例分析技巧 596
26.2.1 战略资产配置（Strategic Asset Allocation，SAA） 596
26.2.2 流动性管理（Liquidity Management） 597
26.2.3 经理人选择（Asset Manager Selection） 598
26.2.4 战术资产配置（Tactical Asset Allocation） 598
26.2.5 资产配置再平衡（Asset Allocation Rebalancing） 599
26.2.6 ESG 599

第 27 章 案例分析技巧——私人财富管理 600
27.1 初入职场期 601
27.1.1 明确财务目标 601
27.1.2 风险敞口识别 601
27.1.3 风险敞口评估 602
27.1.4 风险管理策略 603
27.2 事业发展期 605
27.2.1 明确财务目标 605
27.2.2 风险敞口识别与评估 605
27.2.3 风险管理策略 606
27.3 财富快速积累期 607
27.3.1 财务目标与相关风险 607
27.3.2 风险管理策略 609
27.4 退休前期 610
27.4.1 明确财务目标 610
27.4.2 退休资产与养老金提取 610
27.4.3 退休收入的建议 611
27.4.4 退休前投资组合建议 611
27.4.5 退休后投资组合建议 611

第 28 章 案例分析技巧——机构投资者的风险管理 613
28.1 金融风险管理的维度 614
28.1.1 自上而下和自下而上的风险分析 614

28.1.2　组合风险和资产类别特定风险 …………………………………………… 614
　　28.1.3　基于回报的风险法和持有风险法 ………………………………………… 615
　　28.1.4　绝对风险和相对风险 ………………………………………………………… 615
　　28.1.5　长期风险和短期风险度量 …………………………………………………… 615
　　28.1.6　定量分析和定性分析 ………………………………………………………… 615
　　28.1.7　事前风险评估和事后风险评估 ……………………………………………… 616
　28.2　机构投资者的长期风险考虑 ……………………………………………………… 616
　　28.2.1　机构投资者的目标和风险考虑 ……………………………………………… 616
　　28.2.2　机构投资者面临的主要金融风险及风险管理 …………………………… 617
　28.3　机构投资者的全面风险管理 ……………………………………………………… 619
　　28.3.1　全面风险管理概述 …………………………………………………………… 619
　　28.3.2　全面风险管理的具体执行 …………………………………………………… 619
　28.4　机构投资者面临的环境和社会风险 …………………………………………… 620
　　28.4.1　机构投资者的环境风险 ……………………………………………………… 621
　　28.4.2　机构投资者的社会风险 ……………………………………………………… 621

第 11 部分　伦理与职业标准

第 29 章　道德操守和职业行为准则 …………………………………………………… 625
　29.1　职业行为项目的组织结构 ………………………………………………………… 626
　29.2　职业行为项目的执行 ……………………………………………………………… 626
　　29.2.1　职业行为调查的 5 种方式 …………………………………………………… 626
　　29.2.2　3 种调查(处分)结果 ………………………………………………………… 628
　　29.2.3　对调查结果存疑 ……………………………………………………………… 628
　29.3　道德操守 …………………………………………………………………………… 629
　29.4　职业行为准则 ……………………………………………………………………… 630

第 30 章　CFA®职业行为准则 …………………………………………………………… 633
　30.1　准则Ⅰ：职业操守（Professionalism）………………………………………… 635
　　30.1.1　Ⅰ（A）法律知识（Knowledge of the Law）……………………………… 635
　　30.1.2　Ⅰ（B）独立性和客观性（Independence and Objectivity）…………… 636
　　30.1.3　Ⅰ（C）曲解（Misrepresentation）……………………………………… 638
　　30.1.4　Ⅰ（D）渎职（Misconduct）……………………………………………… 639
　30.2　准则Ⅱ：资本市场信誉（Integrity of Capital Markets）…………………… 640
　　30.2.1　Ⅱ（A）重大非公开信息（Material Nonpublic Information）………… 640
　　30.2.2　Ⅱ（B）操纵市场（Market Manipulation）……………………………… 641
　30.3　准则Ⅲ：对客户的责任（Duties to Clients）………………………………… 642
　　30.3.1　Ⅲ（A）忠诚、审慎和谨慎（Loyalty, Prudence, and Care）………… 642

- 30.3.2　Ⅲ（B）公平对待（Fair Dealing） …… 644
- 30.3.3　Ⅲ（C）适当性（Suitability） …… 645
- 30.3.4　Ⅲ（D）表现介绍（Performance Presentation） …… 647
- 30.3.5　Ⅲ（E）保密（Preservation of Confidentiality） …… 648
- 30.4　准则Ⅳ：对雇主的责任（Duties to Employers） …… 649
  - 30.4.1　Ⅳ（A）忠诚（Loyalty） …… 649
  - 30.4.2　Ⅳ（B）其他报酬安排（Additional Compensation Arrangements） …… 651
  - 30.4.3　Ⅳ（C）作为上司的责任（Responsibilities of Supervisors） …… 652
- 30.5　准则Ⅴ：投资分析、建议和行动（Investment Analysis, Recommendation, and Actions） …… 654
  - 30.5.1　Ⅴ（A）尽职和合理原则（Diligence and Reasonable Basis） …… 654
  - 30.5.2　Ⅴ（B）与客户和潜在客户沟通（Communication with Clients and Prospective Clients） …… 656
  - 30.5.3　Ⅴ（C）保留记录（Record Retention） …… 658
- 30.6　准则Ⅵ：利益冲突（Conflicts of Interest） …… 659
  - 30.6.1　Ⅵ（A）冲突披露（Disclosure of Conflicts） …… 659
  - 30.6.2　Ⅵ（B）交易优先权（Priority of Transactions） …… 660
  - 30.6.3　Ⅵ（C）介绍费（Referral Fees） …… 662
- 30.7　准则Ⅶ：CFA®会员或CFA®考生的责任（Responsibilities as a CFA® Institute Member or CFA® Candidate） …… 662
  - 30.7.1　Ⅶ（A）CFA®协会各项目参与者的行为（Conduct as Participants in CFA® Institute Programs） …… 662
  - 30.7.2　Ⅶ（B）关于CFA®协会、CFA®名衔和CFA®课程（Reference to CFA® Institute, the CFA® Designation, and the CFA® Program） …… 664

第31章　职业行为准则的应用 …… 669
- 31.1　哈利与夏洛特的案例 …… 670
- 31.2　路易斯与戴安娜的案例 …… 671
- 31.3　凯瑟琳与史密斯的案例 …… 672
- 31.4　朱利安的案例 …… 673

第32章　资产管理者规范 …… 678
- 32.1　资产管理者规范简介 …… 679
  - 32.1.1　定义与设立目的 …… 679
  - 32.1.2　遵守要求 …… 679
- 32.2　资产管理者规范的一般原则与职业行为准则 …… 679
  - 32.2.1　一般原则 …… 679

32.2.2 职业行为准则 ………………………………………………………………… 680

第33章 全球投资业绩标准概览 ………………………………………………………… 693
33.1 概述 …………………………………………………………………………… 694
33.1.1 设立目的 ………………………………………………………………… 694
33.1.2 核心概念 ………………………………………………………………… 694
33.1.3 应用范围 ………………………………………………………………… 694
33.1.4 好处 ……………………………………………………………………… 695
33.1.5 GIPS 标准的组成部分 …………………………………………………… 695
33.2 收益计算 ……………………………………………………………………… 696
33.2.1 时间加权收益率 ………………………………………………………… 696
33.2.2 现金流的处理方式 ……………………………………………………… 698
33.2.3 估值要求 ………………………………………………………………… 699
33.3 组合群 ………………………………………………………………………… 700
33.3.1 组合群时间加权收益率计算 …………………………………………… 700
33.3.2 符合条件的投资组合与定义投资策略 ………………………………… 701
33.3.3 加入与剔除投资组合 …………………………………………………… 702
33.3.4 陈述与报告 ……………………………………………………………… 703
33.3.5 验证 ……………………………………………………………………… 704

第 8 部分

机构投资者

科目导学

考情分析

"机构投资者"是 CFA® 三级独有的内容,一级、二级均没有涉及。本部分难度中等,以定性考查为主,需考生理解记忆。这部分内容在第一阶段主观题和第二阶段客观题都有可能出现,主要在第一阶段主观题考查。

本部分共 1 个章节,分机构投资者投资组合管理概述、各机构投资者及其投资策略几方面内容来展开。考生需重点掌握养老金计划、主权财富基金、捐赠基金、银行和保险公司这四大类机构投资者的特征与需求,了解其资产配置和风险管理的方法。

本部分框架图

机构投资者 —— 机构投资者投资组合管理

第 22 章
机构投资者投资组合管理

章节导学

知识引导

本章主要介绍包括养老金、主权财富基金、大学捐赠基金、私有基金会、银行和保险公司在内的机构投资者如何进行投资组合管理,从机构投资者的利益相关者、负债和投资期限、流动性需求等方面展开,帮助考生搭建关于机构投资者进行投资组合管理的基本知识框架和体系。

考点聚焦

本章内容逻辑清晰,整体难度中等。主要内容有:机构投资者的共同特征、投资政策,不同机构投资者的利益相关者、负债和投资期限、流动性需求以及外部限制,需考生理解记忆,考查以定性为主。考生需重点掌握固定收益养老金计划与固定缴款养老金计划在风险管理、资产配置方面的对比,该知识点以定性考查为主;捐赠基金和私有基金会在法律规定上的区别,该知识点以定性考查为主;银行和保险公司资产负债管理,定性和定量考查都会出现。

本章框架图

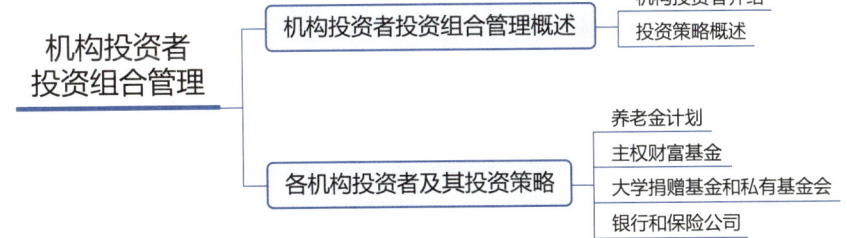

22.1 机构投资者投资组合管理概述

22.1.1 机构投资者介绍

22.1.1.1 机构投资者概述

机构投资者（institutional investors）是一类用自有资金或公众资金进行有价证券投资的公司、信托或其他法律实体。一般包括证券公司、投资公司、保险公司、各种福利基金、养老基金及各种金融财团等。

在全球金融市场上，机构投资者通常由大型、成熟的投资者组成，无论在机构数量还是投资规模上都占很大的比例，扮演着极其重要的角色。

本章的机构投资者主要涉及养老金（pension）、主权财富基金（sovereign wealth funds，SWFs）、捐赠基金（endowments）、私有基金会（private foundations）、银行（banks）和保险公司（insurance companies）。

22.1.1.2 机构投资者的共同特征

—考点要求—
探讨（discuss）机构投资者的共同特征（★）

机构投资者与个人投资者（如，零售客户）在规模、投资期限、监管框架、公司治理框架和委托代理关系等方面呈现出不一样的特征。

1. 规模（scale）

机构投资者的资产规模跨度非常大，从小规模（资产小于 2 500 万美元）到大规模（资产超过 100 亿美元）的机构投资者遍布全球各地。

小规模的机构投资者在投资决策的制定和执行上具有一定的灵活度，但在跨区域多元化投资、内部管理和人才吸引等方面面临挑战。例如，小规模投资者可能会因达不到规模的要求而不能在某些领域投资。另外，小规模投资者往往在某些专业投资上会依赖投资顾问，或把某些复杂业务外包给其他资产管理公司。

大规模的机构投资者存在规模效益（scale benefits），可以选择的投资领域更多，但因为其投资规模一般较大，更容易受到市场的冲击，在投资决策制定和执行上不如小规模投资者灵活度高。

2. 投资期限（investment horizon）

不同的机构投资者依据公司的特点、负债的结构和现金流出的相关要求，投资期限会有不同。

养老金、主权财富基金、捐赠基金和私有基金会因为流动性要求不高，投资期限一般都较长，可以配置一些另类资产。例如，私募股权（private equity）、房地产（real estate）、对冲基金（hedge fund）等。

银行和保险公司则更关注资产和负债管理（asset and liability management，ALM），更注重在监管规定下经营。

3. 监管框架（regulatory frameworks）

与个人投资者相比，机构投资者的规模更大，在金融市场中的地位更为重要。因此，不同的法律监管和税收会计框架下，不同的国家或地区对不同的机构投资者或业务都提出了一定的监管要求。

4. 治理框架（governance framework）

机构投资者的治理结构和一般公司一样，包括董事会、管理层以及各个职能部门。其中，董事会下设投资委员会（investment committee），在制定投资政策、风险偏好、投资业绩监督等方面起到决策和监督作用。

> **知识一点通**
>
> 行业最佳实践（best practice）表明，投资经理的聘任和解聘由投资委员会决策更好，以便确保董事会有更多的精力关注公司治理、战略决策等顶层政策的制定。
>
> 机构投资者通过投资办公室（investment office）来具体实施投资策略，设立首席投资官（chief investment officer, CIO），并领导投资团队来支持投资策略的实施。
>
> 在考虑自身的管理状况和资产规模后，养老金、主权财富基金、大学捐赠基金和私有基金会可以将某个资产或业务外包给外部投资机构，并在专业顾问的协助下，做资产配置、投资经理的选择、业绩归因、资金运作情况分析等。而银行和保险公司的大部分业务、合规管理都在银行或保险公司的内部进行。

5. 委托代理问题（principal-agent issues）

委托代理问题是指委托人、代理人行为目标不一致，导致代理人行动结果与委托人的希望不一致，因而发生冲突，带来委托代理成本。

机构投资者的运作存在内部和外部的委托代理问题。内部委托代理问题产生于股东（委托人）与管理层（代理人）、投资委员会成员（委托人）与投资人员（代理人）之间；外部委托代理问题产生于机构投资者（委托人）与外部资产管理公司（代理人）之间。

解决代理问题的途径之一就是，改善公司治理结构、提高信息透明度并将代理人的利益与委托人的利益紧密地联系在一起。

22.1.2 投资策略概述

22.1.2.1 投资策略说明

机构投资者的投资策略说明（investment policy statement, IPS）是依据公司的投资目标、风险承担能力、流动性需求、投资期限、税收等因素整理编制的。

投资策略说明界定了客户的投资目标、投资的限制条件、投资策略等。其中，投资目标是指，在可接受风险水平下，机构投资者的中长期期望目标，如期望回报。投资目标的制定前提：满足风险偏好、流动性需求等限制条件。

投资策略说明（IPS）不是一成不变的，机构投资者可以依据经济环境等因素的变化修改投资策略说明，但修订不能过于频繁。

—考点要求—
探讨（discuss）机构投资者的投资策略（★）

22.1.2.2 投资策略的 4 种模式

机构投资者的常见投资策略一般有下面 4 种。

1. 挪威模式（Norway Model）

资产配置几乎全是公开发行的股票和固定收益产品，基本不涉及另类投资（alternative investment），投资管理有严格的跟踪误差（tracking error，TE）限制，是显著的被动管理型模式。

2. 捐赠模式（Endowment Model）

常见于多数的大学捐赠基金、私有基金会和一些主权财富基金、固定收益养老金。适合偏好长期投资、风险容忍度较高、流动性需求低的机构投资者使用。

该模式与挪威模式相反，配置的另类投资较多，且采用外部资产管理方式（externally managed assets），所谓的外部资产管理即通过投资专注于另类资产的对冲基金，来配置其另类投资项目。捐赠模式是显著的主动管理型模式。

3. 加拿大模式（Canada Model）

对该模式从两个方面展开讨论：一是设立参考投资组合（reference portfolio）和主动管理投资组合；二是总体投资组合分析方法（total portfolio approach）。

（1）设立参考投资组合（reference portfolio）是指设立一个透明度高、风险中等的基准目标，做被动管理。投资公开发行的股票、固定收益、现金等基础性产品，用以满足机构投资者的长期投资目标。该组合投资保守，投资策略比较简单，便于董事会理解，但可能与公司的总体战略或资产配置政策不一致。

（2）在参考组合之外，设立主动管理投资组合，与捐赠模式一样，这类组合对另类资产配置较高，采用内部资产管理方式（internally managed assets），即直接投资另类资产。

（3）运用总体投资组合分析方法对上述两个投资组合总体进行分析，统筹管理总的投资组合风险。例如，管理层发现私募股权投资份额增大，就在参考投资组合中降低股票占比，增加债券的配置，来平衡总体投资组合的风险和收益。

> **知识一点通**
>
> 内部资产管理指的是直接投资某一产品。外部资产管理指的是，投资某个基金，通过该基金达到间接投资某一产品的目的。例如，某基金公司专注投资另类产品，机构投资者可以通过投资该基金公司，达到间接投资另类产品的目的，实现对另类产品的外部资产管理。
>
> 一般情况下，捐赠模式用外部资产管理的形式来管理另类产品的投资，而加拿大模式则用内部资产管理的形式对另类投资进行管理。

4. 负债驱动投资模式（Liability Driven Investing Model，LDI）

这种模式从机构投资者的负债出发，主要投资目标是满足负债的利息和本金的支付与偿还需求，此外，投资者还关注最大化盈余回报（surplus return），即要求资产回报大于负债成本，并使盈余波动最小化。

某些负债驱动投资模式（LDI）设置了两个组合：一个是对冲组合，用于对冲负债的风险，最优匹配资产和负债的久期；另一个是收益组合（return-generating portfolio），用于产生较多的收益来满足负债成本的增长。

> **备考小贴士**
>
> 负债驱动投资模式（LDI）与"资产配置"科目中的债务分配法（liability-relative approach）非常类似。

这 4 种投资策略的优缺点比较，见表 22.1。

表 22.1　4 种投资策略优缺点的比较以及举例

投资策略	优点	缺点	举例
挪威模式	• 投资成本较低。 • 投资风险较小。 • 投资较为透明。 • 投资策略相对简单。 • 适用于大型机构投资者	• 收益有限。 • 增值潜力小等	传统的 60% 股票和 40% 债券组合模式，如挪威全球养老基金（Norway's global pension fund）
捐赠模式	• 增值潜力大	• 与挪威模式相比，这种模式的投资成本较高，对规模超小或超大的机构投资者都不适用。 • 小型机构投资者由于内部管理较弱、缺乏一定的专业人才，主动管理能力不强；大型机构因为规模较大，实施完全的主动管理较为困难；例如主权财富基金由于规模较大，一般不采用这种模式	耶鲁基金会（Yale endowment）
加拿大模式	• 增值潜力较大。 • 能够促进机构投资者内部能力的提高，例如，管理水平的提高等	• 投资成本较高。 • 管理复杂	新西兰养老基金（New Zealand superannuation fund）
负债驱动投资模式	• 在投资过程中考虑负债	• 不能对冲所有风险，如长寿风险、通货膨胀等	—

> **备考小贴士**
>
> 4 种投资策略会以定性的题型考查，请考生注意对比记忆。

22.2　各机构投资者及其投资策略

22.2.1　养老金计划

22.2.1.1　基本概念

1. 养老金

养老金（pension）也可以称为退休金，是一种基本的社会养老保险金。它是指劳动者在年老退休的时候，按照相关制度的规定，依据对社会的贡献程度、所享有的养老金资格或退休的条件等，分期或一次性享有的货币性收入。养老金主要为劳动者提供一定的经济来源，保障其退休后的基本生活。

2. 养老金计划

养老金计划（pension plans）是一种期限较长的、涉及资金储蓄和投资的计划。其目的是通过初期的资金投入和持续的投资，积累足够的资产来满足养老金计划参与人在退休后的资金需求。

> **知识一点通**
>
> 养老金计划的主要相关者有两类，见表 22.2。
>
> 表 22.2 养老金计划的主要相关者
>
> | 养老金计划的主要相关者 | 具体解释 |
> | --- | --- |
> | 发起人（sponsor） | 通常是公司雇主（employer），负责为其雇员（employee）创建养老金计划并定期向养老金账户交费 |
> | 参与人（participants） | 通常是公司的雇员和退休人员 |

3. 养老金计划的种类

—考点要求—
评估（evaluate）固定收益养老金计划的投资组合（★★）

养老金计划主要有以下几种类型：固定收益养老金计划（defined benefit pension plan，DB plans）、固定缴款养老金计划（defined contribution pension plan，DC plans）和混合养老金计划（hybrid pension plans）。其中，混合养老金计划兼有前两个养老金计划的特点。

不同的养老金计划在资产组合中的风险、回报，以及雇主、雇员是否对投资组合的业绩承担最终风险等方面各不相同。

其中，固定收益养老金计划（DB plans）和固定缴款养老金计划（DC plans）的区别简要概述见表 22.3。

表 22.3 固定收益养老金计划和固定缴款养老金计划的区别

具体项目	DB Plans	DC Plans
退休金福利（benefit payments）	• 退休金福利通常按照雇员工资的百分比计算，在雇员和养老金计划之间的合同里明确。 • 退休金福利一般是固定的	• 退休金福利是由雇员所做投资的投资业绩决定的。 • 退休金福利一般不是固定的
缴存（contributions）	• 雇主是主要缴存人，雇员也参与缴存。 • 缴存多少是由一系列重要因素决定的，如养老金的投资业绩	• 雇员通常是主要缴存人，雇主也参与缴存，例如，按照雇员工资的一定比例缴存
投资决策的制定（investment decision making）	• 养老基金根据养老金计划的目标，制定投资决策	• 员工根据自己的目标，从计划发起人列出的投资产品中选择投资资产，做出投资决策

续表

具体项目	DB Plans	DC Plans
投资风险（investment risk）	• 雇主承担养老金计划中未能履行债务的风险，并因此可能提供更多缴存以填补资金缺口。 • 投资收益不理想，可能会造成养老金计划的资产低于负债，带来短缺风险（shortfall risk）	• 养老金计划的财务目标未达成的风险由雇员承担
长寿和早逝风险（longevity and mortality risk）	• 养老金计划中早逝（实际寿命短于预期寿命）的受益人，他们未能领取的退休金福利，可以抵消长寿（实际寿命长于预期寿命）的受益人带来的退休金福利缺口	• 雇员承担长寿风险

另外，由于固定缴款养老金计划（DC plans）的管理更复杂，监管更严格，所以一般情况下，固定缴款养老金计划（DC plans）比固定收益养老金计划（DB plans）的运行费用更高。

> **备考小贴士**
>
> 养老金计划中固定收益养老金计划（DB plans）的特征比较重要，考生需要与固定缴款养老金计划（DC plans）对比记忆。

22.2.1.2 利益相关者

各国政府一般都鼓励养老金计划的发展，以协助个人建立足够的资金来源以满足其退休后的生活需要。政府通常会提供一定的税收优惠政策给那些参与或管理养老金计划的公司和个人。

—考点要求—
探讨（discuss）
投资组合中的利益相关者（★）

养老金计划的利益相关者（stakeholder）范围十分广泛，包括雇主、雇员或退休人员、管理层、工会、董事会、股东和政府等。

1. 固定收益养老金计划（DB Plans）

固定收益养老金计划（DB plans）的资金来源主要为雇员、雇主的缴存和养老金计划的投资回报。其中，雇主的缴存金额通常会根据养老金计划的资金状况来定，而雇员的缴存可以是固定的或是变化的。

（1）雇主。

雇主的关注点有两个，一是依据养老金计划的预算尽量减少缴存的金额；二是减少其缴存金额的波动。雇员和退休人员则希望雇主的缴存可以及时且足额，使养老金计划的收益水平最大化。

在固定收益养老金计划（DB plans）的运营中，雇主和投资人员必须从雇员和退休人员的利益出发，考虑所有利益相关者的立场，做出投资决策。

（2）董事会。

董事会将考虑投资人员的建议，如制定投资战略和选择投资经理。董事会对雇主和退休人员负有最终的受托责任。

（3）股东。

股东也会关注养老金计划的可持续性，如果养老金计划存在资金缺口

(underfunded），就会增加资产负债表上的负债，降低发起人公司的价值，增加公司财务风险，导致股票价格的波动。

（4）政府。

雇主承担了投资组合的回报无法覆盖养老金计划债务的最终风险。在违约的极端情况下，雇主无法承担其缴存的法律义务时，雇员将承担最终风险，需要寻找其他途径满足其退休后的资金需求。这种情况下的部分风险由政府提供的社会保障承担，因此，政府是养老金计划的利益相关者。

2. 固定缴款养老金计划（DC Plans）

（1）雇员。

雇员是固定缴款养老金计划（DC plans）主要的利益相关者之一，每个雇员都有一个个人账户，雇员和雇主都可以定期向该账户存款，雇员承担投资组合的回报不能覆盖未来债务的风险。

（2）雇主。

雇主的责任包括监督养老金计划的投资决策、提供投资教育、财务建议，履行受托管理责任，并提供投资产品清单供雇员选择等。

（3）董事会。

董事会必须考虑雇员的投资成熟度，进行充分的信息披露以保证雇员得到充分的信息。

（4）政府。

如果雇员的寿命超过了养老金计划对其寿命的预期，导致养老金计划的退休金福利不能充分覆盖雇员退休后的生活，此时，就涉及政府提供的社会保障，政府因此成为固定缴款养老金计划（DC plans）的一个利益相关者。

22.2.1.3 负债和投资期限

—考点要求—
探讨（discuss）投资组合中负债、投资期限（★）

1. 退休金福利和折现率

固定收益养老金计划（DB plans）的负债是雇员退休后收到的退休金福利的现值，它的计算涉及退休金福利金额以及折现率这两大因素。

（1）退休金福利金额。

计算未来的退休金福利时，需考虑以下几个因素。

① 工作任期（service/tenure）。雇员在公司工作的时间越长，拿到的退休金福利就越高。最短工作任期规定雇员在满足最短工作任期之后，才能有权利享受退休金福利。一般情况下，公司对最短工作任期都有相关规定。

② 工资收入（salary/earnings）。雇员的工资收入直接影响了退休金福利的高低，雇员收入越高，退休金福利越高。工资收入可以是其在整个任职期间收入的平均值，也可以是退休前几年工资收入的平均值。

③ 雇员寿命（mortality/longevity）。养老金计划的发起人会面临长寿风险，即雇员的寿命超过了养老金计划中预期的雇员寿命。雇员的预期寿命越长，养老金计划持续支付的年限越长，养老金负债金额就越大。

④ 其他因素。预期雇员保留享受退休金福利的可能性（expected vesting）越大，即

雇员离职率越低，养老金计划的负债就越高。雇员缴存金额越高，雇主的缴存金额（additional/matching contributions）也会相应提高，最终雇员领取的退休金福利也越高。

养老金计划必须综合考虑这些因素，做出相关的假设，如工资增长率、死亡率等，定期进行精算审查，确保缴存金额能够满足未来退休金福利的需要。

（2）折现率。

典型的折现率包括政府债券收益率、互换收益率、公司债券收益率、市场利率和固定精算折现率（constant actuarial discount rates）等。养老金计划通常可以用市场利率作为折现率。

养老金计划的发起人偏好使用更高的折现率，因为不考虑其他条件变动时，折现率越高，养老金负债现值越低，进而导致缴存金额越低。养老金计划的受益人——雇员和退休人员希望使用更低的折现率，在其他条件不变时，折现率越低，缴存金额越高。但缴存不可能无限升高，否则会导致发起人不能持续缴存，有可能造成养老金计划的关闭。

备考小贴士

考生需注意，在国际会计准则下，预期投资回报（expected investment returns）被用作养老金计划中退休金福利的折现率，考生可根据题目要求来判断。

2. 养老金计划的分析

（1）固定收益养老金计划（DB plans）。

固定收益养老金计划（DB plans）中关于负债和投资期限需要考虑的因素包括：

① 养老金计划的资产和负债的关系。

固定收益养老金计划（DB plans）的一个目标就是能够拥有足够的资产来应对未来退休金福利支出。可以用供资比率（funded ratio）来衡量养老金资产和负债的关系。

供资比率也可以称为 vested benefit index（VBI），公式如下：

$$\text{Funded ratio} = \text{Fair value of plan assets}/\text{PV of defined benefit obligations} \quad (22.1)$$

公式（22.1）中，Fair value of plan assets 代表养老金计划资产的公允价值；PV of defined benefit obligations 代表养老金计划负债的现值。

供资比率通常是大于100%的。如果低于100%，养老金计划将会处于资金不足（underfunded）状态，雇主会通过提高供款金额等手段，将供资比率提高至100%以上。

供资比率对养老金计划投资风险的影响并不单一。一方面，供资比率降低，该养老金计划必须投资风险更高的项目，赚取更多的回报，确保资产保持一定的增长来满足养老金负债的要求，此时，养老金计划的投资风险就会上升；另一方面，供资比率降低，养老金计划的投资风险也可能会下降，例如，养老金计划通过增加缴存或减少退休金福利的支出进而降低投资风险。

② 养老金计划的资产、负债与发起人资产、负债的相对规模。

如果养老金计划的资产、负债与发起人的资产、负债相比，规模相对较小时，意味着该养老金计划能够承受较高的投资风险和较高的缴存波动性。同样，养老金计划的资产、负债规模相对较大时，该养老金计划就只能承担较低的投资风险和较低的缴存波动性。

> **备考小贴士**
>
> 养老金计划的资产、负债与发起人的资产、负债规模大小的比较，是采用规模占比来判断的。如养老金计划的资产规模为 100 万美元，发起人的资产规模为 1 000 万美元，那么养老金计划的资产是发起人资产规模的 10%，如该比率行业平均为 20%，那么此养老金计划的资产规模相对较小。

③ 养老金计划发起人的核心业务周期。

如果养老金计划的发起人核心业务有周期性，在核心业务经历周期性衰退时，必须保证养老金计划的资产、负债受较小的影响。养老金计划的资产和发起人资产保持较低的相关性；养老金计划的资产和发起人负债保持较高的相关性，这两种情况都可以降低风险。

④ 养老金计划发起人对缴存波动率的容忍度。

当养老金计划发起人对缴存波动率的容忍度较大时，养老金计划的投资期限较长。

（2）固定缴款养老金计划（DC plans）。

固定缴款养老金计划（DC plans）的雇主按照雇员的投资选择进行投资。通常，这种养老金计划可以投资一个充分分散化的投资组合。一般情况下，投资组合中的某些投资产品，个人投资者是无法投资的，如私募股权和对冲基金等。

养老金计划的发起人——雇主先把雇员的资金归集在一起，然后做资产配置，其承担了部分的投资风险。如果投资失败，导致部分养老金计划参与者退出该计划，则固定缴款养老金计划（DC plans）的发起人将有可能承担无法提供承诺资产配置的风险。

参加固定缴款养老金计划（DC plans）的个人由于年龄构成、工作年限不同，风险承受能力也不同。如果养老金计划中工作年限长、年龄大的雇员占多数，那么固定缴款养老金计划（DC plans）的投资年限较短。固定缴款养老金计划（DC plans）可以考虑不同年龄的雇员，并将他们按照年龄分层，年龄越大的层组，投资组合中债券的比例可能越高，投资期限越短。

22.2.1.4　流动性需求

—考点要求—
探讨（discuss）投资组合中流动性需求（★）

1. 流动性概述

养老金计划必须保持充足的流动性，以满足退休金福利等的支付需要。流动性需求较低的养老金计划可以配置更多的非流动资产。如房地产、私募股权、对冲基金等。流动性需求较高的养老金计划需要配置更多的流动资产。如现金、政府债和流动性较高的投资级的公司债券等。

养老金计划需要定期进行流动性压力测试。例如，在市场下滑的假设前提下，对固定缴款养老金计划（DC plans）的参与者退出养老金计划的比例进行压力测试。

2. 具体影响因素

影响养老金计划流动性的因素主要有：

（1）雇员与退休人员的比例。雇员为养老金计划供款，而退休人员从养老金计划中收取退休金福利。越是成熟的养老金计划的流动性需求越高。冻结的固定收益养老金计划（frozen DB plans），净现金流常常呈现负数，相比开放的养老金计划（open mature plans），对高流动性资产的需求更大。

（2）雇员年龄。随着雇员年龄的增大，养老金计划的流动性需求也相应增大，因为雇员从养老金计划的缴存人转变为养老金计划的受益人，领取退休金福利。

（3）固定收益养老金计划（DB plans）的资金状况。如果养老金计划的资金状况较好，即资产充足（overfunded），养老金计划的发起人未来可能会降低缴存水平，导致养老金资产组合需要保持较高的流动性用以满足退休金福利的支取需求。

（4）雇员转换或退出计划的能力。如果养老金计划的参与者可以在短时间内转换到另一个养老金计划或退出该计划，则该养老金计划必须维持很高的流动性，以便满足这些转换或退出参与者的资金退出需求。

22.2.1.5 影响投资的外部制约因素

养老金计划的外部影响因素，可以分为法律和合规限制（legal and regulatory constraints）、会计和税务限制（accounting and tax constraints）两个方面。

1. 法律和合规限制

养老金计划的监管涵盖了金融服务许可（financial services licensing and regulation）、审慎性（prudential supervision）、资本充足率（capital adequacy）、市场诚信（market integrity）、消费者保护（consumer protection）、信息披露透明度等方面。违反法律法规的行为，会导致金融服务许可的取消、丧失税收优惠、行政罚款等后果。

在法律合规方面的监管，各国不尽相同，但宗旨都是为了保证养老金计划运行的平稳性，最大限度地保护养老金计划各个利益相关者的权益。

—考点要求—
描述（describe）影响不同类型机构投资者的法律、监管和税收约束的重点（★）

> **知识一点通**
>
> 有些国家对特定资产的投资规模限定了最小和最大的比例；有些国家规定了养老金计划发起人的最低缴存比例；有些国家明确了雇主的受托责任，在雇员做出不恰当投资决策或无法做出决策时，雇主应谨慎操作，履行一定的受托责任。

> **备考小贴士**
>
> 在美国，1974年颁布的《雇员退休收入保障法》（Employee Retirement Income Security Act of 1974，ERISA）对养老金计划进行了严格的规定，包括对养老金计划中退休金福利的归属、资金要求等做出了相应的规定。此外，美国2006年的《养老金保障法案》（Pension Protection Act，PPA）也对养老金计划做了相关的规定。例如，设定了固定收益养老金的最低供资标准。

> 这些法律法规通常会作为题目的题干给出，考生对这两个法案的名称和内容做简单的了解即可。

2. 会计和税收限制

（1）会计限制。

会计处理也是影响养老金计划的一个重要的外部因素。例如，美国规定固定收益养老金计划（DB plans）必须遵守美国通用会计准则（GAAP）。

过度融资或过少融资的养老金计划必须体现在养老金计划发起人的资产负债表上，发起人必须披露计划的收入、损失和成本。这种规定提高了美国养老金计划的资金透明度，也促使很多养老金计划实施负债导向的投资策略，来减少供资比率波动对他们财务报表的影响。

（2）税收限制。

各国政府通过给予养老金计划投资或运行等相关的税收优惠，鼓励公民做好退休计划。

税收的鼓励形式包括对养老金计划供款、投资收益、资本利得、退休金福利等给予优惠税率等，确保养老金计划在实质上降低了各个参与者的税收负担。

22.2.1.6 风险考虑

对养老金计划来说，固定收益养老金计划（DB plans）向固定缴款养老金计划（DC plans）转变是目前发展的趋势，但固定收益养老金计划（DB plans）在加拿大、日本和荷兰等国家仍占据很大比例。

影响固定收益养老金计划（DB plans）的风险因素如下。

（1）资金状况（plan funded status）。

——考点要求——
评估（evaluate）固定收益养老金计划的资金状况（★★）

如果固定收益养老金计划（DB plans）资产大于或者等于负债的现值，表明计划的资金充足（overfunded），即养老金计划有盈余（surplus），养老金计划有较高的风险容忍度。

反之，则认为计划的资金不足（underfunded）——养老金计划存在赤字（deficit）状况，计划的发起人有一定的财务风险，可以采取以下方法来管理财务风险：

① 利用负债驱动投资（liability driven investing, LDI）的方法，匹配资产和负债的到期时间、数量等，进行久期缺口管理（duration gap management）和现金流匹配计划（cash flow-matching suits plans）。

② 承担更高的投资风险来增加资产，满足负债的增长。这种方法不仅适用于资金不足的情况，也适用于虽然资金充足但想通过增加资产收益率来减少缴存的情况。

③ 投资更安全的资产，以获取稳定的回报来抵御财务风险。

（2）发起人的财务能力（sponsor financial strength）。

——考点要求——
评估（evaluate）发起人的财务实力（★★）

养老金计划发起人的财务能力对财务风险管理的影响较大。当养老金计划发起人的财务出现问题时，会影响其对养老金计划的缴存水平。在极端情况下，养老金计划发起人破产，那么养老金计划也将作为债权人之一参与发起人的破产清算。

发起人的负债率越低、盈利能力越强,意味着养老金计划的风险容忍度越高。

(3) 发起人业务与养老金计划投资的关系(interactions between the sponsor's business and the fund's investments)。

如果养老金计划持有大量发起人公司的股票,当发起人公司股价下跌时,养老金计划的投资会亏损,缴存也会受影响,所以,很多监管部门对养老金计划持有发起人公司股票做出了限制。因为同行业的公司收益和风险高度相关,故养老金计划投资于发起人公司所处行业的其他公司时,养老金计划也需要审慎管理,避免承担过大的风险。

养老金计划与发起人经营业绩的相关性越低,养老金计划的风险容忍度越高。

—考点要求—
评估(evaluate)发起人业务与养老金计划投资之间的相互作用(★★)

(4) 养老金计划退休金福利及缴存设计(plan design)。

养老金计划在设计退休金福利及缴存金额的时候,必须多方面考虑:退休金福利过低,可能激发员工不满,不利于公司的稳定;缴存的金额设计过高,不考虑发起人能力,不利于缴存资金的可持续性。

如果养老金计划中存在提前退休(early retirement)的情况,养老金计划的退休金福利支出可能会提前,养老金计划的风险容忍度会降低。

如果养老金计划中存在一次性领取养老金(lump-sum distribution)的情况,即退休人员可以选择一次性领取退休金福利,养老金计划的风险容忍度也会降低。

—考点要求—
评估(evaluate)养老金计划的设计(★★)

(5) 雇员性质(workforce characteristics)。

雇员性质包括雇员和退休人员的比例、年龄分布、离职率等。

雇员的年龄越小,养老金计划的资产投资期限越长,养老金计划的风险容忍度越高。雇员的年龄越大,发起人面临的退休金福利支付越多。

雇员的在职人员较多,退休人员较少,养老金计划的风险容忍度越高。

雇员的离职率高,退休金福利的支付就越少。

雇员的任期越长,退休金福利的支付越多。

—考点要求—
评估(evaluate)雇员性质(★★)

> 备考小贴士
>
> 影响固定收益养老金计划的风险因素比较重要,考生需逐条理解记忆。

22.2.1.7 投资目标

1. 固定收益养老金计划(DB Plans)

固定收益养老金计划(DB plans)的目标:一是实现一个长期的目标资产收益率(achieve long-term target return);二是最小化雇主的缴存金额(minimize PV at expected cash contribution)。

在确定目标收益率时,应考虑资产和负债的增长。养老金的资产增长来源于投资回报和雇员或者雇主的缴存,资产的增长应与负债的增长保持一致。当养老金计划的资金不足时,资产的增长速度必须高于负债。

固定收益养老金计划(DB plans)实行资产负债管理,需定期对各种情景下的资产回报和负债的利息率采用蒙特卡洛模拟等方法,得到缴存率等比率的分布,从而进一步

—考点要求—
编制(prepare)机构投资者投资策略说明书的投资目标部分(★)

确定盈余波动率（surplus volatility）、在险盈余（surplus-at-risk，SAR）和缴存率的波动等。

2. 固定缴款养老金计划（DC Plans）

固定缴款养老金计划（DC plans）的目标是为满足退休金福利的支付需求，谨慎地增加资产。

该计划通常会根据投资目标提出不同的投资产品，供不同年龄、资产规模和风险偏好的雇员选择。有两种主要的与年龄挂钩的产品可以选择：一种是自动转换的产品（participant-switching life-cycle options），在雇员的年龄增大到一定阶段的时候，会自动地将雇员的养老金计划投资保守的资产组合；另一种是参与者分组产品（participant/cohort option），按照退休雇员的年龄进行分组，将退休年龄相近的雇员放在一个产品中，适时地调整养老金计划的产品投资范围。

22.2.1.8 资产配置

养老金计划可以投资的种类包括股票、固定收益产品、另类投资等。

股票比固定收益产品的抗通胀能力更强，有长期的风险溢价（long-term risk premium），适合机构投资者长期投资。

固定收益产品在养老金计划的投资组合中起着风险抵御的作用，在金融表现不好的时候，固定收益产品为投资组合贡献波动较小的收益率，稳定养老金计划的投资收益。另外，固定收益产品也往往被用来管理养老金债务的利率风险。

> **知识一点通**
>
> 一些国家的法律要求，固定收益养老金计划（DB plans）持有的固定收益产品必须要满足一定的最小配置比率（minimum allocation in fixed-income）。

一般情况下，另类投资的收益与股票投资大致相当，但另类投资的投资复杂度高，所以管理费用一般较高。在市场下滑的时候，另类投资的下撤幅度往往低于股票，这可能是因为另类投资采用基于评估的估值方法（appraisal-based），而非逐日盯市（mark-to-market）。此外，另类投资也有流动性差的特点。

> **知识一点通**
>
> 各国养老金计划资产配置的差异很大，即便在一国范围内，相同目标的养老金计划，资产配置也体现出很大的不同。这种国家间和国家内部不同养老金计划之间的差异是由多种因素造成的，包括法律合规、会计税收、投资目标、风险偏好、投资理念等。

22.2.2 主权财富基金

22.2.2.1 基本概念

主权财富基金（sovereign wealth funds，SWFs）是指一国政府利用外汇储备或外贸盈余等财富，在全球范围内投资，来满足不同目标（如提升本国经济和居民福利）的国有投资基金或实体等。它的投资范围很广，包括股票、债券、房地产、期货、对冲基金等。

国际货币基金组织（international monetary funds，IMF）根据各个基金设立的目标，定义了5种主权财富基金：

（1）平稳型主权财富基金（budget stabilization funds），也称预算稳定型主权财富基金或财政预算稳定基金。它的设立是为了减少一国经济和预算受商品价格波动和外部冲击的影响。

（2）发展型主权财富基金（development funds）。它主要助力一国经济的发展，通常着眼于基础设施建设，为一国的长期发展提供支持。

（3）储蓄型主权财富基金（savings funds）。它主要致力于跨代传承国家财富。例如，将不可再生资源转化为金融资产，在几代人中共享其收益。

（4）储备型主权财富基金（reserve funds）。它主要着眼于外汇储备金的投资。

（5）养老储备型主权财富基金（pension reserve funds）。受托管理基本养老保险基金的投资运营，承担基金保值、增值的责任。

22.2.2.2 利益相关者

主权财富基金的利益相关者有国家公民、政府、基金管理机构和董事会等。

（1）国家公民。国家公民是主权财富基金的最终利益相关者，他们直接或间接受益于主权财富基金。直接受益表现为：国家公民受益于储蓄型主权财富基金，享受跨代传承国家财富的利益；或者受益于养老储备型主权财富基金，享受养老保险投资运营收益等。间接受益表现为：国家公民享受了主权财富基金国内投资、资产运营所带来的经济稳定运行、税收降低等好处。

如果主权财富基金未能实现其目标，公民也会承担较高的税负或面临更不利的经济环境等。所以，主权财富基金应保持相应的透明度，来应对政府官员任期和经济周期不匹配的情况，获取民众的支持。

（2）政府。主权财富基金是由一国政府拥有、控制与支配的，与私人财富基金相对应。

（3）基金管理机构。它是指独立于央行和财政部的管理基金的专业投资机构。

（4）董事会。主权财富基金的董事会是由执政政府正式任命的，负责监督基金管理或投资办公室的权利执行情况，最终对国家公民负有受托责任。基金的管理或投资办公室负责根据投资政策和基金目标来进行资产投资，他们可以选择外部资产管理公司进行基金管理或对资产进行内部管理。

22.2.2.3 负债和投资期限

—考点要求—
探讨（discuss）投资组合中负债、投资期限（★）

主权财富基金的负债和投资期限可以分不同的基金类型来讨论。

（1）平稳型主权财富基金（budget stabilization funds）。负债期限不确定，投资期限也相对较短。一般情况下，该基金为了取得超过通货膨胀率的正收益，主要投资于政府债券和其他债券类投资产品。

（2）发展型主权财富基金（development funds）。负债期限不确定，投资期限通常是中长期的，主要目的是支持本国经济的发展，投资重要的基础设施、产业或促进行业创新的项目等。

（3）储蓄型主权财富基金（savings funds）。负债通常期限较长，该基金致力于将不可再生资源的收益转化为长期或多样化的资产，将利益跨代传承分配。

（4）储备型主权财富基金（reserve funds）。一方面，本国央行印发本国货币来购买出口企业手中的外汇，然后通过发行货币稳定型债券（monetary stabilization bonds）来吸收因出口企业换汇而超发的本国货币。另一方面，央行将手中的外汇用于国债等高质量的投资。对于央行来说，收支往往呈现负利差（negative cost-of-carry）结果，即货币稳定型债券的利率高于央行投资的收益率，所以建立储备型主权财富基金的目的之一就是减少外汇储备的负利差成本，将外汇储备投资于收益率较高的长期风险资产，来减少负利差成本。

> **知识一点通**
>
> 上文提到的负利差是由于用本币发行的货币稳定型债券的收益率（央行付）高于用外汇购买的高等级国债的收益率（央行收）造成的。

（5）养老储备型主权财富基金（pension reserve funds）。该基金旨在为老龄化人口发展趋势提供社会保障，为未来的医疗、养老提供一定资金，帮助减轻纳税人未来的负担，因此投资期限通常较长。

在养老储备型主权财富基金的资金累计阶段（accumulation phase），政府把财政盈余投入养老储备型主权财富基金中；在资金支出阶段（decumulation phase），政府在社保资金不足时，从养老储备型主权财富基金里提款。

22.2.2.4 流动性需求

—考点要求—
探讨（discuss）投资组合中流动性需求（★）

主权财富基金的流动性需求可以分不同的基金类型来讨论。

（1）平稳型主权财富基金。该基金通常投资于短期波动较小的资产，以保持较高的流动性。因为该基金的目的是在商品价格出现负面波动情况下，减少政府可能遭受的冲击，为了达到这个要求，基金的资产应该能够迅速变现，如投资高评级的固定收益工具。

> **知识一点通**
>
> 一些主要依赖资源出口的国家，财政收入受大宗商品价格波动的影响较大。例如，智利依赖铜矿出口，如果铜价出现较大的负面波动，会对智利的经济造成很大的冲击。

（2）发展型主权财富基金。该基金的目的是支持国家经济发展，流动性需求取决于该基金主要的投资目的。基金的投资目的包括发展国家的基础设施建设、产业创新、科技研究等方面。

（3）储蓄型主权财富基金。该基金致力于保持财富的跨代传承，因此投资期限较长，因而流动性需求也较低。

（4）储备型主权财富基金。该基金的流动性需求低于平稳型主权财富基金，但是高于储蓄型主权财富基金。

（5）养老储备型主权财富基金。该基金的流动性需求随时间变化而变化，取决于何时会有大规模的养老金支付或医疗债务的索赔要求。在资金累计阶段，储备基金可以配置一些流动性较差的投资产品；在资金支出阶段，投资于流动性更强、质量更高、风险更小的产品。

> **备考小贴士**
>
> 考生需注意，流动性要求最低的是储蓄型主权财富基金，因为该基金主要致力于跨代平滑财富的分配，目的是给子孙后代预留一定的财富。流动性要求最高的是平稳型主权财富基金，因为建立这种基金的国家，其财政对大宗商品价格的敏感度更高，需要预留较多的流动性，以维持财政稳定。

22.2.2.5 影响投资的外部制约因素

1. 法律和合规限制

主权财富基金是国家在自身的法律体系规定下设立的一个金融机构，它对公司治理架构、基金创设的目的、基金的收款和提款、董事会的选定等都有详细的规定。另外，主权财富基金的最终受益人为公民，基金必须确保以透明的方式运作，使其投资策略、提款等受政治因素的影响达到最小。

2. 会计和税收限制

一般情况下，主权财富基金的投资在本国是免税的。当基金在全球市场上投资时，还要考虑投资其他国家和本国之间的税收协定和会计规定，确保其在税务或会计上无误。

—考点要求—
描述（describe）影响不同类型机构投资者的法律、监管和税收约束的重点（★）

22.2.2.6 投资目标

主权财富基金的投资目标也可以分不同的基金类型来讨论。

（1）平稳型主权财富基金。该基金的首要目的是在保证基金投资的安全性的基础上，有一定的盈利来弥补商品价格波动或外部经济冲击。因此，平稳型基金应确保投资

—考点要求—
编制（prepare）机构投资者投资策略说明书的投资目标部分（★）

的标的与政府的主要收入来源不能高度相关，确保标的的周期性特征不能特别明显。

（2）发展型主权财富基金。该基金的目标是助力国家长期的经济发展。

（3）储蓄型主权财富基金。该基金的目标是保证资产的持续购买力，获得稳定的回报，维持政府的持续性支出。

（4）储备型主权财富基金。该基金的目标是获得一定的收益，弥补持有外汇储备的负利差成本。

（5）养老储备型主权财富基金。该基金的目标是最大化地满足未来的养老金支付、社会保障支付、医疗保险等需求。

22.2.2.7 资产配置

每种主权财富基金依据各自不同的创设目标，都有不同的资产配置，各国不同类型的主权财富基金在资产配置上有一定的共同之处，也有一些不同。

依据基金的目的，一般情况下各类基金的资产配置状况如下。

（1）平稳型主权财富基金。该基金的资产配置以固定收益类、现金类等收益稳定、风险小的产品为主。

（2）发展型主权财富基金。该基金依据支持发展的项目而进行不同的资产配置。

（3）储蓄型主权财富基金。该基金更倾向于股票和另类投资。

（4）储备型主权财富基金。该基金的资产配置与储蓄型基金类似，但因其对流动性的要求更高，在另类投资上配置较少，更偏好公开发行的证券和固定收益证券的投资。

（5）养老储备型主权财富基金。该基金更偏好配置另类资产，在该基金的积累阶段，对流动性的需求不大，可以多做些长期投资。

22.2.3 大学捐赠基金和私有基金会

—考点要求—
评估（evaluate）大学捐赠基金和私有基金会的投资组合（★）

22.2.3.1 基本概念

1. 大学捐赠基金

大学捐赠基金（university endowments）是捐赠基金中的一种，由捐赠人发起设立，从社会各方获取捐赠，将捐赠资金或其投资收益用于大学教育事业的非营利性社会组织。除了大学捐赠基金，还有医院、博物馆等捐赠基金，旨在帮助一些为社会大众提供教育、宗教、文化等服务的机构，以便它们能进行更好地服务。

大学捐赠基金的资金来源通常是学校的校友，捐赠人可以指定他们捐赠资金的用途——如某项奖学金、某一项目等。作为学费、政府出资等教育事业资金来源的补充。大学捐赠基金在学费、政府出资出现波动时，能使整体的教育资金投入更加平稳。

2. 私有基金会

私有基金会（private foundations）是一个非营利性组织，通常是针对外部组织或个人，给社会、教育和其他慈善活动提供资金支持。

为保证私有基金会做善事的真实性，美国税法要求私有基金会每年至少将资产5%的资金用于资助公益活动。

> **备考小贴士**
>
> 美国税法对私有基金会的资金支出有强制要求,而对捐赠基金没有此方面的要求,考生可以对比记忆。

基金会通常有 4 种类型。

(1) 社区基金会(community foundations)。社区基金会通常是由公众出资,旨在为当地社区提供教育、医疗、教会等方面资助的慈善组织。

(2) 经营基金会(operating foundations)。该基金会通常是由个人捐赠者和家庭捐赠者资助,自主经营。

(3) 企业基金会(corporate foundations)。该基金会是由企业建立并资助的,旨在为特定的项目提供资金和支持。

(4) 私人捐赠基金会(private grant-making foundations/ private non-operating foundations)。美国大部分的大型基金会都是这种形式,由个人或家庭捐赠者资助,旨在支持某些特定方面的慈善组织。

> **知识一点通**
>
> 私有基金会和公共慈善组织(public charity)是美国最常见的两种具有免税资格的非营利组织。对它们的区分是依据美国联邦税法的判定来进行的,私有基金会的监管会相对更严格,享有的税务优惠更少,但享有一定的决策自由度,如不用引入独立董事、完全按照发起人意愿进行投资等。
>
> 基金会捐赠的目的基本集中于促进健康、教育、环境等方面的改进。一些基金会致力于某一领域的资助,一些基金会提供多个领域的资助。

22.2.3.2 利益相关者

1. 大学捐赠基金

大学捐赠基金的利益相关者包括学生、大学教员、大学管理者、校友会等。

大学捐赠基金的股东和董事通常都是大学的校友,他们中的一些人可能在某些市场上拥有专业技能,能够更好地给基金提供投资和管理服务。

2. 私有基金会

私有基金会的利益相关者有创始人、捐赠人、受助人以及可能直接或间接获益的利益人和政府。

—考点要求—
探讨(discuss)投资组合中的利益相关者(★)

> **知识一点通**
>
> 近年来,部分私有基金会的捐赠人希望能够在其有生之年,对私有基金会的捐赠支出保持控制,因此私有基金会越来越偏向持续时间设定为有限时间。一些基金创始人希望在他们有生之年对基金支出进行控制,是因为创始人担心在他们死亡后,管理层会偏离创始人的创设意愿。例如,比尔·盖茨和梅琳达·盖茨创建的基金会,其章程规定基金会在创始人死亡后 30 年内关闭。

私有基金会的董事通常是与捐赠人、创始人有关的个人，不一定是专业的投资人士，这就有可能会影响董事会的监督质量、具体投资决策的质量以及公司治理等相关政策的制定水平和执行程度。

22.2.3.3 负债和投资期限

> —考点要求—
> 探讨（discuss）投资组合的负债、投资期限（★）

1. 大学捐赠基金

多数大学捐赠基金的主要目的是在代际公平原则（principle of intergenerational equity）上进行运营，使基金的捐赠在现在和未来的受捐赠人之间保持合理分配；另一个目的是，保证捐赠基金的发放不受资本市场短期波动的影响，故大学捐赠基金更偏向于投资长期的项目。

大学捐赠基金的投资政策应考虑基金每年的平均捐款额、大学运营费用中有多少比率是由大学捐赠基金捐赠的等因素。大学捐赠基金的每年净支出并不受到严格的限制，投资期限一般比较长。

不同的大学对捐赠基金的依赖程度是不同的。如果其他条件一样，某一大学的运营资金对捐赠基金的依赖度小，且资金来源主要是学费收入及政府的教育补助，则该捐赠基金就能承受更多的市场、流动性风险等其他风险的影响。

有3种类型的捐赠支出规则：

（1）固定增长规则（constant growth rule）。捐赠基金每年考虑通货膨胀率（inflation rate）因素，向大学提供固定购买力的资金。这里，大学捐赠基金的通货膨胀率通常用美国高等教育价格指数（higher education price index，HEPI）衡量，一般情况下，高等教育价格指数高于一般通货膨胀率。

在这种规则下，捐赠支出通常不依据捐赠基金的价值进行调整，所以一般会设定捐赠支出的上、下限来对捐赠支出做出补充规定，以免支出金额过大。

（2）市场价值规则（market value rule）。捐赠基金事先定好一个捐赠比率，即捐赠出占资产价值的比率，其中，资产价值是历史价值的移动平均。

这种规则往往是顺周期的，当经济形势不好的时候，需要捐赠的人数增多，需要的金额也会增多，但此时基金因投资亏损，资产规模缩水，捐赠支出反而减少。

（3）混合规则（hybrid rule）。这种规则是对前两个规则的混合，在该规则下将依据固定增长规则和市场价值规则算出的捐赠支出做加权平均。

这3种捐赠支出政策可以用下面的公式对比说明：

$$\text{Spending amount in year}_{t+1} = w \times [\text{Spending amount in year}_t \times (1 + \text{Inflation rate})] + (1-w) \times \text{Spending rate} \times \text{Average AUM} \quad (22.2)$$

公式（22.2）中，Spending amount in year$_{t+1}$ 代表 $t+1$ 年捐赠支出；w 代表上一年捐赠支出在计算时所占的权重；Spending rate 代表目标捐赠支出率；AUM（asset under management）代表大学捐赠基金资产管理的规模。

当 $w=1$ 时，捐赠支出政策为固定增长规则，即在上一年捐赠的基础上，考虑通货膨胀后，计算今年的捐赠支出。

当 $w=0$ 时，捐赠支出政策为市场价值规则，不考虑上一年捐赠支出的金额，只根据资产的市场价值来确定捐赠支出的金额。

当 $0 < w < 1$ 时，捐赠支出政策为混合规则。

> **备考小贴士**
>
> 考生需注意，一般情况下，大学捐赠基金中涉及的通货膨胀率是教育行业的通货膨胀率——高等教育价格指数（HEPI）。HEPI 通常会高于一般的通货膨胀率。
>
> 但在某些情况下，大学捐赠基金的通货膨胀率也可用消费者价格指数（consumer price index）加上一定的基点来计算。

> **备考小贴士**
>
> 考生应掌握公式（22.2）中"3种捐赠支出"的计算。

2. 私有基金会

私有基金会与大学捐赠基金会相比，流动性需求更高。如美国规定，为获得免税投资人资格，私有基金会每年必须至少支付资产 5% 的资金用于慈善活动，再加上相关的投资费用，资金支出的要求相对较高。故相比于大学捐赠基金，私有基金会会配置更多的流动资产，投资期限也相对更短。

对有存续期的私有基金会来说，投资期限会比永久基金更短，承受的流动性风险更大。

22.2.3.4　流动性需求

1. 大学捐赠基金

大学捐赠基金的流动性需求较低，能够接受短期较高的波动，因此可以配置非流动资产，确保基金所有人对净资本的要求。

2. 私有基金会

私有基金会的流动性需求高于大学捐赠基金，但总体的流动性要求并不高。前面提到，美国法律对私有基金会的要求是每年至少支出占资产 5% 的资金用于慈善，否则支出未达到资产 5% 的部分会面临大额税收，所以私有基金会必须预留一定的资金来满足支付需求。

—考点要求—
探讨（discuss）投资组合的流动性需求（★）

22.2.3.5　影响投资的外部制约因素

1. 法律和合规限制

在美国，捐赠基金和私有基金会是受《2006年机构基金统一审慎管理法》（Uniform Prudent Management of Institutional Funds Act of 2006，UPMIFA）约束的。根据 UPMIFA 的规定，慈善机构可以根据资产市场价值的波动做出相关的捐赠支出决策；同时，UPMIFA 也要求慈善机构遵守现代投资组合理论（modern portfolio theory，MPT），落实监管的审慎管理标准。

英国的捐赠基金和私有基金会通常是采用信托形式，2000年的受托人法，跟

—考点要求—
描述（describe）影响不同类型机构投资者的法律、监管和税收约束的重点（★）

UPMIFA 一样，规定受托人可以基于 MPT 管理受托资产，运用 MPT 原则进行投资组合管理，取代传统的 60% 的股票和 40% 的债券组合。

2. 会计和税收限制

捐赠基金和私有基金会通常享有一定的免税和税收优惠政策。例如，在一定比例内，捐赠基金和私有基金会的出资人可以享受免税政策；捐赠基金的资本收益和资产收入通常是免税的；如果捐赠的接收方免税，那么捐赠的支出也是免税的。

22.2.3.6 投资目标

> —考点要求—
> 编制（prepare）机构投资者投资策略说明书的投资目标部分（★）

1. 大学捐赠基金

大学捐赠基金投资的目的首先是实现资产保值增值，满足基金所需的支出水平；其次是超过长期基准水平，获取资产增值；最后是超过同行，如超过行业前十家大学捐赠基金的收益水平。

2. 私有基金会

私有基金会的首要投资目标是在满足占资产 5% 的资金支付需求和投资运营费用支出的同时，产生持续的收益以满足捐赠支出的需要；其次是超过基准水平。

22.2.3.7 资产配置

1. 大学捐赠基金

多数的大学捐赠基金遵循一般的捐赠投资模式，大量配置另类投资，以满足长期投资的目的。其中，大型大学捐赠基金配置的另类投资更多，固定收益类投资更少。另外，大型大学捐赠基金没有本土偏差（home bias），因为其资金量大，可以跨境投资，故而本土投资的占比较小；而小型大学捐赠基金受资金量的限制，不会过多地从事跨境投资，本土投资的占比较大，面临本土偏差。

2. 私有基金会

私有基金会和大学捐赠基金相比，资产配置非常类似。区别在于：私有基金会为维持免税投资人资格，每年至少支出资产的 5%。而大学除大学捐赠基金之外可能还会有其他资金来源；法律上并没有对大学捐赠基金的资金流出进行强制要求。

22.2.4 银行和保险公司

22.2.4.1 基本概念

1. 银行

银行（bank）是最重要的金融机构之一，在金融市场中扮演着极其重要的角色。它的业务范围包括吸收存款、发放贷款，进行证券、现金、衍生品等交易，办理票据贴现，提供咨询服务等。

银行的经营范围广泛，规模跨度从小型社区银行到大型的跨国银行集团，是一种从事多样化业务的金融中介机构。

> **知识一点通**
>
> 截至 2018 年 11 月，29 家银行被金融稳定局（Financial Stability Board，FSB）圈定为全球系统重要性银行（global systemically important banks，G-SIBs）。考虑到 29 家银行关系到全球金融系统的稳定，监管部门对其实施附加资本等要求，确保其具备额外的抵御损失的能力。
>
> 监管部门加强了对 G-SIBs 的监管，要求其通过情景分析、压力测试，说明它们如何应对经济危机和金融市场的动荡，并要求它们实施更严格的会计制度、披露规则等监管要求。

2. 保险公司

保险是通过对可能发生的不确定性事件做出预测并收取保费，建立保险基金，以保险合同的形式将此风险从被保险人转移到保险公司，由大多数人来分担少数人的损失。

保险公司（insurance corporation）作为金融机构之一，是为不利事件提供保护、专门从事经营商业保险业务的企业。

> **知识一点通**
>
> 保险公司的主要相关者有几类，见表 22.4。
>
> **表 22.4 保险公司的主要相关者**
>
> | 保险公司的主要相关者 | 具体解释 |
> | --- | --- |
> | 投保人（policyholder） | 投保人向保险公司支付保险费（premiums），保险公司对合同中约定的可能发生的事故所造成的损失承担赔偿责任 |
> | 被保险人（insured） | 是保险承保的对象，人寿保险中，被保险人和投保人往往是同一个人，或者被保险人和投保人为近亲属 |
> | 受益人（beneficiary） | 是保险赔偿金的受领人 |

保险大致可以分为人寿保险（life insurers）和财产意外险（property and casualty insurers）两大类。其中：

（1）人寿保险包括传统的年金产品，如终身寿险、定期寿险等。

（2）财产意外险产品的范围更广，包括商业财产和责任保险（commercial property and liability）、房主财产和责任保险（homeowner's property and liability）、机动车保险（automotive）等多种保险品种。

22.2.4.2 利益相关者

1. 银行

银行的经营、投资决策、股利分配等必须综合考虑各类利益相关者的需求。多数大型的国际银行都是公开发行证券的金融机构，它们必须实现股东资本价值的最大化，因此，银行需要加强其管理资本价值波动的能力。

—考点要求—
探讨（discuss）投资组合中的利益相关者（★）

银行的利益相关者可以分为外部利益相关者（external parties）和内部利益相关者（internal parties）。

（1）外部利益相关者有股东、债权人、客户、监管部门、评级公司等。

（2）内部利益相关者有雇员、管理层、董事会等。

在资产负债表的负债端，银行从存款人（例如，个人、公司、市政当局等）处取得资金，必须要维护存款人（depositor）的存款（deposit）安全，并向存款人提供一定的资金收益和交易、结算类服务。除此之外，银行还可以发行固定收益证券或其他类型证券进行直接融资。如资产支持信托（asset-backed trusts）等。

在资产负债表的资产端，银行将资金贷给个人或公司，如提供个人住房贷款、公司的流动资金贷款、经营性贷款等，银行必须维护这些贷款的资金安全，将贷款的风险控制在一定限度之内。

2. 保险公司

保险公司的利益相关者同样也可以分为外部利益相关者和内部利益相关者。外部利益相关者包括投保人（policyholder）、股东、交易对手、监管部门、评级机构等；内部利益相关者有雇员、管理层、董事等。

在考虑保险公司利益相关者时，可以从公司组织形式和账户分类入手。

（1）考虑组织形式的利益相关者。

保险公司的组织形式通常可分为股份制上市公司和互助公司（mutual companies）。

① 在北美和欧洲，大多数保险公司都是股份制上市公司。在这种企业所有制形式下，保险公司的权益和剩余价值索取权归所有股东（即保险公司的投资者）。和银行一样，管理必须着眼于实现长期股东资本净现值的最大化，在考虑投资的预期收益时，必须使之覆盖所有的保险赔付要求。

② 在美国、加拿大、日本和许多欧洲国家，以互助公司形式经营的保险公司仍然比较流行。互助公司是一种权益和剩余价值索取权归全体投保人所有的企业所有制形式，公司的利润要么以盈余的形式留存在公司，要么以发放股息或降低保费的形式返还给投保人。

（2）考虑账户分类的利益相关者。

保险公司根据保险合约的不同，与利益相关人体现出不同的利益关系。

人寿保险公司设有普通账户（general account）和独立账户（separate accounts），实行资产配置分账户管理。

普通账户是指由保险公司部分或全部承担投资风险的资金账户。独立账户是指独立于普通账户，由投保人或者受益人直接享有全部投资收益的资金账户。

对于传统的人寿保险产品和固定年金，保险公司承担包括死亡风险和长寿风险在内的所有的风险，普通账户的作用就是为保险产品未来的负债提供资金；对于变额寿险（variable life insurance）和可变年金（variable annuity products），投保人在一系列可供选择的投资产品中做出投资决策，自行承担投资风险，保险公司根据投保人的选择在独立账户进行具体的交易操作。

保险产品、投资风险承担者和保险账户的关系如表22.5所示。

表 22.5　保险产品、投资风险承担者和保险账户的关系

产品	终身寿险和定期寿险	万能寿险	固定年金	变额寿险	可变年金
投资风险承担者	保险公司	保险公司	保险公司	投保人	投保人
保险账户	普通账户	普通账户	普通账户	独立账户	独立账户

评级机构（rating agency）通过一系列的技术或评估方法评估保险公司的风险，给金融市场上的投资者提供相应的信用评级、相关数据，因此也是保险公司的利益相关者。

22.2.4.3　负债和投资期限

1. 银行

（1）负债期限。

银行的资金大部分来自存款，按照期限来分，存款主要包括以下两类：

① 定期存款（time deposits/term deposits），指的是银行与存款人双方在存款时事先约定存款到期期限、利率，到期后支取本息的存款。银行的定期存款计息账户有指定到期日，储户支取资金的时候，需提前通知银行。

定期存款主要有储蓄存款（savings accounts）和定期存单（certificates of deposits，CDs）。

② 活期存款（demand deposits），是指无需任何事先通知，存款人可随时在存款账户里进行存取操作的银行存款。银行对这部分存款的到期时间不能精准地预计，通常认为它们是短期的。

活期存款占一国货币供应的最大部分，也是商业银行重要的资金来源之一。其形式有支票存款账户（checking accounts）、一些可以通过网上银行（online banks）或自动取款机（automated teller machines，ATM）操作的储蓄账户等。

从融资渠道来分，除了零售存款，批发融资（wholesale funding）也是银行获取资金的一个重要渠道。批发融资是指金融机构从传统的消费者和零售存款以外的渠道获得的存款，这些资金通常来自更大的实体，包括联邦基金（federal funds）、公共基金（public funds）和其他政府支持的短期工具等。

针对批发融资，银行必须实施积极的监控并对现金的流出时间做出合理的预期，以便对现金的流出提前做出安排。

（2）投资期限。

银行的投资组合策略直接受负债和资产结构以及期限的影响，虽然银行的经营期限通常比较长，但相较于其他机构投资者，银行的投资期限却较短，即银行的投资会更趋向于稳健和保守。

假设市场正处于衰退期，整体经济不景气，银行的应对方式通常是：在资产端，减少新增贷款，出售部分现有的贷款组合，增加短期流动性证券的配置；在负债端，减少大额的定期存款来降低杠杆率，通过牺牲近期的利益，获取未来更加长远的发展。

2. 保险公司

保单索赔的性质和期限长短对保险公司的投资性质和期限有很大影响。

—考点要求—
探讨（discuss）投资组合中的负债、投资期限（★）

（1）人寿保险。一般来说，人寿保险的负债期较长，现金流出的时间节点在很大程度上影响了保险公司对投资风险的可容忍度。

例如，定期寿险产品，一般是一次性给付，现金流出的可预测性较高，对投资风险的可容忍度相对较高。而年金产品表现为一种持续性的分次给付，且公司面临着长寿风险，投资风险的可容忍度相对较低。所以，对人寿保险来说，由产品决定的负债特点和投保人的行为是决定投资组合期限的关键因素。

（2）财产保险。财产保险公司面临财产损害赔付，一般情况下，比人寿保险的负债期限更短。在自然灾害（如飓风、地震等）发生时，会有较高赔付，索赔的发生概率和金额不能准确预测，故投资期限也相应较短，以满足短期、高度不稳定的索赔需要。

另外，承保周期（underwriting cycle）在负债和投资期限的影响下也起到了重要的作用。

> **知识一点通**
>
> 承保周期是指承保利润、承保能力随着时间的推移呈现出上下波动的周期性、规律性变化的现象。承保周期与保单定价、预期投资回报、寿险精算预期、伤害损失索赔密切相关。

22.2.4.4 流动性需求

—考点要求—
探讨（discuss）投资组合的流动性需求（★）

1. 银行

银行非常重视流动性管理。从银行本身的常规业务来看，一般情况下，负债的存续期比资产短，另外，市场不利时银行有潜在的流动性需求，因此，监管部门和银行搭建了强有力的流动性管理框架。

2007—2009 年金融危机之后，全球监管审查力度增大，引入了流动性覆盖率（liquidity coverage ratios，LCRs）和净稳定融资比率（net stable funding ratios，NSFRs）这些强制比率，促使银行更加偏好投资质量高、流动性强的证券组合，为了降低风险，投资趋势更偏向于保守。银行必须考虑在危机发生时，能够迅速地变现其投资组合以便产生足够的现金。

核心业务不同的银行，其流动性管理通常也是不同的：

（1）商业银行的资金大多来源于批发性融资及或有负债，成本较高，因而往往投资于流动性差的资产，以获得更多的利润，来覆盖其承受的较高成本。

（2）零售银行的资金大多来源于个人储户，成本较低也更稳定，因而可以投资于流动性更好的资产。

2. 保险公司

（1）内部和外部流动性管理。

人寿保险公司和财产意外保险公司都需要建立一个完整的流动性计划，包括内部流动性计划和外部流动性计划两个部分。

其中，内部流动性是指公司内部营运资金流入、流出的现金或现金等价物；外部流动性指的是公司在资本市场上发债来直接融资的能力，或是从银行获取信贷额度、贷款等间接融资的能力。一般情况下，保险公司通过回购市场进行短期流动性的管理。

（2）账户分类对流动性的影响。

保险公司将普通账户的投资组合分为储备投资组合（reserve portfolio）和盈余投资组合（surplus portfolio）。

保险公司通常要遵守特定的监管要求，构建和维护储备投资组合，该组合内的资产一般具有高流动性和低风险的特点，确保公司有能力偿还保单债务。保险公司对储备投资组合的管理一般比较保守。

盈余投资组合旨在实现更高的预期收益，可以投资另类资产，包括私募股权、对冲基金和非证券资产，保险公司对其进行主动的管理，并承担更高的流动性风险。

（3）影响流动性的其他因素。

人寿保险的流动性需求也必须考虑利率的变动。在高利率时期，有提前赎回条款的客户可能会放弃保单，赎回现金价值投资于其他收益更高的产品，故而保险公司可能会面临大量现金流出的风险。

财产保险公司因为赔付保险金的金额和时间都不确定，因而需要在投资组合中保持一定的现金和现金等价物，对投资产品流动性要求较高。

22.2.4.5 影响投资的外部制约因素

1. 法律和合规限制

（1）银行。银行不仅在金融行业作用重大，在非金融领域和实体经济中也起着非常重要的作用。单个或一些银行的经营混乱可能会造成储户挤兑、企业或政府无法获得运营资金等。这些系统性风险（systematic risk）会迅速扩散到整个金融领域，甚至还会蔓延到实体经济——传染性风险（contagion risk），造成一国经济或世界经济的巨大损失。因此，多数政府都会对银行实施极其严格的监管。

—考点要求—
描述（describe）影响不同类型机构投资者的法律、监管和税收约束的重点（★）

在美国，银行的监管主要在国家（national level）和州（state level）两个层面，并日益受到超政府机构（supranational institution）和咨询或顾问委员会（advisory institution）的监督。监管的主要目的在于将风险在银行层面充分消化，确保银行有足够的资本金来吸收损失，而不是把损失转移给其他金融机构或实体经济，如储户、债权人或纳税人。

对资金来源的监管包括要求银行负债渠道的多样化和强制最低资本金要求等。

（2）保险。保险在金融行业中的地位也很重要，保险公司的破产会极大地影响一些大规模行业的生存。因此，多数政府会对保险行业进行严格地监管，在资本充足率、流动性和杠杆率等方面降低保险行业的系统性或传染性风险。

美国保险业由各州监管，每个州都有自己的管理机构，联邦政府在监督方面并没有发挥重要作用。每个州都是美国保监会（National Association of Insurance Commissioners，NAIC）的成员，为保险行业制定会计政策和财务报告标准。

在欧洲，监管机构制定了欧洲偿付能力监管标准 II（Solvency II），以规范各成员国的保险监管。偿付能力监管标准 II 不仅提出偿付资本的规定，也要求保险公司建立一个完整的风险管理体系，具体为：从风险模型出发，计算各个部门的风险，进而汇总，最终让董事会、管理层将风险控制模型运用到企业日常的规划、运营当中。

> **知识一点通**
>
> 美国1945年的法案肯定了保险公司的监管职责归各个州，而不是归联邦（与这点不同的是，银行监管的职责归联邦）。美国依据2010年通过的《多德-弗兰克法案》（Dodd-Frank Act）成立了一个归财政部领导的联邦保险办公室，负责监督保险行业和识别各州监管条款中的差别。美国保险公司的担保与银行不同。银行利用自身的国内存款成立了永久基金。保险没有这样的基金，在某个保险公司关闭后，其他保险公司必须贡献一定的资金来应对该保险公司的赔付。

2. 会计和税收限制

（1）会计限制。银行和保险公司的监管资本要求，通常是基于法律法规的相关规定进行计算的。而日常经营管理的相关财务数据，偏好使用资产和负债的市场价值，体现资产负债目前价值的变动，以便管理层能够更好地理解公司的财务状况和经营成果。

（2）税收限制。在税收方面，银行和保险公司都是纳税实体，需要考虑税后的回报来管理投资项目。

22.2.4.6 投资目标

—考点要求—
编制（prepare）机构投资者投资策略说明书的投资目标部分（★）

1. 银行

银行投资组合需要考虑流动性、证券和非证券资产的风险敞口、衍生品敞口、负债和资本结构等，投资组合的目标是满足存款人和债权人资金投入回报的需要以及满足股东一定的资本回报率要求。

> **知识一点通**
>
> 比如，公司通过设置资产负债管理委员会（asset/liability management committee，ALMCo）来指导投资组合的建立并对其进行监督。ALMCo持续监控公司的业绩，并有权调整资产负债的规模和占比，ALMCo还制定投资策略说明，确定总的投资目标和风险水平，来确保市场、信用、流动性风险和资本充足在银行规定的可承受范围（如风险偏好）内，即投资策略说明（IPS）需与银行的风险偏好保持一致。
>
> 投资团队通过具体的风险管理指标（例如，债券的久期和凸度）监控投资组合中每个资产和组合的表现，并定期地向高级管理层和董事会汇报投资组合的业绩以及其与同业业绩的对比。

2. 保险公司

保险公司投资的主要目的是满足投保人的利益和索赔需要。

和银行一样，保险公司管理其投资组合的重点也集中在流动性、利率、汇率、信贷和其他风险因素上。投资策略说明（IPS）的各项内容也必须在公司整体的风险管理框架之内，体现公司的风险偏好。

保险公司通常在董事会中设立一个下属委员会，由其负责监督所有的投资政策、程序、战略和绩效评估。保险公司同样需要保持信息披露的透明度，向利益相关者披露业绩和风险敞口等相关信息。随着监管、税收、会计、市场的不断变化，保险公司的投资策略说明（IPS）也应随之变动，不能一成不变。

22.2.4.7 资产负债表管理和投资考虑

1. 资产负债表管理

—考点要求—
描述（describe）影响银行和保险公司资产负债表管理的因素（★★）

金融机构的经营前提是要确保权利人在到期时能够及时得到足额的现金，如存款人的存款、投保人的保单索赔、衍生品的偿付等。金融机构只有在确保能够满足所有现金流出的要求后，才能够获得利润，增加股东的价值。

对银行和保险公司来说，未来偿付的要求虽然在时间和金额上都是不确定的，但可以预测。

考虑资产、负债和所有者权益的关系恒等式：

$$A = L + E \tag{22.3}$$

公式（22.3）中，A 代表资产（asset）；L 代表负债（liability）；E 代表所有者权益（equity）。

在某一时点上，资产等于负债加上所有者权益，那么在一段时间内，资产的变动也必然等于负债变动和所有者权益变动之和，如公式（22.4）所示。

$$\Delta A = \Delta L + \Delta E \tag{22.4}$$

公式（22.4）中，ΔA 代表资产的变动；ΔL 代表负债的变动；ΔE 代表所有者权益的变动。

将公式（22.4）等式两边都除以 E，可以得到：

$$\frac{\Delta A}{A}\left(\frac{A}{E}\right) = \frac{\Delta L}{L}\left(\frac{L}{E}\right) + \frac{\Delta E}{E} \tag{22.5}$$

进一步变形，可以得到公式（22.6）：

$$\frac{\Delta E}{E} = \frac{\Delta A}{A}\left(\frac{A}{E}\right) - \frac{\Delta L}{L}\left(\frac{L}{E}\right) = \frac{\Delta A}{A}\left(\frac{A}{E}\right) - \frac{\Delta L}{L}\left(\frac{A-E}{E}\right) = \frac{\Delta A}{A}\left(\frac{A}{E}\right) - \frac{\Delta L}{L}\left(\frac{A}{E} - 1\right) \tag{22.6}$$

从公式（22.6）可以看出，所有者权益的变动不仅受资产变动和负债变动的影响，还受杠杆因素（A/E）的影响，杠杆对资产、负债市场价值变动的百分比有一定的放大作用。

下面结合公式（22.6），从资产价值下降、负债价值上升、资产收益率微小变动和资产收益率较大变动几个方面，分别分析其对所有者权益价值变动的影响。

（1）资产价值下降。

资产价值的下降，可能是由信贷产品质量下降、固定收益证券利率上升等因素造成的。

假设负债端不变，即公式（22.6）等式右边的 $\frac{\Delta L}{L}\left(\frac{A}{E} - 1\right)$ 不变，从表 22.6 可以看出，当股东权益比率（E/A）为 25%时，杠杆率（A/E）为 4，资产价值下降 2.5%，权益价值下降 10%；资产价值下降 0.5%，权益价值下降 2%。提高杠杆率至 10，当资产价值下降 2.5%，权益价值下降 25%；资产价值下降 0.5%，权益价值下降 5%。由于杠杆的存在，资产市场价值的微小损失会对权益产生显著的负面影响，杠杆放大了资产价值变动对权益价值变动的影响。

这种关系会带来股东和债权人之间的利益冲突。当资产损失时，股东的最大损失为其投入的股本，但如果资产表现良好，股东就能获得巨大的收益，因此股东就有动机去从事风险更高的投资。此时，债权人可以利用合同、监管规定，或者从公司声誉等方面入手，来获得一定的保护，防止公司承担过度风险。

限制资产的波动性并不能一劳永逸地减少风险损失，公司必须保持一定的资本缓冲（capital cushion），来使股东能够承受一定程度上资产的意外损失。

(2) 负债价值上升。

负债价值的上升，可能来源于意外大额保单的损失索赔、给高信用风险的公司提供贷款或贷款承诺等。

假设资产端不变，即公式（22.6）等式右边的 $\frac{\Delta A}{A}\left(\frac{A}{E}\right)$ 不变，从表 22.6 可以看出，当股东权益比率为 25% 时，杠杆情况 $\left(\frac{A}{E}-1\right)$ 为 3，负债价值上升 2.5%，权益价值下降 7.5%；负债价值上升 0.5%，权益价值下降 1.5%。当股东权益比率为 10% 时，杠杆情况 $\left(\frac{A}{E}-1\right)$ 为 9，负债价值上升 2.5%，权益价值下降 22.5%；负债价值上升 0.5%，权益价值下降 4.5%。杠杆放大了负债价值变动对权益价值变动的影响。

表 22.6 资产和负债分别变动对权益的影响

初始股东权益比率 (Equity to Assets Ratio)	杠杆情况 (Leverage)	权益价值因资产价值变动而变化的百分比			
		资产变动百分比		负债变动百分比	
资产变动，对权益价值的影响					
股东权益比率（E/A）	资产杠杆率（A/E）	-2.5%	-0.5%	0%	0%
25%	4	-10%	-2%	—	—
10%	10	-25%	-5%	—	—
负债变动，对权益价值的影响					
股东权益比率（E/A）	负债杠杆率（A/E-1）	0%	0%	+2.5%	+0.5%
25%	3	—	—	-7.5%	-1.5%
10%	9	—	—	-22.5%	-4.5%

(3) 资产收益率微小变动。

引入资产收益率（yield, y）和负债利率（rate, r）来分析收益率对权益波动的影响。

将公式（22.6）两端同除以资产收益率变动（Δy），可以得到：

$$\frac{\Delta E}{E\Delta y}=\frac{\Delta A}{A\Delta y}\left(\frac{A}{E}\right)-\frac{\Delta L}{L\Delta r}\left(\frac{\Delta r}{\Delta y}\right)\left(\frac{A}{E}-1\right) \tag{22.7}$$

公式（22.7）中，Δy 代表资产收益率变动；Δr 代表负债利率变动。

引入修正久期的概念，资产的修正久期 $D_A^* = -\dfrac{\Delta A}{A\Delta y}$，负债的修正久期 $D_L^* = -\dfrac{\Delta L}{L\Delta r}$，代入公式（22.7），可得：

$$D_E^* = \left(\frac{A}{E}\right)D_A^* - \left(\frac{A}{E} - 1\right)D_L^*\left(\frac{\Delta r}{\Delta y}\right) \quad (22.8)$$

公式（22.8）中，D_E^* 代表所有者权益的修正久期；D_A^* 代表资产的修正久期；D_L^* 代表负债的修正久期。

> **备考小贴士**
>
> CFA®一级"固定收益证券"部分介绍过修正久期（modified duration）的概念，此处不再赘述。

在资产收益率变动幅度不大时，公式（22.8）将所有者权益修正久期的影响因素，分成了资产修正久期、负债修正久期、公司杠杆率、负债利率对资产收益率变化的敏感性 $\dfrac{\Delta r}{\Delta y}$ 这几个因素。

比如，某家银行靠超短期的存款或隔夜拆借融资，负债的修正久期近似为 0，资产的修正久期为 2，假定公司的股东权益比率为 10%，即杠杆为 10，权益的久期为 20，意味着资产收益率变动 100 基点（base points，bps），权益价值变动 20%。

从公式（22.8）可以看出，降低权益久期，可以从降低资产久期或增加负债久期入手。

金融机构可以通过持有现金、现金等价物、存放央行款项等高流动性资产，发放挂钩市场利率的浮动贷款来降低资产的久期。通过发行中长期债务工具，引入次级债和优先股等资本扩充手段，增加负债的久期。

（4）资产收益率较大变动。

前面讨论的权益久期的变动，前提是资产收益率只有微小变动并且这种变动发生在很短的时间内。当这种前提不成立时，就需要将公式（22.8）进一步拓展成考虑波动率的恒等式。

由公式（22.6）可得：

$$\sigma_{\frac{\Delta E}{E}}^2 = \left(\frac{A}{E}\right)^2 \sigma_{\frac{\Delta A}{A}}^2 + \left(\frac{A}{E} - 1\right)^2 \sigma_{\frac{\Delta L}{L}}^2 - 2\left(\frac{A}{E}\right)\left(\frac{A}{E} - 1\right)\rho \sigma_{\frac{\Delta A}{A}} \sigma_{\frac{\Delta L}{L}} \quad (22.9)$$

公式（22.9）中，$\sigma_{\frac{\Delta E}{E}}^2$ 代表 $\dfrac{\Delta E}{E}$ 的方差；$\sigma_{\frac{\Delta A}{A}}^2$ 代表 $\dfrac{\Delta A}{A}$ 的方差；$\sigma_{\frac{\Delta L}{L}}^2$ 代表 $\dfrac{\Delta L}{L}$ 的方差；ρ 代表 $\dfrac{\Delta A}{A}$ 和 $\dfrac{\Delta L}{L}$ 的相关系数。

> **知识一点通**
>
> 根据资产 a 和资产 b 组合的方差计算公式 $\sigma_{a+b}^2 = w_a^2\sigma_a^2 + w_b^2\sigma_b^2 + 2\rho_{a,b}w_a\sigma_a w_b\sigma_b$，由公式（22.6）：$\dfrac{\Delta E}{E} = \dfrac{\Delta A}{A}\left(\dfrac{A}{E}\right) - \dfrac{\Delta L}{L}\left(\dfrac{A}{E} - 1\right)$，可得公式（22.9）。

> **备考小贴士**
>
> 银行和保险公司的资产负债表管理是新增内容,考生需重点关注公式(22.6)、(22.8)及(22.9)。虽然考纲要求的是描述,但并非没有考查计算题的可能。

例题 22.1

假定两个公司 X 和 Y 在投资初期,除杠杆率不同,其他比率都相同,$\sigma_{\frac{\Delta A}{A}} = 12\%$,$\sigma_{\frac{\Delta L}{L}} = 15\%$,X 公司财务杠杆率为 5,Y 公司财务杠杆率为 10,相关系数初期为 0.5,后变动为 0.9,其他条件和初期一致。请分别计算相关系数变动后,X 公司和 Y 公司 $\frac{\Delta E}{E}$ 的波动率。

A. 0.27;0.59　　　　B. 0.38;0.12　　　　C. 0.21;0.65

名师解析

正确答案为选项 A。根据公式(22.8),分别计算 X 公司和 Y 公司相关系数变为 0.9 后,权益变动的波动率:

X 公司:$\sigma_{\frac{\Delta E}{E}} = \sqrt{5^2 \times 12\%^2 + (5-1)^2 \times 15\%^2 - 2 \times 5 \times (5-1) \times 0.9 \times 12\% \times 15\%} = 0.268$,

Y 公司:$\sigma_{\frac{\Delta E}{E}} = \sqrt{10^2 \times 12\%^2 + (10-1)^2 \times 15\%^2 - 2 \times 10 \times (10-1) \times 0.9 \times 12\% \times 15\%} = 0.589$

通过计算,X 公司的 $\sigma_{\frac{\Delta E}{E}}$ 为 0.27,Y 公司的 $\sigma_{\frac{\Delta E}{E}}$ 为 0.59,Y 公司的杠杆率高,权益波动率的变动更大。

从公式(22.9)以及例题 22.1 中,可以得出以下结论。

(1)增加资产变动百分比和负债变动百分比之间的相关性,可以减少所有者权益波动率。但要注意的是,相关性的增加并不能替代资本缓冲,资本缓冲在减少风险的过程中起到的是最后一层防护垫的作用。

(2)公司的杠杆率越高(股东权益比率越低),相关系数的变动对所有者权益波动率的影响越大。

(3)股本增加也可以缓冲由于所有者权益波动造成的损失,因为股本增加降低了债务违约的可能性和股票价值的波动性。正因此,近年来金融机构越来越偏好采用股份制上市公司来替代原先的互助或会员制的所有制形式。因为股份制上市公司可以在紧急情况下增发新股融资,而互助和会员制企业的规模受会员人数的限制,外部融资的能力较弱。

2. 投资策略对资产负债的影响

投资策略会对银行和保险公司的资产、负债产生一定影响,以下分 4 个方面讨论。

(1)投资策略对资产的影响,见表 22.7。

表 22.7　投资策略对资产的影响

资产变动	投资策略
$\dfrac{\sigma_{\Delta A}}{A}$ 减少	① 分散化的固定收益类投资（diversified fixed-income investments） ② 高质量债券或债务的投资（high-quality bond/debt investments） ③ 高流动性资产的投资（liquidity of portfolio investments）

具体解释如下。

① 采用分散化投资固定收益类证券会降低资产波动性；因为债券的波动较小，并且分散化投资会进一步降低组合波动性。

② 投资高质量的债券或债务会降低资产波动性，因为高质量的证券违约可能性小。

③ 高流动性资产的投资也会降低资产波动性，评级高的发行人可以发行短期债务证券以及向央行紧急借款。

（2）投资策略对负债的影响，见表 22.8。

表 22.8　投资策略对负债的影响

负债变动	投资策略
$\dfrac{\sigma_{\Delta L}}{L}$ 减少	① 提高退保或退费惩罚（surrender penalty） ② 提高承保损失的可预测性（predictability of underwriting losses） ③ 保险业务更多元化（diversifying insurance business）
$\dfrac{\sigma_{\Delta L}}{L}$ 增大	④ 更多难以预测的大额损失，如巨灾风险（catastrophic insurance risks）

具体解释如下。

① 实施退保或退费惩罚措施，当利率上升时，新产品在价格上更划算，老产品退保比率上升，此时保险公司面临提前支付本金的风险。如果有退保惩罚，退保比率将会减少，保险公司负债端的支出会减少，进而减少了负债波动率。对于人寿保险、年金和银行存款来说，这些惩罚措施可以减轻金融机构的损失。

② 对保险公司承诺支付的预测越准确，越能够降低负债的波动，因为低频高损事件降低了保险责任总额的不确定性。保险公司依靠大量出售保单，使售出保单的实际死亡赔偿更符合精算预期。当保单数量很大的时候，根据大数定律（law of large numbers），判断 10 亿人的平均死亡时间比判断 1 个人的死亡时间更容易，保单赔偿率的预测就会相对更加准确，对负债端的波动控制就越强，负债波动就越小。

③ 保险业务多元化和分散在不同地区，也可以降低负债的波动，因为业务多元化和所处地区的分散性都会使保险赔付事件不会集中发生。

④ 巨灾保险风险的存在，会增加负债的波动性，因为巨灾风险难以预测并且一旦发生会造成很大的保险赔付，因此，此类保险要求更高的资本占用。这部分保险收费应投资于质量更高、流动性更好的资产上，或采取购买再保险的方式减少巨灾风险。

（3）投资策略对相关性的影响，见表 22.9。

表 22.9 投资策略对相关性的影响

相关性变动	投资策略
ρ 增大	① 资产、负债的久期匹配（duration match） ② 债务提前偿还的惩罚（prepayment penalties on debt investments） ③ 可变年金（variable annuities）

具体解释如下。

① 资产和负债的久期匹配，会增加资产变动百分比和负债变动百分比的相关性。

② 给予债务投资提前偿付一定的惩罚，会增加资产和负债的相关性。当利率下降时，债务人更倾向于提前偿还旧贷款，再以更低的利率借入新贷款。因此，提前还款会使资产和负债端不匹配，而加入提前还款的惩罚，会减少这种不匹配，增加资产负债的相关性。

③ 可变年金的投资风险由投保人来承担，此时资产变动百分比与负债变动百分比的相关性很高。保险公司按照客户的意愿投资，投资风险由客户承担，只要信息披露透明，投保人理解风险，就可以投资波动性很高的资产。由于投资者承担风险，负债端的波动也很高，但好处是，资产负债同步变化，相关性高。通常，可变年金与保险公司的其他保险产品分开记账，与其他资产、负债的相关性低。

（4）投资策略对资产、负债和相关性的综合影响，见表 22.10。

表 22.10 投资策略的综合影响

综合变动	投资策略
$\sigma_{\frac{\Delta A}{A}}$ 增大，ρ 减小	① 增加股票投资（common stock investments）
$\sigma_{\frac{\Delta A}{A}}$ 和 $\sigma_{\frac{\Delta L}{L}}$ 减小，ρ 增大	② 增加衍生品交易透明度和抵押品（derivatives transparency, collateralization）

具体解释如下。

① 股票会增大资产的波动性，减少资产变动百分比与负债变动百分比之间的相关性（银行分保险公司的负债是 bond-like 的）。

② 提高衍生品交易的透明度和增加抵押品，会减少资产和负债的波动。透明度越大，衍生品需要重定价的概率越小，衍生品被合理使用，可以在资产端模拟出负债的特点，达到资产负债的匹配，资产负债的相关性就越高；同样，抵押品增多也会减少风险。

> **备考小贴士**
>
> 考生须注意养老金、银行和保险公司与捐赠基金、私有基金会在性质、负债和投资期限、流动性需求、投资目标、资产配置等方面的区别，辨析记忆。

练一练

The following information relates to Questions 22-1 and 22-2.

RAINBOW bank is a long-established global leader in financial services, providing solutions to the most important corporations, governments and institutions in more than 30 countries. RAINBOW bank's common equity to assets ratio is 15%. The modified duration of its assets and liabilities are 1.5 and 1 respectively.

22-1 Over small changes, the yield on liabilities is expected to move by 75 bps for every 100 bps of yield change in its asset portfolio. Compute the modified duration of the bank's equity capital.

A. 3.27 B. 5.75 C. 4.36

22-2 Regarding its overall strategic plan, the annualized standard deviation of the returns on assets and liabilities is 6% and 3% respectively. The correlation between asset and liability is 0.35. What is the standard deviation of changes in the value of RAINBOW bank's shareholder capitalization?

A. 38.7% B. 36.4% C. 37.6%

The following information relates to Questions 22-3 and 22-4.

The RISC-V is a long-established and well-known non-profit foundation which is based in Bern, and the local currency in Bern is CHF.

In Bern, all foundations are exempt from taxes if they meet the minimum 5 per cent annual expenditure requirement, which includes operating costs but does not include management fees. The priorities for the Board of directors of RISC-V is preserving the tax-exempt status and keeping the true value of its portfolio after expenditure in addition to the business performance and corporate governance.

Considering from their own management conditions, the foundation with a portfolio of CHF 50 million, does not expect to receive new donations. The operating cost of the foundation is 10 bps per year, and the investment management fee is 24 bps per year. The foundation is the sole source of funding for the local education center and intends to operate for the long term.

For the sake of long-term development, the foundation has decided to change the annual minimum expenditure requirement to maintain tax-exempt status. The requirement changes from 5 per cent of the asset's value at the start of the year to 5 per cent of the average monthly asset value for the same whole year. The foundation minimizes cash holdings to improve expected performance.

22-3 Which of the following increase the foundation's risk tolerance?

A. The foundation is the sole source of funding for local education centers, and its high dependence reduces their ability to absorb losses.

B. The foundation has a high spending requirement compared with its average return.

C. The long-time horizon of the foundation, indicated by the foundation's stated desire to operate long into the future, increases the ability to take risk as it gives the foundation sufficient time to recoup short-term investment losses.

22-4 What is the most likely change in the foundation's cash reserves due to the new expenditure requirements policy?

A. Lower.　　　　　　　B. Higher.　　　　　　　C. No change.

The following information relates to Questions 22-5 and 22-6.

UI is a very famous asset management company, with a lot of big clients doing asset management here. Harry is a portfolio manager at UI Investments, and he manages several large portfolios. One of the clients named TYIN asks Harry for help. Harry intends to find a senior analyst Alston as an assistant.

Alston tells Harry that TYIN is a new and rapidly growing small company. It has a high turnover and its staff is very young. Alston presents Harry with his research on the company's defined benefit pension plan (DB plans) and he shows that the plan is overfunded and has assets under management of USD 10 million.

In the researching report, Alston concludes that the overfunded status benefits TYIN's shareholders. And Harry concludes that the funded ratio of TYIN's DB plan is going to decline if employee turnover declines.

On the other hand, UI wants to attract TYIN to outsource the pension plan management to it. For this reason, Alston gives several advantages of outsourcing and draws up a contract in advance which specified that TYIN should compensate UI with a high fee ignoring the performance for TYIN company reference.

Alston proposes three advantages, the first advantage is outsourcing can reduce regulatory requirements for small institutional investors like TYIN, the second advantage is outsourcing eliminates the conflict of interest in principal-agent problem, the third advantage is that bigger investors can gain access to a wider range of investment strategies.

22-5 Considering Alston and Harry's conclusion, which of the following is correct?

A. Only Alston is correct.

B. Only Harry is correct.

C. Both Alston and Harry are correct.

22-6 Which of Alstom's proposed advantages of outsourcing the management of pension plans is correct?

A. The first advantage is correct.

B. The second advantage is correct.

C. The third advantage is correct.

答案与解析

22-1　B

根据公式（22.8）计算得到：$D_E^* = \left(\frac{A}{E}\right) D_A^* - \left(\frac{A}{E} - 1\right) D_L^* \left(\frac{\Delta r}{\Delta y}\right) = 6.67 \times 1.5 - (6.67 - 1) \times 1 \times 0.75 = 5.753$，算出权益的修正久期。

22-2　C

根据公式（22.9）计算得到：

$$\sigma^2_{\frac{\Delta E}{E}} = \left(\frac{A}{E}\right)^2 \sigma^2_{\frac{\Delta A}{A}} + \left(\frac{A}{E} - 1\right)^2 \sigma^2_{\frac{\Delta L}{L}} - 2\left(\frac{A}{E}\right)\left(\frac{A}{E} - 1\right)\rho\sigma_{\frac{\Delta A}{A}}\sigma_{\frac{\Delta L}{L}}$$

$$= 6.67^2 \times 6\%^2 + 5.67^2 \times 3\%^2 - 2 \times 6.67 \times 5.67 \times 0.35 \times 6\% \times 3\%$$

$$= 0.1414$$

$$\sigma_{\frac{\Delta E}{E}} = \sqrt{0.1414} = 37.6\%$$

22-3　C

选项 A，该私有基金会是当地教育事业的唯一资金来源，高度的依赖性降低了它承担风险的能力。

选项 B，私有基金会的支出要求相对于它的回报来说较高，这也是基金会风险较高的表现之一。

选项 C，题干中给出，私有基金会希望长期经营，有足够的时间来弥补短期投资损失，增加了承担风险的能力。

22-4　B

私有基金会的现金储备应包括预期和未预期的现金需求。新的支出要求政策将有效地迫使私有基金会增加其现金储备。新政策计算支出将使用月度平均资产价值，而不是年初资产价值，而下一年资产价值的走势并不知道，用月度平均资产价值算出的支出可能数额会较大，所以意外现金需求的可能性增加，因此应增大现金储备。

22-5　C

Alston 的结论是：对于公司的固定收益计划，TYIN 的股东在 overfunded 的状态下获利。overfunded 是指该养老金计划的资金充足，这会增加 TYIN 公司股票的价值。Harry 的结论是：员工流失率的下降会降低供资比率。这是因为根据供资比率的计算公式（22.1），负债为供资比率的分母，员工流失率下降导致负债增大，供资比率会降低。

22-6　C

第三个好处：资产规模大的投资者投资选择范围更广。资产规模是影响机构投资者投资过程的关键方面。TYIN 的养老金计划规模较小，规模较小的机构可能无法参与某些设有最低投资额的投资类别。例如，私募股权和房地产资产；这些规模较小的机构可能也难以聘用资深的投资专业人士。因此，小型机构投资者会偏向于将全部或大部分投资业务外包给外部资产管理公司或投资顾问，进而解决以上问题。

第一个好处说法错误，监管对所有固定收益养老金计划的监管要求都是一致的。

第二个好处说法错误，固定收益养老金计划与外包资产公司的委托代理冲突很难避免。

第 9 部分

交易执行、业绩评估及基金经理选择

科目导学

考情分析

"交易执行、业绩评估及基金经理选择"这一部分在 CFA® 三级考试中的分值占比不高,在整个课程体系中位置偏后,难度中等。考试题型通常既涉及第一阶段主观题也涉及第二阶段客观题。

本部分共有 3 个章节:《交易策略与执行》《投资组合业绩评估》以及《基金经理选择》。其中,《交易策略与执行》和《投资组合业绩评估》为重点章节,且涉及一些难点,定性和定量考查都有可能。具体来讲,《交易策略与执行》中,交易评估是重点内容,其中交易成本的计算是难点。《投资组合业绩评估》中,业绩归因和投资基准这两部分是重点内容,其中,理解收益归因中的各类方法尤其重要;同时,Brinson 模型与业绩评价指标涉及计算,难度相对略高。《基金经理选择》的重要程度不及前两章,难度相对较低,以定性考查为主。

本部分框架图

交易执行、业绩评估及基金经理选择
- 交易策略与执行
- 投资组合业绩评估
- 基金经理选择

第 23 章
交易策略与执行

章节导学

知识引导

对于整个交易系统而言，交易策略的制定与执行是最重要的两个环节。本章站在投资经理的角度，探讨了交易策略的选择、执行，交易成本的计量，以及相关评估。近些年来，电子化自动化交易的快速发展、算法交易及机器学习的普及都不断地对交易策略与交易执行进行着优化。这给投资组合经理带来了新的机遇，也带来了新的挑战。

考点聚焦

本章内容逻辑清晰，整体难度不高，同时难点突出。在本章的学习过程中，交易评估相关内容是重点，将进行定量考查。交易成本计算是难点所在，具体包括执行价差、交易成本分析、市场调整后成本，以及增加价值的计算。此外，交易算法的横向对比也属于高频考点，需要掌握不同算法的适用场景。

本章框架图

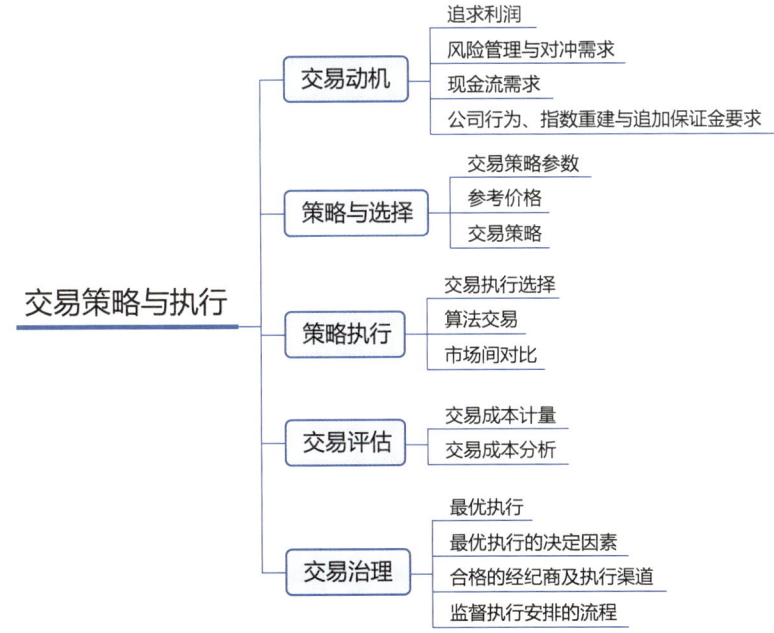

23.1 交易动机

—考点要求—
探讨（discuss）交易动机以及交易动机与交易策略的相关关系（★）

23.1.1 追求利润

从交易策略来看，无论采取被动投资策略还是主动投资策略，投资经理①的每一笔交易背后都有其深层次的原因。对于被动投资而言，交易的原因包括被投资公司的情况变化、基金资金的流动以及基准指数的变化。对于主动投资而言，投资组合经理希望从市场对证券的错误定价中获取超额收益（alpha）。

采用主动投资策略的经理需要防止交易信息的泄露（information leakage）。他们一定要先于其他市场参与者行动，才会有利可图。因此，这些经理通常采用在多个渠道或透明度更低的渠道下单的方式来隐藏交易，如暗池（dark pool）。暗池是指那些不显示公开股票报价的电子交易场所。一般而言，暗池适用于大额股票交易，交易的完成则需要匹配到对应的冲销指令（offsetting orders），而最终的价格在成交后才会进行公示。值得注意的是，暗池交易中，指令无法完成的风险较高。对于急迫度很高的交易，交易员通常会在开盘集合竞价（opening auction）时完成一部分订单，其余订单之后会在公开市场上陆续完成。

随着宏观经济和市场情况的变化，投资经理也会通过交易来反映他们对市场的不同看法。采用长线投资方式的经理对市场的看法相对较为稳定，因此交易相对不频繁。采用短线投资方式的经理通常会根据市场的突发情况快速改变看法，因此交易更频繁，换手率（turnover）也更高。

超额收益衰减（alpha decay）是指在做好投资决定之后，短期的超额收益会出现衰减，逐渐消失。如果可带来超额收益的投资决定很快会被其他市场参与者效仿，那么预期超额收益衰减速度就会较快。交易紧迫性（trade urgency）是指在交易时间段内完成交易的快慢程度，完成交易越快则说明交易紧迫性越高。对于采用短线投资策略的经理，如果超额收益衰减速度较快，则其交易紧迫性也会较高。对于基于公司基本面而采取长线投资策略的经理，如果超额收益衰减速度较慢，则其交易紧迫性也会较低。

> **知识一点通**
>
> 以瑞幸咖啡（Luckin Coffee，Nasdaq：LK）事件为例。由于瑞幸咖啡的财务数据和经营数据造假，著名投资研究公司浑水（Muddy Waters Research）发布做空消息，市场产生过度反应。2020年1月31日中午12点，瑞幸咖啡股价跌幅超过26%，到下午收盘时，最终跌幅为10.74%。换句话说，市场在早期接收到消息时产生了过度反应，到下午恢复理性，进而对价格进行了调整。在这个过程中，投资经理就可以利用这个市场过度反应的价差获利：在12点买入，在收盘时卖出。在下午的交易时段，市场的过度反应迅速缓解，因此交易要快速执行才能获利。

---

① "投资经理"与"基金经理"的含义相同，在本章及后续章节中不做区别。

23.1.2 风险管理与对冲需求

当市场和风险环境发生变化,投资组合需要进行交易和再平衡(rebalance,又称"调仓"),以便将目标风险水平和风险敞口控制在目标区间。

不同类型的基金拥有不同的交易目的。

(1) 债券型基金经理需要维持目标组合久期,交易的主要目的是令投资组合久期与基准组合久期相匹配。

(2) 股票型基金经理需要对组合 beta 进行管理。对于市场中性策略而言,经理则需要通过对冲市场风险使 beta 维持在 0。

(3) 对冲基金经理则可能需要通过交易来保持对高市场波动性的风险敞口。

用于对冲风险的工具包括标的证券、交易所交易基金(exchange-traded funds,ETFs)以及各类衍生品等。其中,衍生品中的期货和期权是常用的风险对冲工具。例如,在对冲利率风险时,投资经理通常会交易国债期货。当投资经理认为未来市场波动性会上升时,可能会通过交易期权来构建跨式期权策略(straddle)。跨式期权策略的具体内容详见《期权策略》一章。

23.1.3 现金流需求

应对投资组合现金流的需求也是交易的重要动机。现金流需求主要由客户驱动,分为现金流入和现金流出。

站在基金经理角度,现金流入主要源于客户基金份额的申购,现金流出则主要源于客户对基金份额的赎回。现金拖累(cash drag)是指那些未投资的闲置现金对投资组合整体收益率所产生的负面影响。当现金流入发生,为了将现金拖累最小化,经理通常会将现金先投资到 ETFs 或期货等高流动性证券中获取收益,直到下一次该投资组合再平衡时再交易标的资产,该过程被称为现金股票化(equitization)。基金的赎回金额超出预期,如果基金所持现金不足以支付,则需要将标的证券变现。由于赎回是基于基金的净资产价值(net asset value,NAV),而 NAV 由收盘价计算得出,因此标的证券变现的价格为收盘价。这样可以避免变现价格与 NAV 计算价格出现偏差。

23.1.4 公司行为、指数重建与追加保证金要求

公司行为(corporate action),比如兼并、收购以及利益分配等活动,会引发各种资产交易的行为。实务中,基金可能承诺定期支付其客户一定金额的分红,因此基金在投资的时候会选一些定期分红的股票,在收到分红后再将其分给客户。然而,从分红的时间上来讲,基金收到分红和发放分红的时间很难完美匹配。如果股票支付红利的时间晚于基金承诺支付客户分红的时间,那么基金经理需要先按比例将投资组合的头寸变现后以红利形式支付给客户。当组合内的股票发放红利后,再将红利进行再投资。

指数重建(index reconstitutions)是指作为基准的指数所含的成分股发生变化。对于进行主动管理的投资组合,经理可以自主选择是否卖出那些从基准中剔除的证券。对于采取被动投资策略的指数追踪基金(index traking fund),指数重组会造成投资组合的证券的买卖。由于计算基金 NAV 采用的是每个证券的市场收盘价,在收盘价上进行证

券买卖可以保证基金价值和基准价值使用相同的证券价格，进而将追踪风险（tracking risk）最小化。

对于采用杠杆的投资组合，追加保证金要求（margin call）或增加现金抵押品（cash collateral）的要求会导致交易的产生，且交易紧迫性很强。对于使用衍生产品进行风险管理的投资组合，此类交易需求是很常见的。

23.2 策略与选择

23.2.1 交易策略参数

—考点要求—
探讨（discuss）交易策略选择时的参数（★）

23.2.1.1 交易订单特征

1. 交易方向

交易方向可分为买入、卖出、平仓或做空。当市场价格持续上升，因为市场上存在更多的买方，执行买入指令会比执行卖出指令耗费更多时间。如果交易清单中只包括买单或单一方向卖单，则投资组合面临更多的市场风险。

2. 绝对交易量

绝对的交易量是单笔交易所包含的证券数量，如 100 万股 A 公司股票。在交易中，绝对交易量越大，造成的市场影响越大，并且所需的交易时间越长。因此，那些交易大单的投资经理需要更多的耐心。

3. 相对交易量

相对交易量是指单笔交易所包含的证券数量占该证券日均成交量（average daily volume，ADV）的比例。例如，交易 100 万股 A 公司股票，且 A 公司股票的日均成交量为 4 000 万股，那么相对交易量为 2.5%（100 万股/4 000 万股）。交易 100 万股 B 公司股票，且 B 公司股票的日均成交量为 400 万股，那么相对交易量为 25%。由于 B 公司股票的相对交易量更大，因此预期该笔交易造成的市场影响会更大，交易成本也会更高。

23.2.1.2 证券特征

1. 证券类型

按照证券类别，被交易的投资工具可分为标的证券、ETFs、美国存托凭证（American depositary receipts，ADRs）、全球存托凭证（global depositary receipts，GDRs）、衍生品合约，以及外汇。当投资组合经理希望交易外国证券时，既可以直接在当地市场交易，也可以通过交易 ADRs 或 GDRs 来实现相同的风险敞口。但二者的区别在于：对于发展中市场而言，用 ADRs 或 GDRs 交易会比在当地市场直接投资的费用更低、操作更简单，所面临的监管以及合规问题也更少。

> **知识一点通**
>
> 存托凭证（depositary receipt，DR）又称存券收据或存股证，是指在一国证券市场流通的、代表外国公司有价证券的可转让凭证，是一种由存托人签发，以境外证券为基础在境内发行，代表境外基础证券权益的证券。存托凭证一般代表公司股

> 票，但有时也代表债券。美国存托凭证是面向美国投资者发行并在美国证券市场交易的存托凭证。如果发行范围不止一个国家，则称为全球存托凭证。

2. 短期 alpha

在交易背景下，短期 alpha 是指在交易期间证券价格的预期变动。短期 alpha 又被称为交易 alpha（trading alpha/trade alpha），其出现源于证券价格的升高、降低或反转。正如前文所述，投资经理在选择交易速度的时候需要考虑超额收益衰减的速度。对于在行情上涨时买入或在行情下跌时卖出的交易，快速进行更有利，因为未来的市场价格对投资经理不利。对于在行情下跌时买入或在行情上涨时卖出的交易，缓慢进行更有利，因为未来的市场价格对投资经理更有利。

3. 价格波动性

证券价格波动性是指证券价格的年化波动性。该波动性会影响交易的执行风险（execution risk）。执行风险是指在交易期间证券价格的不利变动带来的风险，该变动源于证券基本面价值的改变或交易导致的波动性。执行风险通常用价格波动性来估计，波动性越高，执行风险越大。

4. 证券流动性

证券流动性影响交易执行的速度以及预期的交易成本，对于交易策略的选择尤为重要。在其他不变的情况下，证券流动性越高，执行风险与交易成本越低。通过观察买卖价差（bid-ask spreads），投资经理可了解交易成本以及市场深度（market depth），进而决定如何将一个大单拆分为多个小单进行交易。

23.2.1.3 市场状况

在交易中，流动性是必须要考虑的因素。流动性可分为市场流动性和证券流动性两个层面。

从市场流动性来看，金融危机和季节性因素都会影响市场流动性。在金融危机中，整个市场面临缺乏流动性的问题，此时交易难度就会大幅度增加。例如，2008 年金融危机时，美国对某些股票实施禁空令（禁止做空这些股票），股票的流动性受到重大的影响。另外，季节性因素也会对流动性和价格波动性产生影响，如当地市场在某些节假日、季度末、年末等会出现交易萎缩。

证券流动性会受到市场流动性的影响。当金融危机或季节性因素导致市场整体流动性匮乏时，个体证券的流动性通常也会被大大抑制。另外，即使处于正常的市场状况下，股票的流动性也会产生变化。例如，某只股票被添加到某著名指数中或从某著名指数中被剔除的时候，股票的流动性就会随之变化。刚刚发行的国债（on-the-run bonds）的流动性更高；而那些相同种类但发行时间较早的国债（off-the-run bonds）的流动性则更低。

市场的波动性和流动性是反向关系。尤其在金融危机时期，市场的波动性高，而流动性较低。

> **知识一点通**
>
> 美国的国债采用定期发行的方式，不同期限的国债发行周期各有不同。对于某一期限的国债，最近发行的一只新债券就称为"on-the-run"，而之前发行的就全部都是"off-the-run"，二者之间有明确的界限。"on-the-run"债券每天的成交量都非常大，流动性也非常高，而"off-the-run"债券的成交量则小很多。

23.2.1.4 风险厌恶程度

风险厌恶程度是指投资经理或交易员在交易中愿意承担的风险水平。如果风险厌恶程度高，投资经理通常会希望降低市场风险敞口，尽量采用快速交易的方式。反之，如果风险厌恶程度低，投资经理对于交易的耐心则会增加。

23.2.2 参考价格

—考点要求—
比较（compare）交易执行的各类参考价格（★★）

参考价格（reference price）又称价格基准（price benchmarks），是指用于选择和执行某种交易策略的价格目标。换句话说，参考价格决定策略实施的交易价格并被用于计算实际交易的成本。参考价格可分为交易前基准价（pre-trade benchmarks）、日间基准价（intraday benchmarks）、交易后基准价（post-trade benchmarks），以及目标基准价（price target benchmarks）。

23.2.2.1 交易前基准价

交易前基准价是将交易发生前已知的价格作为基准，包括决策价格（decision price）、前一日收盘价（previous close）、当日开盘价（opening price），以及到达价格（arrival price）。

1. 决策价格

决策价格是指投资组合经理做出交易决策时的市场价格。投资组合经理通常会对其使用的决策价格进行准确的记录。量化投资经理则会将用于量化模型的价格作为决策价格。

2. 前一日收盘价

许多金融模型会使用前一日收盘价作为输入变量，而投资经理在做决策的时候依赖模型的输出结果。此时，前一天的收盘价被当作决策价格。

3. 当日开盘价

一些投资经理会选择在开盘时进行交易，其参考价格应为当日开盘价，这样可以最小化交易成本。与此同时，那些关注基本面、多投资于具有增长潜力或能带来长期alpha证券的投资经理，经常将当日开盘价当作决策价格。和前一日收盘价不同，当日开盘价不存在相关的隔夜风险（overnight risk）。隔夜风险是指上一日收盘后的重要信息所导致的下一日开盘后价格的调整。

4. 到达价格

到达价格是指交易订单到达市场时候的市场价格。对于那些基于预期alpha或当前市场上的错误定价而进行交易的投资经理，他们通常使用到达价格作为参考价格。这是因为这些经理的目标是在当前市场价格附近进行交易，以实现更多的 alpha。另外，如果基金经理希望最小化交易成本，也可以使用到达价格作为参考价。

23.2.2.2　日间基准价

如果投资经理认为证券不会呈现短期的价格趋势，那么他们会采用日间基准价作为交易的参考价。常用的日间基准价包括成交量加权平均价格（volume-weighted average price，VWAP）和时间加权平均价格（time-weighted average price，TWAP）。

1. 成交量加权平均价格

成交量加权平均价格是将当天或交易时间之内所有执行的交易的价格按各自的成交量加权而算出的平均价。此价格的优点在于考虑了成交量，适合那些希望参与到价格变动中的投资经理。缺点在于该价格容易受到大单交易的影响。如果有大单交易在低价位上进入市场，即价格低且权重大，就会大幅度拉低 VWAP。反之，大单交易在高价位进入市场则会大幅度拉高 VWAP。通常，当投资组合进行调仓时，投资经理会在买入一些证券的同时卖出一些证券。此时，使用 VWAP 可以保证出售证券带来的现金足以支付剩余的买单。

2. 时间加权平均价格

时间加权平均价格是指将当天或交易时间之内所有执行的交易等权重计算得出的平均价。此价格的优点在于剔除了大单交易对价格带来的影响，更好地衡量了证券的公允价格。缺点在于没有考虑成交量，仅考虑了价格因素。在市场交易量比较小的时段进行大单交易对总体市场影响较大。

23.2.2.3　交易后基准价

交易后基准价是指在交易结束后确定的参考价。最常见的交易后基准价为当日收盘价。对于指数跟踪型基金而言，投资经理通常希望以收盘价进行交易。这是因为，无论是基金净资产价值还是基准组合价值都是按照收盘价进行计算的。以收盘价进行交易可以将追踪误差最小化。收盘价的缺点在于不可预知，只有在收盘之后，交易员或者基金经理才能用收盘价评估交易的表现。

23.2.2.4　目标基准价

当投资经理发现证券价格目前被低估或高估时，可以使用目标基准价作为基准。假设 A 股票当前的价格是 USD 30。投资经理认为 A 股票被低估了 USD 1，那么目标基准价可设置为 USD 31。投资经理会尽量在小于或等于 USD 31 的价位买入。

> **备考小贴士**
>
> 4 类参考价格的具体类型及适用范围，详见表 23.1。
>
> **表 23.1　4 类参考价格的具体类型及适用范围**
>
> | 参考价格 | 类型 | 适用范围 |
> | --- | --- | --- |
> | 交易前基准价 | 决策价格 | ● 量化模型。
● 长期的增长前景或高于预期收益的潜力 |
> | | 前一日收盘价 | ● 量化模型 |
> | | 当日开盘价 | ● 关注基本面。
● 多投资于具有增长潜力或能带来长期 alpha 的证券。
● 避免隔夜风险 |
> | | 到达价格 | ● alpha 预期或当前市场错误定价。
● 最小化交易成本 |
> | 日间基准价 | VWAP | ● 被动投资策略。
● 再平衡 |
> | | TWAP | ● 被动投资策略。
● 剔除大单交易的影响 |
> | 交易后基准价 | 收盘价 | ● 最小化潜在的追踪风险（tracking risk/tracking error） |
> | 目标基准价 | 目标基准价 | ● 从错误定价的证券中寻求短期 alpha |

23.2.3　交易策略

—考点要求—
根据相关事实，推荐（recommend）特定的交易策略（★★）

　　交易策略的选择会受到交易动机、交易紧迫性、交易规模，以及市场情况等多因素的影响。常见的交易策略包括短期 alpha（short-term alpha）策略、长期 alpha（long-term alpha）策略、风险再平衡（risk rebalance）策略、赎回导致的现金流驱动（cash flow driven-client redemption）策略，以及新交易指令导致的现金流驱动（cash flow driven-new trade mandate）策略。

23.2.3.1　短期 alpha 策略

—考点要求—
根据相关事实，证实（justify）特定的交易策略（★★）

　　短期 alpha 策略的目标在于攫取短期的超额收益。假设 B 公司发布的年报说明其实际业绩低于预期，市场很可能对这个信息过度反应。此时，投资经理可利用过度反应在短期获得超额收益。假设 B 公司股价由 USD 75 股价下跌到 USD 40，而投资经理认为 B 公司的股票内在价值为 USD 60，同时 B 公司股票拥有足够的流动性。那么，此时的交易策略应为：下达限价买入指令（limit buy order），即买入价格不能超过 USD 60，并且应尽快完成这笔交易。由于是非常紧急的交易，攫取 alpha 的机会稍纵即逝，所以此时应将到达价格作为此交易的参考价。此时交易可以采用程序化的电子交易方法，又叫做算法交易（algorithm trading）。

23.2.3.2 长期 alpha 策略

长期 alpha 策略的目标是攫取长期的超额收益。假设投资经理判断他所持有的一只债券的信用风险会在未来一年内升高，同时这个上升趋势不会马上显现，而是在接下来的几个月或几个季度逐渐表现出来。然而，这只债券的流动性不高，投资经理持有的头寸也并不多。在这种情况下，交易紧急程度很低，最佳的交易策略是：投资经理通过做市商们将一大单拆解成多个小单，分批次缓慢地进行交易。一方面，该策略缓解了由于做市商手中债券不足带来的交易成本上升的问题。另一方面，该策略也避免了集中交易流动性差的债券所造成的信息泄露，规避了对市场的影响。在实务中，此类交易的参考价很难选择。

23.2.3.3 风险再平衡策略

风险再平衡策略的目标在于对冲风险。假设当前某基金同时持有外币的多空头寸，且面临外汇波动性上升的风险。与此同时，基金的目标风险水平为 10%，而当下的风险水平已增加至 15%。那么，投资组合经理需要通过一个可控且渐进式的方法将手中的头寸变现，降低整个组合的风险。由于交易既涉及买入又涉及卖出，总体交易的净 beta 可接近于 0，因此交易紧迫性并不强，最佳交易策略是：将参考价格设置为 TWAP，并在未来几个交易日中利用 TWAP 算法执行交易。

23.2.3.4 赎回导致的现金流驱动策略

赎回导致的现金流驱动策略（client redemption trade）的目标是获取足够现金流以满足客户赎回的需求。对于开放式基金而言，所有申购和赎回的基金份额都必须按照当日收盘价格计算出的 NAV 进行结算。这种规则会导致无论交易员以多高的价格出售基金的成分证券，客户最终收到的钱都是以 NAV 计量的。因此，参考价格应设置为收盘价，最佳的交易策略是：交易员尽可能以收盘价进行交易，从而避免过早交易导致的价格波动风险。具体的执行方法为：如果抛售量不大，可将下单全部进行收盘集合竞价（closing auction），保证成交价格为收盘价。如果抛售量较大，进行集合竞价必将使得收盘价急剧下跌，导致 NAV 偏低，这对基金而言有好处，但会损害客户利益。在这种情况下，交易员可以将少量订单在收盘前进行 VWAP 交易，剩余的大部分订单在收盘的时候进行集中竞价交易。

23.2.3.5 新交易指令导致的现金流驱动策略

现金流驱动策略的目的是进行现金股票化，降低现金拖累。假设基金跟踪罗素 2 000 指数（Russell 2 000），建仓的过程要求时间短，交易规模大，且客户不允许留有现金头寸，基金业绩的计量从当日收盘价格开始计算。那么，在较短时间段内（一个交易日），投资经理是不太可能完成罗素 2 000 指数的跟踪建仓任务的。这种情况下，最佳的交易策略为：交易员可以在当天接近收盘的时候买入罗素 2 000 指数期货合约，以获取与罗素 2 000 指数相同的敞口。后续，交易员可以逐渐买入标的证券并卖出相应的 ETF 或期货。这种策略的好处在于：一方面，策略避免了现金拖累，保证了组合收益率不会与基准组合有太大差异；另一方面，策略为交易赢得更多的时间，可使交易以更优的价格执行。

> **备考小贴士**
>
> 以上 5 种交易策略的交易紧迫程度、参考价格，以及交易执行方法，详见表 23.2。
>
> **表 23.2　5 种交易策略的紧迫程度、参考价格以及交易执行方法**
>
> | 交易类型 | 交易紧迫程度 | 参考价格 | 交易执行方法 |
> | --- | --- | --- | --- |
> | 短期 alpha | 高 | 目标基准价 | 算法交易 |
> | 长期 alpha | 低 | 很难确定 | 大单拆分成若干小单，避免信息泄露 |
> | 风险再平衡 | 低 | TWAP | 在未来几个交易日中利用 TWAP 算法进行交易 |
> | 赎回导致的现金流驱动 | 高 | 收盘价 | 小部分在收盘前执行，大部分通过收盘集合竞价执行 |
> | 新交易指令导致的现金流驱动 | 低 | 收盘价 | 通过购买指数期货及时获得对应头寸 |

23.3　策略执行

将从交易执行选择、算法交易，以及市场间对比三个方面论述策略执行。交易执行选择主要探讨交易由谁主导——人还是电脑。算法交易则是一种常见的由电脑主导的交易，主要讨论不同算法的特点及适用场景。市场间对比讨论不同类型证券所处的市场的不同特征。

23.3.1　交易执行选择

当投资经理选择了适当的交易策略后，交易员必须开始具体执行交易。根据人在完成交易中的重要程度，交易执行选择可分为高附加值交易与电子化交易。

23.3.1.1　高附加值交易

高附加值交易（high-touch approaches）需要大量的人力互动和参与，适用于大额订单的交易指令。值得注意的是，高附加值交易中人的参与程度很高，但不代表完全不使用计算机系统或者算法交易。根据承担风险的主题，高附加值交易可分为自营交易与代客交易。

1. 自营交易

自营交易（principal trades）又称为做市商交易，是指做市商（dealer, market maker）利用自身的库存证券进行交易，成为交易员的交易对手方。国际上，证券市场存在两种交易制度：一是报价驱动制度（quote-driven），又称做市商制度；二是指令驱动制度（order-driven），或称竞价制度。除了股票、ETFs，以及场内衍生品以外，绝大多交易采用做市商制度，即在做市商市场上交易（over-the-counter，OTC，or off-exchange markets）。

自营交易最大的特点在于交易风险以及暂时供需的不平衡风险由做市商承担。由于做市商承担了更多的风险，他们会要求更高的买卖价差（bid-ask spread）。通常，当买方需要交易流动性较差的证券时会采用自营交易手段。在买卖流动性比较差的证券时，做市商很可能不进行连续报价，因为报了也无人问津，所以他们会在交易员来询价的时候再进行报价，这类交易被称为询价交易（request for quote，RFQ）。

> **知识一点通**
>
> 做市商是指在证券市场上，具备一定实力和信誉的证券经营法人。这些做市商作为特许交易商，不断地向公众投资者报出某些特定证券的买卖价格（即双向报价），并在该价位上接受公众投资者的买卖要求，以其自有资金和证券与投资者进行证券交易。做市商自身则是通过买卖报价的适当差额来补偿所提供服务的成本费用，并实现一定的利润。由做市商参与并组织的市场交易制度称为做市商制度。指令驱动制度的特征是：开市价格由集合竞价形成，随后交易系统根据不断输入的投资者交易指令，按价格与时间优先原则排序，将买卖指令配对竞价成交。

2. 代客交易

代客交易（agency trades）是指经纪商（broker）通过在市场上寻找匹配的订单，以中介形式帮助完成交易。代客交易中经纪商仅作为中介存在，帮助交易员寻找交易对手方，因此并不承担任何交易风险。在交易流动性比较好的证券时，采用代客交易的成本会低一些。如果交易规模较大且证券流动性不足，经纪商会通过将大单拆分为诸多小单的方式进入市场，这个过程需要很多人为的判断。

> **知识一点通**
>
> 卖方机构会根据买方交易员的需求提供完善的、量身定做的交易服务。这套交易服务一般涉及以下内容：卖方机构及时提供引起市场波动的信息和相关证券的新闻；利用丰富的交易经验，对市场进行判断，以保证交易效果；在买方交易员资金不足的情况下，可以暂时提供融资帮助；对一些难以购买的证券，卖方交易员可以担当做市商的角色，让客户买到满意的交易数量；提供详细的交易数据和交易后分析服务；提供高质量的市场研究服务和证券研究服务。在这些服务的帮助下，买方交易员在面对大多数交易对手时，会具备一定的优势，可以在保证既定的交易效果的同时获得一些超额收益。因此，高附加值交易的佣金是最高的。

23.3.1.2 电子化交易

对于流动性好、交易量大的证券，高附加值交易通常效率较低、速度较慢。并且人的高度参与可能会导致抢跑现象（front running），即交易员知道他人明确的买卖意图并抢先于其他交易员买入或卖出证券以获得收益。在这种情况下，交易应更多依靠电子化、自动化的执行手段，如直接市场准入（direct market access，DMA）和执行算法（execution algorithms）。

直接市场准入为交易员提供了一个直接与交易所进行交易和沟通的渠道。通常情况下，交易所只接受其成员的交易，而这些成员为券商和做市商。其他交易员或机构无法直接与交易所建立联系，只能通过券商和做市商下单。然而，直接市场准入允许交易员通过券商提供的交易平台自己管理交易的细节。高附加值交易中由做市商所提供的服务，在直接市场准入中则由买方交易员独自承担。因此，直接市场准入的成本低于高附加值交易。在实务中，小额的外汇交易通常使用DMA。在实务中，券商提供的手机炒股软件在本质上就是DMA，买卖由用户自行操作，而券商则通过软件收取少量的佣金。

除了直接市场准入，经纪商也可利用特定的执行算法来执行交易指令，而该交易的紧迫程度决定了交易算法的选择和内容。

> **知识一点通**
>
> 直接市场准入还提供了很好的保密性。交易都是在券商的名义下或者以匿名的方式完成的。在一些券商中，由于监管的需要和防火墙的要求，一些证券必须以直接准入的方式进行交易。正是因为电子交易的迅捷性和直接进入交易所的便利性，买方交易员可以实现类似于做市商赚取买卖价差的交易，也可以更多地捕捉到市场短期内出现的获利机会。由于只用到了券商的交易通道和交易平台，佣金和交易费用也可以降到很低。例如，如果交易美国股票，通过高附加值交易的佣金为5美分/股，而通过直接市场准入的佣金可以低到0.5美分/股。中国的券商所提供的A股交易服务主要是直接市场准入。

23.3.2 算法交易

—考点要求—
描述（describe）选择特定类别的交易算法的决定因素（★）

23.3.2.1 定义

算法交易（algorithmic trading）又被称为自动交易、黑盒交易或者机器交易，它指的是通过使用计算机程序来发出交易指令的方法。在交易中，程序可以决定的范围包括交易时间的选择、交易的价格，甚至可以包括最后需要成交的证券数量。

算法交易根据目标可以分为两类：执行算法（execution algorithms）与逐利算法（profit-seeking algorithms）。

1. 执行算法

执行算法是指通过编写程序告诉计算机什么情况下买、什么情况下卖、交易量是多少等。换句话说，执行算法是将投资经理的交易决定用计算机程序落实的过程。关于执行算法的详细内容会在下文进行介绍。

2. 逐利算法

逐利算法是指利用实时市场数据（交易量和波动性等），寻找套利空间，计算机自行决定进行交易。这类算法多用于电子化做市商、量化基金以及高频交易员。

23.3.2.2 执行算法分类

1. 预设型算法

预设型算法（scheduled algorithms）的基本思路是从历史交易模式出发，统计归纳历史成交时间、成交量、价格分布等的规则，并将这些规则应用于之后的交易。预设型算法主要包括 3 种：比例成交（percentage-of-volume，POV）、成交量加权平均价格（volume-weighted average price，VWAP），以及时间加权平均价格（time-weighted average price，TWAP）。

（1）POV 算法。

POV 算法又被称为参与率算法（participation algorithms），它利用市场交易量的实时数据作为交易的依据，根据各时段实际交易量的固定百分比参与交易。假设参与率定为 20%，那么市场上每交易 10 000 股，算法就会交易 2 000 股，直至订单被全部执行。

POV 的优点：该算法可以在市场流动性增加时自动增加交易量，而在市场缺乏流动性时自动减少交易量。

POV 的缺点：首先，POV 不一定能完成交易任务。例如，经理想买 3 000 手某只股票，但是当天的总交易量只有 20 000 手，参与率为 10%，当天只能成交 2 000 手，还有 1 000 手没办法执行交易。其次，POV 很可能在价格对交易者不利的情况下依然下单执行交易，导致交易成本比较高。

（2）VWAP 算法。

VWAP 算法的主要逻辑是将大额订单按照规定期限内所预测的交易量分布比例拆分成多个小额订单进行委托交易。换句话说，首先将交易时间分成等时长的时间段（time slicing）。其次根据历史上各时间段的交易情况来预测当日内各时间段交易量在全天交易量的占比。最后根据预测的交易量占比拆分总交易量到各个时间段执行交易。执行 VWAP 算法时一般是开盘和收盘的时候交易量比较大，交易日中间的交易量相对较低，形成 U 型曲线。但是对于缺乏流动性的股票，VWAP 并非一种理想算法，因为交易量低会导致 VWAP 无法完成交易指令。

（3）TWAP 算法。

TWAP 算法把交易期划分为若干时间段以后，按每个时间段的长度权重分配该时间段内需完成的交易量，即相同时间长度内的交易量相等。TWAP 与 VWAP 的差异仅在于，TWAP 并不预测交易期内成交量的分布。

VWAP 与 TWAP 的共同点体现在，这两种算法都通过历史数据制订了交易计划，即在具体的时间段内交易既定的数量。因此，二者的共同优点在于可以保证一段时间内既定交易量的完成，缺点在于实际情况可能不同于历史规律。例如，如果当日某个时段实际的交易量比较大，但历史数据显示这个时段交易量小，则 VWAP 无法利用这个流动性增加的机会。

整体来说，预设型算法适用于交易量较小（不超过预期交易量的 5%~10%）、流动性强、不紧急的订单，分散的交易可以减小交易产生的市场冲击。

2. 流动性追踪算法

流动性追踪算法（liquidity-seeking algorithms），又称机会算法（opportunistic algorithms），

该算法通过多渠道获取标的股票的报价，一旦某个渠道可以提供满意的流动性，就马上下单交易。相比 POV，其优点在于在寻求流动性的同时也关注交易价格。如果在有利价位上的流动性增加，则可通过明池与暗池渠道进行大量交易。如果流动性不佳，该算法可能只会进行少部分交易。需要注意的是，该算法多采用市价指令，而非限价指令。

当投资经理要在缺乏流动性的市场上进行快速大量交易时，该算法可以减少对市场的影响，避免限价指令所导致的信息泄露。

3. 到达价格算法

到达价格算法（arrival price algorithms）保证尽量在当前价格上完成交易。因此执行该类算法时开始时的交易量通常很大，被称为前置策略（front-loaded strategy）。到达价格算法适用于市场流动性高且下单量对市场影响小的情况。当投资经理认为交易期间价格会发生不利变动而希望尽快完成交易时，此算法可帮助其尽快获取 alpha。与此同时，风险厌恶的投资经理希望降低执行风险，也会采用该算法。

4. 暗池交易

暗池（dark pool）的概念与明池（lit pool）相对。明池主要指代交易所，可提供交易前后价格，交易的透明度很高。而暗池交易适用于订单规模很大、买卖价差较宽，但市场流动性低的交易。暗池交易是场外交易的一种形式，在 2005 年由华尔街投行高盛率先推出。在暗池交易中，买卖双方匿名配对进行大宗股票交易，这种交易主要由机构投资者参与买卖，运作并不透明，不会展示买卖盘价及报价人士的身份；为避免信息的泄露，暗池不会向公众披露已执行交易的详情。然而，暗池交易的执行不确定性高，也许永远无法找到交易对手，因此更适合那些不需要立刻完成全部订单的投资经理。

5. 比价系统

比价系统（smart order router，SOR）通过对所有可获得的渠道报价的比对，以及完成交易的概率，找到最优的交易执行渠道。根据前期市场的情况，SOR 会决定：对于限价指令，哪个交易指令拥有最高的执行概率；对于市价指令，哪个交易渠道拥有最有利的市场价格。与此同时，SOR 会对市场进行持续实时的监控，既包括明池也包括暗池。SOR 适用于对市场影响程度低的小订单量市价指令，以及信息泄露可能性很低且潜在交易渠道较多的小订单量限价指令。

> **备考小贴士**
>
> 关于以上 5 类执行算法的总结，详见表 23.3。
>
> **表 23.3　5 类执行算法的特征**
>
> | 执行算法 | 下单量 | 市场流动性 | 交易紧迫性 |
> | --- | --- | --- | --- |
> | 预设型算法 | 小 | 高 | 低 |
> | 流动性追踪算法 | 大 | 低 | 高 |
> | 到达价格算法 | 小 | 高 | 非常紧迫 |
> | 暗池交易 | 大 | 极低 | 低 |
> | 比价系统 | 小 | 任何 | N/A |

> **备考小贴士**
>
> 对 5 类执行算法的考查，侧重于辨析它们各自的适用情景，这部分是考试重点。

23.3.3 市场间对比

根据所交易的金融工具类型不同，整个市场可被分为股票市场、债券市场、场内衍生品市场、场外衍生品市场，以及外汇现货交易市场。根据不同市场的特征，交易执行的方式各有不同。

—考点要求—
区分（contrast）下列市场与策略执行相关的重要特征，包括：股票市场、债券市场、场内衍生品市场、场外衍生品市场，以及外汇现货市场（★）

23.3.3.1 股票市场

在众多的市场中，股票市场是技术最先进的，绝大多数交易都以电子化方式进行，算法的应用十分常见。在北美，股票除了在传统的交易所进行交易以外，还经常会通过替代交易系统（alternative trading systems，ATS）进行交易。作为一种新型证券交易场所，替代交易系统是一种以互联网为基础的，依据一定规则自动聚集并撮合投资者委托买卖证券指令的电子交易系统。它属于场外交易场所的范畴，与传统交易所相比，其交易对象更广，交易流程更为便捷，交易规则特殊，同投资者之间的法律关系也不同。在欧洲，这些替代交易渠道包括多边交易设施（multilateral trading facilities，MTF）和系统化内部交易商（systematic internalisers，SI）。

对流动性不同的股票，股票交易所可能会使用不同的交易系统。大额、紧迫、流动性差的小盘股通常会通过做市商进行交易，此时做市商扮演交易对手。大额、不紧迫、流动性高的大盘股可以通过算法进行交易。流动性高的股票的小额交易则一般采用电子平台进行交易。

—考点要求—
区分（contrast）股票市场与策略执行相关的重要特征（★）

> **知识一点通**
>
> ATS、MTF 以及 SI 是有着相似功能的暗池，而它们之间主要的不同点在于 ATS 一般在北美地区运行，而 MTF 和 SI 主要在欧洲运行。

23.3.3.2 债券市场

相比股票市场，债券市场的透明性和价格发现程度都相对较低。流动性低且交易不频繁的特征使债券市场的交易更适合让人高度参与，即更多采用高附加值的做市商制度，算法交易比较少见。而这些少见的算法交易主要用于交易流动性较好的新发行（on the run）的国债。

—考点要求—
区分（contrast）债券市场与策略执行相关的重要特征（★）

23.3.3.3 场内衍生品市场

场内衍生品市场非常庞大，交易量也非常惊人，且绝大多数交易量都集中在期货合约中。与股票市场类似，场内衍生品市场的透明度很高，公开的交易数据也非常翔实丰

—考点要求—
区分（contrast）场内衍生品市场与策略执行相关的重要特征（★）

富。电子化交易在该市场的应用非常广泛。然而，该市场对算法交易的应用不及股票市场。目前来讲，算法交易在期货交易中更常见，在期权交易中较少出现。大额的、不紧急的订单会采用执行算法，而来自买方交易员的小额订单则通过 DMA 交易。

23.3.3.4 场外衍生品市场

—考点要求—
区分（contrast）场外衍生品市场与策略执行相关的重要特征（★）

从历史角度来看，场外衍生品市场的透明度和监管程度均较低。近些年来，监管机构不断对场外衍生品施加更多的监管压力，包括引入中央集中清算系统（central clearing facilities）。虽然被集中清算的衍生品流动性有所增加，但该系统外的衍生品流动性却降低了。场外的衍生品市场主要是找做市商或经纪商进行交易，同时通过加强监管以增强市场的透明度，尽可能减少其中的信用风险。

23.3.3.5 外汇现货市场

—考点要求—
区分（contrast）外汇现货市场与策略执行相关的重要特征（★）

对于绝大多数外汇现货交易而言，目前不存在交易所或集中的清算平台。因此，外汇市场是个彻底的场外市场，且几乎没有跨境的监管。外汇现货市场包括几个层级。最高层级为银行间市场（interbank market），其参与者主要是大型跨国银行和充当做市商的金融机构，交易规模极大。再下一层级的市场主要由中小银行和其他金融机构参与，他们的交易通常会委托给银行间市场的参与者来完成。最下层市场的参与者主要是商业银行和零售交易员，他们同样会委托上一个层级的参与者进行交易。随着层级的下降，其买卖价差也会随之升高。

下单量大且紧急的交易，通常会向多个相互竞争的做市商进行询价；而那些下单量大但不紧急的交易则会采用高附加值交易或算法交易；如果交易的下单量很小，则通常使用 DMA。

23.4 交易评估

当交易执行完毕后，投资经理和交易员需要对交易进行评估。评估的内容包括交易的执行是否和既定的交易策略相一致、交易成本的大小、交易成本的来源等。其中，计量交易成本并探究这些成本的来源最为重要。

—考点要求—
解释（explain）交易成本如何计量（★★★）

23.4.1 交易成本计量

23.4.1.1 执行价差的定义

—考点要求—
决定（determine）一个交易的成本（★★★）

执行价差（implementation shortfall，IS）指的是采用投资决策时的证券市场价格（decision price）建仓的模拟投资组合的收益率（paper return）与采用实盘交易建仓的真实投资组合的收益率（actual return）之差。这个差额是一个比率数据，其本质就是一种事后交易成本（ex-post trade cost）。

$$\text{IS} = \text{Paper return} - \text{Actual return} \tag{23.1}$$

$$\text{Paper return} = (P_n - P_d)(S) = (S)(P_n) - (S)(P_d) \tag{23.2}$$

公式（23.2）中，P_n 代表当前的价格；P_d 代表投资决策制时的价格；S 代表模拟投资组合总下单量，$S>0$ 代表买单，$S<0$ 代表卖单。

$$\text{Actual return} = \left(\sum s_j\right)(P_n) - \sum s_j p_j - \text{Fees} \tag{23.3}$$

公式（23.3）中，s_j 和 p_j 分别代表第 j 次执行的下单量以及对应的交易价格；$\sum s_j$ 代表实际总下单量；Fees 代表固定的交易成本。

> **备考小贴士**
>
> 对执行价差的理解和相应的计算非常重要，考生需要重点关注公式（23.1）、（23.2），以及（23.3）。

23.4.1.2 执行价差的构成

执行价差可以进一步被分为 3 个类别：执行成本（execution cost）、机会成本（opportunity cost）以及固定费用（fixed fees）。

1. 执行成本

执行成本可分为交易成本（trading cost）和延迟成本（delay cost）。交易成本来自买卖证券的市场冲击，通常会导致买入时买入价不断升高或卖出时卖出价不断降低，进而推高基金的交易成本，降低实际的收益。延迟成本来自交易指令从下达到执行这段时间内价格的波动，例如，交易员在基金经理下达交易指令一小时后才去下单，而此时价格已经发生变化。为了尽可能降低延迟成本，交易员应事先得到有关经纪商的业绩信息。例如，哪个经纪商最适合此次交易，以及哪种算法最适合此次交易等。

2. 机会成本

机会成本来自订单当中没有被执行的那部分证券。简单来讲，投资经理无法在既定价格水平上将所有订单中的证券交易完成，背后的原因可能是市场缺乏流动性。实务中，投资组合经理是否可以执行完全部订单是个未知数。为了将机会成本最小化，交易员应了解在一段时间内最可能完成的订单量，剩余的现金应投资于次优的投资机会。

模拟组合中的总下单量 S 与实际成交量 $\sum s_j$ 之间的关系为：$\sum s_j \leq S$。

3. 固定费用

固定成本包括全部显性费用（explicit fees），如经纪商佣金、交易所规费和结算所规费，以及税费。

将公式（23.1）根据 IS 的构成进行拆分，可得到公式（23.4）：

$$\text{IS} = \underbrace{\left(\sum s_j p_j - \sum s_j p_d\right)}_{\substack{\text{执行成本} = \text{交易} \\ \text{成本} + \text{延迟成本}}} + \underbrace{\left(S - \sum s_j\right)(P_n - P_d)}_{\text{机会成本}} + \text{Fees} \tag{23.4}$$

> **备考小贴士**
>
> 对执行价差的理解和相应的计算非常重要，考生需要重点关注公式（23.4）。

23.4.1.3 案例解析

1. 执行价差的计算

假设某基金公司经理进行了以下交易。

周一，A 公司的股票以每股 USD 20 收盘。

周二，在交易开始前，投资组合经理 Tom 决定购买 1 000 只 A 公司股票，采取限价指令，以不高于每股 USD 19.8 的价格买入，当日完成。基准价格为周一的收盘价：每股 USD 20。周二限价订单没有被执行。周二收盘价上升至每股 USD 20.05。

周三，Tom 下达了新的限价指令，购买 1 000 只 A 公司股票，以不高于每股 USD 20.07 的价格买入。当天，700 股以每股 USD 20.07 购入，交易佣金和费用共 USD 15。当天 A 公司股票收盘价为 USD 20.08。剩余未交易的 300 股则被取消。

模拟投资组合：交易 1 000 只 A 公司股票，价格为每股 USD 20。当最终交易取消时，1 000 股的市场价值为 USD 20080，成本为 USD 20 000，最终利得为 USD 80 [(20.08 − 20) × 1 000]。

实际投资组合：交易 700 只 A 公司股票，交易取消时价值为 USD 14056（700 × 20.08）。700 只 A 公司股票的购入成本为 USD 14 049（700 × 20.07），交易佣金和费用为 USD 15，成本共 USD 14 064（14049 + 15）。最终利得为 −USD 8（14 056 − 14 064）。

$$执行价差 = 80 - (-8) = USD\ 88$$

还可用执行价差的金额除以模拟组合的总成本，并用基点（bps）形式来表示执行价差，即：$\frac{88}{1\ 000 \times 20} \times 10\ 000\ \text{bps} = 44\ \text{bps}$。

> **备考小贴士**
>
> 考试中通常要求将计算出的执行价差用基点（bps）的形式表示。计算时分母为模拟组合的名义本金。

2. 执行价差的分解

继续上文的案例，通过计算可得到执行成本、机会成本，以及固定费用的具体金额。

（1）执行成本。

$$执行成本 = \sum s_j p_j - \sum s_j p_d = (700 \times 20.07) - (700 \times 20) = 14\ 049 - 14\ 000 = USD\ 49$$

（2）机会成本。

$$机会成本 = (S - \sum s_j)(P_n - P_d) = (1\ 000 - 700)(20.08 - 20) = USD\ 24$$

（3）固定费用。

$$固定费用 = USD\ 15$$

最终，

$$执行价差 = 49 + 24 + 15 = USD\ 88$$

3. 执行成本的分解

假设公司 A 的股票在交易中，收到下达指令后 30 分钟才向市场发出购买指令。向市场发出购买指令时的价格为 USD 20.03。那么，可分别计算交易成本和延迟成本：

$$交易成本 = (700 \times 20.07) - (700 \times 20.03) = 14\,049 - 14\,021 = USD\ 28$$

$$延迟成本 = (700 \times 20.03) - (700 \times 20) = 14\,021 - 14\,000 = USD\ 21$$

$$执行成本 = 交易成本 + 延迟成本 = 28 + 21 = USD\ 49$$

最终，

$$执行价差 = 28 + 21 + 24 + 15 = USD\ 88$$

> **备考小贴士**
>
> 执行价差的分解非常重要，考生需要重点掌握计算。

23.4.2 交易成本分析

23.4.2.1 概述

交易成本分析（trade cost analysis，TCA）又称为交易成本评估（trade cost evaluation），是一种交易事后分析（post-trade analysis），其目标在于评估和计量交易执行的质量，以及交易员、经纪商和算法的总体表现。TCA 主要计算实际交易相对于参考价格基准的成本。TCA 的逻辑类似投资组合的相对收益，需要找到合适的基准组合与之对比。对于买单而言，TCA 中的成本等于实际交易价格高于参考价格基准的部分。对于卖单而言，TCA 中的成本等于实际交易价格低于参考价格基准的部分。

成本（金额）：

$$\text{Cost(USD)} = \text{Side} \times (\overline{P} - P^*) \times \text{Shares} \tag{23.5}$$

每股成本：

$$\text{Cost(USD/share)} = \text{Side} \times (\overline{P} - P^*) \tag{23.6}$$

成本（基点）：

$$\text{Cost(bps)} = \text{Side} \times \frac{(\overline{P} - P^*)}{P^*} \times 10\,000\ \text{bps} \tag{23.7}$$

公式（23.5）、（23.6）、（23.7）中，若为买单则 Side = +1，若为卖单则 Side = -1；$\overline{P}$ 代表平均执行价格；P^* 代表参考价格基准；Shares 代表交易执行的证券数量。

---考点要求---
评估（evaluate）交易的执行（★★★）

> **备考小贴士**
>
> 公式（23.7）是后续公式的基础，因此需要考生重点掌握。

23.4.2.2 TCA 成本计量

在 TCA 中，投资组合经理对参考价格基准的选用至关重要，不同的参考价格基准可用于探究交易执行的不同侧面。参考价格基准可采用到达价格、VWAP、TWAP，以及收盘价格。

1. 到达价格

利用到达价格作为基准，即将公式（23.5）、（23.6）、（23.7）中的 P^* 具体设置为到达价格，可衡量当交易指令传送到市场时的价格与实际交易价格之间的差异。

例题 23.1

假设基金经理执行了 1 个买入指令的平均执行价格为 $\overline{P}$ = USD 40.05，交易指令到达市场时的价格（到达价格）为 P^* = USD 40.00。请问用基点表示的到达价格基准成本是多少？

名师解析

$$\text{Arrival cost(bps)} = \text{Side} \times \frac{(\overline{P} - \text{到达价格})}{\text{到达价格}} \times 10\,000 \text{ bps}$$

$$= 1 \times \frac{(40.05 - 40.00)}{40.00} \times 10\,000 \text{ bps} = 12.5 \text{ bps}$$

由此可见，基金发生的到达成本为 12.5 bps，说明基金表现比到达价格基准低 12.5 bps。

2. VWAP

利用 VWAP 作为基准，即将公式（23.5）、（23.6）、（23.7）中的 P^* 具体设置为 VWAP，可衡量在交易期间投资组合经理是否接收到了公平合理的价格。由于 VWAP 反映了期间所有的交易活动的信息（如所有市场参与者的买卖压力和市场噪音），因此可以为经理提供整个市场参与者们在当日交易的公允成本。

例题 23.2

假设基金经理执行了 1 个买入指令，平均执行价格为 $\overline{P}$ = USD 40.05，交易期间的 VWAP 为 P^* = USD 40.04。请问用基点表示的 VWAP 基准成本是多少？

名师解析

$$\text{VWAP cost(bps)} = \text{Side} \times \frac{(\overline{P} - \text{VWAP})}{\text{VWAP}} \times 10\,000 \text{ bps}$$

$$= 1 \times \frac{(40.05 - 40.04)}{40.04} \times 10\,000 \text{ bps} = 2.5 \text{ bps}$$

由此可见，基金发生的 VWAP 成本为 2.5 bps，说明基金表现比 VWAP 基准低 2.5 bps。

3. TWAP

利用 TWAP 作为基准，即将公式（23.5）、（23.6）、（23.7）中的 P^* 具体设置为 TWAP，也衡量了在交易期间投资组合经理是否接收到了公平合理的价格，特别是在投资经理想要排除潜在的异常极端价格的情况下。

例题 23.3

假设基金经理执行了 1 个买入指令的平均执行价格为 $\overline{P}$ = USD 40.05，交易期间的 TWAP 为 P^* = USD 40.06。请问用基点表示的 TWAP 基准成本是多少？

名师解析

$$\text{TWAP cost(bps)} = \text{Side} \times \frac{(\overline{P} - \text{TWAP})}{\text{TWAP}} \times 10\ 000\ \text{bps}$$

$$= 1 \times \frac{(40.05 - 40.06)}{40.06} \times 10\ 000\ \text{bps} = -2.5\ \text{bps}$$

由此可见，基金发生的 TWAP 成本为 -2.5 bps，说明基金表现比 TWAP 基准高 2.5 bps。

4. 收盘价

利用收盘价作为基准（market on close benchmark，MOC benchmark），即将公式（23.5）、（23.6）、（23.7）中的 P^* 具体设置为收盘价，衡量了指数基金经理或共同基金经理实际交易成本与收盘价格的高低。这些基金通常以收盘价进行估值，因此经理应采用收盘价对其交易成本高低进行评估。

例题 23.4

假设基金经理执行了 1 个买入指令，平均执行价格为 $\overline{P}$ = USD 40.40，当日收盘价为 P^* = USD 40.50。请问用基点表示的收盘价基准成本是多少？

名师解析

$$\text{MOC cost(bps)} = \text{Side} \times \frac{(\overline{P} - \text{收盘价})}{\text{收盘价}} \times 10\ 000\ \text{bps}$$

$$= 1 \times \frac{(40.40 - 40.50)}{40.50} \times 10\ 000\ \text{bps} = -24.7\ \text{bps}$$

由此可见，基金的收盘价基准成本为 -24.7 bps，说明基金表现比收盘价基准高 24.7 bps。对于指数型基金而言，优异的表现归功于基金的追踪误差为正。

备考小贴士

TCA 成本计量部分看似计算公式繁杂，但实质上都是依照公式（23.7）进行了部分替换，考生只需要关注被替换部分即可快速记忆。

23.4.2.3 市场调整后的成本

市场调整后的成本（market-adjusted cost）帮助投资经理和交易员将交易指令本身产生的成本与整体大盘价格变化导致的成本区别开来。当大盘上涨时买入或在大盘下跌时卖出，此时基金的交易成本会增加，但增加的成本来源于大盘而非具体交易的执行。

市场调整后的成本等于总体到达成本减去股票 beta 值与指数成本的乘积。股票 beta 值代表股票价格相对于指数价格的敏感度。指数成本是指由于大盘变动导致的市场成本，其计算则基于指数的 VWAP 和到达价格。

$$\text{Market-adjusted cost(bps)} = \text{Arrival cost(bps)} - \beta \times \text{Index cost(bps)} \quad (23.8)$$

$$\text{Index cost(bps)} = \text{Side} \times \frac{(\text{Index VWAP} - \text{Index arrival price})}{\text{Index arrival price}} \times 10\,000 \quad (23.9)$$

公式（23.8）和公式（23.9）中，β 代表 beta 值；（bps）代表以基点为单位。

例题 23.5

假设基金经理执行了 1 个买入指令，平均执行价格为 $\overline{P}$ = USD 40.50，订单进入市场时的到达价格为 USD 40。交易进入市场时所选的指数的到达价格为 USD 600，交易期间的市场指数 VWAP 为 USD 605。股票相对于基准的 beta 值为 1.2。请问用基点表示的市场调整后的成本是多少？

名师解析

第一步：计算到达价格成本。

$$\text{Arrival cost(bps)} = \text{Side} \times \frac{(\overline{P} - \text{到达价格})}{\text{到达价格}} \times 10\,000 \text{ bps}$$

$$= 1 \times \frac{(40.50 - 40.00)}{40.00} \times 10\,000 \text{ bps} = 125 \text{ bps}$$

第二步：计算指数成本。

$$\text{Index cost(bps)} = \text{Side} \times \frac{(\text{Index VWAP} - \text{Index arrival price})}{\text{Index arrival price}} \times 10\,000 \text{ bps}$$

$$= 1 \times \frac{(605 - 600)}{600} \times 10\,000 \text{ bps} = 83.33 \text{ bps}$$

第三步：计算市场调整后的成本。

$$\text{Market-adjusted cost(bps)} = \text{Arrival cost(bps)} - \beta \times \text{Index cost(bps)}$$

$$= 125 \text{ bps} - 1.2 \times 83.33 \text{ bps} = 125 \text{ bps} - 100 \text{ bps} = 25 \text{ bps}$$

由此可见，基金经理在上行市场上购入股票，股票价格通常也会随着大盘变动和买单压力而上升。经理的到达成本为 125 bps，市场的指数成本为 83.33 bps。由于股票价格相对于指数价格的敏感度为 1.2，因此股票价格预期会在交易期间升高 100 bps。此时，将此 100 bps 从总体的到达成本 125 bps 中剔除，可得到市场调整后的成本为 25 bps，远低于总体的到达成本 125 bps。

> **备考小贴士**
>
> 对于市场调整后的成本计量,掌握计算步骤非常重要:先计算到达成本,再计算指数成本,最终代入公式(23.8)计算市场调整后的成本。

23.4.2.4 增加价值

增加价值(value added)是指指令的到达成本减去估计的交易前成本(estimated pre-trade cost)的差值,用于衡量经纪商或执行算法带来的业绩增加。其中,估计的交易前成本通过交易前模型进行计算,嵌入了诸多影响因子,包括下单量、波动性、市场流动性、投资者风险厌恶水平、交易紧迫程度,以及交易时大盘的情况。如果指令的到达成本低于估计的交易前成本,则说明该基金的表现优于预期。具体计算,见公式(23.10)。

$$\text{Added value(bps)} = \text{Arrival cost(bps)} - \text{Est. pre-trade cost(bps)} \quad (23.10)$$

例题 23.6

假设基金经理执行了 1 个买入指令的平均执行价格为 $\overline{P}$ = USD 60.50,订单进入市场时的到达价格为 USD 60.00。在交易之前,买方交易员进行了交易前分析,根据交易前的信息估计的交易前成本为 60 bps。请问增加价值是多少?

名师解析

第一步:计算到达成本。

$$\text{Arrival cost(bps)} = \text{Side} \times \frac{(\overline{P} - \text{到达价格})}{\text{到达价格}} \times 10\,000 \text{ bps}$$

$$= 1 \times \frac{(60.50 - 60.00)}{60.00} \times 10\,000 \text{ bps} = 83.33 \text{ bps}$$

第二步:计算价值增加。

$$\text{Added value(bps)} = \text{Arrival cost(bps)} - \text{Est pre-trade cost(bps)}$$
$$= 83.33 \text{ bps} - 60 \text{ bps} = 23.33 \text{ bps}$$

由此可见,到达成本高于估计的交易前成本 23.33 bps,即到达基金的表现低于预期。

23.5 交易治理

23.5.1 最优执行

交易成本分析是一宗业务管理项目,它的提出源于对投资管理交易环节的管理方法论的认识。对于金融业来说,交易业务管理的核心不仅在于识别哪些单子做得好,哪些

—考点要求—
评估(evaluate)一个公司交易治理的程序,包括执行过程、披露,以及记录(★)

做得不够好，而且要建立一个可以评估交易绩效的管理过程。作为一个概念，最优执行（best execution）既包含行业自律的内容，又体现了监管规则的要求。

在资产管理公司对最优执行进行解读的时候，需要考虑的因素有执行价格、交易成本、执行速度、执行和结算的可能性、下单量，以及交易的本质。最优执行不仅意味着以尽可能低的成本执行交易，还包括如何在不同目标之间做好权衡。

> **知识一点通**
>
> 在国际金融行业，交易管理领域的主流理念是最优执行，该词汇起源于1975年美国国会证券法案修正案（Congressional Securities Acts Amendments）。最优执行的概念体现了"审慎"的含义，同时指向意图和操作：
>
> （1）与投资管理决策紧密相连，不可以独立地被拆分或评价。
>
> （2）是一种前瞻性的、既基于统计描述又可以做定性评判的概念，而且不能在事前确切估计。
>
> （3）具备可事后衡量与分析的特征，虽然一般都认为孤立地进行评估委托细节并无实际意义。
>
> （4）已经融合在复杂、持续、重复性的日常工作和上下游业务关系之中。

23.5.2 最优执行的决定因素

从资产管理公司层面来看，交易执行的规则和流程中需要明确一些具体的因素，以便决定在每种情景下的最优指令执行方法。这些决定因素包括交易指令的紧迫性和下单量、证券的流动性和特征、交易执行渠道的特征、投资策略目标，以及交易的合理性。

交易指令的紧迫性（urgency of an order）衡量该笔订单是否需要快速完成。下单量（size of order）衡量订单量的大小。证券的流动性可以通过日平均成交量（average daily volume，ADV）来衡量。证券的特征则可以分为标准化或高度个性化。交易执行渠道的特征主要涉及交易采用哪种渠道，如交易所这类"明市"或是"暗池"。投资策略目标主要考虑短期投资还是长期投资。交易的合理性包括交易是为了管理风险还是获取流动性、投资经理预期收益是否可通过交易获取等。

23.5.3 合格的经纪商及执行渠道

交易执行的规则中应包括一个清单，该清单内含合格的经纪商及执行渠道。与此同时，规则中还应对该清单的建立过程进行具体阐述。最佳的操作方法是在资产管理公司内部建立一个最优执行监督委员会（Best Execution Monitoring Committee）。该公司需要负责定时维护和更新该清单，在需要的时候将清单分发给交易涉及的所有参与者。合格的经纪商及执行渠道的筛选标准包括服务质量、财务稳定性、声誉、结算能力、执行速度、成本竞争力，以及资本金的承诺意愿。

服务质量是指经纪商执行交易能力的高低。财务稳定性是指经纪商和执行渠道是否可以在所有市场情况下完成执行责任。声誉是指经纪商和执行渠道是否具备足够的道德水准并公平地对待客户。结算能力是指交易是否可以被可靠有效地交易。执行速度是指紧迫程度高的交易是否可以很快交易以及快速交易的最大订单量。**成本竞争力**是指其显性成本是否足够低。**资本金的承诺意愿**是指在紧急情况下，经纪商是否有能力或资质充当做市商的角色，帮助完成交易。

23.5.4 监督执行安排的流程

所有公司使用的经纪商和执行渠道都需要被持续监督，监督内容包括声誉风险、交易错误、犯罪行为，以及财务稳定性。那些达不到最低要求的经纪商将会被从清单中移除。监督执行安排的流程中，需要检查的环节和要素包括交易的提交，主要针对交易和执行策略是否与投资过程以及所交易资产类别相匹配；执行的质量主要指与基准相比的优劣；交易成本与机会成本的权衡；是否存在其他更优交易的策略、执行渠道等。

交易记录和评估文档需要被公司保留数年。在英国，保存时限为 5 年。交易记录用于以下目的：应对客户层面的问题、应对来自监管机构的问题、辅助提高执行效率，以及监督交易涉及的各个参与者。

练一练

23-1 To select a proper trading strategy, portfolio managers must consider many factors. Which of the following statements is most likely correct?

Ⅰ. Execution risk is negatively related to trade urgency.

Ⅱ. Larger order size with high trade urgency may result in a significant market impact.

Ⅲ. If the rate of alpha decay is low, mangers following a long-term strategy will trade with less urgency.

A. Ⅰ only.

B. Ⅰ and Ⅱ.

C. Ⅰ, Ⅱ, and Ⅲ.

23-2 Tom, a portfolio manager, specifies a reference price for the benchmark, computing based on intraday market prices. Assuming he wishes to participate with volume patterns over the day, which of the following reference prices is most suitable for Tom?

A. Opening price.

B. Volume-weighted average price.

C. Time-weighted average price.

23-3 When the order size is relatively small, the security is relatively liquid, and the trade urgency is low, the most appropriate execution algorithm is：

A. Scheduled algorithm.

B. Opportunistic algorithm.

C. Arrival algorithm.

23-4 Tom concludes that transparency is generally very high in fixed-income markets and algorithmic trading there is limited. Is the conclusion on trade implementation correct?

A. No, because the market transparency is generally low.

B. No, because algorithmic trading in fixed-income markets is very common.

C. Yes.

23-5 David releases the order for market execution when the price is USD 40.50. The commission fee is USD 0.01 per share. By the end of the trading day, 8 000 shares of order had been purchased and 2 000 shares are left unexecuted. The stock closes at USD 42.75. The trade was instructed when the price is USD 40 and executed at an average price of USD 41.81. Based on the details in Exhibit 23.1, the execution cost and opportunity cost are:

Exhibit 23.1　Trade Execution Details

Trades	Execution Price（USD）	Share Executed（Shares）
Trade 1	41.25	10 000
Trade 2	41.50	20 000
Trade 3	41.75	30 000
Trade 4	42.50	20 000
Total		80 000

A. USD 135 000 and USD 5 600, respectively.

B. USD 145 000 and USD 5 500, respectively.

C. USD 165 000 and USD 5 800, respectively.

23-6 Which of the following is not a factor used in determining the optimal order execution approach?

A. The urgency of an order.

B. Characteristics of the securities traded.

C. Willingness to commit capital.

答案与解析

23-1　C

说法 I 正确，执行风险与交易紧迫程度反向相关，如果交易需要在很短的时间内完成，那么价格波动和市场情况变化对交易的影响也会降低。

说法 II 正确，市场影响指由于交易指令导致市场价格向不利方向变动，订单量大且紧迫性高的交易通常会对市场产生较大的影响。

说法 III 正确，超额收益衰减（alpha decay）是指一旦制定投资策略之后，短期的超额收益（alpha）会被侵蚀或出现衰减。对于基于公司基本面而采取长线投资策略的经理，如果超额收益衰减速度低，则其交易紧迫性也会较低。

23-2　B

选项 A，当日开盘价最大的好处在于不存在相关的隔夜风险（overnight risk）。隔夜风险是指上一日收盘后的重要信息所导致的下一日开盘后价格的调整。

选项 B，成交量加权平均价格是将当天或交易时间之内所有执行的交易的价格按各自的成交量加权而算出的平均价。此价格的优点在于考虑了成交量，适合那些希望参与到价格变动中的投资经理。

选项C，时间加权平均价格是指将当天或交易时间之内所有执行的交易等权重计算得出的平均价。此价格优点在于剔除了大单交易对价格的影响，更好地衡量证券的公允价格。

23-3 A

选项A，预设型算法（scheduled algorithms）的基本思路是从历史交易模式出发，统计归纳历史成交时间、成交量、价格分布等的规则，并将这些规则应用于之后的交易。预设型算法适用于交易量较小（占日交易量5%~10%）、流动性强，以及不紧急的订单，从而减小对市场的影响。

选项B，流动性追踪算法（liquidity-seeking algorithms，opportunistic algorithms）通过多渠道获取标的股票的报价，一旦某个渠道可以提供满意的流动性，就马上下单交易。当投资经理要在缺乏流动性的市场上进行快速大量交易时，该算法可以减少对市场的影响，避免限价指令所导致的信息泄露。

选项C，到达价格算法（arrival price algorithms）保证尽量在当前价格上完成交易。当投资经理认为交易期间价格会发生不利变动而希望尽快完成交易时，此算法可帮助其尽快获取alpha。与此同时，风险厌恶的投资经理希望降低执行风险，也会采用该算法。

23-4 A

相比股票市场，债券市场的透明性和价格发现都相对较低。流动性低且交易不频繁的特征使债券市场的交易更适合高度参与，即更多采用高附加值的做市商制度，算法交易比较少见。而这些少见的算法交易主要用于交易流动性较好的新发行的国债。

23-5 B

执行成本：

$$\text{Execution cost} = \sum s_j p_j - \sum s_j p_d = [(10\,000 \times 41.25) + (20\,000 \times 41.50) + (30\,000 \times 41.75) + (20\,000 \times 42.50)] - (80\,000 \times 40) = \text{USD } 145\,000$$

机会成本：

$$\text{Opportunity cost} = (S - \sum s_j)(P_n - P_d) = 2\,000 \times (42.75 - 40) = \text{USD } 5\,500$$

23-6 C

最优指令执行的决定因素包括交易指令的紧迫性和下单量、证券的流动性和特征、交易执行渠道的特征、投资策略目标，以及交易的合理性。

选项A，交易指令的紧迫性属于最优指令的决定因素。

选项B，证券的特征属于最优指令的决定因素。

选项C，资本金的承诺意愿是指在紧急情况下，经纪商是否有能力或资质充当做市商的角色，帮助完成交易，这个因素探讨的是如何选择合格经纪商及执行渠道。

第 24 章 投资组合业绩评估

章节导学

知识引导

无论对于投资者还是投资经理，业绩的评估都至关重要。具体而言，有以下 4 个学习重点：第一，业绩评估的构成，包括业绩计量、业绩归因、业绩评价，以及三者之间的内部联系；第二，投资经理的超额收益来源，即业绩归因；第三，投资基准的选择；第四，业绩评价，主要对投资经理的技术进行定性与定量的测评。

考点聚焦

本章内容逻辑清晰，整体难度中等，业绩归因和投资基准这两部分是学习中的重点。其中，理解收益归因中的各类方法尤其重要，此处常进行定性考查。重要的计算涵盖 Brinson 模型与业绩评价指标，如评估比率、索提诺比率、捕获率，以及回撤，这些内容会进行定量考查。

本章框架图

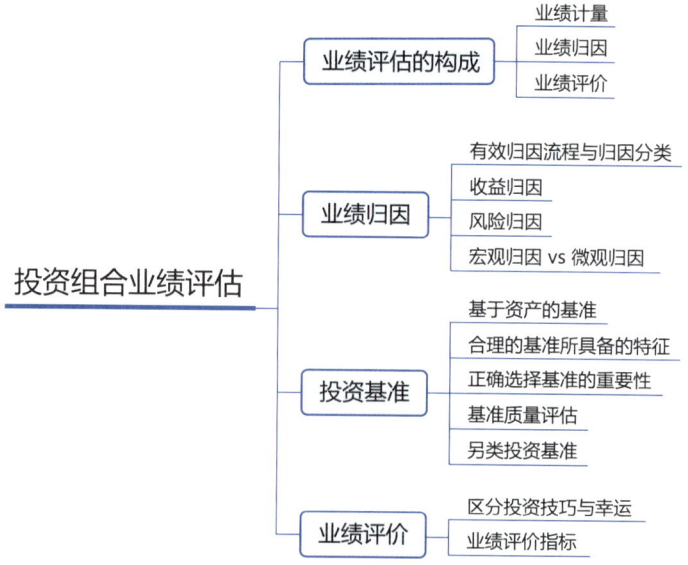

24.1 业绩评估的构成

作为资产池的所有者,基金发起人(fund sponsor)是基金的出资方,也是广义上资产的管理人。基金发起人需要选择一些合适的投资经理及分析师来完成具体的基金管理工作,因此需要站在更高的层面上纵观全局,从整体上评估基金的表现。这个评估基金表现的过程被称为业绩评估(performance evaluation)。从发起人的角度出发,业绩评估的重要性体现在以下 4 个方面。

——考点要求——
解释(explain)业绩评估的 3 个组成部分(业绩计量、业绩归因,以及业绩评价)之间的内部联系(★★)

(1)业绩评估用于核查基金投资的质量控制是否到位。质量控制不仅关注基金的业绩,更强调业绩的来源。

(2)业绩评估可识别投资策略是否有效以及发现那些表现欠佳的投资领域。

(3)业绩评估可以帮助发起人了解主动管理的结果且有助于判断未来是否有新增投资的需求。

(4)业绩评估可以针对投资策略说明(investment policy statement,IPS)中的策略是否被持续地遵循给出判断。

实务操作中,一个资产池的具体管理往往需要众多的投资经理和分析师协作完成,通常每一个投资经理都有其擅长的投资资产类别、投资风格以及投资策略。投资经理拥有诸多动机对其管理的组合的表现进行评估。从投资经理角度出发,业绩评估的重要性表现在以下几个方面:首先,所有的基金发起人都坚持要求旗下的投资经理进行投资结果汇报,而汇报内容往往不局限于投资收益,还包括更深入和更复杂的投资分析;其次,投资经理要通过业绩评估将其业绩和基准进行比较,同时分析投资过程中各要素的有效性和贡献度;最后,将业绩评估作为反馈和控制回路,帮助投资经理监测组合构建过程中不同层面之间的协调熟练程度。

业绩评估所研究的主体是投资账户(account),这里的投资账户是指被一个或多个投资经理管理的一个或多个证券组合。在明确了研究主体后,业绩评估被划分为业绩计量(performance measurement)、业绩归因(performance attribution)和业绩评价(performance appraisal)这 3 个部分。

24.1.1 业绩计量

业绩计量的任务是计算投资组合的业绩表现。业绩计量包括收益计量与风险计量。收益计量中具体可分为绝对收益(absolute return)计量与超额收益(excess return)计量。其中,绝对收益是投资组合在一段时间内的收益率,不考虑其基准(benchmark)和同行(peer)的业绩情况。超额收益(excess return)则是投资组合收益率与其基准收益率之间的差额,属于一种"相对收益"(relative return)。风险计量关注达成业绩所承担的风险水平。风险计量包括事后(ex post)与事前(ex ante)计量两大类。事后计量中,常用的方法为用历史收益率的标准差来衡量投资组合波动性。事前计量中,常用的方法是计算在险价值(value at risk,VaR)。综上所述,业绩计量是整个业绩评估的基础,是后续的业绩归因与业绩评价的铺垫。

——考点要求——
解释(explain)业绩计量(★★)

> **知识一点通**
>
> CFA®一级与二级中都曾经涉及业绩计量。此处对持有期收益率（holding period return，HPR）、总体收益率，以及年化收益率进行简要回顾。
>
> 1. 持有期收益率
>
> 投资账户的持有期收益率是指投资账户在业绩评估期间市场价值的变化率。值得注意的是，这里市场价值的变化，仅仅考虑与投资相关的因素所导致的资本增值、资本减值与投资收入。具体而言，账户的现金流可分为两大类：第一类是内部现金流（internal cash flow），如投资获得的分红、利息等。这部分现金流在计算收益率时需要考虑。第二类是外部现金流（external cash flow），例如，账户拥有者单纯地在账户中对资产做增减，这个过程中涉及的现金流，不应影响收益率的计量。
>
> 我们将根据外部现金流发生的时间将收益率的计量分为以下两种情况。
>
> 情况一：外部现金流发生在评估期间的期初。此时，新增的资金参与了整个投资期，我们应在期初账户价值的基础上加上这部分金额的影响。因此，持有期收益率的计算方法为：
>
> $$r_t = \frac{MV_1 - (MV_0 + CF)}{MV_0 + CF}$$
>
> 情况二：外部现金流发生在评估期间的期末。此时，应将新增的资金从账户期末的价值中刨除，因为这部分资金并没有参与评估期间的投资活动。因此，持有期收益率的计算方法为：
>
> $$r_t = \frac{(MV_1 - CF) - MV_0}{MV_0}$$
>
> 注意，从账户角度来看，如果这是一笔现金流入（contribution），则CF为正数；如果这是一笔现金流出（withdrawal），则CF为负数。
>
> 2. 总体收益率
>
> 总体收益率（total rate of return）衡量投资者从投资收益（investment income）和资本利得（capital gain）两方面获得的财富增加。从投资中获得的分红和利息收入属于投资收益。而资本利得既包括已实现损益，也包括未实现损益。后续提及的收益，都是指总体收益。总体收益率主要包括时间加权收益率（time-weighted return，TWR）与货币加权收益率（money-weighted return，MWR）。
>
> （1）时间加权收益率（TWR）衡量在评估期间投资账户中1单位货币所获得的复利收益。计算步骤如下。
>
> 步骤1：根据显著现金流入或流出发生的时间点，将整个评估期间分拆成若干子期间。
>
> 步骤2：计算每个子期间的持有期收益率。
>
> 步骤3：将每个子期间的持有期收益率通过复利的形式链接起来（chain-linking），转化为评估期间的收益率，即时间加权收益率。

$$r_{twr} = (1+r_{t,1}) \times (1+r_{t,2}) \times \cdots \times (1+r_{t,n}) - 1$$

（2）货币加权收益率（MWR）衡量在评估期间投资账户中全部资金的复合增长率。在公司金融领域，MWR 拥有另一个名字——内部收益率（internal rate of return，IRR）。因此，MWR 的计算与 IRR 完全一致，即令净现值为零，通过规划求解得出的折现率。作为非常重要的业绩计量方法，MWR 代表将账户期末价值和账户期初价值以及中间现金流勾连起来的增长率。因此 MWR 满足：

$$MV_1 = MV_0(1+R)^m + CF_1(1+R)^{m-L(1)} + \cdots + CF_n(1+R)^{m-L(n)}$$

其中，根据现金流，评估期间被分为 m 个相等的子期间，$L(i)$ 代表第 i 笔现金流发生的时间距离期初的期数。

（3）TWR 与 MWR 的差异。TWR 的一个显著优势在于其不受现金流入或流出的影响。实务当中，绝大多数的投资经理很难控制外部现金流的流入或流出，因为外部现金流是由客户的申购和赎回需求决定的，这使 TWR 成为一个相对合适的测量业绩的指标。与此同时，TWR 也有自身的缺陷：每当发生显著现金流入或流出的时候，就要对账户的市场价值进行重新估算。经常地估值不仅会拉升管理费用，而且如果存在流动性较差的资产，那么估值中必然掺入更多误差。

与 TWR 相比，MWR 的优势在于账户价值的估算只发生在评估期初和期末。与此同时，这种计量上的简便性也暗含了 MWR 的弊端：MWR 会受到现金流入、流出的影响。具体表现为现金流的规模以及发生的时间先后都会影响到 MWR 的大小。所以，如果投资经理对资金有完全的控制权，那么用 MWR 衡量其业绩表现才是合适的。

3. 年化收益率

为了利于比较，收益率往往以年为单位进行报告。年化收益率代表业绩评估期间复利形式的平均年收益。然而，如果评估期间不足一年，一般不将其收益率进行年化。对于股票账户而言，收益可能在剩余的期间产生剧烈的波动，那么实际的收益与年化收益率之间可能存在巨大差异，即这里的年化收益率实际上是不切实际的，并不能代表真实的业绩。

> **知识一点通**
>
> 业绩评估中的数据质量至关重要。业绩的计量过程和结果是否准确取决于输入的数据是否真实可靠地反映了证券的价值。如果账户投资于流动性佳、定价透明的证券且极少受外部现金流影响，那么报告中的收益率是高度可靠的业绩指标。然而，如果账户投资于非流动且非经常定价的资产，那么业绩计量中需要采用估计价格，这会破坏报告中收益率的可靠性。例如，对于某些极少交易的固定收益证券，需要利用矩阵定价（matrix pricing）的方法估值。而对于具有高度非流动性的证券，可靠的市场价值无法实时获取，那么价值会用成本计量或以最近交易的价格为准。除了上述的数据质量把控，获取数据的流程也影响着业绩计量的可靠性。对于

> 投资账户估值，最佳方式是按照交易日权责发生制来计量，这种方法全面反映了待结算交易和应收应付的收益对于账户业绩的影响。

> **备考小贴士**
>
> 业绩计量的具体计算并非 CFA® 三级重要考点，具体计算方法在 CFA® 一级和 CFA® 二级中已经进行过详细介绍。考生可利用前文中关于业绩量方法的知识一点通来进行回顾。

24.1.2 业绩归因

—考点要求—
解释（explain）业绩归因（★★）

业绩归因（performance attribution）主要探讨投资组合历史收益和风险的来源，包括收益归因（return attribution）与风险归因（risk attribution）。收益归因既可对投资组合的绝对收益进行归因，也可对相对收益进行归因。具体来讲，对于投资组合的超额收益，业绩归因可将其分解为多个来源，用于解释一个投资经理的收益高于或低于基准的原因。风险归因则可将投资组合的风险分解为多个来源，用于解释风险高低的原因。

24.1.3 业绩评价

—考点要求—
解释（explain）业绩评价（★★）

业绩评价（performance appraisal）利用业绩计量与业绩归因的结论，揭示了投资组合获得的业绩到底是源于幸运还是投资经理的技能。业绩评价分为定性与定量两种手段。如果优秀的业绩源于投资经理的技术，那么这种优秀的表现在未来很可能持续。与此同时，业绩评价对于投资经理的管理流程也是一个关键的反馈回路。

24.2 业绩归因

24.2.1 有效归因流程与归因分类

24.2.1.1 有效归因流程

—考点要求—
描述（describe）一个有效归因过程的特征（★）

业绩归因是业绩评估中的关键环节，有效的业绩归因分析需要对投资决策过程有全面的理解。一个有效的归因流程必须同时满足以下 4 个条件。
(1) 归因必须考虑投资组合全部的收益或风险敞口。
(2) 归因必须反映投资决策过程。
(3) 归因必须能够对投资经理主动的投资决策（active decisions）进行量化。
(4) 归因必须对投资组合的超额收益或风险有一个完整的解释。

> **备考小贴士**
>
> 有效归因流程并非重要考点，考生简单了解即可。

24.2.1.2 归因分类

1. 收益归因与风险归因

按照归因对象，业绩归因可分为收益归因与风险归因。收益归因分析主动的投资决策对组合收益产生的影响，风险归因则分析那些主动决策所带来的风险结果。和收益类似，风险归因分析可以采用绝对形式（absolute），也可以采用相对形式（benchmark-relative）。正如前文所说，常用的绝对形式为标准差，常用的相对形式为追踪误差（tracking error）。

—考点要求—
比较（contrast）收益归因与风险归因（★★）

2. 宏观归因与微观归因

根据归因的不同层级，业绩归因可分为宏观归因（macro attribution）与微观归因（micro attribution）。宏观归因用于评估资产所有者的决定。例如，一个收入确定型养老金（defined-benefit pension plan）的基金发起人决定每个资产大类的投资比例，并为每个资产大类选取合适的投资经理。在这个过程中，宏观归因关注因发起人偏离战略资产配置（strategic asset allocation）所产生的效应。微观归因则关注如何理解经理收益的驱动因素，以及这些驱动因素是否和事先声明的投资过程保持一致。

—考点要求—
比较（contrast）宏观归因与微观归因（★★）

3. 基于收益、持仓、交易的业绩归因

根据输入变量的不同，业绩归因可分为基于收益的业绩归因（returns-based attribution）、基于持仓的业绩归因（holdings-based attribution），以及基于交易的业绩归因（transaction-based attribution）。3类归因方法的选择主要取决于是否可取得足够的数据、数据的质量、投资者对报告的要求，以及投资决策过程的复杂程度。

（1）基于收益的业绩归因。

基于收益的业绩归因仅仅使用一定期间内投资组合的全部收益数据来识别投资过程的构成。该方法适用于标的投资组合涉及的持仓信息无法详细地、经常性地获得的情况，如对冲基金。这是因为，对冲基金所持有的证券的信息是难以获得的。与此同时，在3类归因方法中，该方法操作最为简单，但也最为不准确，最容易受到数据操纵的影响。

—考点要求—
描述（describe）基于回报的业绩归因（★★★）

（2）基于持仓的业绩归因。

基于持仓的业绩归因参考期初投资组合的持仓情况，利用每日、每周、每月的数据进行计算。随着数据频率的增加，该方法的分析精确度逐渐提高。更长的评估期间的归因结果则由多个短期评估期间的归因结果连接而成，即续短为长。然而，该方法的问题有两个。第一，该方法无法捕捉到评估期间交易带来的影响，其计算出的收益结果与真实的收益情况存在差异。例如，一个每日进行的基于持仓的业绩归因，将当日购入的证券在日终计入组合当中，将当日卖出的证券在日终从组合中剔除。如果交易价格与日终的收盘价相差较大，此时的归因分析结果与组合实际表现会存在较大差异。第二，该方法会因时机或交易效应（timing or trading effect）导致残差项。出现残差项是因为此类业绩归因不根据期中的交易对持仓情况进行调整，导致归因中的持仓与实际持仓不同。因此，该业绩归因方法最适合换手率低的投资策略，如被动投资策略（passive strategies）。

—考点要求—
描述（describe）基于持仓的业绩归因（★★★）

（3）基于交易的业绩归因。

基于交易的业绩归因使用投资组合的持仓数据和评估期间的所有交易数据来进行归因分析。在这3类归因中，该归因方法最为精确，因为无论是权重还是收益都反映了期

—考点要求—
描述（describe）基于交易的业绩归因（★★★）

间所有的交易，并且包括交易成本在内。然而，该归因方法的操作难度高且非常耗时。由于所有数据都被使用，全部的超额收益都可被量化和解释，因而此类归因分析所用到的收益与呈献给投资者的一致。

> **备考小贴士**
>
> 归因分类属于重要考点，考生需要对不同归因方法之间的区别进行辨析。

24.2.2 收益归因

—考点要求—
解释（interpret）使用某特定归因方法时组合收益的来源（★★★）

收益归因（return attribution）代表一系列用于识别超额收益的技术，这些技术将主动的投资决策所带来的结果进行量化。

24.2.2.1 算数归因与几何归因

由于计算超额收益的方法不同，存在两类计量长期归因效应的方法：算数归因（arithmetic attribution）和几何归因（geometric attribution）。

在算数归因中，算数超额收益（Excess return$_{arithmetic}$）等于投资组合的收益（R）减去其基准的收益（B）。

$$\text{Excess return}_{arithmetic} = R - B \tag{24.1}$$

此类归因适用于单期收益，因为就单期来讲，归因效果的总和与超额收益相等。然而，如果涉及的是多个子期间整合成的一个较长期间，子期间归因效果之和不等于较长期间的超额收益。因为复利的存在，所以较长期间的超额收益是将子期间超额收益以几何方式连接起来的。

几何归因通过引入几何超额收益（Excess return$_{geometric}$），将算数归因进行拓展。

$$\text{Excess return}_{geometric} = \frac{1+R}{1+B} - 1 = \frac{R-B}{1+B} \tag{24.2}$$

根据公式（24.2），将多个子期间的归因效果连乘可得到较长期间的超额收益。因此，几何归因适用于多个期间的情况。

> **知识一点通**
>
> 在市场推广的报告中，算数超额收益更加常用。将每期的超额收益进行加总则得到总的超额收益，这种简便算法利于非专业人士理解。而对于专业人士，几何超额收益更加常用。

24.2.2.2 股票型基金的收益归因

由于资产的类别不同，收益分析技术也不尽相同。对于权益投资，两种常用的收益归因为 Brinson 归因模型和基于因子的归因模型。

1. Brinson 归因模型

本文提到的 Brinson 归因模型实际上是两个模型的综合体。第一个模型是由 Brinson、Hood 和 Beebower 于 1986 年发表在《金融分析家杂志》（*Financial Analysts Journal*）的论文 "Determinates of Portfolio Performance" 中提出的归因分析模型，简称 BHB 模型。该模型从自上而下的角度将组合相对于基准的超额收益分解为行业配置效应、个股选择效应以及交互效应三部分。第二个模型是由 Brinson 和 Fachler 于 1985 年在论文 "Measuring Non-US Equity Portfolio Performance" 中提出的，简称 BF 模型。下文除了特别强调，不再对 BHB 和 BF 进行区分，统称为 Brinson 模型。

Brinson 模型假设股票型基金（以下简称组合 P）和其对应的基准组合（以下简称基准 B）的收益通过加权平均的方法来计量。

$$\text{Portfolio return } (R) = \sum_{i=1}^{i=n} w_i R_i \tag{24.3}$$

$$\text{Benchmark return } (B) = \sum_{i=1}^{i=n} W_i B_i \tag{24.4}$$

公式（24.3）中，R 代表组合 P 在当期的收益率；w_i 代表投资组合 P 中各个行业（sector）的权重；R_i 代表各个行业的收益率；n 代表行业的个数。公式（24.4）中，B 代表基准 B 在当期的收益率；W_i 代表基准 B 中各个行业的权重；B_i 代表各个行业的收益率；n 代表行业的个数。

为了方便阐述 Brinson 模型，下文将引入案例。根据表 24.1、公式（24.3），以及公式（24.4），可计算得到组合 P 的收益、基准 B 的收益以及组合 P 的超额收益。

表 24.1　Brinson 模型案例——组合 P 与基准 B 的数据

行业	组合 P 的权重 (w_i)	基准 B 的权重 (W_i)	组合 P 的收益率 (R_i)	基准 B 的收益率 (B_i)
能源	20%	50%	6%	4%
科技	80%	50%	－12%	2%
总和	100%	100%	－8.4%	3%

Portfolio return $(R) = (20\% \times 6\%) + [80\% \times (-12\%)] = -8.4\%$

Benchmark return $(B) = (50\% \times 4\%) + (50\% \times 2\%) = 3\%$

Excess return $(E) = R - B = -8.4\% - 3\% = -11.4\%$

Brinson 模型强调将基金组合收益与基准收益进行比较，将两者之差的超额收益再次分解为行业配置效应（the allocation effect）、个股选择效应（the security selection effect）和交互效应（the interaction effect）3 种。换句话说，前文计算出的超额收益 －11.4% 正是这 3 种效应共同作用的结果，Brinson 模型被用来探究每种效应分别带来多少超额收益。

（1）行业配置效应。

行业配置效应指因组合 P 与基准 B 在行业权重上的差异所导致的超额收益，衡量投资经理选择行业的能力的高低。在某个行业上，如果组合 P 的权重高于基准 B 的权重（$w_i > W_i$），则称为超配（overweight）。如果投资组合 P 的权重低于基准 B 的权重

($w_i < W_i$)，则称为低配（underweight）。值得注意的是，BHB 模型与 BF 模型计算出的行业配置效应一定相等。

根据 BHB 模型，计算行业配置效应导致的超额收益涉及的权重为组合 P 的权重减去基准 B 的权重（$w_i - W_i$），涉及的收益率采用基准 B 在各对应行业的收益率（B_i）。

$$\text{Allocation effect（BHB model）}: A_i = (w_i - W_i) \times B_i \tag{24.5}$$

$$\text{Total allocation effect}: A = \sum_{i=1}^{i=n} A_i \tag{24.6}$$

公式（24.5）和公式（24.6）中，A_i 代表行业 i 的行业配置效应；A 代表总体行业配置效应，等于各个行业配置效应之和。

根据表 24.1 和公式（24.5），可分别计算能源、科技，以及总行业配置效应。

$A_{能源} = (20\% - 50\%) \times 4\% = -1.2\%$

$A_{科技} = (80\% - 50\%) \times 2\% = 0.6\%$

$A = A_{能源} + A_{科技} = -1.2\% + 0.6\% = -0.6\%$

根据 BF 模型，行业配置的计算所采用的权重和 BHB 模型相同，收益率采用各行业收益率 B_i 与基准 B 总收益率的差额，即 $B_i - B$。

$$\text{Allocation effect（BF model）}: A_i = (w_i - W_i) \times (B_i - B) \tag{24.7}$$

根据表 24.1 和公式（24.7）计算得出的能源和科技行业配置效应与 BHB 模型计算结果有所偏差。然而，最终总行业配置效应结果相同。

$A_{能源} = (20\% - 50\%) \times (4\% - 3\%) = -0.3\%$

$A_{科技} = (80\% - 50\%) \times (2\% - 3\%) = -0.3\%$

$A = A_{能源} + A_{科技} = -0.3\% - 0.3\% = -0.6\%$

根据公式（24.7）可得，若投资经理希望从资产配置中获得正的超额收益，则至少需要做到以下两点之一。第一，投资经理在高收益的行业上超配，即 $B_i > B$ 且 $w_i - W_i > 0$。第二，投资经理在低收益的行业上低配，即 $B_i < B$ 且 $w_i - W_i < 0$。以科技行业为例，在 BHB 模型下，$A_{科技} = 0.6\%$，为正；而在 BF 模型下，$A_{科技} = -0.3\%$，为负。此处，我们发现投资经理高配了科技行业，但基准 B 在科技行业的收益率（2%）低于基准 B 的总体收益（3%），说明科技行业表现不佳。在表现不佳的行业高配，实际上是对业绩是一种负贡献。因此，BF 模型衡量的结果更符合逻辑，在实务中应用更广。

> **知识一点通**
>
> 无论是 BHB 模型还是 BF 模型，总行业配置效应相等是一种必然现象。我们将公式（24.7）中个别行业配置效应进行加总，公式可转化为：
>
> Total Allocation effect（BF model）:
>
> $$A_i = \sum_{i=1}^{i=n}(w_i - W_i) \times (B_i - B) = \sum_{i=1}^{i=n}(w_i - W_i) \times B_i - \sum_{i=1}^{i=n}(w_i - W_i) \times B$$
>
> $$= \sum_{i=1}^{i=n}(w_i - W_i) \times B_i$$
>
> 其中，B 为固定常数，不随 i 的变化而改变；$\sum_{i=1}^{i=n}(w_i - W_i) = 0$，这是因为有高配的

> 行业就必须有低配的行业，高低相平衡后总差异为 0；由此可得，$\sum_{i=1}^{i=n}(w_i - W_i) \times B_i = 0$。因此，BHB 模型与 BF 模型中的总行业配置效应相等。

备考小贴士

> 在考试中，如果题目没有写明用 BHB 模型还是 BF 模型，考生需使用 BF 模型计算行业配置效应。

(2) 个股选择效应。

个股配置效应指因组合 P 与基准 B 在相同行业中投资的具体股票不同所带来的超额收益，衡量投资经理选择个股能力的高低。其计算中涉及的权重为基准 B 的权重（W_i），涉及的收益率采用组合 P 和基准 B 在各对应行业的收益率之差（$R_i - B_i$）。

$$\text{Security effect:} S_i = W_i \times (R_i - B_i) \tag{24.8}$$

$$\text{Total selection effect:} S = \sum_{i=1}^{i=n} S_i \tag{24.9}$$

根据公式（24.8）可知，若想要个股选择效应为正，投资经理需要在某个行业上获得高于基准 B 在该行业上的收益，即 $R_i > B_i$。换言之，投资经理需要在该行业中慧眼识珠，找到能够带来更高收益的股票。

根据表 24.1 和公式（24.8），可分别计算能源、科技行业个股选择效应，以及总个股选择效应。

$S_{能源} = 50\% \times (6\% - 4\%) = 1\%$

$S_{科技} = 50\% \times (-12\% - 2\%) = -7\%$

$S = S_{能源} + S_{科技} = -7\% + 1\% = -6\%$

(3) 交互效应。

交互相应是指由行业配置和个股选择两个因素相互作用所带来的超额收益，等于超额收益中既不能被行业配置解释又不能被个股选择解释的部分。其计算中涉及的权重为组合 P 的权重与基准 B 的权重之差（$w_i - W_i$），涉及的收益率采用组合 P 和基准 B 在各对应行业的收益率之差（$R_i - B_i$）。

$$\text{Interaction effect:} I_i = (w_i - W_i) \times (R_i - B_i) \tag{24.10}$$

$$\text{Total interaction effect:} I = \sum_{i=1}^{i=n} I_i = E - A - S \tag{24.11}$$

根据公式（24.10）可知，若想要交互效应为正，投资经理需要至少要做到以下两点之一：第一，在组合 P 收益高于基准 B 收益的行业超配，即 $w_i - W_i > 0$ 且 $R_i - B_i > 0$。第二，在组合 P 收益低于基准 B 收益的行业低配，即 $w_i - W_i < 0$ 且 $R_i - B_i < 0$。

根据表 24.1 和公式（24.10），可分别计算能源、科技行业交互效应，以及总交互效应。

$I_{能源} = (20\% - 50\%) \times (6\% - 4\%) = -0.6\%$

$I_{科技} = (80\% - 50\%) \times (-12\% - 2\%) = -4.2\%$

$I = I_{能源} + I_{科技} = -0.6\% - 4.2\% = -4.8\%$

最终，将公式（24.11）进行等式变换，3 种效应加总后可得到超额收益。

$$E = A + S + I \tag{24.12}$$

根据表 24.1，验证公式（24.12）：

$$-11.4\% = -0.6\% - 6\% - 4.8\%$$

> **备考小贴士**
>
> Brinson 模型所使用的方法，在后续宏观归因与微观归因中会继续使用。因此，考生需要深入理解该模型中涉及的概念和计算，同时进行概念与计算的掌握。

2. 基于因子的归因模型

基于因子的归因模型（factor-based return attribution）通过将超额收益分解到不同的风险因子（risk factors）中的方式进行收益归因。这是因为，风险带来收益，不同的风险因子会对收益产生不同的贡献。风险因子分析可以将具体的主动投资决策带来的效果进行量化，得到哪些决策增加了收益，哪些决策降低了收益。基于因子的归因模型是一个统称，利用不同的因子可建立不同的因子归因模型。常见的可对股票型基金进行业绩归因的模型为 Carhart 四因子模型（Carhart four-factor model），简称 Carhart 模型。

Carhart 在 Fama-French 三因子模型的基础上，通过引入动量因素，构造出四因子模型。它对于基金绩效的解释能力较前者有了很大的提高。四因子模型可将股票型基金的超额收益拆解为市场因子（sensitivity to a market index, RMRF）、规模因子（market-capitalization factor, SMB）、价值因子（book-value-to-price factor, HML）与动量因子（momentum factor, WML）。模型中新加入的动量因素能够对市场上的"趋势效应"进行有效解释，它所表示的"动量效应"的时间间隔可以长达 1 年，也可短至 1 个月。Carhart 四因子模型的一般形式为：

$$R_p - R_f = a_p + b_{p1} \text{RMRF} + b_{p2} \text{SMB} + b_{p3} \text{HML} + b_{p4} \text{WML} + E_p \tag{24.13}$$

公式（24.13）中，R_p 代表组合 P 的收益率；R_f 代表市场上的无风险收益率；a_p 代表截距项，代表了组合 P 获取超额收益的能力，是模型中最重要的业绩评价指标；RMRF 代表股票市场的超额收益，等于价值加权的股指收益率与 1 个月美国国债收益率之差；b_{p1} 代表因子 RMRF 的敏感度，衡量了组合 P 的系统性风险水平；SMB 代表小市值组合的平均收益与大市值组合的平均收益之差；b_{p2} 代表因子 SMB 的敏感度，体现了投资经理的投资风格（小盘股 vs 大盘股）；HML 代表高账面市值比（book-to-market ratio）的组合的平均收益与低账面市值比的组合的平均收益之差；b_{p3} 代表因子 HML 的敏感度，体现了投资经理的投资风格（成长型 vs. 价值型）；WML 表示过去股价走势较好的"赢家"组合和过去股票走势较差的"输家"组合的收益率之差；b_{p4} 代表因子 WML 的敏感度，体现了投资经理的投资策略；b_{p1}RMRF + b_{p2}SMB + b_{p3}HML + b_{p4}WML 代表组合 P 承担系统性风险所获得的回报；E_p 代表残差项，代表了不能被该模型所解释的部分。$E_p + a_p$ 被称为剩余收益（residual return），代表了排除系统性风险带来的收益以外，组合 P 剩余的收益。

Carhart 模型不仅可以分析投资组合 P，也可以用于分析基准组合 B。换句话说，将公式（24.13）中组合 P 的收益替换为基准 B 的收益，进行回归分析，可对基准组合 B 的收益来源进行归因，同时也是对基准 B 投资风格和策略的验证。当组合 P 与基准 B 的归因分析完成后，通过比较两个回归模型中相同系数的大小，可以对组合 P 的超额收益进行归因分析。

根据表 24.2 中的数据，基准组合 B 对因子 RMRF 的敏感度为 1，说明基准组合拥有平均市场风险，即基准组合应与一个宽基指数（broad-based index）一致。在中国，市面上最负盛名的宽基指数包括上证 50、沪深 300、中证 500、创业板指数等。与此同时，基准组合对因子 SMB 的敏感度为 -1 意味着基准内部主要以大盘股为导向。另外，基准组合对因子 HML 和 WML 的敏感度等于或接近 0，这说明基准组合的风格为平衡，投资策略为均衡。

同样根据表 24.2 的数据，投资组合 P 在因子 HML 上的敏感度为 0.4，与基准组合 B 的差异为 0.4，因而可预期该组合相比于基准组合 B 持有更多的价值股。同时，由于该因子收益为 5.12%，因而因子 HML 贡献了 2.05% 的超额收益，占比 99.03%。同时，产生负贡献的因子是 RMRF，贡献了 -0.28% 的超额收益率，占比 -13.53%。最终，个股选择收益来自超额收益（A + B）与因子收益之和的差异，即未被因子解释的超额收益。

表 24.2 Carhart 模型归因分析

因子	因子敏感度				各因子对超额收益的贡献	
	投资组合	基准组合	差异	因子收益	贡献值	贡献占比
	（1）	（2）	（3）=（1）-（2）	（4）	（3）×（4）	超额收益
RMRF	0.95	1.00	-0.05	5.65%	-0.28%	-13.53%
SMB	-1.05	-1.00	-0.05	-3.23%	0.16%	7.73%
HML	0.40	0.00	0.40	5.12%	2.05%	99.03%
WML	0.05	0.02	0.03	9.75%	0.29%	14.01%
			A. 因子收益之和		2.22%	107.24%
			B. 个股选择收益		-0.15%	-7.24%
			C. 超额收益（A + B）		2.07%	100.00%

> **知识一点通**
>
> 基于数据来源的分析方法的不同，归因分析可以划分为以下两大类别：外部评价法与内部评价法。外部评价法是指由第三方借助基金净值数据与基金基准的市场表现，利用统计学方法进行的基金绩效归因分析，通常是基于 CAPM 模型与多因子模型进行拓展，如 Fama-French 三因子模型、Carchart 四因子模型等等。内部评价法则是指基于基金组合的真实交易数据而进行的基金绩效分析。Brinson（1986）等人的经典文章中指出基金收益的时间差异 90% 以上是由资产配置能力解释的。Karnosky 和 Singer（1994）将其拓展为多币种绩效归因模型（简称 KS 模型），从而可以对全球资产的绩效进行分析。

> **备考小贴士**
>
> 股票型基金的收益归因属于非常重要的考点，考生需要从定性和定量两方面重点掌握。

24.2.2.3 债券型基金的收益归因

—考点要求—
解释（interpret）债券型基金的归因分析结果（★★）

债券型基金与股票型基金的差异不仅体现为投资的资产类别不同，更重要的是它们收益所对应的风险因子存在很大区别。在债券型基金中，投资经理所作出的基于信用风险和收益率曲线的投资决策才是影响其收益的重要来源。债券型基金的业绩归因的方法包括基于久期的敞口分解（exposure decomposition—duration based）、基于久期的收益曲线分解（yield curve decomposition—duration based），以及基于全局定价法的收益曲线分解（yield curve decomposition—full repricing based）。

1. 基于久期的敞口分解

基于久期的敞口分解的概念可拆分为两个部分：第一，基于敞口分解进行分类，常用的方法是将组合中众多债券根据特征进行分类，分类标准可以是久期和行业。第二，计算每种分类的久期，也就是基于久期来分析。该方法属于一种自上而下（top-down）的收益归因方法，侧重于宏观层面的归因分析，试图解释投资经理如何通过对投资组合进行主动管理而获得超额收益。而主动管理中涉及的投资决策也存在自上而下的层级关系，而这些决策通常与久期、收益率曲线或行业相关。此归因方法相对简单且易操作，主要用于市场营销和针对客户的业绩报告。

如果未来预期信用水平上升导致利差下降，那么债券价格会上升。同时，久期长的债券利率敏感度高，在利率下降时，价格上升幅度更大。因此投资经理应在利率下降时超配长期债券。根据表24.3，投资组合在长期债部分的权重为55%，相比于基准组合中的30%更高，即投资组合超配了长期债，会在未来利率水平下降时获利，利率水平上升时亏损。投资组合收益的总收益为-4.98%，而基准组合的总体收益为-4.83%，投资组合的业绩低于基准15 bps，超额收益为-0.15%[-4.98%-(-4.83%)]。

利用表24.3的信息可计算得到投资组合的收益归因结果，详见表24.4。表24.4中，超额收益-15 bps可分解为久期效应（duration effect）、收益率曲线效应（curve effect）、行业配置效应（sector allocation），以及债券选择（bond selection）。其中，久期效应带来的超额收益为-48 bps，说明组合的久期管理不及基准组合的久期管理，利率上升时，经理超配长久期带来损失。曲线效应带来的超额收益为48 bps，原因在于，收益率曲线变平缓的同时，投资经理在长久期债券上超配。行业配置效应带来的超额收益为-26 bps，原因在于，在信用利差扩大的同时，投资经理在公司债上超配。债券选择带来的超额收益为11 bps，源于投资经理选择具体债券的能力。

> **备考小贴士**
>
> 债券型基金的收益归因只要求定性掌握，所以考生无需掌握表24.2的计算方法，只需要知道如何对表中的数字进行解读即可。

表 24.3 敞口分解——投资组合与基准组合的相关头寸

	投资组合权重				投资组合久期				投资组合对久期的贡献				投资组合收益				投资组合对收益的贡献			
	短期	中期	长期	总和	短期	中期	长期	总和	短期	中期	长期	总和	短期	中期	长期	总和	短期	中期	长期	总和
政府债	5%	10%	25%	40%	4.42	7.47	10.21	8.80	0.22	0.75	2.55	3.52	-3.48%	-5.16%	-4.38%	-4.46%	-0.17%	-0.52%	-1.10%	-1.79%
公司债	15%	15%	30%	60%	4.4	7.4	10.06	7.98	0.66	1.11	3.02	4.79	-4.33%	-6.14%	-5.42%	-5.33%	-0.65%	-0.92%	-1.63%	-3.20%
总和	20%	25%	55%	100%	4.41	7.43	10.12	8.31	0.88	1.86	5.57	8.31	-3.91%	-5.81%	-5.00%	-4.98%	-0.78%	-1.45%	-2.75%	-4.98%

	基准组合权重				基准组合久期				基准组合对久期的贡献				基准组合收益				基准组合对收益的贡献			
	短期	中期	长期	总和	短期	中期	长期	总和	短期	中期	长期	总和	短期	中期	长期	总和	短期	中期	长期	总和
政府债	25%	20%	15%	60%	4.42	7.47	10.21	6.88	1.11	1.49	1.53	4.13	-3.48%	-5.16%	-4.38%	-4.27%	-0.87%	-1.03%	-0.66%	-2.56%
公司债	10%	15%	15%	40%	4.4	7.4	10.06	7.65	0.44	1.11	1.51	3.06	-4.33%	-6.14%	-5.86%	-5.58%	-0.43%	-0.92%	-0.88%	-2.23%
总和	35%	35%	30%	100%	4.41	7.43	10.12	7.18	1.54	2.60	3.04	7.18	-3.84%	-5.58%	-5.12%	-4.83%	-1.34%	-1.95%	-1.54%	-4.83%

表 24.4　基于久期的敞口分解：收益归因结果

久期	行业	久期效应	曲线效应	行业配置效应	债券选择	总和
短期*	政府债					
	公司债					
	总和	0.40%	0.12%	0.04%	0.00%	0.56%
中期*	政府债					
	公司债					
	总和	0.47%	0.05%	-0.02%	0.00%	0.50%
长期*	政府债					
	公司债					
	总和	-1.35%	0.31%	-0.28%	0.11%	-1.21%
总和		-0.48%	0.48%	-0.26%	0.11%	-0.15%**

* 短期：久期小于等于 5；中期：久期大于 5 小于等于 10；长期：久期大于 10。
** 投资组合收益低于其基准收益 15 bps。

2. 基于久期的收益曲线分解

基于久期的收益曲线分解的方法通过利用久期与到期收益率（yield to maturity, YTM）之间的已知关系来估计债券选择和行业选择带来的收益。该方法的缺点是对数据的需求更大，操作更加复杂。优点则在于收益归因的过程更加明晰。因此，此方法适用于针对分析师和投资经理的业绩报告。

已知关系可通过公式（24.14）与（24.15）来表示：

$$\%Total\ return = \%Income\ return + \%Price\ return \quad (24.14)$$

其中，

$$\%Price\ return \approx -Duration \times Change\ in\ YTM \quad (24.15)$$

公式（24.14）和公式（24.15）中，YTM 的变化（change in YTM）来源于两类风险因子：收益率曲线因子（yield curve factors）与利差因子（spread factors）。其中，收益率曲线因子反映无风险的政府债券收益率曲线的变化，如平行移动（parallel shift）、斜率改变（slope）以及曲度改变（curvature），以及风险债券的利差变动。假设某位投资经理对未来收益率曲线因子的变化有所判断，则可利用此归因方法来分析检验判断的正确性。同样地，该方法不仅可用于分析投资组合的收益来源，也可同时用于分析基准组合。通过比较投资组合与基准组合收益驱动元素的不同，可了解投资经理主动管理的效果。具体的归因分析可见表 24.5。

结合表 24.3 和表 24.5，将超额收益被拆分为以下 8 个来源。

（1）收益率（yield）。

相比基准组合，投资组合在公司债和长期债进行超配。相较政府债与短期债，公司债与长期债可提供更高的投资收益，因而此超配的决策带来共 21 bps 的超额收益。

（2）收敛效应（roll）。

收敛收益率源于随着到期日的临近，债券的价值向面值回归，即面值回归效应（pull to par）。对于折价债券，收敛过程伴随债券价格上升，收敛收益率为正。对于溢价债券，收敛过程伴随债券价格下跌，收敛收益率为负。由于长期债距离到期日更远，长期债券的收敛收益率低于短期债券。根据收益率曲线的形态，长期债通常位于曲线平缓的位置，该位置带来的收敛收益率非常有限。因此，投资组合超配长期债的决策使整个组合收敛收益率降低 3 bps。

（3）平行移动：投资组合总体的久期 8.31 高于基准组合的久期 7.18。收益率上升 1% 令投资组合收益降低 79 bps（见表 24.5）。

（4）斜率：斜率降低导致收益率曲线变得更加平缓，从而使长期债收益率上升幅度低于短期债。对于曲线右端长期债的超配贡献了 31 bps 的超额收益。

（5）曲度：收益率曲线形态的变化导致 5 年期的收益率上涨较多。投资经理低配了该时间段对应的债券，为超额收益贡献了 51 bps。

（6）利差：由于信用利差加大，投资经理超配公司债的决策导致超额收益降低 32 bps。

（7）具体利差：根据表 24.5，债券 4、债券 7 分别贡献了 2 bps 和 7 bps 的超额收益，导致总收益增加 9 bps。

（8）残差：残差使超额收益降低 13 bps，这是由于久期与凸度仅能对债券价值变化进行大致估计，而非精确计算。在利率变化很大的时候（100 bps），残差变得更加关键。

表 24.5 收益率曲线分解——基于久期：收益归因结果

债券	收益率	收敛	水平	斜率	曲度	利差	具体利差	残差	总和
1	−0.18%	−0.02%	0.43%	0.01%	0.14%	0.00%	0.00%	−0.01%	0.37%
2	−0.23%	−0.04%	0.71%	0.04%	0.04%	0.00%	0.00%	−0.03%	0.49%
3	0.11%	0.01%	−0.48%	0.05%	0.08%	0.00%	0.00%	−0.01%	−0.24%
4	−0.13%	−0.02%	0.21%	0.07%	0.05%	0.04%	0.02%	−0.02%	0.22%
5	0.14%	0.01%	−0.35%	−0.02%	−0.02%	−0.06%	0.00%	0.02%	−0.28%
6	−0.38%	−0.03%	1.41%	−0.26%	−0.11%	0.30%	0.00%	−0.04%	0.89%
7	0.88%	0.06%	−2.72%	0.42%	0.33%	−0.60%	0.07%	−0.04%	−1.60%
总和	0.21%	−0.03%	−0.79%	0.31%	0.51%	−0.32%	0.09%	−0.13%	−0.15%

3. 基于全局定价法的收益曲线分解

债券价值的变化可通过全局定价法来进行估计。根据现金流折现法，债券的价值等于未来现金流按照对应的即期利率进行折现求和的结果。其中折现率反映了投资者对于类似债券的要求回报率。与基于久期的方法类似，债券也可根据即期利率的变化进行重新定价，而即期利率的变化则源于整体市场利率、利差，以及具体债券因子的变化。全局定价法是一种自下而上（bottom-up）的方法，先对每只债券进行重新定价，然后对每只债券进行收益归因，最后整合到投资组合、基准组合，以及主动管理层面。如此精准的定价使分析时可容纳更多类型的债券和收益变化，同时支持更广泛的定量模型，是三种债券型基金收益归因方法中最精准的。但是此方法的缺点在于分析的困难度和成本都很大。

24.2.3 风险归因

—考点要求—
探讨（discuss）选择某一风险归因方法时的考虑因素（★★）

风险归因是指对投资过程中涉及的风险来源进行识别。根据风险的类型，可分为绝对风险归因和相对风险归因。绝对风险归因关注投资组合波动性的来源。相对风险归因关注追踪风险的来源。风险归因需要反映投资决策的整个过程，方法包括自下而上、自上而下，以及基于因子（factor based）。自下而上法重点在个体证券的选择，自上而下法重点在宏观层面的决策。例如，对经济中不同行业的配置以及此后行业内部的证券选择。基于因子的方法强调寻找带来超额收益的风险因子。关于如何选择适合的风险归因方法，详见表24.6。

表24.6 风险归因方法的类型和特征

投资决策过程	风险归因的类型	
	相对（与基准组合比较）	绝对
自下而上	头寸对追踪风险的边际贡献	头寸对总风险的边际贡献
自上而下	将追踪风险归因于相对配置和证券选择	因子对总风险和特殊风险的边际贡献
基于因子	因子对追踪风险和主动特殊风险的边际贡献	

从绝对风险角度出发，投资组合的风险可通过市场、大小盘、投资风格因子，以及源于个股选择的特殊风险来阐释。在自下而上的投资决策中，需计算各个证券对于组合风险的边际贡献。边际贡献通过小幅度提高该资产的持仓量的同时观察组合标准差的增减得到。整合每个证券对组合风险的边际贡献，最终得到经理证券的选择对组合总风险的贡献程度。

对于根据基准组合进行管理的投资组合，重点是对跟踪误差（tracking risk，TR）进行分析，将主动的投资决策对追踪风险的贡献进行量化。在自下而上的投资决策中，每个头寸对追踪风险的边际贡献（marginal contribution to trading risk）乘以各自主动权重（active weight）等于该头寸对追踪风险的贡献。在自上而下的投资策略中，用配置效应来解释主动收益，因此风险归因则用于识别配置和选择对追踪风险的影响。

综上所述，风险归因是对收益归因的有效补充，二者相辅相成，缺一不可。

—备考小贴士—
风险归因的类型属于比较重要的考点，考生需要理解不同类型的内涵和特征。

24.2.4 宏观归因 vs 微观归因

—考点要求—
识别（identify）并解释（interpret）宏观归因与微观归因（★★★）

根据分析的层级不同，收益归因可分为宏观归因和微观归因。宏观归因着重分析基金发起人的决策所带来的影响。微观归因则是分析每一个基金经理的业绩情况。这两种归因方法也是Brinson模型在不同层面的具体应用。

24.2.4.1 宏观归因

基于 Brinson 模型，宏观归因从基金发起人角度对不同的投资经理的业绩进行归因分析，从而比较孰优孰劣。超额收益的来源有：资产配置、个股选择，以及二者的交互作用。其中，宏观归因分析中的资产配置与 Brinson 模型中行业配置相似。资产配置效应衡量了相比基金发起人制定的战略性基准组合，其战术性资产配置（tactical asset allocation）的收益情况。3 个来源的计算与 Brinson 模型一致。

$$E = A + S + I = \sum_{i=1}^{i=n}(w_i - W_i) \times (B_i - B) + \sum_{i=1}^{i=n} W_i \times (R_i - B_i) + \sum_{i=1}^{i=n}(w_i - W_i) \times (R_i - B_i)$$

(24.16)

假设某基金发起人为旗下股票型基金雇用了两位投资经理，一位侧重于价值股，另一位侧重于成长股。从表 24.7 可见，从基金发起人的角度，决定将 78% 的资金分配给价值型组合经理，剩余 22% 的资金分配给成长型组合经理。

表 24.7 价值型组合与成长型组合的收益情况

	投资组合权重	投资组合收益率（bps）	基准组合权重	基准组合收益率（bps）
价值型组合经理	78%	0.99	75%	0.32
小盘价值股	20%	2.39	25%	1.52
大盘价值股	58%	0.51	50%	-0.28
成长型组合经理	22%	0.82	25%	-1.08
大盘成长股	22%	0.82	25%	-1.08
总和	100%	0.95	100%	-0.03

根据表 24.7 和公式（24.16），针对雇佣价值型组合经理的决定，进行以下收益归因：

$A_{价值型} = (78\% - 75\%) \times [0.32 - (-0.03)] = 0.01 \text{ bps}$

$S_{价值型} = 75\% \times (0.99 - 0.32) = 0.5 \text{ bps}$

$I_{价值型} = (78\% - 75\%) \times (0.99 - 0.32) = 0.02 \text{ bps}$

$S_{价值型} + I_{价值型} = 0.52 \text{ bps}$

根据表 24.7，针对雇佣成长型组合经理的决定，进行以下收益归因：

$A_{价值型} = (22\% - 25\%) \times [-1.08 - (-0.03)] = 0.03 \text{ bps}$

$S_{价值型} = 25\% \times [0.82 - (-1.08)] = 0.475 \text{ bps}$

$I_{价值型} = (22\% - 25\%) \times [0.82 - (-1.08)] = -0.057 \text{ bps}$

$S_{价值型} + I_{价值型} = 0.418 \text{ bps}$

综合上文的两位经理的收益归因，可得到宏观归因结果，见表 24.8。

表 24.8　宏观归因结果（单位：bps）

收益归因（基金发起人角度）	资产配置	个股选择	交互效应	总和
价值型组合经理	0.01	0.50	0.02	0.53
成长型组合经理	0.03	0.475	-0.057	0.45
总和	0.04	0.975	-0.037	0.98

24.2.4.2　微观归因

基于 Brinson 模型，微观归因从投资经理角度将超额收益的来源也同样划分为行业配置、个股选择，以及二者的交互作用。与宏观归因不同，微观归因关注的不是基金发起人的资金分配决策，而是投资经理的投资决策。具体公式依旧沿用 Brinson 模型。

> **备考小贴士**
>
> 考生需要特别注意，微观归因经常要求计算个股选择效应和二者交互效应的总和，即将公式（24.16）中的 S 与 I 相加。

根据表 24.7，对于小盘价值股而言：

$A_{小盘价值} = (20\% - 25\%) \times [1.52 - (-0.03)] = -0.08 \text{ bps}$

$S_{小盘价值} = 25\% \times (2.39 - 1.52) = 0.21 \text{ bps}$

$I_{小盘价值} = (20\% - 25\%) \times (2.39 - 1.52) = -0.04 \text{ bps}$

$S_{小盘价值} + I_{小盘价值} = 0.17 \text{ bps}$

我们可以使用同样的方法对大盘价值股和大盘成长股进行收益归因。将此三类投资工具的收益归因进行总结，得到表 24.9。

表 24.9　微观归因结果

	投资组合权重	资产配置 A（bps）	个股选择 S + 交互效应 I（bps）	总和（bps）
价值型组合经理				
小盘价值股	20%	-0.08	0.17	0.09
大盘价值股	58%	-0.02	0.46	0.44
成长型组合经理				
大盘成长股	22%	0.03	0.42	0.45
总和	100%	-0.07	1.05	0.98

从表 24.9 微观归因中可得到，投资组合带来的超额收益 98 bps 来自个股选择效应与交互效应（共 105 bps）以及资产配置（-7 bps）。资产配置带来负超额收益的原因在于，大盘价值股的投资权重（58%）高于小盘价值股（20%），同时小盘价值型基准组合的收益率（152 bps）要远高于总基准收益率（-3 bps）。显然，过多配置大盘价值股的决定是错误的。

24.2.4.3 归因方法与投资过程的关系

不同的投资过程需要与之匹配的归因方法,这是因为不同的归因方法带来的结果差异很大,可能会彼此矛盾。如果某投资经理的投资过程主要侧重不同国家间的资产配置(country allocation),那么上述的资产配置公式可用于计算不同国家间配置资产所带来的超额收益。个股选择公式可用于计算每个国家内部证券选择带来的超额收益。与之相反,如果某投资经理的投资过程主要侧重每个国家内部的行业选择,那么资产配置公式可用于计算每一个国家内部行业选择带来的超额收益,个股选择公式用于计算行业内部证券选择带来的超额收益。

> **备考小贴士**
>
> 宏观归因与微观归因均属于重要考点,考生需要辨析二者的差异并掌握具体的计算步骤。

24.3 投资基准

在投资领域中,基准是指由一系列证券或风险因子及相应权重所共同构成的投资组合。基准存在的意义在于,业绩的计量结果需要有恰当比较的对象才会更加精准。例如,一位投资者购买的股票型基金在某月份的收益率为 8%,这个收益率是高还是低呢?如果该月份股票市场整体上涨了 14%,这只基金的收益显然令人失望。但如果该月股票市场整体下跌了 14%,投资者一定会对该基金的优秀表现印象深刻。综上所述,业绩计量天然具有相对属性,当进行业绩计量的时候,选取合适的基准是至关重要的。

> **知识一点通**
>
> 在实务当中,各种指数(index)常常被用作业绩计量的基准。常见的指数是根据投资标的划分的。在股票市场上,标普 500 指数和道琼斯工业指数是最常见的大盘股基准。在固定收益市场上,常见的基准有 Barclays Capital U. S. Aggregate Bond Index、the Barclays Capital U. S. Corporate High Yield Bond Index 和 the Barclays Capital U. S. Treasury Bond Index。共同基金的投资者经常使用 Lipper indexes。而 Wilshire 5 000 则代表所有在美国公开交易的股票。然而,需要注意的是,市场指数可以作为基准,但并非所有的投资组合的基准都可以使用市场指数。许多采取主动投资策略的经理拥有其独特的投资原则,这些原则无法被市场指数所描绘。例如,采取市场中性(market neutral)、多空策略(long-short)的投资经理的基准通常是一个绝对的收益率,这与该策略的投资过程相匹配。

—考点要求—
探讨(discuss)基于负债的基准的应用(★)

24.3.1 基于资产的基准

基准组合(简称基准)通常是指由一系列具有代表性的证券所构成的组合,其中代表性是指基准中的证券反映了可供投资经理选择的资产池。在投资经理层面，基准相当于经理与基金发起人之间的契约，反映了基金发起人期望投资经理采取的投资策略和投资风格。投资经理的各项投资决策会导致其投资组合偏离基准，而这些决策的有效性需要根据基准来进行判断。

—考点要求—
描述（describe）各类基于资产的基准（★★）

基准可分为基于负债的基准（liability-based benchmark）和基于资产的基准（asset-based benchmark）。基于负债的基准主要关注资产的投资必须带来的现金流，适用于采取资产负债管理（asset liability management，ALM）的组合，如收入确定型养老金。基于资产的基准则适用于没有明确的债务目标的投资组合，即投资组合更加关注资产端的收益情况。下文主要介绍 7 类基于资产的基准。

24.3.1.1 绝对基准

绝对基准（absolute return benchmarks）是指以一个绝对收益率作为目标的基准。例如，收益率 8% 可以作为一个基准，它可以代表该投资组合至少应该达到的收益。但绝对基准最大的弊端是，它不满足合理基准的可投资性（investable）。

24.3.1.2 管理人基准

管理人基准（manager universes）以用众多投资经理或基金业绩的中位数作为基准。但此基准仅满足合理基准的可计量性特征（measurable），而不能满足其他特征，如清晰性（unambiguous）、事先确定性（specified in advance）以及恰当性（appropriate）特征。与此同时，管理人基准会引发幸存者偏差（survivorship bias），因为基金发起人会终止披露那些表现不理想的经理的业绩，这便令基准比实际情况乐观。

备考小贴士

管理人基准属于重要考点，考生需要认真掌握。

24.3.1.3 宽基市场指数基准

宽基市场指数（broad market indexes，BMI）是经常被经理和基金发起人采用的基准。具体而言，应用广泛的指数有以下几类：对于美国普通股投资，S&P 500、Wilshire 5 000，以及 Russell 3 000 indexes 是最常用的基准。对于美国投资级债券，Lehman Aggregate and the Citigroup Broad Investment-Grade（US BIG）Bond Indexes 是最常用的基准。对于发展中市场债券，JP Morgan Emerging Market Bond Index（EMBI）是常用基准。对于全球发达市场股票，则常用基准为 MSCI World Index。广义市场指数具有清晰性、可投资性、可计量性以及事先确定性，但这些基准有可能无法与投资经理的风格完全契合。

24.3.1.4 投资风格指数基准

投资风格指数（style indexes）是在广义市场指数的基础上再根据投资风格进行细分的指数。例如，美国普通股票资产类别中，存在以下 4 个非常盛行的投资风格指数：

大盘增长型（large-capitalization growth）、大盘价值型（large-capitalization value）、小盘增长型（small-capitalization growth）以及小盘价值型（small-capitalization value）。而对于固定收益投资，也存在相应的投资风格指数，且往往是在广义市场指数的基础上再利用久期等因素进行的风格细分。风格指数最大的优点是可与投资经理的风格相契合。但某些风格指数中对于某些证券的权重过高，大大超过了众多经理们认为的合理审慎的权重水平。

24.3.1.5　基于因子模型的基准

基于因子模型的基准（factor-model-based benchmarks）是指利用因素模型构建的投资组合基准。换句话说，在对基准组合的构建中，因子模型将投资组合的收益与一个或多个系统性风险因子的收益相关联。因子的选择范围广泛，包括广义市场指数、行业敞口，以及金融杠杆等在投资过程中重要的因素。因子模型构建完毕后，后续计算得出的组合收益率则可作为基准，对投资业绩进行衡量。

由于因子模型抓取了带来收益的系统性风险，非常利于经理和基金发起人理解投资风格。然而，该类基准的缺点在于风险因素敞口不够直观，清晰性不足。因子模型的一般形式：

$$R_p = a_p + b_1 F_1 + b_2 F_2 + \cdots + b_k F_k + \varepsilon_p \tag{24.17}$$

公式（24.17）中，R_p 代表投资组合的期间收益率；a_p 代表当所有因子敏感度为 0 时投资组合的期望收益率；b_k 代表投资组合收益率对因子收益率的敏感度；F_k 代表系统性风险因子的收益率；ε_p 代表非系统性因子带来的剩余收益率。

24.3.1.6　基于收益的基准

基于收益的基准（returns-based benchmarks）是指用因素模型和投资风格指数共同构建的基准，即将投资账户的收益与同期投资风格指数的收益相关联。具体的过程为：将投资账户的收益作为因变量，将同期的风格指数收益作为自变量，利用资产配置算法得到一个同时包含多种投资风格的基准组合，使之可以密切追踪账户的收益。

$$R_p = a_p + b_1 R_{SG} + b_2 R_{LG} + b_3 R_{SV} + b_4 R_{LV} + \varepsilon_p \tag{24.18}$$

公式（24.18）中，风格指数包括小盘增长股（small-cap growth，SG）、大盘增长股（large-cap growth，LG）、小盘价值股（small-cap value，SV），以及大盘价值股（large-cap value，LV）。R_{SG}、R_{LG}、R_{SV}、R_{LV} 分别代表对应风格指数的收益率。

> **知识一点通**
>
> 基于因子模型的基准与基于收益的基准的差异在于：基于收益的基准是将风格指数定义为因子，属于因子模型的特殊形式。

24.3.1.7　特别定制基准

特别定制基准（custom security-based benchmarks）是指基于投资组合经理的研究，

确定组合中各证券的权重，特别制定的一个组合基准。这类基准的优势在于它满足所有合理的基准特征，同时有助于投资经理和基金发起人有效监控及分配风险。然而，这类基准构建和维护的费用较高，并且缺乏足够的透明度。

特别定制基准的建立步骤如下所示。

步骤1：识别投资过程中最重要的方面。
步骤2：选择和投资过程相符的证券。
步骤3：对基准所采用的证券的权重进行分配，其中包括现金头寸的权重。
步骤4：回顾基准并做出相应调整。
步骤5：根据事先计划对基准组合进行回调。

> **备考小贴士**
>
> 基于资产的基准并非重要考点，考生简单了解7类基准的具体含义以及辨析不同基准之间的差异即可。

24.3.2 合理的基准所具备的特征

在业绩计量的过程中，基准的选择至关重要。基准必须反映投资过程和投资限制，对投资组合的构建进行指导。有效的基准应具有以下7个特征。

24.3.2.1 清晰性

清晰性是指对于一个合理的基准，其构成明细包括成分证券的收益率和市值权重等信息，这些信息必须清晰明确。

24.3.2.2 可投资性

可投资性是指理论上，经理可以投资于构成基准的所有成分证券，从而复制基准的投资绩效，形成被动投资（passive investing）。

24.3.2.3 可计量性

可计量性是指对于一个合理的基准组合，其收益率应该可以经常性地进行计量。如果基准组合的收益率无法合理地进行经常性计量，那么将基准与投资组合业绩进行比较将会带来业绩评估的偏差。

24.3.2.4 恰当性

恰当性是指合理的基准应与经理的投资策略和风格相契合。否则，最终的评估结果一定是不可行的。假设一个经理投资于固定收益类产品，如果用一个股票指数作为基准去评价该经理的业绩，显然是不恰当的。

24.3.2.5 可反映当前投资观点

可反映当前投资观点（reflective of current investment opinions）是指合理的基准可以

反映投资经理当前的投资观点。具体而言，该基准中应包括经理当前投资的证券或风险敞口。如果一个经理同时投资于价值股和成长股，那么用仅包括价值股的指数作为基准也是不合理的。

24.3.2.6 事先确定性

事先确定性是指基准应于业绩评估期限开始之前确定，且此基准应告知全部利益相关方。在评估期内，基准通常不应发生改变，否则对于业绩评估的结果将产生不利影响。

24.3.2.7 公认性

公认性（accountable）是指合理的基准应该被投资经理所认可和接受。这里认可接受的内容既包括基准的构成，也包括基准业绩的衡量计算。基金的目标组合（target portfolio）与基准之间的任何差异由基金发起人负责。投资经理则对组合最终业绩和基准之间的差异负责。

> **备考小贴士**
>
> 合理的基准所需具备的特征一共有 7 个。为了便于记忆，我们分别将每个特征的英文表述归结为 1 个字母，总结出记忆口诀：UR 2AIMS（你的两个目标，UR 是 your 的简写）。其中 U 代表清晰性，R 代表可反映当前投资观点，2A 代表恰当性和公认性，I 代表可投资性，M 代表可计量性，S 代表事先确定性。

24.3.3 正确选择基准的重要性

在业绩评估中，正确选择基准至关重要。如果基准选择有误，有序的业绩计量、业绩归因以及业绩评价都会毫无价值。当选择市场指数作为基准时，如果基准中包含大量投资组合不涉及的证券，则该基准并不合适。如果选择同业的收益作为基准，则面临数据选择的问题。实务中，同业业绩的中位数通常作为基准。因此，中位数也成了众多投资经理的目标，他们会尽力使收益率不要低于中位数，导致众多经理的业绩在中位数附近聚集。这说明，基准的投资决策会受到所选基准的影响。同时，一些基准选择背后的原因并不明确。一些表现不佳的经理曾经试图更改基准来提高其超额收益，这种做法既不合适也不道德。

——考点要求——
描述（describe）基准选择错误在归因与评价分析中的影响（★）

24.3.4 基准质量评估

一个投资组合的收益（P）可以被拆分为两个部分：基准组合收益（B）和主动管理带来的收益（A）。基准组合收益可进一步分拆为整体市场收益（M）和风格收益（S），则投资组合收益分拆为 3 个部分：市场（M）、风格（S）和主动管理（A）。

——考点要求——
探讨（discuss）关于基准质量的检测（★★）

$$P = B + A = M + (B - M) + A = M + S + A \tag{24.19}$$

公式（24.19）中，M 代表市场指数的收益，例如，S&P 500 的收益常常用于代表整体股票市场的情况；S 代表因投资风格带来的收益，如一些经理的投资风格相对保守，一些经理则相对激进，S 等于基准组合与市场指数的差异（B－M），这是因为基准组合应该反映投资经理的风格，而市场指数则不反映风格。如果基准组合就是市场指数，但投资经理存在特有的风格，虽然看似 S＝0，但实际上风格带来的收益被误计算到主动管理中。A 是因经理主动管理带来的收益，如果投资组合为市场指数，则 S＝0 且 A＝0。

通过计算公式（24.19）中变量之间的相关系数，可以对基准的质量进行评估。一方面，通过计量 A＝(P－B) 和 S＝(B－M) 之间的相关系数，可识别经理主动管理是否和当下市场青睐的风格存在关系。作为一个优质的基准组合，A 与 S 之间应该能够严格区分，相关系数在统计学上应该不显著偏离 0，即 A 与 S 应不相关。另一方面，投资组合与市场指数的差异（P－M）和 S 之间的相关系数应该显著为正。这是因为，当投资经理风格被市场所青睐的时候，基准组合与投资组合应同时战胜市场指数，也就是（P－M）和（B－M）应该同时大于 0。

> **备考小贴士**
> 基准质量评估属于重要考点，考生需要掌握公式（24.19）以及具体的含义。

24.3.5　另类投资基准

—考点要求—
描述（describe）另类投资的基准选择中存在的问题（★）

另类投资的基准选择面临诸多挑战。这背后的原因众多，如缺乏高质量可投资的市场指数、众多投资策略中杠杆的频繁使用、标的资产缺乏及时的市场价格，以及内部收益率的频繁使用。

24.3.5.1　对冲基金的基准

对冲基金（hedge fund）是指汇集多个投资人的资金，它是利用各种不同的投资策略来创造高于市场收益的一种投资渠道。它被认为是一种另类投资工具，主要将风险敞口瞄准在特定的风险上，同时对冲掉其他投资风险。与共同基金相比，对冲基金的披露要求不高，这导致其透明性降低。同时，策略众多又缺乏透明性也导致对冲基金很难拥有合适的基准。即使是同一个对冲基金经理，当市场情况发生变化，其采取的杠杆率、投资风格以及衍生品也会发生变化。无论是市场指数还是无风险收益率，它们与对冲基金收益的相关性都非常低，因此不适合作为基准。与此同时，一些对冲基金往往设立绝对的收益目标，如收益率达到 20%，所以无须和基准进行比较。

对于那些有明确投资风格的对冲基金，其业绩可以与同行们相比（peer universes）。然而，进行同行比较的问题在于：第一，同行们的特征很难代表某一对冲基金所使用的投资方法。第二，同行对比经常受到幸存者偏差（survivorship bias）和回填偏差（backfill bias）的影响。当编辑对冲基金指数的时候，只有幸存的那些对冲基金的收益才会继续存在，导致计算结果高估了现状，即存在幸存者偏差。与此同时，一个基金开始提交业绩报告是因为它有好的业绩表现并希望吸引新的资金。当一个新的基金连同它的历史业绩一同被加入数据库中时，回填偏差就产生了。第三，对冲基金的业绩数据通常为自行报告的形式，指数提供者并不进行二次核实。即使投资经理不存在谎报数据的行为，由于对冲基金中流动性差的资产的定价需要主观判断，也会产生数据与真实情况的偏差。

然而对于那些没有明确投资风格的对冲基金，寻找合适的基准非常困难。除了通过基准进行业绩计量，对冲基金经常使用夏普比率（Sharpe ratio）来比较业绩优劣，但同样面临着很难找到可比对象的问题。与此同时，由于许多对冲基金的收益分布并非对称，所以夏普比率中用标准差来衡量风险并不够准确。

24.3.5.2 不动产投资的基准

为了给不动产投资（real estate investment）选择基准组合，行业协会和大大小小的指数提供者在现实中编辑了众多的指数以供选择。从国家、投资风格，以及开放式或封闭式等不同角度出发，各种指数层出不穷。然而，在选择基准时，依旧存在以下限制。

（1）基准组合基于不动产投资机会集合中的一部分，无法全面代表该资产大类。
（2）指数的表现通常与权重最大的数据提供方的收益高度正相关。
（3）基准组合收益根据经理报告的业绩来计算，其中可能存在偏差。
（4）由基金或自查价值作为权重构建的基准组合，其收益会过分强调房价最高的城市和资产类型。
（5）不动产的价值往往是根据评估得来的，而非市场上的交易价格。不动产流动性低，无法基于足够的交易获得资产的价值。
（6）一些基准组合的收益是没有杠杆的，而另一些包含不同程度的杠杆。
（7）不动产指数无法反映一些推动真实投资业绩的因素，包括高昂的交易成本、有限的透明度，以及匮乏的流动性。

24.3.5.3 私募股权投资的基准

私募股权投资（private equity）的收益通常用内部收益率（internal rate of return，IRR）表示。在美国和欧洲，Cambridge Associate、Preqin 以及 LPX 这类另类投资数据平台会根据基金的现金流和估值来估算每只基金的 IRR。这些 IRR 数据会被进一步编辑为可供美国和欧洲作为基准的指数。私募股权投资的业绩可以与基准相比，也可与同业相比。然而，无论与谁相比，一些固有的问题依然存在。

（1）不同的投资经理估值的方法有所不同。
（2）基金的 IRR 会在很大程度上受到之前年份损失和利得的影响。
（3）私募股权投资的投资年限相对较长，投资标的公司处在各自不同的发展阶段会带来不同的 IRR。

24.3.5.4 大宗商品投资的基准

大宗商品（commodity investment）基准使用的指数往往是基于大宗商品期货投资的业绩情况编辑而成的。由于持有成本理论（cost-of-carry model）保证了远期合约的收益可以模仿即期交易的收益，因此期货合约的收益常常作为现货市场收益的替代。然而，期货市场与现货市场依旧存在差异，与其他另类投资所面临的困难类似。

（1）使用衍生品代表真实的大宗商品。
（2）不同基金间的杠杆率不同，期货市场涉及保证金制度就意味着加杠杆。

（3）指数内部自行约定权重，没有统一标准。

24.3.5.5　管理型衍生品基金的基准

管理型衍生品基金（managed derivatives fund）主要投资于各类期货和期权，而非投资于标的证券。对于该类基金而言，不同的投资经理采取的策略存在很大差异，无法找到市场指数作为基准。因此，基于同业比较的基准更为常用。当然，同业比较的问题在前文中也有论述，如幸存者偏差。

另外一些衍生品基准是基于同行的业绩制定的。例如，BarclayHedge 和 CISDM CTA 交易策略基准，这两个基准是基于商品交易顾问（commodity trading advisers，CTAs）的业绩而制定的。

24.3.5.6　危机证券策略的基准

对冲基金的危机证券策略（distressed securities）主要投资于财务状况恶化、濒临破产或者刚经过重组公司的债券和股票。在一般投资者眼中，这类证券并不具有投资价值。然而，对于了解危机证券的风险和价值对冲方法的对冲基金经理而言，危机证券中同时蕴藏着巨大的投资价值。对于采取危机证券策略的对冲基金，寻找合适的基准并不容易，因为此类证券的流动性非常低，很难寻找与之匹配的基准。一种可行的方法是找到合适的市场指数，如巴克莱危机证券指数（Barclay Distressed Securities Index），该指数基于投资于危机证券的投资经理的业绩数据编辑而成。

> **备考小贴士**
> 另类投资基准属于非重要考点，考生简单了解即可。

24.4　业绩评价

24.4.1　区分投资技巧与幸运

考点要求
评估（evaluate）投资经理的技术（★★★）

如何区分投资业绩来源于技巧还是幸运，这并不是一个简单的话题。金融市场上的各种收益都蕴含大量的随机因素。一些随机因素反映了新闻与信息对资产价值直接或间接的影响。流动性需求和投资者情绪带来的交易会增加收益的波动性。而对于投资技巧与幸运的区分，更多是通过观察业绩长期的持续性来进行判断。然而，若想要证明投资经理的平均收益高于基准的平均收益这一假设，则需要许多年的观察数据与足够高的置信度。

24.4.2　业绩评价指标

考点要求
描述（describe）业绩评价的计量和相关指标的局限性（★★）

前文的业绩计量和业绩归因对投资经理的投资技能高低及来源已经进行了深入分析。业绩评价作为业绩评估的最后一步，旨在为基金发起人提供数量上的证据，以便决定投资经理的投资技巧（investment skill）的高低，以及是否需要继续保持当前的投资方式或对投资项目进行修正。投资经理的技巧是指经理能够持续战胜其基准的能力。当然，任何投资经理都有可能出现业绩不及基准的情况，这是可以理解的。但是，那些技巧高超的投资经理应该能够更频繁地击败其基准。为了更有效地比较投资经理的业绩，在业绩评价中不仅要关注收益，还应关注风险。换而言之，风险调整后的业绩评价指标更能够说明经理的投资技巧高低。

24.4.2.1 夏普比率

夏普比率（Sharpe ratio）衡量每单位总风险的超额收益率。其中，总体风险用标准差 σ 来代表，因此夏普比率适用于任何收益率服从正态分布的资产。换言之，如果某资产的收益率不服从正态分布，那么用标准差来代表总风险则不够准确。另外，该比率的分子部分必须为正数，否则该比率将失去意义。在进行业绩评价时，投资组合的夏普比率越大，则说明投资业绩越好。

$$S_A = \frac{\overline{R}_A - \overline{r}_f}{\hat{\sigma}_A} \tag{24.20}$$

公式（24.20）中，$\overline{R}_A$ 代表投资组合的平均收益率；$\overline{r}_f$ 代表平均无风险收益率；$\hat{\sigma}_A$ 代表投资组合的总风险。

> **知识一点通**
>
> M^2 指标是夏普比率的延伸，它同样采用标准差来代表总风险。此指标通过改变市场组合与无风险资产的资产配置比例来形成新的组合 A，使组合 A 的总风险与市场组合的总风险相等。M^2 代表新组合 A 的收益。在比较多个投资组合进行业绩排时，M^2 给出的业绩排序与夏普比率给出的排序相同，其数值大于市场组合收益率则说明跑赢市场，数值越大，说明业绩越好。
>
> $$M_A^2 = \overline{r}_f + \left(\frac{\overline{R}_A - \overline{r}_f}{\hat{\sigma}_A}\right)\hat{\sigma}_M$$
>
> 其中，$\overline{r}_f$ 代表无风险收益，$\overline{R}_A$ 代表组合 A 的收益，$\hat{\sigma}_A$ 衡量组合 A 的总风险，$\hat{\sigma}_M$ 衡量市场组合的总风险。

24.4.2.2 特雷诺比率

特雷诺比率（Treynor ratio）与夏普比率十分相似，唯一的区别在于特雷诺比率的分母采用系统性风险。因此，只有当不考虑非系统性风险或组合通过合理分散化消除了非系统性风险后，才能使用此比率。总而言之，特雷诺比率衡量承担单位系统性风险所获得的超额收益率。在进行业绩评价的时候，投资经理的特雷诺比率比市场组合更高，说明投资业绩优于市场，投资组合的 alpha 为正。否则，如果特雷诺比率低于市场组合，那么 alpha 为负。

$$T_A = \frac{\overline{R}_A - \overline{r}_f}{\hat{\beta}_A} \tag{24.21}$$

公式（24.21）中，$\overline{R}_A$ 代表投资组合的平均收益率；$\overline{r}_f$ 代表平均无风险收益率；$\hat{\beta}_A$ 代表投资组合的系统性风险。

24.4.2.3 信息比率

信息比率（information ratio, IR）衡量投资组合相对于其基准的业绩情况。该比率的分子为投资账户平均收益与基准平均收益的差额，此差额被称为主动收益（active return）。分母为主动收益的标准差，被称为追踪风险或主动风险（tracking error or active risk），这是投资组合相对于基准的相对风险。信息比率越高，说明单位主动风险带来的主动收益更多，即投资经理业绩越好。

$$\text{IR} = \frac{E(r_p) - E(r_B)}{\sigma_{(r_p - r_B)}} \tag{24.22}$$

公式（24.22）中，$E(r_p)$ 代表投资组合的期望收益率；$E(r_B)$ 代表基准组合的期望收益率；$\sigma_{(r_p - r_B)}$ 代表追踪风险。

24.4.2.4 评估比率

—考点要求—
计算（calculate）评估比率（★★★）
解释（interpret）评估比率（★★★）

评估比率（appraisal ratio, AR），也叫做特雷诺-布莱克比率（Treynor-Black ratio）等于年化的 alpha 除以年化的残差风险的商，即 1 单位主动管理风险带来的主动管理收益。评估比率说明偏离基准组合配置的权重是可以带来收益的，而最佳偏离程度可由评估比率确定。

$$\text{AR} = \frac{\alpha}{\sigma_\varepsilon} \tag{24.23}$$

公式（24.23）中，α 代表詹森 alpha；σ_ε 代表残差风险，是投资组合残差的标准差，可从统计软件中得出。

> **知识一点通**
>
> 詹森 alpha（Jensen's alpha, Ex Post Alpha）也是重要的业绩评价指标。詹森 alpha 等于账户的收益率与根据 CAPM 模型计算出的要求收益率之间的差异，代表了一种直接的业绩评价方法。如果投资组合的 alpha 为负，则说明该组合实际收益不及要求收益。如果投资组合的 alpha 为正，则说明该组合的实际收益比要求收益高。基金发起人在选择投资经理的过程中会偏向于选择 alpha 更大的投资经理，因为他们的投资技巧更高超。
>
> $$\text{Jensen's alpha} = R_P - \{R_f + \beta_P [E(R_M) - R_f]\}$$
>
> 其中，R_f 代表无风险收益；R_M 代表市场组合的收益；β_P 衡量账户收益对市场组合收益的敏感度。

例题 24.1

基金 X 在过去 60 个月的平均年收益率为 10.0%，年化标准差为 25.0%。同期，市场指数的平均年回报率为 6.0%，年化标准差为 10.0%。基金 X 相对于市场指数的 beta 值为 1.5 且基金 X 的残差标准差为 0.2。假设年化无风险利率为 2.0%，请问基金 X 的评估比率是多少？

A. 0.1　　　　　　　　B. 0.0923　　　　　　　　C. 0.0874

名师解析

正确答案为选项 A。根据公式（24.23），评估比率的计算方法为：

$$AR = \frac{\alpha}{\sigma_\varepsilon} = \frac{R_P - [R_F + \beta_P(R_M - R_F)]}{\sigma_\varepsilon} = \frac{10\% - [2\% + 1.5(6\% - 2\%)]}{0.2} = 0.1$$

假如题干中没有给出 σ_ε，也可以通过以下公式进行计算：

$$\sigma_\varepsilon^2 = \sigma_p^2 - \beta^2 \sigma_m^2 = 0.25^2 - 1.5^2 \times 0.10^2 = 0.04$$

$$\sigma_\varepsilon = \sqrt{\sigma_\varepsilon^2} = 0.2$$

因此，选项 A 正确。

> **备考小贴士**
>
> 另外一种计算 σ_ε^2 的方法是 $\sigma_\varepsilon^2 = (1 - R^2) \times \sigma_p^2$，该知识点在 CFA® 二级 "数量方法" 中进行了详细讲解。

24.4.2.5 索提诺比率

索提诺比率（Sortino ratio）也是一种衡量投资组合相对表现的方法。与夏普比率（Sharpe Ratio）有相似之处，也存在不同，索提诺比率运用目标收益率和目标半标准差（target semi-standard deviation）计算得出。其中，目标收益率是投资组合收益率至少需要达到的收益率水平，即最小可接受收益率（minimum acceptable return，MAR）。目标半标准差则是仅使用低于目标收益率的组合收益数据计算得出的标准差，以便区别不利和有利的波动。

$$SR_D = \frac{E(r_p) - r_T}{\sigma_D} = \frac{\text{Average portfolio return-MAR}}{\text{Target semideviaiton}} \quad (24.24)$$

公式（24.24）中，Target semideviaiton 代表目标半标准差。

对于对冲基金和大宗商品基金而言，索提诺比率被认为是比夏普比率更好的业绩评价指标。这是因为，这些基金的收益率分布是非对称的。在实务中，夏普比率的应用更加广泛，这是因为人们更习惯使用标准差来衡量波动性。与此同时，索提诺比率的相互比较也更困难，因为每个投资者的 MAR 不同。

—考点要求—
计算（calculate）索提诺比率
（★★★）
解释（interpret）索提诺比率
（★★★）

例题 24.2

基金 Y 在过去 60 个月的平均年收益率为 10.0%，年化标准差为 25.0%，目标半标准差衡量的下行波动率为 14%。假设目标收益率为 5.0%，请问基金 X 的索提诺比率是多少？

A. 0.63　　　　　　　　B. 0.36　　　　　　　　C. 0.24

名师解析

正确答案为选项 B。根据公式（24.24），索提诺比率的计算方法为：

$$SR_D = \frac{E(r_p) - r_T}{\sigma_D} = \frac{10\% - 5\%}{14\%} = 0.36$$

因此，选项 B 正确。

> **备考小贴士**
>
> 考生除掌握上述 5 种指标的计算外，还应重点掌握不同场景下应使用何种指标进行投资分析，属于常见考点。

24.4.2.6　捕获率

—考点要求—
计算（calculate）
上/下行捕获率
（★★★）
解释（interpret）
上/下行捕获率
（★★★）

捕获率（Capture Ratios, CR）作为一大类评价指标，衡量了与基准相比投资经理在市场上行和下行中的相对表现。上/下行捕获率（upside/downside capture ratio）等于上行捕获率除以下行捕获率。上行捕获率（upside capture ratio, UC）和下行捕获率（downside capture ratio, DC）都等于投资组合收益率除以基准收益率。只不过，UC 适用于基准收益为正的情况，DC 适用于基准收益为负的情况。

$$UC(m, B, t) = \frac{R(m, t)}{R(B, t)}, \text{当 } R(B, t) \geq 0 \quad (24.25)$$

$$DC(m, B, t) = \frac{R(m, t)}{R(B, t)}, \text{当 } R(B, t) < 0 \quad (24.26)$$

$$CR(m, B, t) = \frac{UC(m, B, t)}{DC(m, B, t)} \quad (24.27)$$

公式（24.25）和公式（24.26）中，$R(m, t)$ 代表 t 时刻投资经理 m 的投资收益率；$R(B, t)$ 代表 t 时刻基准组合收益率。

UC > 100% 和 DC < 100% 说明投资组合收益率超过基准；DC > 100% 和 UC < 100% 说明投资组合收益率不及基准。

CR 同时考虑上行和下行的情况，计量了收益的非对称性，类似债券的凸度和期权的 gamma。

CR > 1 意味着整体来看，经理业绩表现优秀：相比于基准组合的表现，投资组合收益以增速增加，减速降低。该情况被称为正向非对称（positive asymmetry），又称为凸性（convexity），如图 24.1 所示。

CR < 1 意味着整体来看，经理业绩表现不佳：相比于基准组合的表现，投资组合收益以减速增加，增速降低。该情况被称为反向非对称（negative asymmetry），又称为凹性（concavity），如图 24.2 所示。

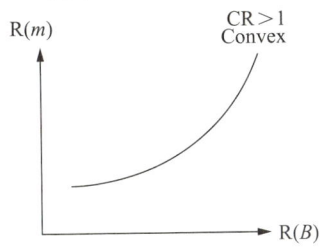

图 24.1　投资组合收益率与基准收益率（CR > 1）

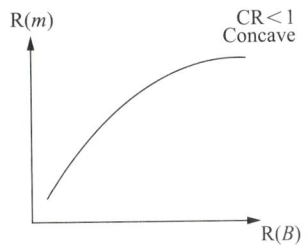

图 24.2　投资组合收益率与基准收益率（CR < 1）

例题 24.3

基金 Z 在过去 60 个月中，当市场上行时基金的收益率为 15%，基准组合收益率为 10%，当市场下行时，基金的收益率为 -8%，基准组合收益率为 -10%。请问基金 Z 的捕获率是多少？

　　A. 1.534　　　　　　　B. 1.679　　　　　　　C. 1.875

名师解析

正确答案为选项 C。根据公式（24.25）、（24.26）以及（24.27），捕获率的计算方法为：

$$UC(m, B, t) = \frac{R(m, t)}{R(B, t)} = \frac{15\%}{10\%} = 1.5$$

$$DC(m, B, t) = \frac{R(m, t)}{R(B, t)} = \frac{-8\%}{-10\%} = 0.8$$

$$CR = \frac{UC(m, B, t)}{DC(m, B, t)} = \frac{1.5}{0.8} = 1.875$$

因此，选项 C 正确。

24.4.2.7　回撤

某一特定的时期内，基金的收益率从正转负（即从赚钱转为亏钱），则称为基金开始经历回撤（drawdown，DD）。通俗地讲，回撤就是跌幅。最大回撤（maximum drawdown，maximum DD）则是指累计亏损的最大值。回撤久期（drawdown duration）描述的是基金从开始亏损到累计亏损为 0 这个过程持续的时间长度。回撤久期是指从亏钱到亏的钱全部被弥补这个过程经历的时间。回撤久期可分为两个阶段：第一阶段，从回撤开始到最大回撤的这段时间，被称为回撤阶段（drawdown phase）；第二阶段，从来最大回撤到累计亏损转为 0 点这段时间，被称为复苏阶段（recovery phase）。表 24.10 中，回撤于 2018 年 5 月开始，2019 年 2 月结束，这段时间称为回撤久期。最大回撤发生在 2018 年 9 月。

—考点要求—
计算（calculate）最大回撤和回撤久期（★★★）

—考点要求—
解释（interpret）最大回撤和回撤久期（★★★）

$$\text{Maximum DD}(m, t) = \min\left[\frac{V(m, t) - V(m, t^*)}{V(m, t^*)}, 0\right], t > t^* \qquad (24.28)$$

公式（24.28）中，V（m，t）代表投资经理 m 在 t 时刻的组合价值；V（m，t*）代表在 t 之前投资组合价值的最大值。

表 24.10　回撤的计量

月份	投资组合收益率	累计收益率	回撤	累计回撤	回撤阶段	
Jan-18	2.37%	2.37%				
Feb-18	3.23%	5.60%				
Mar-18	0.03%	5.63%				
Apr-18	2.86%	8.49%				
May-18	-1.23%	7.26%	-1.23%	-1.23%	回撤开始	
Jun-18	-1.69%	5.57%	-1.69%	-2.90%		
Jul-18	-2.13%	3.44%	-2.13%	-4.97%		
Aug-18	-5.45%	-2.01%	-5.45%	-10.15%		回撤久期
Sep-18	-7.13%	-9.14%	-7.13%	-16.55%	最大回撤	
Oct-18	10.83%	1.69%	10.83%	-7.52%	复苏开始	
Nov-18	-0.12%	1.57%	-0.12%	-7.63%		
Dec-18	1.02%	2.59%	1.02%	-6.68%		
Jan-19	4.58%	7.17%	4.58%	-2.41%		
Feb-19	5.32%	12.49%	5.32%	0.00%	回撤恢复	

表 24.10 中，累计最大回撤的计算方法如下：

Jun-18 的最大回撤=（1-1.23%）×（1-1.69%）-1=-2.90%

Jul-18 的最大回撤=（1-1.23%）×（1-1.69%）×（1-2.13%）-1=-4.97%

之后日期的最大回撤也采用以上方法进行计算。

例题 24.4

基金 M 在过去 14 个月的时间里的收益率如下表所示，请问在此期间基金 M 的最大回撤是多少？

投资组合 M 的收益率

月份	投资组合收益率
Jan-19	4.37%
Feb-19	4.23%
Mar-19	0.02%
Apr-19	3.86%
May-19	-2.23%
Jun-19	-2.69%

续表

月份	投资组合收益率
Jul-19	-2.43%
Aug-19	-5.55%
Sep-19	-7.53%
Oct-19	9.83%
Nov-19	-0.14%
Dec-19	1.12%
Jan-20	5.58%
Feb-20	6.32%

A. -18.93%　　　　B. -15.34%　　　　C. -7.53%

名师解析

正确答案为选项 A。根据表中的数据，可计算得出回撤、累计回撤，进而得到最大回撤。

投资组合 M 的最大回撤

月份	投资组合收益率	累计收益率	回撤	累计回撤	回撤阶段	
Jan-19	4.37%	4.37%				
Feb-19	4.23%	8.60%				
Mar-19	0.02%	8.62%				
Apr-19	3.86%	12.48%				
May-19	-2.23%	10.25%	-2.23%	-2.23%	回撤开始	
Jun-19	-2.69%	7.56%	-2.69%	-4.86%		
Jul-19	-2.43%	5.13%	-2.43%	-7.17%		
Aug-19	-5.55%	-0.42%	-5.55%	-12.32%		回撤久期
Sep-19	-7.53%	-7.95%	-7.53%	-18.93%	最大回撤	
Oct-19	9.83%	1.88%	9.83%	-10.96%	复苏开始	
Nov-19	-0.14%	1.74%	-0.14%	-11.08%		
Dec-19	1.12%	2.86%	1.12%	-10.09%		
Jan-20	5.58%	8.44%	5.58%	-5.07%		
Feb-20	6.32%	14.76%	6.32%	0.00%	回撤恢复	

从上表中可知，累计回撤在 2019 年 9 月到达 -18.93%。

备考小贴士

业绩评价指标属于非常重要的考点，涉及的公式众多，考生需要特别关注计算的方法。

练一练

24-1 Which of the following statements regarding performance attribution is correct?

A. Performance attribution is the first step in performance evaluation, calculating returns and risks for both the portfolios and its benchmarks.

B. Performance attribution is the second step in performance evaluation, decomposing the excess return and risk into its component resources.

C. Performance attribution is the last step in performance evaluation, attempting to distinguish manager skill from luck and to draw a conclusion on the quality of a portfolio's performance.

24-2 It is known that the upside and downside capture ratios of fund A are 0.95 and 0.54, respectively. What can be inferred from the capture ratio of fund A?

A. The return profile of fund A is convex.

B. Fund A always beats its benchmark.

C. The capture ratio indicates the negative asymmetry of returns.

24-3 The investment committee of a defined benefit pension plan decides to conduct attribution analysis, which must be very accurate and reflect all transactions during the period. Which of the following approaches does the investment committee request?

A. Return-based attribution.

B. Holding-based attribution.

C. Transaction-based attribution.

24-4 Based on Exhibit 24.1, the allocation effect of small-cap growth equities is closet to:

Exhibit 24.1 Fund X Performance—Attribution Analysis

Return Attribution	Portfolio Weight	Benchmark Weight	Portfolio Return	Benchmark Return
Small-cap value equities	15%	8%	18.50%	16.40%
Large-cap value equities	36%	45%	20.50%	21.50%
Small-cap growth equities	25%	31%	15.20%	16.20%
Large-cap growth equities	24%	16%	22.30%	35.30%
Total	100%	100%	19.31%	21.66%

A. -0.32%.　　　　B. 0.23%.　　　　C. 0.33%.

24-5 To evaluate Fund Y, the fund sponsor chose a cap-weighted equity index with semi-annually reported performance as a benchmark. The benchmark includes many foreign stocks which cannot be invested by Fund Y. Is the benchmark valid for Fund Y?

A. Yes, the benchmark has all properties of a valid benchmark.

B. No, the benchmark is neither investable nor measurable.

C. No, the benchmark is measurable but not investable.

24-6 When benchmarking hedge fund investment, the difficulties include that:

Ⅰ. Broad market indexes are inappropriate as they are weakly correlated with hedge fund returns.

Ⅱ. Peer universes are subjective to survivorship and backfill bias.

Ⅲ. The style, leverage, and derivatives used by hedge funds may vary over time.

A. Ⅰ only.　　　　　　B. Ⅰ and Ⅱ.　　　　　　C. Ⅰ, Ⅱ, and Ⅲ.

答案与解析

24-1　B

业绩评估的步骤：第一步，业绩计量；第二步，业绩归因；第三步，业绩评价。选项 A 的概念应为业绩计量（performance measurement）。业绩计量的任务是计算投资组合的业绩表现。业绩计量包括收益计量与风险计量。业绩归因（performance attribution）主要探讨投资组合历史收益和风险的来源，包括收益归因（return attribution）与风险归因（risk attribution）。选项 C 的概念应该为业绩评价（performance appraisal），是利用业绩计量与业绩归因的结论，揭示了投资组合获得的业绩的到底是来源于幸运还是经理的投资技巧。

24-2　A

根据公式（24.25）、公式（24.26）以及公式（24.27），捕获率的计算方法为：

$$UC(m, B, t) = \frac{R(m, t)}{R(B, t)} = 0.95$$

$$DC(m, B, t) = \frac{UC(m, B, t)}{DC(m, B, t)} = 0.54$$

$$CR = \frac{UC(m, B, t)}{DC(m, B, t)} = \frac{0.95}{0.54} = 1.76$$

UC < 100% 意味着组合收益率不高于基准组合收益率，DC < 100% 意味着组合亏损比基准组合亏损少。因此，投资组合并没有一直打败市场。

CR > 1 意味着总体上来讲，经理业绩表现优秀：相比于基准组合的表现，投资组合收益增速增加，减速降低。该情况被称为正向非对称（positive asymmetry），又称凸性（convexity）。CR < 1 意味着总体上来讲，相比于基准组合的表现，投资组合收益减速增加，增速降低。该情况被称为反向非对称（negative asymmetry），又称凹性（concavity）。

24-3　C

选项 A，基于收益的业绩归因（return-based attribution）仅仅使用一定期间内投资组合的全部收益数据来识别投资过程的构成。在 3 类方法中，该方法操作最为简单，但也最为不准确，最容易受到数据操纵的影响。

选项 B，基于持仓的业绩归因（holding-based attribution）参考期初投资组合的持仓情况，利用每日、每周、每月的数据进行计算。此类业绩归因不根据期中的交易对持仓情况进行调整，导致归因中的持仓与实际持仓不同。因此，此类业绩归因方法最适合换手率低的投资策略。

选项 C，基于交易的业绩归因（transaction-based attribution）使用投资组合的持仓数据和评估期间的所有交易数据来进行归因分析。在 3 类归因中，该归因方法最为精确，因为无论是权重还是收益都反映了期间所有的交易。

24-4 C

根据 Brinson 模型（BF 模型）：

Allocation effect（BF model）：$A_i = (w_i - W_i) \times (B_i - B)$

$A_{\text{small-cap growth equities}} = (25\% - 31\%) \times (16.2\% - 21.66\%) = 0.33\%$

通过公式可得，small-cap growth equities 的行业配置效应为 0.33%。

24-5 B

本题中，Fund Y 的基准组合每半年提供一次业绩报告，该报告频率过低。因此，该基准组合不具有可计量性（measurable）。与此同时，该基准组合中包括大量 Fund Y 不能投资的外国股票。因此，该基准组合也不具备可投资性（investable）。

24-6 C

无论是市场指数还是无风险收益率，它们与对冲基金收益的相关性都非常低，因此不适合作为基准。对于那些有明确投资风格的对冲基金，其业绩可以与同行们相比（peer universes）。同行相比经常受到幸存者偏差（survivorship bias）和回填偏差（backfill bias）的影响。对冲基金的风格、杠杆、使用的衍生品等通常会根据市场情况变化而改变，因此很难找到一个合适的基准与之比较。

第 25 章 基金经理选择

知识引导

基金经理的筛选过程是淘汰不合适的投资经理的过程。正如 G. T. Global 公司的总裁威廉·吉尔福伊尔所说:"如果你说服人们购买你的基金的唯一理由是你是业内第一名,当你是业内第二名时,你应该预期到人们会抛售你的基金。"这句话的含义在于,选择基金经理不应仅仅关注投资的收益,还需利用尽职调查等手段综合考察经理是否适合投资组合的目标。本章将从基金经理选择的内涵出发,深入探讨选择的范围、假设检验、风格分析,以及尽职调查等内容,最终得到一个相对完善的投资经理选择过程。

考点聚焦

本章内容逻辑清晰,整体难度较低,以定性考查为主。基金经理选择的假设检验中第一类错误与第二类错误的辨析,以及基于业绩的费用的 3 个基本形式是学习的重点。与此同时,考生还需要重点掌握投资尽职调查和运营尽职调查在内容上的差异。

本章框架图

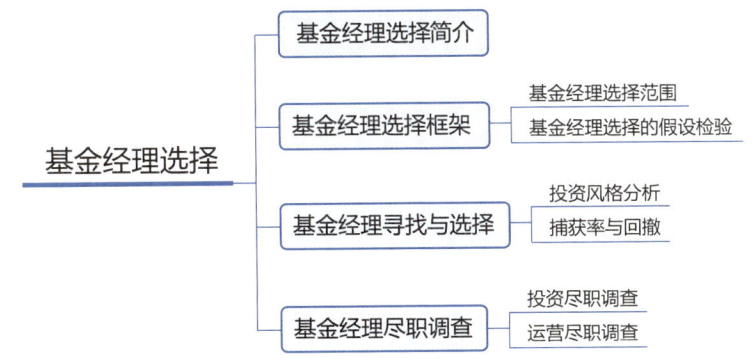

25.1 基金经理选择简介

绝大多数的投资者并不直接自己持有证券，而是委托专业机构代为管理。无论采用分离式管理账户（separately managed account，SMA）或是集合投资工具（pooled investment vehicle），投资者都会借助专业的投资经理的智慧帮助他们达成各自的投资目标。投资经理的选择过程是淘汰不合适的投资经理的过程。通常备选的投资经理人数众多，投资经理的选择需要从多个层面进行，即进行详尽的尽职调查（due diligence）。

> **备考小贴士**
> 投资经理选择简介属于非重要考点，考生简单了解即可。

25.2 基金经理选择框架

—考点要求—
描述（describe）基金经理选择过程的组成部分，包括尽职调查（★）

投资经理选择的框架明确了筛选的标准以及对应的关键问题，主要包括3个主要层面：确定投资经理的选择范围、投资尽职调查（定量分析以及定性分析），以及运营尽职调查。每个层面的具体内容，详见表25.1。

表 25.1 投资经理选择框架

主要层面	内容	分析方法
选择范围	合适	• 投资经理是否符合投资策略说明（IPS）
	风格	• 风格是否合适
	主动 vs 被动	• 主动投资决定或被动投资决定
投资尽职调查	定量分析	• 归因级评估； • 捕获率； • 回撤
	定性分析（4P）	• 投资理念（philosophy）。 • 投资决策过程（process）。 • 人员素质（people）。 • 投资组合监测（portfolio）
运营尽职调查	流程和步骤	• 后台部门是否强大。 • 报告是否准确
	公司	• 公司是否盈利。 • 文化是否健康。 • 是否持续经营
	投资工具	• 投资工具是否合适
	条款	• 条款是否可接受并适合
	监测	• 投资经理是否持续满足组合需求

> **知识一点通**
>
> 投资尽职调查中，定性分析包括 4 个层面：投资理念（philosophy）、投资决策过程（process）、人员素质（people），以及投资组合监测（portfolio），即 4P 模型，此模型是路德维格 3P 模型的扩展。路德维格 3P 模型是 SEI 公司的罗伯特·路德维格统计出的经理人选择模型。这一模型的前提是将经理人业绩视为一种产出，经理人的评估不应该把焦点放在经营业绩上，而应该放在创造业绩的关键投入因素上。3P 模型包括投资理念（philosophy）、投资决策过程（process），以及人员素质（people）。

25.2.1 基金经理选择范围

投资经理的选择从确定选择范围开始，而选择范围内的经理需要满足投资组合的需求。具体来讲，投资策略建议书（investment policy statement，IPS）和选择的原因共同决定经理的选择范围以及对应的基准组合的选择。通常，选择范围的确定开始于确定基准组合，这是确定组合中投资经理角色的重要组成部分。与此同时，基准组合是投资组合业绩归因和评估的重要参考指标。

风格分析的具体方法包括第三方分类（third-party categorization）、基于收益的风格分析（return-based style analysis，RBSA）、基于持仓的风格分析（holding-based style analysis，HBSA），以及经理经验（manager experience）等。第三方分类是指第三方数据或软件提供商通常会将投资经理根据策略进行分类。这种分类为经理选择范围提供了简单有效的途径。然而，使用第三方分类的风险在于其分类的标准与投资组合的标准在定义上可能存在偏差。因此，深入了解第三方分类的含义至关重要。基于收益的风格分析是指将基金历史收益与某些可观测的风格因素联系起来做回归分析，将各个因素的回归系数作为基金风格的测度。这类分析需要用更多更复杂的计量方法，量化模型的使用非常常见。基于持仓的风格分析关注的是投资组合在不同时点上的实际情况，该方法依赖量化模型且与分析的期限和数据透明度有关。经理经验主要基于对经理的评估以及在一定时间内对投资组合及其收益的观察。

如果能够对以上方法进行组合，则可得到相对更加有效的结果。首先使用第三方分类筛选出合适的经理，其次利用量化模型在那些合适的经理中进行再挑选。注意，这一步并不使用业绩数据进行筛选（screening），而是更加关注风险因子以便确定适合投资组合的风格。最后，选择范围并不是一成不变的，该范围会随着经理策略的变化以及经理的进入或退出而变化。

25.2.2 基金经理选择的假设检验

25.2.2.1 第一类错误 vs 第二类错误

经理的选择可利用假设检验进行分析。原假设为投资经理不具有专业技术。那么在检验的过程中，可能发生两类错误。

—考点要求—
区分（contrast）经理雇佣和续约决定中的第一类错误和第二类错误（★★★）

1. 第一类错误（Type I Error）

第一类错误是指当原假设为真的时候，原假设被拒绝。这代表雇佣或留任某经理，其后续业绩低于预期。

2. 第二类错误（Type II Error）

第二类错误是指当原假设为假的时候，原假设没有被拒绝。这代表不雇佣或解雇某经理，其后续业绩大于或等于预期。

表 25.2 对假设检验的结果进行了总结归纳。

表 25.2 第一类错误与第二类错误

决定	现实情况	
	低于预期（无技术）	大于等于预期（有技术）
雇佣/留任	第一类错误	正确
不雇佣/解雇	正确	第二类错误

例题 25.1

在投资经理选择的假设检验中，请问第一类错误与第二类错误的含义分别是什么？

名师解析

第一类错误代表雇佣或留任某经理，其后续业绩低于预期。

第二类错误代表不雇佣或解雇某经理，其后续业绩大于或等于预期。

25.2.2.2 定性考查

第一类错误和第二类错误可能发生在雇佣或解雇的任何时间点上。并且根据统计学知识可得，第一类错误发生的概率与第二类错误发生的概率存在此消彼长的关系，因此决策制定者必须进行预期的成本收益分析来对两类错误进行平衡取舍。相比第二类错误，决策的制定者通常更加担忧第一类错误，其潜在的原因有以下 3 点。

1. 心理因素

人们通常存在后悔厌恶，即人们会通过各种方式来避免后悔情绪的产生。第一类错误是由积极的决策所导致的，是过错（errors of commission），主动留下了能力不足的基金经理；而第二类错误是由于疏忽或不作为所导致的，是错过（errors of omission），失去了能力强的基金经理。第一类错误造成了显性成本（explicit cost），而第二类错误导致了机会成本。因为人们往往不够重视机会成本，所以第一类错误比第二类错误更让人难受。

2. 计量问题

第一类错误的计量相对更加直观，并且通常与决策者的薪酬直接相关。因为组合的持仓会被持续监测，经理低于或高于预期的表现非常容易识别。然而，第二类错误不太可能被计量，因为那些没有被选中的经理的业绩对于组合的影响无法直接计算出来。

3. 透明度

第一类错误对于投资者来讲更加透明,不仅揭示了对错误决定的懊悔,也揭示了向投资者解释过程中的痛苦。第二类错误对于投资者来讲并不透明,除非投资者积极去追踪被解雇的经理的业绩情况。

25.2.2.3 影响

第一类错误的成本是雇佣一个无技术的经理,而第二类错误的成本是解雇一个有技术的经理。根据有效市场假说(efficient markets hypothesis,EMH),市场越有效,通过经理的技能获得超额收益的可能性越低。因此,对于更加有效的市场而言,有技术经理的业绩与无技术经理的业绩的差异会比较小,即第一类错误和第二类错误的成本都会更低。

如果仅通过短期表现来衡量经理的技能,那么会存在以下两种情况。
(1) 辞退短期业绩差的经理,该经理长期业绩回升,此错误属于 Type II。
(2) 雇佣短期业绩好的经理,该经历长期业绩下滑,此错误属于 Type I。

> **知识一点通**
>
> 业绩数据中存在的噪音(noisiness of performance data)会导致业绩评估不准确。这些噪音本质上源于积极管理策略的随机性和不确定性。当观察某位投资经理过往数据时会发现,即便他可以保持良好业绩,但实际业绩的波动性却很大。特别是当评估期限只有3~5年的情况下,数据的噪音很可能会令基金发起人做出错误的判断。

> **备考小贴士**
>
> 在选择投资经理的假设检验中,第一类错误与第二类错误是重要考点,考生需要理解两类错误的含义以及影响。

25.3 基金经理寻找与选择

25.3.1 投资风格分析

每个基金经理都具有自己的投资风格,一般我们将股票分为大盘成长、大盘价值、中盘成长、中盘价值、小盘成长,以及小盘价值6个类别,通常不同的基金经理倾向于其中不同的类别。风格分析帮助我们寻找更加精准的市场基准,同时通过分析不同基金经理的风格进而合理配置投资者的资产,使资产配置达到多样化、风险分散化的效果。在基金投资管理过程中,经常出现所谓"风格漂移"(style drift)现象,即基金投资风格在风险收益风格上发生了变化,如从风险较低的混合型基金漂移成了风险较高的股票型基金。

—考点要求—
描述(describe)在投资经理选择中,基于收益和基于持仓的风格分析的应用(★★)

风格分析需要保证以下 4 个特征。

(1) 有意义（meaningful）：报告的风险必须代表收益的主要来源。

(2) 准确（accurate）：报告的价值必须反映经理实际的风险敞口。

(3) 持续（consistent）：分析方法必须允许跨期比较以及同业比较。

(4) 及时（timely）：报告必须足够及时，可用于投资决策。

目前运用较为广泛的基金风格划分方法主要有基于收益的风格分析（return-based style analysis，RBSA）和基于持仓的风格分析（holding-based style analysis，HBSA）两种。

25.3.1.1 基于收益的风格分析

RBSA 主要考察投资组合的收益率序列相对于一系列风格指数收益率序列的表现，本质上是时间序列的多元线性回归。与此同时，RBSA 存在一个隐含假设，即投资组合相对于一系列风格指数的暴露程度（回归系数）在一段时间内保持不变。只有该假设成立，才可进行时间序列回归。

RBSA 的优点包括以下几点。

(1) RBSA 是一种自上而下的分析方法，不需要过多的额外数据。

(2) RBSA 方法提供了不同经理和不同时间点之间的可比性，这是一种客观的风格确定，不受装点门面（window dressing）的影响。装点门面是指投资经理在季度末或年末将收益不佳的证券卖掉，换入收益更吸引人的证券，以便使呈献给客户的报告看起来更加具有吸引力。

(3) 更长的研究期限使时间序列数据更充分，可以更好地估计经理收益率的标准差。

RBSA 的缺点在于它并不是一个非常精确的分析工具，如果投资组合中包括流动性不佳的证券，那么证券的过时价格（stale price）会导致低估投资策略的风险，这类问题在私募和风险投资中比较常见。

25.3.1.2 基于持仓的风格分析

HBSA 采用横截面回归法，关注的是投资组合在不同时点上的实际持仓情况，相对于特定风格因子组合的暴露程度（回归系数）。与 RBSA 不同，HBSA 并不要求投资组合相对于风格资产的暴露程度保持不变，它可以随着时间变化而变化。一旦所选取的时间点到达一定数量后，可根据这些点上的平均特征来表示投资组合的风格属性，同时观察在不同时间点的风格是否偏离了事先约定的风格，即风格漂移。

HBSA 的优点在于，HSBA 是一种自下而上的方法，它的分析取决于实际持仓情况。和 RBSA 一样，HBSA 应该识别所有重要的收益驱动因素和风险因子、提供不同经理和不同时间点之间的可比性、揭示相对准确的风险暴露情况，并且可以在数据齐备后立刻开始进行分析。

HBSA 的缺点包括以下几点。

(1) 随着策略的复杂程度增加和策略透明度的降低，HSBA 的计算难度也会增加。例如，对冲基金、私募基金以及风险投资基金不会披露持仓层面的定价；共同基金的披露存在时间上的滞后。

(2) 这种横截面回归法不适合那些频繁调仓的策略。

(3) HBSA 容易受到装点门面的影响。

(4) HBSA 的报告时间轴取决于对策略中流动性最差的证券定价所需的时间。

例题 25.2

在投资风格分析中，常用的两个方法包括基于收益的风格分析与基于持仓的风格分析。请问以下哪句话对这两种投资风格分析方法的描述是正确的？

A. 基于收益的风格分析采取自上而下的分析方法，而基于持仓的风格分析则采取自下而上的分析方法。

B. 基于收益的风格分析会受到窗饰的影响，而基于持仓的风格分析则不会受到窗饰影响。

C. 基于收益的风格分析可以通过观察不同时间点的风格来判断是否出现风格漂移。

名师解析

正确答案为选项 A。选项 B 中的表述错误，应为：基于收益的风格分析不会受到窗饰的影响，而基于持仓的风格分析则会受到窗饰影响。选项 C 中，通过观察不同时间点的风格来判断是否出现风格漂移是基于持仓的风格分析的优点。

> **备考小贴士**
>
> 投资风格分析的两种方法，考生需要掌握概念，重点关注各自的特征与优缺点。

25.3.2 捕获率与回撤

25.3.2.1 捕获率

关于捕获率（capture ratio，CR）的计量，前文中的业绩评价指标部分已经对其进行了详细的介绍，此处不再赘述。关于 CR 的应用才是本部分的关键。

CR 同时考虑上行和下行的情况，计量了收益的非对称性，类似债券的凸度和期权的 gamma。CR > 1 意味着以整体来看，经理业绩表现优秀：相比基准组合的表现，投资组合收益增速增加，减速降低。换句话说，经理在大盘上涨的时候参与度更高，在大盘下跌的时候参与度更低。CR < 1 意味着从整体来看，经理业绩表现不佳：相比基准组合的表现，投资组合收益减速增加，增速降低。

捕获率可以帮助分析投资经理是否与投资者的 IPS 相匹配，特别是在投资期限和风险承受能力的层面上。与此同时，捕获率还用于评估事先决定的投资策略与事后的投资策略是否吻合。如果 CR>1，代表基金经理表现相对优秀，但是在分析过程中要区别是策略或者风格本身导致的捕获率高，还是基金经理的能力导致的捕获率高。例如，当市场上升的时候，一个价值导向的主动投资经理的 UC 会比动量驱动的经理的 UC 更低。

—考点要求—
描述（describe）上行捕获比率和下行捕获比率在评估经理中的应用（★★）

25.3.2.2 回撤

—考点要求—
描述（describe）最大回撤和回撤久期在评估经理中的应用（★★）

关于回撤（drawdown，DD）与最大回撤（maximum drawdown）的计量，前文中的业绩评价指标部分已经对其进行了详细的介绍，此处不再赘述。关于 DD 的应用才是本部分的关键。最大回撤是对于投资过程的压力测试，可以指出投资执行过程中潜在的错误、风险控制的不足，或者操作问题。投资经理在面临大规模回撤的时候的反应，以及是否从中汲取经验教训。这些对于之后的投资会造成重大影响。

—备考小贴士—
关于捕获率和回撤，在"投资组合业绩评估"中已经进行了详细的讲解，计算属于前文考点。本章此部分内容掌握概念即可。

25.4 基金经理尽职调查

投资经理尽职调查包括投资尽职调查与运营尽职调查。投资尽职调查（investment due diligence）对投资经理的投资过程进行了定性的检查与评估。运营尽职调查（operational due diligence）对投资公司的政策、流程以及具体步骤进行了检查与评估，从历史业绩中识别潜在的风险并对公司的可持续性进行分析。

25.4.1 投资尽职调查

25.4.1.1 投资理念

—考点要求—
评估（evaluate）一个投资经理的投资理念（★★）

经过上面的层层筛选，所剩的投资经理候选人的数量已经大大降低。此时，基金发起人可以花更大的精力来评估每一个经理人。关于投资理念，通常基金发起人会关注为什么要把客户的一部分资金委托给投资经理进行管理。此时，基金发起人期待经理可以给出一个明确的、可信的、以及前后一致的有关投资理念的回答。这是因为，投资理念可以反映出投资经理的专业水平。在投资经理的管理下，投资组合是否可以为客户带来风险调整后的超额收益。

1. 被动投资策略 vs 主动投资策略

被动投资策略（passive strategies）是指以长期收益和有限管理为出发点来购买投资品种，一般选取特定的指数成分股作为投资的对象，不主动寻求超越市场的表现，而是试图复制指数的表现。被动投资策略旨在从系统性风险溢价中获得收益，如股票风险、久期风险或信用风险。

主动投资策略（active strategies）是指投资者在一定的投资限制和范围内，通过积极的证券选择和时机选择努力寻找错误定价，以求最大的投资收益率。这种错误定价，也就是真实价格不等于理论价格的现象，被称为市场低效（inefficiencies）。其中，市场低效分为行为低效（behavioral inefficiencies）和结构低效（structural inefficiencies）两类。行为低效是指证券错误定价来自市场上其他参与者的行为，通常为各种偏误

(bias)。这种低效是暂时的，但是持续时间也足够投资经理识别并从中获取超额收益。结构低效是指错误定价来源于外部和内部规则和监管，这种低效持续的时间很长，但重复性也更高。

2. 投资过程的前提假设

采取主动投资策略的经理通常会对市场动态和结构做出一系列的假设，对这些假设进行评估并分析假设在投资过程中扮演的角色至关重要。假设包括以下几项。

（1）投资经理是否能够清晰且持续地表达他们的投资理念。
（2）假设是否可信且持续。
（3）投资理念如何随着时间而发展。
（4）收益是否与可信且持续的低效相关联。

3. 投资回报来源

如果收益是与可信且持续的低效相关联，那么还存在以下几个关于低效的能力（capacity）问题。

（1）低效是否提供了足够的机会和收益水平来覆盖交易成本。
（2）低效是否提供了可重复带来收益的来源。
（3）低效是否可持续。

> **备考小贴士**
> 投资理念属于比较重要考点，考生需要理解其内涵。

25.4.1.2 人员素质

通常情况下，基金发起人会非常关心人员素质，即基金管理团队成员的背景和经验。通常来讲，基金发起人会审查新的投资经理在前段时间的投资记录或他曾经管理过的基金的投资业绩。晨星公司的道·菲利普斯曾经提道："我们所寻找的是对工作充满了激情的基金经理。"关于人员素质，通常会包括以下问题。

（1）投资团队是否有足够的专业度和经验来有效执行投资过程。
（2）投资团队是否拥有足够多的人员来有效执行投资过程。对于一个全球宏观基金或多策略基金，标的证券来源非常广泛，需要一个庞大的团队。
（3）核心人物风险（key person risk），涉及是否严重依赖个人或小团体的判断。
（4）非竞争性条款以及激励维持关键雇员的协议。
（5）公司人员的流动情况，过高的人员流动会导致团队专业知识和经验的流失。

25.4.1.3 投资决策过程

投资决策过程包括信号创造（signal creation）、信号捕获（signal capture）、组合构建（portfolio construction），以及组合监测（portfolio monitoring）4个元素。

—考点要求—
评估（evaluate）一个投资经理的投资决策过程（★★）

1. 信号创造

信号创造就是想法的提出（idea generation）。其中，信号（signal）是指一个数据点或一个事实。这个信号发现的时间早到可以作为投资头寸被执行。信号创造就是在探究一个投资想法是如何形成的。有效市场假说指出探究市场低效的关键在于得到以下信息：独一无二的信息、及时的信息、对信息与众不同的解读。

2. 信号捕获

信号捕获就是想法的执行（idea implementation）。具体来讲，信号捕获就是将一个想法变为一个实际投资头寸的过程。

3. 组合构建

组合的构建涉及的是组合内部不同投资头寸如何执行的问题。组合的构建需要与投资理念、投资过程以及人员素质相匹配。

4. 组合监测

组合的监测包括外部和内部两部分。外部监测需要考虑经济和金融市场环境，判断是否存在会影响经理探究市场的能力的变量。内部监测包括投资组合业绩、风险，以及构建的问题，着重判断是否存在会导致投资风格偏离的变量。持续的监测可以保障投资组合持续地符合客户的要求。

> **备考小贴士**
>
> 在投资尽职调查涉及的4P中，考纲中仅涉及投资理念与投资决策过程这两个方面。

25.4.2 运营尽职调查

运营尽职调查（operational due diligence，ODD）通过分析投资管理公司业务的完整性来理解并评估公司政策和具体流程所蕴含的风险。对于投资者来讲，公司基础设施的薄弱蕴藏着巨大的风险。强有力的后台对于资产的安全管理与报告的及时准确至关重要，稳定的交易流程可以尽量避免人为的错误。除了基础设施以外，第三方服务提供商的质量也非常关键，提供商包括主要经纪商、监管方、审计师，以及律师等。他们可以为公司的业务和报告提供重要的独立意见。与此同时，风险管理也必须作为重要的元素融入公司内部。

> **知识一点通**
>
> 除了经纪商、监管方、审计师以及律师外，投资者通常还会借助许多独立的数据提供商，他们会向投资者提供关于基金经理的信息。在选择主要的独立数据来源的时候，通常需要注意以下几点：第一，覆盖范围，即该数据商的服务覆盖了多少只基金；第二，更新频率，即数据更新是否频繁以及最近更新数据的日期；第三，检索能力；第四，定制化程度，即数据库是否可以将不同的基金进行比较，是否可以只呈现感兴趣的部分；第五，程序的功能是否强大，例如，是否允许用户设计虚拟的投资组合，是否考虑了税收的影响等；第六，数据是否可以绘制为各种图形。

25.4.2.1 投资管理公司

投资管理公司的业务风险可通过以下几个层面进行探究。第一,公司的股权结构。第二,公司总体的资产管理规模(asset under management,AUM)以及各个投资策略的资产管理规模。第三,公司的盈亏平衡 AUM,即公司要想达到盈亏平衡必须获取的资产管理规模。第四,公司的策略是否对新资本开放,公司还可以获取多少资本。

25.4.2.2 投资工具

1. 分离式管理账户

分离式管理账户(separately managed account,SMA)是私人资金管理的组合形式。从客户的角度出发,SMA 具有以下两个特点:一方面,账户处于客户名下且证券处在客户的名义下(该客户与其他客户的证券分离)。另一方面,SMA 具有定制化的特点,具体表现在电脑筛选和随机重置上。如果该 SMA 的客户认为账户中某个证券不符合其 IPS,那么客户可以要求投资经理从其账户中去掉该证券,这一点与共同基金那样的集合投资工具存在很大差异。从管理者角度来看,SMA 具有以下两个特点:一方面,管理人员可对 SMA 进行分层管理,高级管理人员设计模型,初级管理人员可按照模型,利用电脑进行配置。这样一来,可以同时管理众多的 SMA。另一方面,客户的接洽可以通过销售人员或第三方代理完成。第三方代理包括经纪商或独立登记的投资顾问。

—考点要求—
评估(evaluate)分离式管理账户的成本和收益(★★)

SMA 的优点包括如下几点。

(1)所有权(ownership)。投资者直接拥有其 SMA 中的证券。

(2)个性定制(customization)。SMA 可以根据投资者 IPS 定制,满足投资者独特的投资目标。然而,个性定制也会导致 SMA 需要更多的投资及运营方面的尽职调查。

(3)税务有效性(tax efficiency)。SMA 可提供更高的税务有效性。这是因为投资者只对已实现的资本利得交税,同时可采用有效降低税务负担的投资策略。

(4)透明度(transparency)。SMA 对于投资者而言是完全透明的。

SMA 的缺点包括如下几点。

(1)SMA 需要额外的运营成本,SMA 对于投资者而言费用更高。不仅是管理费用,交易成本也会比集合投资工具更高。

(2)SMA 具有追踪风险。由于个性化的存在,组合对于基准的偏离会更大。

(3)投资者干预。投资者试图自行管理 SMA,这会消除雇佣投资经理带来的好处,很可能会降低组合的价值。

2. 集合投资工具

集合投资工具包括开放式共同基金(open-end funds)、封闭式共同基金(close-end funds)、交易所交易基金(exchange-traded funds,ETFs)、交易所交易票据(exchange-traded notes),以及对冲基金(hedge funds)。与 SMA 不同的是,众多投资者的资金全部统一归为一个投资组合进行投资,不存在对个人的定制化服务。

—考点要求—
评估(evaluate)集合投资工具的成本和收益(★★)

最终采取哪种投资工具需要进行成本收益分析并判断是否与投资者的 IPS 相匹配。

> **备考小贴士**
> 考生需要掌握 SMA 与集合投资工具各自的特征,尤其是 SMA 的优缺点。

25.4.2.3 合约条款：流动性与管理费

投资合约中涉及诸多条款，但主要关注点在于流动性和管理费。

1. 流动性

对于集合投资工具而言，流动性最佳的投资工具是封闭式共同基金以及 ETFs。这些基金的份额在交易方面与上市流通的股票类似，可以在二级市场上进行日间交易，交易价格取决于市场交易规模等因素。开放式基金的流动性比前两类基金稍差，其基金份额的买卖价格根据交易日终的净资产价值（net asset value，NAV）计算。对冲基金、风险投资基金，以及私募股权基金通常需要较长的投资期限。其中，风险投资基金和私募股权基金的流动性最差。

对于 SMA 而言，由于资产在投资者个人名下，证券可以随时买卖。因此，SMA 的流动性取决于持有证券本身的流动性。

2. 管理费

基金的管理费的收取可采取资产管理费（assets under management fees）与基于业绩的费用（performance-based fees）两种模式之一。

（1）资产管理费。

资产管理费也叫做根据价值的费用（ad valorem fees），是指根据资产管理规模以及一定费率共同确定的管理费用。这类费用可以激励投资经理不断扩大和维持资产管理规模，不断增加基金价值，并且从大盘的上涨中获利。因此，对于投资经理而言，资产管理费用的多少取决于多种因素，包括投资决策（alpha 与 beta 的结合）、运气，以及整个市场的情况，经常不受基金经理的控制。实证研究发现，对于资产管理规模很大的基金，投资经理用较低的收益率就可以留住客户的资金，不再需要靠出色的业绩吸引新的客户。

（2）基于业绩的费用。

基于业绩的费用取决于组合的收益率，因此其目的在于奖励那些用专业技能为组合创造价值的经理。基于业绩的费用包括 3 种基本形式，分别为对称结构（symmetrical structure）、奖金结构（bonus structure）–下行有限且上行无限，以及奖金结构（bonus structure）–下行或上行有限。具体计算详见公式（25.1）、（25.2），以及（25.3）。

① 在对称结构的形式中，基金经理的费用同时受到业绩下行（downside）与业绩上行（upside）的影响。

$$\text{Computed fee} = \text{Base} + \text{Sharing of performance} \quad (25.1)$$

② 在奖金结构–下行有限且上行无限的形式中，基金经理的费用受业绩下行的影响有限，但受业绩上行的影响无限。

$$\text{Computed fee} = \text{Higher of either (1) Base or (2) Base} + \text{sharing of positive performance} \quad (25.2)$$

③ 在奖金结构–下行或上行有限的形式中，基金经理的费用受到业绩下行或业绩上行二者之一的影响。

$$\text{Computed fee} = \text{Higher of either (1) Base or (2) Base} + \text{sharing of positive performance, to a limit} \quad (25.3)$$

公式（25.1）、公式（25.2）以及公式（25.3）中，Base 代表基本费用；Sharing of performance 代表经理对业绩的分享，无论业绩优劣；sharing of positive performance 代表经理仅仅对盈利的业绩进行分享。

在基于业绩的费用中，对冲基金经常会设置高水位条款（high-water mark，HWM）。如果对冲基金在某一期发生了亏损，由于 HWM 条款规定了不得重复提取业绩报酬，在下一期的收益弥补了上一期的亏损，并且使基金净值达到历史最高水平之后，基金经理才可以从超过历史最高水平的资产增值中提取业绩报酬。因此 HWM 条款充分体现了管理费制度对基金经理的激励约束和对投资者的保护功能。

备考小贴士

考生需要重点掌握基于业绩的费用的 3 种形式，要特别注意是否完全参与上行或下行业绩提成。

—考点要求—
分析（analyze）一个基于业绩的费用计划表（★★）

（3）样本绩效费用计划。

表 25.3 中提供了一个例子，该例子主要针对基于业绩的费用计划表。通过该表，可对投资经理的收费进行详细分析。

—考点要求—
解释（interpret）一个基于业绩的费用计划表（★★）

表 25.3 基于业绩的费用计划表

样本费用结构	
标准费用（standard fee）	0.50%
基本费用（base fee）	0.20%
分成比例*（sharing）	20.00%
盈亏平衡超额收益（breakeven active return）	1.70%
最大年化费用（maximum annual fee）	0.80%

举例					
	超额收益				
	≤ 0.20%	1.00%	1.70%	3.00%	≥ 3.2%
收费（billed fee）	0.20%	0.36%	0.50%	0.76%	0.80%
净超额收益（net active return）	≤ 0.00%	0.64%	1.20%	2.24%	≥ 2.4%

*基于超额收益减去基本费（on active return, beyond base fee）

根据表 25.3，基本费用设置为 20 bps，因此无论业绩多不佳，最低的基于业绩的收费为 20 bps。为了使收费结果围绕标准费用 50 bps 对称，最大年化费用设置为 80 bps（=2 × 50 bps − 20 bps）。

收费通过公式（25.4）计算：

$$\text{Billed fee} = \text{Base fee} + \text{sharing} \times (\text{Active return} - \text{Base fee}), \text{ limit to maximum annual fee} \tag{25.4}$$

净超额收益则为扣除收费后的超额收益，通过公式（25.5）计算：

$$\text{Net active return} = \text{Active return} - \text{Billed fee} \tag{25.5}$$

盈亏平衡超额收益 1.7% 的计算方法为：令公式（25.4）中 Billed fee 等于标准费用 0.5%，计算出的 Active return 即为盈亏平衡超额收益。

如果投资经理的超额收益大于 3.2%，则不再参与收益共享。与此同时，如果利用衍生品中期权的知识来解析费用计划表，则可得到该费用计划由 3 个部分构成：第一，20 bps 的基本费用；第二，1 份标的为超额收益、执行价格为基本费用 20 bps 的看涨期权多头头寸；第三，1 份标的为超额收益、执行价格为最大年化费用 80 bps 的看涨期权空头头寸。

例题 25.3

基于业绩的费用中，假设基本费用为 25 bps，标准费用为 50 bps。请回答下列问题：

（1）为了保证收费结果围绕标准费用对称，最大年化费用应设置为多少？

（2）该费用计划可由哪 3 个部分构成（涉及期权）？

名师解析

最低的基于业绩的收费为 25 bps。为了使收费结果围绕标准费用 50 bps 对称，最大年化费用设置为 75 bps（2×50−25）。该费用计划可由 3 个部分构成：第一，25 bps 的基本费用；第二，1 份标的为超额收益、执行价格较低的看涨期权多头头寸；第三，1 份标的为超额收益、执行价格较高的看涨期权空头头寸。

备考小贴士

考生在计算收费（billed fee）时，需要特别注意题干中是否明确指出了分成比例后面的收益的含义。公式（25.4）中分成比例对应的是超额收益减去基本费用的余额。有些题目会明确指出分成比例对应的仅为超额收益，此种情况下无需减去基本费用。

练一练

25-1　Which of the following is most likely a key consideration in operational due diligence?

　　A. The independent verification from the firm's third-party service providers.

　　B. Investment philosophy articulated by investment managers.

　　C. The expertise and experience of the investment team.

25-2　When considering hiring managers, decision-makers appear to worry more about Type I error because：

　　A. Type I errors are errors of omission.

　　B. Type I errors are relatively easy to measure and results are straightforward to investors.

　　C. Type II error is more transparent to investors.

25-3 Regarding capture ratio and drawdown, which of the following statements is most likely correct?

A. The capture ratio is the loss incurred in any continuous period of negative returns.

B. A capture ratio greater than 1 indicates that the manager participates more in rising markets than in falling markets.

C. Drawdown cannot be used as a stress test of the investment process.

25-4 When comparing a separately managed account (SMA) with a pooled vehicle, an investor who prefers SMA because:

A. SMA establishes a low tracking risk.

B. SMA does not need additional investment or operational due diligence.

C. SMA is owned by the investor.

25-5 If an investor requires high liquidity, which of the following investment vehicles is least appropriate for the investor?

A. Venture capital funds.

B. Closed-end funds.

C. Exchange-traded funds.

25-6 According to the fee schedule of Fund A, the base fee is 25 bps and the sharing is 20%, based on active return net of the base fee. It is also known that the maximum annual fee equals 2.5%. Assuming that the active return of Fund A is 15% in 2018, the 2018 investment management fee is:

A. 2.3%.

B. 2.5%.

C. 3.2%.

答案与解析

25-1 A

选项A，在运营尽职调查中，第三方服务提供商的质量也非常关键，提供商包括主要经纪商、监管方、审计师，以及律师等。他们可以为公司的业务和报告提供重要的独立意见。

选项B涉及投资理念，属于投资尽职调查的内容。

选项C涉及人员素质，属于投资尽职调查的内容。

25-2 B

第一类错误是由于积极的决策所导致的，而第二类错误是由于疏忽或不作为所导致的。第一类错误的计量相对更加直观，并且通常与决策者的薪酬直接相关。因为组合的持仓会被持续监测，经理低于或高于预期的表现非常容易识别。第二类错误对于投资者来讲并不透明，除非投资者积极去追踪被解雇的经理的业绩情况。

25-3 B

选项A描述的是回撤的定义。

选项 B 表述正确。捕获率（CR）>1 意味着整体来看，经理业绩表现优秀：相比基准组合的表现，投资组合收益增速增加，减速降低。换句话说，经理在大盘上涨的时候参与度更高，在大盘下跌的时候参与度更低。

选项 C 表述有误。最大回撤是对于投资过程的压力测试，可以指出投资执行过程中潜在的错误、风险控制的不足或操作问题。

25-4 C

选项 A 表述有误。SMA 的缺点包括：SMA 具有追踪风险，即由于个性化的存在导致组合对基准的偏离会更大。

选项 B 表述有误。SMA 定制化的特点增加了对投资和运营方面的尽职调查的需求。

选项 C 表述正确。SMA 的优点包括：所有权，即投资者直接拥有其 SMA 中的证券；个性定制，即 SMA 可以根据投资者 IPS 定制，满足投资者独特的投资目标。

25-5 A

在众多的集合投资工具中，选项 B 提到的封闭式共同基金和选项 C 提到的交易所交易基金的流动性最佳。选项 A 提到的风险投资基金和前文提到的私募股权基金的流动性最差。

25-6 B

Billed fee = Base fee + Sharing × (Active return − Base fee)

= 25 bps + 20% × (15% − 25 bps)

= 3.2%，limit to 2.5%

由于计算出的费用为 3.2%，高于最大年化费用 2.5%，因此费用最终应为 2.5%。

扫码练习更多题目

第 10 部分

案例分析技巧

考情分析

"案例分析技巧"部分包括《案例分析技巧——机构投资者》《案例分析技巧——私人财富管理》和《案例分析技巧——机构投资者的风险管理》3个章节,本部分位于整个课程体系的末端,框架明确、难度偏高。该部分是对私人财富管理和机构投资者投资组合管理知识的综合应用。在考试题型方面,通常将此部分内容融入主观题中进行考查。

本部分共有3个章节。其中,《案例分析技巧——机构投资者》一章中,流动性管理的部分内容为"机构投资者投资组合管理"知识点的补充;《案例分析技巧——私人财富管理》一章不存在新的知识点;《案例分析技巧——机构投资者的风险管理》一章对机构投资者面临的金融风险和非金融风险做了深入的探讨。由于在考试中,主观题的背景故事千变万化,因此本部分重点讨论案例分析的技巧,为考生提供重要的解题思路。

本部分框架图

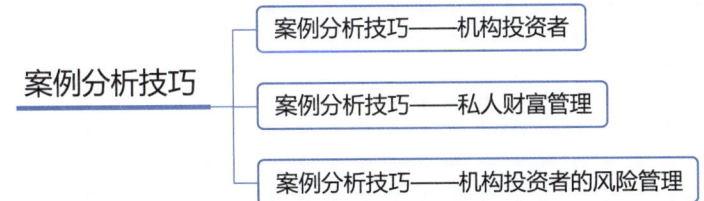

第 26 章 案例分析技巧——机构投资者

知识引导

作为《机构投资者投资组合管理》一章内容的补充，本章首先引入了流动性管理的知识点，介绍机构投资者的流动性和现金需求的管理，然后通过一个大学捐赠基金的案例，对机构投资者投资组合管理的知识点展开应用。

考点聚焦

本章是机构投资者投资组合管理的案例，偏实务应用，考生应重点掌握本章第一部分流动性知识点中的流动性分析、变现时间和再平衡概念。

本章框架图

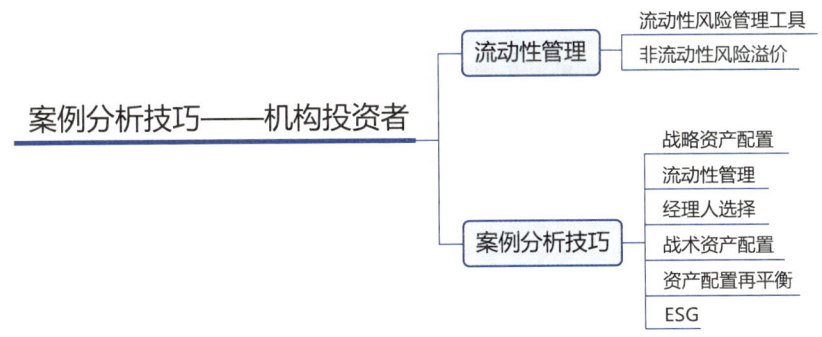

26.1 流动性管理

—考点要求—
讨论（discuss）管理投资组合流动性风险的工具（★）

机构投资者为获取高额收益，通常会持有一定的非流动资产（illiquid asset）。持有非流动资产对投资组合的整体流动性会产生一定的影响。对于机构投资者来说，需要有一种全面的流动性管理办法来监测现金的流入（inflow）和流出（outflow），确保能够及时地满足自身的流动性需求。

> **知识一点通**
>
> 流动性风险（liquidity risk）是指因市场成交量不足或缺乏愿意交易的对手，导致资产持有人未能按合理价格快速交易资产而产生的风险。流动性风险可以分为融资流动性风险（funding liquidity risk）和市场流动性风险（market liquidity risk）。

机构投资者的流动性风险管理工具主要有以下几种。
（1）流动性分析和变现时间（liquidity profiling and time-to-cash）。
（2）流动性再平衡和承诺资本（rebalancing, committed capital）。
（3）压力测试（stress testing）。
（4）衍生品（derivatives）。

26.1.1 流动性风险管理工具

26.1.1.1 流动性分析和变现时间

首先，对任何投资者来说，评估其流动性需求先要确定在一个给定的投资期限内现金的流入和流出情况。例如，就大学捐赠基金（university endowment）而言，首先确定现金流入、流出包含的内容。现金流入包括捐赠基金获得的捐款（donation）和投资收益等，现金流出包括捐赠基金捐赠给大学的资金以及各种非流动性的投资等。一旦确定了现金流入、流出的内容，机构投资者就确定了整个投资组合流动性需求的金额和其对应的期限。

其次，创建流动性分类时间表（liquidity classification schedule/time-to-cash table），并给出总体流动性预算（liquidity budget）。流动性分类时间表定义了投资组合资产的类别和产品变现时间的长短，判断变现时间长短的依据是在正常市场中将某一资产或某一类别的资产转换为现金所需的估计时间。流动性预算是给"流动性分类时间表"中每个流动性类别分配相应的权重，为投资组合建立一个流动性风险管理的基准，见表26.1。

表 26.1 流动性分类时间表和流动性预算

变现时间 (Time to Cash)	流动性分类 (Liquidity Classification)	流动性预算 (Liquidity Budget)
<1周（1 week）	High liquid	至少10%
<1季度（1 quarter）	Liquid	至少40%

续表

变现时间 (Time to Cash)	流动性分类 (Liquidity Classification)	流动性预算 (Liquidity Budget)
< 1 年 (1 year)	Semi-liquid	至少 45%
> 1 年 (1 year)	Illiquid	至多 45%

表 26.1 中，根据资产在<u>正常市场中</u>变现所需的时间确认其流动性，然后进行资产分类。这里强调正常市场，是指资产的变现价格必须公允，以偏离公允价格变现资产的时间不能作为判断其流动性分类的依据。例如，市场价值 30 万美元的汽车，以 2 万美元在 1 天内变现，虽然变现时间很短，但不能说明该汽车的流动性极强（high liquid）。

流动性预算就是表 26.1 的最后一列，它表明各流动性类别的资产在投资组合中的占比。流动性预算是投资策略说明（investment policy statement，IPS）中包含的内容。投资者实际投资组合的资产配置要确保能够满足流动性预算的要求。

例题 26.1

XYZ 公司根据年度战略、公司总目标以及风险偏好等，在投资策略说明中列明了当年的流动性预算，具体见表 26.1。Annie 是公司的投资经理，她整理了公司现有的资产组合，并计算了各个资产的配置情况，整理出了投资数据，见下表。

计算：XYZ 公司是否按照投资策略说明进行资产配置，并具体说明。

资产配置情况

资产类型 (Asset Class)	资产配置 (Asset Class Allocation)	投资产品 (Investment Vehicle)	投资产品配置 (Investment Allocation)	流动性分类 (Liquidity Classification)			
				High Liquid	Liquid	Semi-liquid	Illiquid
Fixed Income	40%	ETF	10%	20%	20%	50%	10%
		Mutual funds	25%	10%	50%	40%	—
		Specific	5%	100%	—	—	—
Equity	60%	ETF	15%	5%	40%	55%	—
		Specific	35%	10%	50%	40%	—
		PE	10%	20%	30%	50%	—

名师解析

根据上表中给出的已知条件，计算公司 4 个流动性类别（high liquid，liquid，semi-liquid，illiquid）是否满足投资策略说明的规定。

例如，high liquid 资产的权重 = 10% × 20% + 25% × 10% + 5% × 100% + 15% × 5% + 35% × 10% + 10% × 20% = 15.75%，其他流动性类别的权重用同样的方法计算，计算出的结果见下表的最后一行。high liquid 的实际权重为 15.75%，满足了表 26.1 中流动性预算的要求（high liquid > 10%）；liquid 的实际权重为 41%，满足了

表 26.1 中流动性预算的要求（liquid > 40%）；semi-liquid 的实际权重为 42.25%，没有达到表 26.1 中流动性预算的要求（semi-liquid > 45%）；illiquid 的实际权重为 1%，满足表 26.1 中流动性预算的要求（illiquid < 45%）。所以，XYZ 公司的 semi-liquid 的资产没有满足投资策略说明中流动性预算的要求，应调整这类资产的权重。

资产配置情况计算表

资产类型 (Asset Class)	资产配置 (Asset Class Allocation)	投资产品 (Investment Vehicle)	投资产品配置 (Investment Allocation)	流动性分类 (Liquidity Classification)			
				High Liquid	Liquid	Semi-Liquid	Illiquid
Fixed income	40%	ETF	10%	20%	20%	50%	10%
		Mutual funds	25%	10%	50%	40%	—
		Specific	5%	100%	—	—	—
Equity	60%	ETF	15%	5%	40%	55%	—
		Specific	35%	10%	50%	40%	—
		PE	10%	20%	30%	50%	
	Sum		100%	15.75%	41%	42.25%	1%

26.1.1.2 流动性再平衡和承诺资本

—考点要求—
说明（demonstrate）再平衡的使用（★）

1. 流动性再平衡

当市场发生波动，尤其是在压力时期，资产的价值也会随之变动，组合内各个资产所占权重也会改变，此时，投资者需要对资产组合进行流动性再平衡（rebalancing）。流动性再平衡就是通过交易资产，使资产再次达到战略资产配置（strategic asset allocation，SAA）的水平。

通常情况下，非流动性资产的再平衡成本较高。流动资产（liquid asset）的交易成本比非流动资产更低，为了降低再平衡时的交易成本，应该在组合中配置足够多的流动资产。因为衍生品的特殊性质（如杠杆性、交易费用灵活性等），其可以用于战术资产配置和再平衡。再平衡方法有下面几种：

（1）系统性再平衡（systematic rebalancing policy）。例如，定期再平衡（calendar rebalancing）和百分比范围内再平衡（percent-range rebalancing）。在该方法下，使用预先指定的资产类别权重范围，该权重范围的大小考虑了每个资产类别的波动性，以尽量减少再平衡带来的交易成本，即波动性较大的资产预先指定的权重范围更大。交易成本、资产类别之间的相关性和投资者的风险承受能力是影响该范围大小的其他因素。

（2）自动调整机制（automatic adjustment mechanism）。自动调整机制指的是，组合可以自动调整流动性风险。例如，一个投资组合中非上市股票投资占比 30%，上市股票投资占比 70%，假设组合中两种资产的贝塔值相同，即组合的资产配置改变不影响组合的系统性风险。一段时间后，10% 的非上市公司成功上市，组合的资产配置变成了非上市公司占比20%，上市公司占比80%，上市公司占比增大，组合的流动性变强。在该例子中，由于市场的变化，投资组合中非公开上市公司的股票被转换为公开上市的股票，自动调高了组合的流动性。

2. 承诺资本

承诺资本（committed capital）指的是机构投资者作为私募股权（private equity, PE）的有限合伙人（limited partner, LP）承诺在未来分次投资或支付给普通合伙人（general partner, GP）的资金。承诺资本的现金流出主要取决于普通合伙人（GP）要求有限合伙人（LP）履行出资义务的频次和金额。承诺资本的现金流入主要包括有限合伙人（LP）取得的投资回报。对有限合伙人（LP）来说，承诺资本的现金流入和流出的金额和频率都不确定，所以承诺资本也需要进行流动性管理。

（1）如果只向一个机构承诺资本投入，有限合伙人（LP）维持稳定的资产配置较为困难。因为单个机构的资金要求和资金回报的时间和金额大小很难预测。

（2）如果同时向多家机构承诺资本投入，有限合伙人（LP）维持稳定的资产配置相对较为容易。因为根据大数定律，多家机构的资金要求和资金回报的时间和金额会比较分散，这样总的资金要求和资金回报则较为平稳，容易预测。

承诺资本中的长期资金流入和流出可以通过建立模型来做出预测，在建立模型的时候，应考虑以下几个因素：

（1）承诺资本中资金流出的预计概率。机构投资者通过自己的专业判断来预测普通合伙人要求资金的概率。例如，机构投资者通过研究普通合伙人的投资项目，来判断其资金需求的情况；

（2）承诺资本中资金流入的概率；

（3）接受承诺资本的机构资产规模的大小。

26.1.1.3 压力测试

压力测试是指假定在市场出现危机（market stress）（如 GDP 下滑、金融危机等）时，机构投资者的流动性是否能满足监管部门和自身流动性的需求。

压力测试需要同时考虑机构投资者的资产和负债的承压水平。例如，对银行来说，在考虑次贷危机的情况下，根据银行的资产和负债的变动情况，来判断这家银行的承压水平。

26.1.1.4 衍生品

衍生品可以用来调整投资组合的风险敞口，改变投资组合的资产配置，从而使投资组合达到再平衡。

26.1.2 非流动性风险溢价

非流动性风险溢价（illiquidity premium）也叫流动性风险溢价，指的是对在一段不确定的时期内，占用资本承担的额外风险的预期补偿，也可以理解为承担流动性风险取得的风险溢价。

私募股权和私人房地产存在正的非流动性溢价，并且非流动性溢价的规模与非流动

—考点要求—
讨论（discuss）非流动性溢价的长期投资策略（★）

性期限的长度正相关。即资产的流动性越差，相应的非流动性风险溢价就越高。

非流动性风险溢价可以用两种方法计算。

$$\text{Illiquidty premium}(\%) = E(R_{\text{illiquid asset}}) - E(R_{\text{marketable asset}}) \tag{26.1}$$

公式（26.1）中，Illiquidty premium（%）代表非流动性风险溢价（%）；$E(R_{\text{illiquid asset}})$ 代表非流动资产的预期收益率；$E(R_{\text{marketable asset}})$ 代表流动资产预期收益率。

$$\text{Illiquid asset price} = \text{Marketable asset price} - \text{Value of put option} \tag{26.2}$$

公式（26.2）中，Illiquid asset price 代表非流动资产的价格；Marketable asset price 代表一个假设价格，即如果非流动性资产可以自由交易，其可以被出售的价格；Value of put option 代表看跌期权的市场价格，该看跌期权的行权价格等于 Marketable asset price。

> **备考小贴士**
> 非流动性风险溢价的计算公式不作为重点，考生只需要理解非流动性风险溢价计算背后的理念，非流动性溢价就是投资者承担资产的流动性风险而获得的补偿。

26.2 案例分析技巧

26.2.1 战略资产配置（Strategic Asset Allocation，SAA）

—考点要求—
根据流动性需求、风险和回报要求，分析（analyze）资产配置和投资组合结构（★）

ASQ 大学创建于 1890 年，总校设在 A 市，是一所历史悠久、享誉盛名的重点高校。其重点学科是化工学和医药学。该所高校的化工学出过很多行业优秀人才，由他们带头和其他行业内的领军人物一起，创建了 ASQ 大学捐赠基金，基金中的很多合伙人都是该校校友。

ASQ 大学每年的运营预算（annual operating budget）是 8 350 万美元，其中约 60% 来源于大学捐赠基金，目前的支出规则（spending rule）是维持 5% 的长期支出率（long-term spending rate），高等教育价格指数（higher education price index，HEPI）为 6%。该大学捐赠基金用了如下的公式来计算当年的支出：

—考点要求—
推荐（recommend）行动建议满足既定需求（★）

$$\text{Spending amount in year}_{t+1} = 60\% \times [\text{Spending amount in year}_t \times (1 + \text{Inflation rate})] + 40\% \times \text{Spending rate} \times \text{Average AUM}$$

ASQ 大学上一年的支出是 5 475 万美元，捐赠基金上一年的平均资产规模（average AUM）是 8.45 亿美元，则根据上面的公式，捐赠基金今年的支出为：

$$\text{Spending for current fiscal year} = 60\% \times 5\,475 \times (1 + 6\%) + 40\% \times 5\% \times 84\,500$$
$$= 5\,172.1（万美元）$$

> **备考小贴士**
> 捐赠基金支出计算公式中的权重 60%、40% 并不是常数，考生根据题目给出的已知条件，按照题目给出的权重来计算。

该大学捐赠基金运用了收益的均值-方差最优化（mean-variance optimization，MVO）来分析它的风险和收益情况。根据基金的 IPS，名义收益率在 8%~9%之间，收益率的标准差在 11%~14%之间。

大学捐赠基金的策略团队根据目前的市场状况，更新了对未来的预期，并在此基础上提出了新的资产配置建议：公司应增加对私募股权和房地产的配置，从而改变其长期收益。

表 26.2　资产配置的收益和风险情况

组合特征（Portfolio Characteristic）	目前 SAA（Current SAA）	计划 SAA（Proposed SAA）
期望名义收益率	7.2%	7.9%
期望实际收益率	4.2%	4.9%
收益率标准差	11.5%	13.2%
夏普比率	0.33	0.34
在未来 20 年损失 20%购买力的概率（假设支出比率固定为 5%）	20%	15%

注意：通货膨胀假定为 3%

讨论该捐赠基金策略团队对资产配置的建议是否能接受，并从资产配置的角度阐述策略团队的建议：

该捐赠基金策略团队对资产配置的建议能够接受，原因如下所示。

（1）新的资产配置建议增加名义收益率，根据表 26.2，名义收益率由 7.2%增加到 7.9%，更接近公司的 IPS（名义收益率在 8%~9%之间）；标准差从 11.5%上升到 13.2%，但在可接受范围内（收益率的标准差在 11%~14%之间）。

（2）新的资产配置建议提高了夏普比率，根据表 26.2，夏普比率从 0.33 上升到 0.34，说明承担单位风险所获的回报增高。

（3）根据表 26.2，假设支出比率（spending rate）5%不变，新的资产配置降低了在未来 20 年损失 20%购买力的概率，此概率由 20%下降为 15%。

除了以上几点之外，考生还可以从以下方面来展开：

一般而言，对于长期投资的机构投资者（例如，大学捐赠基金、私有基金会）而言，承担非流动性风险为促进投资组合的多样化、提高预期回报以及获得更广泛的投资策略创造了机会。在均值-方差最优化模型中，增加符合条件的非流动性资产会使有效前沿向上移动，理论上会产生更有效的投资组合，即在给定风险水平下，预期回报更高的投资组合。

26.2.2　流动性管理（Liquidity Management）

下面的 3 种情况会造成机构投资者的流动性变弱：

（1）当市场走弱，私募股权会要求机构投资者投入更多资本。此时，对机构投资者来说，投入私募股权的金额越多，流动性风险越大。

（2）屏蔽门的设定（activation of gates）。屏蔽门是指，基金可以设定补充条款，约定在某些情况下，基金可以在开放期内拒绝投资者赎回投资的要求，以确保投资者不会在危机时将投资低价抛售,损害其他投资人的利益。对投资该基金的机构投资者来说,屏蔽门的存在将造成赎回障碍,影响其流动性。

(3) 平滑效应 (smoothing effect)。例如,私募股权因为没有实时的市场价格,倾向于采用历史成本估值,因为历史成本波动性较弱,根据历史成本算出的标准差就越小,意味着风险较低,因此对私募股权分配的权重越高,即投资组合中私募股权的占比上升,投资组合的流动性变弱。

> **备考小贴士**
> 上面3个情况不是本部分的备考重点。

> **备考小贴士**
> 考生需注意的是,如果主观题涉及流动性管理分析,在考虑现金流入和流出时,要注意考虑压力情况下的现金流情况。

26.2.3 经理人选择 (Asset Manager Selection)

—考点要求—
演示(demonstrate)道德规范和职业行为标准在经理人选择中的应用(★)

在做经理人选择的时候,需要考虑道德操守和职业行为准则。
(1) 利益冲突披露 (disclosure of conflicts)。
(2) 独立性和客观性 (independence and objectivity)。
(3) 保密 (preservation of confidentiality)。
(4) 曲解 (misrepresentation)。
(5) 表现介绍 (performance presentation)。
(6) 尽职和合理原则 (diligence and reasonable basis)。
(7) 忠诚 (loyalty)。

> **备考小贴士**
> 该知识点涉及"道德和行为准则"部分,考生可以根据案例给出的已知条件展开相关分析,一般以客观题的形式考查,此处不再赘述。

26.2.4 战术资产配置 (Tactical Asset Allocation)

—考点要求—
分析(analyze)衍生品与现货市场产品的收益和成本,以构建和修改资产类别或风险敞口(★)

战术资产配置是指在SAA的框架下,公司赋予经理人更多的权限,即经理人可以围绕SAA的给定基准,将资产配置的占比限制在一定范围内,根据经理人对市场的主观判断进行临时调仓。衍生品和现货市场产品,如股票、债券等都可以用作战术资产配置。此时,可以考虑对投资组合中包含的一种或多种资产类别进行增持或减持,考虑使用衍生品或现货产品调整投资策略的风险敞口。

在使用衍生品和现货资产时,注意考虑以下因素:
(1) 衍生品和现货资产的预期成本。主要涉及产品的交易成本等。

(2) 衍生品和现货资产的交易市场。例如，ETF 和期货是场内交易品种，流动性较好；场外交易衍生品在流动性上虽有一定的劣势，但具有价格可以交易双方磋商决定、交易条款可以客户定制等优点。

(3) 衍生品和现货资产的特性。例如，期货可能需要展期交易（roll over）才能达到资产配置目的。

(4) 衍生品和现货资产的收益。考虑衍生品和现货资产的公允价值，用财务和经济数据估计产品的未来收益和风险，与当前的市场价格进行比较，确定资产选取以及资产配置。

> **备考小贴士**
>
> 机构投资者可以用衍生品或现货产品来对组合进行战术资产配置。在具体的战术资产配置中，考生应注意，在使用具体的衍生品或现货产品时，要结合每种产品的特点，并着重分析它们的成本和收益，最终决定使用哪种资产以及具体资产配置的份额。

26.2.5 资产配置再平衡（Asset Allocation Rebalancing）

根据前面讲过的再平衡选择，可以定期对投资组合进行资产配置再平衡，也可以根据资产配置是否超过平衡范围来决定是否实施再平衡，使资产配置回到 SAA 水平。

―考点要求―
演示（demonstrate）衍生品在战术资产配置和再平衡中的使用（★）

26.2.6 ESG

ESG 在管理投资组合中的考虑，可以从以下几点展开：

(1) 将 ESG 因素作为经理选择和监督的考核之一。

(2) 为更好地进行 ESG 整合，需要运用充分的报告和沟通手段。

(3) 监控投资组合中使用的 ESG 计量指标。制定全面的分析框架，评估投资组合对 ESG 各种因素的敏感性，从行业供应商和同行公司获取相关数据，来分析和比较公司的 ESG 评级或得分。

―考点要求―
讨论（discuss）ESG 在管理长期机构投资组合中的考虑（★）

第 27 章 案例分析技巧——私人财富管理

知识引导

本章主要探讨私人财富管理中的案例分析技巧，可以把财富管理分为 4 个阶段分别管理：初入职场期、事业发展期、财富快速积累期以及退休前期。正如私人财富管理章节所言，私人财富风险管理策略具体分为以下 4 步：第一步，确定投资目标；第二步，识别风险；第三步，评估风险；第四步，选择适合的风险管理策略并及时进行调整。因此，本章中的每一个阶段都会大致按照以上 4 个步骤分别进行讨论。

考点聚焦

本章内容是《私人财富风险管理》一章的案例应用，延用《私人财富风险管理》所述知识点。本章的重点是对私人客户各个投资阶段风险敞口的识别和管理，目的是给考生呈现私人财富管理的全流程管理。本章不会作为单独的章节出题，而是并入《私人财富风险管理》一章的考点进行考查。在 CFA® 三级第一阶段主观题和第二阶段客观题中均有可能出现。

本章框架图

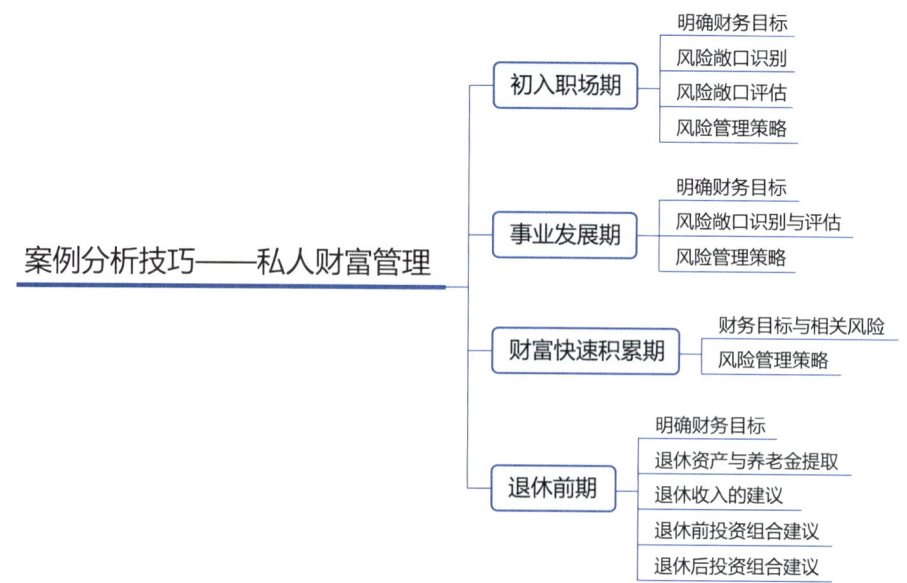

27.1 初入职场期

27.1.1 明确财务目标

对于一个处于初入职场阶段的家庭而言,财务目标通常包括以下几项。
(1) 购置房产,购置房产会涉及房屋抵押贷款。
(2) 组建家庭,组建家庭需要考虑很多问题,如抚养子女、子女教育以及遗产分配等。
(3) 长期财务安全,长期财务安全是财富管理要达成的目标之一。
(4) 舒适的退休生活,初入职场时应把未来退休生活的规划纳入财富管理中。

27.1.2 风险敞口识别

27.1.2.1 人力资本丰富程度的判定标准

—考点要求—
识别(identify)一个家庭在初入职场阶段的风险敞口(★★)

为了更好地了解家庭财务状况,识别和分析风险,投资经理需要罗列出家庭的资产、负债和财务目标,并对人力资本的特征进行总结归纳。值得注意的是,人力资本也是总资产的一部分。人力资本的特征包括以下因素。
(1) 行业与技能:所处行业对人员需求量大,家庭成员在其所属领域具有高水准的专业技能。
(2) 年龄方面:家庭成员年轻,处于职业发展阶段,未来发展潜力很大。
(3) 职场经历:有一定的工作积累,具备一些工作经验。
(4) 工作的流动能力高:比如,拥有合法身份,可在不同区域或不同国家工作。

27.1.2.2 不同工作性质下的人力资本

不同的工作性质,人力资本丰富程度不同,具体表现在以下几点。
(1) 公务员、教师等岗位:收入预计随着工作资历的增加而增加,但上升潜力非常有限;工作稳定,减少了事业带来的收入风险;就业的流动能力低,很难到其他地区或国家工作;公务员身份的特殊福利和工作资历无法在移居他国的时候进行转移。
(2) 非公务员、非教师岗位:收入不确定性高,特别是任职于新兴行业和创业公司的;如果表现良好,未来收入增幅大,如果被授予公司股票期权,则人力资本还会具有部分金融资产的特征;福利和保险制度不完善,更多依靠国家的社会保险制度;失业的可能性更高;就业的流动能力高,如全球适用的 IT 行业,可移居他国工作。
(1) 与(2)相比,(1)中的人力资本的风险和特征类似债券,而(2)中的人力资本的风险和特征类似股票。(2)中的人力资本的风险比(1)高很多。如果夫妻双方分别在这两个领域任职,则可以实现人力资本的多元化,达到风险分散的目的。

27.1.2.3 资产与负债

1. 资产

任何家庭的资产或负债的计算结果都有很大的不确定性,特别是在职业生涯的早期阶段，资产与负债的计算可以为风险分析提供良好的起点。

资产通常包括以下几项。

（1）流动性强的金融资产，如储蓄账户存款。

（2）退休福利：死亡率加权的应计福利净现值（mortality-weighted net present value of the accrued benefit account）。

（3）人力资本：人力资本采用现金流折现的方法进行估算，详见《私人财富风险管理》一章，具体计算见公式（21.2）。

2. 负债

在资产负债表的搭建过程中，除了已有的债务，将来的支出目标也可以被看作负债来处理。通常情况下，负债包括以下两项。

（1）当前已存在的债务。

（2）未来消费的现值：在计算未来消费的现值时，需要考虑未来消费的增长率、通货膨胀率等因素。

27.1.2.4 风险评估

职业生涯的早期阶段，人力资本通常较为丰富，但金融资产通常非常有限。人们面临着组建家庭的财务挑战，如购置房产和生育、抚养子女。因此，在人生的这个阶段，风险分析的重点是人力资本。具体的风险评估包括以下几项。

（1）失业导致的收入风险。

（2）由于健康或残疾产生的收入风险。

（3）过早死亡的风险导致幸存配偶不得不独自承担家庭支出的风险。

（4）车祸和车辆修理费产生的风险。

（5）责任风险，如在驾驶过程中造成人身伤害或财产损失的风险。

（6）购房对家庭财务状况的影响。

27.1.3 风险敞口评估

—考点要求—
分析（analyze）一个家庭在初入职场阶段的风险敞口（★★）

27.1.3.1 收入风险

由于雇主的业务性质，失业导致的收益风险与非公务员、非教师岗位有关。有关收入风险需要考量的关键因素包括以下几项。

（1）个人失业的可能性很难估计。

（2）职业生涯早期，雇员的服务年数有限，雇主应支付的法定遣散费（法律规定的，并与服务年数有关）金额将会受到限制。

（3）如果缴纳了社会保险，则最初阶段个人有权每月领取失业救济金，但救济金的金额通常比工资低很多。

（4）个人由于健康或残疾产生的收入风险：有些公司并不提供任何残疾险；公务员身份可以获得额外保障，但往往有最低服务年限的要求。

27.1.3.2 意外死亡风险

如果夫妻一方意外死亡，幸存配偶则需面临双重风险。

（1）支付一次性费用，如丧葬费，并建立应急基金，这是因为幸存配偶将没有伴侣来帮助处理紧急情况。

（2）幸存配偶的生活方式将受到重要影响，之前，夫妻双方共同支付的每月家庭费用如租金、房贷等，将全部成为幸存配偶的责任。

27.1.3.3 车祸和修理费

如果家庭拥有车辆，则需要考虑车祸和车辆修理费带来的风险。这类风险通常由汽车保险解决，如第三方强制责任险和自行购买的汽车保险等。

27.1.3.4 责任风险

责任风险主要分为汽车事故风险和财产损害。其中，财产损害与房屋性质有关。如果居住在自有房屋，则需要购买财产险。如果租住他人的房屋，通常与房屋有关的财产险已经涵盖在租赁合约中。

27.1.3.5 购置房产

除了上述风险之外，购房还会增加其他风险。

（1）在初入职场阶段，家庭金融资产与负债总额和金融目标之间存在显著的不匹配。其中，人力资本是非流动的，代表了未来收入的现金流。购买房产则需要大量的现金作为首付、法律或公证费、交易费用以及搬家费用等。

（2）除了房子的首付之外，其他现金需求可以通过借贷来满足。然而，消费类信贷的利率较高，通常与浮动参考利率挂钩，因此家庭将面临利率风险。

（3）如果家庭决定购买房产，用有限的储蓄来支付交易成本，那么家庭支付小额短期账单和应付任何意外支出的能力都将受到限制。

（4）购房决定本身应该与继续租房进行权衡。通常情况下，每月的房屋贷款金额会高于租金金额，家庭应在购房和租房之间做出权衡。一方面，购置房产会涉及服务费和维修费用。另一方面，更高的购房成本将侵蚀家庭的储蓄。

—考点要求—
推荐（recommend）一个家庭在初入职场期的风险敞口的管理方法（★★）

27.1.4 风险管理策略

27.1.4.1 收入风险

由失业引起的收入风险不容易通过保险解决。因此，家庭应确保至少有能够满足6个月正常支出的储蓄。通过这种方式，家庭可以在一段时间内有效地进行自我保险，以应对未来可能面对的失业问题。由严重疾病或残疾引起的收入风险，可以通过购买残疾保险来解决。

根据不同家庭成员人力成本的特征不同，保险的保额和具体类型也会存在差异。购买保险具有长期影响，因此需要深入分析。

—考点要求—
证实（justify）一个家庭在初入职场期风险敞口的管理方法（★★）

27.1.4.2 意外死亡风险

虽然年轻夫妇当前没有子女教育及抚养费用或抵押贷款需要支付,但如果有一人死亡,幸存配偶所面临的经济困难可以通过购买人寿保险来解决。人寿保险的保额取决于家庭的现金需求、未来资金需求现值、未来幸存配偶收入现值,以及目前拥有的资金总额。具体人寿保险的知识,详见《私人财富风险管理》一章中的人寿保险部分以及分析保险计划部分。

27.1.4.3 车祸和修理费

第三方强制责任险为其他当事人提供了保障,但不保护家庭成员。因此,家庭应建立足够的储蓄作为车祸和车辆修理费风险的缓冲,进行自我保险。

27.1.4.4 购置房产

购置房产的关键在于时机选择和购房后的风险管理。

1. 时机选择

对于初入职场的家庭,通常建议延期购置房产。尽管拥有自有住房的长期利益很高,但推迟购房可降低家庭的风险敞口。这是因为,房产不是一种绝对的投资资产,而是一种"混合"资产,既有个人消费的成分,也有投资的成分。此外,如果房屋抵押贷款选择浮动利率,则利率上升会给抵押贷款带来成本上升的风险;如果贷款选择固定利率,则固定利率期限结束后,家庭依旧会面临利率上升的风险。

2. 购房后的风险管理

在做出购买新房产的决定后,投资经理应重新检查并更新家庭的风险管理安排,应讨论风险是如何变化的,以及应如何修改风险管理方案。

失业、残疾或过早死亡带来的收入风险并没有改变,但此时家庭额外负担了房屋抵押贷款,此笔款项需要全额偿还。因此,家庭应及时建立一个合适的储蓄水平作为缓冲,金额至少相当于 6 个月的生活费用。这份储蓄缓冲应该放在合理的账户中,并按需提供。一旦储蓄超过缓冲资金,就应该制订投资计划。此外,购房后应制订一份应急计划,以防突然出现流动性需求。这份应急计划中,最合理的借款方式通常是以房屋净值为抵押的贷款。

27.1.4.5 其他风险

1. 财产保险

如果决定购买房屋,家庭则需要购买财产保险,因为这是获得抵押贷款的一个前提。

2. 私人医疗保险

在明确了基本医疗保险覆盖的范围后,应判断是否加入其他额外的私人医疗保险。

27.1.4.6 监测结果与风险敞口

任何风险管理策略都应该对风险监测结果和风险敞口进行定期监测和审查。简而言之，风险管理解决方案的调整必须随着现实情况的变化而变化。

27.2 事业发展期

27.2.1 明确财务目标

27.2.1.1 事业发展期的财务目标

家庭处于事业发展期，也需要制定一定的财务目标。

（1）最大限度地增加家庭福利并减少意外事件造成的影响，如疾病、残疾或过早死亡。

（2）为抚养子女的开支做好计划。

（3）为舒适的退休生活做准备。

27.2.1.2 人力资本评估

为了帮助了解家庭状况并识别风险，投资经理需要对家庭的人力资本进行再次评估，具体特征如下：

（1）目前家庭收入比初入职场阶段更加稳定、可预测，且预期未来收入的现值计算所涉及的时间段更短；

（2）非公务员、非教师岗位的收入风险降低。

27.2.2 风险敞口识别与评估

27.2.2.1 收入风险和意外死亡风险的评估

1. 收入风险

对于家庭中收入更高一方，收入风险更为重要。具体来讲，相比公务员或教师，从事风险更高职业的家庭成员往往收入更高，因此更需要重视收入风险。

残疾导致的收入风险将严重影响夫妇维持生活的方式和抚养子女的能力，具体需要考量以下两项。

（1）政府补助或福利。通常来讲，公务员或教师的国家福利更加优厚，相对风险更小。

（2）残疾保险，投资经理需要计算当前保险合同的赔付额度，提出建议前重新评估保险合同的覆盖情况。

2. 意外死亡风险

对于需要抚养子女的家庭，过早死亡的风险需要给予高度重视，原因如下。

（1）死亡会造成一次性费用，如丧葬费等。

（2）目前由夫妻双方共同负担的家庭开支将必须由幸存配偶的收入承担。

（3）幸存配偶的收入可能会减少，因为家庭责任将由配偶一人承担，极有可能阻碍其职业发展，甚至可能迫使其不得不转为兼职。

（4）如果幸存配偶继续全职工作，那么照顾子女的任务必须由其他人承担，如保

—考点要求—
识别（identify）一个家庭在事业发展期的风险敞口（★★）

—考点要求—
分析（analyze）一个家庭在事业发展期的风险敞口（★★）

姆，但雇佣保姆会增加生活开支。

对于意外死亡风险，投资经理应评估以下两项。

（1）家庭金融资产增加的幅度。如果金融资产增幅不够高，那么这些资产实际上无法应对意外死亡风险。

（2）常用的管理意外死亡风险的方法是购买人寿保险。人寿保险将为其子女提供长期的财务支持。

27.2.2.2 投资组合风险的分析

家庭的投资组合风险分析主要关注各类资产之间的相关性，具体表现在以下两点。

（1）金融资产与人力资本的关系。

如果投资组合包括许多家庭成员工作所处行业的股票，则金融资产与人力资本之间的相关性过高，分散化效果不佳，投资组合风险过高。如果该行业表现不佳，家庭成员的工资薪金收入和投资组合的收入会同时下降。

（2）房地产与人力资本的关系。

如果居住地附近的人群几乎都从事同一行业，则房地产价值很可能与人力资本呈现正相关关系。

27.2.2.3 退休储蓄计划的分析

投资经理需要研究家庭退休储蓄计划面临的风险，具体包括以下几项。

（1）通过强制性的社会保险，家庭能够得到的政府养老金的金额。

（2）夫妻任职公司提供的养老金类型和具体金额。通过咨询养老金管理人，估计退休后每年养老金收入的金额。

（3）计算家庭退休总收入，并估计退休收入与当前收入的比率。判断退休后的收入是否可以承担退休后的支出。

（4）判断在退休之前国家养老金提供的福利是否会降低，尤其关注那些国家福利体系已经面临巨大压力的地区。

27.2.2.4 其他风险

投资经理同时需要关注其他风险，如健康、财产和责任风险。

（1）健康风险可通过健康保险分散，某些健康保险甚至可以给被保险人提供相当先进和昂贵的治疗。

（2）财产风险可由财产保险管理，包括责任保险，需要关注被保险财产的价值。

27.2.3 风险管理策略

—考点要求—
推荐（recommend）一个家庭在事业发展期的风险敞口的管理方法（★★）

27.2.3.1 人寿保险

人寿保险保额的计算有两种方法：根据人力资本计算和根据未来生活开支计算。尽管这两种方法存在差异，但它们依赖的某些假设都是不确定的。例如，当前很难估计儿童在未来需要的财务支出。与此同时，两种方法计算出的保额可能存在很大的差异。因此，可以将两个金额视为一个保额范围，在此范围内选择保险金额。所选择的人寿保险的保额既取决于保费，也取决于家庭的具体情况。具体关于人寿保险的内容，详见《私人财富风险管理》章节中分析保险计划的部分。

—考点要求—
证实（justify）一个家庭在事业发展期的风险敞口的管理方法（★★）

27.2.3.2 投资风险建议

如果投资组合主要包括金融资产和房地产，相应的投资风险建议如下。

（1）金融资产：如果金融资产主要为家庭成员工作所处行业的股票，则存在金融资产与人力资本相关性过高的问题。此时，需要将组合风险进行分散化，具体方法为，未来投资需要规避家庭成员工作所处行业的股票，转而投资于分散化更高的集合投资产品，如基金等。

（2）房地产：投资于房地产需要考虑本地房地产市场与本地主要行业的表现和就业情况。与此同时，房地产投资的融资成本也需要仔细估算。值得注意的是，持有投资性房地产意味着持有大量、集中的非流动性资产，而且拥有和管理租赁房屋也会带来额外的成本。

27.2.3.3 退休计划建议

退休计划的分析与建议中，需要关注以下三点。

（1）家庭的预期退休收入与预期消费是否存在巨大缺口。

（2）如果存在巨大缺口，为了管理退休后资金不足的风险，家庭应该认真考虑增加退休储蓄和建立更优的投资组合。

（3）增加对养老金账户的贡献，或者开始建立私人养老金计划。这样做可以享受养老金的税收优惠（养老金账户的利息收入和资本利得通常是免税或递延纳税的）。

27.2.3.4 其他建议

关于风险管理策略的其他建议，主要包括以下几点。

（1）更新财产保险以反映当前房屋的市场价值。

（2）补充私人健康保险，包括牙科保健、替代医学，以及针对在私人病房住院和其他健康费用的保险。在本阶段购买这类保险的原因是：在相对年轻和健康的时候，购买这种保险的保费更低。同时，如果未来家庭移居或到另一个国家安度晚年，则需要一个跨地域的医疗保险，而国家强制的医疗保险是无法跨国享受的。

（3）不断完善个人的风险管理策略，并在必要时进行及时调整。

27.3 财富快速积累期

—考点要求—
识别（identify）一个家庭在财富快速积累期的风险敞口（★★）

27.3.1 财务目标与相关风险

27.3.1.1 财务目标

当进入财富快速累积阶段，家庭应对财务目标进行更新，通常涉及以下几项。

—考点要求—
分析（analyze）一个家庭在财富快速积累期的风险敞口（★★）

（1）在未来 10~15 年内，家庭成员继续全职工作并为自己提供经济保障。
（2）拥有一个舒适的退休生活，通常退休会在未来 10~15 年内发生。
（3）有能力为子女提供必要的支持和帮助。
（4）为子女留下遗产。

根据以上财务目标，投资经理应更新家庭的资产负债表。其中，资产包括储蓄、投资组合、养老金（政府、企业，以及私人养老金）、房屋，以及人力资本。负债包括：房屋抵押贷款、未来消费支出的现值。根据资产负债表，评估资产与负债的金额之间是否存在差异，尤其是资不抵债的情况。同时，还需要了解目前的资产是否可满足家庭的流动性需求。

27.3.1.2 相关风险与风险管理方法

家庭依旧面临失业带来的收入风险。对于处在非公务员、非教师行业的家庭成员，由于年龄和岗位因素，如果失去工作，则可能很难找到一份报酬和福利相当的工作。以下两个因素可以降低家庭整体的收入风险。
（1）家庭拥有大量的储蓄和投资。
（2）另一名家庭成员的职业是公务员或教师，其收入风险很低。

残疾和意外死亡仍然会对他们的收入产生威胁。由于家庭已经进入财富快速积累期并且家庭成员临近退休，因此应重新评估保险保障范围。如果家庭现有的保险覆盖范围、政府强制计划以及通过自有资产进行的自我保险已经足够，则无需增加保险的购买。

27.3.1.3 退休生活目标的风险分析

1. 退休生活目标的假设

关于退休生活目标的风险，投资经理需要罗列一份退休资产的概要，然后着手确定家庭在退休后预计的消费金额。这往往涉及以下一些重要假设。
（1）家庭继续缴存强制性政府养老金。
（2）家庭继续定期缴存私人养老金和个人职业养老金计划。
（3）随着退休日期的临近，固定缴款型养老金的投资组合中，资产逐渐转移至风险较低的资产配置，因此整体收益率会降低。
（4）固定缴款型养老金的最终价值在退休时可以被用于购买年金产品。

2. 退休生活风险分析

家庭的退休生活风险主要包括以下几项。
（1）失业。家庭成员无法找到同等报酬的工作，养老金的价值会受到影响，因为他们将无法按时按量缴款。当前保险政策很可能无法在失业时为家庭提供收入补偿。法定遣散费和失业福利只占他们目前工资的很小一部分。
（2）政府养老金计划会因国家人口老龄化和财政压力而进行改革。这种改革可能会以减少福利的形式出现。而另一种情况则是提高退休年龄。
（3）投资风险和通货膨胀风险。投资风险影响家庭所持有的非政府固定缴款型养老金计划，过去的高回报率可能不会持续到未来。另外，通货膨胀可能会侵蚀资金在未来的购买力。

27.3.1.4 投资组合分析

1. 子女抚养

如果家庭中存在年幼的或由于疾病而生活不能自理的子女，则家庭需要保证子女未来的生活支出。此时，需要估计子女未来的寿命以及未来每年生活成本的现值。由于时间跨度很长，需要同时考虑通货膨胀问题。

2. 遗产

按照优先级，退休生活目标的排列顺序如下。
（1）舒适的退休生活。
（2）子女抚养问题。
（3）遗产问题。

因此，是否能够留给子女遗产取决于前两项目标的完成程度。通常情况下，家庭会希望子女继承尽可能多的遗产，包括房产以及其他资产。

27.3.1.5 资产配置分析

传统的均值-方差模型（mean-variance optimization）并不适用于家庭的资产配置，因为它是一个"单周期"框架，而家庭的财务目标跨越多个期限。

资产可以通过基于目标的方法（goal-based approach）进行配置，对目标进行分析和建模，并为每个目标指定成功的概率。这种方法使投资经理与客户的交流更加简单和直观。这种做法背后的理念是：通过将家庭的投资组合分解为多个子投资组合，应用基于目标的资产配置方法，每个子投资组合为在某个时间范围内，有一定成功概率的目标提供资金。对于优先级更高的目标，对应的子投资组合应该投资于与通货膨胀挂钩、期限较长的政府债券。而对于优先级更低的目标，对应的子投资组合应该投资于全球性股票基金，从而获得更高的预期收益。

27.3.2 风险管理策略

27.3.2.1 收入风险

失业的风险是无法避免的，也无法通过保单的使用进行保险。但如果满足以下两个特征，则无需增加保险的购买。甚至，在政策允许这种变化的情况下，家庭可减少保险金额和保费支出。
（1）家庭储蓄的金额足够并正在持续进行自我保险。
（2）家庭已经购买了对冲残疾风险的保险或人寿保险。

27.3.2.2 退休储蓄的建议

关于退休储蓄的建议，主要包括以下两点。
（1）家庭应继续以最高限额缴纳其私人养老金储蓄计划，从而获得相应的税收优惠。
（2）养老金投资组合应采用整体风险更低、更平衡的资产配置方式。

—考点要求—
推荐（recommend）一个家庭在财富快速积累期风险敞口的管理方法（★★）

—考点要求—
证实（justify）一个家庭在财富快速积累期风险敞口的管理方法（★★）

27.3.2.3 投资组合的建议

关于子女抚养和遗产问题，应该通过以下方式解决。

（1）家庭应定期增加投资组合的金额。随着时间的推移，这些额外的投资连同资本利得和再投资收益可令投资组合稳定增长。

（2）在不断增长的投资组合中，用于既定目的的资产，如子女的教育费、生活费用等，应该更多配置在通胀保值债券中。

（3）投资经理应撰写一份详细的投资策略说明（IPS），并对实际持有的资产进行进一步分析。定期审查投资组合配置，频率保持在至少一年一次。如果情况发生重大变化，则投资经理应立即对 IPS 进行调整。与此同时，退休计划还需要遗产税方面的专家协助。

27.4 退休前期

—考点要求—
识别（identify）一个家庭在退休前期的风险敞口（★★）

27.4.1 明确财务目标

在退休前期，家庭的财务目标更新如下：

（1）退休后生活舒适且安全，退休收入确定且保证退休收入的购买力。

（2）家庭可继续为子女提供资金支持。

（3）为子女留下遗产。

（4）在不久的将来，为子女购买房产。

（5）选择在另一个国家退休养老。

—考点要求—
分析（analyze）一个家庭在退休前期的风险敞口（★★）

27.4.2 退休资产与养老金提取

1. 退休资产的当前情况

（1）对于即将退休的家庭，夫妻双方不再需要人寿保险或伤残保险。

（2）家庭将很快开始提取国家养老金。

（3）关于雇主和私人养老金计划，家庭有以下选择：购买年金，为他们的余生提供源源不断的收入；按照意愿提取整笔资金；留存投资在退休计划上的资金。

2. 一次性提取养老金与年金的区别

一次性提款存在以下特征。

（1）家庭需要承担长寿风险。因为，无论家庭成员的寿命长短，收到的金额都是一样的。

（2）一次性提款可享受一些税收优惠，例如，如果一次性提取金额占总养老金计划价值的 25% 以内，可以免税。

（3）一次性提取的确定性更高，所产生的任何税费也将同时得以确定并支付。

年金存在以下特征。

（1）年金会在整个生命期间进行支付，通常配偶拥有收到剩余年金的权利。

（2）年金保证了一定数额的固定收入。

（3）为了管理通货膨胀风险，家庭应该考虑购买金额每年根据通货膨胀指数进行调整的年金。

（4）由于税收规则和税率在未来很可能变化，因此年金的税费无法准确预估。

（5）如果家庭未来移居他国，相关的规则也会变化。

（6）年金的获取具有不确定性，这是因为承担支付义务的主体可能会违约。

关于年金的详细论述，详见《私人财富风险管理》一章中的年金部分。

27.4.3 退休收入的建议

家庭的退休收入主要来自政府养老金、雇主的养老金和私人养老金。养老金的目标是为家庭提供常规的、通胀保值的收入。收入的来源分析有助于确定年金、一次性提取以及留存部分各自的金额。

通常情况下，家庭应优先提取政府养老金。如果政府养老金不足以应对退休开支，则从雇主养老金中以年金方式支取。剩余的雇主养老金和私人养老金，则可以提取到免税的额度，剩余部分作为留存。

27.4.4 退休前投资组合建议

在确定用养老金支付退休费用后，投资组合的主要目标如下所示。

（1）抚养子女，这往往是最重要的部分。

（2）留下遗产。

（3）为子女将来买房提供资金。

（4）利用投资组合的收益覆盖超出预期的额外费用。

投资经理对家庭的投资偏好和承担风险的意愿进行调查，具体内容包括以下几项。

（1）是否接受整体投资组合价值在任何一年下跌超过20%。

（2）是否倾向投资于易于变现的金融工具。

（3）是否需要对冲通货膨胀风险。

（4）是否希望投资于房地产基金。

根据当前情况，如果家庭的退休收入能满足目前的需要，则其承担风险的能力更高。然而，他们承担风险的意愿是有限的：家庭要求即使在市场崩盘的情况下，投资组合作为一个整体，在特定年份的损失也不能超过20%。另外，投资经理应指出房地产基金可以在一定程度上对冲通货膨胀的风险。

27.4.5 退休后投资组合建议

在考虑了家庭的财务状况、目标、风险承受能力和偏好后，投资经理利用基于资本市场预期、资产大类波动性假设，以及资产之间的相关性而建立的资产配置工具，对家庭的资产做出以下配置。

（1）将不足一半的资金配置于全球股票，这些股票构成了投资组合的高风险部分。

（2）将超过一半的资金配置于风险较低的资产，其中多数投资于与通胀挂钩的政府债券基金，少数投资于公司债券基金。

随着时间的流逝，投资组合需要逐渐转向与通胀挂钩的政府债券基金。与此同时，

—考点要求—
推荐（recommend）个人退休生活的风险管理方案（★★）

—考点要求—
证实（justify）个人退休生活的风险管理方案（★★）

考虑到资本利得税的影响，投资组合可能需要进行适当的资产再配置（reallocation）。另外，如果家庭允许投资于风险更高的资产，那么投资组合的预期收益将会更高。

私人财富管理的案例分析通常从一个家庭的角度出发，时间跨度很大，涵盖了初入职场期、事业发展期、财富快速积累期和退休前期，涉及家庭可能面临的各种独特而复杂的问题。投资经理需要具备提供财务建议的能力以及从风险角度进行深入分析的能力。同时，投资经理应掌握风险管理的策略，包括保险产品的选择、资产配置、税收优化、退休计划，以及遗产规划等。在实践中，一个金融专业人员不太可能具备所有上述能力。因此，私人财富管理成功的关键是投资经理应适时地借助相关领域专家的帮助，如律师和税务师等。

第 28 章
案例分析技巧——机构投资者的风险管理

知识引导

本章介绍了机构投资者中的养老基金、主权财富基金、捐赠基金和基金会对金融风险和非金融风险的管理。首先从金融风险管理的维度出发,介绍了机构投资者的长期风险考虑和全面风险管理,最后简要介绍了机构投资者面临的非金融风险的管理(包括环境风险和社会风险)。

考点聚焦

本章主要介绍了机构投资者的风险管理,考生应着重理解金融风险管理的 7 个维度以及机构投资者的全面风险管理,了解机构投资者对非金融风险中环境风险和社会风险的管理。

本章框架图

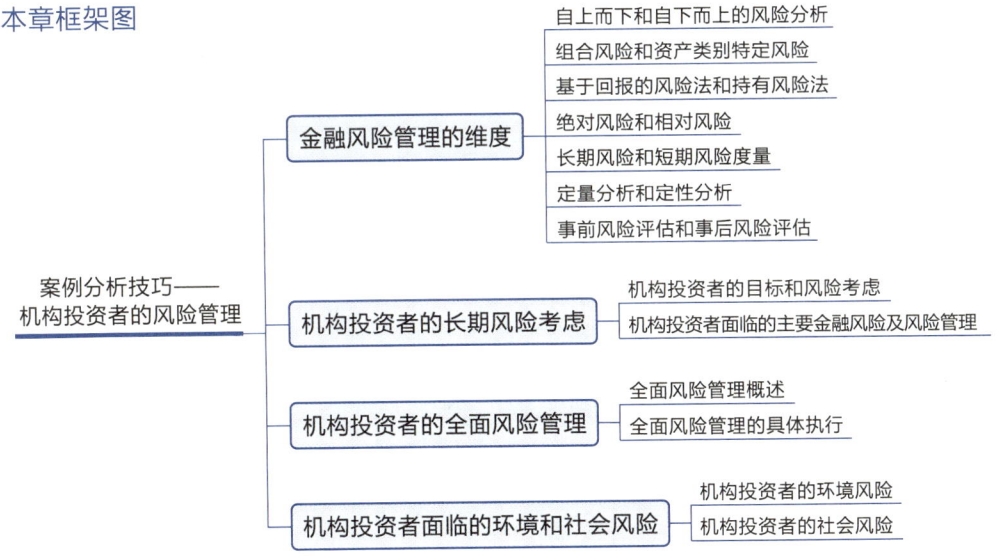

—考点要求—
分析（analyze）机构投资者投资组合策略中的金融风险和非金融风险暴露（★）

—考点要求—
评估（evaluate）机构投资者投资组合策略中的金融风险和非金融风险暴露（★）

机构投资者的概念在"机构投资者投资组合管理"已经介绍过，机构投资者主要包括养老基金（pension fund）、主权财富基金（sovereign wealth fund）、捐赠基金（endowment）、基金会（foundation）、银行和保险公司等，是一类用自有资金或公众资金进行有价证券投资的公司、信托或其他法律实体。

养老基金、主权财富基金、捐赠基金和基金会与银行、保险公司有着很大的区别，主要体现在它们的投资期限上，前者（养老基金、主权财富基金、捐赠基金和基金会）更关注另类资产上的投资，如投资在私募股权、房地产、自然资源、基础设施和对冲基金上等，因此能够承担更多的投资风险；而后者（银行、保险公司）受到的监管更为严厉，更关注资产-负债管理，因此投资在另类资产上的比例相对前者更低，投资经营相对更加保守。

本章讨论的机构投资者主要指养老基金、主权财富基金、捐赠基金和基金会。主要对该类机构投资者的传统投资和另类投资涉及的金融风险（如市场风险、流动性风险）展开介绍，另外，也对该类机构投资者面临的非金融风险，包括环境和社会风险做了简单的介绍。

在进行长期投资风险管理时，机构投资者应在直接投资或间接投资的基础上，分析投资项目的情况，结合自身的内部管理，综合考虑其面临的金融风险和非金融风险。

—考点要求—
讨论（discuss）与机构投资者的投资组合策略相关的金融风险（★★）

28.1 金融风险管理的维度

风险管理的目的是让公司更好地实现其长期目标。风险包括金融风险（financial risk）和非金融风险（non-financial risk），其中，金融风险主要包括市场风险、流动性风险、信用风险、操作风险等，非金融风险主要包括声誉风险、社会风险、环境风险等。

本章主要涉及机构投资者的金融风险管理，金融风险管理可以从 7 个维度来展开，包括自上而下和自下而上的风险分析、组合风险和资产类别特定风险、基于回报的风险法和持有风险法、绝对风险和相对风险、长期风险和短期风险度量、定量分析和定性分析以及事前风险评估和事后风险评估，但这 7 个维度的划分只为金融风险管理提供一种思路，并不是分析金融风险的唯一方法。

28.1.1 自上而下和自下而上的风险分析

风险可以采取自上而下（top-down）和自下而上（bottom-up）两种管理逻辑进行管理。其中，自上而下的逻辑是从董事会和首席投资官出发，由公司高层制定公司层面的总体风险管理策略，指导投资团队进行具体的风险管理工作，包括风险计量、监控和报告等。自下而上的逻辑是从公司的实际业务入手，风险管理通常是由投资团队发起，管理投资组合或某一资产类别，评估和监控组合之间或资产类别之间的相互作用以及其对公司产生的总体影响。

28.1.2 组合风险和资产类别特定风险

虽然机构投资者的风险管理最终是进行组合风险管理（portfolio-level risk），控制机构的整体投资组合层面的风险,但仍要考虑资产类别特定风险(asset-class-specific risk),即也需要在资产类别和策略层面对资产的风险进行管理和控制,以使特定资产类别或策略不会对整体投资组合产生不利影响。

风险管理策略和风险度量方法等依据资产类别的不同而不同,并且,将不同资产类别的风险归集到组合层面时,因为不同类别资产的数据透明度、数据频率、风险管理方法等方面的不同,导致归集难度较大,并且资产组合的风险并不是资产类别特定风险的简单加总。因此,对于机构投资者来说,风险管理不仅要考虑组合层面的风险,还要考虑资产类别特定风险,机构投资者需要将两者结合起来,综合考虑公司的整体风险。

28.1.3　基于回报的风险法和持有风险法

基于回报(return based)的风险管理是指基于外部经理的资产回报数据或投资组合中资产的历史回报来进行风险估计,具体而言就是对投资组合的资产回报数据进行分析,通过回报数据的走势等特点,推断组合资产更接近于哪类资产,基于这类资产的风险特点来判断该组合的风险情况;基于持有(holdings based)的风险管理是指按照个人投资组合中资产的持仓情况和历史回报来对资产和组合的风险进行分析。

持有风险法需要掌握组合中各个资产的持仓情况等信息,一般来说,它需要掌握的信息量要多于基于回报的风险法需要掌握的信息量,才能更好地进行后续的分析。但两种方法并不互相排斥,它们各有利弊。

(1)基于回报的风险管理易于实施,只需要知道资产的回报就可以对资产的各项风险展开分析,但因为其风险估计过于依赖资产的历史回报,所以估计的结果可能会产生偏差。

(2)基于持有的风险管理往往需要的信息量更多,成本较高、耗时较长。

28.1.4　绝对风险和相对风险

投资者应同时考虑绝对风险和相对风险,其中,绝对风险(absolute risk)涉及潜在的整体损失,通常依赖于对总体投资组合风险的度量,如标准差、条件在险价值(conditional value at risk)和最大回撤(maximum drawdown)等。相对风险(relative risk)涉及组合或资产相对于基准的表现差异,依赖的度量指标如跟踪误差(tracking error)等。

28.1.5　长期风险和短期风险度量

组合或资产的长期风险通常用概率来计量,如损失概率、维持购买力概率等,概率可以通过蒙特卡洛模拟等方法得出。

组合或资产的短期风险度量主要是机构投资者常用的风险管理系统计算出的组合或资产的收益波动、在险价值(value at risk,VaR)、条件在险价值等。

28.1.6　定量分析和定性分析

定量分析和定性分析的方法各有利弊,金融风险管理中,应将定量分析和定性分析结合起来使用。

定量分析的缺点在于其依赖历史数据，认为历史能够预测未来，认为数据能够说明一切；定性分析的缺陷在于其依赖风险管理者的过去经验，不同风险管理者对同一事件做出的风险判断有可能完全不同。定量分析和定性分析结合使用，能更好地对组合或资产的风险进行估计。

28.1.7 事前风险评估和事后风险评估

在金融风险管理中，事前风险评估和事后风险评估同等重要。

（1）事前风险评估（pre-investment risk assessment）是指机构投资者通常会在投资前投入大量精力进行事前的运营和投资尽职调查（due diligence）。分析被投资公司或基金公司过去的投资业绩，聘请外部经理来评估其关键决策者的性格、被投资公司或基金公司的商业道德、团队的投资经验、运营质量（包括财务能力、结算质量等）以及外部管理者的风险管理实践，在投资前充分了解被投资公司或项目。

（2）事后风险评估（post-investment risk assessment）是指在投资之后，机构投资者运用量化等手段，对投资的阶段性结果做出分析，并进行持续的风险管理，同时在项目的运行期间，内部风险管理团队也会持续进行尽职调查和风险监控。

28.2 机构投资者的长期风险考虑

由于债务期限较长，机构投资者具有专注于长期投资的特性，对流动性的要求不高，因此，能够承担其他投资者无法承担的投资风险。机构投资者广泛投资于期限较长的另类资产，包括私募股权、私有不动产、基础设施、对冲基金等。

机构投资者面临的风险主要包括市场风险和流动性风险等。其中，流动性风险主要由组合中配置的大部分非流动性资产造成，如果不对其加以管理，会影响机构投资者实现长期目标的能力，甚至给其带来生存威胁。

28.2.1 机构投资者的目标和风险考虑

机构投资者在投资时，应考虑不同资产的特点：

（1）低风险资产。低风险资产主要包括固定收益类投资，其造成机构投资者短期支付问题的可能性非常低，但由于发债公司遇到财务危机或面临破产，导致面值或本金的偿还出现问题，可能会给机构投资者带来长期的支付问题。

（2）高风险资产或非流动性资产长期看来能够提供较高的收入，但是短期来看，极易受市场大幅下滑或金融危机的影响。而机构投资者由于具有较低的流动性需求，其更偏好进行长期投资。投资组合中高风险资产或非流动资产所占比率较大，包括私募股权、房地产和基础设施等，很可能会导致机构投资者面临短期较大的损失。

机构投资者的目标及其最终的支付需求，决定了其主要考虑的风险：

①养老基金的主要目标是为养老计划参与者提供退休收入，因此其考虑的风险主要是无力支付养老基金受益人养老金。

②主权财富基金的主要目标是为政府提供未来的财务支持，因此其考虑的风险主要是无法向政府提供财务支持。

③捐赠基金和基金会的主要目标是在保持代际公平（intergenerational equity）的同时，为外部组织或社会提供永久性的财务支持，因此其考虑的风险主要是无力提供这些财务支持。

28.2.2 机构投资者面临的主要金融风险及风险管理

—考点要求—

讨论（discuss）机构投资者长期直接投资所涉风险的各种管理方法（★）

机构投资者可以用蒙特卡洛模拟来估计其长期风险，在蒙特卡洛模拟的运用中，潜在的市场损失和流动性风险的相互作用很容易被忽略。

市场风险和流动性风险之间是有一定关系的，当市场损失到达一定程度时，势必会对机构投资者的资产变现和融资带来一定的影响，造成流动性风险；流动性风险的出现也可能会加剧机构投资者面临的市场风险。

1. 市场风险

养老基金、主权财富基金、捐赠基金和基金会对流动性要求不高的特性，使得其能够承担比其他投资者更多的市场风险和流动性风险，但随着私募股权、私有不动产和基础设施等非流动性资产类别的投资比例增大，机构投资者承受市场损失的能力可能会下降。

2. 流动性风险

金融危机期间，机构投资者对流动性需求（资金流出的需求）会增大，原因包括：

（1）受益人需要额外的财务支持。例如，对于大学捐赠基金而言，在金融危机时，学校因为其他收入降低，需要得到大学捐赠基金更多的财务支持来维持其正常的运营。

（2）当更好的投资机会出现或监管出台了新的要求，对机构投资者的资本金要求会加速增大。

（3）由于市场震荡加剧，资金的再平衡变得尤其重要，此时对机构投资者的现金流要求也会增大。

金融危机期间，机构投资者的流动性来源会受到很大的影响，更严重时可能会出现流动性枯竭，原因包括：

（1）机构投资者的资金流入降低。例如，大学捐赠基金的捐赠人可能遇到财务问题，减少了对该基金的捐赠，造成大学捐赠基金的资金流入降低。

（2）金融危机时，非流动性资产的价格和盈利性降低，机构投资者投资在非流动性资产中的收益降低，并且将非流动性资产变现的资金也会相应降低，造成机构投资者的流动性来源枯竭。

（3）资产的流动性受金融危机影响，正常情况下，流动性没有问题的资产，可能会因为金融危机流动性变得很差，不能及时变现，导致机构投资者资金流入降低。

机构投资者以长期投资为主，即投资组合主要包含非流动性资产，非流动性资产可能在危机时无法满足机构投资者的流动性需求，所以，对于机构投资者来说，如何管理流动性风险以防止出现流动性枯竭至关重要。

3. 非流动性资产的投资方式

机构投资者对非流动性资产的投资有直接投资和间接投资两种方式。近几年，大型的机构投资者，尤其是养老基金和主权财富基金更倾向于选择直接投资非流动性资产，而不是作为有限合伙人（Limited Partner，LP）投资基金公司，再通过基金公司间接投资于非流动性资产。直接投资相对于间接投资的优缺点如表 28.1 所示。

表 28.1 直接投资非流动性资产的优缺点

优缺点	具体内容
优点	①机构投资者不用支付给基金公司高额的资金管理费等费用，并且解决了基金中有限合伙人和普通合伙人之间的委托代理问题。 ②直接投资没有资金投入承诺的要求。 ③直接投资时，机构投资者可以自行决定退出非流动性资产投资的时间，即投资的时间长度更为灵活
缺点	①直接投资下，机构投资者需要建立一个内部团队，进行非流动资产投资的管理，对于内部团队的管理成本要求非常高，对公司的内部治理也提出了很高的要求，因此跨地域和跨行业多样化的投资会更加困难。 ②间接投资下，机构投资者作为有限合伙人，承担有限的风险；直接投资下，机构投资者作为普通合伙人，需要承担更多的风险

4. 非流动性资产的风险

非流动性资产包括私募股权、房地产和基础设施投资等，能够提供比公开发行股票和固定收益产品更高的收益。但因其投资期限较长，现金流具有不确定性，对其进行风险管理的难度较高。

非流动性资产的风险包括：

（1）投资非流动性资产，必须要进行充分的流动性管理，以备现金流的不时之需。

（2）非流动性资产因其自身期限较长的特点，其价格往往基于资产的历史定价或运用评估方法得出，对公开市场波动往往有滞后反应。因此，非流动性资产的回报往往存在收益平滑现象，即表现出较为平稳的特性，很难反应其真实的回报波动。

（3）非流动性资产的再平衡难度较大、成本较高。例如，将私募股权在市场上以公允价格及时变现较为困难，且变现成本可能会很高。

机构投资者投资非流动性资产会存在收益平滑，解决该问题的方法有两个：

（1）用公开市场指标对非流动性资产进行计量，如将私募股权用公开交易的小盘股股票来计量。

（2）对非流动性资产的平滑收益进行调整，包括运用 Geltner（1993）、Okunev and white（2003）、GLM 等方法来对非流动性资产的收益进行调整，降低平滑效应。

5. 管理流动性风险

机构投资者管理流动性风险的步骤如下：

第一步：设立流动性风险参数。

机构投资者通常会制定流动性指导方针（liquidity guidelines），规定每日或每月需要多少的流动性资产配置。该流动性指导方针必须考虑已投资本和未缴资本（uncalled commitments）。

第二步：评估当前投资组合的流动性，以及该流动性随时间的流逝变化的情况。

评估当前组合的流动性，根据各类资产的特性，判断在不同时间段内资产的可变现金额，如组合中一天、一个月、一个季度的可变现资产及其占比，以及随时间推移，该结果的变动情况，并将测量的这些流动性参数和流动性指导方针中的参数进行对比。

第三步：建立现金流模型并预测未来的现金流。

机构投资者的现金流流入包括捐赠基金收到的捐赠、养老金计划的养老金供款等，现金流流出包括对外捐赠、退休金福利支付、基金会支出等。机构投资者通过搭建现金流模型，对现金流流入和流出进行估计，预测未来的现金流，做好流动性管理。

第四步：流动性压力测试和现金流预测。

标准的现金流模型和现金流预测，都是基于正常的生产经营下进行的，但为了应对市场未来可能发生的大幅波动或出现经济危机，现金流预测和流动性压力测试就显得尤为重要。

第五步：制定紧急计划。

机构投资者应制定紧急行动计划（emergency action plan），避免在危机时由于恐慌带来的风险。紧急行动计划的内容包括危机中应清算的资产、清算的顺序、偿债的先后顺序、再平衡投资组合的规定等。

28.3 机构投资者的全面风险管理

28.3.1 全面风险管理概述

―考点要求―
评估（evaluate）全面风险管理的优缺点，并提出改进建议（★★）

全面风险管理（Enterprise Risk Management，ERM）是一个相对较新的概念，是指从公司整体的角度出发，进行一个综合的（comprehensive）、一体化（integrated）的风险管理过程，但不是简单的跨风险类型和跨业务的风险整合。

> **知识一点通**
>
> 传统的风险管理面临的一个挑战是：在许多公司，业务部门采用独立方式管理风险，每个部门独立管理自己的风险敞口，而不考虑其他部门的风险敞口，这样有可能会使公司对某个风险重复管理，增加了风险管理成本，降低了风险管理的效率。

与传统的风险管理相比，全面风险管理的优点在于，跨业务条线、职能部门和风险类型进行风险管理，关注风险的多样化和集中化，能更好地解决公司面临的单一问题，还能考虑不同风险之间的相互依存关系。但缺点是全面风险管理的实施成本较高，前期的准备时间较长，需要管理层长期的支持。

28.3.2 全面风险管理的具体执行

全面风险管理的具体执行逻辑是：首先，董事会和高级管理层制定风险管理目标和策略。其次，设定与风险管理目标和策略匹配的风险容忍度（risk tolerance）。风险容忍度是指投资者为了最大化预期收益而愿意并能够承担的风险，风险容忍度也是董事会做出重要投资决策即战略资产配置的依据。再次，做好风险预算，评估风险敞口。最后，根据风险容忍度制定具体的风险管理政策，对风险进行管理。

机构投资者的管理层应通过识别（identify）、计量（measure）、监控（monitor）风险，确保公司实际承担的风险和公司的最高策略保持一致，并向各利益相关方报告

(report）公司面临的风险情况以及做出的风险决策，当机构承担的风险敞口与风险承受能力或策略不一致时，要运用对冲、再平衡或退出投资等方法，使其达到一致。

除了设定总体的风险容忍度，包括市场损失容忍度之外，机构投资者还可以设置流动性风险参数、信用风险参数、杠杆使用限制、固定收益类产品投资限制等，从总体风险的层面确保机构投资者的投资活动与董事会的风险期望和监管要求保持一致。

机构投资者可以通过内部团队或依靠外部管理人员实行各种资产类别的投资，并控制整体的投资使其达到战略资产配置（strategic asset allocation，SAA）水平。投资的目标并不是减少或消除风险，而是衡量各种风险因素和风险敞口，以确保投资能够充分补偿机构所承担的成本和风险。

对于公开发行股票的投资，机构投资者要确保其能够获取合理的超额回报。对于私募股权投资，机构投资者关注的是投资回报是否足以补偿其放弃流动性的损失，在对私募股权投资进行监控时，容易忽视：（1）汇率风险，汇率风险尤其是在跨国投资新兴市场和前沿市场时显得非常重要；（2）投资组合再平衡，投资组合应定期进行再平衡，使组合与战略资产配置水平保持一致。

28.4 机构投资者面临的环境和社会风险

—考点要求—
讨论（discuss）与机构投资者的投资组合策略相关的环境和社会风险（★）

现代的公司治理都在强调可持续发展，可持续发展是指在不损害后代人利益的基础上，满足当代人的需要。可持续发展包括经济、社会和环境等方面，这些方面不能单一来看，它们之间都是互相关联的。

在向可持续发展的经济、社会和环境的转型中，可能会出现很多的挑战，如：为了保护环境，限制污染而造成的能源使用费用提高；由于可持续生产而造成的商品费用的增加，可能对贫穷家庭产生不利影响等等。因此，公平、平稳的转型是十分必要的，机构投资者应确保在追求积极的环境、社会影响的过程中，极大限度地减少负面社会影响。

机构投资者，尤其是主权财富基金和养老基金，通常拥有高度多元化、着眼于长期的大型投资组合，这种投资组合通常有全球化投资的特点。这些大型投资组合对外部环境和社会的影响程度较大，具有很显著的外部性。所谓的外部性是指个人或公司的活动对第三方的影响。如果个人或公司仅考虑自身的利益最大化，就可能给外部环境或社会带来负面的影响，如环境污染、噪声污染等。

一家机构投资者的经营活动外部性是负面的，就意味着它的经营活动影响了其他个人或公司的盈利。例如，一家养老基金投资了一家制药厂，该制药厂为节约成本，直接排放生产中产生的废气、废水和废渣，该行为造成周边其他个人或公司的成本上升，如个人的医疗费用、公司的净水排污费用等，对整个社会的总体投资组合的回报产生了负面影响。在这种情况下，监管部门的介入和机构投资者自身对外部性的重视就显得十分必要。监管部门可以通过税收、罚款来约束机构投资者的负面外部性行为，机构投资者也应该认识到修复环境破坏的成本往往要高于防止环境破坏的成本，其负面的外部性投资会对社会和子孙后代产生负面影响，机构投资者应避免这种短视的行为，将应对这种负面外部性的成本包含在产品定价中。

综上所述，机构投资者在制定投资组合策略时，也应考虑其面临的环境和社会问题。

其中，环境问题除了应考虑环境污染和环境破坏，还应考虑天气、气候等因素对投资组合的影响。

28.4.1 机构投资者的环境风险

1. 环境问题带来的不利因素

从21世纪初，全球变暖、水灾、干旱、高温、飓风等极端事件发生的频率持续上升，天气、气候等的变化已经深刻地影响着我们的生活。

对于主权财富基金、养老基金等机构投资者来说，气候变化及其带来的相关风险很有可能对其长期投资组合（如房地产、基础设施等）的价值造成重大损害。例如，全球变暖、高温导致的海平面上升会影响到沿海房产的价格；飓风和火灾会给公司的生产经营带来巨大的损失。由于气候环境灾害以一种破坏性更大、更频繁的方式出现，它们会导致实物资产的大幅减值。机构投资者希望资产能够为几代人提供可持续的收益，因此必须将气候环境的风险考虑到投资组合的构建策略中。

目前，世界各国和各机构已经在努力地大幅减少二氧化碳的排放，来限制全球气温的上升。我国提倡的绿色出行、低碳节能等措施也是为了应对全球变暖、环境污染等问题。机构投资者在投资组合管理中，也应充分考虑环境因素，将气候环境带来的风险充分考虑在产品的定价中。

2. 环境问题带来的机会

大多数的机构投资者应对气候环境变化风险的策略是管理实物资产和转移风险，但随着社会的发展和科技的进步，出现了一些缓解和适应环境问题的新技术，如太阳能、风力、核能发电取代传统的煤炭发电，这些技术不仅在成本上具有一定优势，在环境保护方面的优势更加明显。这些新能源、新技术的出现，创造了长期投资的机会，为机构投资者提供了新的投资方向。

环境问题给机构投资者带来了新的机会，抓住这个机会进行发展的投资者有以下两类：

（1）致力于缓解环境气候问题（climate mitigation）的公司，可以直接或间接从旨在遏制、缓解全球气候变化的影响或提高资源使用效率的工作中受益。例如：从事清洁能源（风能、太阳能）、节能产业（节能交通、回收技术）、锂电池等材料相关的公司。

（2）致力于适应环境气候变化（climate adaptation）的公司，降低公司自身受环境气候变化影响所产生的脆弱性。例如：提高农业生产率的公司、废水处理和再利用公司等。

28.4.2 机构投资者的社会风险

1. 社会问题的定性分析

环境问题包括气候变化和大气污染等，属于已经较为成熟的研究领域，比较容易纳入目前的现金流模型中。但社会问题，包括社区关系、职业发展和安全、隐私和数据安全、人力资源管理政策等，相对来说很难量化到现金流模型中，这些社会问题往往采用的是定性描述的方式。社会问题的出现容易给投资者带来声誉问题和财务危机。

对于大型机构投资者来说，他们的投资产生的社会影响有可能是正面的，也有可能是负面的。例如，某一养老基金公司在贫困地区修建发电厂，同时，也进行了修路架桥等一系列的基础设施建设，正面的影响是给当地居民带来了工作机会，促进了该地区的经济发展；但负面的影响包括强制当地居民搬迁和不适当的社区重建，导致了当地居民的不满及抗议，最终导致项目无法顺利实施等。因此，机构投资者在投资前就应该充分考虑社会问题，考虑项目涉及的所有利益相关者的利益以及已有的或潜在的利益冲突，并针对这些问题提出具体的解决或应急方案，以确保项目的顺利进行。

2. 社会问题中的劳工问题

随着社会的发展，不仅投资呈现全球化趋势，在劳动力雇佣方面，很多关于制造和装配的劳动密集型产业已经外包给发展中国家或经济不发达地区的公司，尽管廉价的劳动力为公司带来了更多的利润，但这些公司也面临着因劳动力成本上升带来的加工产地变换、因违法雇佣劳工带来的法律问题等风险。

对于一些投资于大型服装品牌和科技公司的主权财富基金，在进行投资的同时也应考虑所投资公司的劳工问题，因为劳动管理失误可能会严重影响公司的正常运营，产生财务等风险。此外，也可能出现因剥削劳工造成的消费者抵制带来的声誉风险和因相关的法律法规变动带来的法律风险或政治风险。

第 11 部分

伦理与职业标准

科目导学

考情分析

"伦理与职业标准"是 CFA®所有科目中最具特色的一门科目,因为它是唯一会在三个级别的考试中重复考查的科目。在 CFA®三级考试中,该科目可以分为道德和职业行为准则、资产管理者规范(AMC),以及全球投资业绩标准(GIPS)三大部分。

本部分共有 5 个章节,第 29 到 31 章主要介绍 CFA®职业行为准则的内容、职业行为准则的重要性,以及职业行为准则的应用,与 CFA®一级和 CFA®二级内容存在部分重复。第 32 章介绍资产管理者规范(AMC),是 CFA®三级独有的内容,但与 CFA®职业行为准则联系紧密,学习压力小。第 33 章介绍 GIPS,该部分在 CFA®一级中简单提及过,在 CFA®三级中会进行更加深入的介绍。

该科目在 CFA®三级考试中的分值占比为 10%~15%,大概率会在第二场考试中考查两个案例分析题,CFA®职业行为准则与资产管理者规范为一个案例,GIPS 为一个案例,题型以选择题为主。本部分的考查形式相对固定,每个案例包含多个工作情景,要求考生判断案例中的行为是否违反 CFA®职业行为准则、资产管理者规范以及 GIPS,或要求考生给出避免违反上述准则的建议。

本部分框架图

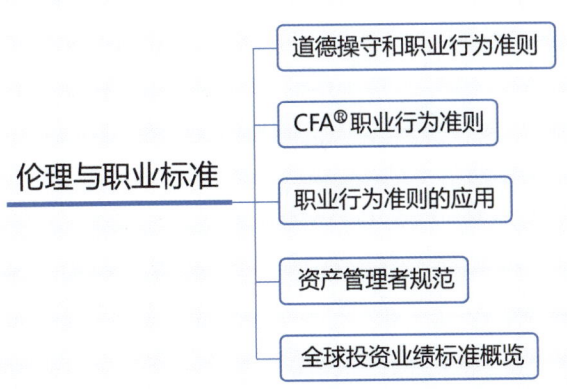

第29章 道德操守和职业行为准则

章节导学

知识引导

本章主要介绍CFA®职业行为项目的组织结构、CFA®职业行为准则的执行以及CFA®道德操守和职业行为准则的内容。

考点聚焦

本章不是重点考查章节，题量不多，考点比较集中。考生需要重点掌握CFA®协会职业行为调查的5种方式、3种调查（处分）结果、陪审团概念以及CFA®道德操守的6条具体内容。

本章框架图

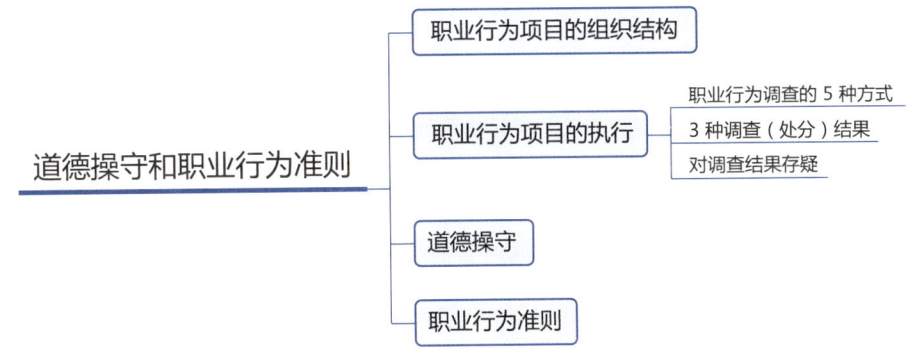

29.1 职业行为项目的组织结构

—考点要求—
描述（describe）CFA®职业行为项目的组织结构（★）

职业行为项目（Professional Conduct Program，PCP）的组织结构可见表29.1。

表 29.1 职业行为项目的组织结构

成员	职责
CFA®协会治理委员会 （the CFA® Institute Board of Governors）	• 监督职业行为项目（PCP）的施行。 • 对职业行为项目负责
纪律审查委员会 （the Disciplinary Review Committee）	• 执行道德操守和行为准则
职业行为调查工作人员 （Professional Conduct Staff）	• 根据 CFA® 协会官员（CFA® Institute designated officer）的命令进行职业行为调查

29.2 职业行为项目的执行

—考点要求—
描述（describe）CFA®职业行为项目的执行过程（★）

29.2.1 职业行为调查的 5 种方式

29.2.1.1 自我披露（Self Disclosure）

CFA®考生和会员的自我披露是职业行为调查的来源之一，会员必须在每年的职业行为声明（Professional Conduct Statement，PCS）中完成所有关于他们职业行为的调查。

> **知识一点通**
>
> CFA®考生和会员的自我披露如果涉嫌违反 CFA®职业行为准则，将会面临 CFA®协会职业行为调查。

> **备考小贴士**
>
> 在考试中，要特别注意 PCS 的披露内容。会员一旦接受过职业行为的相关调查，无论调查结果如何，都必须在职业行为报告中披露。比如，某 CFA®会员曾经被举报涉嫌内幕交易，但调查后被证实该举报内容纯属子虚乌有，该会员仍然需要在 PCS 中披露该事件。

29.2.1.2 书面投诉（Written Complaints）

他人可向 CFA®协会提交关于 CFA®考生或会员或持证人的书面投诉，一旦收到投诉，CFA®协会将对被投诉者展开调查。

> **知识一点通**
>
> 原则上任何人都可以向 CFA®协会投诉考生或会员或持证人。考生需要注意，任何人都可以投诉，而不仅仅是客户、同事或雇主。

29.2.1.3 可疑行为的迹象（Evidence of Questionable Conduct）

如果 CFA® 协会职业行为调查人员从媒体、监管机构或其他公共渠道发现考生或会员或持证人的可疑行为的迹象，随即将对其展开职业行为调查。

29.2.1.4 违反考试规定的报告（Violation Report）

考生在参加 CFA® 考试时，必须遵守考试相关规定，如"考生守则"。如果违反这些规定，考官会提交违反报告，考生事后会接受相应调查。

> **知识一点通**
>
> CFA® 考试相当严格，建议考生在考前阅读"考生守则"，避免违反相关考试规定。特别需要注意的考试规定包括：
> （1）按时入场；
> （2）不能带进考场的物品包括手机、钱包、有储存功能的手表、食品、饮料和草稿纸；
> （3）必须或可以带入考场的物件包括准考证、护照、笔和橡皮擦、规定的计算器和药品；
> （4）不要提前擅自打开试卷或答卷；
> （5）考试时间结束，必须立即停止答卷；
> （6）绝对不能作弊。

> **备考小贴士**
>
> 考题可能以考场为场景，描述某考生的某些行为，如作弊或者提前擅自打开试卷等，要求判断这些行为违反了哪条 CFA® 准则或细则。注意，这些行为违反了 CFA® 职业行为准则Ⅶ（A）"CFA® 协会各项目参与者的行为"（第 30 章会详细说明该细则）。

29.2.1.5 对考试分数和考试材料的分析（Analysis of Scores and Exam Materials）

CFA® 协会通过对考生分数和考试材料的分析以及考后对社交媒体的监控等手段，调查是否存在考生作弊或泄露考试信息的行为。

> **知识一点通**
>
> 考生不能泄露任何与考试内容有关的信息。无论是表述具体的知识点、公式、图表或题目被考到了还是没有被考到，都违反了 CFA® 职业行为准则。但是，在没有泄露考试内容的情况下，考生表达关于考试的一些看法（比如，某考生说"CFA® 考试好难"），并没有违反 CFA® 职业行为准则。

> **备考小贴士**
>
> 如果泄露考试信息，考生或会员违反了 CFA® 职业行为准则Ⅶ（A）"CFA® 协会各项目参与者的行为"（第 30 章会详细说明该细则）。

29.2.2　3 种调查（处分）结果

职业行为调查会产生的 3 种调查结果见表 29.2。

表 29.2　3 种职业行为调查结果

调查结果	解析
无纪律处分 （no disciplinary sanction）	• 意味着没有违反任何 CFA® 职业行为准则
警告信 （issue a cautionary letter）	• 该警告信是非公开的，一般适用于不太严重的违反职业行为准则行为
纪律处分 （a disciplinary sanction）	• 适用于较严重的违反职业行为准则行为，具体处分包括： 　◦ 公开谴责（public censure）； 　◦ 暂停会员资格或使用 CFA® 名衔资格（suspension of membership and use of the CFA® designation）； 　◦ 收回 CFA® 证书（revocation of the CFA® charter）； 　◦ 暂停参加 CFA® 考试资格（suspension from further participation in the CFA® Program）

> **备考小贴士**
>
> 记住这 3 种调查结果以及 4 个关键词 "cautionary" "censure" "suspension" "revocation"。考试中，对此的主要考查方式是辨别调查结果。

29.2.3　对调查结果存疑

如果会员或者考生不认同指控和惩罚措施，可以向 CFA® 协会申诉（appeal）。CFA® 协会接受申诉后，将成立陪审团（hearing panel）。关于陪审团，主要有以下几点需要掌握。

（1）陪审团通常由纪律审查委员会成员组成。
（2）陪审团对职业行为调查人员和被调查的考生或会员提交的材料和陈述进行审查。
（3）陪审团的目的是确定是否发生了违背道德操守或者职业行为准则的事情。
（4）陪审团的决议是最终的（final）决定。

> **知识一点通**
>
> 被调查的考生或会员必须接受陪审团的裁定。比如，某 CFA® 考生因为作弊被终身禁止参加 CFA® 考试，他不认同此处分，向 CFA® 协会申诉后，陪审团裁定维持原处分。这意味着他必须接受该处分。

> **备考小贴士**
>
> 此处的主要考点是陪审团概念，需要记住"hearing panel"以及"hearing panel's conclusion is final"。

29.3 道德操守

CFA®道德操守（Code of Ethics）的6个组成部分如下。

—考点要求—
解释（explain）道德操守的6个组成部分（★★）

（1）Act with integrity, competence, diligence, and respect and in an ethical manner with the public, clients, prospective clients, employers, employees, colleagues in the investment profession, and other participants in the global capital markets.

坚持正直、胜任、勤勉、尊敬的做事原则，以合乎职业道德的方式对待公众、客户、潜在客户、雇主、雇员、同事以及其他全球资本市场的参与者。

（2）Place the integrity of the investment profession and the interests of clients above their own personal interests.

将投资行业的诚信和客户利益置于个人利益之上。

（3）Use reasonable care and exercise independent professional judgment when conducting investment analysis, making investment recommendations, taking investment actions, and engaging in other professional activities.

进行投资分析、提供投资建议、参与投资或其他专业活动时，应保持合理的谨慎，做出独立的专业判断。

（4）Practice and encourage others to practice in a professional and ethical manner that will reflect credit on themselves and the profession.

遵循并鼓励其他人履行职业道德操守，彰显其自身和行业的信誉。

（5）Promote the integrity and viability of the global capital markets for the ultimate benefit of society.

提升全球资本市场诚信和活力，实现社会最终利益。

（6）Maintain and improve their professional competence and strive to maintain, and improve the competence of other investment professionals.

保持并提高专业胜任能力，努力保持和提高其他投资行业专业人士的胜任能力。

> **备考小贴士**
>
> 考生应熟悉CFA®道德操守的6个组成部分的内容。常见的考查方式是让考生辨别关于道德操守的描述是否正确。比如，"CFA®考生和会员可以忽视其他同行的不道德行为（unprofessional conduct）"就是错误的描述。

29.4 职业行为准则

—考点要求—
解释（explain）7大职业行为准则，包括每个准则下的细则（★★）

7大职业行为准则总结如表29.3所示，每条准则的细则内容将在第30章阐述。

表 29.3 7大职业行为准则

准则	细则
Ⅰ．职业操守（Professionalism）	（A）法律知识（Knowledge of the Law）； （B）独立性和客观性（Independence and Objectivity）； （C）曲解（Misrepresentation）； （D）渎职（Misconduct）
Ⅱ．资本市场信誉（Integrity of Capital Markets）	（A）重大非公开信息（Material Nonpublic Information）； （B）操纵市场（Market Manipulation）
Ⅲ．对客户的责任（Duties to Clients）	（A）忠诚、审慎和谨慎（Loyalty, Prudence, and Care）； （B）公平对待（Fair Dealing）； （C）适当性（Suitability）； （D）表现介绍（Performance Presentation）； （E）保密（Preservation of Confidentiality）
Ⅳ．对雇主的责任（Duties to Employers）	（A）忠诚（Loyalty）； （B）其他报酬安排（Additional Compensation Arrangements）； （C）作为上司的责任（Responsibilities of Supervisors）
Ⅴ．投资分析、建议和行动（Investment Analysis, Recommendations and Actions）	（A）尽职和合理原则（Diligence and Reasonable Basis）； （B）与客户和潜在客户沟通（Communication with Clients and Prospective Clients）； （C）保留记录（Record Retention）
Ⅵ．利益冲突（Conflicts of Interest）	（A）冲突披露（Disclosure of Conflicts）； （B）交易优先权（Priority of Transactions）； （C）介绍费（Referral Fees）
Ⅶ．CFA®会员或CFA®考生的责任（Responsibilities as a CFA® Institute Member or CFA® Candidate）	（A）CFA®协会各项目参与者的行为（Conduct as Participants in CFA® Institute Programs）； （B）关于CFA®协会、CFA®名衔和CFA®课程（Reference to CFA® Institute, the CFA® Designation, and the CFA® Program）

练一练

29-1 Yuan, CFA®, is a fund manager at Golden Finance. Yuan is under investigation by the compliance department for the reason that an anonymous complaint reports Yuan's involvement in insider trading. According to the CFA® Institute Code of Ethics and Standards of Professional Conduct, which of the following statements is most likely accurate?

A. Yuan should disclose the complaint to CFA® Institute.

B. Yuan does not need to disclose the complaint if the investigation result is no disciplinary sanction.

C. Yuan should request a suspension of the use of the CFA® designation.

29-2 Yuan, CFA®, is an investment consultant at Golden Finance. Because of his violation of the Code and Standards, CFA® Institute concluded the inquiry with the suspension of Yuan's membership for one year. The hearing panel also came to the same conclusion. According to the CFA® Institute Professional Conduct Program, which of the following statements is most accurate?

A. Yuan has the opportunity to reject the proposed sanction.

B. Yuan can provide his non-violation evidence to another arbitration panel.

C. Yuan should accept the investigation result and not use the CFA® designation for a year.

29-3 Which of the following statements about the CFA® Institute Code of Ethics is most accurate? Members and candidates should:

A. act with diligence and competence and require other investment professionals to act in compliance with the CFA® Code of Ethics.

B. promote the viability and integrity of the financial market and prevent and penalize misconducts in the investment profession.

C. place the integrity of the investment profession and the clients' interests above their own interests.

29-4 Diligence and Reasonable Basis belongs to:

A. Standard I Professionalism.

B. Standard V Investment Analysis, Recommendations, and Actions.

C. Standard III Duties to Clients.

29-5 Which of the following is not a standard under Standard I Professionalism?

A. Performance Presentation.

B. Knowledge of the Law.

C. Misrepresentation.

29-6 Which of the following is a component of the Code of Ethics?

A. Members shall not knowingly participate or assist in any violation of such laws, rules, or regulations.

B. Members shall not engage in any professional conduct involving dishonesty, fraud, deceit, or misrepresentation or commit any act that reflects adversely on their honesty, trustworthiness, or professional competence.

C. Member should use reasonable care and exercise independent professional judgment when conducting investment analysis, making investment recommendations, taking investment actions, and engaging in other professional activities.

答案与解析

29-1 A

选项A，Yuan一旦接受过职业行为的相关调查，无论调查结果如何，都必须在职业行为声明中披露。

选项 B，Yuan 需要披露被调查的情况。

选项 C，Yuan 不需要主动提出暂停使用 CFA® 名衔。

29-2 C

选项 AC，陪审团的决议是最终的决定，被调查的考生或会员必须接受陪审团的裁定。

选项 B，其他陪审团决议是不被 CFA® 协会认可的。

29-3 C

选项 A，CFA® 道德操守之一为"履行并鼓励其他人履行职业道德操守，彰显其自身和行业的信誉"，只是鼓励，不是要求。

选项 B，CFA® 道德操守之一为"提升全球资本市场诚信和发展，最终造福社会"，没有要求惩罚不合规的职业行为。

选项 C，"将投资行业的诚信和客户利益置于个人利益之上"属于 CFA® 道德操守。

29-4 B

选项 A，"尽职和合理原则"（Diligence and Reasonable Basis）不属于准则 I "职业操守"（Professionalism）。

选项 B，"尽职和合理原则"是准则 V "投资分析、建议和行动"（Investment Analysis, Recommendation, and Actions）下的细则。

选项 C，"尽职和合理原则"不属于准则 III "对客户的责任"（Duties to Clients）。

29-5 A

选项 A，"表现介绍"（Performance Presentation）是准则 III "对客户的责任"下的细则。

选项 B，"法律知识"（Knowledge of the Law）属于准则 I "职业操守"。

选项 C，"曲解"（Misrepresentation）属于准则 I "职业操守"。

29-6 C

选项 A 和 B 不属于 CFA® 道德操守。

选项 C，"会员在进行投资分析、提供投资建议、参与投资或其他专业活动时，应保持合理的谨慎，做出独立的专业判断"属于 CFA® 道德操守。

第 30 章
CFA® 职业行为准则

章节导学

知识引导

本章介绍和解释 7 大 CFA® 职业行为准则，每条准则包含若干细则，共 22 条细则。尽管每条细则会有其专门强调的领域，但细则之间会存在相关性。本章将会归纳和总结每个细则的考点及相关性，并通过案例分析帮助考生理解 CFA® 职业行为准则的运用。

考点聚焦

本章是重点考查章节，"伦理与职业标准"部分的多数题目出自本章。最常见的题型是案例分析题。例如，案例中描述某位 CFA® 会员或考生的职业行为，考生需判断主人公是否违反 CFA® 职业行为准则，违反哪些细则或者如何避免违反准则。

本章框架图

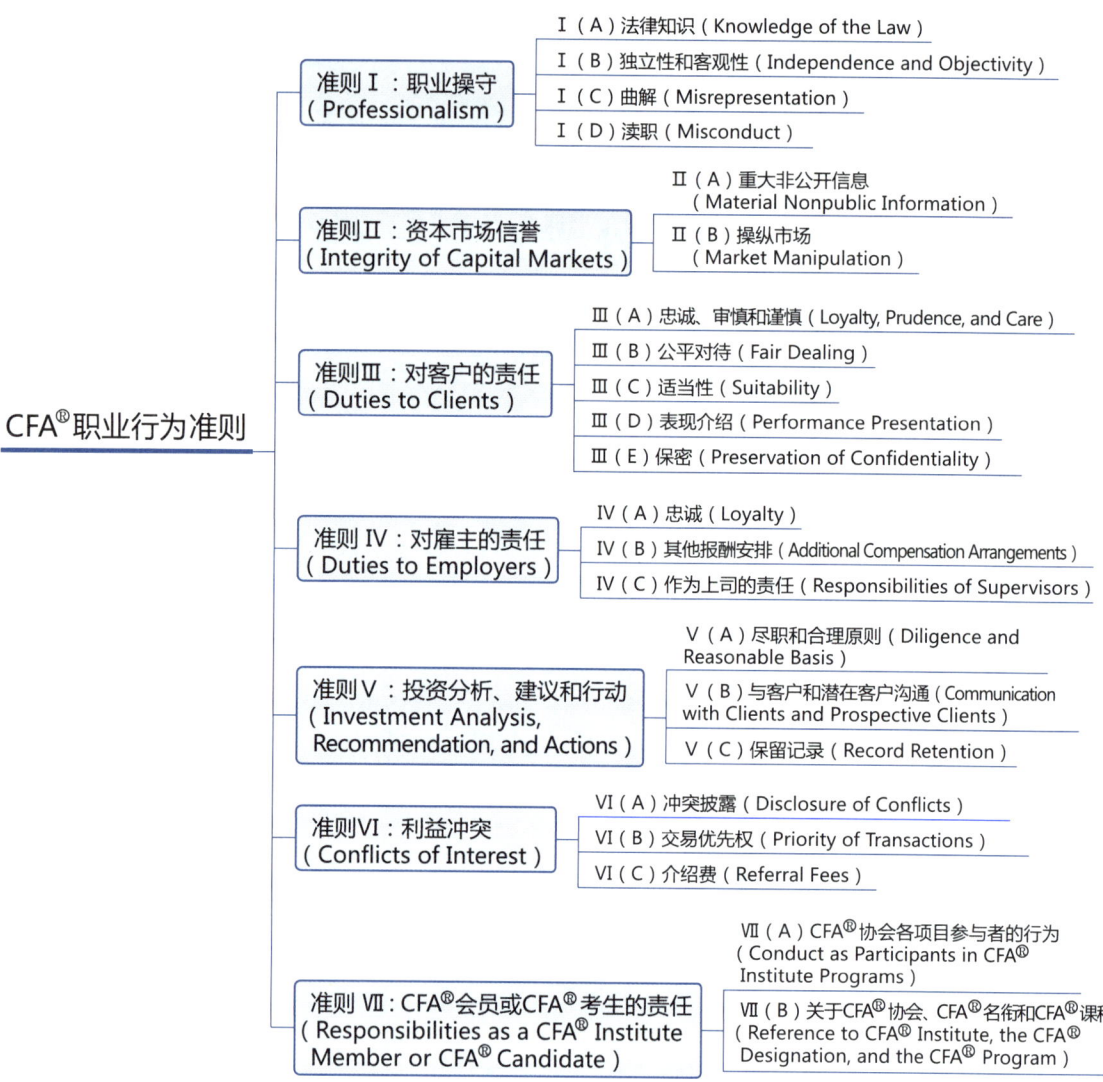

30.1 准则Ⅰ：职业操守（Professionalism）

30.1.1 Ⅰ（A）法律知识（Knowledge of the Law）

30.1.1.1 内容（Content）

（1）会员和考生必须理解并遵守任何一项政府、监管机构、执照颁发处和职业协会出台的管理其执业行为的法律、制度、监管条例以及 CFA®协会的道德操守和职业行为准则。

（2）当上述规定发生冲突的时候，会员和考生必须遵守更为严格的（more strict）法律、制度或监管条例（包含 CFA®协会的职业行为准则）。

（3）会员和考生禁止在知情的情况下违反或者协助他人违反法律、制度或监管条例的规定，并且必须脱离（dissociate）违反上述规定的行为。

—考点要求—
说明（demonstrate）在不同的情境下如何践行 7 大 CFA®职业行为准则和 22 条细则，保持诚实正直的职业形象（★★★）

> **知识一点通**
>
> 会员和考生不能违反任何约束自己职业行为的法律、规章制度以及 CFA®协会的道德操守和职业行为准则。如果这些规定彼此之间发生冲突，应选择遵守其中最严格的规定。如果发现客户或同事有违反行为，会员和考生不能与他们同流合污。

30.1.1.2 细则指引（Guidance）

本章每条细则的具体规定都以表格的形式呈现，考生须掌握每条细则的细分考点及易错点。"法律知识"细则考点指引如表 30.1 所示。

表 30.1 "法律知识"细则考点指引

细则指引分类	细分考点及易错点
了解法律	• 了解与职业相关的法律法规以及 CFA®职业行为准则
遵守法律	• 若公司所在地与客户所在国家之间的法律相冲突，遵循更为严格的法律。 • 将选出的更为严格的法律，再与 CFA®职业行为准则相比较，进一步选出最为严格的规定（详见表 30.2）
发现别人违反法律法规或 CFA®职业行为准则	• 向上级或者合规部门（compliance department）报告。 • 必须从违反法律和制度的行为中脱离（dissociate）。 • 最极端的情况下可能需要会员或考生辞职。 • 该细则并未要求向政府部门举报他人违反法律法规的行为。 • 该细则并未要求向 CFA®协会举报其他考生或会员违反 CFA®职业行为准则的行为
投资产品	• 了解产品发行地和销售地的法律法规。 • 核实销售金融产品的联营公司是否遵守相关法律法规
不需要成为法律专家	• CFA®协会并没有要求会员对所有相关法律一一精通，如有需要可以咨询法律专家，但如果出现违规现象不能以"自己不是法律专家"作为辩解理由

遵守法律情况如表 30.2 所示。

表 30.2　遵守法律情况

会员所在国家	公司所在地	客户所在地	应遵守的法律	会员应遵守
NS	LS	—	LS	道德和准则
NS/LS	MS	—	MS	MS
LS	NS	—	LS	道德和准则
MS	LS	—	MS	MS
LS	MS	—	MS	MS
MS（要求遵守公司所在地法律）	LS	—	LS	道德和准则
MS（要求遵守客户所在地法律）	LS	LS	LS	道德和准则
MS（要求遵守客户所在地法律）	LS	MS	MS	MS

注：表中"NS"表示该国家有没有相关法律法规；"LS"表示该国家有相关法律法规，且不如 CFA® 道德和准则严格；"MS"表示该国家有相关法律法规，且比 CFA® 道德和准则严格；"—"表示没有给出相关信息。

例题 30.1

Will 在 Golden Securities 的研究部门工作。他和他的同事 Ken 正在写一份针对玩具公司 Funny Toys 的研究报告。Will 发现 Ken 预测的 Funny Toys 未来 3 年的业绩过高且没有依据，并且 Ken 偷偷告诉 Will，Funny Toys 的总裁给他送了 1 年免费高尔夫球课程。根据 CFA® 职业行为准则的要求，CFA® 会员 Will 该如何处理这一发现？

名师解析

Will 的同事在撰写研究报告时，缺乏独立客观性，夸大目标公司的未来业绩预测，误导投资者。根据 CFA® 职业行为准则要求，Will 应该向上级主管或者合规部门汇报。如果主管或合规部没有适当地解决此问题，Will 应该拒绝在该研究报告上署名。

30.1.2　Ⅰ(B)独立性和客观性（Independence and Objectivity）

30.1.2.1　内容（Content）

（1）会员和考生在工作中必须保持独立性和客观性。

（2）会员和考生禁止给予、索取或接受任何可能会合理地被认为影响了自己或他人独立性和客观性的礼物、补贴、薪酬或奖金。

30.1.2.2　细则指引（Guidance）

"独立性和客观性"细则指引如表 30.3 所示。

表 30.3 "独立性和客观性"细则指引

准则指引分类	细分考点及易错点
买方客户 （buy-side clients）	• 买方客户（如投资经理）会从卖方公司（sell-side，例如，券商研究部门）购买证券研究报告。 • 当卖方研究员对买方投资经理所投资的证券给予"卖出"评级时，可能会导致投资经理投资业绩下滑，投资经理的薪酬也可能会减少。因此，投资经理可能会向研究员施压，使研究员将证券的评级更改为能提升业绩的评级。研究员必须顶住压力，保持独立性和客观性
基金管理者和托管人之间的关系 （fund manager and custodial relationship）	• 养老金（pension funds）或其他机构客户（institutional clients）的有关人员在选择基金管理人和托管人时应该保持独立性，不索要不接受礼物。 • 有关人员应谨慎地参加这些机构为推销自己而举办的各种宣传或讲座活动
业绩归因 （performance measurement and attribution）	• 负责投资业绩分析和归因的专业人员要独立做出判断
上市公司 （public companies）	• 上市公司通常不接受股票研究员的负面评级，一方面是因为公司的公众形象会受影响，另一方面是因为管理层所持有的股票会贬值。因此，上市公司可能会影响研究员的独立性，甚至报复给予其负面评级的研究员（例如，禁止其参加有关电话会议或管理层报告等重要活动）。但是，面对施压和报复，研究员不能妥协
投行业务关系 （investment banking relationships）	• 通常券商内部会设有投行部及研究部，由于证券发行企业可能是投行部的客户，当券商研究员对投行部承销的证券进行研究时，投行部相关人员可能会要求研究员对客户公司的证券给予正面评级： ◦ 研究员不能妥协。 ◦ 研究员的薪酬不能与投行部业务直接挂钩。 ◦ 研究员需要披露相关利益冲突。 ◦ 在投行部和研究部之间建立防火墙（firewall）
信用评级机构 （credit-rating agencies）	• 信用评级机构给出的债券评级会影响债券发行方的融资成本或债券发行价格，评级人员必须保证独立性和客观性
发行方付费研究报告 （issuer-paid research）	• 一些上市公司为了提升关注度，会花钱雇佣研究员写研究报告。这类发行方付费的研究报告并不是纯粹的独立报告，为了保持独立性和客观性，要求： ◦ 研究员披露利益冲突； ◦ 预先确定报酬，并对研究报告收取固定费用（flat fee）。尤其要注意，报酬不能和研究报告结果挂钩
差旅费用 （travel funding）	• 研究员去上市公司做尽职调查（due diligence），不能让上市公司支付差旅费用。建议： ◦ 最好的方式是自己或雇主公司支付差旅住宿费用。 ◦ 如果是缺乏公共交通的偏远地区，可以接受对方安排的普通的商务招待，但必须披露给雇主公司和购买研究报告的客户。如果题目出现"distant""remote""far away""not easily accessible""out of the way"等词汇，说明是偏远地区
礼物/利益的特例 （exception to gifts/benefits）	• 不能接受任何影响独立性的贵重礼物或招待安排，但以下特例： ◦ 可以接受被调研上市公司赠予的价值不高的礼物或一般性的商务招待，但必须披露。题目中如果出现"token items"或"customary ordinary business-related entertainment"，说明可以接受。注意，由于国家的经济发展水平和风俗习惯存在差异，CFA®协会并没有规定礼物价值和招待标准。但是，国家相关法律和公司规定可能会制定具体的标准。 ◦ 可以接受客户提供的礼物或好处，此类礼物或好处被看成其他报酬（additional compensation），需要向雇主披露。 • 总结：调研对象的贵重礼物不能收；客户的礼物可以收（看作客户对基金经理工作的奖励），但必须披露

例题 30.2

Yuan 是投资银行 Golden Finance 研究部的一名研究员，受邀去参访一家位于内蒙古偏远地区的上市矿产公司的采矿场地。上市公司主动提出支付 Yuan 的所有差旅费用，包括从上海到呼和浩特的机票以及从呼和浩特到采矿场的交通安排。当 Yuan 完成参访之后，上市公司为 Yuan 安排了呼伦贝尔精品游，并支付了所有旅行费用。请问 CFA® 会员 Yuan 的哪些行为是不恰当的？

名师解析

此案例涉及差旅安排和额外好处。身为研究员，Yuan 应该保持其研究的独立性和客观性，不受上市公司的影响。Yuan 只能接受偏远地区的差旅安排和一般性的商务招待或好处。呼和浩特并不偏远，Yuan 不应接受从上海到呼和浩特的机票。但是，Yuan 可以接受从呼和浩特到偏远采矿场的交通安排（但需要向雇主和客户披露）。同时，呼伦贝尔精品游已经超出了一般商务招待的范畴，Yuan 不能接受上市公司支付旅行费用。

30.1.3　I（C）曲解（Misrepresentation）

30.1.3.1　内容（Content）

会员和考生在投资分析、建议、行动或其他职业活动中禁止故意做出虚假的、具有误导性的或者部分信息遗漏的陈述。

30.1.3.2　细则指引（Guidance）

"曲解"细则指引如表 30.4 所示。

表 30.4　"曲解"细则指引

细则指引分类	细分考点及易错点
资历和服务 （qualifications and services）	• 禁止夸大自身或雇主公司的服务范畴。比如，某投资经理实际只擅长股票投资，但他告诉客户自己也擅长债券投资。注意，除非题目中有明确说明，通常情况下，若题目中出现与 "we can provide all the services that you need" 类似的表述，则违反了该细则。 • 不可以伪造自己的教育或职业背景、头衔和执业资格。比如，某 CFA® 会员的最高学历是硕士，但欺骗客户他有博士学位
业绩报告 （performance reporting）	• 准确（accurate）：不能扭曲历史业绩。 • 除非题目给出明确证据（比如，持有到期的零票息短期国债），一般禁止承诺风险投资产品的未来回报。 • 禁止用过去的业绩暗示未来也可以取得相似的业绩。 • 完整（complete）：报告业绩的时候不能仅仅披露优异的业绩（cherry picking）。 • 要向客户披露已经被终止和清算的账户信息（terminated/liquidated accounts）。 • 使用适当的指数作为业绩比较基准

续表

细则指引分类	细分考点及易错点
隐瞒 (omissions)	• 禁止遗漏量化模型的重要参数。 • 禁止将量化模型的结果陈述为事实。 • 禁止遗漏与其他利益相关方真实关系的披露
剽窃 (plagiarism)	• 禁止在未注明资料来源或作者身份的情况下抄袭或使用他人编写的材料。 • 从专业杂志或者平台上获得的信息,引用要标明第一作者。例如,引用在《华尔街日报》上看到的某知名研究员的研究报道,第一作者是该知名研究员而不是《华尔街日报》。 • 使用自己公司的同事(甚至是已经离职的)的成果,并不算抄袭,因为这些成果是公司财产,但如果将同事的整篇研究报告署自己的名则算作抄袭。 • 使用公共机构公开发布的信息或数据不算抄袭。例如,股票价格、失业率、GDP 值、通货膨胀值等

例题 30.3

Lily 是一名投资经理,正在招徕一名新客户。Lily 大学毕业 1 年,但她跟这位新客户说,自己已经从业 5 年,并且帮助客户取得了年化 8% 的投资回报。因此,如果客户把钱交给她管理,她也可以帮客户获得 8% 的年化回报。请问 CFA® 会员 Lily 是否违反了 CFA® 职业行为准则?

名师解析

Lily 违反了"曲解"(Misrepresentation)这一细则。首先,Lily 夸大了自己的从业年限,夸大资历。其次,Lily 用过去的业绩暗示未来也可以取得相似的业绩。基于以上两个原因,Lily 有意误导客户,违反了"曲解"这一细则。

30.1.4　I(D)渎职(Misconduct)

30.1.4.1　内容(Content)

会员和考生禁止有不诚信的、欺骗的或欺诈的职业行为,并且禁止做出任何会对职业形象、职业信用或职业能力有负面影响的行为。

> **知识一点通**
>
> 任何可能会影响自己职业形象的行为,让他人不信任自己的职业操守和职业能力的行为都算作渎职。

30.1.4.2　细则指引(Guidance)

"渎职"细则指引如表 30.5 所示。

表 30.5 "渎职"细则指引

细则指引分类	细分考点及易错点
职业生活 (professional life)	• 该细则规范会员和考生的职业行为，与职业道德无关的个人行为，不算渎职。例如，由于政治、文化、宗教等信仰参加游行抗议（protest）。 • 工作不尽职尽责是渎职行为。例如，研究员在缺少足够研究和依据的情况下，随意撰写研究报告
渎职与法律	• 渎职行为不一定违法。例如，上班期间酗酒的行为通常没有违法，但属于渎职。 • 违法行为不一定属于渎职。例如，闯红灯违反交通法规，但不一定属于渎职
个人破产 (personal bankruptcy)	• 与职业无关的个人破产不需要披露给雇主和客户，也没有渎职。 • 由于职业行为导致的个人破产需要披露，且可能涉嫌渎职。例如，因参与内幕交易被处以巨额罚款导致个人破产，则需要披露
欺骗/欺诈/偷窃	• 诚信是投资从业人员的重要品质，无论是否与职业相关，会员和考生的任何欺骗、欺诈和偷窃行为一概属于渎职。例如，恶意透支信用卡、骗保行为等

例题 30.4

Sally 在基金公司 Golden Finance 担任基金经理。Sally 同时也是爱护动物组织的一名志愿者。虽然工作强度高，但 Sally 每天晚上 10 点下班之后，仍然会花 1~2 小时给流浪猫狗喂食。同时，8 年前，Sally 依靠助学贷款完成了学业，但刚工作没多久，其母亲住院做手术便花光了 Sally 的所有积蓄，导致 Sally 不能按时偿还助学贷款，不得不申请个人破产。Sally 并没有把她申请个人破产的事情向客户与雇主披露。请问 CFA®会员 Sally 是否违反了 CFA®职业行为准则？

名师解析

Sally 没有违反 CFA®职业行为准则。救助流浪猫狗属于与工作无关的个人行为，也没有影响 Sally 作为基金经理的工作，因此不属于渎职。此外，Sally 的个人破产并未涉及任何不诚信的欺骗行为，尽管没有披露给客户和雇主，但并不违反"渎职"这一细则。

30.2 准则Ⅱ：资本市场信誉（Integrity of Capital Markets）

30.2.1 Ⅱ(A) 重大非公开信息（Material Nonpublic Information）

30.2.1.1 内容（Content）

会员和考生在掌握足以影响投资价值的重大非公开信息的情况下，禁止自己使用或让他人使用这个重大非公开信息来达到获利的目的。

30.2.1.2 细则指引（Guidance）

"重大非公开信息"细则指引如表 30.6 所示。

表 30.6 "重大非公开信息"细则指引

细则指引分类	细分考点及易错点
重大（material）的含义	• 一旦披露会对证券价格产生影响的信息，或者是理性投资者希望在做投资决定前掌握的信息。 • 信息来源可靠。 • 包括但不限于公司盈利、收购兼并、资产处置、产品、制作流程和新发明、公司获取产品许可证、专利、注册商标，公司管理层变更，法律纠纷
非公开（nonpublic）的含义	• 还未向公众披露的信息，包括只向某一群体披露的信息。 • 社交媒体或互联网上的信息不一定是公开消息。例如，会员制网站上的部分信息只针对会员，就不算公开信息。 • 工作期间获取的重大非公开信息只能用于工作，不能用于个人和协助他人交易。例如，向客户公司提供兼并收购咨询服务期间获得的非公开信息不能泄漏给不相关的个人或组织，使他人利用非公开信息获利
马赛克理论（mosaic theory）	• 马赛克理论是指通过分析公开信息（public information）和非重大非公开信息（nonmaterial and nonpublic information）得到投资结论，并不违反该细则。 • 利用马赛克理论不属于违规利用重大非公开信息，不违反此准则
行业专家	• 从相关行业专家处获取信息是可行的，但必须判断是否为公开信息

例题 30.5

Sarah 是基金公司 Golden Finance 的投资经理。某天 Sarah 去牙科诊所，她的牙医 Andy 告诉她，Andy 的另外一个病人是某医药上市公司的高管，该医药上市公司的一款新药即将获批，享有 20 年专利保护期，获批后将立刻推向市场。Sarah 回公司后帮所有客户账户买入了该医药公司的股票。请问 CFA® 会员 Sarah 是否违反了 CFA® 职业行为准则？

名师解析

Sarah 违反了"重大非公开信息"这一细则。新药获批的信息会对股价产生较大影响，并且是高管披露的，来源可靠，属于重大信息。在不确定该信息是否已经公开之前，Sarah 不能利用该信息交易。

30.2.2 Ⅱ(B)操纵市场（Market Manipulation）

30.2.2.1 内容（Content）

会员和考生禁止通过扭曲市场价格或者人为放大交易量的方式误导市场其他参与者。

> **知识一点通**
>
> 操纵市场是指以获取利益或减少损失为目的，利用资金、信息等优势，影响证券市场价格、制造证券市场假象、误导投资者以及扰乱证券市场秩序的行为。

30.2.2.2 细则指引（Guidance）

"操纵市场"细则指引如表 30.7 所示。

表 30.7 "操纵市场"细则指引

细则指引分类	细分考点及易错点
基于市场信息的操纵（information-based）	• 散播谣言或不真实信息误导市场参与者。题目中如出现"rumors""false/untrue information"等关键词，通常违反此细则
基于交易手段的操纵（transaction-based）	• 通过非法交易手段操纵交易量和价格。例如，期货市场中采用的"逼仓"就是一种市场操纵手段 • 合规的交易策略不是市场操纵。例如，卖空（short selling）、大宗交易（block trading）、套利（arbitrage）等

例题 30.6

Tim 是基金公司 Golden Finance 的基金经理。Tim 想卖掉持有的某只股票。为了可以在高价卖出，Tim 在自己管理的 3 只基金产品之间重复买入和卖出这只股票，提高交易量，吸引其他投资者也买入该股票。当股票价格因受到市场关注而上涨后，Tim 随即卖出该股票并收获超过 50% 的投资收益。请问 CFA® 会员 Tim 是否违反了 CFA® 职业行为准则？

名师解析

Tim 通过在其管理的 3 只基金之间买卖股票，造成该股票交易活跃的市场假象，误导了其他投资者，这种市场操纵方法被称为"对敲"。通过这种操纵交易量的方式收获可观收益，属于操纵市场，违反了 CFA® 职业行为准则。

30.3 准则Ⅲ：对客户的责任（Duties to Clients）

30.3.1 Ⅲ(A)忠诚、审慎和谨慎（Loyalty, Prudence, and Care）

30.3.1.1 内容（Content）

（1）会员和考生负有对客户的利益忠诚的责任，并且在进行投资活动的时候要以合理审慎的判断作为依据。

（2）会员和考生必须做到客户利益至上，将客户利益放在雇主和自己之前。

> **知识一点通**
>
> 会员和考生对客户应尽受托责任（fiduciary duties），尽职尽责，客户利益优先。然而，客户利益至上的原则不能违背资本市场诚信的原则。例如，对客户忠诚并不意味着包庇客户的违法行为。

30.3.1.2 细则指引（Guidance）

"忠诚、审慎和谨慎"细则指引如表 30.8 所示。

表 30.8 "忠诚、审慎和谨慎"细则指引

细则指引分类	细分考点及易错点
识别真正的客户 (identify the actual clients)	• 对于养老金的管理者,客户是养老金受益人(beneficiaries),并非聘用该管理者的个人或实体。 • 为个人、家族或机构管理资产时,该个人、家族或机构就是客户。 • 管理集合投资工具,如共同基金(mutual fund),很难确定具体客户的身份和情况,此时应按照该产品的投资目标、限制、策略和要求进行管理
为客户创建投资组合 (develop portfolios for clients)	• 投资推荐与交易必须与客户的目标和状况相匹配。 • 要关注会员和考生或其雇主公司与客户的利益冲突,尽量避免利益冲突。如果不能避免,应向客户披露利益冲突。例如,若会员因向客户推荐其他公司或个人的产品或服务时收到好处费,应事先向客户披露。 • 从总的投资组合的角度做出投资决策。这里的总投资组合包括客户的所有财产,如不动产、证券和实业等

软佣金政策
(soft commission policies)
	• 投资经理通常可以自由选择执行交易的经纪人(broker),并向其支付佣金。而投资经理支付给经纪人的佣金,实际来源于客户支付给投资经理的佣金。经纪人通常为了保证自己的竞争力,在提供交易服务的同时,也会给投资经理提供额外的服务。这种额外的服务通常称为"软美元"(soft dollar)或"软佣金"(soft commission)。所以,简单来说,软美元(soft dollar)是指客户支付的佣金的返佣。
	• 软美元属于客户的资产,因此软美元必须使客户受益。例如,若使用客户经纪费购买的研究报告有助于管理客户资产,则是正确的软美元使用方法,但若会员使用客户经纪费支付个人 CFA® 考试费用,则是错误的软美元使用方法。
	• 客户指定经纪费(client directed brokerage),即客户对于如何使用经纪费有明确的要求。按客户要求使用经纪费没有违反 CFA® 职业行为准则。
	• 当会员和考生为客户选择经纪人时,要考虑以下两方面。
	  ◦ 是否能提供最佳的交易执行(best trade execution)。
	  ◦ 交易费是否最合理(best transaction costs)。注意,交易时间越快,成交价格对客户越有利(低价买入,高价卖出),交易执行能力越强。最合理的交易费是指在两个经纪人的交易执行能力一样的情况下,选择费用最低的经纪人。
	• 软美元(soft dollar)、软经纪费(soft brokerage)与软佣金(soft commission)是同义词

代理投票 (proxy voting)	• 代理投票指会员和考生在客户授权下代替客户行使股票表决权。所以,在行使代理投票权的时候,必须站在客户利益的角度进行投票。 • 虽然行使表决权与客户利益相关,但也会产生成本(例如,去股东大会举办地的差旅费和相关调查研究费用)。在行使代理投票前,应进行成本收益分析(benefits-costs analysis)。当成本大于收益时,不应行使代理投票。因此,若题目中出现"participate in all proxy voting",通常是错误的

例题 30.7

Golden Finance 是 M&S 公司养老金计划的受托人。Yuan 在 Golden Finance 担任投资经理。最近 M&S 正面临竞争公司恶意收购的威胁。为了抵挡恶意收购,M&S 管理层劝说 Yuan 在二级市场为该公司的员工养老金账户买入 M&S 股票。尽管 Yuan 认为 M&S 股票的当前价位被高估,正常情况下不会买入,但他担心失去 M&S 养老金计划的受托人资格。于是,Yuan 买入了大量 M&S 股票,导致股价进一步上涨,最终 M&S 的竞争公司放弃了收购计划。请问 CFA® 会员 Yuan 是否违反了职业行为准则?

名师解析

Yuan 违反了"忠诚、审慎和谨慎"(Loyalty, Prudence and Care)这一细则。Yuan 的真正客户是 M&S 员工(M&S 的养老金计划受益人),而非 M&S 管理层。

Yuan 需要站在养老金受益人的利益角度做出独立客观的投资决策。既然 Yuan 相信 M&S 的股价被高估而不适合投资，买入 M&S 股票就是不负责任且不谨慎的投资决定。同时，由于 Yuan 的投资决策受到 M&S 管理层的影响，Yuan 也违反了 "独立性和客观性"（Independence and Objectivity）这一细则。

例题 30.8

Alice 为客户管理股票投资，客户的投资组合只包括境内股票。Alice 用客户的经纪费不仅购买了一份关于境外股票市场的研究报告，还购买了一台高档咖啡机用于招待客户。此外，Alice 通过两家经纪人 Number One 和 Top One 为客户执行股票交易。其中，Number One 收取的经纪费比其他经纪人高，也不能提供最佳的交易执行，但会为 Alice 的个人股票交易提供经纪费折扣。Top One 的经纪费比 Number One 低，且能提供最佳交易执行。请问 CFA® 会员 Alice 是否违反了 CFA® 职业行为准则？

名师解析

此案例涉及软美元（soft dollar）和选择经纪人（selection of brokers）的考点。软美元是客户资产，要以服务客户利益为使用目的。由于客户的投资组合只包括境内股票，因此用客户的经纪费购买境外股票市场的研究报告不是软美元的正确用途。同样，尽管购买咖啡机美其名曰是为了招待客户，但不能用客户的经纪费购买，Alice 或者其雇主应自行承担购买费用。此外，Alice 不应为了个人利益而选择不合适的经纪人。经纪人 Number One 不仅收取高昂的经纪费，还不能为客户提供最佳交易执行（best trade execution）。因此，选择 Number One 违反了 "忠诚、审慎和谨慎"（Loyalty, Prudence and Care）这一细则。相反，Top One 符合最佳交易执行（best trade execution）和最合理的交易费（best transaction costs）标准，选择 Top One 没有违反 CFA® 职业行为准则。

30.3.2 Ⅲ(B) 公平对待（Fair Dealing）

30.3.2.1 内容（Content）

会员和考生在提供投资分析、做投资建议、采取投资决策或者其他活动的时候要公平、客观地对待所有的客户。

> **知识一点通**
>
> "公平对待"要求会员或考生公平对待客户，不能歧视任何客户。需明确的是，公平（fair）不等于平等（equal）。每个客户有其特有的需要和目标，可以根据客户额外支付的报酬提供更深度和个性化的投资服务，但是必须披露这个服务的安排且不能够对其他客户产生负面影响。

30.3.2.2 细则指引（Guidance）

"公平对待"细则指引如表 30.9 所示。

表 30.9 "公平对待"细则指引

细则指引分类	细分考点及易错点
沟通投资建议 （investment recommendations）	• 成员和考生在提供投资建议时，需公平对待所有客户。例如，先将投资建议告知大客户，再告知小客户，则违反此细则。 • 可以使用不同的方式沟通，如 email、电话、视频会议等。 • 如果存在不公平对待客户的现象，即使客户同意，也违反此细则。 • 更新投资建议时，要及时告知客户，保证客户有利用此建议公平地进行决策的机会。 • 如果客户没有意识到投资建议的变化，做出了与投资建议相反的投资决策，应当在接受其交易订单前告知投资建议的变化
投资行为 （investment actions）	• 给客户做投资要考虑客户的目标和状况。 • 当证券发行出现超额认购（oversubscribed）时，应按照客户申购资金比率（prorated based on order sire）进行公平分配，并非按照客户资产比率（prorated based on asset size）进行分配，且保证每位客户的购买价格相同。 • 针对热门股（hot issue）的交易，为了保证客户的投资需求，会员和考生自己不得参与交易。 • 若普通家庭成员是客户，那么该账户等同于普通客户的账户，需要做到一视同仁。例如，若投资经理的哥哥是他的一名普通客户，该经理为了避嫌，先给所有其他客户做交易，最后给自己的哥哥做交易，则违反该细则

例题 30.9

Mary 是 Golden Finance 是一名研究员。最近 Mary 对上市公司 ABC 的投资评级从原来的"买入"调整为"卖出"。Mary 的表姐是 Golden Finance 的客户，为了保证客户利益，Mary 先把投资建议告诉其他客户，4 小时之后再告诉她表姐。她的其中一个客户，由于没有及时查看邮件，没留意 Mary 调整了投资建议，打电话让 Mary 继续帮他买入 ABC 的股票。Mary 提醒客户查看邮件，并告知客户投资建议做了修改。请问 CFA® 会员 Mary 是否违反了 CFA® 职业行为准则？

名师解析

Mary 违反了"公平对待"（Fair Dealing）这一细则。虽然客户是她的表姐，但应该像正常客户账户一样公平对待普通家庭成员的账户，所以应当把投资建议同时给到包括她表姐在内的所有客户。此外，由于客户没有意识到投资建议已改变，在接受客户交易请求前，Mary 提醒客户投资建议已做出改变，这一行为符合 CFA® 职业行为准则。

30.3.3 Ⅲ(C)适当性（Suitability）

30.3.3.1 内容（Content）

当会员和考生向客户提供投资咨询或管理服务的时候，他们必须：

（1）在做出投资建议或进行投资之前，仔细调查客户或者潜在客户的投资经验、风险和收益目标以及一些财务方面的限制条件，并且必须定期评估、更新这些信息；

（2）在做出投资建议或进行投资之前，确定投资与客户的财务状况、目标、委托和限制条件相一致；

（3）基于客户的整体投资组合判断其投资的适当性。

在会员和考生负责管理特定的投资组合期间，给出投资建议或进行投资时，必须和投资组合的目标以及限制条件相匹配。

> **知识一点通**
>
> 虽然每个客户的情况不尽相同，但是要确保投资建议适合客户。不合适的投资建议即使能让客户获利，仍然违反"适当性"准则。

30.3.3.2 细则指引（Guidance）

"适当性"细则指引如表 30.10 所示。

表 30.10 "适当性"细则指引

细则指引分类	细分考点及易错点
投资政策说明 （developing IPS）	• 根据客户信息写投资政策说明（investment policy statement, IPS）； • 从投资组合的整体角度判断具体的投资是否合适； • 如果客户拒绝提供相关信息（如个人风险偏好等），仍可基于客户所提供的信息管理客户资产； • 严格按照 IPS 进行投资，建议至少<u>每年或者发生重大投资变化之前</u>更新 IPS
管理集合资产 （managing pooled assets）	• 管理共同基金（mutual fund）等集合资产的时候，严格按照委托书（mandate）上约定的投资风格来管理，无须考虑单个客户的适当性。客户应根据自身需要和基金信息自行决定适当性
当客户提出不当投资要求时 （addressing unsolicited trading requests）	• 若对客户的投资组合影响不大，在提醒客户后，可以遵从客户的要求； • 若对客户的投资组合影响重大，则需要更新 IPS，如果客户拒绝更新 IPS，就要考虑是否终止与客户之间的投顾关系

例题 30.10

Tiffany 是客户 Yuan 的投资顾问。Yuan 是风险厌恶的投资者，Tiffany 建议 Yuan 配置一小部分的创业板股票，并跟 Yuan 解释，创业板股票虽然风险比主板更高，但潜在收益也更高，可以帮助 Yuan 的投资组合获得更高的潜在回报。Tiffany 的主管 Lucy 认为 Tiffany 帮助 Yuan 配置创业板股票，没有按照 Yuan 在投资策略说明中的风险偏好进行投资。请问 CFA® 会员 Tiffany 是否违反了 CFA® 职业行为准则？

名师解析

Tiffany 没有违反"适当性"（Suitability）这一细则。Tiffany 应该基于客户的整个投资组合判断其投资的适当性。由于 Tiffany 只是建议配置一小部分创业板股票，对整个投资组合的影响较小，并已经向 Yuan 充分披露了相关信息，因此不违反 CFA® 职业准则。

30.3.4 Ⅲ(D)表现介绍（Performance Presentation）

30.3.4.1 内容（Content）

在陈述业绩信息的时候，会员和考生必须保证业绩信息的公正性、准确性及完整性。

> **知识一点通**
>
> 对于此准则，要注意以下几点。
> (1) 不能扭曲实际业绩。
> (2) 不能只披露优异的业绩而遗漏不良的业绩。
> (3) 不能遗漏已被终止或清盘账户的业绩。
> (4) 不能向客户承诺风险投资产品的未来业绩。
> (5) 如果违反"表现介绍"（Performance Presentation）细则，一定也违反"曲解"（Misrepresentation）细则，但反之未必。

30.3.4.2 细则指引（Guidance）

"表现介绍"细则指引如表 30.11 所示。

表 30.11 "表现介绍"细则指引

细则指引分类	细分考点及易错点
准确性（accuracy）	• 不可以错误地陈述业绩； • 不可以用过去的业绩暗示未来的业绩； • 除非特别说明，向客户承诺未来业绩违反该细则
完整性（complete）	• 披露业绩时不能选择性披露； • 陈述业绩的时候，要包含已被终止或者清盘的账户

> **例题 30.11**
>
> Yuan 是投资公司 Golden Finance 的理财顾问。Yuan 告诉一名潜在客户：Golden Finance 旗下的一只股票基金拥有傲人的投资回报记录，该基金过去 3 年的年化投资回报率均超过 25%。但是，Yuan 没有将这只基金在 3 年前由于激进的投资策略曾经遭受过巨额亏损的事实告诉客户。Yuan 同时还向客户承诺无论投资 Golden Finance 的任何基金产品，均能保证至少 10% 的投资回报率。请问 CFA® 会员 Yuan 是否违反了 CFA® 职业行为准则？
>
> **名师解析**
>
> Yuan 同时违反了"表现介绍"（Performance Presentation）细则和"曲解"（Misrepresentation）细则。在介绍投资业绩时，应确保信息是正确和完整的。Yuan 没有告知潜在客户 Golden Finance 旗下的这只股票基金过去曾经遭受巨额亏损的事实，因此 Yuan 的信息没有满足完整性要求。同时，Golden Finance 旗下管理的基金是风险投资，不能向客户做出投资回报的承诺。除非该基金保证，如果实际回报率低于 10%，公司自掏腰包补偿客户。

30.3.5 Ⅲ(E)保密（Preservation of Confidentiality）

30.3.5.1 内容（Content）

会员和考生不能泄漏以前、当前和潜在客户的信息，除非：
(1) 客户涉及违法事件；
(2) 法律要求披露信息；
(3) 客户同意披露信息。

> **知识一点通**
>
> 此细则强调客户信息保密。如果泄漏客户的重大非公开信息，既违反"保密"（Preservation of Confidentiality）细则，也违反"重大非公开信息"（Material Nonpublic Information）细则。但是，如果泄漏的不是客户信息（如泄漏雇主信息），则没有违反此细则。

30.3.5.2 细则指引（Guidance）

"保密"细则指引如表 30.12 所示。

表 30.12 "保密"细则指引

细则指引分类	细分考点及易错点
客户的状态	• 会员和考生应该保护所有客户的信息，包括前客户（former clients）、当前客户（current clients）及潜在客户（potential clients）
客户涉及非法活动	• 如果信息涉及客户进行违法活动的证据，可以披露
法律要求	• 如果法律要求披露，那么客户信息可以被披露。 • 如果法律明确禁止披露客户信息，那么客户信息就不能被披露。例如，瑞士银行保密制度规定银行为客户保密
客户同意披露	• 客户同意披露，其信息可以被披露
协助 CFA®协会调查	• 当客户是 CFA®会员或考生，在当地适用的法律法规没有明确禁止的情况下，配合协会调查客户时披露客户信息没有违反此细则

例题 30.12

Yuan 是一名基金经理，他的一位客户是上市公司 M&S 的 CEO。在与这位客户打高尔夫时，Yuan 获知 M&S 最近的新产品出现了严重技术缺陷，预计产品上市时间会大幅延后，但外界还不了解这些问题。Yuan 随后通知其他客户卖出 M&S 股票。请问 CFA®会员 Yuan 是否违反 CFA®职业行为准则？

名师解析

Yuan 同时违反了"保密"（Preservation of Confidentiality）和"重大非公开信息"（Material Nonpublic Information）细则。CFA®会员和考生不能向任何不相关人士或组织泄露客户信息，除非涉及客户的违法调查、客户同意披露，或者法律明确要求披露。此外，Yuan 通知其他客户卖出 M&S 股票，属于内幕交易，违反了"重大非公开信息"（Material Nonpublic Information）细则。

30.4 准则Ⅳ：对雇主的责任（Duties to Employers）

30.4.1　Ⅳ(A) 忠诚（Loyalty）

30.4.1.1　内容（Content）

会员或考生必须根据雇主的最佳利益行事，不得利用自身专业优势剥夺雇主权利，不得泄露雇主机密信息，不得从事其他损害雇主利益的行为。

> **知识一点通**
>
> 要对雇主忠诚，不能损害雇主利益，雇主利益在会员和考生个人利益之上，与雇主的利益冲突需要披露。然而，一旦雇主损害客户利益或者违反法律法规，应以客户利益和维护法律为重。

30.4.1.2　细则指引（Guidance）

"忠诚"细则指引如表 30.13 所示。

表 30.13　"忠诚"细则指引

细则指引分类	细分考点及易错点
雇主的职责 （employer responsibilities）	• 雇佣关系要求雇主与雇员都承担相应的责任与义务。 • 对于雇主来说，有义务为雇员创造一个良好的工作环境，包括完善的职业道德管理制度
自行执业 （independent practice）	• 自行执业是指与雇主业务相竞争的兼职，或与雇主有潜在利益冲突的兼职。 • 与雇主有潜在利益冲突：无论额外兼职是否获得报酬，必须事先向雇主披露兼职的内容（type of service）、兼职的持续时间（duration of service）、兼职所获得报酬（compensation），并征得雇主的书面同意（written consent）才行。 • 普通与雇主无潜在利益冲突的兼职，不属于自行执业，无需向雇主披露。但要注意额外兼职是否影响工作状态。例如，某分析师的额外兼职是在非营利机构担任独立董事，但这些兼职活动每个月要占用 8 个工作日，影响了正常工作，因此需要事先向雇主披露并获得同意
离职 （leaving an employer）	• 离职可以带走的东西：除了在该公司学到的知识技能，其他东西都属于原雇主的资产，不能在未经允许的情况下擅自带走。例如，在职期间撰写的研究报告、构建的模型资料、客户名单等都不能带走。 • 在正式离职前，不能引诱客户离开雇主。但正式离职后，在没有相关协议的情况下，可以说服客户转到新公司。 • 将要离职的员工在终止与雇主的关系之前，可以利用业余时间准备下一份工作（包括与现雇主业务相竞争的工作），只要这些准备工作不违反员工的忠诚义务。 • 如果与原雇主签署了竞业禁止协议（non-compete agreement），必须遵循竞业禁止协议的相关规定。 • 不能盗用原雇主的商业机密，涉及商业机密的信息离职后仍然要保密（一般在雇佣前雇主会约定好商业机密的具体内容和范畴）

续表

细则指引分类	细分考点及易错点
社交媒体的使用（use of social media）	• 离职时不可带走社交媒体中的客户清单，但可以通过公共平台获取客户的联系资料。 • 公司的社交媒体账号是公司财产（如微博、公众号和企业QQ），离职时应交还或清除这些账号，不能擅自继续使用
告密与揭发（whistleblowing）	• 对雇主的忠诚不能超出法律范围。若雇主有违法行为，必须揭发（但揭发雇主的出发点必须是为了维护客户利益和资本市场诚信，不能出于私怨）
雇佣关系的性质（nature of employment）	• 除了正式员工以外，实习生或临时工也必须遵守对雇主忠诚的相关责任

例题 30.13

Yuan是投资管理公司Golden Finance的基金经理。Yuan利用业余时间管理亲戚和朋友的投资组合。由于其良好的投资业绩，越来越多的亲友让Yuan管理他们的证券账户，以至于Yuan不得不投入其大部分的业余时间。因为没有向亲友收取任何报酬，Yuan没有向Golden Finance披露这些个人业余时间的活动。请问CFA®会员Yuan是否违反了CFA®职业行为准则？

名师解析

此案例涉及自行执业（independent practice）。Yuan在业余时间的副业与本职工作都是投资管理，与雇主利益存在潜在利益冲突，无论Yuan是否从中收取费用和报酬，都应事先告知并获得雇主的书面同意（written consent）。因此，Yuan违反了"忠诚"（Loyalty）这一细则。相反，如果Yuan的副业与雇主不存在利益冲突，且不影响工作状态，则不需要向雇主披露。

例题 30.14

Lorraine是一名投资分析师，在Silver Finance工作刚满6年。入职时，Lorraine与Silver Finance签署了竞业禁止协议（non-compete agreement）。该协议禁止Lorraine在离职后2年内招揽Silver Finance的客户。最近，Lorraine计划离开Silver Finance创办自己的研究公司，并做了以下几件事情。

（1）Lorraine开始利用业余时间为创业做准备，包括寻找未来创业的办公场地、面试员工等。

（2）在正式离职前，Lorraine向一名法律顾问咨询竞业禁止协议的相关法律问题。该法律顾问告诉Lorraine，她入职时签的竞业禁止协议是没有法律效力的，无须理会。所以在离职后，Lorraine成功地说服两位Silver Finance的客户将业务转移到她的新公司。

（3）离职时，Lorraine把她在Silver Finance的客户的联系方式全部背下来了。

请问CFA®会员Lorraine是否违反了CFA®职业行为准则？

名师解析

（1）Lorraine 利用业余时间为创业所做的准备工作没有损害雇主利益，可以不向雇主披露，也没有违反"忠诚"（Loyalty）这一细则。

（2）Lorraine 离职后应遵守与前雇主签订的竞业协议。因此，Lorraine 离职后招揽 Silver Finance 的客户违反了"忠诚"这一细则。

（3）客户联系方式是雇主的财产，Lorraine 离职时把客户联系方式背下来违反了"忠诚"这一细则（除非事先获得雇主书面同意）。

30.4.2　Ⅳ(B) 其他报酬安排（Additional Compensation Arrangements）

30.4.2.1　内容（Content）

除非得到所有相关方的书面许可，会员或考生不得接受有可能导致与雇主利益冲突的礼物、好处、补偿或报酬。

> **知识一点通**
>
> 会员与考生在接受有可能与雇主利益冲突的好处之前，必须得到雇主的书面同意。

30.4.2.2　细则指引（Guidance）

本条细则内容不多，故直接用文字阐述。该细则要求会员与考生在接受有可能导致与雇主利益冲突的好处之前，必须得到雇主的书面同意。其中，所谓的"好处"是指客户给予的直接好处或第三方给予的间接好处，"书面同意"是指任何可以被记录下的文字形式（包括电子邮件）。

> **知识一点通**
>
> 客户的额外奖励与行贿受贿无关，是客户对服务满意的体现。例如，客户对某分析师的股票推荐非常满意，额外单独奖励了该分析师一辆轿车。对于分析师来说这辆汽车是可以收的，但必须事先征得雇主的书面同意。

> **备考小贴士**
>
> 在运用该细则时，考生需要注意以下三点。
>
> （1）来不及征得雇主同意的情形：某分析师与客户进行惯例交流，分析师到场后意外地发现客户在某高档餐厅请他吃饭。在这种情况下，分析师无法事先征得雇主同意，接受客户的好处是不违反该准则的，但事后需要向雇主披露。
>
> （2）接受不会与雇主利益冲突的"好处"：某分析师业余爱好是兼职做健身教练，健身房相应支付分析师一定报酬。此类"好处"就无须强制给雇主披露，因为做健身教练收到的报酬与雇主没有利益冲突。但是，如果分析师业余时间为别的

证券公司写研究报告，就必须事先征得雇主同意。因为写研究报告是与雇主相竞争的同业业务。

（3）不要混淆与雇主利益有冲突的额外报酬和影响独立性的好处。与雇主利益有冲突的额外报酬，如果获得雇主事先书面同意，可以接受，如客户给予基金经理的报答性礼物。影响独立性的好处，除了价值不高的一般性礼物或者偏远地区的差旅费，其他都不能接受，如被研究的上市公司赠与研究员的礼物或者为研究员支付的差旅费。

例题 30.15

Lucas 是一名投资顾问。最近他的一位客户向 Lucas 表示，只要 Lucas 的回报率超过 20%，他将奖励 Lucas 及其家属参加海南豪华深度游，且承担所有费用。同时，Lucas 也担任某房地产上市公司的独立董事，Lucas 每年均可获得该房地产上市公司下属度假村的 5 折住宿券。符合"适当性"（Suitability）细则时，Lucas 会向客户推荐该房地产上市公司的股票。Lucas 没有将客户给他的奖励以及他作为独立董事收到的好处告知雇主。请问 CFA®会员 Lucas 是否违反 CFA®职业行为准则？

名师解析

对于客户给的奖励：这位客户提供的好处可能会损害其他客户的利益（Lucas 可能会区别对待这位客户和其他没有给予好处的客户），进而损害雇主利益。Lucas 没有事先告知并获得雇主的书面同意，违反了"其他报酬安排"（Additional Compensation Arrangements）这一细则。Lucas 收到的是非现金好处，在向雇主披露时，应该披露这些好处的评估金额（estimated amount）。

对于担任独立董事收到的好处：由于 Lucas 也向客户推荐该房地产上市公司的股票，分析师和独立董事这两个角色之间存在利益冲突。Lucas 没有向雇主披露这些额外好处，违反了"其他报酬安排"这一细则。在向雇主披露时，应该包括这些非现金好处的评估金额。

30.4.3　Ⅳ(C)作为上司的责任（Responsibilities of Supervisors）

30.4.3.1　内容（Content）

作为上司，必须采取一切合理的努力来监督下属，确保所有的下属都遵守有关法律、法规、条例、CFA®道德操守以及职业行为准则。

知识一点通

此细则适用于承担管理工作的会员和考生。上司要建立监管制度和政策，严格履行监管责任。除此之外，需要定期检查监管制度和政策。若发现不完善和不合理的地方，应进行改进。

30.4.3.2 细则指引（Guidance）

"作为上司的责任"细则指引如表 30.14 所示。

表 30.14 "作为上司的责任"细则指引

细则指引分类	细分考点及易错点
监管系统 （system for supervision）	• 作为上司，应尽最大努力促成公司建立充分、合理的监管合规制度。制度必须成文，并广泛告知所有相关人员，督促其遵循，形成有效监督体制。 • 合规制度不能违反法律法规及 CFA® 职业行为准则，并且至少要达到行业最低标准。 • 当上司发现雇员违反法规时，必须及时反应，限制该雇员的行为并进行调查评估。处理完毕后，应采取措施确保违反行为不会重复出现，并加强监管。以下是不充分监管的体现： 　◦ 仅仅汇报上级或口头警告； 　◦ 仅仅依赖雇员口头陈述； 　◦ 仅仅依赖雇员保证不再违反
主动监管 （supervision includes detection）	• 作为上司，必须尽自己最大努力主动去监察是否出现违规行为，定期审查公司制度是否合理并做出改进。 • 如果上司已经尽职尽责，但仍然有雇员违反规定，此时上司不违反此准则。 • 如果上司不作为，没有尽职尽责地做好监管，即使没有雇员违法，上司仍然违反此细则
晋升 （promotion）	• 会员和考生接受管理职责或晋升时，若公司没有监管制度和政策，或者这些制度和政策不充分，应拒绝管理职责，提出整改意见，并直到公司采取措施完善监管制度后才可接受晋升
授权行使监管职责 （delegating supervisory duties）	• 如果上司把监管职责授权给他人，需要指导被授权者如何实施监管。如果出现雇员违法事件，上司不能免责

例题 30.16

Nicholas 是研究部的一名主管，他发现部门首席研究员 Kent 最近总是先与 VIP 客户沟通新的投资建议，大概 2 小时后再把投资建议邮件发给非 VIP 客户。Nicholas 找 Kent 了解具体情况，Kent 回应道："公司没有相关政策禁止这种行为。"Nicholas 口头提醒 Kent 要公平对待所有客户，不可以损害任何客户的利益，今后要停止这种行为。事后，Nicholas 立即制定了相关管理制度。请问 CFA® 会员 Nicholas 是否违反 CFA® 职业行为准则？

名师解析

Nicholas 违反了准则Ⅳ(C) "作为上司的责任"（Responsibilities of Supervisors）。公司监管制度不完善，导致 Kent 有机可乘，损害非 VIP 客户利益。尽管 Nicholas 事后制定了管理制度，但为时已晚。Nicholas 应事先建立充分的合规制度，并广泛告知所有相关人员，督促其遵循。同时，Nicholas 还需要定期检查监管制度和政策，如发现不完善的地方，应加以改进。同时，口头警告不够充分，Nicholas 应立即对 Kent 展开深入调查，给予处罚，并采取措施确保此类行为不会重复出现。

30.5 准则Ⅴ：投资分析、建议和行动（Investment Analysis, Recommendation, and Actions）

30.5.1 Ⅴ(A)尽职和合理原则（Diligence and Reasonable Basis）

30.5.1.1 内容（Content）

（1）在进行投资分析、提出投资建议、采取投资行动的时候，要做到谨慎、独立、全面。

（2）任何投资分析、建议或者行动，都必须建立在尽职、合理的基础和依据上，并有适当的研究和调查作支撑。

> **知识一点通**
>
> 在给出任何投资推荐前，会员和考生都必须事先进行独立客观的研究调查，否则就违反该细则。此细则常与"独立性和客观性"（Independence and Objectivity）、"曲解"（Misrepresentation）等细则结合考查。例如，利用道听途说的小道消息为客户投资，时间紧迫没有充分研究就推荐股票等。考生判断是否违反此准则的关键点在于会员和考生做出的每一个投资推荐和投资决策是否都有充分的依据和支持性的材料。

30.5.1.2 细则指引（Guidance）

"尽职和合理原则"细则指引如表 30.15 所示。

表 30.15 "尽职和合理原则"细则指引

细则指引分类	细分考点及易错点
尽职和合理原则的定义（defining diligence and reasonable basis）	• 研究与分析的深度取决于具体投资理念、产品和服务、会员和考生在投资决策流程中的角色，以及雇主提供的资源和支持等因素。例如，首席研究员需要的尽职和研究深度也高于助理研究员。 • 注意，尽职和合理原则并没有保证投资结果不会出现亏损，也不意味着投资观点和预测一定正确
使用二手或第三方研究报告的尽职和合理要求（using secondary and third-party research）	• 二手研究报告（secondary research）指由公司同事完成的研究报告，第三方研究报告（third-party research）指由第三方机构提供的研究报告。 • 在使用二手或第三方研究报告时，会员和考生必须先确定研究报告的来源和质量，检查的因素包括研究的严谨性、客观性和独立性，以及研究时间
量化研究的尽职和合理要求（using quantitatively oriented research）	• 对于量化模型的使用者来说，不要求成为建模的专家，但至少应对模型的基本假设、局限性以及如何运用模型做出决策有所了解。 • 对于量化模型的开发者来说，必须了解模型各方面的知识和技能。在推广模型前必须充分测试，尤其必须注意极端市场状况下的可能结果范围

续表

细则指引分类	细分考点及易错点
选择外部投资顾问的尽职和合理要求（selecting external advisors and sub-advisor）	• 公司可以聘用外部投资顾问以满足自身或客户的一些特定资产配置要求。 • 涉及聘用外部投资顾问时，必须审查该投资顾问的： 　◦ 道德操守和职业行为准则； 　◦ 合规和内控程序与制度； 　◦ 投资业绩质量； 　◦ 投资策略是否与其宣称的相符
团队研究与决策（group research and decision making）	• 当会员和考生是研究团队的成员时，团队的报告或建议代表团队最终的研究结果；有时候即使报告中包含成员和考生的姓名，也不一定代表会员和考生的个人意见。 • 参与团队研究时，若会员和考生的个人意见与最终结论不一致，只要确保最终结论的研究过程是审慎的、合理的、独立客观的，即可在最终研究报告中署名。 • 最终的结论代表团队的研究成果，一旦公布，会员和考生不得私自与客户沟通与之相悖的内容

例题 30.17

分析师 Yuan 把研究报告的初稿递交给部门主管，主管批准后，Yuan 根据收到的最新消息下调报告中的利润预期。Yuan 基于新信息更新了报告，并重新递交给主管。但 Yuan 很快发现主管准备发布缺乏充分依据的更新前的初稿。为了避免违反 CFA®职业行为准则，CFA®会员 Yuan 应采取什么行动？

名师解析

报告的初稿缺乏充分的依据，未根据最新信息进行更新，Yuan 应坚持公布包含了最新利润预期的报告。如果主管不同意，Yuan 应该要求不在缺乏依据的报告上署名。注意，这个做法符合"法律知识"（Knowledge of the Law）的要求，如果发现不当行为，应与之脱离（dissociate）。

例题 30.18

公司要求分析师 Yuan 写一篇关于未来一年按揭贷款抵押债券利率的研究报告。完成报告后，按照公司要求，Yuan 将报告递交给公司固定收益投资委员会进行检查。虽然部分委员会成员同意 Yuan 的结论，但大部分成员持不同意见。委员会最终否决了 Yuan 的研究结论。请问 CFA®会员 Yuan 是否应该要求不在报告上署名？

名师解析

此案例涉及团队研究与决策的考点。在团队研究中，即使基于相同的事实证据，不同成员仍可能会得到不同的研究结论和观点。只要委员会的最终决定符合依据充分和合理、独立性和客观性不受影响的要求，即使报告的最终观点与 Yuan 的不一致，Yuan 也不必要求从报告中除名。如果研究报告缺乏充分和合理的依据、独立性和客观性受到影响，Yuan 应坚持不署名。

30.5.2　V（B）与客户和潜在客户沟通（Communication with Clients and Prospective Clients）

30.5.2.1　内容（Content）

（1）向客户和潜在客户披露投资分析、证券选择、构建投资组合等投资过程中的基本形式和一般原则。对任何的可能对这些过程产生重大影响的变化，要及时告知客户。

（2）向客户和潜在客户充分披露投资过程中的风险及局限性。

（3）根据合理的判断来确定影响投资分析、推荐和行动的重大因素，并将这些因素披露给客户和潜在客户。

（4）在展示投资分析与投资推荐时，注意区分观点（opinion）与事实（fact）。

> **知识一点通**
>
> 与客户和潜在客户的沟通要全面，禁止故意隐瞒一些负面或不利的因素。此细则常与"曲解"（Misrepresentation）、"适当性"（Suitability）结合考查。一般情况下，违反"与客户和潜在客户的沟通"（Communication with Clients and Prospective Clients）细则，也会违反"曲解"（Misrepresentation）细则。此外，此细则与准则V（A）"尽职和合理原则"（Diligence and Reasonable Basis）有所不同：准则V（A）"尽职和合理原则"更多的是对专业工作质量的要求，即研究和投资是基于科学合理分析的；而准则V（B）"与客户和潜在客户沟通"强调更多的是诚信、透明，向客户充分披露，不能刻意隐瞒。

30.5.2.2　细则指引（Guidance）

"与客户和潜在客户沟通"细则指引如表30.16所示。

表30.16　"与客户和潜在客户沟通"细则指引

细则指引分类	细分考点及易错点
告知客户投资流程（informing clients of the investment process）	• 充分向客户和潜在客户披露会对最终投资决策产生积极和负面影响的因素，包括投资的基本特征，以及过程中的重大风险和限制，有助于客户判断该投资是否符合自己的要求。 • 及时告知客户和潜在客户会对投资流程、投资结果产生重大影响的事宜。 • 在使用外部投资顾问时，必须充分披露该投资顾问的特长
不同的沟通方式（different forms of communication）	• 不论采取何种沟通形式，一定要确保信息沟通对所有客户是公平的［与"公平对待"（Fair Dealing）有关］。 • 可以针对不同客户采取不同的沟通方式［与"公平对待"（Fair Dealing）有关］。如客户拒绝公司认定的最有效沟通方式，应警示其风险。例如，若客户拒绝提供电子邮箱（email）或电话号码，会造成沟通滞后。 • 当提供简略信息（capsule form）时，例如，在推荐列表（recommendation list）中只给出买入（buy）、卖出（sell）或持有（hold）建议，但没有提供依据，应告知客户存在相关的背景材料或数据可供客户随时查阅（available upon request）

续表

细则指引分类	细分考点及易错点
确定风险与局限 (identifying risk and limitations)	• 风险大小因人而异，但一般而言，涉及杠杆（leverage）或衍生品（derivatives）的属于高风险投资，应向客户充分披露。其他常见的风险还包括利率风险、价格波动风险、通货膨胀风险、违约风险、国家风险等。 • 局限性包括投资标的的流动性（liquidity）与策略的资金容量。 • 在做出投资推荐或决策时没有披露未知的风险和局限性，并不一定违反本细则，但可能违反准则Ⅴ(A)"尽职和合理原则"
报告呈现形式 (report presentation)	• 报告必须呈现对研究分析和结论有重大影响的因素。 • 报告可以着重强调某些重要内容，简要介绍其他内容，并忽略某些不重要的内容。 • 基于量化模型得到的投资建议，必须有相关资料的支持，并且保持方法与资料所述的方法一致；如果方法变动，必须告知客户
区分报告中的事实与观点 (distinction between facts and opinions in report)	• 区分观点与事实，以免误导投资者。 • 研究报告的投资推荐和结论属于观点，不是事实。 • 关于未来的预测是观点不是事实，要与过去的历史数据（属于事实）区分出来。 • "will"用于表述未来事实。例如，He is 17 years old this year and will be 18 years old next year。如果题目中用"will"表述关于未来预测肯定违反此细则。"expect""predict""estimate""think""believe"等词汇是用于表述观点的常用词汇

例题 30.19

Billy 是医药行业研究员。最近他正在研究一家中药企业，预测了企业未来 3 年的业绩。Billy 预测这家药企利润会稳步上涨，每年红利也会上涨。因此，在他的研究报告上，他写道："Based on the fact that dividend per share will increase 5% next year, I strongly recommend you to buy。"请问 CFA® 会员 Billy 是否违反 CFA® 职业行为准则？

名师解析

Billy 违反了"与客户和潜在客户沟通"（Communication with Clients and Prospective Clients）这一细则。红利上升是 Billy 的研究观点，是他的预测，并非事实。在陈述（口头或书面）时，不应把观点当成事实，否则会误导客户。考生在阅读题目时要特别留意这类表述。

例题 30.20

投资管理公司 Golden Finance 采取的策略是主动成长型股票投资（active growth-style equity investing）。最近，由于首席投资经理离职，Golden Finance 决定将策略改为主动价值股票投资（active value-style equity investing）。同时 Golden Finance 还决定：将过去由首席投资经理独自负责投资决策的政策，改为由 4 位高层经理共同决策。Golden Finance 的总裁 Yuan 并未将这些改变告知客户。请问 CFA® 会员 Yuan 是否违反了 CFA® 职业行为准则？

名师解析

Yuan 违反了"与客户和潜在客户沟通"（Communication with Clients and Prospective Clients）这一细则，无论是投资策略的改变还是投资决策流程的改变，都会给客户带来实质性影响，应立即告知客户。

30.5.3　V(C)保留记录（Record Retention）

30.5.3.1　内容（Content）

会员或考生必须记载和保留适当的记录，以支持投资分析、建议、行动以及与客户和潜在客户沟通的投资相关事项。

> **知识一点通**
>
> 做投资凡事要留下记录，以备事后检验。这些信息记录是公司财产。

30.5.3.2　细则指引（Guidance）

"保留记录"细则指引如表 30.17 所示。

表 30.17　"保留记录"细则指引

细则指引分类	细分考点及易错点
新媒体记录的保留（new media records）	• 随着互联网科技发展，与客户交流信息形式越来越多种多样，包括电子邮件、微博、微信、推特等形式； • 法律法规有可能滞后于信息交流形式的发展，但这并没有免除保留与客户交流的信息的责任
记录是公司财产（records are property of the firm）	• 保存下的记录为公司财产，未经雇主允许，在离职时不可以带走； • 离职后，在新公司使用原雇主的模型、研报、文件等记录，即违反准则 IV（A）"忠诚"（Loyalty），也违反准则 V（C）"保留记录"（Record Retention）； • 题目中常见的记录包括研究素材和报告、客户清单、量化模型、非公开的投资业绩等
当地保留时长要求（local requirements）	• 若没有相关法律或公司规定，记录至少保留 7 年； • 如果有相关法律和公司规定，则以法律和公司规定为准（可以不足 7 年）

例题 30.21

分析师 Yuan 曾对大量家电制造商进行深度研究。Yuan 的研究信息和数据来自多种渠道，如与公司管理层、供应商、行业专家的面谈笔记，生产现场调查，用户问卷调查，第三方研究报告等。Yuan 保留了所有研究记录。尽管 Yuan 所在的国家和公司没有针对记录保留的年限进行任何具体规定，但 Yuan 总是同时以纸质形式（hard copy）和电子形式保留 7 年以上时间。请问 CFA®会员 Yuan 是否违反了 CFA®职业行为准则？

名师解析

Yuan 没有违反任何 CFA®职业行为准则。根据"保留记录"（Record Retention）细则，任何支持投资分析、建议、行动以及与客户和潜在客户沟通的相关记录都应保留。在没有相关法律和公司规定时，记录至少保留 7 年。

30.6 准则Ⅵ：利益冲突（Conflicts of Interest）

30.6.1 Ⅵ(A) 冲突披露（Disclosure of Conflicts）

30.6.1.1 内容（Content）

（1）对于任何可能影响其履行对雇主、客户或者潜在客户应尽职责或影响其独立性、客观性的事项，都必须向其雇主、客户和潜在客户完整、公正地披露。

（2）必须确保披露的信息是相关的，使用平实的语言，并且有效地传递相关信息。

> **知识一点通**
>
> 所谓"瓜田不纳履，李下不整冠"，为了避免不必要的误会，不仅要披露明显的利益冲突，也要披露任何潜在的利益冲突。此细则与"独立性和客观性"（Independence and Objectivity）、"忠诚"（Loyalty）、"其他报酬安排"（Additional Compensation Arrangement）密切相关。只有充分披露了所有可能的利益冲突，雇主与（潜在）客户才能判断投资推荐或行为是否违反独立客观性以及是否损害其利益。

30.6.1.2 细则指引（Guidance）

"冲突披露"细则指引如表 30.18 所示。

表 30.18 "冲突披露"细则指引

细则指引分类	细分考点及易错点
向雇主披露利益冲突（disclosure of conflicts to employer）	• 需要向客户披露的利益冲突必须向雇主披露。 • 任何有可能损害雇主利益的行为都要披露，联系"忠诚"（Loyalty）、"其他报酬安排"（Additional Compensation Arrangement）等知识点。例如，副业、收取客户礼物等

向客户披露利益冲突（disclosure to clients）	• 会员或考生在为客户买入公司股票时，如和该公司存在下列关系，必须及时向客户披露利益冲突：
	  ◦ 会员或考生是该公司的董事会成员、向该公司提供咨询服务或持有该公司的股份。
	  ◦ 会员或考生的雇主与上市公司存在商业关系，例如，该公司的股票发行承销商、做市商（market making）、兼并收购顾问等等。
	• 与客户有利益冲突的费用安排包括：介绍费（referral fees）、激励费（incentive fees）、回扣（rebate）、给予业绩的奖金等

跨部门的利益冲突（cross-departmental conflicts）	• 作为卖方分析师，写分析报告时有可能受到上市公司或投行部的压力。 • 作为买方分析师，可能受到市场部门的压力（因为市场部门要维护与上市公司的业务关系）
股权的利益冲突（conflicts with stock ownership）	• 最常见的一种利益冲突就是分析师自己持有其推荐的股票。一种简便处理方法就是公司强行规定分析师不能持有其推荐的股票，或者要求分析师披露所有持股信息

细则指引分类	细分考点及易错点
作为董事成员的利益冲突 （conflicts as a director）	• 若分析师或基金经理，同时也是某上市公司的独立董事（非上市公司管理层），其利益冲突主要体现在以下三个方面： 　◦ 对客户的职责与对上市公司股东的职责存在利益冲突（例如，经过分析，该分析师认为这家公司股价走弱，则给出"卖出"建议，此行为对客户负责；但是"卖出"建议会进一步导致该公司股价下跌，作为该公司的独立董事，此行为又会伤害该公司的股东，因此两者之间存在冲突）。 　◦ 其获得的报酬可能与上市公司股票相关。 　◦ 有可能获得上市公司重大非公开消息，要避免泄漏非公开信息导致的内幕交易

例题 30.22

Cathy 是 Golden Finance 的一名资深分析师。Cathy 的研究对象包括上市公司 B&W。同时，Cathy 也在 B&W 担任独立董事，B&W 授予 Cathy 公司股份作为报酬。Cathy 没有在研究报告中披露这些信息。请问 CFA® 会员 Cathy 是否违反 CFA® 职业行为准则？

名师解析

Cathy 违反了"冲突披露"（Disclosure of Conflicts）这一细则。Cathy 既在 B&W 担任独立董事，又在写关于 B&W 的研究报告。这种双重角色产生了利益冲突：一方面，Cathy 身为分析师要对客户负责；另一方面，Cathy 身为董事要对 B&W 股东负责。同时，Cathy 因为担任独立董事获得 B&W 的股份，这让其与客户之间也产生了利益冲突。Cathy 可能会利用自己分析师的工作优势，夸大 B&W 的投资价值，抬高股价，Cathy 自己和 B&W 的股东可以从中获利，但代价却是损害了客户利益。因此，无论是担任 B&W 独立董事，还是个人持有 B&W 的股票，都应将这些信息披露给客户和雇主。

30.6.2　Ⅵ(B)交易优先权（Priority of Transactions）

30.6.2.1　内容（Content）

会员和考生、雇主和客户想要交易同一证券标的时，交易的顺序如下：客户第一，雇主第二，会员和考生的个人投资账户排在最后。

30.6.2.2　细则指引（Guidance）

"交易优先权"细则指引如表 30.19 所示。

表 30.19 "交易优先权"细则指引

细则指引分类	细分考点及易错点
避免潜在冲突 (avoiding potential conflicts)	• 会员和考生的个人交易不能损害客户利益（比如，诱惑客户买股票，但自己却卖股票；或者有好股票先给自己买，然后才给客户买）。 • 必须遵从当地法规相关要求
个人交易次于客户交易 (personal trading secondary to trading for clients)	• 客户和雇主的交易必须优先于会员或考生的个人交易。 • 该准则的目的是防止个人交易对客户或雇主的利益产生负面影响。 • 某些客户为了保证利益的一致性，会要求会员或考生与其拥有相同的股票或共同投资（co-investing）。 • 即使客户要求会员或考生共同投资，会员或考生的个人交易以及雇主的交易仍然要放在客户交易之后
非公开信息使用标准 (standard for nonpublic information)	• 会员和考生自己做内幕交易或协助非客户的他人或组织做内幕交易，同时违反此细则和"重大非公开信息"细则。 • 协助客户做内幕交易违反"重大非公开信息"细则
对所有关联账户的影响 (impact on all accounts with beneficial ownership)	• 如果普通家庭成员也是客户，应当一视同仁，不可优先也不可推迟交易。 • 如果个人可以从关联账户中受益，必须事先披露并遵从相关法律法规。 • 直系亲属的账户等同于会员或考生的个人投资账户

例题 30.23

Yuan 是一名基金经理，在 Golden Finance 管理着一只价值型投资基金。Yuan 以他夫人的名义在几家经纪公司持有多个证券账户。当 Yuan 做出买入某只股票的决定时，Yuan 让经纪公司先为他夫人的账户买入股票，再为他所管理的基金买入该股票。请问 CFA® 会员 Yuan 是否违反了 CFA® 职业行为准则？

名师解析

Yuan 违反了"交易优先权"（Priority of Transactions）这一细则。Yuan 将自己夫人的账户交易放在基金之前，可以使他夫人账户的股票购买成本更低，而在基金买股票之时，不仅交易价格更高，而且可能推高股价，这些做法将让他夫人的账户获利，损害了基金客户和雇主的利益。

例题 30.24

Sally 刚向客户推荐一只流动性不高的创业板股票。过了 5 分钟，Sally 也为自己的个人证券账户买入同一只股票。请问 CFA® 会员 Sally 是否违反 CFA® 职业行为准则？

名师解析

Sally 违反了"交易优先权"（Priority of Transactions）这一细则。Sally 向客户推荐的是一支流动性不高的投票，这意味着客户需要较长时间才能完成买入交易。但 Sally 推荐给客户后 5 分钟就为自己买入同一只股票，虽然个人交易时间是在推荐发布之后，但客户在这么短时间内很难完成买入交易。当 Sally 向客户推荐证券时，应评估证券的流动性，确保客户有足够时间完成交易，然后再在自己的账户中进行交易。

30.6.3 Ⅵ(C)介绍费（Referral Fees）

30.6.3.1 内容（Content）

会员和考生必须向雇主、客户和潜在客户披露因推荐产品或服务而收受或支付他人的佣金、利益或好处。

> **知识一点通**
>
> 此准则实际上是准则Ⅵ(A)"冲突披露"的特殊情况。注意，拿介绍费的行为本身是被允许的，但一定要披露。披露介绍费使客户和雇主能评估适当性、潜在的利益冲突、产品和服务的真实成本。

30.6.3.2 细则指引（Guidance）

关于介绍费的披露，需要注意以下两个方面。

（1）披露时间必须在与客户签订正式协议之前（先让客户签协议，然后再告诉客户自己拿了好处是违反准则的）。

（2）披露介绍费必须全面，包括介绍费形式和内容。例如，介绍费是按比例提成模式还是一次性固定费用模式，是现金形式还是非现金形式。注意，如果是非现金的好处，应披露其评估价值的金额。

> **例题 30.25**
>
> Yuan是一名理财顾问。他与某税务筹划公司签订了客户推荐协议。根据该协议，若Yuan向税务筹划公司推荐客户，Yuan将会收到免费的个人所得税管理服务。Yuan总是在潜在客户签订了正式合同后，才向客户披露推荐协议以及收到的好处。请问CFA®会员Yuan是否违反了CFA®职业行为准则？
>
> **名师解析**
>
> Yuan违反了"介绍费"（Referral Fees）这一细则。Yuan因为推荐客户给税务筹划公司收到免费的专业服务，这使Yuan与客户之间存在利益冲突。Yuan可能会为了收到免费个人所得税管理服务而向客户推荐不合适的服务。Yuan应该在客户签订正式合同前就披露介绍费安排，并且披露收到的免费专业服务的评估价值的金额。披露介绍费方便客户评估服务的真实成本和适合性。

30.7 准则Ⅶ:CFA®会员或CFA®考生的责任（Responsibilities as a CFA® Institute Member or CFA® Candidate）

30.7.1 Ⅶ(A) CFA®协会各项目参与者的行为（Conduct as Participants in CFA® Institute Programs）

30.7.1.1 内容（Content）

会员和考生不得从事任何损害CFA®协会声誉、信用的行为，亦不得损害CFA®考试的信誉、有效性和安全性。

> **知识一点通**
>
> 作为群体的一员，必须严格要求自己，不能有抹黑组织形象的行为。此外，考试不能作弊，也不能泄露考题信息。

30.7.1.2 细则指引（Guidance）

"CFA®协会各项目参与者的行为"细则指引如表 30.20 所示。

表 30.20 "CFA®协会各项目参与者的行为"细则指引

细则指引分类	细分考点及易错点
常见的违反行为 （examples of violations）	• 违反考场规定和考生公约。例如，携带禁止物品进入考场、提前答卷、未按时停止答卷等。 • 考试作弊。 • 泄漏考题信息。不能泄露考试中涉及的任何考点、公式及具体题目信息（即使说某个知识点或公式没有考到也不行），但可以讨论有关教材等非保密信息。 • 在职业行为声明（Professional Conduct Statement，PCS）中做出不当陈述。例如，没有披露个人的违法行为和被调查情况
观点的表达 （expression of opinions）	• 会员和考生发表关于协会和考试的个人观点没有违反此细则（前提是没有泄漏协会和考试的非公开信息）。例如，考生说考试很难或者说持证要求太苛刻，这些行为都没有违反准则

> **例题 30.26**
>
> Wang 是 CFA®一级考生。在进入考场时，Wang 携带以下个人物品：胃药、草稿纸和手机。考完试之后，同事问 Wang 考试情况，Wang 回应道："今年的难度整体不大，但职业道德考得挺偏，'独立性和客观性'这个准则今年居然没有考。"请问 CFA®会员 Wang 是否违反 CFA®职业行为准则？
>
> **名师解析**
>
> Wang 违反了"CFA®协会各项目参与者的行为"（Conduct as Participants in CFA® Institute Programs）这一细则。
>
> （1）Wang 不应该带草稿纸与手机进入考场。CFA®考生必须严格遵守考场规定和"考生守则"，不得携带禁止物品（草稿纸、手机、钱包、有摄像功能的眼镜、食品、饮料等）进入考场。可以携带进入考场的物品包括准考证、护照、笔、橡皮擦、计算器（德州仪器的 BA II Plus 或者 Professional 版、惠普的 12C 或者 Platinum 版）和必备药品。
>
> （2）Wang 不应该讨论考题中"道德和行为准则"部分的具体内容。考生不得泄露任何考试信息，无论是讨论出现在考试中的具体内容，还是没有出现在考试中的具体内容，都违反准则。
>
> （3）Wang 说今年考试难度整体不大并不违反准则。发表不涉及考试内容的个人观点通常不违反准则。

例题 30.27

Cindy 是 CFA®持证人。由于涉嫌操纵股票市场，Cindy 受到证券监管委员会调查。但调查结果表明 Cindy 没有违反任何法规。Cindy 在职业行为声明 (Professional Conduct Statement, PCS) 中没有披露此项调查。请问 CFA®会员 Cindy 是否违反 CFA®职业行为准则？

名师解析

Cindy 违反了"CFA®协会各项目参与者的行为"这一细则（Conduct as Partic-ipants in CFA® Institute Programs）。CFA®会员和持证人需要向 CFA®协会递交 PCS，在 PCS 中需要披露涉及个人职业行为的调查。无论调查结果如何，只要被调查，都需要披露。

30.7.2 Ⅶ(B) 关于 CFA®协会、CFA®名衔和 CFA®课程（Reference to CFA® Institute, the CFA® Designation, and the CFA® Program）

30.7.2.1 内容（Content）

会员和考生在提及或引用 CFA®协会、CFA®协会会员、CFA®名衔、CFA®课程相关的经历时，不能错误陈述或夸大其词。

> **知识一点通**
>
> 不能错误陈述 CFA®考生、会员和持证人的资格要求。要正确引用 CFA®考生、会员和持证人身份。不能利用 CFA®考生、会员和持证人身份做出任何夸大陈述。

30.7.2.2 细则指引（Guidance）

"关于 CFA®协会、CFA®名衔和 CFA®课程"细则指引如表 30.21 所示。

表 30.21 "关于 CFA®协会、CFA®名衔和 CFA®课程"细则指引

细则指引分类	细分考点及易错点
CFA®协会会员（CFA® Institute membership）	• 保持 CFA®会员资格有两个必要条件： ○ 每年签署并递交职业行为声明（Professional Conduct Statement, PCS）； ○ 每年支付会费（停缴会费导致 CFA®会员资格失效，重新缴纳会费可使 CFA®会员资格恢复）
使用 CFA®名衔（using the CFA® designation）	• 获得 CFA®持证资格的前提条件：通过 CFA®三个级别考试且至少有三年被 CFA®协会认可的工作经验。 • 只有 CFA®持证人（charterholder）才能使用 CFA®名衔。 • CFA®持证人同时也是 CFA®会员，如要继续使用 CFA®名衔，必须满足保持 CFA®会员资格的要求（递交 PCS，交会费）。 • 不能错误陈述或夸大 CFA®持证资格。例如，CFA®持证人可以说自己通过 CFA®考试提高了自身资产管理技能，但不能说由于自己通过了 CFA®考试，自己的投资业绩会高于他人。 • 在使用 CFA®名衔时，必须放在持证人姓名后面，不能通过任何手段突出 CFA®名衔（字体不能大于持证人姓名、不能加粗、不能附带标点符号等）。CFA®名衔必须是大写或者全称 Chartered Financial Analyst，且只能作为形容词而不是名词，正确使用方式："Jie Yuan, CFA®" "Jie is a CFA® member"。错误使用方式包括："CFA®, Jie Yuan" "Jie, Yuan, cfa" "Jie Yuan, **CFA**®" "Jie Yuan, C.F.A." "Jie is a CFA®"

续表

细则指引分类	细分考点及易错点
CFA®考生 (referring to candidacy in the CFA® program)	• CFA®考生是指已报名注册CFA®考试的考生。考生资格有效时间从考试报名被协会接受开始，到收到考试成绩截止。注意，如果通过某一级别考试，但却不报名参加下一级别考试，则不能称为CFA®考生。 • 考生可以表述自己一次性通过了三个级别的考试（前提是属实），但不能声称由于自己一次性通过了三个级别的考试，自己的能力高于他人。 • 不能表明或暗示获得部分持证资格（partial designation）。例如，如果通过CFA®一级考试，不能说自己持有CFA®一级证书，也不能在简历上做出"Jie Yuan, CFA® Level 1"的类似表述。考试结束后，协会只披露考试结果，且考试结果只披露考生的每个科目的正确率区间，不会披露每个科目的具体分数

例题 30.28

Yuan 是一名刚工作满 2 年的理财顾问。通过 3 年努力，Yuan 在 CFA® 三个级别的考试中都一次性通过。在一次出差旅途中，Yuan 与同一航班上的邻座聊天时说道："我一次性通过所有 CFA® 考试，已具备申请持证的资格。CFA® 持证人都是行业精英，如果您有理财需求，欢迎咨询我，相信我一定能为您提供满意的投资回报。"邻座很惊喜，他自己是 CFA® 持证人，并给了 Yuan 他的名片，上面印着"Dongdong Ma, Cfa"。请问 CFA® 会员 Yuan 和邻座是否违反了 CFA® 职业行为准则？

名师解析

Yuan 和邻座均违反了"关于 CFA® 协会、CFA® 名衔和 CFA® 课程"（Reference to CFA® Institute, the CFA® Designation, and the CFA® Program）这一细则：

（1）Yuan 错误陈述申请 CFA® 持证资格，Yuan 尽管已通过 CFA® 三个级别的考试，但工作刚满 2 年，而申请 CFA® 持证需要至少 36 个月的相关工作经验。

（2）Yuan 说 CFA® 持证人都是行业精英（elite），借 CFA® 持证人身份向客户保证投资回报，这些都是夸大 CFA® 持证含义的行为。

（3）邻座的名片上对 CFA® 名衔的使用方式有误，正确使用方式是"Dongdong Ma, CFA®"。

练一练

The following information relates to Questions 30-1 to 30-6.

Sunrise Case Scenario

Sammy Louis, CFA®, is the head of compliance at Sunrise Asset Management, a manager of both retail and institutional portfolios. The firm recently adopted the CFA® Institute Code of Ethics and Standards of Professional Conduct as its own code and standards (the Code and Standards).

Louis is reviewing Sunrise's compliance procedure and she realizes it needs a few changes to comply with the Code and Standards. She consults with Kelvin Kim, CFA®, who runs an independent consulting firm. Kim sends Louis the compliance manual he uses for his own firm for reference. Louis reads the compliance manual and believes that the document is fully compliant with the Code and Standards. Therefore, Louis slightly advises the table of contents and submits the document to the CEO of Sunrise as her own work.

Louis reviews the marketing materials Sunrise uses to communicate with clients to ensure that everything mentioned in the material is factual and complies with the Code and Standards. The following marketing statements are examined:

Statement 1: Sunrise looks for investments through a top-down approach, including a review of forecasts of economic and industry performance. We evaluate historical and projected company financial status, perform extensive financial ratio analysis, conduct management interviews, and determine target prices using a variety of valuation models.

Statement 2: Sunrise may, at times, hire outside advisers to manage commodity holdings on behalf of clients. These advisers have the necessary expertise to manage commodities.

Statement 3: Sunrise has four CFA® charterholders among its senior management. Their participation in the CFA® Program has enhanced their investment management skills. All of these managers passed the three exams in the shortest time possible.

Louis believes Sunrise's performance presentation policy meets the CFA® Code and Standards because Sunrise's single composite includes all current and terminated client accounts and presentations include the following statement, "Detailed information regarding the performance presentation is available on request."

Louis then reviews Sunrise's record-keeping policy. Currently, the policy requires the retention of hard copies of all supporting documentation for investment recommendations and decisions made during the last five years. This policy meets local regulations. Client meeting minutes and communication logs are kept electronically and backed up on a remote server. This policy also applies to Sunrise's outside independent research contractor, Bobby Lam, who works exclusively for Sunrise. Lam sends his research reports to the head of research, who then archives these electronic copies.

Louis discovers that one of the fund managers, Jackson Koo, recently convinced the performance analyst to ignore one of the funds he managed because that fund is underperformed this year.

Louis creates a confidentiality policy restricting access to existing and prospective client information. The information is only available to personnel who are authorized by the existing or prospective client. The one exception is if the client or prospective client is thought to be conducting illegal activities. In this circumstance, the information can be released without authorization if the information is demanded through a court order or other legal requirements.

30-1 Which of the following CFA® Institute Standards of Professional Conduct did Louis most likely violate regarding the document submitted to the CEO of Sunrise?

 A. Loyalty.

 B. Responsibilities of Supervisors.

 C. Misrepresentation.

30-2 Which marketing statement should Louis most likely revise to conform to the CFA®

Institute Standards of Professional Conduct?

A. Statement 1.　　　B. Statement 2.　　　C. Statement 3.

30-3　Does Sunrise's performance presentation policy most likely meet recommended procedures for complying with the CFA® Institute Standards of Professional Conduct?

A. No, because of the structure of the composite.

B. Yes.

C. No, because it is not in compliance with the GIPS standards.

30-4　Sunrise's record-keeping policy is most likely in violation of Standard V(C): Record Retention with regard to the:

A. keeping of hard and electronic copies.

B. retention of Lam's research report.

C. retention time frame.

30-5　In response to Koo's actions, Louis should least likely recommend which of the following actions to prevent violations of the CFA® Institute Standards of Professional Conduct?

A. Investigate further.

B. Increase supervision of Koo.

C. Report Koo to CFA® Institute.

30-6　Does Louis's confidentiality policy most likely violate Standard III(E): Preservation of Confidentiality?

A. Yes, with regard to client status.

B. Yes, with regard to type of information.

C. No.

答案与解析

30-1　C

选项 A，Louis 的行为没有涉及对雇主不忠诚。

选项 B，Louis 的行为没有涉及监管者的职责。

选项 C，Louis 直接拿了 Kim 公司的合规制度作为自己的工作成果，属于抄袭行为，违反了"曲解"（Misrepresentation）细则。

30-2　B

Statement 1 充分解释了 Sunrise 运用自上而下的投资策略，符合准则，不需要修改。

Statement 2 只是告诉客户有外部机构帮忙管理大宗商品投资，并且外部机构有实力管理，这是不足够、不充分的，还需要与客户或潜在客户沟通外部机构的投资策略、过去投资回报、合规流程等，需要修改。

Statement 3 正确引用了 CFA® 名衔，没有夸大 CFA® 的含义，符合准则，不需要修改。

因此，选项 B 正确。

30-3　A

选项 A，Sunrise 应该运用组合群（composite）向客户准确完整地披露过去的业绩。在构建组合群时，应该把运用相似投资策略的投资组合归到一类来计算组合群，而不应该把所有的投资组合的业绩都放到同一个组合群里面去衡量。

选项 B，Sunrise 的业绩陈述制度不符合准则要求。

选项 C，CFA®职业行为准则没有要求基金公司一定要遵守 GIPS。

30-4 B

选项 A，文件保留的方式可以是纸质版，也可以是电子版。因此，Sunrise 在文件保留方式上没有违反准则。

选项 B，当外部顾问把研究报告发给 Sunrise 的时候，不仅要把报告发给 Sunrise，也要把报告的支持性文件发给 Sunrise 存档。

选项 C，关于文件保留的年限，如果有法律法规规定，则按照法律法规规定；如果没有当地法律法规规定，则建议至少保留 7 年。因此，Sunrise 在文件保留年限上符合当地法律法规规定，没有违反准则。

30-5 C

选项 A，Louis 应该对违反 CFA®职业行为准则的行为进行充分调查。

选项 B，Louis 应该对 Koo 加强监督。

选项 C，Louis 发现 Koo 影响业绩分析师的独立性和客观性，试图掩盖自己的不良业绩，Louis 作为合规管理人员，应当采取相应措施，但不需要向 CFA®协会报告。

30-6 A

选项 A，根据 CFA®职业行为准则，客户信息保密不仅针对现有客户和潜在客户，也针对以前的客户。Louis 制定的保密制度没有覆盖以前的客户，因此违反准则。

选项 B，如果客户行为涉及违法行为，可以披露给有关部门。保密制度中关于保密内容的部分符合准则要求。

选项 C，由于保密制度没有覆盖以前的客户，因此违反准则。

第 31 章 职业行为准则的应用

章节导学

知识引导

本章通过案例分析,帮助考生了解如何实际运用 CFA® 职业行为准则。

考点聚焦

本章包括 4 个案例分析,案例情景与考试案例较为相似。考生需要通过案例情景判断相关行为或者相关工作制度是否违反 CFA® 职业行为准则,如果违反了,具体违反的是哪一条细则。

本章框架图

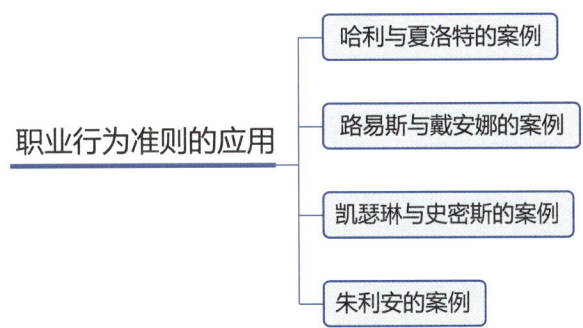

31.1 哈利与夏洛特的案例

—考点要求—
评估（evaluate）与 CFA® 职业行为准则相关的职业行为以及工作制度（★★）

哈利今年刚毕业且通过了 CFA® 一级考试。哈利的第一份工作是在金融服务公司高登的财富管理部门，他的上司是夏洛特。哈利向夏洛特提交了印名片的申请，名片上，哈利把自己称为"CFA®, Level I"。夏洛特跟哈利说，他还应该在名片上加上预计可以取得 CFA® 名衔的时间。

夏洛特向哈利介绍了部门的其他同事，并且介绍了团队过去的业绩。团队过去两年获得的投资业绩优于市场指数，也优于其他团队的业绩。夏洛特认为，团队取得好的投资业绩与团队维持与研究部之间的良好关系有关。由于高登公司的 IT 系统不够先进，研究部发布的研究报告和投资建议需要花 45 分钟才会在公司网站上显示出来，客户才会收到邮件。研究部在投资建议向客户公开前就打电话给夏洛特的团队，告知他们新的投资建议。因此，夏洛特的团队就可以帮助客户先交易，避免投资建议公开后股价波动对客户造成不利影响。

哈利通过了 3 个月的试用期，夏洛特认为哈利可以接待客户了。夏洛特准备让哈利向潜在客户怀特夫妇介绍业务。哈利准备了一份高登公司财富管理部门的历史业绩报告。为了简化业绩展示，哈利把已经终止管理的基金业绩从业绩报告中剔除。第二天，夏洛特和哈利与怀特夫妇开了个 30 分钟的短会，怀特夫妇说自己对金融市场不太熟悉，只希望有个稳定的收益保证他们有足够的资金环游世界。夏洛特和哈利随即展示了他们准备的业绩报告，并且给他们推荐高登可以提供的服务。

怀特夫妇对夏洛特和哈利做的业绩介绍非常满意，同意把 740 万美元交给夏洛特和哈利管理。哈利感到十分兴奋，并发了一条朋友圈："怀特夫妇成为我的第一个客户！感到非常荣幸！"

—考点要求—
解释（explain）职业行为以及工作制度是否违反 CFA® 职业行为准则（★★）

哈利与夏洛特的职业行为分析如表 31.1 所示。

表 31.1 哈利与夏洛特职业行为分析

违反细则	准则要求	不当行为
Ⅶ（B）关于 CFA® 协会、CFA® 名衔和 CFA® 课程（Reference to CFA® Institute, the CFA® Designation, and the CFA® Program）	（1）不能表明或暗示获得部分持证资格（partial designation）。 （2）不能预测未来通过考试或者取得 CFA® 名衔的时间	（1）名片上哈利把自己称为"CFA®, Level I"。 （2）夏洛特让哈利在名片上加上预计可以取得 CFA® 名衔的时间
Ⅲ（B）公平对待（Fair Dealing）	会员和考生在提供投资分析、做投资建议、采取投资决策或者是其他活动的时候要公平、客观地对待所有的客户	（1）研究部在投资建议通过网络或者邮件公开前就打电话告知夏洛特的团队，没有公平对待所有客户。 （2）夏洛特的团队帮助客户先交易，其他客户 45 分钟后收到投资建议后再交易，交易价格更差。夏洛特团队的行为损害了其他客户的利益
Ⅲ（D）表现介绍（Performance Presentation）	陈述业绩的时候要包含已被终止或者清盘的账户	为了简化业绩展示，哈利把已经终止管理的基金业绩从业绩报告中剔除

续表

违反细则	准则要求	不当行为
Ⅲ（C）适当性（Suitability）	在做出投资建议或是进行投资之前，仔细调查客户或者潜在客户的投资经验、风险和收益目标以及一些财务方面的限制条件	夏洛特和哈利只与怀特夫妇开了个30分钟的短会，未详细了解客户的投资目标和投资限制，就给他们推荐服务和产品
Ⅲ（E）保密（Preservation of Confidentiality）	会员和考生不能泄漏以前、当前和潜在客户的信息	哈利发了一条朋友圈，把怀特夫妇成为他的客户的信息泄露出来，违反客户信息保密原则

31.2 路易斯与戴安娜的案例

路易斯是 CFA®持证人，他在中顿资产管理公司担任研究员。他写了一份针对 STAR 公司的研究报告，并且对 STAR 公司出具了正面评级，建议买入。但是在他的报告中，他并没有披露 STAR 公司和中顿资产管理公司的控股股东都是 DM 集团。他也没有披露他持有 DM 集团的优先股以及 DM 集团的认股权证。在路易斯公开了他对 STAR 公司的投资建议 3 个月之后，路易斯用自己的账户做空了 STAR 公司的股票，他也没有披露这笔做空交易。

戴安娜是最近加入中顿资产管理公司的一名投资顾问，她以前就职于常发证券。从常发证券离职后，她立刻通过个人社交软件和邮件通知她的老客户，她已经离开了常发证券，并且招徕他们把业务转移到中顿。如果她的老客户同意把业务转移到中顿公司，戴安娜将获得一笔奖金。戴安娜并没有向客户披露这个奖金安排。

最近，中顿公司打算参与 MOON 公司的首次公开发行股票的认购。戴安娜通知客户，MOON 公司的新股非常抢手，不一定能成功申购。中顿公司的新股分配政策是，如果客户承诺在新股交易第一天追加买入该新股，则会优先获得新股分配。

乔治是戴安娜的客户之一。戴安娜某天接到乔治夫人的电话，乔治夫人说乔治患了重病，因此需要赎回部分基金份额支付医药费。按照乔治夫人的要求，戴安娜完成了价值 15 万美元的基金份额的赎回。在赎回申请书上，戴安娜做了以下备注："赎回是按照乔治夫人的要求完成，乔治夫人可以代表她丈夫乔治。"

路易斯与戴安娜的职业行为分析如表 31.2 所示。

表 31.2 路易斯与戴安娜职业行为分析

违反细则	准则要求	不当行为
Ⅵ（A）冲突披露（Disclosure of Conflicts）	（1）对于任何可能影响其履行对客户或潜在客户应尽职责或影响其独立性、客观性的事项，会员或考生必须向客户和潜在客户完整、公正地披露。 （2）需要向客户披露的利益冲突包括： ① 当事人是上市公司的董事会成员、向上市公司提供咨询服务，或持有股票等； ② 当事人的雇主与上市公司存在商业关系； ③ 与客户有利益冲突的费用安排：介绍费（referral fees）、激励费（incentive fees）、回扣（rebate）、基于业绩的奖金等	（1）由于路易斯所在的中顿资产管理公司和他推荐的 STAR 公司同属一个控股股东 DM 集团，这一层关联关系有可能会影响路易斯推荐 STAR 公司的独立客观性，因此需要向客户披露。 （2）路易斯自己持有控股股东 DM 集团的优先股和认股权证，他有可能会为了推高 DM 集团的股价，而写一份推荐子公司 STAR 股票的研究报告。因此，需要把他个人持股的情况向客户披露。 （3）戴安娜没有向客户披露奖金安排。戴安娜有可能会为了获得奖金，向客户推荐不适合的服务。因此，戴安娜需要向客户披露奖金安排

续表

违反细则	准则要求	不当行为
Ⅱ(B) 操纵市场（Market Manipulation）	会员和考生禁止通过扭曲市场价格或者人为放大交易量的方式误导其他市场参与者	客户想要获得新股分配，需要承诺在新股交易第一天追加买入该新股，则新股第一天的股价会被人为推高，交易量会被扭曲，属于操纵市场
Ⅲ(B) 公平对待（Fair Dealing）	当证券发行出现超额认购（over-subscribed）时，应按照客户申购资金比率进行公平分配	中顿公司的新股分配政策是，如果客户承诺在新股交易第一天追加买入该新股，则会优先获得新股分配，该政策违反"公平对待"细则，中顿公司必须按照申购资金比率（pro rata）进行公平分配
Ⅲ(A) 忠诚、审慎和谨慎（Loyalty, Prudence, and Care）	会员和考生有对客户忠诚的责任，应识别真正的客户	戴安娜的客户是乔治，不是乔治夫人。因此不能凭乔治夫人的一面之词就执行赎回，除非戴安娜获得真正的客户乔治亲笔签字同意赎回，或者获得乔治亲笔签字的委托代理书（power of attorney），委托乔治夫人暂代管理账户

31.3 凯瑟琳与史密斯的案例

凯瑟琳是胜利基金的基金经理。由于凯瑟琳过去取得了很好的业绩回报，因此被称为明星基金经理，也经常被邀请参加一些财经电视节目。在最近几年，随着凯瑟琳参加的电视节目越来越多，凯瑟琳已经不实际参与基金管理，实际帮客户选择投资产品以及做投资决策的是凯瑟琳的下属约翰。但在最近几年的业绩报告中，胜利基金仍然对外宣称，负责投资决策的是凯瑟琳。

凯瑟琳最近打算从胜利基金离职，自己开一家基金公司。胜利基金的董事们与凯瑟琳沟通，由于凯瑟琳是胜利基金的明星基金经理，希望凯瑟琳对离职的消息保密两周，等到胜利基金今年年报出来之后再公开她的离职消息，同时给公司一点时间去找顶替凯瑟琳位置的基金经理。凯瑟琳同意了。与董事们开完会之后，凯瑟琳与她的组员又开了一个小会，告诉他们她要离职的消息，并且询问是否有人愿意跟她一起离开胜利基金。

胜利基金的首席投资官和另外两位董事在与凯瑟琳的沟通会议结束后，立刻把手上持有的胜利基金的股票卖掉了。

史密斯是凯瑟琳的另外一名下属。凯瑟琳离开胜利基金之后，史密斯在常青资产管理公司找了一份新工作，担任投资顾问。史密斯喜欢给客户推荐新股，客户认购成功的话，他可以收到发行人的佣金。常青公司不要求员工向客户披露佣金安排，但如果客户问的话，史密斯需要告诉客户。

史密斯最近接待了格林夫妇，格林夫妇风险承受能力低。史密斯把格林夫妇2/3的资金都用来申购新股，每只新股的持有时间不超过5个月。史密斯的上司在做季度考核时，发现了史密斯特别喜欢给客户配置新股，并且把这个情况上报给了公司合规部。

凯瑟琳与史密斯的职业行为分析如表31.3所示。

表 31.3 凯瑟琳与史密斯职业行为分析

违反细则	准则要求	不当行为
Ⅴ(B) 与客户和潜在客户沟通（Communication with Clients and Prospective Clients）	向现有客户和潜在客户披露分析投资、选择证券、构建投资组合等投资过程中的基本形式和一般原则	胜利基金没有真实地向客户披露实际参与选股和投资决策的是约翰，不是凯瑟琳
Ⅳ(A) 忠诚（Loyalty）	会员或考生必须根据雇主利益行事，不得从事其他损害雇主利益的行为	凯瑟琳答应了在两周内不公开她离职的消息，却跟下属说了，违背了诺言，损害了雇主利益
Ⅱ(A) 重大非公开信息（Material Nonpublic Information）	会员和考生在掌握足以影响投资价值的重大非公开信息的情况下，禁止自己使用或是让他人使用这个重大非公开信息	明星基金经理凯瑟琳离职是重大消息，并且未公开。首席投资官和另外两位董事把手上持有的胜利基金的股票卖掉了，属于利用重大非公开信息为自己获利
Ⅵ(A) 冲突披露（Disclosure of Conflicts）	对于任何可能影响其履行对雇主、客户或者潜在客户应尽职责或影响其独立性、客观性的事项，会员或考生必须向其雇主、客户和潜在客户完整、公正地披露	史密斯给客户推荐新股，同时可以获得佣金。客户可以合理怀疑史密斯为了获得佣金，给他们推荐不合适的股票。因此必须要主动向客户披露，而不是客户问才披露
Ⅲ(C) 适当性（Suitability）	在做出投资建议或是进行投资之前，确定投资与客户的财务状况、目标、委托和限制条件相一致	格林夫妇风险承受能力低，史密斯应该给格林夫妇配置更加保守的产品，而不是主要帮客户配置短期持有且波动性更高的新股
Ⅳ(C) 作为上司的责任（Responsibilities of Supervisors）	当上司发现雇员违反法规时，必须立刻作出反应，进行调查评估。同时，应采取措施确保违反行为不会重复出现，限制该雇员的行为并加强监管	史密斯的上司发现史密斯有可能为了获得更多佣金，而给不合适的客户配置更多新股，应当立刻进行调查评估，限制史密斯的活动，对他做出处罚，而不是仅仅向合规部报告

31.4 朱利安的案例

朱利安 MBA 毕业后的第一份工作是在 ABS 私人银行。他的上司让他帮客户陈先生开户。陈先生填好了开户申请表，并且在表上签了字。朱利安按照公司开户制度要求，开始询问陈先生的一些基本情况，包括投资经验、投资目标、风险承受能力等。陈先生开始变得不耐烦，跟朱利安说："我很忙，没时间回答这些问题。我的钱只打算投资短期国债，所以没必要回答你的这些问题。同时，麻烦你销毁所有记录和档案，因为我的个人信息都必须保密。"在会议结束前，陈先生还告诉朱利安，最近会有几笔大资金汇入他这个新的个人账户，这些钱都来自他的海外账户。朱利安按照陈先生提供的简单的个人信息帮助他撰写投资策略说明，顺利地帮助陈先生开了他的个人账户，并且销毁了他跟陈先生的会议记录以及陈先生提供的所有个人资料。

开会后的两天，陈先生的账户收到了一笔 7 000 万元的汇款。朱利安打电话给陈先生核实这笔大额汇款的来源以及真实性，陈先生支支吾吾地回答。之后陈先生的账户又陆陆续续收到了4笔共1亿元的汇款。朱利安怀疑陈先生在洗黑钱,并且把他的怀疑告诉了他的上司,上司说他只需要保证客户的钱可以及时进入账户就行,其他的不用管。

朱利安的新客户谭女士今年70岁,刚退休。她希望把钱投资到波动性较小的股票上,使她有能力支付她孙子私人学校的学费。谭女士听闻最近原油期货联接的理财产品收益特别高,朱利安把产品简介小册子展示给谭女士,并向她介绍了该款理财产品的收益特征。虽然谭女士对原油期货是什么和原油期货怎么交易都不太清楚,但她仍然决定要花50%的资金认购。

朱利安的职业行为分析如表31.4所示。

表31.4 朱利安职业行为分析

违反细则	准则要求	不当行为
Ⅴ(C) 保留记录 (Record Retention)	会员或考生必须记载和保留适当的记录,以支持投资分析、建议、行动以及与客户和潜在客户沟通的投资相关事项	朱利安不能因为陈先生要求,就销毁会议纪要以及客户资料,必须要存档保存
Ⅲ(C) 适当性 (Suitability)	在做出投资建议或进行投资之前,仔细调查客户或者潜在客户的投资经验、风险和收益目标以及一些财务方面的限制条件,并且必须定期评估、更新这些信息	虽然陈先生主要投资国债产品,但朱利安还是有必要在充分了解陈先生的投资经验、收益目标和风险目标后,再详细撰写谭先生的投资策略说明
Ⅳ(C) 作为上司的责任 (Responsibilities of Supervisors)	作为上司,必须采取一切合理的努力以监督下属,确保下属遵守有关法律、法规、条例以及CFA®道德操守以及职业行为准则	朱利安的上司应该与朱利安一起调查客户陈先生是否涉及洗黑钱,而不应该让朱利安不要管。作为上司,其没有采取及时的措施,避免朱利安以及公司参与洗黑钱交易
Ⅲ(C) 适当性 (Suitability)	当客户提出不合适的投资要求时: (1)若对客户的投资组合影响不大,在提醒客户后,可以遵从客户的要求; (2)若对客户的投资组合影响重大,则要求更新IPS,如果客户拒绝更新IPS,就要考虑是否终止投顾关系	根据谭女士的风险承受能力,资金应当主要投资波动性比较小的投资产品。原油期货产品是风险较大的产品,对谭女士投资组合风险影响较大。因此,朱利安应当调整谭女士的IPS,而不是直接帮谭女士认购

练一练

The following information relates to Questions 31-1 to 31-6.

Tom Durant Case Scenario

Tom Durant, CFA®, used to manage all equity portfolios at Thunder Asset Management, a small regional asset management firm. Two weeks ago, Durant left Thunder and joined Warrior Investment as vice president. After his leaving, Durant successfully persuades two of his former clients, Adam Smith and Roger Davis, to transfer their capital from Thunder to Warrior. Based on reasonable and adequate research, Durant recommends these two clients to diversify their portfolios into commodities. He refers them to a futures company which specializes in commodity investments. After one of the clients, Davis, made a decision to invest, Durant fully disclosed the fact that the futures company would pay him a referral fee.

Two weeks after he joined in Warrior Investment, Durant is shocked by the breaking news in today's front page, which says that some executives of Thunder Asset Management are deeply involved in a bribery scandal about IPO. However, the article does not mention any details of the scandal. When working for Thunder, Durant has been in charge of this IPO of a stock, and he did not discover any behavior involving bribery. To get more details about this scandal, he calls his former colleague, Reggie Miller, who is responsible for the supervision of the IPO process. Miller tells Durant that he is also shocked by this news. The prospectus for the IPO was diligently prepared by the team and he did not discover any illegal actions during the whole process. Durant agrees with Miller's statement.

To avoid similar things happening in Warrior Investment, Durant decides to review Warrior's policies and procedures to make sure that they do comply with the CFA® Institute Standards of Professional Conduct. After his review, he recommends that Warrior should change its policies related to conflicts of interest. Specifically, he suggests the following three policies:

Policy 1: Family accounts that are client accounts should trade after all other client accounts.

Policy 2: Under no circumstances can employees participate in any private placements.

Policy 3: Under no circumstances can employees accept any form of gift, benefits, compensation.

The next day, a very important prospective client comes to Durant's office to consult some information about the Warrior Investment. Durant introduces Warrior's investment style to the customer, and adds, "All of our investment decisions are based on thorough analysis of research reports which are offered by third-party research providers. If you choose our financial product, we can guarantee you a minimum return of 4.5%. If the actual return is lower than the minimum requirement, our company will pay your difference." The client then asks about Warrior's organizational structure and executives' working experience. Not wanting to lose this important client, Durant deliberately avoids mentioning the fact that he has worked at Thunder, and it is now deep in the scandal of bribery. He just gives the company's brochure to the client and says all related information can be found there. This brochure was written eight months ago.

In spare time, Durant likes to practice yoga. Recently he receives a paid part-time job offer as a yoga instructor. He accepts this offer but does not disclose it to his company. Meanwhile, another famous investment company asks Durant to develop a financial model that can make investment decisions according to dynamic market data. Durant accepts this well-paid job, and then discloses it to his supervisor.

It turns out that this financial model built by Durant is very effective. One day, his model sends a signal that the stock of ABC Company has a large probability that will rise. With further in-deep research, he gives a strong buy recommendation on ABC's stock, and presents his forecast on his personal blog which is contrary to the conclusion of the company's published research.

31-1 With regard to his actions related to his former clients, does Durant most likely violate the CFA® Institute Standards of Professional Conduct?

A. Yes, with regard to soliciting former clients.

B. Yes, with regard to referral fees.

C. No.

31-2 Based only on the information given in this case, does Durant or Miller violate the CFA® Institute Standards of Professional Conduct?

A. Yes, both Durant and Miller most likely violate the Standard V(A): Diligence and Reasonable Basis.

B. Yes, Miller most likely violates the Standard IV(C): Responsibilities of Supervisors.

C. No.

31-3 Would Durant's suggestion about conflicts of interest policies most likely violate the CFA® Institute Standards of Professional Conduct?

A. Yes, in regard to Policy 1.

B. Yes, in regard to Policy 2.

C. Yes, in regard to Policy 3.

31-4 When communicating with the prospective client, does Durant comply with Standard I(C): Misrepresentation?

A. No, because of the use of a third party's research report.

B. No, because of the guaranteed minimum return.

C. No, because of offering the past brochure to the client.

31-5 With regard to accepting part-time jobs, does Durant comply with Standard IV(A): Loyalty?

A. No, because he accepts the job offer as a yoga instructor only.

B. No, because he accepts the job to develop a financial model only.

C. No, because he can't accept any job mentioned above.

31-6 With regard to the strong buy recommendation given by Durant, does Durant violate the CFA® Institute Standards of Professional Conduct?

A. No.

B. Yes, because the strong buy recommendation is not based on the adequate analysis.

C. Yes, because he is not allowed to express a recommendation different from the firm's current published recommendation.

答案与解析

31-1 B

选项A，Durant在已经离开原公司的情况下，招徕原客户是不违反道德准则的。

选项B，Durant仅在客户做出投资决定之后才披露其获得的介绍费，这是不够的，必须在劝说客户投资时就披露其将拿到介绍费。

选项C，Durant违反了"介绍费"这一细则。

31-2 C

选项 A，由于 Durant、Miller 及整个团队在制作招股说明书时是勤勉的，因此不违反准则。

选项 B，Miller 没有违反"作为上司的责任"这一细则。

选项 C，由于题目中已经强调了 Durant、Miller 及整个团队在制作招股说明书时是尽职的，因此不违反准则。并不是只要出事，上司就违反准则了，因为不管如何严苛的监管都不能保证整个流程中没有个别人违反。只有在监管不到位的情况下（如监管条例不完善，应该发现但没有发现下属犯错），上司才违反准则，因此 Miller 没有违反"作为上司的责任"这一细则。

31-3 A

选项 A，只要是客户就必须公平对待，不能为了显示工作而差别对待或者亏待亲属的账户（前提是亲属必须是公司的客户）。

选项 B，限制员工参与私下配售（private placement）符合 CFA® 职业行为准则。

选项 C，CFA® 职业行为准则没有说不能接受任何礼物，只是强调不能接受有可能被认为会影响独立性和客观性的礼物。虽然 Policy 3 比 CFA® 职业行为准则更严苛（任何形式的礼物都不能拿），但并没有违反 CFA® 职业行为准则。

31-4 C

选项 A，使用第三方研究报告并不违反准则，并且 Durant 把这个情况告诉了顾客，且最终投资决策是经过透彻分析的，不是盲目使用第三方研究报告。

选项 B，Durant 不能保证客户某个投资一定盈利，但可以为客户提供保底的理财产品（要是没达到最低收益，公司自掏腰包补差价），这是不违反准则的。

选项 C，Durant 为了不失去这个客户，故意隐瞒了自己的工作经历，并给客户过时的公司介绍手册，这是违反准则的。Durant 是两周前才上任当 VP 的，这属于公司重要高管变动，不能故意隐瞒客户。

31-5 B

选项 A，Durant 可以接受瑜伽教练的工作，且不需要向上级汇报，因为这个工作与其本职工作不相关。

选项 B，Durant 不能擅自接受为另一个公司开发投资模型的工作，因为这是与其所在公司具有竞争性的业务。文中 Durant 是在接受这份工作后，才告知公司的，这是违反准则的，必须事先征得公司同意后才能接受。

选项 C，Durant 可以接受瑜伽教练工作。

31-6 C

选项 A，Durant 不能自己在博客上擅自公布与公司推荐评级相反的结论。

选项 B，文中指出，Durant 在得到结论时是经过充分论证的，已经尽了尽职义务。

选项 C，Durant 不是不能得出相反结论，但在公司已经公开发表推荐评级的情况下，Durant 必须和公司撰写报告的人讨论，如果要更改评级，必须及时通知所有客户，而不是自己在博客上擅自公布结论。

第32章 资产管理者规范

章节导学

知识引导

本章介绍和解释CFA®资产管理者规范（Asset Manager Code，AMC）。资产管理者规范是CFA®协会针对资产管理公司制定的一套自愿遵守的职业道德操守，包含6条一般原则及6条职业行为准则。资产管理者规范帮助资产管理公司及其员工规范个人职业行为，帮助他们为客户提供更加优质的服务，增强客户对资产管理公司的信任。本章将对资产管理者规范6条一般原则及6条职业行为准则的建议与指引进行总结与归纳。

考点聚焦

本章是重点考查章节，有可能单独考1个案例，也可能与CFA®职业行为准则结合起来考1个案例，考点集中在资产管理者规范6条职业行为准则的建议与指引。本章考点与7大CFA®职业行为准则及22条细则有重复，掌握7大准则及22条细则有助于考生解答本章相关题目。考生需要判断资产管理者是否违反资产管理者规范，违反哪一条准则以及如何避免违反准则。

本章框架图

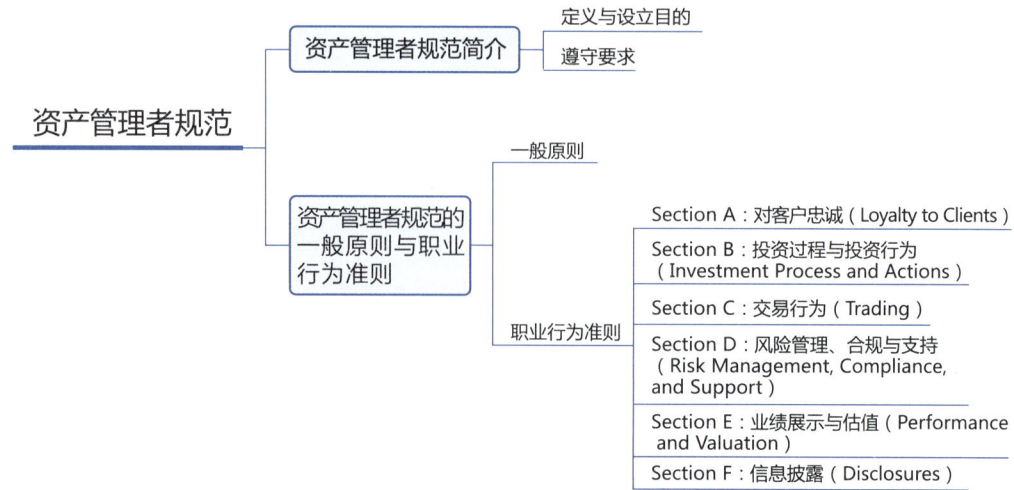

32.1 资产管理者规范简介

32.1.1 定义与设立目的

资产管理者规范是 CFA® 协会针对资产管理公司制定的一套职业道德操守。资产管理公司可自行选择是否遵守，不做强制要求。

资产管理者规范所指的资产管理公司，既可以从事面向高净值客户的一对一独立账户管理，也可以从事共同基金以及对冲基金等等的投资管理。

资产管理者规范需要自上而下推行，由高层人员主导，公司全体员工共同遵守，才能最大程度保障客户利益，维护并提高公司声誉。

—考点要求—
解释（explain）资产管理者规范的设立目的以及遵守该规范可以给公司带来的好处（★）

> **知识一点通**
>
> 资产管理者规范与 CFA® 职业行为准则的适用对象有区别。资产管理者规范主要面向资产管理公司，CFA® 行为准则主要规范个人行为。资产管理者规范是自愿遵守，不具有强制性；CFA® 职业行为准则要求 CFA® 考生和会员必须遵守，具有强制性。

32.1.2 遵守要求

资产管理公司遵守资产管理者规范，有以下要求。

（1）资产管理公司必须遵守所有适用的法律法规。

（2）资产管理公司必须遵守资产管理者规范的全部要求，不能只遵守其中部分内容。

（3）资产管理公司需要审查原有的工作规定与合规流程，以确定是否全部满足资产管理者规范的要求。对不满足要求的流程规定，公司必须按照要求进行修改。

（4）资产管理公司一旦遵守了资产管理者规范的全部要求，需在 CFA® 协会官网进行在线登记。但是，在线登记只是出于沟通和信息收集的目的，CFA® 协会不会对宣称遵守资产管理者规范的公司进行认证或审查。

（5）资产管理公司遵守资产管理者规范，应当按照以下模板做出对外声明：

"[Insert name of Firm] claims compliance with the CFA® Institute Asset Manager Code of Professional Conduct. This claim has not been verified by CFA® Institute."

"【公司名称】遵守 CFA® 协会资产管理者规范。此声明未经 CFA® 协会认证。"

32.2 资产管理者规范的一般原则与职业行为准则

32.2.1 一般原则

根据资产管理者规范的要求，资产管理公司必须对客户履行以下 6 条一般原则。

（1）对待客户时，始终保持专业性，符合道德规范要求。

—考点要求—
解释（explain）资产管理者规范的一般原则以及职业行为准则（★★）

（2）以客户利益为先。
（3）对待客户时，自身保持独立性和客观性。
（4）用专业知识以及专业技能，尽职尽责地服务客户。
（5）及时与客户沟通且沟通内容需准确无误。
（6）维护资本市场健康发展，遵守所有适用的法律法规。

32.2.2 职业行为准则

—考点要求—
决定（determine）资产管理公司是否遵守资产管理者规范6条职业行为准则（★★★）

资产管理者规范共有6条职业行为准则。本章将每条准则的建议与指引内容以表格形式呈现，考生须掌握每条准则对应表格中的建议与指引内容。

32.2.2.1 Section A：对客户忠诚（Loyalty to Clients）

"对客户忠诚"准则内容指引如表32.1所示。

表32.1 "对客户忠诚"准则内容指引

准则指引分类	建议与指引内容
A（1）客户利益至高无上	• 客户利益高于个人利益。 • 建立完善的工作流程与制度，确保投资标的的选择、交易执行、交易跟踪、托管及确定基金经理报酬等各个环节，均符合客户利益，避免产生利益冲突
A（2）客户信息保密	• 制定客户信息保密的规章制度。 • 一旦发现客户有违法违规行为，资产管理公司应向有关监管部门汇报，不应帮客户隐瞒违法违规行为。 • 健全反洗钱制度，避免参与洗钱交易

A（3）保持独立性和客观性	• 不能接受任何有可能损害独立性和客观性或者影响对客户忠诚的礼物或者招待安排。
	• 基于当地法律法规，制定接受客户礼物及招待安排的规章制度。制度中应至少包含以下内容：
	  ◦ 明确可接受客户礼物或者招待安排的最高金额，员工得到某客户赠送的礼物或招待安排，不得超过某个上限金额；
	  ◦ 不可收取现金形式的礼物；
	  ◦ 接受客户礼物以及招待安排，需要做登记，并且向上级或者合规部门汇报

> **备考小贴士**
>
> 考生可以联系资产管理者规范与CFA®职业行为准则的相关内容进行记忆。资产管理者规范Section A "对客户忠诚" 3条准则指引与CFA®职业行为准则的联系如表32.2所示。
>
> 表32.2 "对客户忠诚"准则与CFA®职业行为准则的联系
>
> | Section A 对客户忠诚 | CFA®职业行为准则 |
> | --- | --- |
> | A（1）客户利益至高无上 | Ⅲ（A）忠诚、审慎和谨慎（Loyalty, Prudence, and Care） |
> | A（2）客户信息保密 | Ⅲ（E）保密（Preservation of Confidentiality） |
> | A（3）保持独立性和客观性 | Ⅰ（B）独立性和客观性（Independence and Objectivity） |

32.2.2.2　Section B：投资过程与投资行为（Investment Process and Actions）

"投资过程与投资行为"准则内容指引如表 32.3 所示。

表 32.3　"投资过程与投资行为"准则内容指引

准则指引分类	建议与指引内容
B（1）合理关怀，审慎决策	• 资产管理公司应当根据客户的收益与风险目标以及客户的投资要求，合理运用自己的专业技能、尽职尽责、审慎且明智地帮助客户做出交易决策，避免损害客户利益
B（2）禁止市场操纵	• 资产管理公司不可以散播谣言或不真实信息误导市场参与者，影响证券市场价格。 • 资产管理公司不可以通过非法交易手段操纵交易量和价格
B（3）公平对待所有客户	• 资产管理公司不可以在损害其他客户利益的情况下，给予任何客户优待。 • 差异化服务是允许的，前提是向客户充分披露。 • 资产管理公司可以帮助客户作出跟投行为（"side letter""sidecar""tag-along" arrangements）。跟投行为并不损害任何客户的利益，是资产管理者规范允许的行为
B（4）投资决策时应该有合理及充分依据	• 资产管理公司做出投资决策前，必须保持合理谨慎，有理有据，做好尽职调查。尽职调查的范围与以下 3 个因素有关。 　◦ 是否有参考第三方研究报告做出决策。资产管理公司可以参考第三方研究报告，前提是对研究报告中所使用的前提假设、报告的完整性、数据的可靠性以及报告的独立客观性做过评估核查。 　◦ 资产管理公司使用的投资策略。第一，被动投资策略与主动投资策略要求的尽职调查深度有差异，被动投资策略更多是跟踪指数，不需要挖掘太多基本面信息；运用主动投资策略，需要更深入的尽职调查，深入了解每一个潜在的投资机会。第二，如果投资策略过于复杂，资产管理公司需要与客户充分沟通策略的复杂性，并进行压力测试，确保该项投资策略适合该客户。 　◦ 投资产品的特征。资产管理公司需要充分了解投资产品的交易方式、流动性、交易对手方风险等因素
B（5）管理有既定投资风格或投资策略的组合	• 资产管理公司不需要了解每一个客户的投资目标与需求，只需要根据投资组合募集说明书或其他募集相关文件中约定的投资风格或投资策略进行投资即可。 • 如果资产管理公司希望根据市场最新情况，调整投资风格或策略，应当及时向客户披露，并进行事先沟通。获得客户认同与许可后，方可调整原来的投资风格或策略。 • 若部分客户不认同新的投资风格或策略，应当允许他们赎回基金份额，且不征收任何罚金
B（6）管理一对一独立账户	• 了解客户的投资回报目标、风险承受能力、投资期限、流动性要求、财务限制或任何税收、负债等方面的独特需求，撰写专属某位客户的投资政策说明（investment policy statement，IPS）。 • 在必要的时候以及至少每年重新了解客户情况，更新 IPS。 • 按照 IPS 进行战略型资产配置，按照 IPS 约定履行责任。 • 选择合适的投资回报比较基准（benchmark），并在 IPS 中进行约定。 • 在考虑某项投资产品是否符合客户需求时，应综合考量客户总资产与总负债情况

> **知识一点通**
>
> 跟投行为是指资产管理公司过去帮助 A 客户配置了一个合适的投资产品，之后发现该款投资产品也适合新客户 B，资产管理公司可以帮助新客户 B 也配置该投资产品。虽然帮助两位客户配置资产的时间点不一样，但没有损害任何一方的利益，不违反资产管理者规范。
>
> 资产管理公司在管理一对一独立账户时，应当综合考量客户总资产与总负债情况。譬如，某客户交予资产管理公司 100 万元资金请其帮忙管理，资金量大，但实际客户背负 500 万元负债。资产管理公司在帮助该客户进行资产配置时，应当充分考虑其负债情况，选择更加稳健的投资产品。

例题 32.1

资产管理公司 A 的高层管理人员正在讨论，公司现有的合规制度与流程是否符合资产管理者规范的要求。Lily 是公司的首席投资官（chief investment officer），她认为公司应该在合规流程中添加以下 4 项内容：

提议 1：制定客户信息保密制度，无论什么情况都不可以泄露客户信息。

提议 2：制定收取礼物与接受商务接待的相关制度，限制可以收取礼物的最高金额。

提议 3：为了公平对待所有客户，公司应该制定标准化的统一服务，不可以提供差异化的服务。

提议 4：基金经理必须了解每一位客户的投资收益目标与风险承受能力，为每一位客户撰写 IPS。

请问，Lily 的哪几项提议符合资产管理者规范的要求？

名师解析

提议 1 不符合资产管理者规范的要求，根据 Section A（2），基金经理一旦发现客户有违法违规行为，资产管理公司应向有关监管部门汇报，不应帮客户隐瞒违法违规行为。

提议 2 符合资产管理者规范的要求，根据 Section A（3），资产管理公司应当制定相应制度，明确可接受客户礼物或者招待安排的最高金额。

提议 3 不符合资产管理者规范的要求，根据 Section B（3），资产管理公司可以提供差异化服务，但必须向客户充分披露。

提议 4 不符合资产管理者规范的要求，根据 Section B（5），如果资产管理公司管理的是有既定投资风格或策略的基金产品，则不需要逐一了解每位投资者的情况，只需要按照既定投资风格投资即可。

> **备考小贴士**
>
> 考生可以联系资产管理者规范与 CFA® 职业行为准则的相关内容进行记忆。
>
> 资产管理者规范 Section B "投资过程与投资行为" 6 条准则指引与 CFA® 职业行为准则的联系如表 32.4 所示。

表 32.4 "投资过程与投资行为"准则与 CFA® 职业行为准则的联系

Section B 投资过程与投资行为	CFA® 职业行为准则
B（1）合理关怀，审慎决策	Ⅴ（A）尽职和合理原则（Diligence and Reasonable Basis）
B（2）禁止市场操纵	Ⅱ（B）操纵市场（Market Manipulation）
B（3）公平对待所有客户	Ⅲ（B）公平对待（Fair Dealing）
B（4）投资决策时应该有合理及充分依据	Ⅴ（A）尽职和合理原则（Diligence and Reasonable Basis）
B（5）管理有既定投资风格或投资策略的组合	Ⅲ（C）适当性（Suitability）
B（6）管理一对一独立账户	Ⅲ（C）适当性（Suitability）

32.2.2.3 Section C：交易行为（Trading）

"交易行为"准则内容指引如表 32.5 所示。

表 32.5 "交易行为"准则内容指引

准则指引分类	建议与指引内容
C（1）禁止使用重大非公开信息进行交易	• 资产管理公司不可以使用，也不能让其他人使用会影响资产公开交易价格的重大非公开信息进行交易获利。 • 重大信息是指投资者认为重要的、会影响其投资决策的信息。 • 非公开信息是指并没有完全向社会公众公开的信息，只向一部分人公开的信息仍然属于非公开信息。 • 资产管理公司应当制定相关的规章制度，譬如建立信息隔离制度（firewall），防止重大非公开信息泄露和传递。 • 资产管理公司应当评估其接收到的信息是否属于重大非公开信息，再决定是否利用该信息做出交易决策。 • 资产管理公司可以结合公开信息以及非重大非公开信息（又称马赛克理论）做出交易决策，这种做法不违反资产管理者规范
C（2）客户交易优先	• 对于同一个金融资产，必须先完成客户的交易，资产管理公司才能交易。 • 允许资产管理公司与客户投资同一种金融产品，从而把客户利益与资产管理公司利益捆绑在一起。共同投资必须在不损害客户利益的前提下进行。 • 资产管理公司应该建立制度流程，监督与限制员工的个人交易行为。制度内容应当包括： 　◦ 资产管理公司员工认购新股，不论是首次公开发行（IPO）还是私下配售（private placement），都需事先获得公司同意。 　◦ 制定限制清单（restricted list）或者监视清单（watch list），把客户账户持有的，或者即将为客户配置的金融资产记录在清单上。如果资产管理公司的员工需要交易清单上的金融资产，需获得公司事先同意。 　◦ 资产管理公司的员工每个季度需要向公司合规部门提供交易确认记录的复印件，每年需要向公司合规部门提交个人本年度持有金融资产情况表

续表

准则指引分类	建议与指引内容
C（3）交易佣金以及由于交易佣金产生的好处	• 交易佣金以及由于交易佣金产生的好处（又称软美元，soft dollar/soft commission），都是客户的资产。因此，软美元的用途必须对客户有利，而不是使资产管理公司自身获益。 • 为了使客户获益，软美元应当直接用于资产管理公司帮助客户做出交易决策的过程中，包括财务分析、交易与风险分析、证券选择、经纪商选择以及资产配置等各个步骤。 • 资产管理公司应当参照 CFA® 职业行为准则与软美元相关的部分，按照行业最高标准制定软美元使用的制度流程，并且应向客户披露软美元的使用方式
C（4）寻求最佳交易执行机会，最大化客户账户价值	• 资产管理公司应当根据市场走势、交易量情况、证券流动性以及证券类型，寻求最佳交易执行机会。 • 资产管理公司在选择合适的经纪商和交易场所时，应当考虑佣金费率、交易执行及时性、信息保密性等因素，降低交易无法完全成交的风险。 • 如果客户指定经纪商，资产管理公司应当提醒客户，资产管理公司无法保证客户指定的经纪商能执行最佳交易机会。如果客户坚持选择自己指定的经纪商，客户需要签署一份书面声明，确认经纪商由客户自行指定，避免事后纠纷
C（5）公平地进行资产配置	• 对于新股申购，资产管理公司应该按照申购比例（prorated based on order size）分配到所有适合配置的客户账户，保证公平分配

> **知识一点通**
>
> 　　马赛克理论是指结合公开信息以及非重大非公开信息得出重要研究结论。譬如，某分析师在一家餐厅就餐时，看见靠窗的座位上坐着两位客人。该分析师之前在工作场合碰见过这两位客人，他们是两家互联网公司的创始人。尽管分析师没有听到这两位创始人的谈话内容，但他凭直觉怀疑这两家公司可能会合并。回到办公室后，分析师收集了相关公开信息，尽管这两家公司从建立至今收获用户良好的口碑，但由于激烈的市场竞争，各自的发展均面临瓶颈。在完全深入研究后，分析师向客户推荐买入这两家互联网公司的股票。
>
> 　　分析师在餐厅看见两位创始人就餐，没有听见他们的谈话内容，这属于非重大非公开信息。之后，分析师通过收集和研究公开信息最终成功预测了这两家互联网公司的合并交易。其研究结论并未依靠任何重大非公开信息，所以分析师没有违反资产管理者规范。

> **备考小贴士**
>
> 　　考生可以联系资产管理者规范与 CFA® 职业行为准则的相关内容进行记忆。
> 　　资产管理者规范 Section C "交易行为" 5 条准则指引与 CFA® 职业行为准则的联系如表 32.6 所示。

表 32.6　交易行为准则与 CFA® 职业行为准则的联系

Section C 交易行为	CFA® 职业行为准则
C（1）禁止使用重大非公开信息进行交易	Ⅱ（A）重大非公开信息（Material Nonpublic Information）
C（2）客户交易优先	Ⅵ（B）交易优先权（Priority of Transactions）
C（3）交易佣金以及由于交易佣金产生的好处	Ⅲ（A）忠诚、审慎和谨慎（Loyalty, Prudence, and Care）
C（4）寻求最佳交易执行机会，最大化客户账户价值	Ⅲ（A）忠诚、审慎和谨慎（Loyalty, Prudence, and Care）
C（5）公平地进行资产配置	Ⅲ（B）公平对待（Fair Dealing）

32.2.2.4　Section D：风险管理、合规与支持（Risk Management, Compliance, and Support）

"风险管理、合规与支持"准则内容指引如表 32.7 所示。

表 32.7　"风险管理、合规与支持"准则内容指引

准则指引分类	建议与指引内容
D（1）制定符合资产管理者规范与适用法律法规的规章制度与工作流程	• 资产管理公司需要把资产管理者规范中的基本原则及道德观念落实到合规制度与工作流程中。 • 资产管理公司可以根据公司规模、业务性质，制定适合自己的合规制度、内部控制流程及自查流程
D（2）指定合规专员	• 资产管理公司需要指定一位合规专员负责合规制度的落实与监督。合规专员必须能力强、有相应知识背景、可信任并且有足够的权力履行其合规职责。 • 合规专员可以由公司现有员工担任，也可以由公司另外单独聘请，公司也可以组建一个合规部门。 • 合规专员应当独立于投资与运营部门，直接向总裁或董事会汇报。 • 合规专员的职责如下： 　◦ 定期向员工强调遵守合规制度的重要性，强调违反合规制度将被追究责任； 　◦ 要求全部员工理解且同意遵守合规制度，发现违反合规制度的行为需要及时上报合规专员； 　◦ 定期组织员工培训； 　◦ 定期进行自查，评估合规制度落实效果； 　◦ 无论公司人员、组织架构、业务、产品发生何种变化，始终把客户利益放在第一位； 　◦ 如果员工有违反合规制度的行为，必须做好记录，并迅速做出反应，与管理层合作应对，并对违反制度人员加以处罚，以儆效尤
D（3）展示投资组合信息	• 资产管理公司需要确保提供给客户的与投资组合相关的信息（特别是投资业绩）是准确且完整的。 • 资产管理公司可以找一个独立第三方机构审查投资组合信息的可靠性。独立审查不仅可以增强客户对所披露信息的信任程度，还可以作为风险管理的一种手段，帮助资产管理公司发现潜在问题。 • 独立第三方机构可以由存托银行担任，存托银行可以定期向客户披露账户信息与交易详情

续表

准则指引分类	建议与指引内容
D（4）记录保留	• 资产管理公司需要保留的工作记录包括但不限于： 　◦ 能证明为客户做出的投资决策、研究结果符合客户利益、有理有据的相关工作记录； 　◦ 能证明其投资行为符合资产管理者规范及其他相关制度流程的相关工作记录； 　◦ 违反合规制度的具体情形及后续处理。 • 工作记录保留方式不限，可以以纸质文件形式或者电子版本形式保留。 • 记录保留的时长按照当地适用的法律法规的要求。如果适用的法律法规没有规定，资产管理公司需要保留至少 7 年的工作记录
D（5）保证有足够的人力物力投入合规监督过程中	• 资产管理公司需要投入足够的人力物力，组建后台运营部门提供合规支持，保证内部控制流程可以有效执行。 • 资产管理公司内部必须拥有合格的、专业的、有经验的人员，负责投资、管理及保护客户资产。资产管理公司可以把部分职能外包出去，但仍然对外包的职能负有监督责任，并对外包工作成果负责。 • 由于投资策略与投资工具越来越复杂，资产管理公司还需要投入足够的资源进行研究分析、执行投资策略、监控客户账户与投资策略的实行
D（6）确立业务持续性计划	• 业务持续性计划（business-continuity plan，BCP），是指资产管理公司在遇到国家或地区紧急事态、市场崩盘等突发情况时处理业务的后备方案，从而保证在特殊时期能给客户提供持续性的服务。 • 业务持续性计划的复杂程度取决于资产管理公司的规模、业务性质以及组织架构。在业务持续性计划中应至少包含以下 5 部分内容： 　◦ 对所有客户账户信息的备份（back up），并且建议异地保存； 　◦ 在主要工作系统无法运行时，设定交易监控、证券分析以及执行交易的后备计划； 　◦ 设定一个外包商与供应商的沟通计划； 　◦ 设定一个保证员工沟通交流与重要业务职能可以继续开展的沟通方案； 　◦ 设定一个与客户沟通交流的方案。 • 资产管理公司还可以考虑建立后备办公室或者运营中心，以及核心员工离世或者离职的处理方案等。 • 资产管理公司必须保证员工充分了解并熟悉业务持续性计划，并且给予员工充分的培训，使员工清楚在突发状况发生时自己需要承担的责任。同时，业务持续性计划需要在全公司范围内进行定期测试，帮助员工熟悉计划，并针对测试时发现的问题进行必要调整
D（7）建立风险管理工作流程	• 资产管理公司风险管理工作的关键，是保证投资组合的风险程度与客户的风险承受能力相匹配。 • 风险管理流程要配合投资流程的实施： 　◦ 风险管理工具的使用要配合投资风格与投资逻辑； 　◦ 对每一个投资组合、每一项投资策略以及公司整体进行综合风险管理及风险分析。 • 风险管理流程既要配合投资流程，又要独立于投资流程，保持客观独立性。规模较小的投资管理公司可以考虑把风险管理外包给独立第三方进行，保证风险管理工作的独立性。 • 风险管理工作流程可以包含压力测试、情景测试、回测等风险模型，用于衡量实际风险与或有风险的大小。 • 风险模型需要被持续评估，保证其效果。 • 资产管理公司需要向客户充分解释风险模型

例题 32.2

A 资产管理公司正在制定业务持续性计划。Wendy 作为公司董事会成员，提出在业务持续性计划中，应当包含数据备份与恢复，后备交易计划，与员工、重要外包商以及重要供应商的沟通计划这几方面的内容。请问，Wendy 的提议是否符合资产管理者规范要求？

名师解析

Wendy 的提议不符合资产管理者规范要求。根据 Section D（6），业务持续性计划应当至少包含 5 部分内容，而 Wendy 的提议里缺少出现服务持续无法提供的情况时与客户沟通交流的方案这一部分内容，因此不符合资产管理者规范要求。

> **备考小贴士**
>
> 资产管理者规范 Section D "风险管理、合规与支持"准则指引与 CFA® 职业行为准则的重合知识点不多，在复习时应当重点关注该准则。常考点有业务持续性计划的 5 个必要内容，可以简单记忆为以下几个要点：记录备份（back up），交易后备计划（plan B），与客户、员工、重要外包商以及供应商的沟通（communication）计划，业务持续性计划缺少以上任一部分，都会违反资产管理者规范。

32.2.2.5 Section E：业绩展示与估值（Performance and Valuation）

"业绩展示与估值"准则内容指引如表 32.8 所示。

表 32.8 "业绩展示与估值"准则内容指引

准则指引分类	建议与指引内容
E(1) 完整且公正地陈述业绩	• 资产管理公司在展示业绩时，必须公正、准确、及时且完整，不可做出误导性的业绩陈述。 • 历史业绩可以帮助客户选择合适的资产管理经理。因此，资产管理公司在展示历史业绩时，必须完整且公正。资产管理公司不能把其他公司的业绩当成是自己的业绩展示给客户，也不应该只向客户展示业绩表现好的年度的业绩，掩盖业绩表现差的年度的业绩（cherry picking）。 • 资产管理公司不可以把运用模型或者通过回测得出的模拟业绩当成真实业绩展示给客户。向客户展示时必须注明是模拟业绩。 • 资产管理公司提供预测数据时，应当保持公正且完整。 • 资产管理公司可以按照全球业绩投资标准（Global Investment Performance Standards, GIPS®）进行业绩展示，增强所展示业绩的可信度
E(2) 确定投资组合的公允价值	• 资产管理公司应该使用公允市场价值对投资组合进行估值。 • 如果投资组合中存在没有公开市场价格的证券，应当选择合适的估值模型进行估值。在估值模型的选用上，资产管理公司应当选用常用的、被广泛认可的估值模型，并且持续用同一种模型进行估值，不得随意更换。 • 投资组合的价值应该交由独立第三方确定。独立第三方可以为董事会独立董事，或者由外部独立第三方估值专业人士担任。他们主要负责批准投资组合价值确定规范与流程，以及评估投资组合的价值是否公允。如果投资组合的价值由资产管理公司自己确定，资产管理公司为了多收管理费与激励费，有可能会高估投资组合的价值，存在利益冲突问题

> **备考小贴士**
>
> 对于资产管理者规范 Section E "业绩展示与估值",可以联系 CFA® 职业行为准则 I(C)"曲解"(Misrepresentation)以及 III(D)"表现介绍"(Performance Presentation)的内容进行记忆。

32.2.2.6　Section F：信息披露(Disclosures)

"信息披露"准则内容指引如表 32.9 所示。

表 32.9　"信息披露"准则内容指引

准则指引分类	建议与指引内容
F(1)与客户保持持续及时沟通	• 根据客户需求,资产管理公司需要与客户之间建立最有效的沟通机制,保证客户可以及时、准确、全面地了解他们的资产信息
F(2)为客户提供准确、真实、完整的信息	• 资产管理公司需要通过有效的方式给客户提供准确、真实、完整且可理解的信息。资产管理公司必须保证,无论是口头还是书面沟通,无论通过何种沟通渠道,都不能出现误导性陈述。 • 向客户披露信息需要使用平实的语言
F(3)为客户提供资产管理公司重要信息	• 资产管理公司需要为客户提供公司简介、人员构成、投资策略及过程等重要信息,帮助客户决定是否应选择该资产管理公司或继续使用该资产管理公司提供的服务
F(4)要求披露内容	• 利益冲突情况:利益冲突情况包括软美元安排、推荐费安排、客户与资产管理公司持有同样的证券、使用资产管理公司的关联方作为经纪人等。资产管理公司最好避免出现这些利益冲突情况,如果无法避免则需要认真管理利益冲突,并充分向客户披露。 • 过往违规情况:资产管理公司需要向客户充分披露公司或者下属员工过往严重违反相关规章制度或者职业行为守则的情况。 • 投资过程:资产管理公司需要详细披露其投资过程,包括锁定期、投资策略、风险因素、使用衍生品工具及使用杠杆情况。 • 收费情况: 　◦ 资产管理公司需要向客户披露各种投资服务收费情况,包括账户管理费、激励费、交易佣金等,并且披露费用计算的方法; 　◦ 资产管理公司至少应该向客户披露不考虑费用的总投资回报(gross-of-fees return)、扣除费用后的净投资回报(net-of-fees return)以及各种异常费用; 　◦ 如果现有客户要求,资产管理公司应该向其汇报以往服务期间的总收费情况,还应该向客户提供单项费用征收金额; 　◦ 资产管理公司还应该向潜在客户提供平均服务费收取金额或者预计收取服务费金额,供潜在客户参考。 • 软美元及佣金使用情况:资产管理公司需要向客户披露佣金和软美元的价值以及用途,帮助客户判断软美元是否用于对客户有利的地方。 • 投资收益情况:资产管理公司需要定期、及时、持续向客户汇报投资收益情况。汇报频率为至少每季度汇报一次,在可能的情况下,汇报时间应不晚于每季度结束后的 30 天内。 • 投资组合估值方法:资产管理公司需要向客户披露投资组合的估值方法,譬如投资组合价值是否基于收盘价计算、是否由独立第三方机构估值以及使用的估值模型。 • 股东投票制度:资产管理公司需要帮助客户行使代理投票权,维护客户作为股东的权益。资产管理公司需要建立关于行使代理投票权的制度与工作流程。资产管理公司还需告诉客户如何获得代理投票权行使情况的相关信息。 • 交易分配制度:资产管理公司需要向客户公开交易分配制度,交易分配制度如果发生变化,也需要及时告知客户。

准则指引分类	建议与指引内容
	• 审计结果：资产管理公司（特别是公募基金公司）进行年度审计，需要将年度审计结果告知客户。 • 重大变动：资产管理公司应当及时告知客户公司内部重大人事变动、重大组织架构调整以及其他重大事项，譬如并购。 • 风险管理流程：资产管理公司需要定期向客户披露投资风险与投资策略相关信息，向客户披露其投资组合所承担的风险类型，并且在风险管理流程发生变化时及时告知客户

例题 32.3

Eva 是 B 资产管理公司的首席风险官，她正在检查公司的信息披露政策。目前公司有以下政策：

制度 1：投资业绩每个季度向客户披露一次。

制度 2：每个季度结束后 45 天内披露该季度业绩信息。

制度 3：披露扣除费用前的总回报以及扣除费用后的净回报。

请问，以上 3 个制度，哪几个符合资产管理者规范？

名师解析

制度 1 与制度 3 符合资产管理者规范，制度 2 不符合资产管理者规范。根据 Section F（4）要求，在可能的情况下，业绩汇报时间应不晚于每季度结束 30 天内。

备考小贴士

资产管理者规范 Section F "信息披露" 准则指引与 CFA® 职业行为准则的重合知识点不多，在复习时应当重点关注该准则，常考点是 F（4）"要求披露内容"。

练一练

The following information relates to Questions 32-1 to 32-6.

Fortune Capital Partners Case Scenario

Fortune Capital Partners (FCP) is an asset management firm. The firm manages portfolios for individual clients. FCP has adopted the CFA® Institute Asset Manager Code of Professional Conduct (the Code).

Recently, FCP hired Diane Smith, CFA®, an independent consultant who works with various clients in the asset management industry. She was asked to undertake a study on the existing policies and procedures for FCP to ensure compliance with the Code. Subsequently, in a report to the board, Smith made the following recommendations concerning compliance with the Code:

Recommendation 1: FCP should adhere to all the principles of conduct and provisions set forth in the Code.

Recommendation 2: FCP must notify CFA® Institute of their compliance with the Code.

Recommendation 3: Once FCP has met each of the required elements of the Code, it can make the following statement:

"FCP claims compliance with the CFA® Institute Asset Manager Code of Professional Conduct. This claim has been verified by CFA® Institute."

Smith then reviewed the policy for accepting gifts or entertainment of FCP. The written policy requires employees to document and disclose their gifts or entertainment acceptance to their supervisor. The policy also limits the value of the accepted gifts. Employees should not accept gifts valued more than USD 100 per year per vendor/client. Both cash gifts and non-cash gifts should follow the requirement above.

In addition, Smith reviewed the personal trading limitation policies of FCP. The existing policies include the following restrictions.

Restriction 1: Employees must receive prior approval for all personal trading.

Restriction 2: Create a restricted list of securities that are owned in client accounts. Employees are not allowed to trade securities on the list.

Smith also submitted a report to the CEO of FCP and presented several issues that should be disclosed to clients. Those issues include conflicts of interests, disciplinary action taken against FCP, methodologies for determining fees, performance of clients' investments, results of the review of the fund and FCP significant personnel changes. The CEO disagreed and insisted that previous disciplinary action taken against FCP and significant personnel changes are not necessary to disclose to clients.

Elsbeth Brown is one of the asset managers in FCP. One of her clients insisted to place trades through a specific broker. Since Brown just graduated from college and joined FCP for least than one year, she is not sure whether to satisfy the client's request or not. She consulted Smith and Smith gave her a suggestion.

The CEO of FCP wanted to appoint a compliance officer. Smith suggested Will Collin because he is competent, knowledgeable and credible in risk management. After Collin accepted the position, the CEO gave Collin the following instructions:

Instruction 1: Report directly to the head of investment personnel.

Instruction 2: Implement appropriate employee training occasionally.

32-1 Which of the recommendations given by Smith should not be adopted when claiming compliance with the Asset Manager Code?

A. Recommendation 1.

B. Recommendation 2.

C. Recommendation 3.

32-2 Is the policy for accepting gifts or entertainment of FCP consistent with the Asset Manager Code?

A. Yes.

B. No, because cash gifts cannot be accepted.

C. No, because the upper limit of the gift value should be set at an amount lower than USD 100.

32-3 Are the existing personal trading limitation policies consistent with the Asset Manager Code?

A. Yes.

B. No, because employees should receive approval only prior to any personal investments in initial public offerings or private placements.

C. No, because prior to trading securities on a restricted list, employees are required to seek approval.

32-4 Is the disagreement from the CEO of FCP on issues disclosed to clients consistent with the Asset Manager Code?

A. Yes.

B. No, because significant personnel changes should be disclosed, but previous disciplinary action taken against FCP is not necessary to disclose.

C. No, because both significant personnel changes and previous disciplinary action taken against FCP should be disclosed to clients.

32-5 Which of the following will not be Smith's suggestion to Brown on client's directed broker in order to be consistent with the Asset Manager Code?

A. Reject the client's request immediately.

B. Alert the client that he/she may not be receiving the best execution.

C. Seek written acknowledgment from the client if the client insists to use his/her directed broker.

32-6 How many instructions given to Collin are consistent with the Asset Manager Code?

A. Both.

B. Only one.

C. Neither.

答案与解析

32-1 C

选项 A，提议 1 是 FCP 必须遵守资产管理者规范的全部内容，应予以采纳。

选项 B，提议 2 是 FCP 如果遵守资产管理者规范，必须告知 CFA® 协会，应予以采纳。

选项 C，Smith 的提议 3 中，对外宣称 FCP 遵守资产管理者规范时，正确声明应当是 "FCP claims compliance with the CFA® Institute Asset Manager Code of Professional Conduct. This claim has not been verified by CFA® Institute." CFA® 协会未对资产管理公司执行资产管理者规范的情况作验证，因此不应采纳提议 3。

32-2 B

选项 A，资产管理公司的接受礼物制度有不符合资产管理者规范的内容。

选项 B，根据资产管理者规范 Section A（3），资产管理公司不可以收取现金形式的礼物。

选项 C，资产管理者规范没有对允许接收礼物的最高金额作具体要求，资产管理公司可以根据自身情况确定接受礼物的价值上限。

32-3　C

选项 A，现有的员工个人交易限制制度有不符合资产管理者规范的部分。

选项 B，员工不仅在认购首次公开发行的新股和认购非公开发行的新股时需要获得上级同意，交易限制清单上的证券也需要获得上级同意。

选项 C，根据资产管理者规范 Section C（2），员工如果要交易限制清单上的证券，需要事先获得上级同意，同意后方可交易，并不是完全不可以交易。

32-4　C

选项 A，资产管理公司过往的违规事项，以及内部重大人员变动，都需要向客户披露，CEO 的反对意见不符合资产管理者规范。

选项 B，资产管理公司过往的违规情况需要向客户披露。

选项 C，根据资产管理者规范 Section F（4），资产管理公司过往的违规情况以及内部重大人员变动，都需要向客户披露。

32-5　A

选项 A，根据资产管理者规范 Section C（4），如果客户指定经纪商，基金经理应当给予客户充分的提醒与指引，不应立刻拒绝。

选项 B，资产管理公司应当提醒客户，资产管理公司无法保证客户指定的经纪商能执行最佳交易机会。

选项 C，如果客户坚持选择自己指定的经纪商，客户需要签署一份书面声明，确认经纪商由客户自行指定，避免事后纠纷。

32-6　C

根据资产管理者规范 Section D（2），合规专员应当独立于投资与运营部门，直接向总裁或董事会汇报，因此指引 1 不符合资产管理者规范。

根据资产管理者规范 Section D（2），合规专员应当定期组织员工培训，而不是偶尔，因此指引 2 不符合资产管理者规范。

两条指引都错误，因此，选项 C 正确。

第 33 章
全球投资业绩标准概览

章节导学

知识引导

本章主要内容为介绍和解释全球投资业绩标准（Global Investment Performance Standards，GIPS）。GIPS 在全球投资管理行业中扮演了非常重要的角色，它旨在为投资管理公司向潜在客户进行业绩披露和陈述时提供一套伦理的框架。GIPS 是一套基于充分披露和公平反映业绩结果的基本原则的非强制标准，在全球受到了广泛的接受和认可。

考点聚焦

本章内容是建立在 2020 年版本的 GIPS 标准之上的，相较旧版，内容上有了大幅度的修改。本章内容不再以 GIPS 标准的逐条形式呈现，删除了大量内容，重点集中在部分重要 GIPS 标准的解释，并强调了业绩陈述的计算方法。本章虽然不是考试重点，但是由于所需记忆内容众多，所以是考试难点，考查方式与"伦理与职业标准"这一科目一致，以定性考查为主，但也会涉及一些业绩陈述的计算。

本章框架图

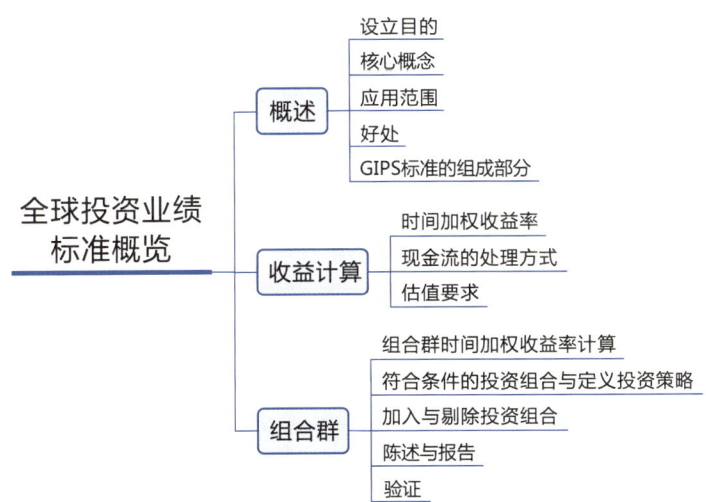

33.1 概述

33.1.1 设立目的

—考点要求—
探讨（discuss）GIPS 标准的设立目的（★）

GIPS 标准的使命是"通过 GIPS 标准的应用，促进道德和诚信，并灌输信任，实现资产所有者的普遍合规需求、资产管理公司的采用需求和得到监管机构的支持，从而为全球投资团体的最终利益服务。"

以下为 GIPS 标准的 5 个目的。
（1）促进投资者利益，增强投资者信心。
（2）确保数据准确一致。
（3）在计算和陈述业绩上获得全球认可的唯一标准。
（4）促进投资公司之间公平、全球性的竞争。
（5）在全球范围内促进行业自律。

33.1.2 核心概念

作为道德标准，GIPS 合规是公司自愿的行为。

GIPS 标准包含了企业为达到合规标准而必须要遵守的要求（requirements）。另外，GIPS 标准还包括推荐（recommendations），这些推荐是可选的，但企业最好遵循，因为它们代表了业绩陈述的最佳实践。

行业将面临更多的需要业绩衡量的领域，而且新的投资策略、工具和技术层出不穷，所以 GIPS 标准将持续发展。

GIPS 标准要求公司将所有真实的、付费的、具有投资决策自主权的独立账户被纳入到至少一个组合群中。组合群必须根据投资要求、投资目标或者策略来定义。如果集合式基金符合组合群的定义，则该集合式基金也必须被纳入至组合群。

GIPS 标准是全球性的，公司计算和陈述的业绩是为潜在客户和潜在投资者服务的。

GIPS 标准要求公司必须满足所有 GIPS 的规定才可声称 GIPS 合规。

GIPS 标准推荐公司寻求独立第三方机构的验证。

如果 GIPS 标准在业绩的计算和陈述上与适用的法律或法规冲突，GIPS 标准要求公司必须遵守适用的法律或法规，且要在 GIPS 报告中披露该冲突。

33.1.3 应用范围

—考点要求—
探讨（discuss）GIPS 标准的应用范围（★）

只有具有投资决策自主权且参与商业竞争的投资管理公司（investment management firms）和资产的所有者（asset owners）才有资格声称公司 GIPS 标准合规。投资管理公司要遵守的是公司 GIPS 标准（GIPS Standards for Firms）。资产的所有者，代表参与者、受益人或组织本身直接和/或通过外部基金管理经理来管理投资，但不参与商业竞争，将遵守资产所有者 GIPS 标准（GIPS Standards for Asset Owners）。咨询顾问、软件公司或第三方业绩评估机构（如托管商）不允许声称 GIPS 合规。

投资管理公司不允许只声称公司某些特定的组合群、集合式基金或投资组合 GIPS

合规，合规是建立在整个公司基础上的。公司所有真实的、付费的、具有投资决策自主权的独立账户（actual fee-paying, discretionary segregated accounts）需被纳入到至少一个组合群中。所有满足组合群定义的有限分配集合式基金（limited distribution pooled funds）也需要纳入合适的组合群。

本章节是基于2020年版本的GIPS标准编写的，该标准于2020年1月1日起生效。如果业绩截止于2020年12月31日或之后，公司展示的GIPS报告必须基于2020年版本的GIPS标准。

> **知识一点通**
>
> 1995年，CFA®协会［前身为投资管理与研究协会（AIMR）］赞助并资助了全球投资业绩标准委员会（Global Investment Performance Standards Committee），根据当时的AIMR业绩披露标准（AIMR-PPS）制定出计算和披露投资业绩的全球标准。
>
> 1998年，拟议的全球投资政策标准公布在CFA®协会网站上，并分发给4 000多名表示有兴趣的个人征求意见。其结果是1999年4月公布了第一版GIPS。之后又在2005年、2010年和2020年三次更新了GIPS版本。
>
> 当前普遍使用的GIPS为2020年版本，该版本可以更好地应用于集合式基金，更适用于所有资产种类，且整合了2010年版GIPS以来扩展的应用指南。其生效日为2020年1月1日。如果业绩截止于2020年12月31日或之后，GIPS报告需要基于2020年版本的GIPS标准。

33.1.4 好处

来自全球任何一个国家的投资管理公司都可以选择遵守GIPS。GIPS确保了业绩数据是完整而且被公平地披露，所以投资管理公司的当前客户及潜在客户可以更加信赖宣称遵守GIPS的投资管理公司所披露的投资业绩，同时也便于客户比较不同公司的业绩。

此外，对于投资管理公司而言，GIPS提供了其在海外市场中与其他投资管理公司进行公平竞争的能力。公司也可以在执行GIPS的过程中发现内部管控流程的不足之处。

—考点要求—
探讨（discuss）GIPS标准的好处（★）

33.1.5 GIPS标准的组成部分

公司的GIPS标准共分为8个部分，具体如下所示。

（1）合规基础（Fundamentals of Compliance）。
（2）输入数据和计算方法（Input Data and Calculation Methodology）。
（3）组合群和集合式基金的维护（Composite and Pooled Fund Maintenance）。
（4）组合群时间加权收益报告（Composite Time-Weighted Return Report）。
（5）组合群价值加权收益报告（Composite Money-Weighted Return Report）。
（6）集合式基金时间加权收益报告（Pooled Fund Time-Weighted Return Report）。
（7）集合式基金价值加权收益报告（Pooled Fund Money-Weighted Return Report）。
（8）GIPS广告准则（GIPS Advertising Guidelines）。

> **备考小贴士**
>
> GIPS 中很多条款的内容和我国证券和基金行业相关法律规定类似，对于普通考生而言，要准确了解 GIPS 条款含义，先要掌握大量专业术语。此外，GIPS 条款内容众多，考生在学习和复习时最好从应试角度出发，重点掌握和记忆核心条款内容，有的放矢，抓住重点，考试大概率以第二阶段客观题的形式进行考查。
>
> 条款 4~7 主要是针对各种报告的要求和推荐：组合群时间加权收益报告、组合群价值加权收益报告、集合式基金时间加权收益报告、集合式基金价值加权收益报告。条款 8 是 GIPS 广告准则，概述了 GIPS 合规公司在广告上合规的要求。而 CFA® 三级考试的内容主要集中于条款 1~3，即：（1）合规基础；（2）输入数据和计算方法；（3）组合群和集合式基金的维护。

33.2 收益计算

33.2.1 时间加权收益率

—考点要求—
探讨（discuss）收益率计算方法相关的要求（★★）

时间加权收益率（time-weighted return，TWR）是一种对外部现金流进行调整的计算收益的方法。除私募股市场投资组合外，公司应至少以月度计算投资组合的收益率，计算的时间点应为日历月的月底或每个月的最后一个工作日。

如果没有每天计算投资组合的收益率，且期间有重大现金流行发生时，那么应该计算子时间段的收益率。何为"重大"现金流，应由公司自行定义。私募市场投资组合（如房地产、基础设施建设、私募股权和类似的流动性差、非公开交易的投资）应以季度计算投资组合的收益率。

对于没有纳入公司的组合群的集合式基金，该基金的价值和收益率应至少以年度来计算。与投资组合的要求相似，如果有申购或赎回发生时，那么应该在申购和赎回时计算子时期的收益率。

当没有外部现金流时，计算 TWR 方法的具体计算表达式如下：

$$r_t = \frac{V_1 - V_0}{V_0} \tag{33.1}$$

公式（33.1）中，r_t 为计算期的时间加权收益率；V_1 为投资组合期末的价值，包括现金和应计收入；V_0 为投资组合期初的价值，包括现金和应计收入。

最准确的方法是，无论外部现金流的大小，都以外部现金流发生的日期为界，先计算每个子时间段的收益率，然后再使用几何衔接的方法计算得到整体的收益率。其具体计算表达式如下：

$$r_{twr} = (1 + r_{t,1}) \times (1 + r_{t,2}) \times \cdots \times (1 + r_{t,n}) - 1 \tag{33.2}$$

公式（33.2）中，r_{twr} 为整个时期的时间加权收益率；$r_{t,1}$ 至 $r_{t,n}$ 为子时间段的收益率。

当现金流不重大，且公司不以每日计算业绩时，应使用修正迪茨方法（Modified

Dietz method）。其具体计算表达式如下：

$$r_{ModDietz} = \frac{V_1 - V_0 - CF}{V_0 + \sum_{i=1}^{n}(CF_i \times w_i)} \quad (33.3)$$

公式（33.3）中，V_1 为投资组合期末的价值；V_0 为投资组合期初的价值；CF 为计算期发生的净外部现金流；w_i 可以理解为根据该外部现金流对投资组合的收益率真正地产生影响的天数而计算的权重，w_i 的计算表达式为：

$$w_i = \frac{CD - D_i}{CD} \quad (33.4)$$

公式（33.4）中，CD 为计算期的总天数；D_i 为从期初到现金流 CF_i 发生时的天数。

此外，公司还可以使用修正内部收益率法（Modified IRR method）对投资组合的收益率进行计算。其具体的计算表达式如下：

$$Ending\ Value = V_1 = \sum_{i=1}^{n}[CF_i \times (1+r)^{w_i}] + V_0 \times (1+r) \quad (33.5)$$

公式（33.5）中，各项的含义与公式（33.1）至公式（33.4）一致。需要注意的是，最终投资组合的收益率是通过上面的计算表达式倒推得出的。修正迪茨方法与修正内部收益率法的结果相同。

例题 33.1

某个投资组合在期初（4月30日）的价值为100 000美元，在5月5日的价值为110 000美元（包括当日收到的一笔20 000美元的追加投资）；在5月21日的价值为135 000美元（包括当日收到的一笔3 000美元的追加投资）；在期末（5月31日）该投资组合的价值已上升到150 000美元。请分别使用以下3种方法来计算该投资组合在5月的收益率：

（1）真实的 TWR；
（2）修正迪茨方法；
（3）修正内部收益率法。

名师解析

（1）真实的 TWR，先计算出每个子时间段的收益率 $r_{t,1}$、$r_{t,2}$ 和 $r_{t,3}$，再计算整个时期的收益率：

$$r_{t,1} = \frac{110\ 000 - 100\ 000 - 20\ 000}{100\ 000} \times 100\% = -10\%$$

$$r_{t,2} = \frac{135\ 000 - 110\ 000 - 3\ 000}{110\ 000} \times 100\% = 20\%$$

$$r_{t,3} = \frac{150\ 000 - 135\ 000}{135\ 000} \times 100\% = 11.11\%$$

$$r_{twr} = (1-10\%) \times (1+20\%) \times (1+11.11\%) - 1 = 20.00\%$$

(2) 使用修正迪茨方法，先确定每笔现金流的权重 w_1、w_2，再代入公式 (33.3) 计算收益率：

$$w_1 = \frac{31-5}{31} = 0.84, \quad w_1 = \frac{31-21}{31} = 0.32, \quad CF_1 = 20\,000, \quad CF_2 = 3\,000$$

$$r_{ModDietz} = \frac{150\,000 - (100\,000 + 20\,000 + 3\,000)}{100\,000 + (0.84 \times 20\,000 + 0.32 \times 3\,000)} \times 100\% = 22.93\%$$

(3) 使用修正内部收益率法计算收益率：

$150\,000 = 20\,000 \times (1+r)^{0.84} + 3\,000 \times (1+r)^{0.32} + 100\,000 \times (1+r)$　$r = 22.93\%$

33.2.2　现金流的处理方式

—考点要求—
探讨（discuss）外部现金流、现金和现金等价物以及支出和费用的处理方式（★★）

如果公司可以控制外部现金流的流入或流出，公司在业绩陈述时可以用货币加权收益率（money-weighted return，MWR）来代替时间加权收益率，但还需满足下述条件之一：①投资组合是封闭式的、固定期限的、或有固定承诺资本的；②投资策略中，非流动性资产占主要部分。

自成立之日算起的货币加权收益率的计算频率为至少一年一次。自 2020 年版本 GIPS 标准生效日起，公司计算的是每日加权的经外部现金流调整后的投资组合收益率。不足一年的收益率不允许做年化处理。

> **知识一点通**
>
> 时间加权收益率是计算整个时间区间的收益率的几何平均数，考虑了资金的时间价值，是复利的运用，期间现金流入或流出对于时间加权收益率没有影响。货币加权收益率是在考虑所有的现金流入及流出的情况下，一个投资组合的内部回报率（IRR），所有的现金流入和流出都会影响货币加权收益率，且现金流大的所占权重更大。

投资组合中现金和现金等价物的收益率必须被纳入总收益率的计算。目的是使得潜在客户可以更准确地衡量投资管理公司的业绩，因为采用主动管理策略的基金经理对于投资组合中持有的现金和现金等价物数量具有投资决策自主权，而投资组合的收益是会受到基金经理持有的现金头寸影响的，所以收益要反映出现金和现金等价物的贡献。

GIPS 标准要求收益率的计算要扣除投资期间的交易成本（transaction costs），例如，经纪佣金、咨询费用和税费等。需要注意的是，托管费（custody fees）不属于交易成本，不需要在计算收益率时进行扣除。

如果交易费用无法确认或者无法从打包费（bundled fees）中被分离出来，在计算费前的收益率（gross-of-fees return）时，所有打包费必须被扣除。如果打包费中的交易费用可以确认，则交易费用的部分必须被扣除。

> **知识一点通**
>
> 打包费（bundled fee）是指投资管理公司向客户收取的一个综合性的费用，当中包括交易费用、托管费用、管理费用，还有行政费用等。打包费还可以称为"all-in fees"，一般小型的投资管理公司都是以打包费的形式向客户收费。有些情况下，这些公司会在打包费中罗列出交易费用的具体占比（例如，交易费用占打包费用的权重为30%），有些公司则不会罗列具体权重。所以基于审慎性的考虑，在计算收益率的时候，如果交易费用占比未知，公司应将所有打包费扣除后再计算收益率。

33.2.3 估值要求

—考点要求—
解释（explain）GIPS 标准推荐的估值等级（★★）

GIPS 标准基于公平陈述和充分披露的道德原则。为了使业绩计算有意义，投资组合的估值必须具有完整性，并公平地反映其价值。在 GIPS 体系中，公允价值的定义是，在自愿的、知情的并且谨慎的双方之间进行交易的金额。如果存在的话，估值必须使用在活跃的市场中相同投资标的在计算日的客观的、可观测的、未经调整的报价。公允价值必须包括固定收益证券和所有其他生息投资品的应计利息。

如果在活跃的市场中，相同投资标的在计算日的客观的、可观测的、未经调整的报价不存在，GIPS 标准推荐以下降序原则：

（1）在活跃的市场中近似的投资标的的客观的、可观测的、未经调整的报价。如果其不存在或不适合，投资的估值要基于：

（2）在不活跃的市场中相同或相似的投资标的的报价。所谓不活跃市场是指，对于该投资标的的交易数量非常少，价格并不是最新的价格，或者做市商市场的报价差异非常大的情况。如果其不存在或不适合，投资的估值要基于：

（3）该投资标的可观察到的基于市场的输入值，而不是报价本身。如果其不存在或不适合，投资的估值要基于：

（4）主观的、不可观测的输入值。

> **知识一点通**
>
> 5 个层级使用的正确顺序应为递进关系：在上一个层级的数据不可得的情况下，再依次使用下一个层级的数据作为估值的依据。举例来说，公司现在要对某个投资组合进行估值，该投资组合中包括了 10 个投资标的，那么估值使用的层级如下：第 1 层为活跃的市场中该标的的报价；第 2 层为活跃的市场中近似标的的报价；第 3 层为不活跃的市场中该标的或者近似标的的报价；第 4 层需要基于一些价格乘数等工具，例如，知道标的的市盈率，然后根据 EPS 倒推该标的报价；第 5 层则基于一些更主观的工具，例如，基于现金流折现的估值公式计算得到结果。

33.3 组合群

33.3.1 组合群时间加权收益率计算

—考点要求—
解释（explain）组合群收益率计算方法相关的要求（★★）

对于时间加权收益率的计算，GIPS 标准有 3 种方法：期初资产加权法（beginning assets weighting method）、期初资产和加权现金流法（beginning assets plus weighted cash flows）和总收益法（Aggregate Return method）。

例题 33.2

假设某个投资管理公司正在计算某个组合群的 11 月收益率。该组合群中包括 4 个投资组合，其中期初和期末的资产价值，以及外部现金流发生的时间和金额请参见下表。

投资组合与外部现金流

	现金流权重因子	投资组合（千美元）				
		A	B	C	D	加总
期初资产（10 月 31 日）		100	96.5	115.68	139.76	451.94
外部现金流						
11 月 8 日	0.73	8		−3		5
11 月 12 日	0.60		17			17
11 月 17 日	0.43	10		−5	−16	−11
11 月 25 日	0.17		−8		−9	−17
11 月 28 日	0.07		−2.5			
期末资产		118.78	103.73	111.13	113.61	447.25
期初资产和加权现金流		110.20	105.20	113.51	129.13	458.04
基于期初资产加权		22.13%	21.35%	25.60%	30.92%	100.00%
基于现金流调整后的期初资产加权		24.06%	22.97%	24.78%	28.19%	100.00%

名师解析

基于期初资产加权的权重计算较为直观。对于投资组合 A 而言，权重为：w_A = 100/451.94 = 22.13%；依此类推，投资组合 B、C、D 的权重分别为 21.35%、25.60%、30.92%。

基于期初资产和加权现金流的调整的权重计算则需要使用具体的外部现金流发生的时间和金额。对于投资组合 A 而言，在 11 月 8 日流入了现金流 8 千美元，现金流权重因子 w_F = 22/30 = 0.73，最终期初资产和加权现金流的资产为：100 + 8 × 0.73 + 10 × 0.43 = 110.20（千美元），对应的基于期初资产和加权现金流调整的权重为：$w'_A = 110.20/458.04 = 24.06\%$。依此类推，投资组合 B、C、D 在这种加权方法下的权重分别为 22.97%、24.78% 和 28.19%。

目前，该公司已计算得到这个组合群中每个投资组合在两种加权方法下的最终权重，那么根据各个投资组合的月度收益率，可以计算得到组合群的月度收益率，具体结果请参见下表。

组合群收益率

	期初资产的占比	期初资产和加权现金流的占比	11月收益率
投资组合 A	22.13%	24.06%	0.71%
投资组合 B	21.35%	22.97%	0.69%
投资组合 C	25.60%	24.78%	0.40%
投资组合 D	30.92%	28.19%	1.43%
组合群收益率			
基于期初资产规模			0.85%
基于期初资产规模和加权现金流			0.83%

基于期初资产加权法，得到组合群的收益率 R_C 为：

$R_c = 22.13\% \times 0.71\% + 21.35\% \times 0.69\% + 25.60\% \times 0.40\% + 30.92\% \times 1.43\% = 0.85\%$

基于期初资产和加权现金流法，得到组合群的收益率 R'_C 为：

$R'_c = 24.06\% \times 0.71\% + 22.97\% \times 0.69\% + 24.78\% \times 0.40\% + 28.19\% \times 1.43\% = 0.83\%$

基于总收益法，得到组合群的收益率 R'_c 为：

$$R'_c = r_{ModDietz} = \frac{V_1 - V_0 - CF}{V_0 + \sum_{i=1}^{n}(CF_i \times w_i)}$$

$$= \frac{437.25 - 451.94 - 5 - 17 - (-11) - (-17) - (-2.5)}{458.04} = 0.83\%$$

33.3.2 符合条件的投资组合与定义投资策略

1. 符合条件的投资组合

通常客户会在投资政策声明（investment policy statements）中设置一些投资限制，例如，对房地产板块持仓不能超过 20%、债券评级不能低于投资级、ESG 上对于烟酒和博彩业的限制等，这些一般都不会导致投资组合失去投资决策自主权。在其他情况下，基金经理需要判断客户施加的限制是否会对投资策略产生重大影响。如果某个投资组合的限制没有对投资策略产生重大影响，即使组合群中的投资组合都没有限制，基金经理也可以把该投资组合纳入组合群中。如果某个投资组合的限制对投资策略产生了重大影响，基金经理可以把该投资组合纳入一个包含有相似限制的投资组合的组合群中，然后

—考点要求—

解释（explain）组合群架构下的"投资决策自主权"，决定（determine）一个投资组合是否具有投资决策自主权（★★）

把该组合群定义为不具有投资决策自主权,并且要把该组合群排除在其他组合群之外。

基金经理要判断投资限制是否相关,例如,一个基金经理只是管理一个国内小盘股的投资组合,那么限制衍生品的使用就对投资策略不会产生影响。

外部现金流有时会使得投资组合不具有投资决策主权,例如,一个客户经常性地进行大额赎回,基金经理为保持这种高流动性就无法真正地实行投资策略。

投资组合可以被纳入组合群中的条件总结如下。

(1) 所有真实的、付费的、具有投资决策自主权的独立账户必须被纳入至少一个组合群中。

(2) 不付费的、具有投资决策自主权的独立账户可以被纳入组合群中,但不具有投资决策自主权或模拟的投资组合都不允许被纳入组合群中。

(3) 满足组合群定义的集合式基金必须被纳入组合群中。

(4) 一个组合群必须包含所有满足组合群定义的投资组合。

2. 定义投资策略

GIPS 标准要求组合群必须根据投资要求、目标或者策略来定义。组合群必须纳入所有符合其定义的投资组合。公司如何来定义组合群,可以参考以下层级:

投资要求(Investment Mandate)
　资产大类(Asset Classes)
　　风格或策略(Style or Strategy)
　　　业绩基准(Benchmarks)
　　　　风险/收益特征(Risk/Return Characteristics)

33.3.3 加入与剔除投资组合

GIPS 标准要求新管理的投资组合必须被及时地、并且以一致的方式纳入对应的组合群中。例如,公司明确规定所有新管理的投资组合都要在一个月内被纳入对应的组合群中,那么投资经理就应该在规定的时间范围内完成。新投资组合的纳入如果发生在计算期中,业绩要算入下一个完整计算期。例如,如果组合群收益是以月度来计算,而投资组合在 6 月 17 日被纳入组合群中,不满足 6 月的完整计算期,应算入 7 月的业绩中。

被终止的投资组合的历史业绩必须被纳入对应的组合群的历史业绩,被纳入的这段历史业绩必须截至上一个完整的有投资决策自主权的计算期。例如,某个投资组合是在 8 月 23 日终止的,那么该投资组合截至 7 月 31 日的历史业绩应该被纳入对应的组合群中。

投资组合不可从一个组合群移入另外一个组合群,除非客户修改了投资组合的要求、目标、投资策略,且准则的变更被记录下来;或者组合群被重新定义,以致投资组合不再适合该组合群。如果发生移动,该投资组合的历史业绩也必须保留在原组合群的历史业绩中。

投资组合的重大现金流变动会影响公司执行投资策略,所以可以暂时从组合群中移除发生重大现金流变动的投资组合。公司必须事前确定现金流的"重大"的定义,而且移除的做法要持续地符合特定组合群的政策。公司可以使用临时性的新账户来避免重大现金流变动的影响。

如果公司对某个投资组合是否可以纳入特定组合群中制定了一个最低资产规模的要求，那么不符合这个要求的投资组合则被认为不具有投资决策自主权。公司必须要记录投资组合低于最低资产规模时是如何被处置的。如果最低资产规模的条件发生改变，组合群不能进行追溯调整。如果投资组合因为低于资产规模而被从组合群中移除，其历史业绩必须保留在组合群中。

33.3.4 陈述与报告

宣称遵守 GIPS 标准的公司必须做出适当的努力为所有潜在客户和有限分配集合式基金的投资者提供 GIPS 报告。GIPS 报告一共分为组合群报告（GIPS Composite Report）和集合式基金报告（GIPS Pooled Fund Report）两种类型。

—考点要求—
解释（explain）陈述与报告的相关要求（★★）

> **备考小贴士**
>
> 考试以组合群报告为主，集合式基金报告考查概率很低，所以组合群报告是学习的重点。

对于每个包含时间加权收益率的 GIPS 组合群报告，GIPS 标准要求公司至少展现出 5 年的年度业绩（除非该组合群存在不到 5 年时间），并且符合 GIPS 的业绩记录必须每年延长，直到公司至少可以展现出 10 年业绩。如果组合群的存在时间少于 5 年，那么公司应展示自成立之日起的收益率，并随着时间的推移逐步增加至 10 年的业绩。

一份标准的 GIPS 组合群报告包含的内容相当多，我们重点关注的是和时间加权收益率相关的要素，包括以下要素。

（1）所有组合群和业绩比较基准的年度收益率。
（2）每期期末组合群包含的投资组合数量（低于 6 个时不用展示）。
（3）组合群的资产数量。
（4）每期期末全公司资产管理的数量。
（5）在完整年度下，如果组合群包含的投资组合数量超过 6 个，每个年度的投资组合收益率衡量内部离散度（internal dispersion）的方法。
（6）在月度组合群收益率可得的情况下，每期期末组合群和业绩比较基准的 3 年年化的事后标准差。

GIPS 标准关注内部离散度的原因在于，GIPS 报告的阅读者可以通过内部离散度的大小，判断公司对不同的投资组合采用的投资策略的一致性的程度如何。如果内部离散度很大，说明在这个组合群里，投资组合和投资组合之间的收益率差异非常大，那么投资者有理由怀疑该组合群编制是否得当。

内部离散度的计算方法有以下 4 种：

第一种，也是最简单的做法，即直接展示该组合群中，投资组合的最高收益率和最低收益率。

第二种，是前者的替代做法，即计算高低区间，用最高收益率减去最低收益率，计算出区间大小。这两种方法都非常容易理解，但是主要问题在于，结果非常容易受到异常值（outlier）的干扰。

第三种，计算等权重标准差。假设某个组合群的投资组合的收益率均值为 2.32%，等权重标准差为 0.22%，并且单个投资组合的收益率是在遵循了正态分布的情况下，那么大约三分之二的投资组合收益率是落在 2.10% 和 2.54% 之间。

$$S_c = \sqrt{\frac{\sum_{i=1}^{n}(r_i - \bar{r_c})^2}{n}} \tag{33.6}$$

第四种，计算基于资产加权标准差。用某个投资组合在期初的价值除以组合群期初的价值，即可得到该投资组合的权重。然后再基于权重计算标准差即可。

$$S_{C_{aw}} = \sqrt{\sum_{i=1}^{n}(r_i - \bar{r}_{proxy})^2 \times w_i} \tag{33.7}$$

GIPS 标准中并没有直接规定公司到底使用哪一种计算方法。公司也可能更偏好其他的计算方法，总之公司应该使用可以公允地体现收益率差异性的计算方法。

——考点要求——

解释（explain）在满足什么样的条件下，过去的公司或者所属公司的历史业绩可以用于衔接或者代表新公司或者收购方公司的历史业绩（★★）

可转移性（portability），指的是在满足一定条件下，过去的公司或者所属公司的历史业绩可以用于衔接或者代表新公司或者收购方公司的业绩。具体的要求，基于特定的组合群，有如下 4 点：

（1）主要投资决策者都受雇于新公司或者收购方公司。

（2）在新公司或者收购方公司范围内，主要的投资决策流程维持了完整性和独立性。

（3）新公司或者收购方公司有业绩的相关记录和文档存档。

（4）过去的公司或附属公司与新公司或收购公司之间的业绩记录不得有任何中断。如果两者间存在中断，而且前面 3 个条件都满足的情况下，过去的公司或者所属公司的业绩可以用来代表新公司或者收购方公司的业绩，但不得用于业绩衔接。

如果一个 GISP 合规的公司收购了另外一个公司，该公司有一年时间将被收购公司的业绩改造成遵守 GIPS 标准的业绩。

33.3.5 验证

——考点要求——

讨论（discuss）验证的目的、范围和过程（★★）

验证的目的在于提高公司及其 GIPS 报告用户对于公司宣称遵守 GIPS 标准的信心。验证并不能保证任何特定组合群或者集合式基金陈述的完全准确性。GIPS 标准推荐公司做验证。验证必须由具有资质的独立第三方机构来实施，而且验证者必须遵守 GIPS 验证者标准（GIPS Standards for Verifiers）。

验证的范围是整个公司（whole firm），不能针对某个组合群或者集合式基金。如果一个公司没有完全遵守 GIPS 标准的所有要求，那么该公司不能宣称自己"部分遵守"GIPS 标准，例如，只是某个组合群遵守 GIPS 标准，或者只是权益类策略遵守 GIPS 标准。此外，经过验证后，公司可以选择某个组合群或者集合式基金去做更详细的业绩检查（performance examination）。

GIPS 验证者标准（GIPS Standards for Verifiers）指出了验证者在验证过程中必须遵循的步骤。一些步骤和内容如下：

验证者必须了解公司，包括公司结构和运营方式，并且必须了解公司为了遵守

GIPS 标准所制定的政策和流程。

验证者可以用抽样的方法来完成要求的测试。

验证者必须实施足够多的测试来确定公司是否真正符合 GIPS 的基本要求。

验证者必须检查挑选出的组合来确定输入数据的处理是否和公司政策及 GIPS 标准保持一致。

验证者必须确定用于计算收益率的组合持仓、收入和现金流是否有独立第三方机构的数据支持。

验证者必须确定公司业绩计算和陈述遵守了 GIPS 标准。

验证者必须确定具有相同投资要求、目标或者策略的投资组合被纳入同一组合群中，并且投资组合被加入或者移除组合群的时机和公司的政策保持一致。

练一练

33-1 For periods beginning on or after 1 January 2020, except for private market investment portfolios, portfolios using TWR must be valued:

A. daily.　　　　　　　B. monthly.　　　　　　　C. quarterly.

33-2 Quick Investment, an investment management firm that claims to comply with the GIPS standards, represents a global equity portfolio for a large institutional client. On 7 June, the client notifies Quick Investment that the portfolio will be terminated by the end of the month and requires the manager to stop trading immediately. Quick Investment must include this portfolio in the historical performance of the composite to which it belongs up to:

A. 31 May.　　　　　　B. 7 June.　　　　　　　C. 31 June.

33-3 Quick Investment complies with the GIPS standards and the firm has control over the external cash flows. Under what condition should Quick choose to present MWR instead of TWR?

A. The portfolios are open-end, fixed life or fixed commitment.

B. Illiquid investments are a minor part of the investment strategy.

C. The portfolio are close-end, fixed life or fixed commitment.

33-4 Which of the following statements is not accurate regarding the treatment of expenses and fees?

A. Returns must be calculated after the deduction of transaction costs incurred during the period.

B. Common transaction fees include commission, bid-offer spreads and custody fees.

C. If actual transaction fees are not known, transaction fees can be estimated for a specific portfolio.

33-5 Which of the following statements least accurately expresses a requirement of the GIPS standards?

A. All fee-paying portfolios must be included in at least one composite.

B. Non-fee-paying portfolios may be included in at least one composite.

C. Non-discretionary portfolios must be excluded in the composite.

33-6 Under the GIPS standards requirements, firms：

A. are encouraged to undergo verification.

B. are encouraged to undergo performance examination.

C. are encouraged to obey with the GIPS Standards for Verifiers.

答案与解析

33-1 B

根据GIPS条款中收益率计算方法的内容，除了不可公开交易市场投资组合之外，使用时间加权的投资组合的估值频率为每月一次。因此，正确选项为B。

33-2 A

根据GIPS条款中组合群构建的内容，被终止的投资组合的历史业绩必须被纳入对应的组合群的历史业绩，而且这段历史业绩必须截至上一个完整计算期间。因此，正确选项为A。

33-3 C

根据GIPS条款中收益率计算方法的内容，公司想要使用MWR而不是TWR的条件为：公司对外部现金流有控制权，且投资组合是封闭式的、有固定期限或者有固定承诺资本的，或投资策略中流动性不佳投资标的占比巨大。因此，正确答案为C。

33-4 B

根据GIPS条款中收益率计算方法的内容，公司在计算收益率时，需要扣除期间发生的交易费用，包括了佣金、买卖价差等。托管费比较特殊，不能被当作交易费用来处理。因此，正确选项为B。

33-5 A

根据GIPS条款内容，所有真实的、付费的、具有投资决策自主权的组合必须至少被纳入一个组合群中。不付费的、具有投资决策自主权的投资组合可以被纳入某个组合群中，不具有投资决策自主权的投资组合不可以被纳入任何一个组合群中。因此，正确选项为A。

33-6 A

根据GIPS条款内容，公司被鼓励而不是被强制要求去做验证。公司只有在完成验证后，才能针对某个特定组合群或者集合式基金进行业绩检查。公司雇佣的具有资质的、独立的第三方机构做验证者才需要遵守GIPS验证者标准，而不是公司本身需要遵守该标准。因此，正确选项为A。

扫码练习更多题目